KB010159

2019
북한투자 가이드

# 2019
# 북한투자 가이드

**김한신** 편저

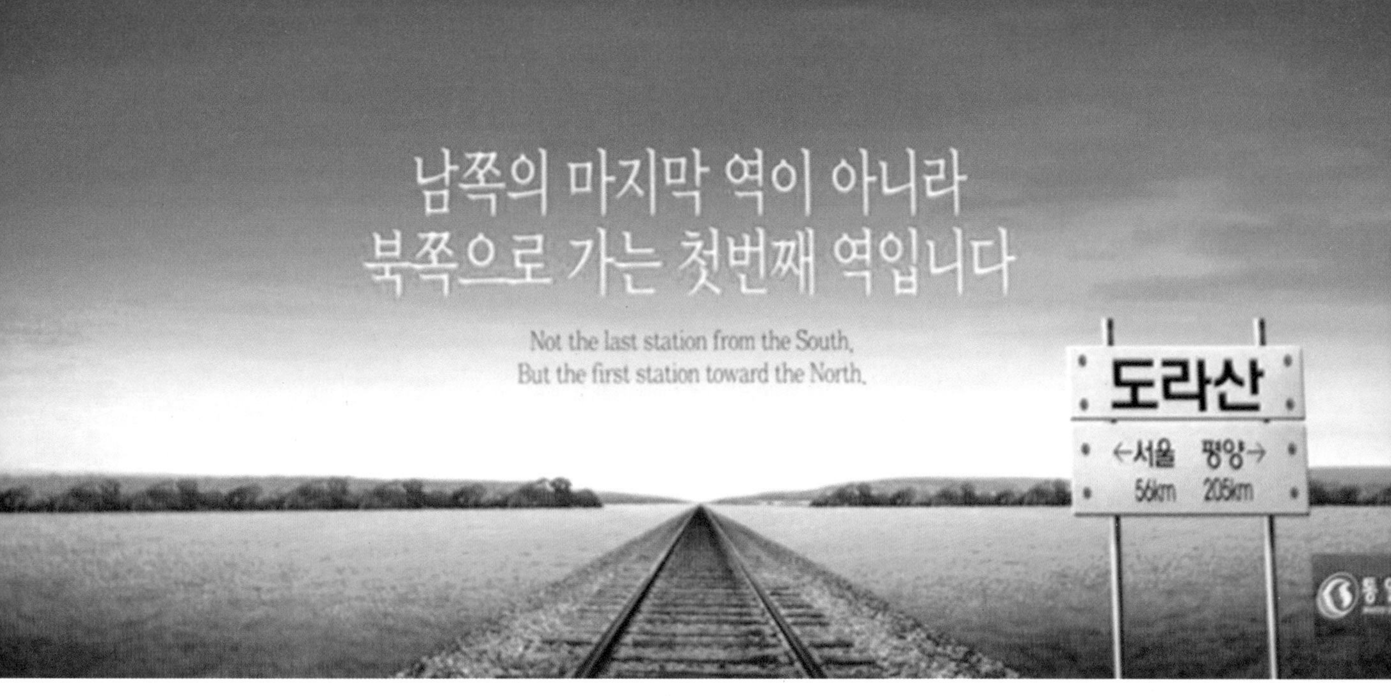
남쪽의 마지막 역이 아니라
북쪽으로 가는 첫번째 역입니다
Not the last station from the South,
But the first station toward the North.
도라산
←서울 평양→
56km 205km

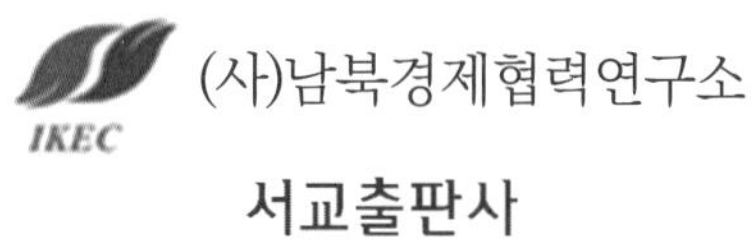
IKEC

(사)남북경제협력연구소
서교출판사

# Contents

2018 북한투자 가이드

# 발간사

(사)남북경제협력연구소
대표 **김 한 신**

## 한반도의 평화와 번영을 갈망하며…

2018년의 한반도는 무척 뜨겁습니다. 2월 개최된 평창 동계올림픽에 북한이 참가하여 남과 북이 한반도기를 들고 공동 입장하였습니다. 여자 아이스하키 남북 단일팀이 보여준 불굴의 투지는 국민들에게 진한 감동을 주었습니다. 특히 올림픽 개막식 참석을 위해 북한 최고지도자 가문의 직계인 김여정 부부장이 남측지역을 처음으로 방문해서 보여 주었던 일거수일투족은 우리 국민들과 세계인들의 큰 관심을 끌기에 충분했습니다.

평창 동계올림픽을 계기로 극적으로 재개된 남과 북의 교류는 4월 27일 남북정상회담으로 이어졌습니다. 김정은 국무위원장이 북한 최고지도자로는 처음으로 판문점 남측지역 〈평화의 집〉을 방문하여 문재인 대통령과 남북정상회담을 가졌습니다. 군사분계선을 넘나든 두 정상의 만남은 그야말로 파격이었습니다.

파격은 여기에서 그치지 않았습니다. 남과 북의 두 지도자가 한반도 비핵화에 대한 깊이있는 대화를 나누었을 뿐 아니라, 연이어 6월 12일 미국과 북한의 양 정상이 사상 처음으로 싱가폴에서 만나 악수하는 장면이 전 세계에 중계됐습니다. 북한 비핵화와 북미관계 발전으로 가기 위한 중대한 계기가 마련됐습니다.

지금까지 3차례의 남북정상회담과 한차례의 북미정상회담, 그리고 수

차례의 고위급회담과 실무회담 등을 통해 남과 북, 북과 미국은 서로에 대한 이해의 폭을 넓혀가고 있습니다. 지난해까지 상대방을 향해 난무했던 거친 언사들, 세계가 우려하는 북한의 핵실험, 중·장거리 미사일 시험발사 등과 같은 도발적 행위들이 중단되었습니다. 물론 이것만으로 한반도에 평화가 찾아온다고 단언할 수는 없습니다. 그러나 적어도 전쟁이 아니라 대화의 방법으로 한반도의 비핵평화를 이루려는 계기가 마련되었다는 점에서 그 의의는 매우 큽니다.

2013년 3월 핵·경제 병진노선을 채택한 지 5년이 지난 금년 4월 판문점 남북정상회담을 앞두고 북한은 '사회주의 경제건설 총력집중'을 노동당의 새로운 전략노선으로 채택한 바 있습니다. 그러나 북핵문제가 해결의 실마리를 찾지 못하는 상태에서 북한경제의 발전을 이루기란 사실상 어렵습니다. 이러한 상황에서 김정은 위원장은 9월 평양 남북정상회담에서 "핵무기와 핵위협이 없는 한반도"를 목표로 하고 있음을 그의 육성으로 직접 밝혔습니다. 처음 있는 일입니다. 비핵화를 목표로 천명했다고 당장 비핵화가 실현되는 것은 아니지만, 그럼에도 적어도 세계를 향해 밝힌 김위원장의 비핵화 의지는 충분히 평가받을 만합니다. 북한경제를 발전시키겠다는 그의 강력한 의지와 갈망을 보여준 것과 연결되기 때문입니다.

아직은 전도(前途)를 낙관할 순 없지만 그래도 비핵화를 위한 긍정적인 발걸음이 포착되고 있는 것은 사실입니다. 북한에게는 경제발전으로 나아갈 계기를 확보할 수 있다는 의미이며, 우리와 국제사회에게는 북한이라는 새로운 투자처에 접근할 수 있다는 의미이기도 합니다. 개방된 북한은 국제사회에 대단히 매력적인 투자처가 될 것이며, 북한투자는 상생상리(相生相利)의 win-win 게임이 될 것입니다.

지금, 대한민국은 심각한 경제위기에 놓여 있습니다. 저출산 현상과 고령사회의 진입으로 우리나라는 인구절벽에 봉착해 있습니다. 인구구조의 변화뿐만 아니라 복지비용의 급증, 과학기술혁명에의 부적응, 성장동력의 약화 등 복합적 요인이 맞물려 대한민국은 저성장의 늪에 빠져 들고 있습니다. 수출로 먹고사는 우리경제가 세계의 경제전쟁에서 고전을 면치 못하고 있습니다. 새로운 성장동력의 확보가 필요합니다. 새로운 투자처, 새로운 경제영토의 확보가 시급합니다. 이미 중국은 일대일로(一帶一路) 전략에 따라 아시아, 아프리카, 중남미, 유럽 등 경제영토 확보를 위해 무섭게 달려가고 있습니다. 미국 트럼프 대통령의 등장 이후 보호무역주의가 일시적으로 기승을 부리고 있지만, 그럼에도 세계는 자유무역을 기조로 한 FTA의 확장으로 나아가고 있습니다.

더구나 21세기 지구적 차원에서 나타나고 있는 저출산·고령화, 기후변화, 자원·에너지 전쟁 등의 위기는 우리의 삶을 심각하게 위협하고 있습니다. 한반도 또한 비켜갈 수 없습니다. 경제위기 극복을 위해서는 최소한 규모의 경제가 뒷받침돼야 합니다. 남과 북이 서로 문을 닫고 있는 한 경제위기를 극

복할 수 없습니다. 오랜 기간 혈연적, 지연적, 역사적 공동체를 이루고 살았던 남과 북이 서로 협력하고 나아가 경제공동체를 이룰 수 있다면 이보다 더 좋은 경제영토 확보전략은 없습니다. 그래서 우리의 대북정책은 '북한'만을 대상으로 한 정책이 아니라 한반도 전역을 하나로 묶는 '한반도' 정책으로 풀어야 하는 것입니다. 단순히 북한의 값싼 노동력과 헐값의 토지 임차료를 겨냥한 경제협력은 성공할 수 없습니다. 북한이 더 이상 받아들이지도 않을 것입니다. 이제는 한반도 전체를 통합경제권으로 묶는 산업의 상보(相補)적 재편이 필요합니다. 그래야 치열한 경제전쟁 속에서 국제경쟁력을 갖춘 산업을 발전시켜 남과 북 모두 상생호혜의 삶을 누릴 수 있습니다. 남과 북의 교류와 협력, 나아가 남과 북의 통합은 더 이상 선택의 문제가 아닙니다. 우리의 공존과 번영을 위해 반드시 가야 할 길입니다.

한반도 비핵화의 실마리가 잡히면 북한투자에 대한 세계의 관심이 뜨겁게 달아오를 것입니다. 안보리스크가 해소된 북한은 해외자본의 관심을 끌기에 충분합니다. 워런 버핏, 조지 소로스와 함께 세계 3대 투자 거물로 꼽히는 짐 로저스 회장은 "북한은 '하얀 도화지'와 같다. 무엇이든 그릴 수 있다"면서, "북한 개방 후 한반도는 세계의 공장인 중국과 인도를 제치고 가장 높은 경제성장률을 달리는 지역이 될 것"이라고 평가하고 있습니다. 특히 "전력과 철도, 도로 등이 깔리고 관광사업이 활성화된다면 엄청난 경제 붐이 일어날 것"이라고 전망하기도 했습니다.

경제위기의 돌파구를 찾고 있는 우리경제가 북한 인프라 개발에 참여할 수 있다면 경제성장의 도약을 기대할 수 있습니다. 이는 물론 남한만의 성장이 아닙니다. 북한의 경제발전, 남과 북을 아우른 한반도 경제의 발전으로 확대될 것입니다. 더 이상 냉전 이데올로기에 갇혀 북한이란 경제영토에 접근하지 못하는 과오를 범해서는 안됩니다.

현재 북한은 신의주, 황금평·위화도, 개성, 금강산, 나선특별시를 5대 경제특구로 지정한 바 있으며 19개의 경제개발구 또한 이미 지정돼 있습니다. 그러나 성과가 없었습니다. 무엇보다 외자유치가 있어야 성공을 기대할 수 있는데, 아시다시피 북한發 안보리스크가 발목을 잡고 있습니다. 안보문제만이 장애는 아닙니다. 설령 안보문제가 해결된다 해도 북한의 열악한 인프라 시설과 특히 외자유치와 활용에 필요한 국제적 표준에 맞는 제도적·법적 장치가 미비한 것 또한 크나큰 장애입니다. 북한의 법령 정비가 아직은 국제표준에 맞을 정도로 충분해 보이지는 않습니다. 그럼에도 북한투자에 관심을 갖고 있다면, 기존의 북한 경제법령에 대한 이해는 최소한 하고 있어야 할 것입니다.

지금, 그동안 넣어 두었던 북한의 경제건설 관련 입장과 북한이 관심을 갖고 있는 투자유망업종 등을 정리한 자료와 정보들을 꺼낸 이유가 있습니다. 물론 비핵화 진전과 남북관계의 급진전이라는 정세 변화의 계기도 있지만, 특히 중국이 일대일로 구상과 전략으로 한반도와의 공간 네트워크 연결을 적극 타진하고 있음을 주목하고 우려하기 때문입니다. 대표적으로, 단둥지역 인프라 건설, 훈춘의 권하세관을 중심으로 두만강 하류 개발 등에 중국이 적극 투자하고 있습니다. 필요하면 언제든 가장 빠르게 북한을 선점하겠다는 의도가 담긴 것으로 보입니다. 이러한 중국의 북한 선점을 과연 우리는 보고만 있어야 할까요!

북한 스스로 큰 관심을 갖고 있는 사업들에 대해서도 주목해야 합니다. 북한은 철도, 도로, 항만, 공항 등 인프라 건설에 최우선적 관심을 두고 있습니다. 〈4·27 판문점선언〉과 〈9월 평양공동선언〉에는 동해선·경의선 철도·도로 연결 및 철도 현대화에 대한 남과 북의 의지를 담았습니다. 특히 북한은 신의주-개성간 북한 내륙을 관통하고 국경을 넘어 국제선으로 연결되는 고속철도 건설에 관심이 많습니다. 기존의 남북 경의선 철도 연결과는 별개의 사업입니다. 이미 신의주-평양간 고속철도는 2013년 2월 김정은 위원장의 방침으로 확정된 바 있습니다. 김위원장은 남측과 건설하기를 원했지만 현재까지 추진이 보류된 상황입니다. 〈한반도 신경제지도 구상〉에 포함된 서해안 산업벨트와 동해안 관광자원개발을 통한 개발 계획 또한 고속철도 노선에 따라 수립하려고 합니다. 항만 개발 역시 남과 북이 공동으로 할 것을 희망하고 있습니다. 신의주 밑에 신도항을 건설하여 단동 동항이나 부산항에 못지않은 항만 건설을 계획하고 있습니다. 남포항을 남측과 공유하고 동해안의 청진항과 단천항을 남측과 공동 개발하기를 원하고 있습니다. 또 평양을 정치·행정의 도시로, 신의주를 300~500만 인구 규모의 무역과 국제금융 물류도시로, 그리고 원산을 300~500만 인구의 관광과 무역 중심 도시로 육성할 계획을 가지고 있습니다. 북한의 개발계획과 연계한 맞춤형 경협 준비가 필요한 때라고 사료됩니다.

이번에 (사)남북경제협력연구소에서 발간하는『북한투자 가이드』는 그동안 대북 경협사업을 통해 확보한 북한의 경제관련 법령, 북한 스스로 우선적 관심을 갖고 있는 중요 경제사업, 그리고 북한경제 개발에 대한 북한 주요 당국자들의 인식 등을 정리한 것입니다. 이미 진행 중인 내용들과 사업들도 있지만, 큰 틀에서 경제발전에 대한 북측의 입장을 살펴보는 좋은 자료가 될 것이라 자부합니다.

이 책이 대북 경협사업에 도움이 되고, 더 나아가 한반도의 평화와 번영을 여는 데 큰 기여를 할 수 있기를 기대합니다.

끝으로 이 방대한 자료집의 발간을 위해 애써주신 여러분께 감사의 말씀 올립니다. 특히 본 남북경제협력연구소의 신영수 이사장님과 정낙근 소장님, 기꺼이 법률고문을 맡아주신 조용준 변호사님, 멀리 베이징에서 응원과 격려를 아끼지 않은 홍순도 대기자께도 특별히 감사의 인사를 드립니다. 무척이나 더웠던 올여름, 자료 수집 등 온갖 궂은일을 마다하지 않았던 지민정·송수지 씨에게도 지면을 통해 고마운 마음을 표합니다.

2018. 10

# 01

# 북한투자 **가이드**

# Contents

북한투자 가이드

# 개요

# 북한의 경제건설 입장과 투자유치업종

### 1. 북한의 개혁

○ 북한은 2013년 3차 핵실험 이후 선군(先軍)에서 선경(先經, 주민생활 개선)으로 노선을 전환. 이는 일반 국민들이 조롱하는 평양공화국을 조선인민공화국으로 만들기 위한 것이라고 함

- 사회주의 제도에서 공산주의를 실시한 것을 실패원인으로 보고 있음
- 북한의 新수뇌부는 사회주의를 원했고, 하급간부들은 공산주의 정책을 집행한 결과, 상·하 의사소통이 안된 점을 통렬히 지적
- 이에, 백두혈통을 계승하고 건국세력과 선진 국방세력을 이을 경제강국을 이룩하자고 결의

○ 개혁은 이미 큰 폭으로 진행, 다만 대외적으로 공개하지 않고 있음

- 기업 및 농업협동농장의 자율성 확대, 노동에 따른 분배 및 임금 현실화를 추진하였으며, 농지의 분배 분조의 규모 축소, 토지이용료, 농자재비, 물세, 비료 대금, 전기료 등을 국가에 내고 대신 생산량을 농민의 전부 재산권으로 인정. 이로 인해 피해가 없는 농민들은 횡재했다는 반응을 보였음
- 그러나 외부에서 "북한이 개혁·개방 한다"는 소동을 야기할 수 있고, (북한내) 보수세력의 공격 및 일부 혼란이 야기될 것을 우려, 개혁을 공식화하지 않고 있음
- 지금까지는 핵·미사일 개발에 앞장선 과학 계통사업에 우선권과 특권이 많이 부여
- 軍에서 가지고 있던 기업과 일부 시설을 민간에게 양도, 민수산업에 역점을 두고 있음

○ 기업개혁 : 지배인 '책임경영제'의 확대, 2012년 12월 1일자로 전면실시(업무실명제 도입)

- 기업의 책임비서와 지배인은 중앙계획이 아니라 기업 단위의 독자적인 결정에 따라 생산 분배하고, 기업간 '계약'을 통해 물자조달 및 생산물 판매, 독립채산제의 도입
- 과거에는 중앙이 현지사정을 충분히 고려하지 않은 계획을 하달함으로써 발생했던 비효율을 개선
- 모든 생산은 상호 연계되어 있어 한 부문에 병목이 발생하면 전체 생산에 타격을 미치게 되며, 이에 대해 상호 책임을 전가할 뿐 누구도 책임을 지지 않았음
- 이에 따라서 중앙계획시스템을 해체하고, 각 기업은 독자적인 계획을 수립하고 사용할 수 있는 한도 내에서 토지, 전력, 설비, 원자재 및 노동자 고용 규모를 결정(나머지는 국가에 반납). 또한 기업간 '계약'을 통해 원자재를 조달하고 생산제품을 판매, 계약 위반시 범칙금 또는 징역 등의 처벌 등 상벌제도를 도입

○ 분배개혁 : 노동에 따른 분배

- 사회주의의 원칙은 '노동에 따른 분배'임에도, 그 동안 사회주의에 대한 잘못된 인식으로 인해 평

등만을 강조하는 공산주의를 추구함에 따라 야기되었던 많은 문제들을 개선한 것

- 따라서 일한 만큼 보상을 받는 사회주의를 제대로 실현할 필요성이 대두, 이를 개혁이 아니라 '개선'이라 표현
- 제품판매 수입은 먼저 토지, 전력 등의 이용세를 국가에 납부하고 남는 수입에 대해 성과급 중심의 노동에 따라 분배하는 차등임금제를 채택
- 농업부문에도 동일하게 적용. 토지, 물, 전력, 트랙터 등의 사용에 대해서는 이용료를 납부하고 남는 부문을 농민들에게 노동에 따른 분배를 실시

○ 임금현실화

- 근로자의 평균 임금은 약 100배 인상되어 현실화되었고, 임금수준은 기업단위로 지배인이 결정
- 임금 3,000원/월(쌀값 6,500원/㎏의 상황에서)은 과거 얘기이며, 지금은 광산노동자의 경우 100배 인상된 380,000원/월을 받고 있음
- 해외 3년 취업 기준 월 급여 최하 2,600-3,800 인민폐에 계약

## 2. 북한의 개방

| 10개년(2011~2020) 개발계획은 여전히 유효하며, 대외경제성(2013.7.8 발족)이 同 개발계획에 따른 광물자원 개발과 외자유치 사업을 주도 |
|---|

○ 변방 주변에서 중심으로 개방 확대

○ 변방주변 10개의 큰 개발구와 13개 市 220개 시·군의 자체 개발구 동시 추진

【변방주변 : 경제특구와 관광특구】

- 북쪽 : 나선, 황금평·위화도 등 2개 경제특구
- 서쪽 : 개성, 신의주, 남포, 해주 등 4개 경제특구
- 동쪽 : 금강산, 백두산, 칠보산(명천지구), 원산 등 4개 관광특구, 인민무력부의 어랑천비행장과 원산 갈마비행장을 민간 국제비행장으로 개발, 보잉 747이 이착륙할 수 있도록 활주로 증설, 특구지역 5성급 호텔에 카지노 허용
- 서해의 경제특구는 IT산업 등 산업개발에 따른 제약으로 장기적 관점에서 추진, 그러나 동해의 관광특구는 부동산 투자 등 단기적 관점에서 추진, 경제방면에서는 중국과 싱가포르의 경제협력 확대

○ 진행 중인 관련 사업

- 신의주 특구 개발

  : 신의주 자유특구는 2018년 11월 중순 착공식을 가질 예정

  : 현재 조선투자개발협회와 합영회사를 설립, 1차 이사회에서 착공식 일정과 절차 의결
- 신의주-평양-개성 철도·도로 사업 승인

- 온성 개발구
  : 중국 투먼시 참여
- 강령 녹색개발구
  : 홍콩·싱가포르·중국 컨소시엄 구성
- 지역특화개발 중심 : 지방 단위의 자체 '개발구'
  : 220개 시군에서 인민위원장, 군당위원장 주도로 자체 개발구 개발
  : (사례) 개성 인삼, 경성군(주물) 고령토, 회창군 금·은, 온성군 온성섬 개발 등 각 지방의 특색을 살려 개발구 개발

### 3. 관련 주목사항

#### 1) 협동화폐제도 시행(2013.3.1)

○ 환율현실화 조치로서 과거에는 외화를 북한 원화로 교환할 때 국정환율(100원/1달러)을 적용했으나, 앞으로는 시장환율(5,800-8,500원/달러)로 변동환율을 적용

○ 과거에는 국정환율을 적용하여 달러를 원화로 교환해 주었기 때문에 외국기업들이 북한원화를 사용할 경우 막대한 손실 예상

○ 北인민들의 장롱 속에 잠자고 있는 지하금융(40억 달러 추산)을 끌어내어 경제발전에 사용하려는 정책

○ 향후 경제특구에서 환율 현실화를 실시함으로써 외국기업들이 환전에서 손실을 보지 않게 함으로써 특구의 외자유치 확대를 기대

○ 협동화폐제도를 시행하여 모든 개인과 공장·기업소·단체들이 외화구좌를 개설하여 유통되도록 함
  - 내화구좌와 외화구좌로 구분

#### 2) 경제개선(개혁·개방) 관련

○ 당대 회의에서 개혁개방 예산은 다루지 않을 예정
  - 개혁개방(특구 개발) 자금은 예산편성과 별도로 추진
  - 경제개선에 필요한 자금은 과거 주석예비자금과 같은 국가예산과는 별도의 자금에서 조달(투자자에 광물자원 개발권 제공)

○ 향후 개방(특구개발 발표)일정은 특구 개발이 순차적으로 추진되고, 북·미 평화협정회의의 개시와 남측과 관계개선 연후에 발표가 이루어지는 수순을 밟게 될 것

○ 개혁개방의 방향과 내용은 이미 확정되었으나, 대내외 변수를 고려하여 발표치 않음(김정은 위원장의 경제시찰을 유심히 관찰할 필요)

○ 원산특구는 이미 발표하였으며, 신의주특구는 외국기업에 동일기준으로 투자 유치

### 3) 조선투자개발협회 당대 회의에서 결정 공표

○ 국가경제개발총국은 국가 최상위 경제기구로서, 하위조직으로 13개 특구, 220시 군구가 추진하는 특구 등에 경제개발국 설립

* 대외경제성은 해외투자유치에만 전력한다는 점에서 차이가 있음

○ 한편, 과거 국가개발총국은 비상설기구였으나, 현재는 대외경제성의 7국 소속

### 4) 남북경협을 통한 북한의 자원 및 특구 개발

○ 인프라와 특구 개발은 가능하면 중국보다는 남한과의 경협을 우선

- 김일성 수령 : 자원을 원석으로 팔지 말라.
- 김정일 장군 : 자원을 남한과 공동 개발하라. 철도를 국제선으로 건설하라.

○ 각 경제특구의 구체적인 계획은 완성되었으며, 2018년 하반기 중 공표 가능성

- 민자 및 해외자본 BOT 방식 전면도입

## 4. 북한의 투자유치 업종

### 1) 인프라(도로, 철도) 건설

○ 철도, 도로, 항만, 공항 등 인프라 건설을 우선할 계획

○ 북한은 경제개발을 위해서는 인프라 건설이 최우선임을 깨닫고 민자 건설방식으로 해외 및 남측에 투자를 제안한 상태

- 특히, 고속철도 및 도로 건설은 남측과의 협력을 우선순위로 지정

○ 투자와 상환방식으로 심각한 동맥경화현상에 처해있는 인프라 건설을 위하여 자원개발권을 상환물자로 제공하기로 함

○ 북한이 제시한 투자 상환분

- 단천 마그네사이트(새로 발견된 광구 25억톤)
- 온성지역(다금속 매장) 금(350톤), 은, 동, 몰리브덴, 자철(5~6억톤)
- 용연, 옹진지역 자철 3억톤
- 회령광산과 은령광산 철광석 1억 8천만 톤 매장량(무산광산 철광석과 품위 동질)

○ 제2 압록강대교와 기존 신의주-평양 고속도로와의 연결사업을 북·중 대련정상회담에서 중국측이 건설하기로 합의

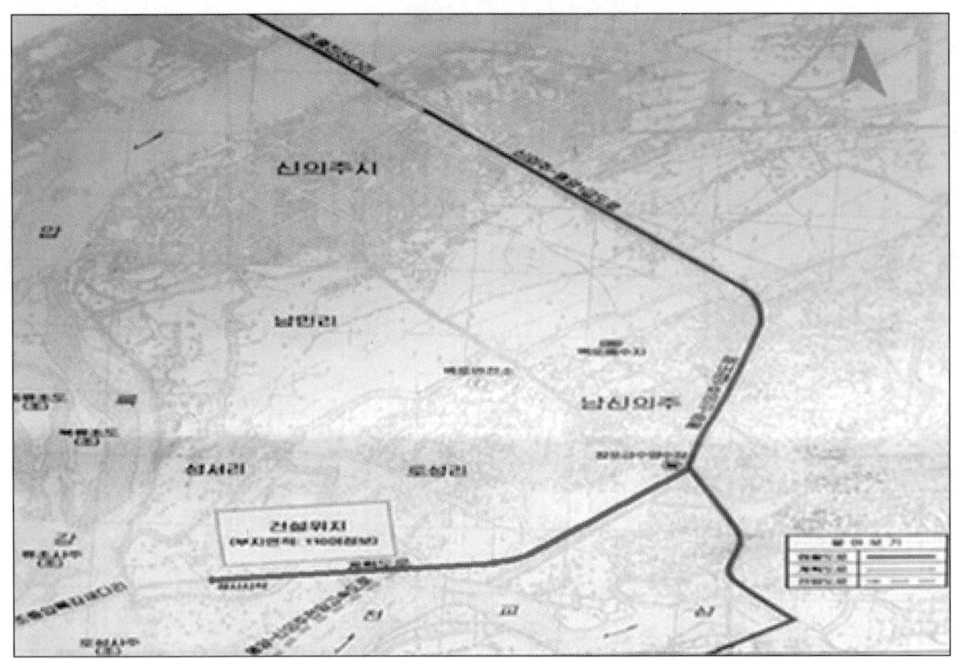


[그림1] 조·중 압록강다리 인입도로 계획과 무역장 위치도

○ 2013년 2월 김정은 방침에 따른 신의주-평양간 고속철도 건설
- 남측의 건설을 원해 8월 말까지 추진 보류
- 남북관계 개선시 고속철도·도로 경의선, 경원선, 일괄타결을 원하고 있으며, 노선 확정 후 대기 중
- 2013년 12월 8일 북경에서 조선인민주의인민공화국 조선경제개발협회와 국제투자집단이 철도·도로 건설계약(MOU) 체결

> 김정은 방침
> (1) 철도·도로는 국제선으로 건설하며, 완전 밀폐식 국제전용 철도·도로로 건설한다.
> (2) 반드시 다국적 컨소시엄으로 건설한다.
> (3) 고속도로를 먼저 개통하고, 철도를 개통하는 순서로 한다.
> (4) 전략적으로 국가 운영에 필수적 위험이 있다 하더라도 이를 감안하고 건설해야 한다.
> (5) 국제선은 컨소시엄으로 건설하고, 운영권을 담보하며 소유권은 공동으로 한다.
> (6) 내국이용객도 국제선 요금을 지불한다.
> (7) 이용료와 이용화폐는 컨소시엄에서 결정한다.
> (8) 최고 상임위원회가 국제선 열차임을 법으로 공표한다.
> (9) 2011년 3월 8일 유훈 사업의 이행이다.
> (10) 조선투자개발협회 산하 철도성 부상, 도로성 부상을 배치하여 기술적인 문제를 보조한다.

### 2) 무산광산

○ 남측((주)G-한신 컨소시움), 철광석 연 1,000만톤 생산을 위해 필요한 설비 1억 8천만 달러 투자계획

- 철광석 1,000만톤을 생산할 경우 75%를 남측으로 반입, 25%는 북한에 제공하여 북한광산의 생산 정상화 몫(운영자금)으로 확보

○ 무산광산 매장량

- 고품질(함량 34~35%) 27억톤
- 저품질 기준(함량 27%) 35억톤

○ 투자상환 방식 : 1억 8천만 달러에 대해 '국제금리 이자율+1%'를 적용하여 이자 및 원금 상환

3) 유전개발

○ 함북 명천(함량 20~24%), 온성 노천 1~3억톤(함량 7~12%), 평남 개천 12~15%, 칠보산 명천 24% : 증기가마에서 짜서 원유와 불순물을 분리

- 명천 : 매장량 3억톤으로 추정. 원유 6,000만~7,200만톤 생산하고, 나머지 불순물은 시멘트 제작 원료로 투입

○ 개천, 안주 : 지하에 매장

4) 이동통신

○ 오라스콤

- 10년간 독점권을 부여하는 대신, 유경호텔과 대동강호텔 리모델링 (유경호텔 50%의 독점운영권) ⇒ 계약 불이행 ⇒ 독점권 무효
- 10년 기간 만료, 3년간 연장
- 3년 연장의 대가로 물놀이장 등에 투자 계약(3,400만 달러), 그러나 250만 달러 계약금과 잔금을 지불하지 못하는 상태

○ 현재는 고려링크와 합자회사인 오라스콤의 독점권은 폐기, 중국 옌통과 차이나 모바일 등과 교섭 중

- 이들 외국기업은 새로운 북한 사업체와 합자회사를 설립하고 기존의 고려링크와 경쟁해야 하는 상황

○ 이동통신사업은 개성, 금강산, 원산, 백두산, 칠보산 등 관광특구부터 지역별 별도 사업권 부여 가능

- 전국적으로 환율 자율화가 실시되지 않고 있어, 외국인 투자는 수익을 거두기가 쉽지 않은 실정
- 반면, 특구에서는 환율 자율화에 따라 시장환율을 적용할 방침
- 핸드폰 사용료는 2,800원(국정가격)까지는 북한 원화로 납부하고, 그 이상은 외화로 납부

  * 현재 쌀 8원/㎏(국정가격), 기초생활비 1,800원/월(국정가격)
  * 주민들의 핸드폰 사용료 평균 1,400원/월 내외

- 따라서 주민들이 납부하는 핸드폰 사용료로는 이동통신사가 수익을 거두기 어려운 실정

  * 오라스콤의 경우, 북한정부가 30달러(중국산) 핸드폰을 300달러에 판매하여 대당 270달러 정

도의 차액을 오라스콤에 주는 방식으로 오라스콤의 손실을 보전

○ 북한의 이동통신사업은 전국적으로 오라스콤(이집트)과 고려링크의 합작회사와 강성링크(체신성)가 경쟁하고 있으며, 나선지역에서는 록슬리(태국)가 독점하고 있음

- 현재 오라스콤과 고려링크의 합작사가 550만명의 가입자를, 강성링크는 300만의 가입자를 보유하고 있으며, 올해 말까지 100만명을 추가하여 1,000만 가입자 유지 계획

### 5) 주유소 건립

○ 中投信融國際投資管理有限公司(중투신융)는 중국의 2개 민간기업, 2개 국영기업과 주유소 건립에 대한 MOU 체결, 대외경제성과 은행(조선건설은행)이 운영

* 중투신융은 북한 대외경제성 위원회의 중국 대리인

○ 중투신융은 중국 정지그룹으로부터 주유소 지상저장시설 특허권 매입

* 저장탱크는 총을 쏴도 폭발하지 않으며, 지상에 설치도 가능하기 때문에 설치비용이 저렴하고 시간도 절약

○ 1차적으로 평양 14곳에 주유소 건설, 2차적으로 100㎞당 1개씩, 전국 220개군 소재지에 주유소 건설

○ 원유 공급은 러시아로부터 수입

- 면세가로 톤당 200달러이며, 중국보다 저렴

○ 투자 환수 : 이윤(소매가격- 항구 도착가격)의 50%씩 북한과 참여기업이 배분

○ 조선건설은행(중국 지분 60%, 북측(대외경제성)은 금광과 건물 건설용 토지 30,000㎡ 투자), 중국측 3,000만 달러 자본금 유치 중

### 6) 원산 관광특구 조성

○ 백두산, 칠보산, 원산 경제특구 중 원산을 먼저 개발하고 있음

- 싱가폴 기업이 갈마비행장의 정량소 부지 및 건물(공군지휘소)을 리모델링하여 호텔(200객실)로 개조, 사용하는 것으로 협상 중

- 그 대가로 원산 갈마비행장 건설 및 하부구조 건설에 필요한 2,000만 달러 상당의 강재 30,000톤(톤당 620달러)을 제공

- 칠보산, 원산, 백두산 관광을 위한 남측 답사단 초청 용의

* 2018년 11월 중 방문 가능

○ 평양-원산-금강산 관광까지 이어지는 도로 완공

○ 올해 국가적 목표는 원산 해수욕장 주변으로 전부 요양소와 휴양소의 하부구조 건설부터 시작하고 마식령 스키장과 연계 개발

- 도로, 항구, 비행장, 금강산까지 고속도로 건설, 마식령까지 연결

- 1년에 100만명, 하루 3천명 체류할 수 있는 3성급 호텔 10개 정도 건설, 관광자원도 BOT방식으로 백화점, 호텔, 온천도 개발하는 사업자에게 독자경영권 제공
- 제3경제 산하 관광지도국을 관광총국으로 지정

○ 관광을 위한 제도 개선
- 자유로운 입국 보장
  : 비행기에서 내려 그 자리에서 바로 비자 처리 가능
  : 보위부와 외무성을 망라한 원스톱 시스템 구축

### 7) 미국의 화력발전소 건설 계획

○ 2012년 9월 북한은 GE와 화력발전소 건립에 대한 합의서 체결
- 정부 승인 후 GE는 부회장 이상 급 참석 가능한 회담 요청까지 진행, 반대급부로 단천 마그네사이트 광산 개발권 요구
  * 현재, Google이 단천의 마그네사이트 개발 협상 진행 중
- 그러나 2013년 1월 10일 회동 후 北 핵실험과 국제사회의 대북제재로 건설계획 진행 중단상태
  * 중국 차관(1억 달러)으로 추진되고 있는 북창 화력발전소 개건도 대북제재로 지연되고 있는 실정

○ 화력발전소 건설계획
- 위치 : 북창(개천, 안주, 북창 등 탄전지구), 순천(직동, 용등, 영대 등 탄전지구)
- 투자규모 : 32억 3천만 달러
  : 화력발전소 건설- 30억 달러(300만kw/h)
  : 송전선 개건- 2억 3천만 달러(전국 주요 간선(〈부록〉 참조)
- 매년 500MW급 화력발전소 2기 건설과 1,000MW급 3년간 6기 건설 등, 년 3,000MW(300만kW/h) 발전소 건설

○ GE의 화력발전(300만kW/h)은 북한의 전력부족 해소용(북창 화력발전소 160만kW/h의 약 2배)
- 북한의 연평균 전력 수요량 : 700~780만kW/h
- 북한의 전력 공급량(400만kW/h) : 280만kW/h(화력) + 180kW/h(수력, 불안정)

○ GE의 투자 환수 : 北은 태천, 동창, 회창 등 금광(100톤) 개발권 제공

○ GE는 JP Morgan과 함께 대북 투자, JP Morgan은 대외경제성과 합영은행을 설립하여 국제결제 시스템을 구축하고, 신용장 개설과 투자자금 송출 등을 추진할 계획

○ GE의 발전소 건설은 미국의 전력공급과 북한의 핵개발 중단을 교환하는 카드
- GE의 진출이 성사되면, 미국의 대북 경제제재의 해제 및 제3국의 대북투자가 가능해짐을 시사

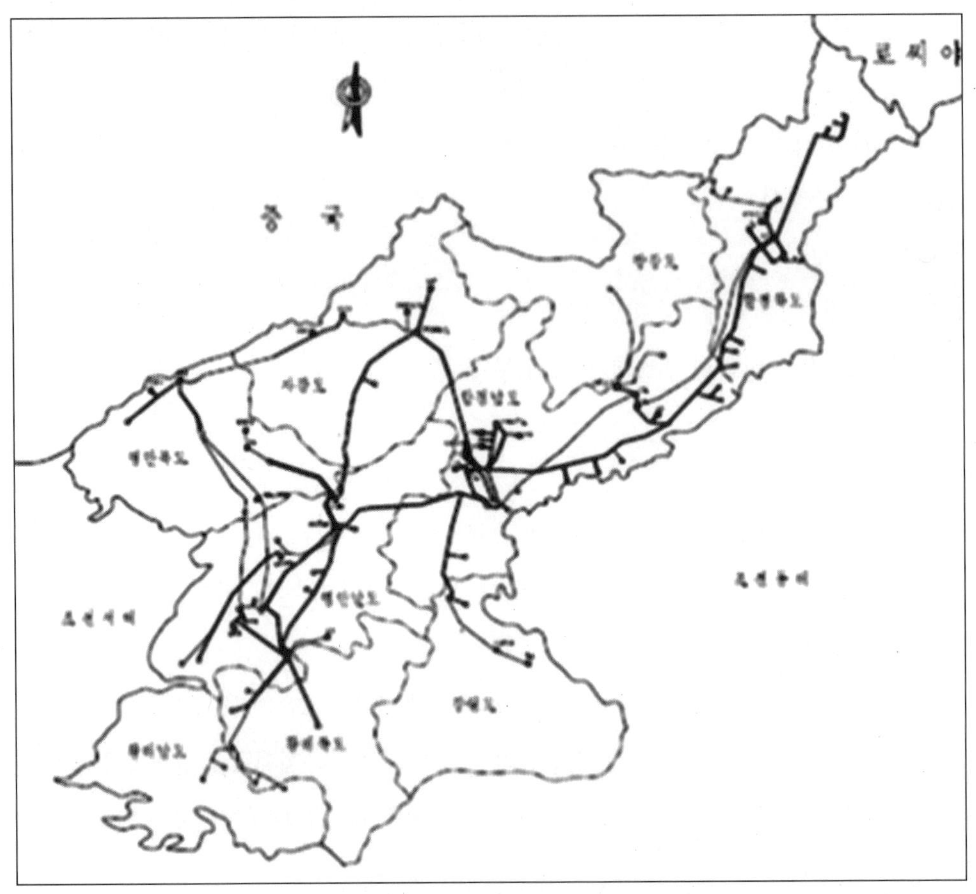


[그림2] 북한 전력공급의 주요 간선

8) 평양 수도건설사업

○ 대동강변 선교각 근처 3만평에 은행, 무역센터 등 종합상업센터 등 조성 계획

○ 평양 신도시 건설(평양-남포간 고속도로 주변)

- 만경대구역 500정보 중 150정보는 홍콩이 투자할 계획이며 나머지 350정보에 대한 주택건설 추진 중. 태양열과 지열을 이용하는 고급 빌라촌 건설 및 부유층·외국인·해외동포 거주지역으로 개발 예정
- 현재 평양시내 일반아파트 100㎡(33평)은 28,000달러의 비용을 투입하여 50,000~70,000 달러에 판매(싱가폴과 계약 추진 중)
- 개인이 300세대를 건설할 수 있으며, 이 경우 20%만 국가에 납부하고 나머지는 개인의 수익으로 돌릴 수 있음
- 태양열 주택의 경우 100㎡(33평)은 25,000달러를 투자해서 10만 달러에 판매 가능
- 평양 창천거리 주택 건설 ㎡당 118달러(내부 장식없이 판매時)

○ 현재 북한주민의 수중에 약 40억 달러가 잠자고 있는 것으로 추정되고 있어 주택 수요는 충분하며, 향후 부동산 개발의 전망 또한 밝은 편임

○ 부동산의 소유 및 판매의 완전자유화, 외국인도 가능

9) 석유화학

○ 석유화학단지는 남흥(중동 원유), 백마(중국 원유), 나선(러시아 원유), 흥남(비료공장, 2.8비날론 공장)등이 있음

- 남흥지역 : 남흥 청년화학공장은 석유화학공업에 기반을 둔 비료 생산을 하고 있고, 그외 순천 비날론공장이 있음
- 흥남비료공장은 석탄·화학·가스에 기반한 비료 생산

○ 현재 북한의 비료 수요는 70만톤(알곡 700만톤 생산 가능)이나, 아직 40만톤 생산에 그치고 있어 30만톤이 부족한 실정

- 생산능력은 130만톤이나 전력 부족으로 생산에 큰 차질을 빚고 있음

○ 북한의 석유매장량은 600억~900억 배럴 정도로 추정되고 있으나, 비용을 감당할 수 없어 개발을 하지 못하는 실정

- 시추선, 쫄장(파일) 등 관련 비용을 감당할 수 없음

* 쫄장 100개를 박으면 1개 정도에서 산출되나, 쫄장 1개 비용으로 100만 달러

- 매장량은 베네수엘라(매장량 12위)보다 많음
- 과거 노두철총리가 중국과 석유개발 MOU(남포 앞바다)를 체결했으나, 양국간 이해의 충돌로 실행되지 않음
- 정주영 회장 방북時 현대의 독점개발권을 협의한 바 있음

## 5. 남북한 철광·자원 개발협력 현황 및 방안

### 1) 북한의 주요 광물 투자 현황

○ 그동안 알려진 북한의 철광석 매장량은 약 50억톤이었으나 최근  공개된 탐사 자료에 의하면 북한의 철광석 매장량은 400억톤이  넘는 것으로 알려짐

- 평북 삭주에 무산광산보다 품위가 뛰어난 철광석 56억톤이 매장된 것으로 추가 확인되었고, 함남 삼평광산에 추가로 269억톤이 매장된 것으로 확인
- 함남 덕성광산 매장량 3억톤, 평북의주 덕현광산 3억톤, 량강도 갑산광산 1억 5천만톤, 황해남도 벽성광산 3억톤 등도 확인됨

○ 북한에는 희토류자원이 매우 풍부하고, 광물 매장량은 10억톤 이상이며 성분량(산화물)은 약 4,800만톤으로 추산

○ 남한의 북한 광물자원 개발 투자는 2001년 압동광산을 비롯하여 총 12건

- 12건의 개발투자사업 중 9건은 순수 민간 투자, 3건은 남북 당국간 경공업-지하자원 연계 경협 프로젝트이며, 2008년 남북관계 악화 이후 사실상 중단
- 실제 투자는 광물자원공사의 정촌 흑연광산(투자금액 : 60억원), 태림석재의 룡강석산(39억원), 서평에너지의 석탄개발(1,000만불), (주)G-한신 희토류·철광석 개발(560만불) 등 4건

- 투자가 이루어진 4곳의 광산에서는 생산이 계속되고 있는 것으로 추정되나, 2010년 5·24 조치 이후 남한기업의 접근이 불가능하여 투자회수 활동이 이루어지지 못하고 있는 실정

2) 남북 자원개발협력 방안

○ 자원개발의 경제성과 상호 win-win의 목표 설정 : 광물자원에 대한 접근성, 개발대상 광물 비교분석, 투자회수기간 등 종합 검토時 북한의 관련 산업에 대한 파급효과가 크고, 개발비용 절감을 위해 기존광산의 우선 개발 및 남한의 수입대체효과가 큰 광물부터 개발

○ 소규모 사업에서 점진적 확대 및 先무산광산 개발 後타지역 확대, 무역, 합작 등 사업방법의 다양화, 특구 지정 등 남북한 정부가 담보

○ 개발 대상 광산에 대한 위치 분포, 규모, 개광일자, 생산능력, 현재 생산량, 광질, 채광법 등에 대한 기본정보 사전조사. 지리적 조건 및 인프라 현황, 기후, 하천수, 전력, 노동력 등 산업기반 현황(전후방 연관산업, 배후단지 등)에 대한 실사

○ 경제성 평가 : ㉠ (북) 자체 평가 자료 제시, ㉡ (南) 평가자료 검토 및 실사단 파견, ㉢ 객관성 확보를 위해 국제기관에 최종 평가 의뢰

○ 공기업(광물자원공사)과 민간기업(포스코 등)의 주도로 사업 추진과정에서 대북 협상력을 발휘해 남한기업의 요구를 관철시키기 위해 정부의 적극적 협조가 중요하며, 남북협력기금과 국제금융기구 자금의 활용이 필요

○ 컨소시엄 구성 : 광자공이 주도하고 철도공사, 도로공사, 한국전력 등 공기업의 참여 및 수요업체 주도 아래 대북사업 경험을 보유한 민간업체 등 참여

○ 추진절차 : 사업예비단계→ 시범사업단계→ 활성화 단계→ 안전화 단계

○ 무산광산, 김책제철소, 청진항을 포함한 철강특구를 지정(가칭 무산청진특구)하고, 개성공단지구법과 같은 무산청진특구법을 제정

## 제1장

# 북한의 투자유치 법제 및 환경

### 1. 투자유치

#### 1) 개요

○ 사회주의헌법 제2장 37조 : 국가는 기관, 기업소, 단체와 다른 나라의 법인 또는 개인들과의 기업 합영과 합작, 특수경제 지대에서 여러가지 기업창설 운영을 장려

○ 1984년 합영법 개정

○ 1990년대 20여개의 외국인 투자관계법 새로 제정

○ 외국인 투자를 위한 법률적 환경개선, 투자 수속절차 간소화 등 법규 수정 보충사업 지속적으로 진행

#### 2) 외국인 직접투자 방식의 종류

○ 북한에서 창설, 운영할 수 있는 외국인 투자기업에는 합영기업, 합작기업, 독자기업 형태가 있음

| 합영투자 | 합작투자 | 독자투자 |
|---|---|---|
| 북한기업과 외국인 투자자가 공동으로 투자하고 운영하며 출자몫에 따라 이윤을 분배하는 형태 | 북한기업과 외국인 투자자가 공동으로 투자하고, 북한기업이 운영하며 계약조건에 따라서 상대방의 투자몫을 상환하거나 이윤을 분배하는 형태 | 외국인 투자자가 단독으로 투자하여 운영하는 형태 |

#### 3) 외국인 투자자

○ 해외의 동포 (남한 기업 포함)

○ 외국의 기관, 기업체, 개인, 기타 경제조직

#### 4) 투자 부문

| 투자 허용 부문 | 투자 장려 부문 | 투자 금지 및 제한 대상 |
|---|---|---|
| - 공업, 농업, 건설, 운수, 체신, 과학기술, 관광, 유통, 금융과 같은 여러 부문 | - 첨단기술을 비롯한 현대기술, 국제시장 경쟁력이 높은 제품 생산부문, 인프라 건설부문, 과학연구 및 기술개발부문 | - 나라의 안전과 민족의 미풍양속에 지장을 주는 대상<br>- 자원 수출을 목적으로 하는 대상<br>- 정해진 환경보호 기준에 맞지 않는 대상<br>- 경제 기술적으로 뒤떨어진 대상<br>- 수익성이 낮은 대상 |

5) 승인 절차

| 순서 | 절 차 | 상 세 |
|---|---|---|
| 1 | 기업창설 신청서 | 북한과 외국측 투자자 사이 계약체결 후 작성, 기업규약(정관), 경제기술 타산서 (사업타당성보고서)첨부 |
| 2 | 재정성, 국가계획위원회, 국가과학기술위원회, 국토환경보호성, 기타 기관들 | 해당기관에서 검토 |
| 3 | 대외경제성에서 통지 (15일 이내) | 기업창설승인서 또는 부결 통지 |

6) 등록 절차

| 순서 | 절 차 | 상 세 |
|---|---|---|
| 1 | 기업창설 승인 | 회사공인조각(법인인감신고), 계좌(외환구좌)개설(외국인 투자 경우 승인과 등록은 중앙은행에서) |
| 2 | 기업등록 | 대외경제성 |
| 3 | 주소등록<br>- 기업소재지 인민위원회 | 세무등록(사업자등록)- 재정성<br>세관등록(관세청)- 세관총국 |

## 2. 외국인 투자기업의 투자時 세금 및 소요비용

1) 외국인 투자기업에 대한 세금

① 합영·합작과 관련한 북한 내 세금규정 개요

| 항 목 | 가 격 |
|---|---|
| 기업소득세 | 결산 이윤의 25% |
| 재 산 세 | 건물과 선박, 비행기에 대하여 등록된 재산 값의 1~1.4% |
| 거 래 세 | 생산물 판매액의 1~25% |
| 영 업 세 | 봉사수입금의 2~10% |
| 자 원 세 | 판매수입금의 4~10% |
| 지 방 세 | 자동차이용세 : 대당 225$/년, 도시경영세 : 월노임총액의 1% |

② 기업소득세

| | |
|---|---|
| 적용대상 | 외국인 투자기업이 북한 영역 안에서 기업 활동을 하여 얻은 소득과 기소득, 북한영역 밖에서 얻은 소득에 대하여 적용 |
| 세 율 | - 결산이윤의 25%<br>- 장려대상인 경우 10%<br>- 나선경제무역 지대세율 14% |
| 우대조치 | - 장려부문과 나선경제무역 지대 생산부문의 외국인 투자기업 10년 이상 운영될 때 이윤이 난 해로부터 3년간 면세, 2년간 50% 감면<br>- 3,000만$ 이상의 하부구조 건설부문 투자의 경우 이윤이 난 해로부터 4년간 면세, 3년간 50% 감면<br>- 재투자하는 경우 재투자분에 해당한 기업소득세액의 50%반환, 하부구조 건설부문인 경우 100% 반환 |

③ 거래세

| | | |
|---|---|---|
| 적용대상 | 공업, 농업, 경공업, 수산업 등의 분야에서 자체로 상품을 생산, 판매하는 생산부문의 외국인 투자기업에 적용 | |
| 세 율 | - 전기제품 1.2~3%<br>- 금속제품 1.2~2.1%<br>- 화학제품 0.6~1.8%<br>- 고무제품 1.2~2.4%<br>- 신발제품 0.9~1.2%<br>- 전자제품 1.8~4.2%<br>- 농산물 0.9~1.2%<br>- 임가공부문 1.5%<br>- 기타공업제품 2~5% | - 연료제품 0.6~1.5%<br>- 기계.설비 1.2~1.5%<br>- 건재제품 0.6~3%<br>- 섬유제품 3~4.5%<br>- 일용제품 1.5~5%<br>- 식료품 5~25%<br>- 축산물 0.6~1.5%<br>- 가죽,털제품 2.5~4% |
| 우대조치 | - 수출하는 제품과 국가적 요구에 의하여 북한영역 안에 판매하는 제품에 대해서는 거래세를 면제 | |

④ 영업세

| | | |
|---|---|---|
| 적용대상 | 봉사부문과 건설부문의 외국인 투자기업에 적용 | |
| 세 율 | - 건설부문 2.4%<br>- 동력부문 1.8%<br>- 상업부문 2.4~3%<br>- 급양부문 3%<br>- 여관,호텔 4.8%<br>- 위생편의 5.4% | - 체신 및 교통 운수 부문 1.2%<br>- 금융 및 보험부문 1.5%<br>- 무역부문 2.4~4.8%<br>- 관광 3.6%<br>- 광고 4.2%<br>- 오락 6% |
| 우대조치 | - 건설, 교통운수, 동력부문의 외국인 투자기업이 국가적 요구에 의해 봉사하였을 경우 100% 면세<br>- 외국투자은행이 유리한 조건으로 대부하였을 경우 50% 감면<br>- 나선경제무역지대 안의 하부구조를 건설하는 경우 100% 면세<br>- 나선경제무역지대 봉사부문 50% 감면 | |

⑤ 자원세

| | |
|---|---|
| 적용대상 | 외국인 투자기업이 자원을 수출하거나 판매를 목적으로 자원을 채취하는 경우 적용 |
| 세 율 | - 지하자원 20~25%- 수산자원 10~16%<br>- 산림자원 10~25%- 동식물자원 10%<br>- 물자원 10~25% |
| 우대조치 | - 원유, 천연가스 같은 자원을 개발하는 기업 5~10년간 면제<br>- 자원을 그대로 팔지 않고 현대화된 기술공정에 기초하여 가치가 높은 가공제품을 만들어 수출하거나 국가적 조치로 공화국의 기관, 기업소, 단체에 판매하였을 경우 50% 범위에서 감면<br>- 장려부문의 외국인 투자기업이 생산에 이용하는 지하수에 대하여 50% 범위에서 감면 |

⑥ 개인소득세

| | |
|---|---|
| 적용대상 | 북한영역 안에서 소득을 얻은 외국인 또는 북한영역 안에 1년 이상 체류하거나 거주하면서 북한영역 밖에서 소득을 얻은 외국인에게 적용 |
| 세 율 | - 노동보수에 의한 소득세율 5~30%<br>- 재산판매에 의한 소득세율 25%<br>- 증여에 의한 소득세율 2~12%<br>- 기타소득 20% |
| 우대조치 | - 월 노동보수액 500유로 이하인 경우 면제<br>- 증여소득이 5,000유로 이하인 경우 면제 |

⑦ 재산세

| | |
|---|---|
| 적용대상 | 외국인이 북한 영역 안에서 소유하고 있는 건물과 선박, 비행기에 대해 적용 |
| 세 율 | - 건물 1%<br>- 선박과 비행기 1.4% |
| 우대조치 | - 나선경제무역지대 안에 있는 납세의무자가 자기 자금으로 구입하였거나 건설한 건물의 재산세는 그것을 구입하였거나 준공한 달로부터 5년간 면제 |

⑧ 상속세

| | |
|---|---|
| 적용대상 | 북한 영역 안에 있는 재산을 상속받은 외국인과 북한 영역밖에 있는 재산을 상속받은 북한 영역 안에 거주하고 있는 외국인에게 적용 |
| 세 율 | - 6~30% |
| 우대조치 | - 월 상속액이 100,000유로 아래인 경우 면제<br>- 상속세액이 25,000유로 이상인 경우 3년 안에 분할 납부 |

⑨ 지방세

| | | |
|---|---|---|
| 도시<br>경영세 | 적용대상 | 외국인 투자기업, 체류 또는 거주하고 있는 외국인에게 적용 |
| | 세 율 | - 외국인 투자기업은 기업의 월노임 총액의 1%<br>- 외국인은 월 노동보수액의 1% 또는 소득을 취득할 때 수입금의 1% |
| 자동차<br>이용세 | 적용대상 | 자동차를 소유한 외국인 투자기업과 외국인에게 적용 |
| | 세 액 | - 승용차 대당/년 100유로<br>- 10석 버스 대당/년 100유로<br>- 11석 이상 버스 좌석수당/년 15유로<br>- 소형 반짐버스 대당/년 100유로<br>- 화물자동차 적재 톤당/년 15유로<br>- 화물운반용차 적재 톤당/년 15유로<br>- 화물운반용 외 차 차체중량 톤당/년 20유로<br>- 전동차 대당/년 15유로 |

⑩ 외국인 투자를 장려하기 위한 조치들

○ 세금감면

○ 외국인 투자자의 투자액과 출자비율의 협의 결정

○ 관세의 면제

- 투자분 고정재산, 경영용 물자에 대한 수입관세 면제
- 외국인 투자 기업의 생산제품에 대한 수출관세 면제

○ 경영상 우대

- 경영손실 4년간 이월
- 가속감가상각 허용
- 토지사용료 면제 또는 감면
- 수출입권 부여

## 2) 외국인 투자기업의 북한 노동력 고용과 관련한 법적규제

| | |
|---|---|
| 인력채용 | - 외국인 투자기업은 북한의 인력을 우선적으로 채용하여야 한다.<br>- 계약에 의하여 정해진 관리인원과 특수한 직종의 기술자, 기능공은 다른나라 사람을 채용할 수 있다. |
| 노동시간 | - 하루 평균 8시간- 주 평균 6일<br>- 년 평균 270일간 이상 |
| 노임수준 | 외국인 투자기업이 채용하는 일반 노동자의<br>- 최저노임 45달러/월- 보험료 7달러/년 |

### 3) 북한 광물자원 개발時 자원개발비용

① 자원개발권 대가

| 지 표 | 광 종 | 비 율 |
|---|---|---|
| 자원개발권 대가 | 금정광 | 4~10% |
| | 동정광 | 4~10% |
| | 중석정광 | 4~10% |

② 토지임대비

| 지 표 | 규 격 | 단 위 | 가 격($) |
|---|---|---|---|
| 주택 및 공공건물용지 | 3부류 3급지 (중심지역과 멀리 떨어진 농촌지역, 산림지역) | ㎡ | 22.5 |
| 공업 및 창고용지 | | ㎡ | 11.25 |

③ 토지사용료

| 지 표 | 단 위 | 가 격($) |
|---|---|---|
| 토지사용료(나선지역은 제외) | 년, ㎡ | 1.5 |

④ 토지개발비

| 지 표 | 단 위 | 가 격($) |
|---|---|---|
| 개발비(부류와 용도에 관계없이) | ㎡ | 75.07 |

⑤ 기초시설의 토지개발비 기준가격

| 지 표 | 단 위 | 가 격($) |
|---|---|---|
| 도 로 | ㎡ | 16.26 |
| 통 신 | ㎡ | 4.6 |
| 난 방 | ㎡ | 4.88 |
| 상 수 | ㎡ | 8.79 |
| 하 수 | ㎡ | 8.79 |
| 전 기 | ㎡ | 6.28 |
| 부지정리 | ㎡ | 6.77 |

⑥ 이전보상비

○ 이전보상비는 토지개발을 위해 개발구획안의 농경지, 살림집 및 공공건물, 기타 부착물을 이전하는 것과 관련하여 지출되는 비용으로 토지를 대토복구하거나 폐기하는 것과 관련하여 지출되는 토지이전 보상비, 건물 및 기타 부착물 이전보상비가 포함됨

- 농작물, 과일, 채소, 공예, 약초 등 보상비는 최근 3년간 평균수확량을 토지임대 당시 국제시장 가격

으로 계산한 금액 (수확량이 없는 여러해살이 작물인 경우에는 그것을 다른데 옮기는데 필요한 금액)

- 건물이전보상비는 국가표준건설단가에 감가상각 연한을 고려한 협의가격 (건물에는 살림집, 공공건물, 생산건물, 창고 같은 것이 포함)
- 기타 부착물 보상비는 기타 부착물을 이설하거나 폐기하는 것과 관련하여 보상하는 비용
- 수원지, 토지보호시설 이전보상비는 국가표준 건설단가에 감가상각금 연한을 고려한 협의가격
- 토지이전보상비는 토지임차자가 부담 (합영회사)
- 임대기관은 이전보상비를 토지임대료에 포함시켜 받음

#### 4) 북한 투자時 인프라 사용료

○ 공업용수가격 10㎥당 0.49$

○ 전력사용료 1,000㎾A당 90$

○ 종업원들의 노력비 1인당 45$/월

○ 통신 설치비용은 국내전화 93$/대, 국제전화 530$/대

#### 5) 북한 광물자원 개발時 수송수단 사용료

① 자동차 화물수송 운임

| 차종류별 | 화물급수 | 단 위 | 운 임($) |
|---|---|---|---|
| 5t급 화물자동차 | 1급, 2급 | t, km | 0.154 |
| | 3급, 4급 | t | 0.112 |
| 10t급 화물자동차 | 1급, 2급 | t | 0.154 |
| | 3급, 4급 | t | 0.112 |
| 20t급 화물자동차 | 1급, 2급 | t | 0.112 |
| | 3급, 4급 | t | 0.084 |
| 40t급 화물자동차 | 1급, 2급 | t | 0.112 |
| | 3급, 4급 | t | 0.084 |

② 자동차 컨테이너 수송 운임

| 지 표 | 컨테이너 구분 | 단 위 | 운 임($) |
|---|---|---|---|
| 화물자동차(추레라) | 20피드 | t, km | 0.112 |
| 화물자동차(추레라) | 40피드 | t, km | 0.091 |

③ 철도 화차 사용 요금

| 지 표 | 구 분 | 단 위 | 운 임($) |
|---|---|---|---|
| 화차사용료 | 수출화물인 경우 | 일, 량 | 57.4 |
| 화차사용료 | 수입화물인 경우 | 일 | 35 |
| 화차사용료 | 국내화물인 경우 | 일 | 35 |

# 제2장
# 북한의 외국인 투자유치 정책 및 법제

## 1. 개 요

### 1) 북한의 외국인 투자 유치 기본정책

○ 북한은 대외경제 협조의 발전추세에 맞게 1984년에 합영법을 제정 발표하여 합영방식에 의한 외국인의 직접투자를 허용하였으며, 1990년대에는 외국인 투자관계법과 규정들을 대폭적으로 새로 제정하거나 개정하여 외국인 투자를 위한 법률적 환경을 개선

○ 북한은 28개국과 『투자장려 및 보호협정』을 체결했고, 15개국과 『2중과세 방지협정』을 체결

○ 외국인 투자자들은 북한의 공업, 농업, 건설, 운수, 체신, 과학기술, 관광, 유통, 금융 등 경제의 여러 분야에 투자할 수 있음

○ 북한은 첨단기술 개발, 인프라 개발, 과학 및 기술연구부문, 국제 시장에서 경쟁력 있는 제품을 생산하는 부문에 대한 투자를 장려, 이런 부문에 투자한 외국인 투자기업들에게 기업소득세와 토지이용, 물, 전기이용 등에서 특혜를 지원할 수 있음

○ 북한의 전반적인 외국인 투자사업을 관리하는 정부기관 합영투자 위원회가 2010년 7월 8일 북한 최고인민회의 상임위원회 법령 제941호에 의하여 조직, 운영되고 있음

### 2) 북한의 투자환경

① 일반환경

○ 평안남도, 평안북도, 황해남도, 황해북도, 함경남도, 함경북도, 자강도, 량강도, 강원도의 9개의 도와, 수도인 평양시와 남포시로 이루어진 2개의 직할시, 라선시 1개의 특별시로 이뤄짐

○ 북한은 총면적은 12만 3,138㎢이며, 사계절이 뚜렷한 온대기후, 연평균 기온은 8~12℃, 강수량은 1,000~1,200㎜

② 경제환경

○ 생산수단을 국가와 사회협동단체가 소유하는 형태의 계획경제

○ 전기와 물 공급, 도로, 철도를 비롯한 국내외 교통, 통신, 항구 등을 갖추고 있으며, 모든 도들과 시·군들이 철도 및 도로망으로 연결돼 있고 중국과 러시아와 철도·도로가 연결

○ 수력발전과 화력발전에 의해 전력을 생산하고, 전국적으로 광통신을 기본으로 통신시설들이 갖추어져 있음

○ 외국환은행은 무역은행이고, 외환업무 전문은행은 조선대성은행, 고려상업은행, 고려은행, 창광

신용은행, 동북아시아은행, 대동신용  은행 등

③ 자연환경

○ 북한에는 200여종의 광물자원과 수산자원, 산림자원 등이 있음

○ 광물자원으로는 철광석을 비롯한 흑색금속광물, 금, 은, 연, 아연 등 유색금속광물, 비금속광물인 마그네사이트, 석회석, 곱돌, 고령토 등과 무연탄, 갈탄을 비롯한 석탄이 있음. 특히 흑연과 마그네사이트는 거의 세계 최대규모의 매장량

○ 북한의 목재식물 약 100종, 약용식물 약 900종, 산나물 300종, 산 열매식물 약 30종 등 다양한 식물자원이 있음

○ 수산자원은 물고기만 850종이며, 이 중 665종은 바다, 185종은 호수·저수지·강 등 담수에 분포

## 2. 외국인 투자기업의 창설 및 운영제도

### 1) 외국인 투자기업의 유형

○ 북한은 북한에 투자할 수 있는 투자 당사자에 대하여 제한을 두지 않음 (외국인투자법 제5조)

○ 북한에서 창설·운영할 수 있는 외국인 투자기업에는 합영기업, 합작기업, 외국인기업(독자기업)으로 나뉨(외국인투자법 제2조)

- 합영기업은 북한의 투자자와 외국인투자자가 공동으로 투자하고 운영하며 투자몫에 따라 이윤을 분배하는 기업형태
- 합작기업은 북한의 투자자와 외국인 투자자가 공동으로 투자하고 북한이 운영하며, 계약조건에 따라 외국인 투자자의 투자몫을 상환 하거나 이윤을 분배하는 기업형태
- 외국인기업(독자기업)은 외국인투자자가 단독으로 투자하여 운영하는 기업형태

### 2) 기업창설 및 등록절차, 영업허가

○ 북한에서 합영, 합작기업을 창설할 때는 북한측 투자자가 책임지고 수속을 진행. 단, 독자기업을 창설할 경우 외국인투자자가 책임지고 진행하여야 하며 특수경제지대 관리위원회의 봉사부문 혹은 투자자가 선정한 북한의 대리인에게 위탁할 수 있음

① 투자신청 및 심의 (예시: 합영기업)

: 합영기업을 창설하려는 외국투자자와 북한투자자는 계약서, 기업규약(정관), 경제기술타산서(타당성보고서) 초안을 만든 다음, 북한투자자는 기업창설신청문건의 내용을 밝힌 합의의뢰문건을 국가계획기관, 중앙재정기관, 중앙과학기술관 등 해당 관계기관에 보내어 기업창설과 관련한 합의를 받음

[계약문건에 포함되어야 할 사항]

- 기업의 명칭, 소재지
- 계약당사자명, 소재지

- 기업의 조직목적과 업종, 존속기간
- 총투자액, 등록자본, 출자몫과 출자액, 출자몫의 양도
- 계약당사자의 권리와 의무
- 경영관리기구와 로력관리
- 기술이전
- 기금의 조성 및 리용, 결산과 분배
- 계약위반에 대한 책임과 면제조건, 분쟁해결
- 계약내용의 수정, 보충 및 취소, 보험, 준거법
- 해산과 청산
- 계약의 효력
- 기타 필요한 내용

[관계기관과 합의할 사항]

- 국가계획기관과는 총투자액과 출자할 현물재산명, 로력, 자재, 원료, 동력, 용수의 보장조건, 생산 및 생산물처리, 단계별 수익성 타산자료
- 중앙재정기관과는 총투자액, 현물 및 현금출자액, 자금원천, 단계별 수익성 타산자료
- 중앙과학기술기관과는 총투자액, 현물 및 기술투자의 기술분석, 기술이전과 관련한 자료
- 이밖의 관계기관과는 해당한 자료
- 북한투자자는 외국인투자자와 계약을 맺은 다음 합영기업창설 신청문건을 중앙투자관리기관에 제출. 신청문건에는 계약문건, 기업의 규약, 경제기술타산문건, 관계기관들과의 합의문건, 합영당사자들의 거래은행신용확인자료 등을 첨부
- 중앙투자관리기관은 이를 검토, 심의하고 기업창설 신청문건을 접수한 날로부터 30일내에 기업창설을 승인하거나 부결하는 통지문건을 신청자에게 보냄. 합영기업은 투자관리기관에 등록한 날로부터 공화국의 법인이 됨. 외국투자은행의 설립, 신청에 대한 승인 및 부결권은 중앙은행

② 기업등록

: 기업창설을 승인받은 국내와 외국인 투자자들은 기업창설승인문건에 기초하여 기업의 공인을 조각하고 해당 은행에 계좌 개설

: 합영기업은 기업창설이 승인된 날로부터 30일 안으로 해당 도인민위원회에 기업을 등록한 다음 기업등록증을 발급받아야 함

: 기업이 등록되면 20일내에 세무등록과 세관등록

: 합영기업은 북한영역 안이나 다른 나라에 지사, 대리점, 출장소 등을 세울 경우, 중앙투자관리기관의 심사승인 받아야 함

[환경영향평가 신청]

- 투자자들이 기업을 창설하려는 경우 기업창설승인을 받은 후 해당 국토환경보호기관에 환경영

향평가에 대한 신청서를 보냄

③ 영업허가

: 합영기업은 영업허가를 받아야 영업활동

: 영업허가는 중앙투자관리기관(지대관리기관)이 하며, 영업허가를 합영기업창설 승인문건에 밝힌 조업예정 날짜 안에 받아야 함. 불가피한 사정으로 영업허가를 조업예정 날짜 안에 받을 수 없는 경우에는 조업기일 연장 신청문건을 제출

[영업허가 취득 조건]

- 건물을 신설 또는 확장하는 경우에는 준공검사에 합격
- 생산기업인 경우에는 시운전을 한 다음 시제품을 생산
- 봉사부문에서는 해당한 설비 및 시설을 갖추어놓고 물자를 구입하여 영업준비를 끝내야 함
- 합영기업창설승인문건에 지적된 투자를 하여야 함
- 이밖의 영업활동에 필요한 준비를 끝내야 함
- 중앙투자관리기관은 영업허가신청문건을 받은 날부터 15일 안으로 영업허가증을 발급해주거나 부결. 영업허가증을 받은 날이 합영기업의 조업일
- 외국인 투자기업은 기업창설승인과 함께 주소등록, 세무등록, 세관등록, 계약에 기초한 투자를 한 다음 영업허가를 받은 날로부터 민사 법률관계의 당사자로서 독자적으로 경제거래 가능

### 3) 출자

① 출자비율과 출자재산

: 합영, 합작기업에서 외국인투자가의 출자비율을 법적으로 제한하지 않고 북한 투자자와 합의하여 정함. 또한 북한영역 안에 조직되는 합영·합작기업들은 유한책임회사의 형태로 조직되는 것으로 하여 외국인투자자들의 투자활동에서의 위험한도를 출자 몫에 국한

: 합영당사자들은 화폐재산, 현물재산과 공업소유권, 토지이용권, 자원개발권 같은 재산권으로 출자 가능. 이 경우 출자한 재산 또는 재산권의 값은 해당시기 국제시장가격에 준하여 당사자들이 합의

: 합영기업의 출자총액은 총투자액의 30~50%이상, 특허권, 상표권, 공업 도안권과 같은 지적재산권의 출자는 등록자본의 20%를 초과할 수 없음

[출자인정 시점]

- 화폐재산은 해당 금액을 거래은행의 계좌에 넣었을 때
- 현물재산은 소유권 또는 이용권 이전수속을 끝낸 다음 기업의 구내에 옮겨놓았을 때
- 공업소유권, 저작권은 해당증서를 기업에 이관하였을 때
- 기술비결은 계약에 정한 기술이전조건이 실현되었을 때

② 출자기간

- 투자당사자들은 출자를 기업창설승인문건에 지적된 기간 안에 하여야 하며 정한 기간 안에 출자를 하지 않아 상대편 당사자에 손해를 주었을 경우에는 그 손해를 보상, 불가피한 사정으로 정한 출자기간을 연장하려는 경우 출자기간이 끝나기 1개월 전에 중앙투자 관리기관에 출자기간연장 신청문건을 제출하여 승인을 받아야 함
- 출자기간은 여러번 연장할 수 있으나 총 연장기간은 12개월, 기업은 출자를 끝냈을 경우 이사회에서 평가한 후 해당 검증기관으로부터 받은 출자확인문건을 중앙투자관리기관에 제출

### 4) 외국인 투자기업의 관리기구

○ 북한의 외국인 투자기업 관계법들에서는 기업의 기구를 합영기업, 합작기업, 외국인기업에 따라 각기 다르게 규제

① 합영기업

- 합영기업의 관리기구는 이사회와 경영관리기구, 재정검열원으로 구성, 이사회는 합영기업의 최고결의기관, 이사회 회의는 전체 이사의 3분의 2이상이 참가하여야 성립
- 이사회 회의에서는 기업의 규약을 수정보충하거나 기업의 발전대책, 경영활동계획, 결산과 분배, 관리성원들의 임명 및 해임, 등록자본의 증가, 출자몫의 양도, 업종의 변경, 존속기간의 연장, 해산, 청산위원회 조직 같은 중요한 문제들의 토의 결정
- 그 중에서 기업의 규약수정보충, 출자몫의 양도, 업종 및 등록, 자본의 변동, 존속기간의 연장, 기업해산에 대한 이사회결정은 이사회의 참가한 이사들의 전원찬성으로, 이 밖의 문제는 반수 이상의 찬성으로 채택하며, 부이사장, 이사들의 수는 합영당사자들이 정함
- 그 이사장과 부이사장은 이사회의에서 선거, 임기 3년
- 이사장은 합영기업의 최고결의기관의 대표자, 이사회의는 정기회의와 임시회의를 가짐, 정기회의는 1년에 1회 이상, 임시회의는 필요할 때마다 소집
- 그 이사들이 결의권은 행사하지만 기업의 일상적인 경영활동에는 참가하지 않으므로 노임 지불이 없음
- 경영관리기구는 합영기업의 현행업무집행기관, 합영기업은 필요한 관리부서를 두고 일상적인 업무를 집행, 관리부서에는 책임자, 부책임자, 재정회계원 그 밖의 필요한 성원으로 구성
- 기업책임자는 대외적으로 이사회에서 위임받은 범위 안에서 합영기업을 대표, 기업 안에서는 이사회로부터 받은 직권을 행사하여 이사회 결정을 실행
- 합영기업에는 기업의 관리부서에 속하지 않는 재정검열원을 둠. 재정검열원은 이사회의 결정에 따라 기업의 재정상태를 정상적으로 검열. 자기 사업에 대하여 이사회 앞에 책임
- 합영기업은 규약, 이사회의 결정에 따라 관리운영

② 합작기업

- 합작기업은 비상설적인 공동협의기구를 조직, 운영 공동협의 기구에서도 합작기업의 운영에서

나서는 중요한 문제들을 토의 결정

- 합작당사자는 공동협의기구에서 토의, 결정한 문제를 계약에 포함시켜 성실히 이행

③ 외국인기업(독자기업)

- 자체의 실정에 맞게 필요한 기구를 두고 독자적 경영, 이사회 조직, 운영

### 5) 경영활동

① 업종 및 존속기간

- 합영기업은 허가받은 업종 범위 안에서 경영활동, 업종 바꾸거나 늘릴 경우 중앙투자관리기관의 승인을 받음
- 기업의 존속기간은 기업창설승인문건에 정한대로 함, 존속기간은 합영당사자들이 합의하여 연장 가능

② 기업의 원료 및 부분품의 보장과 제품판매 실현

- 생산 및 경영에 필요한 인력, 물자, 기술, 설비, 전력, 용수 같은 것을 북한의 해당 기관, 기업소에서 보장받으려 하거나 생산한 제품을 북한의 해당 기관, 기업소에 판매하려 할 경우에는 중앙투자관리기관에 계획을 맞물린 다음 해당 절차에 따라 구입 또는 판매
- 기업은 투자, 생산과 경영에 필요한 물자를 수입하거나 생산한 제품을 수출時 물자의 수출입 허가를 받지 않으며, 다만 물자반출입승인을 받음. 이 경우 관세를 적용하지 않음
- 북한에서는 외국인 투자기업이 생산한 제품의 수출을 장려
- 기업이 생산한 제품이 북한에서 절실히 요구되거나 다른 나라에서 수입하려는 제품에 속하는 것이라면 북한에 판매 가능

③ 인력관리, 재정금융, 보험

- 합영기업은 종업원을 북한 인력으로 채용, 일부 관리인원과 특수한 직종의 기술자, 기능공은 투자관리기관에 통지, 다른나라 인력으로 채용 가능
- 합영기업은 경영활동에 필요한 자금을 북한 또는 다른 나라에 있는 은행에서 대부 가능, 대부받은 북한원과 외화로 교환한 북한원은 정해진 은행에 예금하고 써야 함
- 합영기업은 재정관리와 회계계산을 외국인 투자기업에 적용하는 재정회계법규에 따름
- 합영기업은 보험 가입時 북한에 있는 보험회사에 가입해야 함

### 6) 결산 및 분배

① 결산

- 합영기업의 결산년도는 1월 1일부터 12월 31일까지이며, 년간결산은 다음해 2월 안
- 합영기업의 결산은 총수입금에서 원료 및 자재비, 연료 및 동력비, 인력비, 감가상각금, 물자구입비, 직장 및 회사관리비, 보험료, 판매비 같은 것을 포함한 원가를 덜어 이윤을 확정

- 그 이윤에서 거래세 또는 영업세와 기타 지출을 공제하고 결산이윤을 확정

- 합영기업의 년간 결산문건은 이사회의 비준을 받아야 함

② 분배

- 이윤 분배는 결산이윤에서 소득세를 바치고 예비기금을 비롯한 필요한 기금을 공제한 다음 출자몫에 따라 합영당사자들 사이에 나누는 방법으로 함
- 합영기업은 등록자본의 25%에 해당한 금액이 될 때까지 해마다 얻은 결산이윤의 5%를 예비기금으로 적립. 예비기금은 합영기업의 결손을 메꾸거나 등록자본을 늘릴 때만 사용 가능
- 합영기업은 생산확대 및 기술발전기금, 종업원들을 위한 상금, 문화후생기금, 양성기금 등 필요한 기금을 조성해야 함
- 기금의 종류와 규모, 이용대상과 범위는 이사회에서 토의 결정
- 합영기업의 외국측 투자자는 분배받은 이윤과 기타 소득, 기업을 청산받은 자금을 제한 없이 북한영역 밖으로 송금 가능

### 7) 해산과 청산, 분쟁해결

① 해산과 청산

- 합영기업은 존속기간의 만료, 지불능력의 상실, 당사자의 계약 의무불이행, 지속적인 경영손실, 자연재해 같은 사유로 기업을 운영할 수 없을 경우 해산
- 합영기업은 존속기간이 끝나기 전에 해산사유가 생기면 이사회에서 결정, 투자관리기관의 승인을 받아 해산
- 합영당사자들이 계약의무를 이행하지 않아 기업을 해산하는 경우 입은 손해는 책임있는 당사자가 보상
- 중앙투자관리기관은 기업해산신청문건을 받은 날로부터 10일안에 그것을 심사하고 승인하거나 부결하는 결정을 한 다음 해당한 통지문건을 신청자에게 보내야 함
- 청산위원회가 작성한 청산안은 기업을 해산시킨 이사회 또는 중앙투자관리기관(기업의 파산을 신고하였을 경우에는 재판기관)의 합의를 받아야 함
- 합영기업의 청산재산은 청산사업과 관련한 비용, 세금, 종업원들의 노동보수, 기업의 채무순위로 처리하며 남은 재산은 합영 당사자들의 출자몫에 따라 분배
- 청산위원회는 합영기업의 거래업무를 결속하고 청산을 끝낸 다음 10일안으로 기업등록취소수속, 청산과정에 기업을 파산시키는 것이 옳다고 인정될 경우에는 재판소에 파산을 제기

② 분쟁 해결

- 외국인 투자와 관련한 의견 상이는 협의의 방법으로 해결, 협의의 방법으로 해결할 수 없을 時 조정·중재·재판의 방법으로 해결
- 북한국제무역중재위원회와 북한쏘프트중재위원회, 조선해사중재위원회가 있으며, 외국인 투자

기업의 활동에서 제기된 중재문제들은 해당 중재위원회에서 중재

- 합영의 경우 당사자들의 합의에 따라 3국의 중재기관에 제기

③ 분쟁의 종류

- 북한기관, 기업소, 단체와 외국인기업(외국법인, 즉 북한영역 안에서 소득원천이 있는 다른나라 기관, 기업체, 경제조직, 개인업자)사이에 생긴 분쟁
- 북한기관, 기업소, 단체와 외국인 투자기업(합영기업, 합작기업, 외국인기업) 사이에 생긴 분쟁
- 외국인 투자기업과 외국인 투자기업 사이에 생긴 분쟁
- 외국인기업과 외국인기업 사이에 생긴 분쟁
- 북한기관, 기업소 단체와 외국인 투자기업 및 외국인 기업과 해외동포, 외국인 사이에 생긴 분쟁사건

④ 분쟁의 중재 절차

: 중재제기 → 접수통지 → 답변서제출 → 재결원협의회 구성 → 중재사건심리 → 재결 → 재결사본 발송 → 재결 집행→ 합의 및 조정

〈표 1〉 북한에서의 절차

| 순서 | 신청기관 | 절 차 | 내 용 |
|---|---|---|---|
| 1 | 국가계획기관,<br>중앙재정기관,<br>중앙과학기술기관 | 국방위원회에<br>기관기지 등록 | 타당성검토보고서, 계약서, 정관, 남한승인서, 자금증명 등 제출 |
| 2 | 국토개발위원회 | 국토개발승인서 | 국토종합개발계획에 따른 타당성 검토 및 승인 |
| 3 | 국토환경보호성 | 산림토지이용,허가, 환경영향평가심사 | 산림훼손 및 종합환경평가 |
| 4 | 국가지하자원개발위원회 | 국가지하자원<br>개발위원회 승인 | 자원개발을 목적으로 한 경우 |
| 5 | 대외경제성 | 합영(작) 회사설립 | 정관, 계약서, 회사명칭, 국토개발승인서, 환경평가승인서, 자원개발승인서 등 첨부 신청, 수출입업 등록 |
| 6 | 기업소재지<br>인민위원 | 사업자등록 | 회원가입 |

〈자료원 : 북한대외경제성〉

## 3. 외국인 투자기업의 재정금융제도 및 검증

### 1) 외국인 투자기업의 재정관리의 기본원칙

○ 외국인 투자기업의 재정관리는 기업경영활동에 필요한 화폐자금을 조성, 합리적으로 이용하며 세

금납부, 이윤분배, 투자몫의 상환과 관련한 기업관리의 한 부문

○ 외국인 투자기업의 재정관리대상에는 투자재산, 이윤분배금, 해당 기업의 이사회 또는 공동협의회기구에서 토의 결정한 재정계획과 투자상환금 경영활동과정에 늘어난 재산이 포함

○ 외국인 투자기업은 외국환을 취급 하는 북한의 은행에 계좌를 개설, 재정관리

○ 외국인 투자기업이 다른 나라에 있는 은행에 계좌를 개설할 경우 재정성의 합의를 받아 개설

○ 외국인 투자기업의 재산은 법적으로 보호되며, 이 규정은 합작기업, 합영기업, 외국인기업, 합영은행, 외국인은행에 적용

2) 외국인 투자기업의 자금조성

○ 외국인 투자기업의 자본은 투자자의 출자금, 신용, 증여, 기업운영과정에 조성되는 이윤으로 조성하며, 자본에는 등록자본과 차입자본, 기업운영과정에 늘어난 자본이 속함

○ 기업을 창설하고 운영하는데 필요한 고정재산, 유동재산은 기업의 등록자본으로 조성하여야 하며 모자라는 자금은 차입 자본으로 조성 가능

○ 외국인 투자기업의 등록 자본은 기업의 존속기간 안에 늘일 수 있으나 줄일 수는 없음

○ 합영기업인 경우 등록자본액은 총투자액의 30%~50%이상이 되어야 함

○ 기업은 투자자의 출자 및 조업준비와 관련한 조업전의 재정관리를 잘해야 하며 출자와 관련한 재정관리는 출자자별로 하며 출자 확인문건은 회계검증기관의 검증을 받아야 함

○ 출자하는 현물재산과, 재산권, 기술비결의 가격은 국제시장가격에 준하여 계약당사자들이 합의하여 정하며, 지적재산권의 출자비율은 등록자본의 20%를 넘을 수 없음

3) 외국인 투자기업의 자본금 이용

○ 기업의 자본금은 조업준비자금, 유동자금으로 이용 가능하며, 조업 준비자금은 기업이 창설되어 영업허가를 취득할 때까지의 기간에 행정 및 건물관리비, 시제품생산비 같은 자금으로 지출

○ 조업준비기간에 이루어진 시제품판매수입금과 기타 수입금은 조업 준비자금으로 사용 하며, 조업준비자금으로 쓰고 남은 수입금은 미처분 이윤으로 적립하여, 이윤분배나 투자 확대시 사용

○ 외국인 투자기업은 자체로 재정계획을 세우고 그것을 이사회 또는 공동협의회에서 토의결정

○ 외국인 투자기업은 조업준비기간의 재정계획을 따로 세워야 함

4) 외국인 투자기업에 대한 대출

○ 북한의 은행에 북한원 계좌와 외화계좌를 개설하여 이용하며 필요한 자금을 북한이나 다른 나라에 있는 은행으로부터 대출을 받을 수 있음

○ 대출대상은 생산공정의 현대화를 비롯하여 경영활동에 필요한 외 항목이 포함

○ 대출이자율은 대체로 국제표준 대출이자율을 따름

### 5) 외국인 투자기업의 이익금 반출

○ 투자자는 기업을 하여 얻은 이윤과 소득금, 기업을 청산하고 남은 자금을 회계검증 기관의 확인을 받은 조건에서 국외로 세금없이 송금하거나 자본을 제한 없이 이전할 수 있음

- 세금납부 후 이윤배당금
- 세금납부 후 기타 소득금
- 기업을 청산하고 남는 자금

○ 외국인 투자기업은 원료, 자재, 경영용물자 수입에 필요한 외화를 국외로 반출할 수 있음

- 원료, 자재 및 설비수입 대금
- 경영용물자 수입 대금
- 다른 나라에 설치한 지사, 대표부, 대리점, 출장소의 경비 자금
- 다른 나라의 유가증권, 부동산취급자금
- 이외에 따로 정한 자금

○ 외국인은 노임의 60%까지를 국외로 송금할 수 있으며 60% 이상인 경우 외화관리기관의 승인을 받아야 함

### 6) 외국인 투자기업 회계의 기본원칙

○ 북한의 외국인 투자기업회계법은 2006년 10월 25일 최고인민회의 상임위원회 정령 제2037호로 채택

○ 외국인 투자기업회계법은 회계의 세계적 발전 추세와 국제재무보고 기준, 국제회계기준을 북한의 현실적 조건에 맞게 창조적으로 적용하여 투자자들에게 보다 유리한 경영활동 조건을 보장하고 회계정보를 이용하는 기업의 이해관계자들의 이익을 보호 하는데 적극 이바지하기 위하여 채택

○ 특히 북한에서는 최근 세계적으로 급속히 보급되는 중소규모기업 국제회계 기준을 투자자들의 이익에 부합되게 연구사업을 활발히 진행하고 있음

○ 외국인 투자기업의 회계년도는 1월 1일부터 12월 31일까지이며 창설되는 외국인 투자기업의 회계년도는 조업을 시작한 날부터 12월 31일까지이며, 해산 또는 파산되는 외국인 투자기업의 회계연도는 1월 1일부터 해산되는 날까지

○ 외국인 투자기업의 회계 화폐는 외화를 북한원으로 환산하여 계산하며 경우에 따라 US$로 할수 있음

○ 기업의 회계사업은 해당한 자격을 가진 자만이 하며 회계검증과 고정재산의 감정평가는 북한 안에 있는 외국인 투자기업 회계검증사무소가 담당

○ 외국인 투자기업회계법은 합영기업, 합작기업, 외국인기업과 북한영안에 3개월 이상 지속적인 수입이 있는 외국인기업의 지사, 사무소, 대리점 같은 외국인 투자기업에 적용

○ 회계서류는 5년, 회계장부와 년간 회계결산서는 10년 동안 보관

○ 회계결산서에는 재정상태표, 손익계산서, 현금흐름표, 이윤분배계산서 또는 손실처리 계산서가 포함되며, 본 회계결산서는 회계 검증을 받아야 법적효력을 가짐

### 7) 외국인 투자기업에 대한 회계검증

○ 외국인투자기업회계검증규정은 1997년도에 제정되어 집행하다가 2004년 11월 29일 내각결정 제49호로 수정 보충됨

○ 회계검증이란 독자적인 전문기관 또는 인원이 의뢰를 받아서 기업의 회계결산서와 그것이 반영하는 경제활동에 대하여 검토하고 의견을 발표하는 사업을 말하며, 회계검증은 회계감사, 회계심의, 심계라고도 함

○ 북한에서는 이 사업을 검증이라고 하며 검증기관을 회계검증사무소라고 하며, 중국은 검증을 심계라고 하며 이러한 기관을 주책 회계사사무소라 함

○ 외국인 투자기업회계검증은 투자검증, 결산검증, 청산검증을 기본으로 하고 이외에 기업의 의뢰에 따라 통합, 분리, 재산의 양도, 재평가, 폐기, 대부담보, 재투자와 같은 의뢰대상들에 대하여 검증을 진행

○ 외국인 투자기업은 새로 창설되거나, 통합, 분리, 재투자 하는 경우에 투자 검증을 받아야 하며, 북한에서는 기업을 창설한 다음에 기업창설승서에 지적된 기간 안에 투자를 진행하고 투자검증을 받아야 영업활동을 할 수 있게 규제함

○ 회계검증기관은 투자검증을 통하여 투자자들이 자기재산의 크기를 확정하여주며 앞으로 있을 수 있는 분쟁들에 대하여 사전에 대책하여 줌

○ 기업창설에 대한 투자검증은 조업전에 받으며 통합, 분리에 대한 투자검증은 기업변경등록을 한 날부터 2개월 안으로 받으며 재투자에 대한 투자검증은 해당 투자가 끝난 날부터 1개월 안에 받음

○ 투자 검증은 외국인 투자기업이 의뢰한 문건에 근거하여 검증범위를 정하고 진행

○ 화폐재산의 투자는 해당한 화폐를 기업의 거래은행 예금계좌에 넣었을 경우 인정하며 그것은 입금당일 북한의 무역은행이 발표하는 교환시세에 따라 계산

○ 부동산의 투자는 그 소유권 또는 이용권을 기업에 이전 하는 수속을 끝낸 다음 해당 증서를 발급받았을 때 인정

○ 현물재산의 투자는 소유권 또는 이용권의 이전수속을 끝낸 다음 해당 기업의 구내에 옮겨놓았을 경우에 인정

○ 재산권의 투자는 해당 소유권증서를 기업에 이전하는 수속을 끝낸 경우에 인정

○ 투자하는 현물재산과 재산권, 기술비결의 가격은 국제시장가격에 준하여 합영, 합작당사자들이 합의하여 정함

○ 외국인 투자기업은 투자검증이 끝나면 그것을 검증한 투자실적검증보고서를 받아야 함

○ 투자실적검증보고서에는 투자계획과 투자실적, 투자비율이 반영되며 쌍방투자자의 수표, 회계검증원의 수표, 투자검증날짜와 회계검증관의 공인이 있어야 함

○ 투자검증보고서는 기업이 존속기간을 끝마칠 때까지 보관하여야 함

○ 결산검증은 외국인 투자기업의 재정상태와 경영성과에 대한 검증을 모두 포함하는 검증형태이며 회계검증의 기본형태임

○ 외국인 투자기업은 년간 회계결산서에 대한 검증을 의무적으로 받아야 하며, 결산검증은 회계검증사무소가 결산서를 검토하는 방법으로 함

○ 기업은 회계년도가 끝난 날부터 1개월 안으로 년간 회계결산서를 회계검증사무소에 내야하며 결산검증을 받은 외국인 투자기업은 결산 결과에 대한 회계검증보고서를 반드시 받아야 함

○ 해산되는 외국인 투자기업은 청산검증을 받아야 하며, 재판소의 판정으로 파산되는 외국인 투자기업의 청산검증은 재판소의 의뢰가 있을 경우에 함

○ 검증과정에 알게 되였거나 통지받은 중요한 경제거래사항을 회계검증보고서에 반영함

○ 회계검증은 객관적으로 공정하게 하며 알게 된 기업비밀을 공개하지 않아야 하며, 검증결과에 대하여 외국인 투자기업은 회계검증기관으로부터 검증보고서를 받아야 함

○ 회계검증보고서에는 검증의견을 주며, 검증의견은 긍정의견, 조건적 긍정의견, 부정의견, 검증거절로 나누어 의견을 제기함

○ 긍정의견은 회계 검증 진행한 결과 회계결산서를 비롯하여 해당검증 대상의 회계자료들이 합법성, 정확성의 견지에서 완전무결한 것으로 평가되었을 때 주는 검증의견임

○ 조건적 긍정의견은 회계검증진행결과 결산서를 비롯한 검증대상의 자료들이 회계 법규의 요구에 맞게 작성되었으나 일부 문제점들이 나타난 경우에 일정한 조건하에서는 비교적 정확하다고 평가할 수 있을 때 주는 검증의견임

○ 부정의견은 회계검증진행결과 기업이 작성한 문건들이 회계법규의 요구에 맞게 제대로 되어있지 않으며 북의 요구와 이익에 부합되지 않을 때 검증대상의 자료에 대한 부정적 입장에서 주는 검증의견의 한 형태임

○ 회계검증과정에 제기된 문제들이 심각하여 부정의견을 표명하게 되는 경우는 일반적으로 나타난 결함들이 3가지이상인 경우이며 세금 납부와 판매수입금, 원가에 영향이 미치는 문제일 때에는 그 어떤 경우에도 반드시 부정의견을 표명함

○ 검증거절은 회계검증 진행과정에 기업이 작성한 문건들이 회계법규의 요구에 맞게 제대로 되어 있지 않는 것을 비롯하여 회계자료 전반에 대하여 의견이 있을 때 표명하여 주는 검증의견의 한 형태

○ 북한은 2004년 11월 아시아태평양회계사련맹(CAPA)에 가입, 연맹이 제정한 모든 규약의 요구를 철저히 준수하고 있으며, 회계와 관련한 국제적인 토론회와 회의들에 참가하여 회계검증의 질적 수준을 높이고 있음

## 4. 외국인 투자 관련 북한의 법률(2011년 12월 21일)

○ 나선경제무역지대법

: (2011.12.3.) 최고인민회의 상임위원회 정령 제2007호로 수정보충

○ 외국인기업법

: (2011.11.29.) 최고인민회의 상임위원회 정령 제1994호로 수정보충

○ 외국인투자기업 노동법

: (2011.12.21.) 최고인민회의 상임위원회 정령 제2047호로 수정보충

○ 외국인투자기업 재정관리법

: (2011.12.21.) 최고인민회의 상임위원회 정령 제2044호로 수정보충

○ 외국인투자기업 파산법

: (2011.12.21.) 최고인민회의 상임위원회 정령 제2050호로 수정보충

○ 외국인투자법

: (2011.11.29.) 최고인민회의 상임위원회 정령 제1991호로 수정 보충

○ 외국인투자기업 및 외국인 세금법

: (2011.12.21.) 최고인민회의 상임위원회 정령 제2048호로 수정 보충

○ 외국인투자기업 등록법

: (2011.12.21.) 최고인민회의 상임위원회 정령 제2049호로 수정보충

○ 외국인투자기업 회계법

: (2011.12.21.) 최고인민회의 상임위원회 정령 제2046호로 수정보충

○ 외국인투자 은행법

: (2011.12.21.) 최고인민회의 상임위원회 정령 제2051호로 수정보충

○ 토지임대법

: (2011.11.29.) 최고인민회의 상임위원회 정령 제1995호로 수정보충

○ 합영법

: (2011.11.29.) 최고인민회의 상임위원회 정령 제1993호로 수정보충

○ 합작법

: (2011.11.29.) 최고인민회의 상임위원회 정령 제1992호로 수정보충

○ 황금평·위화도경제지대법

: (2011.12.3.) 최고인민회의 상임위원회 정령 제2006호로 채택

## 5. 북한 투자를 위한 남한에서의 절차

○ 초기의 남북경협은 북한주민 접촉승인을 득하고 북한의 대남 경협창구인 민족경제협력연합회를

접촉, 사업 파트너 소개 및 투자절차를 협의, 사업파트너와 의향서를 작성 통일부 제출

○ 통일부의 동의를 거친 후 현장방문 계약서 체결한 것과 타당성검토보고서 및 통일부요청 문건을 갖추어 협력사업자승인을 신청, 6개 부처 심의를 거쳐 승인이 나오면

○ 북측의 승인을 득한 후 남측의 통일부에 협력사업 승인을 신청, 역시 6개 부처 심의 후 협력사업 승인을 받은 후 사업을 진행할 수 있었으나 현재는 협력사업 승인만으로 할 수 있도록 간편해짐

〈표 2〉 남한에서의 절차

| 순서 | 절차 | 내용 |
|---|---|---|
| 1 | 통일부에 북한주민 접촉신고 | 신규사업자는 통일부 인터넷 교류협력시스템에 접속하여 신청 |
| 2 | 북 대남창구 민경련과 사업 협의 | 투자항목, 방식, 투자지역, 파트너 선정 등 협의 |
| 3 | 북한의 사업상대방과 협의 | 타당성 보고서 작성, 합영·합작방법 논의 |
| 4 | 의향서 작성 | 투자방법 및 규모 등 협의 후 의향서 작성, 통일부 제출 |
| 5 | 현지실사 | 사업추진지역 실사, 자연환경, 인프라, 노동력 등 확인 |
| 6 | 계약서 작성 | 의향서 및 타당성보고서 통일부 확인 후 사업상대방과 계약서 작성 |
| 7 | 통일부 승인 | 계약서 통일부 서식에 맞추어 사업승인 신청 |
| 8 | 합영(작)회사 설립 | 통일부사업승인서와 자금증명, 계약서, 북한기관에 합영·합작회사 설립 신청 |

〈자료원 : 통일부〉

# 제3장
# 외국인 투자기업의 세금 관련 법제

## 1. 세금 및 소요비용

### 1) 세금 일반규정

○ 북한은 외국인 투자기업 및 외국인세금법은 1993년 1월 31일 최고 인민회의 상설회의 결정 제 26호로 채택

○ 외국인 투자기업 및 외국인세금법은 외국투자기업과 외국인들에 대한 세금징수에서 제도와 질서를 세워 세금을 공정하게 부과하고 정확히 납세하도록 하기 위하여 제정함

○ 북한영역 안에서 경제거래를 하거나 소득을 얻는 외국인 투자기업과 외국인은 이 규정에 따라 세금을 세무기관에 납부

○ 외국인 투자기업 및 외국인에게 부과되는 세금에는 기업소득세, 개인소득세, 재산세, 상속세, 거래세, 영업세, 자원세, 지방세로서 총 8개의 세금종류

○ 외국인 투자기업과 외국인의 세무등록은 북한의 세무기관이 하며, 외국인 투자기업은 기업을 창설하거나 통합, 분리, 해산할 경우에는 등록한 날부터 20일안으로 세무등록과 그 변경 및 취소수속

○ 또한 외국인 투자기업은 기업을 등록한 날부터 20일 안으로 외국인은 체류 또는 거주승인을 받은 날부터 20일 안에 세무기관에 등록

○ 외국인 투자기업과 외국인은 기업의 소개지가 변경되었거나 통합 분리되었을 경우와 등록자본, 경영범위, 존속기간 변경 같은 세무등록 내용이 변경되었을 경우 변경된 날부터 20일 안으로 세무기관에 세무변경을 등록

○ 세무등록을 하려고 할 경우 세무기관에 세무등록 신청문건을 제출하고, 세무기관은 세무등록을 하였을 경우 세무등록을 한 날로부터 10일 안으로 신청자에게 세무등록증을 발급

○ 외국인 투자기업과 외국인이 이용하는 세무관련 문건 양식은 재정성이 정한 양식에 준함

○ 세무와 관련한 문건은 거래가 이루어진 때로부터 5년간 보존하여야 함

○ 이 규정들은 북한에서 경제거래를 하여 소득을 얻는 외국인 투자기업과 90일 이상 체류 또는 거주하고 있으면서 소득을 얻는 외국인에게 적용

### 2) 기업소득세(법인세)

○ 외국인 투자기업은 북한영역 안에서 기업활동을 하여 얻은 소득과 기타 소득, 북한 밖에서 얻은 소득에 대하여 기업소득세를 납부하여야 함

○ 외국인 투자기업은 북한에서 생산물판매소득, 건설물인도소득, 운임 및 요금소득, 봉사부문의 판매소득 같은 기업활동을 하여 얻은 소득과 이자소득, 배당소득, 고정재산임대소득, 재산판매소득, 지적소유권과 기술비결의 제공에 의한 소득, 경영과 관련한 봉사제공에 의한 소득, 증여소득(고정재산 제외)같은 기타 소득에 대하여, 북한영역 밖에서 얻은 지사소득, 출장소소득, 계열사소득, 대리점 소득, 기타 소득에 대하여 기업소득세를 납부하여야 함

[기업소득세율]

- 일반적인 외국인 투자기업의 기업소득세율은 결산이윤의 25%
- 첨단기술부문, 하부구조건설부문, 과학연구부문 같은 장려부문 외국인 투자기업의 세금율은 결산이윤의 10%
- 특수경제지대에서의 기업소득세율은 결산이윤의 14%
- 외국기업이 북한에서 얻은 배당소득, 이자소득, 임대소득, 특허권 사용료 같은 기타 소득을 얻은 경우 소득세율은 20%

[납세]

- 기업소득세의 납세년도는 해마다 1월 1일~12월 31일까지
- 납세년도 안에 영업을 시작한 외국인 투자기업은 영업을 시작한 날로부터 그해 12월 31일까지 해산되는 외국인 투자기업은 해산되는 해의 1월 1일부터 그해 해산을 선포한 날까지가 납세기간
- 기업소득세는 외국인 투자기업의 총수입금에서 원가 및 유통비, 거래세 또는 영업세, 자원세, 기타 지출을 공제한 결산이윤에 정한 세율을 적용하여 계산
- 기업소득세 납세는 분기별로 예정 납부하고 기업소득세 납부서를 세무기관에 내야 하며 연간 결산에 의하여 확정 납부함

[우대제도]

- 장려 대상들에 대한 기업소득세 면제 또는 감면
- 장려대상에 속하는 외국인 투자기업의 소득세율은 결산이윤의 10%로 적용
- 철도, 도로, 비행장, 항만 같은 하부구조건설부문의 외국인 투자기업에 대하여서는 기업소득세를 이윤이 나는 해부터 4년간 면제하며 그 다음 3년간은 50% 범위에서 덜어줌
- 장려부문 외국인 투자기업을 10년 이상 운영할 때 이윤이 난 해로부터 3년간 소득세 면제, 2년간 소득세 50% 감면
- 3,000만 달러 이상의 하부구조건설부문에 투자할 때 이윤이 난 해로부터 4년간 소득세 면제, 그 이후 3년간 소득세 50% 감면
- 라선경제무역지대의 생산부문 외국인 투자기업이 10년 이상 운영하는 경우 이윤이 나는 해부터 소득세를 3년간 면세하며 그 다음 2년간은 50%범위에서 상각함
- 라선경제무역지대의 봉사부문 외국인 투자기업이 10년 이상 기업을 운영할 경우에는 기업소득세를 이윤을 나는 해부터 1년간 면제하며 그 다음 2년간은 50%범위에서 덜어 줌

- 외국인 투자자가 재투자하여 5년 이상 운영하는 경우 하부구조건설부문100%, 기타부문은 50%의 기업소득세를 반환

3) 개인소득세

○ 북한영역 안에서 소득을 얻은 외국인은 세무기관에 개인소득세를 납부하여야 하며, 북한영역 안에 1년 이상 체류하거나 거주하는 외국인은 북한영역 밖에서 얻은 소득에 대해서도 개인소득세를 납부하여야 함

○ 과세대상에는 노동보수에 의한 소득, 이자소득, 배당소득, 고정재산 임대소득, 재산판매소득, 지적소유권과 기술비결의 제공에 의한 소득, 경영과 관련한 봉사제공에 의한 소득, 증여소득이 포함

[세율]

- 노동보수에 대한 개인소득세는 소득액의 5~30%
- 이자소득, 배당소득, 고정재산임대소득, 지적소유권과 기술비결의 제공에 의한 소득, 경영과 관련한 봉사제공에 대한 개인소득세의 세율은 소득액의 20%
- 증여소득에 의한 개인소득세는 소득액이 7,500$까지인 경우 면제하며, 그 이상인 경우 세율은 소득액의 2~15%
- 재산판매소득에 의한 개인소득세률은 25%

[납세]

- 노동보수에 대한 개인소득세는 노동보수를 지불하는 단위가 노동보수를 지불할 때 공제하여 5일 안으로 세무기관에 납부하거나 수익인이 노동보수를 받아 10일 안으로 세무기관에 납부해야 함
- 기타 이득에 의한 개인소득세는 분기마다 계산하여 다음달 10일안으로 해당 재정기관에 수익인이 신고 납부

[우대제도]

- 개인소득세를 면제, 외국인이 노임을 본국에서 받고 북한영역 안에서 받지 않을 경우 세무기관이 승인한 감면금액에 한해서 세금을 납부하지 않음
- 북한의 금융기관으로부터 받은 저축성 예금의 이자와 보험보상금의 소득은 납부하지 않음
- 라선경제무역지대에서는 상업, 금융, 오락업을 제외한 부문의 영업세는 50% 감면.

4) 상속세

○ 북한영역 안에 있는 재산을 상속받는 외국인은 상속세를 내야 함

○ 북한영역 안에 거주하고 있는 외국인이 북한영역 밖에 있는 재산을 상속 받았을 경우에도 상속세를 내야함

○ 상속재산에는 동산, 부동산, 화폐재산, 유가증권, 예금 및 저금, 보험금, 지적소유권, 채권과 같은 재산 또는 재산권이 포함

○ 상속재산의 평가는 해당 재산을 상속받을 당시 가격으로 하며 이때 회계검증기관의 검증을 받아야 함

[세율]

- 상속세의 세율은 상속받은 금액의 6~30%

[납세]

- 상속세는 상속받은 날로부터 3개월 안에 세무기관에 신고, 납부

[우대제도]

- 상속세액이 25,000 유로 이상일 경우에는 세무기관에 신청하여 3년 안에 분할 납부할 수 있음

### 5) 거래세

○ 생산부문과 건설부문의 외국인 투자기업은 거래세를 내야 하며, 거래세의 과세대상은 생산물의 판매수입금과 건설공사 인도수입금임

[세율]

- 외국인 투자기업의 거래세율은 일반적으로 생산물판매수입금과 건설공사 인도수입금의 1~15%로 일부 기호품에 한하여 16~50%
- 거래세는 품종별로 된 생산물판매액 또는 건설공사 인도수입액에 정한 세율을 적용하여 계산

[납세]

- 월중에 이루어진 수입금에 대하여 다음달 10일내에 납부

[우대제도]

- 외국인 투자기업이 생산한 제품을 수출하는 경우와 북한의 요구에 의하여 북한 내에 판매하는 경우에는 거래세를 면제
- 나선경제무역지대 안에 있는 외국인 투자기업은 거래세의 50%를 면제

### 6) 영업세

○ 봉사부문과 외국인 투자기업에 적용

○ 영업세의 과세대상은 교통운수, 동력, 상업, 무역, 금융, 보험, 관광, 광고, 여관, 급양, 오락, 위생편의 같은 부문의 봉사수입금으로 함

[세율]

- 봉사수입금의 2~10%
- 교통운수, 동력부문은 수입금의 2~4%
- 보험부문, 금융부문은 수입금의 3~5%
- 체신, 정보기술봉사부문은 수입금의 5~8%
- 상업부문, 무역부문, 관광, 광고, 여관업, 금융업, 오락업, 위생편의업 같은 편의 봉사부문은 수입금의 4~10%

[납세]

- 영업세의 납부는 업종별 봉사수입이 이루어질 때마다 정한 세율을 적용하여 세무기관에 납부하여야 함

### 7) 지방세

○ 지방세는 도시경영세와 자동차이용세로 구성

○ 도시경영세는 외국인 투자기업의 도시경영세의 세율은 외국투자기업의 월 노임총액의 1%

○ 자동차이용세의 세액은 대체로 15~110$/대당·년

○ 대형버스와 화물자동차는 좌석수와 적재톤수에 따라 세율을 정함

〈표 3〉 차종별 세율

| 구 분 | 단 위 | 금 액($) |
|---|---|---|
| 승용차 | 대당/년 | 100 |
| 버스 10석까지 | 대당/년 | 100 |
| 버스 11석이상 | 좌석수당/년 | 10 |
| 소형반짐 버스 | 대당/년 | 100 |
| 화물차 | 적재톤당/년 | 15 |
| 냉동차 | 적재톤당/년 | 15 |
| 화물운반용 | 차체중량 톤당/년 | 20 |

〈자료원 : 북한대외경제성〉

### 8) 재산세

○ 외국인은 북한영역 안에 가지고 있는 건물과 선박, 비행기에 대하여 재산세를 납부해야 하며, 외국인은 재산을 소유한 날로부터 20일안 세무관에 등록해야 함

[세율]

- 세율은 등록된 재산액의 1~1.4%(건물1%, 선박1.4%, 비행기1.4%)
- 이를 위하여 외국인은 재산을 해당 재정기관에 등록해야 함

[납세]

- 재산세는 분기가 끝난 다음달 20일 안으로 재산소유자가 세무기관에 납부해야 함

### 9) 자원세

○ 외국인 투자기업은 자원을 수출하거나 판매 또는 자체소비를 목적으로 자원을 채취하는 경우 세무기관에 자원세를 납부해야 함

○ 자원에는 천연적으로 존재하는 광물자원, 산림자원, 동식물자원, 수산자원, 물자원 같은 것이 속함
○ 자원세의 과세대상은 자원을 수출하거나 판매하여 이루어진 수입금 또는 자체소비량의 정해진 가격으로 함

[세율]

- 세율은 수출하거나 판매하여 얻은 수입금 또는 자체 소비하는 자원의 종류에 따라 2~9%

[납세]

- 자원세는 자원을 수출하거나 판매하여 수입이 이루어지거나 자원을 소비할 때마다 세무기관에 납부해야 함

[우대제도]

- 자원을 그대로 팔지 않고 현대화된 기술공정에 기초하여 가치가 높은 가공제품을 만들어 수출하거나 북한의 조치로 북한의 기관, 기업소, 단체에 판매하였을 경우에는 50%의 범위까지 자원세를 감면해 줌

### 10) 기타 우대제도

○ 북한은 외국인 직접투자를 국가경제발전의 중요한 구성부분으로 간주하고 외국인 투자기업들에게 여러가지 세금적 특혜와 기타 우대제도를 실시하고 있음

[이익배당세]

- 기업소득세 지불 후 외국인 투자자들에게 분배되는 이익배당에 대하여 따로 이익배당세를 물지 않음

[손실조월]

- 외국인 투자기업의 경영손실은 4년간 조월할 수 있음
- 외국인 투자기업이 경영손실을 내였을 경우에는 예비기금에서 메우고 예비기금으로 다 메울 수 없는 경우 다음 년도의 결산이윤에서 메울 수 있으며 다음 년도에도 메우지 못하였을 경우에는 연속하여 해마다 메울 수는 있으며 기간은 경영손실을 낸 해부터 4년간. 이때 손실을 메우고 남은 결산이윤에 대한 기업소득세를 지불

[사회보험]

- 외국인 투자기업 성원들의 사회보험료는 1인당 월 7$로 대비적으로 볼 때 매우 낮으며 기업의 기타 원가 포함
- 사회보험료가 지불된데 따라 외국인 투자기업의 성원들은 각종 질병, 사고 등으로 초래되는 물리적 치료를 북한 영역안의 병원들에서 무상으로 치료받을 수 있음

[관세면제]

- 외국인 투자기업이 투자분으로 들여오는 생산 및 경영에 필요한 원료, 자재, 경영용 물자에 대한 수입관세를 면제

### 11) 외국인 출입, 체류거주

○ 외국인이 북한에 대한 출입은 출입국법에 따라야 하며, 특수경제지대의 출입은 따로 정한 질서에 따라야 함

○ 북한으로 출입하는 외국인은 북한국민과 마찬가지로 여권, 선원증, 사증 같은 해당 출입국증명서를 가져야 함

○ 북한에 대한 투자나 기업창설을 비롯하여 공무로 입국하는 외국인은 북한의 초청기관이 보낸 초청장 사본과 수속을 위한 입국자들의 해당자료들을 입국수속기관에 제출

○ 북한에 체류, 거주하던 외국인은 귀국할 경우 해당 출입국사업기관에서 체류, 거주 등록을 삭제하여야 함

○ 외국인의 체류는 단기체류와 장기체류로 나뉘며, 단기체류는 입국한 날부터 6개월, 장기체류는 6개월 이상으로 함

○ 북한에 입국한 외국인은 목적지에 도착한때부터 48시간 안에 체류 등록을 하고 여권 또는 받은 사증에 확인을 받아야 함

○ 외국인의 체류, 거주 수속은 공화국의 초청기관이 맡아 진행

○ 주택 및 사무실, 창고 등은 해당 주택, 사무실을 가지고 있는 기업들과 협의 계약하여 임대

○ 주택 및 사무실 구입비의 경우 가격은 평양시에서 건물의 위치와 질에 따라 결정되지만 대체로 70~180$/㎡, 지방은 55~150%/㎡

### 12) 소요비용

○ 토지사용료는 나선지역을 제외하고 년/㎡ 1.5$

○ 토지개발비는 부류 용도에 관계없이 ㎡ 75.07$

〈표 4〉 토지임대비

| 지 표 | 규 격 | 단 위 | 가 격($) |
|---|---|---|---|
| 주택 및 공공건물용지 | 3부류 3급지 (중심지역과 멀리 떨어진 농촌지역, 산림지역) | ㎡ | 22.5 |
| 공업 및 창고용지 | | ㎡ | 11.25 |

〈자료원 : 북한대외경제성〉

〈표 5〉 기초시설의 토지개발비 기준가격

| 지 표 | 단 위 | 가 격($) |
|---|---|---|
| 도로 | ㎡ | 16.26 |
| 통신 | ㎡ | 4.6 |

| 난방 | ㎡ | 4.88 |
|---|---|---|
| 상수 | ㎡ | 8.79 |
| 하수 | ㎡ | 8.79 |
| 전기 | ㎡ | 6.28 |
| 부지정리 | ㎡ | 6.77 |

〈자료원 : 북한대외경제성〉

○ 이전보상비는 토지개발을 위하여 개발구획안의 농경지, 살림집 및 공공건물, 기타 부착물을 이전하는 것과 관련하여 지출되는 비용

○ 이전보상비에는 토지를 대토복구하거나 폐기하는 것과 관련하여 지출되는 토지이전보상비, 건물 및 기타 부착물 이전보상비가 포함

○ 농작물, 과일, 채소, 공예, 약초 등 보상비는 최근 3년간 평균수확량을 토지임대 당시 국제시장 가격으로 계산한 금액(수확량이 없는 여러해살이작물인 경우에는 그것을 다른데 옮기는데 필요한 금액)

○ 건물이전보상비는 국가표준건설단가에 감가상각년한을 고려한 협의가격(건물에는 살림집, 공공건물, 생산건물, 창고 같은 것이  포함)

○ 기타 부착물 보상비는 기타 부착물을 이설하거나 폐기하는 것과 관련하여 보상하는 비용

○ 수원지, 토지보호시설 이전보상비는 국가표준 건설단가에 감가상각금 년한을 고려한 협의가격

○ 토지이전보상비는 토지임차자가 부담(합영회사)

○ 임대기관은 이전보상비를 토지임대료에 포함시킴

〈표 6〉 자동차 화물수송 운임

| 차종류별 | 화물급수 | 단 위 | 운 임($) |
|---|---|---|---|
| 5t급 화물자동차 | 1급, 2급 | t, km | 0.154 |
| | 3급, 4급 | t | 0.112 |
| 10t급 화물자동차 | 1급, 2급 | t | 0.154 |
| | 3급, 4급 | t | 0.112 |
| 20t급 화물자동차 | 1급, 2급 | t | 0.112 |
| | 3급, 4급 | t | 0.084 |
| 40t급 화물자동차 | 1급, 2급 | t | 0.112 |
| | 3급, 4급 | t | 0.084 |

〈자료원 : 북한대외경제성〉

〈표 7〉 자동차 컨테이너 수송 운임

| 지 표 | 컨테이너 구분 | 단 위 | 운 임($) |
|---|---|---|---|
| 화물자동차(추레라) | 20피드 | t, km | 0.112 |
| 화물자동차(추레라) | 40피드 | t, km | 0.091 |

〈자료원 : 북한대외경제성〉

〈표 8〉 철도 화차사용 요금

| 지 표 | 구 분 | 단 위 | 운 임($) |
|---|---|---|---|
| 화차사용료 | 수출화물인 경우 | 일, 량 | 57.4 |
| 화차사용료 | 수입화물인 경우 | 일 | 35 |
| 화차사용료 | 국내화물인 경우 | 일 | 35 |

〈자료원 : 북한대외경제성〉

〈표 9〉 강·하천 환경기준자료

| 지 표 | 단 위 | 기준 값 |
|---|---|---|
| 페 하 | PH | 6.5-8.5 |
| 색 도 | mg/ℓ | 2 |
| 암모니아성질소 | 〃 | 0.3 |
| 아질산질소 | 〃 | 0.05 |
| 질산성질소 | 〃 | 10 |
| 염소이온 | 〃 | 30 |
| 용전산소 | 〃 | 5 |
| 생화학적 산소 요구량 | 〃 | 4 |
| 기 름 | 〃 | 불검출 |
| 니 켈 | 〃 | 0.1 |
| 시 안 | 〃 | 불검출 |
| 비 소 | 〃 | 0.05 |
| 수 은 | 〃 | 불검출 |
| 크 롬 | 〃 | 0.03 |
| 아 연 | 〃 | 1 |
| 부유물질 | 〃 | 25 |

| 화학적산소요구량 | 〃 | 3 |
|---|---|---|
| 동 | 〃 | 0.1 |
| 연 | 〃 | 0.1 |
| 카드미움 | 〃 | 0.01 |
| 페 놀 | 〃 | 0.001 |
| 불 소 | 〃 | 0.4 |
| 유기염소 | 〃 | 0.02 |
| 폴리염화비페닐 | 〃 | 불검출 |
| 유기린 | 〃 | 1 |
| 대장균 | 개/100㎖ | 1000 |

〈자료원 : 북한대외경제성〉

〈표 10〉 미광폐수 배출기준자료

| 지 표 | 단 위 | 기준 값 |
|---|---|---|
| 페 하 | PH | 6.0-8.5 |
| 부유물질 | mg/ℓ | 80 |
| 크 롬 | 〃 | 0.5 |
| 비 소 | 〃 | 0.5 |
| 수 은 | 〃 | 0.05 |
| 시 안 | 〃 | 0.1 |
| 불 소 | 〃 | 7 |
| 연 | 〃 | 1 |
| 동 | 〃 | 1 |
| 아 연 | 〃 | 5 |
| 카드미움 | 〃 | 0.1 |
| 총 철 | 〃 | 30 |
| 니 켈 | 〃 | 1 |
| 망 간 | 〃 | 10 |
| 류 화 물 | 〃 | 1 |

〈자료원 : 북한대외경제성〉

# 제4장
# 외국인기업의 대북 투자 실태

## 1. 중국 기업(인)의 광물자원 투자현황

○ 최근까지 확인된 중국기업들의 사례를 위주로 자원개발, 제조업, 유통업, 인프라 분야에서의 중국의 북한 투자현황을 파악

○ 중국이 북한에서 가장 적극적으로 투자를 진행하고 있는 분야는 광물자원 개발로 중국기업들이 북한 광산에 대한 투자는 2005년 이후에서야 본격화되었지만 짧은 기간에 북한의 주요광산에 진출하면서 생산설비와 인프라에 대한 투자를 진행하고 있음

○ 북한의 자원개발 투자에 대한 중국의 관심은 매장량이 풍부하고 개발 잠재력이 많은 것으로 알려진 철광산과 금광산, 동광산, 무연탄 등이 위주

○ 중국기업들이 가장 많은 관심과 투자가 이루어지는 광산은 무산철광산과 혜산의 동광산임

○ 무산광산은 북한 최대의 노천광산으로 매장량이 31억톤 이상으로 추정되는 세계적인 노천광산

○ 길림성 연변·화룡에 위치한 천지그룹은 북한의 흑색공업성과 2006년 투자계약을 체결하여 무산광산에서 생산된 철광석을 반입하였음.

- 천지그룹은 생산설비 제공과 연길, 화룡, 남평에서 북한 칠성리간 도로건설과 물품 거래를 위한 세관을 건설하는 데 4,000만 달러를 투자
- 이후 상환 금액의 단가를 국제거래 가격과 차이가 나게 속였다는 북측의 주장에 따라 천지그룹과의 계약은 해지되고 북측책임자는 처벌을 받았음

○ 현재 북·중간에는 중국 상무부와 오광그룹이 북한의 금속공업성과 무산광산 개발권을 가지고 1년 반째 회담을 하고 있으나 지분율 조정 실패로 난항을 겪고 있음

○ 양강도에 위치한 혜산청년광산은 2005년부터 5건의 투자계약을 중국기업과 체결하였음

○ 혜산청년광산은 북한 최대의 광산으로 갱내시설과 장비가 노후화 되었지만 매장량과 광석의 품질이 높아 개발 잠재력이 높은 것으로 평가되고 있으며, 광산에서 중국까지의 거리가 4km 미만으로 생산품의 중국으로의 운반이 용이하고 중국과 송전선이 연결되어 광산에서 중국전력을 이용할 수 있음

○ 지린성 장백현에 소재한 초금광업주식유한공사는 2005년부터 혜산광산과 2억 2천만 위안을 투자하기로 계약을 체결하였으며, 중국 중광그룹은 2008년 혜산광산과 합작회사를 설립하고 광산설비에 대한 투자를 진행 중임

○ 이밖에도 심양 금사비 무산광산설비(2009년) 등의 기업들이 투자가 완료되지 않아 혜산 광산의

생산량이 많지는 않지만 최근 국제 銅가격 상승으로 동광석 함유량이 높은 혜산광산에 대한 중국기업들의 관심은 지속되고 있음

○ 철광과 동광 이외에도 중국기업들은 개발의 경제성이 높은 금, 은, 몰리브덴, 아연, 마그네사이트 등에 투자를 진행하고 있음

○ 실제로 함경남도 허천군에 위치한 상농 금, 은, 동광산은 랴오닝성 다롄흥푸집단의 투자를 받아 2005년 7월 채굴을 재개, 생산된 금정광분을 중국시장에 판매하고 있음

○ 길림성 호용그룹과 중국유색국제광업공사는 북한조선금강총회사와의 합작으로 금광과 은광을 개발 추진하고 있으며, 오광그룹은 무산 철광산과 용통 탄광산 개발에 대한 투자 논의를 계속 진행 중임

○ 저장성 원저우시 강서우집단유한공사는 평남 성천 융흥광산의 몰리브덴 개발에 채굴권 및 판권을 확보하였으며, 최근에는 생산된 광물의 분배와 투자자금의 상환 방법 등을 가지고 북한측과 마찰로 투자 포기 및 과다한 시설보수비 요구, 전력난 열악한 인프라 등의 이유로 투자보류 및 사업포기를 하기도 하였음

〈표 11〉 중국 기업(인)의 북한광산 개발 현황

| 지역 | 광 산 | 중국기업 | 북한사업자 | 추진내용 |
|---|---|---|---|---|
| 함북 | 무산철광산 | 천지그룹 | 조선흑색공업 | 4,000만불 투자 후 2008년 사업중단 |
| | 무산철광산 | 오광그룹 | 금속공업성 | 50억불선투자 광권 독점권 요구 |
| | 오룡철광산 | 연변대한조철 무역유한공사 | 금천무역 | 합영회사설립 3.16유로 투자계획 |
| | 강안동광산 | 천우집단 | 대풍투자그룹 | 광산개발 주택건설 |
| | 강안석탄 | 삼양오산 | 석탄공업성 | 광산시설 및 배수복구사업 |
| 함남 | 덕성철광산 | 흑룡강성민족경제 | 덕성광산 | 광산설비 투자 |
| | 상농 금광산 | 산동국제대황금 | 대외경제 추진위 | 광산개발 |
| | 장진 몰리브덴 | 단동위민 국제상무 | 대양총회사 | 120만유로 투자계약 |
| 양강도 | 문락평 철광산 | 지린성 수광그룹 | 개선총회사 | 광산개발 1억위안 투자계약 |
| | 보천금광산 | 베이징 광업 | 개선총회사 | 광산설비2천만위안 투자 |
| | 혜산동광산 | 장백초금광업 | 혜산광산 | 광산시설 투자 2억2천만위안 |
| | | 허베이성롼허 실업진단 | 혜산광산 | 광산시투자 |
| | | 중광궤지 | 혜산광산 | 합영회사설립 |
| | | 심양금사비무광산 설비 | 광업무역회사 | 광산시설 3천만달러 투자 |
| | | 중광그룹 | 광업개발회사 | 광산시설투자 3천만달러 |
| | 8월동광산 | 북방중공업그룹 | 승리무역 | 광미재처리시설 투자 |
| 평북 | 덕현철광산 | 흑룡강성민족경제 | 조선종합설비 | 덕현광산 미광처리 |
| | | 산시성 신환그룹 | 덕현철광 | 광산투자 15년채굴권 6억위안 투자 |
| | 운산금광산 | 자오진그룹 | 대성경제연합 | 광산시설 투자합의 |
| | 용동 석탄 | 오광그룹 | 용등탄광 | 60년채굴권 합의 광산설비 투자 |
| | 용문석탄 | 베이징 구룡주국제무역 | 용문탄광 | 광산설비 투자 |
| 평안남도 | 용흥 몰리브덴 | 저장성 강서우집단 | 대경추 | 443만달러 투자 합영회사설립 |
| | 2.8직동 탄광산 | 홍콩투자 유한공사 | 전력공업성 | 5천만달러 투자 광산개발 발전소개보수 |
| 황해북도 | 홀동금광산 | 안휘성 지질 탐사국 | 홀동광산 | 탐사 및 광산개발 |
| | 수안금광산 | 하남성물리탐사 | 금강연합기업 | 탐사 및 광산투자 |
| | 은파아연 | 청해서부광업 | 은파광산3,5억 안투자 합영회 사설립 | 3.5억위안투자합영회사 설립 |

| 황해남도 | 웅진철광산 | 시양그룹 | 개선총회사 | 철광산투자후 지분분쟁 투자중단 |
|---|---|---|---|---|
| 나선지구 | 승리화학 | 상지그룹 | 대외경제성 | 승리화학 정유공장 개건현대화 |
| | 마그네샤 탄광개발 | 광물자원 수출입회사 | 미국의 코메탈그룹이 70%이상 구상무역 형태로 독점하면서 중국의 광물자원수출입회사와 개발 | |
| | 물류산업 | 상하이 매리그룹 | 나선지역에 물류센터와 수산물가공회사를 설립하여 진행중 | |
| | 자원탐사 | 중국500대기업가 협의회 | 기업가협의회 북한투자 개발기금조성, 자원탐사 및 개발에 공동투자 | |

〈자료원 : 한국정책금융공사〉

## 2. 중국 기업(인)의 사회간접자원 투자현황

○ 최근 북·중 경제관계에서 특이할 사항은 중국이 자국의 동북3성 개발과정에서 북한 접경지역과의 연계 개발을 추진하는 것임

○ 북한과 동북3성의 접경지역 교통물류 인프라를 정비하는 과정에서 나진선봉, 청진, 황금평, 신의주 중심으로 북한 사회간접자본 분야에 대한 중국의 지원이 가시화되고 있음

○ 중국정부가 2005년 이후 본격적으로 추진하고 있는 동북진흥계획에는 북한 도로, 항만 지역일체화 건설을 촉진하고 대외협력프로젝트를 실시하고 있음

○ 국가는 대외 원조를 실시하는데 있어 우선적으로 동서지역의 변경 세관과 연계되는 교통항구, 공항 등 기초 인프라 건설프로젝트를 배정한다는 내용이 포함되어 있으며, 이는 동북3성 지역의 경제 활성화를 추진하기 위해서 북한접경지역을 연계하여 개발하는 것을 의미함

○ 중국은 이를 위해 훈춘-권하 고속도로를 건설하고 원정리에서 나진까지의 2급 도로를 설치해주고 나진항 1호 부두 사용권 10년을 창리그룹이 받았음

- 창리그룹은 2,000만 위안을 초기 투자하여 나진항1호 부두의 정박지에 대한 보수공사를 진행 화물처리능력을 확장, 석탄과 지린 생산 화물을 중국의 남방으로 운송하고 있음

○ 2010년 9월 훈춘소재 중련해운유한공사와 나진항과 청도항간의 부정기컨테이너선 운항에 합의, 현재 2개의 해운회사가 가동되고 있음

○ 또한 신압록강대교 건설이 완공되면 황금평 개발이 본격화되고 나진항과 청진항 개발 및 나진-원정리간 도로건설이 완공되면 북·중간 교역은 더욱 확대될 것으로 전망됨

## 3. 유럽 기업(인)의 북한 투자현황

○ 북한에서 사업을 진행하는 유럽기업은 30여개임

○ 유럽계 기업과 투자회사들은 선점효과가 높은 지하자원 개발과 산업인프라 분야에 상대적으로 높은 관심을 가지고 북한과 접촉하고 있는 것으로 알려지고 있음

○ 유럽계기업의 산업설비 분야에 대한 진출은 스웨덴-스위스 합작기업인 ABB사로 북한의 전기설

비 및 발전설비산업설비 개선에 참여하였음

○ 런던과 아일랜드 증권거래소에 상장된 아미넥스사는 석유가스 분야사업 계약을 체결하고 석유개발 사업에도 참여하고 있음

○ 영국계 앵글로 아시아자산관리는 조선개발펀드를 조성 광물자원분야 참여를 계약했으나 사업추진내용은 알려지지 않음

〈표 12〉 유럽 기업(인)의 북한 투자 현황

| 국가 | 외국회사 | 북한회사 | 투자 항목 | 투자내용 및 현황 | 진출 년도 |
|---|---|---|---|---|---|
| 영국 | 영국고려 아시아 펀드 | 대동신용은행 | 금융 | - 대성은행과 합작 설립한 페러그린대성개발은행<br>- 북한 내 외국인.기업 구호기관 등에 상업 및 개인금융서비스제공 | 2000 |
| | 글로벌그룹 | 고려글로벌 신용은행 | 금융 | - 은행사업 및 제조업,광업 등에 대한 투자 | 2005 |
| | british american tobacco | 대성bat | 제조업 | - 담배제조공장 BAT가 710만 달러 투자2007년 투자지분을 싱가포르 SUTL그룹에 지분60%넘기고 대북 사업중단 | 2001 |
| | Aminex | 조선 에너지 | 자원 개발 | - Aminex가 유전개발에 필요한 기술 자금지원 2010년 동해안 원유 탐사합의 | 2004 |
| | 앵그로아시아 자산 | 조선 투자펀드 | 자원 개발 | - 은행업 자원개발 | 2006 |
| 영국 | 에리콘개발 회사 | 조선 투자펀드 | 자원 개발 | - 함남대흥광산 마그네사이트생산 4억유로 투자합의 | 2005 |
| | Spirax Sarco | 조선 투자펀드 | 서비스 | - 증기 및 유체 공정 제어관련 기술 협력사업 | 2006 |
| 프랑스 | 라파즈 | 상원 시멘트 | 제조 자원개발 | - 상원시멘트50%지분인수, 2007년 이집트 오라스콤에 인수 | 2007 |
| | 리브라 카운셀사 | 서비스 | 서비스 | - 평양남포 여행상품 개발 | 2002 |
| 네덜란드 | 필립스사 | 조선흥성무역 | 제조업 | - 콤펙트 및 전자제품 생산 | |
| | 피니크스 | 조선하나전자 | 제조업 | - 전자음향제품 | 2003 |
| | 피니크스 | 대외경제 협력추위 | 제조업 | - 가전제품 가정용품 조화등 생산 | 2005 |
| | 프래틀 | 개성공단 | 제조업 | - 한국법인통한 개성공당 진출 자동차부품 생산 | 2008 |

| 독일 | DHL | 조선DHL | 서비스 | - 국제우편화물운송등 물류업 | 1999 |
|---|---|---|---|---|---|
| | 독일기술학술<br>서적중개소 | 독일문화원<br>정보센터 | 서비스 | - 독일 서적 잡지시청각자료등 제공 | 2004 |
| | 칼괴<br>데그룹 | KarlGeuth-<br>erGroup | 서비스 | - 식재료 공급전문회사 | 2006 |
| 이탈<br>리아 | RAT | 평화자동차 | 제조업 | - 평화자동차 평양공장 부품공급 | 1999 |
| | SE.GES.<br>AM사 | 고려호텔 | 서비스 | - 평양고려호텔 부대사업투자 | 2010 |
| 스위스 | 인터퍼시픽홀<br>딩사 | 평스제약 | 제조업 | - 설비투자 자체브랜드 의약품 생산<br>평스약국 운영 | 2004 |
| | Quinter-<br>mine | 승리경소<br>마그네샤 | 자원<br>개발 | - 마그네샤 생산수출 | |
| 오스트<br>리아 | J.Nemet-<br>schke | 평양<br>피아노 | 제조업 | - 피아노 주형틀 공명판 등 피아노<br>외관 생산 | 2002 |
| 덴마크 | 웨스트토탈피<br>그회사 | 코단합영회사 | 목축업 | - 돼지고기 생산 | 2004 |

〈자료원 : 한국정책금융공사〉

○ 서비스분야에서는 10여개의 유럽기업들이 정보통신서비스 기술자문 투자컨설팅 식음료 판매 등에서 소규모 대북투자를 진행하고 있음

○ 스위스계 제약사가 투자한 평스제약회사가 있음. 진통제와 항생제, 비타민 등의 의약품을 제조하고 있으며, 해외 인도적 지원물품의생산 및 약국 공급 역할도 하고 있음. 또한 프랑스라파즈회사가 상원시멘트에 투자했다가 이동통신업체인 오라스콤에 넘겼으나 소유권 분쟁에 휩싸여 있음

## 4. 중동 및 동남아 기업(인)의 북한 투자현황

○ 국가차원의 북한과 경제교류는 활발하지 않지만 일부 중동 동남아시아 지역 기업들이 높은 투자리스크에도 불구고 수익창출을 위해 북한에 진출을 하고 있음

○ 대표적인 사례로 북한 이동통신사업권을 확보한 이집트의 오라스콤 텔레콤사가 있으며, 4년간 독점권포함 25년간 통신 사업권을 획득한 오라스콤은 북한 체신성과 75대25의 비율로 투자해 북한에 고려링크사를 설립 운영 중임

○ 휴대전화사업과 함께 건설업에도 진출, 유경호텔 건설에 참여하였으나 외장공사 마무리 후 내부공사 비용문제로 공사가 중단되었음

○ 태국기업인 록슬리퍼시픽사는 나선지역에 27년간 통신사업 독점계약을 맺고 통신사업을 하고 있음

○ 싱가포르의 맥스로그사는 조림사업으로 평양 인근에 묘목장을 만들어 오동나무를 심는 사업과 고속도로변 식수사업을 하며 관광인프라 건설 및 관련사업을 추진 중임

○ 북한은 싱가포르와 330억 톤 모래공급사업도 추진 중

〈표 13〉 중동 및 동남아 기업(인)의 북한 투자 현황

| 국가 | 투자회사 | 투자항목 | 투자내용 및 현황 | 년도 |
|---|---|---|---|---|
| 이집트 | 오라스콤 | 이동통신, 건설 | 고려링크설립 이동통신사업 건설업 | 2007 |
| UAE | 에마르디 벨롭트사 | 건설 | 유경호텔 외벽유리 공사 | 2008 |
| 태국 | 록슬퍼시픽 | 이동통신 | 나선특별시 이동통신사업, 인터넷사업 | 1996 |
| 싱가포르 | 맥스그로 | 자원개발 | 조림사업 오동나무재배 원목수출 | 2001 |
| | 코렉스 | 자원개발 | 2010년 동해유전개발원유 탐사합의 | 2010 |
| | 싱가포르건설부 | 자원개발 | 모래30억 톤 수출합의 | 2012 |
| | 싱가포르정부 | 자원개발 | 싱가포르 해안선 매립용으로 30억 톤의 모래개발사업 합의 | 2012 |

〈자료원 : 한국정책금융공사〉

## 5. 남한 기업(인)의 북한 투자현황

○ 최초의 남북협력사업자 승인은 남포지역에 합영으로 설립한 대우의 합영사업임. 1995년 5월 대우를 시작으로 정부로부터 남북협력자 사업승인을 받은 사업은 2011년 말 기준으로 365개 사업

○ 이 중 291건은 개성공단 입주사들이고 내륙지역 및 금강산관련 승인 기업수는 74건

○ 평양·남포·단천 등 내륙지역투자기업들은 남북관계의 악화로 인해 2010년 '5·24조치'로 전면 중단되었으며, 금강산 관광사업은 그 이전인 2008년 7월 박왕자씨 피살사건으로 중단

○ 내륙지역투자기업은 평양에 28개 업체로 녹십자의 유로키나제조 업, 국양해운의 남북물류사업, 평화자동차의 자동차제조업, 안동 대마의 섬유사업, (주)G-한신의 식품가공, 자원개발, 건설업, 등의 민간주도 사업이 있으며, 광물자원공사의 정촌 흑연탄광투자와 단천지역 경공업 및 지하자원 협력사업 등이 정부 주도로 추진되고 있었음

〈표 14〉 남한기업(인)의 년도별 북한협력사업 승인 현황

(단위 : 건)

| 구분 | | | '91~'97 | '98 | '99 | '00 | '01 | '02 | '03 | '04 | '05 | '06 | '07 | '08 | '09 | '10 | '11 | '12.8 | 계 |
|---|---|---|---|---|---|---|---|---|---|---|---|---|---|---|---|---|---|---|---|
| 경제 | 민간경협 | | 3 | 6 | 0 | 2 | 5 | 1 | 2 | 6 | 10 | 4 | 6 | 9 | 1 | 19 | - | - | 74 |
| | 개성공단 | 승인 | - | - | - | - | - | - | - | 17 | 26 | 15 | 163 | 53 | 10 | 6 | 1 | 2 | 293 |
| | | 신고 | - | - | - | - | - | - | - | - | - | - | - | - | 12 | 11 | 18 | 17 | 58 |
| 사회문화 | | | 3 | 5 | 5 | 4 | 6 | 7 | 13 | 16 | 47 | 26 | 19 | 3 | - | 1 | 1 | - | 156 |
| 계 | | | 6 | 11 | 5 | 6 | 11 | 8 | 15 | 39 | 83 | 45 | 188 | 65 | 23 | 37 | 20 | 17 | 581 |

※ 협력사업 신고제 시행('09.7.31) : 경제개발 특별구역으로 지정된 지역에서 총금액 50만달러 이하인 사업

〈자료원 : 통일부〉

〈표 15〉 남한기업(인)의 북한 협력사업 취소 현황

| 구분 | | 취소내역 | 계 |
|---|---|---|---|
| 경제 | 민간경협 | - '04.1.19 (주)훈넷- '06.11.1 (주)브이케이- '07.5.18 (주)스튜디오 투로모우<br>- '08.4.21 국제옥수수재단, 두레마을 영농조합, 태영수산-LG, 상하씨엠 | 7 |
| | 개성공단 | - '07. 9.14 (주)제이슨상사, 육일섬유공업사, (주)지아이씨상사, (주)아이보리<br>- '07.11.20 디엔에프, 모두진, 베스트에버, 캔두글로벌, 한덕엔지니어링<br>- '08.10.2 평인건설<br>- '08.11.6 한국에스지에스(주) | 11 |
| 사회문화 | | - 01.6.29, 시스젠 | 1 |

〈자료원 : 통일부〉

〈표 16〉 민간 경제협력사업 승인 현황(개성공단 제외)

| 연번 | 기 업 | 사업상대자 | 사 업 내 용 | 지 역 | 금 액 (승인기준) | 사업승인일 |
|---|---|---|---|---|---|---|
| 1 | 대우인터내셔날 (합영) | 삼천리총회사 | 남포공단 사업 | 남포 | 512만불 | '95.5.17 |
| 2 | 녹십자(합작) | 광명성총회사 | 유로키나제 생산 | 평양 | 311만불 | '97.11.14 |
| 3 | (주)일경(합영) | 개선총회사 | 금강산 생수 개발·판매 | 금강산 | 580만불 →980만불 | '97.5.22 →'05.11.23 |
| 4 | (주)아자커뮤니케이션(합영) | 명승지종합 개발지도국 | TV광고 제작 | 평양 | 편당 25만불 | '98.2.18 |
| 5 | 미흥식품(합영) | 조선철산 무역총회사 | 수산물 채취·가공 | 청진, 함흥, 원산, 남포 | 47만불 | '98.3.13 |
| 6 | (주)현대아산 (단독투자) | 아태, 명승지종합개발지도국 | 금강산 관광 및 개발 | 금강산 | 9,583만불 →36,027만불 | '98.9.7 →'07.5.18 |
| 7 | (주)코리아랜드 (합영) | 조선묘향경제연합체 | 부동산개발·컨설팅 | 평양 | 60만불 | '98.8.28 |
| 8 | 백산실업(합영) | 선봉군 온실 농장 | 버섯류 생산 | 선봉 | 20.8만불 | '98.10.28 |
| 9 | KT, 온세 통신 (단독투자) | 명승지종합개발 지도국 | 금강산 통신 | 금강산 | 47.5만불 | '98.11.11 |
| 10 | (주)평화자동차 (합영) | 조선민흥총회사 | 자동차 제조·판매 | 남포, 평양 | 666만불 →5,654만불 | '00.1.7 →'06.4.10 |
| 11 | 삼성전자(용역) | 삼천리총회사 | S/W공동연구 개발 | 평양, 북경 | 72.7만불 →690.4만불 | '00.3.13 →09.6.26 |
| 12 | 한국관광공사 | 아태, 명승지종합개발지도국 | 금강산 관광 | 금강산 | 900억원 →915억원 | '01.6.13 →'06.8.7 |
| 13 | (주)하나비즈 닷컴(합영) | 삼천리총회사 | 남북 프로그램 공동개발 | 단동 | 200만불 | '01.7.18 |
| 14 | IKD, (사)남북경제협력진흥원(합영) | 광명성총회사 | 고려정보기술 센터 건립 | 평양 | 400만불 | '01.8.22 |
| 15 | (주)G-한신 (합작) | 명지총회사 | 지하자원 개발 및 건설 | 평양 | 290만불 →560만불 | '01.10.16 →'04.3.11 |
| 16 | 국양해운 (단독투자) | 개선총회사 | 해상운송 (인천↔남포) | 남포 | 619만불 | '01.11.21 |
| 17 | (주)유니코텍코리아(합작) | 삼천리총회사 | 발포수지성형 사업 | 평양 | 51.8만불 | '02.8.7 |
| 18 | (주)평화항공여행사(단독투자) | 명승지종합개발 지도국 | 평양관광 | 평양 | - | '03.8.25 |

| 19 | 한국광물자원공사(합작) | 광명성총회사 | 정촌 흑연광산 개발 | 정촌 | 510만불<br>→665만불 | '03.10.14<br>→'08.5.15 |
|---|---|---|---|---|---|---|
| 20 | (주)경평인터내셔날(합영) | 광명성총회사 | 식품가공 공장설립 | 평양 | 240만불 | '04.3.20 |
| 21 | (주)안동대마방직(합영) | 새별총회사 | 평양대마방직 북한 내륙 운송사업 | 평양 | 250만불<br>→1,500만불 | '04.9.17<br>→'08.5.27 |
| 22 | (주)서진인터크루(합작) | 광명성총회사 | 피혁제품 생산공장 | 평양 | 800만불 | '04.7.7 |
| 23 | (주)KT(용역) | 삼천리총회사 | 정보통신분야 공동연구 | 평양 | 10만유로<br>→198.2만불 | '04.7.23<br>→'09.4.27 |
| 24 | 제일유통(합작) | 개선총회사 | 표고버섯 재배·가공 | 평양 | 54.6만불 | '04.8.21 |
| 25 | (주)제이유네트워크(합작) | 광명성총회사 | 김치제조 공장 | 평양 | 160만불 | '04.12.30 |
| 26 | 에스피메디텍(용역) | 조선컴퓨터센터 | 의료 S/W 개발 | 평양 | 159만불 | '05.5.26 |
| 27 | 아이니무역(합작) | 개선총회사 | 다슬기 가공 반입 | 원산 | 15만불 | '05.6.15 |
| 28 | (주)알티즌 하이텍(합작) | 광명성총회사 | CPT 개발 | 평양 | 10만불 | '05.9.21 |
| 29 | (주)쓰리엔테크놀러지(합작) | 삼천리총회사 | 기계제품 생산·판매 | 평양 | 350만불 | '05.12.27 |
| 30 | (주)대동무역(합작) | 개선총회사 | 강서청산수 생산·판매 | 남포 | 250만불 | '05.11.10 |
| 31 | (주)태림산업(합영) | 중앙특구개발지도총국 | 석산개발, 골재 및 레미콘 생산 | 개성,, 남포, 해주 | 295만불<br>→1,000만불 | '05.12.1<br>→'09.2.6 |
| 32 | (주)에머슨퍼시픽(단독투자) | 명승지종합개발지도국 | 금강산 리조트 운영 | 금강산 | 724억원<br>→725.5억원 | '05.12.30<br>→'07.10.16 |
| 33 | 제일유통(합작) | 개선총회사 | 나무재배·판매 | 개성 | 26만불 | '05.12.30 |
| 34 | 제일유통(합작) | 개선총회사 | 과수 재배·판매 | 평양 | 164만불 | '05.12.30 |
| 35 | 제일유통(합작) | 개선총회사 | 소사육 생산·판매 | 평양 | 30만불 | '05.12.30 |
| 36 | 농협중앙회(단독투자) | 명승지종합개발지도국 | 금강산 지점 운영 | 금강산 | 500만불 | '06.5.8 |
| 37 | (주)현대아산(단독투자) | 민경련 | 견본품 운송사업 | 개성 | 11만불 | '06.6.22 |
| 38 | 아사달(용역) | 삼천리총회사 | 디자인콘텐츠 제작 | 평양 | 25.2만유로 | '06.7.5 |

| 39 | (재)경기디지털 콘텐츠진흥원 (용역) | 삼천리총회사 | 애니메이션 콘텐츠 제작 | 평양 | 1만유로 | '06.8.25 |
|---|---|---|---|---|---|---|
| 40 | (주)에스엔에너지 (단독투자) | 명승지종합개발지도국 | 금강산 가스 공급 | 금강산 | 187만불 | '07.6.25 |
| 41 | (주)두담(합영) | 아리랑총회사 | 개성공단 식자재 공급 | 개성 | 50만불 | '07.7.23 |
| 42 | (주)현대아산(단독투자) | 아태, 민경련 | 개성관광 | 개성 | 1,100만불 | '07.12.4 |
| 43 | 서평에너지(합작) | 명지총회사 | 천성석탄, 무연탄 생산 | 남포 | 1,000만불 | '07.12.12 |
| 44 | (주)한국체인(합영) | 아리랑총회사 | 특산물 가공 판매 | 개성 | 250만불 | '07.12.31 |
| 45 | (주)통일고려인삼 (합영) | 광명성총회사 | 인삼 재배·가공 판매 | 평양 | 285만불 | '07.12.31 |
| 46 | (주)아천(합영) | 개선총회사 | 유통센터 건립·운영 | 개성 | 570만불 | '08.1.14 |
| 47 | (주)바두바투 (단독투자) | 중앙특구개발지도총국 | 개성 주유소 건립·운영 | 개성 | 182.4만불 | '08.2.4 |
| 48 | (주)독여로(합작) | 광명성총회사 | 참깨 재배·가공 | 평양 | 25만불 | '08.2.25 |
| 49 | 파라다이스코리아 (합작) | 새별총회사 | 섬유제품 생산 | 평양 | 1,270만불 | '08.6.12 |
| 50 | (주)대동수산(합영) | 광명성총회사 | 수산물 가공 | 남포 | 500만불 | '08.6.20 |
| 51 | (주)아천글로벌 (합영) | 조선진영무역회사 | 석재 가공공장 건설·운영 | 개성, 해주 | 1,530만불 | '08.7.10 |
| 52 | (주)남북경협(합작) | 광명성총회사 | 스포츠 의류 생산 | 평양 | 500만불 | '08.10.9 |
| 53 | 나우코포레이션 (합작) | 새별총회사 | 골판지 박스 생산 | 평양 | 500만불 | '08.10.30 |
| 54 | (주)G-한신(합작) | 민경련총회사 | 감자라면 생산 | 평양 | 240만불 | '08.11.24 |
| 55 | (주)벤처브릿지 (용역) | 삼천리총회사 | S/W 개발 | 中 대련, 단동 | 11만불 | '09.3.12 |
| 56 | (주)일연인베스트먼트 | 아태, 명승지종합개발지도국 | 비치호텔 등 | 금강산 | 13,040백만원 | '10.9.29 |
| 57 | 다인관광(주) | 아태, 명승지종합개발지도국 | 펜션 | 금강산 | 3,000백만원 | '10.9.29 |
| 58 | (주)한양 | 아태,명승지종합개발지도국 | 사업자숙소 등 | 금강산 | 1,828백만원 | '10.9.29 |

| 59 | (주)천호에프 앤비 | 아태, 명승지종합개발지도국 | 식당 | 금강산 | 350백만원 | '10.9.29 |
|---|---|---|---|---|---|---|
| 60 | 대가푸드 | 아태, 명승지종합개발지도국 | 식당 | 금강산 | 50백만원 | '10.9.29 |
| 61 | (주)창희 | 아태, 명승지종합개발지도국 | 식당 | 금강산 | 250백만원 | '10.9.29 |
| 62 | 금강산코퍼레이션(주) | 아태, 명승지종합개발지도국 | 주점 등 | 금강산 | 831백만원 | '10.9.29 |
| 63 | (주)두담 | 아태, 명승지종합개발지도국 | 판매업 | 금강산 | 124백만원 | '10.9.29 |
| 64 | (주)참마당 | 아태, 명승지종합개발지도국 | 판매업 | 금강산 | 86백만원 | '10.9.29 |
| 65 | 황ㅇㅇ | 아태, 명승지종합개발지도국 | 주점 | 금강산 | 100백만원 | '10.9.29 |
| 66 | 신ㅇㅇ | 아태, 명승지종합개발지도국 | 판매업 | 금강산 | 5백만원 | '10.9.29 |
| 67 | 제이앤디헬스케어 | 아태, 명승지종합개발지도국 | 건강증진센터 | 금강산 | 140백만원 | '10.9.29 |
| 68 | 레포츠라인 | 아태, 명승지종합개발지도국 | 자전거 대여 등 | 금강산 | 30백만원 | '10.9.29 |
| 69 | 채널라인 | 아태, 명승지종합개발지도국 | 세탁소 | 금강산 | 700백만원 | '10.9.29 |
| 70 | 디씨에프푸드 서비스(주) | 아태, 명승지종합개발지도국 | 식당 | 금강산 | 611백만원 | '10.9.29 |
| 71 | (주)호수앤달우 | 아태, 명승지종합개발지도국 | 판매업 | 금강산 | 95백만원 | '10.9.29 |
| 72 | 조은자리 | 아태, 명승지종합개발지도국 | 판매업 | 금강산 | 80백만원 | '10.9.29 |
| 73 | 오대양육대주 | 아태, 명승지종합개발지도국 | 판매업 | 금강산 | 60백만원 | '10.9.29 |
| 74 | 온정무역 주식회사 | 아태,명승지종합개발지도국 | 판매업 | 금강산 | 96백만원 | '10.9.29 |

〈자료원 :통일부〉

## 보론

# 남북경제협력과 국제사회의 대북제재

제2차 세계대전 이후 국제사회에서는 국제법 위반에 대한 징벌, 정치적 목적 등을 이유로 국가나 기업, 개인 등을 대상으로 강제적으로 불이익 조치를 취하는 제재(sanction)를 시행해왔다. 이러한 국제사회의 제재의 형태에는 군사적 제재와 경제적 제재가 있으며 국제사회에서는 대부분의 경우 군사적 행동을 수반하지 않는 경제적 제재를 시행해오고 있다.

유엔헌장 제41조는 비군사적 행동조치로 경제적 제재에 대해 규정하고 있으며, 제42조는 침략행위 등을 다루기 위한 군사적 행동조치로서 군사적 제재를 규정하고 있다. 유엔헌장을 법적근거로 채택된 경제적 제재조치는 유엔헌장에 따라 유엔 회원국에게 법적 구속력을 갖게 된다.

유엔의 대북제재는 북한의 1차 핵실험(2006.10.9.)에 대한 조치로 시행된 유엔 제재결의안 제1718호(2006.10.14.)를 시작으로 장거리 탄도미사일 발사에 대한 대응조치인 제2397호(17.12.22)까지 북한의 핵실험과 미사일 발사 등 WMD 문제 해결을 목적으로 10차례에 걸쳐 제재 결의안이 채택되어 시행되고 있다. 유엔제재는 주로 물자이동, 금융거래, 운송수단, 기관 및 개인에 대한 통제 등 4가지 항목을 중심으로 북한의 비핵화 등의 문제 해결을 추진한다.

한편, 유엔의 대북제재 결의안에는 제재의 목적 달성을 위해 제재항목에 대한 예외 인정이 가능하도록 규정함으로써 제재 결의안의 목적이 북한의 비핵화에 있음을 분명히 하고 있다. 또 유엔은 대북제재 결의안 제1718호에 따라 제재위원회를 설치하여 회원국들의 제재 이행상황을 점검하고 필요시 예외인정문제 등을 다루고 있다.

앞으로 북한의 비핵화 진전상황에 따라 새로운 결의안을 유엔에서 채택하는 방식으로 유엔의 대북제재가 완화 내지는 해소될 수 있다.

〈표 17〉 유엔 대북제재 결의안 주요내용

| 결의안 | 계 기 | 주요 내용 |
|---|---|---|
| 1718호<br>(06.10.14) | 1차 핵실험<br>(06.10.9) | - 7대 무기류·WMD품목·사치품 통제, 금수품 관련 기술지원 금지<br>- 안보리 지정 WMD 관련 개인·단체의 자산동결 및 여행금지 |
| 1874호<br>(09.6.12) | 2차 핵실험<br>(09.5.25) | - 모든 무기(소형무기 제외) 관련 물자 통제<br>- 북한의 포괄적 핵실험 금지조약(CTBT) 가입 촉구 |

| | | |
|---|---|---|
| 2087호<br>(13.1.22) | 장거리 탄도미사일 발사<br>(12.12.12) | - 6자회담 지지 재확인 및 재개 촉구, 9·19 공동성명 참여국들에 대한 이행 노력 강화 촉구<br>- 추가발사 또는 핵실험時 중대조치 천명 |
| 2094호<br>(13.3.7) | 3차 핵실험<br>(13.2.12) | - 신뢰 정보가 있을 경우 자국 영토내 북한行·發 또는 북한이 중개·알선한 화물검색 의무화, 공해상 선박이 검색 거부時 자국내 입항 거부 의무<br>- 합리적 근거가 있을 경우, 항공기 자국 진입 금지<br>- 제재대상 개인·단체와 관련된 자에 대해서도 자산 동결 적용<br>- 금지활동에 기여 가능 금융서비스 제공 금지, 대량현금(bulk cash)포함 금융 및 기타 자산·재원 이전 금지 의무화<br>- 제재 회피에 기여 가능한 무역 및 공적 금융지원 금지 |
| 2270호<br>(16.3.2) | 4차 핵실험<br>(16.1.6) | - 석탄·철·철광 수출 제한(민생용 제외), 금·희토류 등 광물 수출 금지 및 항공유 판매·공급 금지 등<br>- 북한行·發 화물 전수조사, 금지품목 적재 의심 항공기 및 제재대상 선박의 이착륙·영공통과·입항 금지, OMM 선박 자산 동결<br>- 북한은행 해외지점 개설 금지 |
| 2321호<br>(16.11.30) | 5차 핵실험<br>(16.9.9) | - 석탄 수출 상한제, 은·동·아연·니켈 조형물 금수<br>- 북한인 수하물과 철도·도로 화물검색 의무화<br>- 회원국 금융기관의 북한내 활동 금지 및 기존 사무소·계좌 폐쇄, 대북무역 관련 금융지원 금지 |
| 2371호<br>(17.8.5) | 북한이 ICBM이라 발표한 탄도미사일 발사<br>(17.7.4,7.28) | - 북한의 석탄·철·철광석·해산물·납·납광석 전면 금수(원산지 무관)<br>- 북한 해외노동자 수 동결(제재위 승인時 예외)<br>- 신규 북한과의 합작·합영사업 금지(제재위 승인時 예외)<br>- 제재위가 제재선박 지정, 회원국은 입항 불허(제재위가 인도적 사유 결정時 예외)<br>- 대금정산 금지, 일반회사의 금융서비스 제공 불가<br>- 인터폴에 제재대상자 관련 특별공지(Special Notice) 발부 요청 |
| 2375호<br>(17.9.11) | 6차 핵실험<br>(17.9.3) | - 북한의 섬유 금수(원산지 무관, 유예기간 90일)<br>- 북한 해외 노동자 신규 노동허가 금지(계약기간 만료시 연장 금지)<br>- 신규 기존 북한과의 합작·합영사업 금지(120일내 폐쇄)<br>- 대북 유류 공급 제한: ▶원유 공급량 現수준 동결(결의채택일 기준 과거 1년간 공급량 초과 금지) ▶정제유 공급량 감축(상한 연 200만 배럴) ▶콘덴세이트(condensate) 및 액화천연가스 (LGL) 공급 금지<br>- 공해상 선박 검색 거부시 제재위가 등록취소 지정<br>- 제재위는 결의상 어떤 조치도 필요시 사안별로 예외조치 가능 |
| 2397호<br>(17.12.22) | 장거리 탄도미사일 발사<br>(17.11.29) | - 대북 유류 공급 제한 강화<br>: 원유 공급 연 400만 배럴로 제한, 정제유 공급 연 50만 배럴로 제한<br>- 북한의 식료품, 농산품, 기계류, 전기기기, 토석류, 목재류, 선박의 수출 금지(원산지 무관, 결의 채택 이전 서면계약의 경우 유예기간 30일)<br>- 북한의 수산물 수출 금지에 조업권 거래 금지 포함<br>- 산업용 기계류, 운송수단, 철강 및 여타 금속류의 대북 수출 금지<br>- 북한 해외노동자 24개월내 송환<br>- 해상차단 강화<br>: 회원국에 입항한 금지행위 연루 선박의 나포·검색·동결 의무화<br>: 회원국에 영해에 있는 금지행위 연루 선박의 나포·검색·동결 권한 부여<br>: 북한에 대한 모든 선박(신규, 중고)의 이전 금지<br>- 제재대상 추가: 개인 16명(리병철, 김정식 등), 단체 1개(인민무력성)<br>- 제재위는 결의상 어떤 조치도 필요시 사안별로 예외조치 가능 |

남북경제협력의 측면에서 유엔의 대북제재도 중요하지만 미국의 대북제재에 대해 특히 유의할 필요가 있다. 미국의 대북제재는 여러 개의 법령과 행정명령 등을 통해 부과되어 왔다. 2016년 초 북한의 도발이 거듭되는 가운데 미국의 대북제재 강화법이 발효되어 행정부에 세컨더리 보이콧을 적용할 수 있는 재량권을 부여하였다. 이후 행정명령 제13722호(2016.3.15)와 제13810호(2017.9.20.)이 발동되는 등 대북제재가 강화되었다.

우리정부도 북한 핵실험 등에 대응하여 부처 합동발표 또는 개별 부처 고시 등을 통해 아래와 같은 독자적 대북제재 조치들을 취하고 있다.

〈표 18〉 한국의 대북 독자제재조치

| 조치명 | 계기 | 주요 내용 |
|---|---|---|
| 개성공단 중단<br>(16.2.10) | 4차 핵실험<br>(16.1.6) /<br>장거리 탄도<br>미사일 발사<br>(16.2.7) | - 개성공단 관련 ▶방북 중단 ▶물품 반출입 중단 ▶차량운행 중단 |
| 3·8 조치<br>(16.3.8) | | - 금융제재 대상 지정(단체 30개, 개인 40명)<br>- 북한 기항 180일 이내 외국선박의 국내 입항 금지<br>- 북한 감시대상 품목 목록(watch-list) 작성 및 관련국·IAEA 협의<br>- 우리국민과 재외동포의 해외 북한 영리시설 이용 자제 계도 |
| 12·2 조치<br>(16.12.2) | 5차 핵실험<br>(16.9.9) | - 금융제재 대상 확대(단체 35개, 개인 36명) : 황병서, 최룡해, 노동당 등 북한정권의 주요기관과 고위급 등<br>- 북한산 위장반입 차단 강화를 위한 집중관리품목 확대(22개→33개) 및 북한 임가공 의류 국내 유입 차단을 위한 계도, SLBM 관련 Watch-list 발표<br>- 북한 기항 외국선박 국내 입항금지 확대(180일→1년)<br>- 우리 금융제재 대상 제3국인 국내입국 금지, 국내 거주 외국인 중 북한방문 WMD 관련자 국내 재입국 금지 |
| 11·6 조치<br>(17.11.6) | 6차 핵실험<br>(17.9.3) | - 금융제재 대상 추가 지정<br>: 해외 소재 북한은행 대표 등 북한의 WMD 개발을 위한 자금 조달에 관여한 개인 18명 |
| 12·11 조치<br>(17.12.11) | 장거리 탄도<br>미사일 발사<br>(17.11.29) | - 금융제재 대상 추가 지정<br>: 해외 소재 북한은행 대표 등 북한의 WMD 개발을 위한 자금 조달에 관여한 개인 18명 |

한편 우리정부는 대북제재의 틀을 준수하는 가운데 남북간 교류협력을 추진한다는 기본입장 아래 대북제재 위반 문제가 발생하지 않도록 미국 및 유엔 등과 긴밀하게 협의하면서 남북교류협력을 추진하고 있다.

이러한 노력으로 마식령 스키장 합동훈련 관련 항공기의 방북, 평창 동계올림픽 참가를 위한 제재대상의 방남(최휘), IOC 아이스하키 장비 제공, 남측 예술단의 평양 공연 관련 항공기의 방북, 동·서해선 군통신선 복구, 이산가족 면회소 개보수 등에 대해 미국 및 유엔의 대북제재 예외를 인정받아 실제로 추진하기도 하였다.

대북제재는 북한의 핵개발 등을 막기 위해 UN 또는 개별국가가 북한으로의 물자와 자금의 유입 또는 경제·외교활동을 제한하는 것으로 요약된다. 따라서 향후 조성되는 여건에 따라 경제협력 등 남북교류협력을 추진하고자 할 경우 사업 유형별로 대북제재의 관련성 여부를 판단한 후 추진해야 할 것이다.

국제사회의 대북제재가 물품·자금·사람·기술협력 등에 대해 광범위하게 규제를 하고 있는 만큼, 일괄적인 판단기준을 적용하기보다는 사업계획에 따라 사안별로 검토할 필요가 있다.

특히 유엔 대북제재 품목 해당 여부에 대해서는 반출하고자 하는 물품의 상세 내역을 작성하여 남북교류협력시스템에 반출승인신청서(반출내역, 위탁내역, 반출품 상세내역)를 작성함으로써 확인할 수 있다.

### 1. 남북경협 재개를 위해 해제가 필요한 미국의 대북제재

#### 1) 대통령 행정명령

■ 행정명령 제13722호(2016년) : 행정명령 제13722호는 북한정부 또는 노동당 소유의 미국내 자산을 전면 동결하면서, 북한의 운송, 채굴, 에너지, 금융 서비스 산업에 종사하는 자, 북한정부 또는 노동당을 위하여 금속, 흑연, 석탄 또는 소프트웨어의 거래에 직·간접적으로 관여하는 자, 북한정부 또는 노동당 등의 인권침해, 검열 및 북한의 인력 수출에 관여하는 자, 북한 외부에서 북한정부 또는 노동당을 위하여 컴퓨터 네트워크를 통하여 사이버보안을 약화시키는 자의 미국내 자산을 동결하고 관련자와의 거래를 금지한 것임.

또한, 행정명령 제 13722호는 미국인의 또는 미국으로부터의 북한에 대한 일체의 물품, 서비스, 기술의 직·간접적인 수출 또는 재수출, 미국인의 북한에 대한 신규투자를 금지하고, 미국인이 외국인의 북한 관련 거래를 승인·지원·보증하거나 금융을 제공하는 행위를 금지

북한산 물품·서비스·기술을 미국으로 수입하는 행위를 전면 금지한 행정명령은 제13570호(2011년)와 제13722호이며, 미국인의 북한 관련 거래가 사실상 전면적으로 금지됨에 따라 북한과의 거래에 미국 금융기관 등 미국인이 개입하게 될 경우 이를 야기한 제3국인도 International Emergency Economic Powers Act(IEEPA) 등 관련 법령에 따라 민·형사상 책임을 부담할 수 있음.

■ 행정명령 제13810호(2017년) : 행정명령 제13810호는 북한의 건설, 에너지, 금융, 어업, 정보기술, 제조, 의료, 채굴, 섬유, 또는 운송 산업에 종사하는 자, 북한의 항만, 공항을 소유, 통제하거나 운영하는 자, 북한과의 물품, 서비스 또는 기술에 관한 중요한 거래에 관여한 자, 북한 정부 또는 노동당의 경제적 이익을 창출하는 상업 활동에 관여한 자, 행정명령 제13810호에 따라 자산이 동결된 자를 지원한 자의 미국 내 자산을 동결할 수 있도록 하였고, 관련자와의 거래를 금지하고 있음.

또한, 북한내에 착륙한 적이 있는 제3국 항공기는 북한 영토를 벗어난 때로부터 180일간 미국에 착

륙할 수 없고, 제3국인이 권리를 보유한 선박 중 180일 이내에 북한에 정박하였거나 그러한 선박과 선박간 환승 내지 환적을 한 선박은 미국의 항구에 정박할 수 없도록 하였음.

2) 의회입법 통과

■ North Korea Sanctions and Policy Enhancement Act(NKSEA) : 2016.2. 시행된 NKSEA는 행정명령 제13722호에 금지된 행위를 하는 경우 미국내 자산을 동결하고, IEEPA에 따른 민·형사상 제재를 부과하도록 하였고, UN 안전보장이사회에 따라 제재대상자로 지정된 자에게 상당한 지원을 하거나 금융지원 또는 물질·기술적 지원을 제공하는 경우, 북한정부 공무원의 뇌물 수수, 또는 북한정부 공무원의 공적 자금 남용, 철도, 횡령을 지원하는 경우에는 미국내 자산을 동결할 수 있도록 하였음.

■ Countering America's Adversaries Through Sanctions Act(CAATSA) : 2017.8. 시행된 러시아·이란 및 북한에 대한 통합제재법 CAATSA는 NKSEA를 개정하여 북한에 대한 제재를 더욱 강화하면서, 북한정부의 수입원을 차단하기 위하여 전면적인 제재를 규정함.

미국정부가 반드시 자산동결조치를 취하고, IEEPA에 따른 민·형사상 제재, 미국의 외환시장, 금융기관, 공공조달 접근 차단, 출입국 제한 등의 제재를 부과하여야 하는 경우는 다음과 같음.

: [(귀)금속 매입 관련] 북한으로부터 상당한 양의 금, 티타늄광, 바나듐광, 구리, 은, 니켈, 아연 또는 희토류를 매입하거나 기타 다른 방법으로 취득하는 경우

: [로켓, 항공기 또는 제트기의 연료 공급 관련] 북한에 상당한 양의 로켓, 항공기 또는 제트키 연료를 매도하거나 전달하는 경우. 다만, 북한외의 민간 여객 항공기가 해당 연료를 오로지 북한을 오가기 위하여 사용하는 경우는 예외적으로 제재대상에 해당하지 않음.

: [해운분야] 미국 및 UN 안전보장이사회 제재 법규에 의하여 제재대상으로 지정된 선박 또는 제재대상자가 소유하거나 운영하는 선박에 연료 및 물자를 공급하거나, 해당선박의 운영와 유지를 위한 상당한 거래를 용이하게 하는 경우, 북한정부가 소유하거나 운영하는 선박에 대하여 보험 또는 등록 서비스를 제공하는 경우. 또한, 미국 영해에서 북한선박이 항해하거나 미국 항구에 정박하는 것이 금지되며, UN의 대북제재 결의안에 따르지 않는 국가들의 선박은 미국으로의 접근이 거절될 수 있음.

: [금융거래] 직·간접적으로 북한의 금융기관과 대리계좌를 유지하는 경우. 다만, UN 안전보장이사회에 의하여 특별히 승인된 경우는 예외적으로 제재대상에 해당하지 않음.

미국정부의 재량에 따라 자산동결조치, IEEPA에 따른 민·형사상 제재, 미국의 외환시장, 금융기관, 공공조달 접근 차단, 출입국 제한 등의 제재를 부과할 수 있는 경우는 다음과 같다.

: [석탄, 철, 철광석 매입] 북한정부로부터 관련 UN 안전보장이사회 결의안에서 정하고 있는 한도를 초과하는 양의 석탄, 철 또는 철광석을 매입한 경우

: [섬유 매입] 북한정부로부터 상당한 종류 또는 물량의 섬유를 직·간접적으로 매입하는 경우

: [북한정부의 자금 이체 관련] 북한정부의 자금 또는 자산 중 상당한 양의 자금·자산의 이체·이전을 용이하게 함으로써 관련 UN 안전보장이사회 결의안을 위반하는 경우

: [기타 (귀)금속 매입 관련] 북한으로부터 상당한 현금, 귀금속, 보석, 기타 금, 티타늄광, 바나듐광, 구리, 은, 니켈, 아연 또는 희토류를 매입하거나 기타 다른 방법으로 취득하는 경우

: [원유, 석유제품, 천연가스 또는 항공기 연료 제공 관련] 북한정부에 원유, 석유제품, 액화 천연가스 또는 기타 다른 천연가스 자원을 제공하는 경우. 다만, 인도적인 수단 또는 북한 외의 민간 여객기가 오로지 북한을 오가는 비행을 위하여 중유, 가솔린, 디젤연료를 사용하는 경우는 예외적으로 제재대상에 해당하지 않음.

: [온라인 도박 등 관련] 온라인 도박 등 북한정부의 온라인 상업활동에 직·간접으로 관여하거나, 지원하거나, 이에 대하여 책임이 있는 경우

: [식품·농산물 매입 관련] 북한정부로부터 상당한 종류 또는 물량의 식품이나 농산품을 직·간접으로 매입하는 경우

: [북한 노동자 수출 및 강제 노동에 의하여 생산된 물품의 수출] 북한정부 또는 노동당의 직·간접적 수익을 위한 북한노동자 수출에 직·간접적으로 관여하거나, 이를 용이하게 하거나, 이에 대한 책임이 있는 경우. 또한, 북한국민의 노동으로 생산되었다고 인정되는 물품은 원칙적으로 미국으로 반입될 수 없음. 다만, 해당물품이 강제노동에 의하여 생산되지 않았다는 증거가 있는 경우 예외적으로 반입 가능.

: [운수, 채굴, 에너지, 금융 서비스 분야의 거래] 북한의 운수, 채굴, 에너지 또는 금융서비스 분야에서 상당한 거래를 수행하는 경우

: [은행 거래 관련] 대리계좌의 유지 외의 다른 방법으로 북한의 금융기관의 지점, 자회사 또는 사무소의 운영을 지원하는 경우. 다만, UN 안전보장이사회에 의하여 특별히 승인된 경우는 예외적으로 제재대상에 해당하지 않음.

# 02

# 조선민주주의 인민공화국 **법규집**

(대외경제부문)

*이 부분은 2011년 북한에서 공식 발간한 대외경제부문 법전에 수록된 법령들을 그 이후 수정된 내용을 반영하였다. 다만 76~77쪽 법전의 목차에 따르되 수정이 확인되지 않은 일부에 대하여는 원전에 따라 소개하기로 한다

## 출판사로부터

세계 여러 나라들과 평등, 호혜의 원칙에서 경제기술협력과 교류를 확대 발전시켜나가는 것은 조선민주주의인민공화국의 일관한 정책이다.

법률출판사는 2006년 3월 공화국의 외국투자법률제도를 소개한《조선민주주의인민공화국 법규집(외국투자부문)》을 출판하였다.

법규집이 출판발행된 후 공화국에서는 현실발전의 요구에 맞게 외국투자기업회계법, 황금평, 위화도경제지대법, 라선경제무역지대법, 대외경제중재법을 비롯한 대외경제사업과 관련한 여러 부문법들과 규정들이 새로 채택되거나 수정보충되였다.

이번에 출판하는《조선민주주의인민공화국 법규집(대외경제부문)》에는 2006년 4월부터 2012년 8월까지의 기간에 새로 채택되거나 수정보충된 법규들을 포함한 법과 규정 54건이 들어있다.

법규들은 편의상 3개의 편으로 갈라 편집하였다.

제1편에는 외국투자부문에 직접 적용되는 법규, 제2편에는 대외경제사업과 련관되여있는 법, 제3편에는 금강산국제관광특구에 적용하는 법과 규정들을 수록하였다.

법규들은 조선어원문과 함께 영문으로 번역편집하였다. 조선어원문과 영어번역문사이에 해석상 차이가 있는 경우 조선어원문에 준한다.

이 법규집이 대외경제사업을 하는 일군들과 외국투자가들이 공화국의 대외경제법률제도에 대한 충분한 리해를 가지는데 도움이 되기를 바란다.

주체101(2012)년 8월

## 제1편



## 제2편

## 제3편

# 제1편

# 조선민주주의인민공화국 외국인투자법

주체81(1992)년 10월 5일 최고인민회의 상설회의 결정 제17호로 채택
주체88(1999)년 2월 26일 최고인민회의 상임위원회 정령 제484호로 수정보충
주체93(2004)년 11월 30일 최고인민회의 상임위원회 정령 제780호로 수정보충
주체96(2007)년 9월 26일 최고인민회의 상임위원회 정령 제2367호로 수정보충
주체97(2008)년 4월 29일 최고인민회의 상임위원회 정령 제2688호로 수정보충
주체97(2008)년 8월 19일 최고인민회의 상임위원회 정령 제2842호로 수정보충
주체100(2011)년 11월 29일 최고인민회의 상임위원회 정령 제1991호로 수정보충

제1조 (외국인투자법의 사명과 지위)

조선민주주의인민공화국 외국인투자법은 우리나라에 대한외국투자가들의 투자를 장려하며 그들의 합법적 권리와 리익을 보호하는데 이바지한다.

이 법은 외국투자관계의 기본법이다.

제2조 (용어의 정의)

1. 외국인투자란 외국투자가가 경제활동을 목적으로 우리나라에 재산이나 재산권, 기술비결을 들여오는 것 이다.

2. 외국투자가란 우리나라에 투자하는 다른 나라의 법인, 개인이다.

3. 외국투자기업이란 외국인투자기업과 외국기업이다.

4. 외국인투자기업이란 우리나라에 창설한 합작기업, 합영기업, 외국인기업이다.

5. 합작기업이란 우리 측 투자가와 외국 측 투자가가 공동으로 투자하고 우리 측이 운영하며 계약에 따라 상대측의 출자 몫을 상환하거나 리윤을 분배하는 기업이다.

6. 합영기업이란 우리측 투자가와 외국측 투자가가 공동으로 투자하고 공동으로 운영하며 투자 몫에 따라 리윤을 분배하는 기업이다.

7. 외국인기업이란 외국투자가가 단독으로 투자하고 운영하는 기업이다.

8. 외국기업이란 투자관리기관에 등록하고 경제활동을 하는
다른 나라 기업이다.

9. 외국투자은행이란 우리나라에 설립한 합영은행, 외국인은행,
외국은행지점이다.

10. 특수경제지대란 국가가 특별히 정한 법규에 따라 투자, 생산, 무역, 봉사와 같은 경제활동에 특혜가 보장되는 지역이다.

### 제3조 (외국인투자기업과 외국투자은행의 창설)

외국투자가는 우리나라에서 외국인 투자기업과 외국투자은행을 창설·운영할 수 있다.

이 경우 투자관리기관의 승인을 받는다.

투자관리기관에는 해당 중앙기관과 특수경제지대 관리기관이 속한다.

### 제4조 (외국투자가의 권리와 리익보호, 경영활동조건보장)

국가는 외국투자가의 합법적인 권리와 리익을 보호하며 외국인투자기업과 외국투자은행의 경영활동조건을 보장하도록 한다.

### 제5조 (투자당사자)

다른 나라의 법인과 개인은 우리나라에 투자할 수 있다.

해외동포도 이 법에 따라 투자할 수 있다.

### 제6조 (투자부문 및 투자방식)

외국투자가는 공업, 농업, 건설, 운수, 통신, 과학기술, 관광, 류통, 금융 같은 여러 부문에 여러 가지 방식으로 투자할 수 있다.

### 제7조 (투자장려부문)

국가는 첨단기술을 비롯한 현대적 기술과 국제시장에서 경쟁력이 높은 제품을 생산하는 부문, 하부구조건설부문, 과학연구 및 기술개발부문에 대한 투자를 특별히 장려한다.

### 제8조 (장려부문 투자의 우대)

장려하는 부문에 투자하여 창설한 외국인 투자기업은 소득세를 비롯한 여러 가지 세금의 감면, 유리한 토지리용 조건의 보장, 은행대부의 우선적 제공

같은 우대를 받는다.

### 제9조 (특수경제지대에서의 특혜적인 경영활동조건보장)

국가는 특수경제지대안에 창설된 외국투자기업에 물자구입 및 반출입, 제품판매, 로력채용, 세금납부, 토지리용 같은 여러 분야에서 특혜적인 경영활동조건을 보장하도록 한다.

### 제10조 (외국투자가들의 입출국편리보장)

국가는 우리나라에 투자하는 외국 투자가들의 입출국 수속절차와 방법을 편리하게 정하도록 한다.

### 제11조 (투자의 금지 및 제한대상)

투자를 금지하거나 제한하는 대상은 다음과 같다.

1.나라의 안전과 주민들의 건강, 건전한 사회도덕생활에 저해를 주는 대상

2. 자원수출을 목적으로 하는 대상

3. 환경보호기준에 맞지 않는 대상

4. 기술적으로 뒤떨어진 대상

5. 경제적 효과성이 적은 대상

### 제12조 (투자재산과 재산권)

외국투자가는 화폐재산, 현물재산, 공업소유권 같은 재산과 재산권으로 투자할 수 있다. 이 경우 투자하는 재산과 재산권의 가치는 해당 시기의 국제시장가격에 기초하여 당사자들 사이의 합의에 따라 평가한다.

제13조 (지사, 사무소, 대리점의 설립)

외국인투자기업과 합영은행, 외국인은행은 우리나라 또는 다른 나라에 지사, 사무소 , 대리점 같은 것을 내오거나 새끼회사를 내올 수 있으며 다른 나라 회사들과 련합 할 수 있다.

제14조 (법인자격대상)

외국인투자기업과 합영은행, 외국인은행은 우리나라의 법인으로 된다. 그러나 우리나라에 있는 외국기업의 지사, 사무소, 대리점, 외국은행지점은 우리나라의 법인으로 되지 않는다.

제15조 (토지의 임대기간)

국가는 외국투자가와 외국인투자기업, 외국투자은행을 창설하는데 필요한 토지를 임대하여준다.

토지임대기간은 최고 50년까지로 한다.

임대받은 토지는 토지임대기관의 승인 밑에 임대기간 안에 양도하거나 저당 잡힐 수 있다.

제16조 (로력의 채용)

외국인투자기업과 외국투자은행은 종업원을 우리나라 로력으로 채용하여야 한다.

일부 관리인원과 특수한 직종의 기술자, 기능공은 투자관리기관과 합의하고 다른 나라 로력으로 채용할 수도 있다.

제17조 (세금의 납부)

외국투자가와 외국인투자기업, 외국기업, 외국투자은행은 기업소득세, 거래세, 재산세 같은 세금을 정해진데 따라 납부하여야 한다.

제18조 (리윤의 재투자)

외국투자가는 리윤의 일부 또는 전부를 우리나라에 재투자 할 수 있다.

이 경우 재투자분에 대하여 이미 납부한 소득세의 일부 또는 전부를 돌려받을 수 있다.

제19조 (투자재산의 보호)

국가는 외국투자가와 외국인투자기업, 외국투자은행의 재산을 국유화하거나 거두어들이지 않는다.

사회공공의 리익과 관련하여 부득이하게 거두어들이려 할 경우에는 사전에 통지하며 법적절차를 거쳐 그 가치를 충분히 보상해준다.

제20조 (리윤과 기타 소득의 국외송금)

외국투자가가 기업운영 또는 은행 업무에서 얻은 합법적 리윤과 기타 소득, 기업 또는 은행을 청산하고 남은 자금은 제한 없이 우리나라 령역밖으로 송금할 수 있다.

제21조 (경영비밀의 보장)

국가는 외국인투자기업과 외국투자은행의 경영활동과 관련한 비밀을 법적으로 보장하며 외국투자가와 합의 없이 공개하지 않도록 한다.

제22조 (분쟁해결)

외국투자와 관련한 의견 상이는 협의의 방법으로 해결한다.

협의의 방법으로 해결할 수 없을 경우에는 조정, 중재, 재판의 방법으로 해결한다.

# 조선민주주의인민공화국 합영법

주체73(1984)년 9월 8일 최고인민회의 상설회의 결정 제10호로 채택
주체83(1994)년 1월 20일 최고인민회의 상설회의 결정 제44호로 수정보충
주체88(1999)년 2월 26일 최고인민회의 상임위원회 정령 제484호로 수정보충
주체90(2001)년 5월 17일 최고인민회의 상임위원회 정령 제2315호로 수정보충
주체93(2004)년 11월 30일 최고인민회의 상임위원회 정령 제780호로 수정보충
주체95(2006)년 5월 23일 최고인민회의 상임위원회 정령 제1774호로 수정보충
주체96(2007)년 9월 26일 최고인민회의 상임위원회 정령 제2367호로 수정보충
주체97(2008)년 8월 19일 최고인민회의 상임위원회 정령 제2842호로 수정보충
주체100(2011)년 11월 29일 최고인민회의 상임위원회 정령 제1993호로 수정보충
주체103(2014)년 10월 8일 최고인민회의 상임위원회 정령 제173호로 수정보충

## 제1장 합영법의 기본

제1조 (합영법의 사명)

조선민주주의인민공화국 합영법은 합영을 통하여 세계 여러 나라들과의 경제기술협력과 교류를 확대발전시키는데 이바지 한다.

제2조 (합영의 당사자)

기관, 기업소, 단체는 투자관리기관의 승인을 받고 다른 나라 법인 또는 개인과 합영기업을 창설할 수 있다. 합영기업은 생산부문에 창설하는 것을 기본으로 한다.

제3조 (합영부문과 장려대상)

합영은 기계공업, 전자공업, 정보산업, 과학기술, 경공업, 농업, 림업, 수산업, 건설건재공업, 교통운수, 금융 같은 여러 부문에서 할 수 있다.

국가는 첨단기술의 도입, 과학연구 및 기술개발, 국제시장에서 경쟁력이 높은 제품생산, 하부구조건설 같은 대상의 합영을 장려한다.

제4조 (합영의 금지, 제한대상)

환경보호기준을 초과하는 대상, 자연부원을 수출하는 대상, 경제 기술적으로 뒤떨어진 대상, 경제

적실리가 적은 대상, 식당, 상점 같은 봉사업 대상의 합영은 금지 또는 제한한다.

제5조 (합영기업의 소유권과 독자성, 채무에 대한 책임)

합영기업은 당사자들이 출자한 재산과 재산권에 대한 소유권을 가지며 독자적으로 경영활동을 한다.

합영기업은 경영활동과정에 발생한 채무에 대하여 자기의 등록 자본으로 책임진다.

제6조 (합영기업의 법인자격)

합영기업은 투자관리기관에 등록한 날부터 우리나라의 법인으로 된다.

합영기업의 합법적 권리와 리익은 법적으로 보호된다.

제7조 (합영기업에 대한 우대)

국가는 장려대상의 합영기업, 해외동포와 하는 합영기업에 대하여 세금의 감면, 유리한 토지리용조건의 보장, 은행대부의 우선적 제공 같은 우대를 하도록 한다.

제8조 (법의 적용)

합영기업의 창설, 운영, 해산 및 청산은 이 법에 따라 한다.

이 법에 규제하지 않은 사항은 해당 법규에 따른다.

## 제2장 합영기업의 창설

제9조 (합영기업의 창설신청, 승인)

합영기업을 창설하려는 당사자들은 계약을 맺고 투자관리기관에 합영계약서사본, 합영기업의 규약사본, 경제기술타산서 같은 것을 첨부한 합영기업창설신청문건을 내야 한다.

투자관리기관은 합영기업창설신청문건을 접수한 날부터 30일안에 심의하고 승인하였을 경우에는 신청자에게 합영기업창설승인서를 발급하며 부결하였을 경우에는 그 리유를 밝힌 부결통지서를 보내야 한다.

제10조 (합영기업의 등록)

합영기업창설승인서를 발급받은 당사자는 30일안에 기업소재지의 도(직할시)인민위원회 또는 특수경제지대 관리기관에 등록하여야 한다.

세무등록, 세관등록은 도(직할시)인민위원회 또는 특수 경제지대관리기관에 등록한 날부터 20일안에 한다.

제11조 (출자몫, 출자재산과 재산권)

합영기업에 출자하는 몫은 합영당사자들이 합의하여 정한다.

합영당사자들은 화폐재산, 현물재산과 공업소유권, 토지 리용권, 자원개발권 같은 재산권으로 출자할 수 있다. 이 경우 출자한 재산 또는 재산권의 값은 해당 시기 국제시장 가격에 준하여 당사자들이 합의하여 정한다.

제12조 (출자몫의 양도)

합영당사자는 자기의 출자몫을 제3자에게 양도할 수 있다. 이 경우 합영상대방의 동의와 투자관리기관의 승인을 받아야 한다.

제13조 (지사, 사무소, 대리점의 설립)

합영기업은 투자관리기관의 승인을 받고 우리나라 또는 다른 나라에 지사, 사무소, 대리점 같은 것을 내올 수 있다.

제14조 (출자기간, 지적재산권의 출자)

합영당사자는 기업창설승인서에 지적된 기간 안에 출자하여야 한다.

부득이한 사정이 있을 경우에는 투자관리기관의 승인을 받아 출자기간을 연장할 수 있다.

특허권, 상표권, 공업도안권 같은 지적재산권의 출자는 등록자본의 20%를 초과할 수 없다.

제15조 (등록자본)

합영기업의 등록 자본은 총 투자액의 30~50%이상 되여야 한다.

합영기업은 등록 자본을 늘린 경우 해당 기관에 변경등록을 하여야 한다.

등록 자본은 줄일 수 없다.

## 제3장 합영기업의 기구와 경영활동

제16조 (리사회와 그 지위)

합영기업에는 리사회를 둔다.

리사회는 합영기업의 최고결의기관이다.

제17조 (리사회의 권능)

합영기업의 리사회에서는 규약의 수정보충, 기업의 발전 대책, 등록자본의 증가, 경영계획, 결산과 분배, 책임자, 부책임자, 재정검열원의 임명 및 해임, 기업의 해산 같은 문제들을 토의 결정한다.

제18조 (합영기업의 관리성원)

합영기업에는 책임자, 부책임자, 재정회계원을 두며 그 밖의 필요한 관리성원을 둘수 있다.

책임자는 자기 사업에 대하여 리사회 앞에 책임진다.

제19조 (합영기업의 재정검열원)

합영기업에는 그 기업의 관리일군이 아닌 성원으로 재정 검열원을 둔다.

재정검열원은 리사회의 결정에 따라 기업의 재정 상태를 정상적으로 검열하며 자기 사업에 대하여 리사회 앞에 책임진다.

제20조 (합영기업의 관리운영기준)

합영기업은 규약, 리사회의 결정에 따라 관리 운영한다.

제21조 (합영기업의 조업기간)

합영기업은 기업창설승인서에 지적된 기간 안에 조업하여야 한다.

제기기간안에 조업할 수 없을 경우에는 투자관리기관의 승인을 받아 조업기일을 연장할 수 있다.

조업기일을 연장한 기업에는 정해진 연체료를 물린다.

**제22조 (합영기업의 영업허가, 조업일)**

합영기업은 정해진 조업예정일안에 영업허가를 받아야 한다.

투자관리기관이 발급한 영업허가증을 받은 날을 합영기업의 조업일로 한다.

**제23조 (경영물자의 구입과 제품판매)**

합영기업은 정해진데 따라 우리나라에서 원료, 자재, 설비를 구입하거나 생산한 제품을 우리나라에 판매할 수 있다. 이 경우 투자관리기관에 해당 계획을 내야 한다.

**제24조 (관세의 부과)**

합영기업이 생산과 경영활동에 필요한 물자를 다른 나라에서 들여오거나 생산한 제품을 다른 나라에 내가는 경우에는 관세를 부과하지 않는다. 그러나 관세를 면제받은 물자를 우리나라에서 판매할 경우에는 관세를 부과한다.

**제25조 (합영기업의 업종)**

합영기업은 승인된 업종에 따라 경영활동을 하여야 한다.

업종을 바꾸거나 늘이려 할 경우에는 투자관리기관의 승인 을 받는다.

**제26조 (로력채용)**

합영기업은 종업원을 우리나라 로력으로 채용하여야 한다.

일부 관리인원과 특수한 직종의 기술자, 기능공은 투자관리기관에 통지하고 다른 나라 로력으로 채용할 수도 있다.

**제27조 (로력의 관리)**

합영기업은 외국인투자기업에 적용하는 로동법규에 따라 로력을 관리하여야 한다.

**제28조 (합영기업의 돈자리)**

합영기업은 우리나라 은행 또는 외국투자은행에 돈자리를 두어야 한다.

다른 나라에 있는 은행에 돈자리를 두려 할 경우에는 외화관리기관의 승인을 받는다.

**제29조 (자금의 대부)**

합영기업은 경영활동에 필요한 자금을 우리나라 또는 다른 나라에 있는 은행에서 대부받을 수 있다.

대부받은 조선원과 외화로 교환한 조선원은 정해진 은행에 예금하고 써야 한다.

**제30조 (재정관리와 회계계산)**

합영기업은 재정관리와 회계계산을 외국인투자기업에 적용하는 재정회계법규에 따라 하여야 한다.

**제31조 (합영기업의 보험가입)**

합영기업은 보험에 드는 경우 우리나라에 있는 보험회사의 보험에 들어야 한다.

의무보험은 중앙보험지도기관이 정한 보험회사에 든다.

**제32조 (직업동맹조직의 활동조건보장)**

합영기업의 종업원들은 직업동맹조직을 내올 수 있다.

합영기업은 직업동맹조직의 활동조건을 보장하여야 한다.

## 제4장 합영기업의 결산과 분배

### 제33조 (합영기업의 결산년도)

합영기업의 결산년도는 1월 1일부터 12월 31일까지로 한다.

년간결산은 다음해 2월안으로 한다.

### 제34조 (합영기업의 결산방법)

합영기업의 결산은 총 수입금에서 원료 및 자재비, 연료 및 동력비, 로력비, 감가상각금, 물자구입경비, 직장 및 회사 관리비, 보험료, 판매비 같은 것을 포함한 원가를 덜어 리윤을 확정하며 그 리윤에서 거래세 또는 영업세와 기타 지출을 공제하고 결산리윤을 확정하는 방법으로 한다.

### 제35조 (예비기금의 적립)

합영기업은 등록자본의 25%에 해당한 금액이 될 때까지 해마다 얻은 결산리윤의 5%를 예비기금으로 적립하여야 한다.

예비기금은 합영기업의 결손을 메꾸거나 등록 자본을 늘리는 데만 쓸 수 있다.

### 제36조 (기금의 종류와 조성)

합영기업은 생산확대 및 기술발전기금, 종업원들을 위한 상금기금, 문화후생기금, 양성기금 같은 필요한 기금을 조성 하여야 한다.

기금의 종류와 규모, 리용대상과 범위는 리사회에서 토의 결정한다.

### 제37조 (리윤의 분배)

합영기업은 결산문건을 재정검열원의 검열을 받고 리사회에서 비준한 다음 리윤을 분배하여야 한다.

리윤분배는 결산리윤에서 소득세를 바치고 예비기금을 비롯한 필요한 기금을 공제한 다음 출자몫에 따라 합영 당사자들 사이에 나누는 방법으로 한다.

### 제38조 (세금의 납부 및 감면)

합영기업은 정해진 세금을 납부하여야 한다.

장려부문의 합영기업은일정한 기간 기업소득세를 감면 받을 수 있다.

### 제39조 (기업손실의 보상)

합영기업은 당해년도의 결산리윤에서 전년도의 손실을 메꿀 수 있다. 이 경우 보상기간을 련속하여 4년을 넘길 수 없다.

### 제40조 (회계결산)

합영기업은 경영활동에 대한 회계결산을 정기적으로 하여야 한다.

회계결산서는 정해진 기간 안에 해당 재정기관에 낸다.

### 제41조 (리윤의 재투자)

외국측 투자가는 합영기업에서 분배받은 리윤의 일부 또는 전부를 우리나라에 재투자할 수 있다. 이 경우 이미 납부한 소득세에서 재투자분에 해당한 소득세의 일부 또는 전부를 돌려받을 수 있다.

### 제42조 (리윤과 기타 소득의 국외송금)

합영기업의 외국측 투자가는 분배받은 리윤과 기타 소득, 기업을 청산하고 받은 자금을 제한 없이 우리나라 령역밖으로 송금할 수 있다.

### 제5장 합영기업의 해산과 분쟁해결

제43조 (합영기업의 해산사유)

합영기업은 존속기간의 만료, 지불능력의 상실, 당사자의 계약의무불리행, 지속적인 경영손실, 자연재해 같은 사유로 기업을 운영할 수 없을 경우 해산된다.

제44조 (합영기업의 만기전 해산)

합영기업은 존속기간이 끝나기 전에 해산사유가 생기면 리사회에서 결정하고 투자관리기관의 승인을 받아 해산할 수 있다. 이 경우 청산위원회는 리사회가 조직한다.

청산위원회는 합영기업의 거래업무를 결속하고 청산을 끝낸 다음 10일안으로 기업등록취소수속을 하여야 한다. 그러나 청산과정에 기업을 파산시키는 것이 옳다고 인정될 경우에는 재판소에 파산을 제기하여야 한다.

제45조 (합영기업의 존속기간연장)

합영기업은 존속기간을 연장할 수 있다. 이 경우 존속기간이 끝나기 6개월 전에 리사회에서 토의 결정한 다음 투자관리기관의 승인을 받아야 한다.

존속기간은 기업창설을 승인한 날부터 계산한다.

제46조 (분쟁해결)

합영과 관련한 의견 상이는 협의의 방법으로 해결한다.

협의의 방법으로 해결할 수 없을 경우에는 조정, 중재, 재판의 방법으로 해결한다.

# 조선민주주의인민공화국 합작법

주체81(1992)년 10월 5일 최고인민회의 상설회의 결정 제18호로 채택

주체88(1999)년 2월 26일 최고인민회의 상임위원회 정령 제484호로 수정보충

주체93(2004)년 11월 30일 최고인민회의 상임위원회 정령 제780호로 수정보충

주체95(2006)년 5월 23일 최고인민회의 상임위원회 정령 제1774호로 수정보충

주체96(2007)년 9월 26일 최고인민회의 상임위원회 정령 제2367호로 수정보충

주체97(2008)년 4월 29일 최고인민회의 상임위원회 정령 제2688호로 수정보충

주체97(2008)년 8월 19일 최고인민회의 상임위원회 정령 제2842호로 수정보충

주체100(2011)년 11월 29일 최고인민회의 상임위원회 정령 제1992호로수정보충

주체103(2014)년 10월 8일 최고인민회의 상임위원회 정령 제173호로 수정보충

제1조 (합작법의 사명)

조선민주주의인민공화국 합작법은 합작을 통하여 세계 여러 나라들과의 경제기술협력과 교류를 확대발전시키는데 이바지한다.

제2조 (합작의 당사자)

기관, 기업소, 단체는 투자관리기관의 승인을 받고 다른 나라 법인 또는 개인과 합작기업을 창설할 수 있다.

합작기업은 생산부문에 창설하는 것을 기본으로 한다.

제3조 (합작의 장려부문)

국가는 첨단기술이나 현대적인 설비를 도입하는 대상, 국제시장에서 경쟁력이 높은 제품을 생산하는 부문의 합작을 장려한다.

제4조 (합작의 금지, 제한대상)

환경보호기준을 초과하는 대상, 자안부원을 수출하는 대상, 경제기술적으로 뒤떨어진 대상, 경제적 실리가 적은 대상, 식당, 상점 같은 봉사업 대상의 합작은 금지 또는 제한한다.

제5조 (합작투자에 대한 우대)

국가는 장려대상의 합작기업, 해외동포와 하는 합작기업에 대하여 세금의 감면, 유리한 토지 리용조건의 보장, 은행대부의 우선적제공과 같은 우대를 하도록 한다.

제6조 (합작기업의 창설신청, 승인)

합작기업을 창설하려는 당사자는 합작계약을 맺고 투자관리기관에 합작계약서사본, 합작기업의 규약사본, 경제기술타산서 같은 것을 첨부한 합작기업창설신청문건을 내야 한다.

투자관리기관은 합작기업창설신청문건을 접수한 날부터 30일안에 심의하고 승인하였을 경우에는 신청자에게 합작기업창설승인서를 발급하며 부결하였을 경우에는 그 리유를 밝힌 부결통지서를 보내야 한다.

제7조 (합작기업의 등록)

합작기업창설승인서를 발급받은 당사자는 30일안에 기업소재지의 도(직할시)인민위원회 또는 특수경제지대관리기관에 등록하여야 한다.

세무등록, 세관등록은 도(직할시)인민위원회 또는 특수경제지대관리기관에 등록한 날부터 20일안에 한다.

제8조 (영업허가와 조업일)

합작기업은 정해진 조업예정일안에 영업허가를 받아야 한다.

투자관리기관이 발급한 영업허가증을 받은 날을 합작기업의 조업일로 한다.

제9조 (합작기업의 업종)

합작기업은 승인된 업종에 따라 경영활동을 하여야 한다.

업종을 바꾸거나 늘이려 할 경우에는 투자관리기관의 승인을 받는다.

제10조 (출자몫의 양도)

합작당사자는 자기의 출자몫을 제3자에게 양도할 수 있다. 이 경우 합작 상대방의 동의와 투자관리기관의 승인을 받아야 한다.

제11조 (로력의 채용)

합작기업은 종업원을 우리나라 로력으로 채용하여야 한다.

특수한 직종의 기술자, 기능공은 투자관리기관에 통지하고 다른 나라 로력으로 채용할 수도 있다.

제12조 (관세의 부과)

합작기업이 생산과 경영활동에 필요한 물자를 다른 나라에서 들여오거나 생산한 제품을 다른 나라에 내가는 경우에는 관세를 부과하지 않는다. 그러나 관세를 면제받은 물자를 우리나라에서 판매할 경우에는 관세를 부과한다.

제13조 (보험가입)

합작기업은 보험에 드는 경우 우리나라에 있는 보험회사의 보험에 들어야 한다.

의무보험은 중앙보험지도기관이 정한 보험회사에 든다.

제14조 (투자의 상환과 리윤분배)

합작기업에서 외국측 투자가에 대한 투자상환은 기업의 생산품으로 하는 것을 기본으로 한다.

리윤분배는 합작당사자들이 계약에서 정한 방법으로 한다.

제15조 (기업소득의 우선적리용)

합작기업에서 생산된 제품과 얻은 수입은 합작계약에 따라 상환 또는 분배의무를 리행하는데 먼저 쓸 수 있다.

제16조 (리윤과 기타 소득의 국외송금)

합작기업의 외국측 투자가는 분배받은 리윤과 기타 소득, 기업을 청산하고 받은 자금을 제한 없이 우리나라 령역밖으로 송금할 수 있다.

제17조 (공동협의기구)

합작당사자들은 비상설로 공동협의기구를 조직할 수 있다.

공동협의기구에서는 새 기술도입과 제품의 질제고, 재투자 같은 기업의 경영활동에서 제기되는 중요문제들을 협의한다.

제18조 (회계결산)

합작기업은 경영활동에 대한 회계결산을 정기적으로 하여야 한다.

회계결산서는 정해진 기간 안에 해당 재정기관에 낸다.

제19조 (세금납부)

합작기업은 정해진 세금을 납부하여야 한다.

장려부문의 합작기업은일정한 기간 기업소득세를 감면받을 수 있다.

제20조 (합작기업의 해산)

합작당사자들은 존속기간의 만료, 계약상의무불리행, 지속적인 경영손실, 자연재해 같은 사유가 있을 경우 서로 합의하고 투자관리기관의 승인을 받아 해산할 수 있다.

합작기업의 해산으로 생긴 손해에 대한 책임은 허물 있는 당사자가 진다.

제21조 (청산위원회의 조직)

합작당사자들은 기업이 해산되는 경우 청산위원회를 조직하여야 한다.

청산위원회는 합작기업의 거래업무를 결속하고 청산을 끝낸 다음 10일안으로 기업등록취소수속을 하여야 한다.

청산과정에 기업을 파산 시키는 것이 옳다고 인정될 경우에는 재판소에 파산을 제기한다.

제22조 (합작기업의 존속기간연장)

합작기업은 존속기간을 연장할 수 있다. 이 경우 존속기간이 끝나기 6개월 전에 투자관리기관의 승인을 받아야 한다.

존속기간은 기업창설을 승인한 날부터 계산한다.

제23조 (분쟁해결)

합작과 관련한 의견상이는 협의의 방법으로 해결한다.

협의의 방법으로 해결 할 수 없을 경우에는 조정, 중재, 재판의 방법으로 해결한다.

# 조선민주주의인민공화국 외국인기업법

주체81(1992)년 10월 5일 최고인민회의 상설회의 결정 제19호로 채택
주체88(1999)년 2월 26일 최고인민회의 상임위원회 정령 제484호로 수정보충
주체93(2004)년 11월 30일 최고인민회의 상임위원회 정령 제780호로 수정 보충
주체94(2005)년 5월 17일 최고인민회의 상임위원회 정령 제1131호로 수정 보충
주체95(2006)년 5월 23일 최고인민회의 상임위원회 정령 제1774호로 수정보충
주체96(2007)년 9월 26일 최고인민회의 상임위원회 정령 제2367호로 수정 보충
주체100(2011)년 11월 29일 최고인민회의 상임위원회 정령 제1994호로 수정 보충

## 제1장 외국인기업법의 기본

제1조 (외국인기업법의 사명)

조선민주주의인민공화국 외국인기업법은 외국인기업의 창설운영을 통하여 세계 여러 나라들과의

경제협력과 교류를 확대발전시키는데 이바지한다.

제2조 (외국인기업의 정의)

외국인기업은 외국투자가가 기업운영에 필요한 자본의 전부를 투자하여 창설하며 독자적으로 경영활동을 하는 기업을 말한다.

제3조 (외국인기업의 창설부문과 창설금지대상기업)

외국투자가는 전자공업, 자동화공업, 기계 제작공업, 식료가공공업, 피복가공공업, 일용품공업과 운수 및 봉사를 비롯한 여러 부문에서 외국인기업을 창설 운영할 수 있다.

나라의 안전에 지장을 주거나 기술적으로 뒤떨어진 기업은 창설 할 수 없다.

제4조 (투자보호원칙)

국가는 외국투자가가 투자한 자본과 기업운영에서 얻은 소득을 법적으로 보호한다.

제5조 (외국투자가의 법규준수의무)

외국투자가는 우리나라의 법과 규정을 존중하고 철저히 지켜야 하며 인민경제발전에 지장을 주는 행위를 하지 말아야 한다.

제6조 (법의 적용대상)

이 법은 정해진 지역에 창설운영되는 외국인기업에 적용한다.

## 제2장 외국인기업의 창설

제7조 (외국인기업창설신청문건의 제출)

외국투자가는 외국인기업을 창설하려는 경우기업창설신청문건을 투자관리기관에 내야 한다.

기업창설신청문건에는 기업의 명칭과 주소, 총투자액과 등록자본, 업종, 종업원 수, 존속기간 같은 사항을 밝힌 기업창설신청서와 규약사본, 경제기술타산서, 투자가의 자본신용확인서 같은 것이 속한다.

제8조 (외국인기업창설신청의 심의, 기업의 창설일)

투자관리기관은 외국인기업창설신청문건을 접수한 날부터 30일안에 심의하고 기업창설을 승인하거나 부결하여야 한다. 기업창설을 승인하였을 경우에는 외국인기업창설승인서를 발급하며 부결하였을 경우에는 그 리유를 밝힌 부결통지서를 신청자에게 보낸다.

제9조 (외국인기업의 등록)

외국투자가는 외국인기업창설승인서를 받은 날부터 30일안에 해당 도(직할시)인민위원회 또는 특수경제지대관리기관에 등록하여야 한다.

세관등록, 세무등록은 도(직할시)인민위원회 또는 특수경제지대관리기관에 등록한 날부터 20일안에 한다.

제10조 (지사, 사무소, 대리점의 설립)

외국인기업은 투자관리기관의 승인을 받고 우리나라 또는 다른 나라에 지사, 사무소, 대리점 같은 것을 내올 수 있다.

제11조 (건설의 위탁)

외국투자가는 외국인기업을 창설하는데 필요한 건설을 우리나라 건설기관에 위탁하여 할 수 있다.

제12조 (투자기간)

외국투자가는 외국인기업창설 승인서에 지적된 기간 안에 투자하여야 한다.

부득이한 사정으로 정한 기간 안에 투자할 수 없을 경우에는 투자관리기관의 승인을 받아 투자기간을 연장 할 수 있다.

제13조 (외국인기업창설승인의 취소사유)

투자관리기관은 외국투자가가 정한 투자 기간 안에 정당한 리유없이 투자하지 않았을 경우 외국인기업창설승인을 취소할 수 있다.

## 제3장 외국인기업의 경영활동

제14조 (업종의 변경)

외국인기업은 승인된 업종에 따라 경영활동을 하여야 한다.

업종을 바꾸거나 늘이려 할 경우에는 투자관리기관의 승인을 받아야 한다.

제15조 (생산 및 수출입계획의 제출)

외국인기업은 투자관리기관에 년, 분기 생산 및 수출입계획을 내야 한다.

제16조 (경영물자의 구입과 제품판매)

외국인기업은 정해진데 따라 우리나라에서 원료, 자재, 설비를 구입하거나 생산한 제품을 우리나라에 판매할 수 있다.

이 경우 투자관리기관을 통하여 한다.

제17조 (외국인기업의 돈자리)

외국인기업은 우리나라 은행 또는 외국투자은행에 돈자리를 두어야 한다.

외화관리기관의 승인을 받아 다른 나라에 있는 은행에도 돈자리를 둘 수 있다.

제18조 (재정회계)

외국인기업은 재정회계문건을 기업에 두어야 한다.

기업의 재정관리와 회계는 외국인투자기업에 적용하는 재정회계법규에 따라 한다.

제19조 (로력의 채용)

외국인기업은 종업원을 우리나라 로력으로 채용하여야 한다.

일부 관리인원과 특수한 직종의 기술자, 기능공은 투자관리기관에 통지하고 다른 나라 로력으로 채용할 수 있다.

제20조 (직업동맹조직)

외국인기업에서일하는 종업원들은 직업동맹조직을 내올 수 있다.

직업동맹조직은 종업원들의 권리와 리익을 보호하며 외국인기업과 로동조건보장과 관련한 계약을 맺고 그 리행을 감독한다.

외국인기업은 직업동맹조직의 활동조건을 보장하여야 한다.

제21조 (리윤의 재투자와 국외송금)

외국인기업은 기업운영에서 얻은 합법적 리윤을 재투자 할 수 있으며 외화관리와 관련한 법규에 따라 우리나라 령역밖으로 송금할 수 있다.

제22조 (보험가입)

외국인기업은 보험에 드는 경우 우리나라에 있는 보험회사에 들어야 한다.

제23조 (세금의 납부)

외국인기업은 정해진 세금을 납부하여야 한다.

장려부문의 외국인기업은일정한 기간 기업소득세를 감면 받을 수 있다.

제24조 (관세의 면제)

외국인기업이 생산과 경영활동에 필요한 물자를 들여오거나 생산한 제품을 내가는 경우에는 그에 대하여 관세를 적용하지 않는다.

제25조 (등록자본)

외국인기업은 등록 자본을 늘릴 수 있다.

등록 자본은 존속기간 안에 줄일 수 없다.

제26조 (투자 및 세금납부정형의 료해)

투자관리기관과 해당 재정기관은 외국인기업의 투자 및 세금납부정형을 료해 할 수 있다.

제4장 외국인기업의 해산과 분쟁해결

제27조 (기업의 해산 및 존속기간연장)

외국인기업은 존속기간이 끝나면 해산된다.

존속기간이 끝나기 전에 기업을 해산하거나 그 기간을 연장하려 할 경우에는 투자관리기관의 승인을 받는다.

제28조 (제재)

이 법을 위반하였을 경우에는 정상에 따라 벌금부과, 영업중지, 기업해산 같은 제재를 준다.

제29조 (기업의 해산 및 파산등록과 재산처리)

외국인기업은 해산되거나 파산되는 경우 투자관리기관에 기업의 해산 또는 파산신청을 하여야 한다.

외국인기업의 재산은 청산수속이 끝나기 전에 마음대로 처리할 수 없다.

제30조 (분쟁해결)

외국인기업과 관련한 의견상이는 협의의 방법으로 해결한다.

협의의 방법으로 해결할 수 없을 경우에는 조정, 중재, 재판의 방법으로 해결한다.

# 조선민주주의인민공화국 외국투자은행법

주체82(1993)년 11월 24일 최고인민회의 상설회의 결정 제42호로 채택
주체88(1999)년 2월 26일 최고인민회의 상임위원회 정령 제484호로 수정보충
주체91(2002)년 11월 7일 최고인민회의 상임위원회 정령 제3400호로 수정
주체100(2011)년 12월 21일 최고인민회의 상임위원회 정령 제 2051호로 수정보충

## 제5장 외국투자은행법의 기본

### 제1조(외국투자은행법의 사명)

조선민주주의인민공화국 외국투자은행법은 세계 여러 나라들과 금융분야에서의 협조를 확대발전시키는데 이바지한다.

### 제2조(외국투자은행의 분류와 설립지역)

외국투자가는 우리 나라에서 외국투자은행을 설립운영할 수 있다.

외국투자은행에는 합영은행과 외국인은행, 외국은행지점이 속한다.

외국인은행과 외국은행지점은 특수경제지대에 설립할 수 있다.

### 제3조(외국투자은행의 소유권, 경영활동의 독자성)

외국투자은행은 은행재산에 대한 소유권을 가지며 경영활동에서 독자성을 가진다.

### 제4조(외국투자은행의 권리와 리익의 보호)

국가는 우리 나라에 설립된 외국투자은행의 합법적권리와 리익을 보호한다.

### 제5조(외국투자은행의 관리운영법규)

외국투자은행의 관리운영은 해당 법규에 따라 한다.

### 제6조(외국투자은행에 대한 감독통제기관)

외국투자은행에 대한 감독통제는 중앙재정지도기관과 중앙은행이 한다.

### 제7조(법의 규제내용)

이 법은 외국투자은행의 설립, 운영, 해산과 관련한 원칙과 질서를 규제한다.

## 제6장 외국투자은행의 설립과 해산

### 제8조(외국투자은행의 설립신청서제출)

외국투자은행을 설립하려는 투자가는 은행명칭, 책임자의 이름과 경력, 등록자본금, 불입자본금, 운영자금, 출자비률, 업무내용 같은 것을 밝힌 은행설립신청서를 중앙은행에 내야 한다.

### 제9조(합영은행의 설립신청)

합영은행의 설립신청은 합영당사자가 한다.

은행설립신청서에는 합영은행의 규약, 경제타산서, 합영계약서, 외국환자업무 승인문건사본, 투자

가의 영업허가증사본 같은 것을 첨부한다.

제10조(외국인은행의 설립신청)

외국인은행의 설립신청은 외국투자가가 한다.

은행설립신청서에는 외국인은행의 규약, 경제타산서, 본국의 은행감독기관 동의서, 투자가의 재정상태표, 영업허가증사본, 외국환자업무승인문건사본 같은 것을 첨부한다.

제11조(외국은행지점의 설립신청)

외국은행지점의 설립신청은 외국은행본점이 한다.

은행지점설립신청서에는 본점의 규약, 년차보고서, 재정상태표, 손익계약서와 본점의 영업허가증사본, 지점의 세무 및 채무에 대하여 책임진다는 보증서, 지점의 경제타산서, 본국의 은행감독기관 동의서, 외국환자업무승인문건사본 같은 것을 첨부한다.

제12조(외국투자은행설립신청과 영업허가)

외국투자은행설립신청서를 접수한 중앙은행은 50일안에 은행설립을 승인하거나 부결하는 결정을 하여야 한다.

외국투자은행설립을 승인하였을 경우에는 영업허가증을, 부결하였을 경우에는 그 리유를 밝힌 통지서를 발급한다.

제13조(외국투자은행의 주소등록, 세무등록)

외국투자은행은 영업허가를 받은 날부터 30일안에 은행소재지의 도(직할시)인민위원회 또는 특수경제지대관리기관에 주소등록을 하여야 한다.

주소등록을 한 외국투자은행은 주소등록증을 발급받은 날부터 20일안으로 해당 재정기관에 세무등록을 하여야 한다.

제14조(외국투자은행의 해산사유와 등록취소수속)

외국투자은행은 승인된 영업기간의 만료, 은행의 통합, 지불능력의 부족, 계약의무의 불리행, 자연재해 같은 사유로 영업을 계속할수 없는 경우 해산된다. 이 경우 30일전에 중앙은행에 신청하여 해산승인을 받으며 청산위원회의 감독밑에 청산사업이 끝나면 은행설립등록기관에 등록취소수속을 하여야 한다.

제15조(외국투자은행의 영업기간연장)

외국투자은행은 영업기간이 끝난 후에도 은행업무를 계속하려는 경우 그 기간이 끝나기 6개월전에 중앙은행에 신청하여 영업기간의 연장승인을 받아야 한다.

제16조(외국투자은행의 등록변경)

외국투자은행은 규약을 고치거나 은행을 통합, 분리하고 등록자금과 운영자금, 영업장소를 변경하며 업종을 늘이거나 줄이고 책임자와 부책임자를 바꾸려 할 경우 30일전에 중앙은행에 신청하여 승인을 받고 등록변경수속을 하여야 한다.

제17조(투자한 자본의 양도)

외국투자은행의 투자가는 중앙은행의 승인밑에 투자한 자본의 일부 또는 전부를 제3자에게 양도할 수 있다. 이 경우 양도하는 합영은행의 한편 출자자는 상대편 출자자와 합의하여야 한다.

## 제7장 외국투자은행의 자본금과 적립금

### 제18조(등록자본의 보유한도)

합영은행과 외국인은행은 정해진 액수의 등록자본금을 해당 외화로 보유하며 1차불입자본금은 등록자본금의 50%이상 되여야 한다.

외국은행지점은 정해진 액수의 운영자금을 해당 외화로 보유하여야 한다.

### 제19조(1차불입자본금과 운영자금)

외국투자은행은 영업허가를 받은 날부터 30일안에 1차불입자본금과 운영자금을 중앙은행이 지정하는 은행에 예금하고 회계검증사무소의 확인을 받아야 한다.

### 제20조(자본금의 보유한도)

외국투자은행은 자기 자본금을 채무의 보증액 또는 자기 부담채무액의 5%이상에 해당한 규모로 보유하여야 한다.

### 제21조(합영, 외국인은행의 예비기금적립)

합영은행과 외국인은행은 예비기금을 등록자본금의 25%에 이를 때까지 해마다 년간결산리윤의 5%범위에서 적립하여야 한다.

예비기금은 자본금을 늘이거나 경영손실을 보장하는데 쓴다.

### 제22조(기금의 종류와 적립비률)

외국투자은행은 상금기금, 문화후생기금, 기술발전기금 같은 필요한 기금을 적립할 수 있다.

기금의 종류와 규모, 적립비률은 자체로 정한다.

## 제8장 외국투자은행의 업무와 결산

### 제23조(외국투자은행의 업무내용)

외국투자은행은 다음과 같은 업무를 할 수 있다.

1. 외국인투자기업과 외국기업, 외국인의 외화예금
2. 외화대부, 시좌돈자리잔고초과지불업무, 외화수형할인
3. 외국환자업무
4. 외화투자
5. 외화채무 및 계약의무리행에 대한 보증
6. 외화송금
7. 수출입물자대금결제
8. 비거주자들사이의 거래업무

9. 외화유가증권의 매매

10. 신탁업무

11. 신용조사 및 상담업무

12. 기타 업무

제24조(외국투자은행의 자금대출한도)

외국투자은행은 한개 기업에 자기 자본금의 25%를 초과하는 금액을 대출할수 없다.

제25조(예금지불준비금)

외국투자은행은 소재지의 중앙은행지점에 돈자리를 열고 예금지불준비금을 두어야 한다.

제26조(결산년도)

외국투자은행의 결산년도는 1월 1일부터 12월 31일까지이다.

년간업무결산은 다음해 2월안으로 한다.

제27조(재정관리와 재정결산문건의 제출)

외국투자은행은 재정관리를 외국인투자기업재정법규에 따라 하여야 한다.

분기재정결산문건은 분기가 끝난 다음달 15일안으로, 년간재정결산문건은 다음해 2월안으로 해당 재정기관에 내야 한다.

제28조(외국투자은행에 대한 우대)

외국투자은행은 다음과 같은 우대를 받는다.

1. 영업기간이 10년이상인 경우 리익이 나는 첫해에는 기업소득세를 면제하며 그 다음 2년간은 50%범위에서 면제받을수 있다.

2. 우리나라 은행과 기업에 유리한 조건으로 대부하여 얻은 리자수입에 대하여서는 영업세를 면제한다.

3. 은행을 경영하여 얻은 소득과 은행을 청산하고 남은 자금은 우리 나라 령역밖으로 제한없이 송금할 수 있다.

## 제9장 제재 및 분쟁해결

제29조(벌금 부과)

외국투자은행에 벌금을 물리는 경우는 다음과 같다.

1. 승인없이 은행의 주소 또는 명칭을 변경하였을 경우

2. 예비기금을 정한 규모대로 적립하지 않은 경우

3. 업무검열을 방해하였거나 검열에 지장을 준 경우

4. 정기보고문건을 정한 기간에 내지 않았거나 사실과 맞지 않게 작성제출한 경우

제30조(영업중지)

외국투자은행이 승인된 업종밖의 업무를 하였거나 승인없이 등록자본금, 운영자본금을 줄였을 경

우에는 영업을 중지시킬수 있다.

제31조(은행설립승인의 취소)

은행설립신청자가 영업허가를 받은 날부터 10개월안으로 은행업무를 시작하지 않을 경우에는 은행설립승인을 취소할 수 있다.

제32조(분쟁해결)

은행업무와 관련한 의견상이는 협의의 방법으로 해결한다.

# 조선민주주의인민공화국 외국투자은행법

주체95(2006)년 1월 25일 최고인민회의 상임위원회 정령 제1530호로 채택
주체98(2009)년 8월 4일 최고인민회의 상임위원회 정령 제207호로 수정보충
주체100(2011)년 12월 21일 최고인민회의 상임위원회 정령 2049호로 수정보충

## 제10장 외국투자기업등록법의 기본

제1조(외국투자기업등록법의 사명)

조선민주주의인민공화국 외국투자기업등록법은 외국투자기업의 등록에서 제도와 질서를 바로세워 기업등록의 편의를 보장하는데 이바지한다.

제2조(정의)

이 법에서 외국투자기업등록이란 외국투자기업의 창설등록, 주소등록, 세무등록, 세관등록이다.

제3조(등록기관)

외국투자기업의 창설등록은 투자관리기관이 하며 주소등록은 기업소재지의 도(직할시)인민위원회가, 세무등록은 해당 재정기관이, 세관등록은 해당 세관이 한다.

제4조(외국투자기업의 의무적등록원칙)

외국투자기업은 창설등록, 주소등록, 세무등록, 세관등록을 의무적으로 하여야 한다.

등록을 하지 않은 외국투자기업은 운영을 할수 없다.

제5조(등록된 외국투자기업의 보호원칙)

등록된 외국투자기업의 합법적권리와 리익은 법적보호를 받는다.

제6조(수수료납부)

등록을 하는 외국투자기업은 수수료를 납부하여야 한다.

수수료를 정하는 사업은 중앙재정지도기관이 한다.

제7조(외국투자기업의 등록사업에 대한 감독통제기관)

외국투자기업의 등록사업에 대한 감독통제는 해당 등록기관과 감독통제기관이 한다.

제8조(특수경제지대에서의 기업등록)

특수경제지대에서 외국투자기업의 등록질서는 따로 정한데 따른다.

## 제11장 창설등록

제9조(기업창설등록의 기본요구)

외국투자기업은 창설승인을 받은 경우 투자관리기관에 창설등록을 하여야 한다.

투자관리기관은 외국투자기업을 형태별, 부문별, 업종별로 정확히 등록하여야 한다.

제10조(창설등록증, 설립허가증의 발급)

투자관리기관은 외국투자기업의 창설을 등록한 경우 외국인투자기업에는 기업창설등록증을, 지사, 사무소, 대리점에는 설립허가증을 발급하여야 한다.

제11조(법인자격)

외국인투자기업은 투자관리기관에 창설등록을 한 날부터 우리 나라 법인으로 된다.

지사, 사무소, 대리점은 법인으로 되지 않는다.

제12조(창설등록의 변경)

외국인투자기업은 창설등록을 변경하려 할 경우 투자관리기관에 창설등록변경신청서를 내야 한다.

창설등록변경신청서에는 외국인투자기업의 명칭과 주소, 변경하려는 내용과 그 리유 같은 것을 밝힌다.

제13조(창설 및 설립등록의 삭제)

투자관리기관은 외국인투자기업과 지사, 사무소, 대리점이 해산되거나 파산되였을 경우 창설 및 설립등록을 삭제하고 창설등록증 또는 설립허가증을 회수하여야 한다.

## 제12장 주소등록

제14조(주소등록기관 및 명칭)

외국투자기업은 주소등록을 기업소재지의 도(직할시)인민위원회에 하여야 한다. 이 경우 투자관리기관이 승인한 명칭으로 한다.

제15조(주소등록신청서의 제출)

외국투자기업은 창설등록증 또는 설립허가증을 받은 날부터 30일안으로 기업소재지의 도(직할시)인민위원회에 주소등록신청서를 내야 한다.

제16조(주소등록신청서의 내용)

외국인투자기업의 주소등록신청서에는 기업의 명칭과 등록하려는 주소, 업종, 존속기간, 종업원수 같은 것을 밝히고 창설등록증의 사본을 첨부한다.

지사, 사무소, 대리점의 주소등록신청서에는 명칭, 주소, 책임자의 이름, 존속기간, 종업원수 같은 것을 밝히고 설립허가증의 사본을 첨부한다.

제17조(주소등록증의 발급)

주소등록신청서를 접수한 도(직할시)인민위원회는 그것을 제때에 검토하고 승인 또는 부결하여야 한다.

주소등록신청을 승인하였을 경우에는 주소등록증을 발급하며 부결하였을 경우에는 리유를 밝힌 부결통지서를 신청자와 투자관리기관에 보내야 한다.

제18조(경영활동보장조건)

주소등록을 하지 않은 외국투자기업은 물, 전기,통신 같은 경영활동에 필요한 조건들을 보장받을 수 없다.

제19조(주소등록신청기일의 연장)

외국투자기업은 부득이한 사유로 정해진 기일안에 주소등록신청을 할수 없을 경우 기업소재지의 도(직할시)인민위원회에 주소등록기일연장신청서를 내고 승인을 받아야 한다.

주소등록기일연장신청서에는 외국투자기업의 명칭과 주소, 창설등록증 또는 설립허가증의 발급일, 연장하려는 리유, 기간 같은 것을 밝힌다.

제20조(주소등록의 변경)

명칭과 주소, 존속기간을 변경한 외국투자기업은 15일안으로 기업소재지의 도(직할시)인민위원회에 주소등록을 변경하여야 한다.

기업소재지를 다른 도(직할시)인민위원회의 관할구역으로 옮기려 할 경우에는 이미 한 등록을 삭제하고 새 기업소재지의 도(직할시)인민위원회에 주소등록을 하여야 한다.

제21조(주소등록증의 유효기간과 그 연장)

주소등록증의 유효기간은 3년으로 한다.

주소등록증의 유효기간을 연장하려는 외국투자기업은 주소등록증의 유효기간이 끝나기 15일전으로 기업소재지의 도(직할시)인민위원회에 유효기간연장등록을 하여야 한다.

제22조(주소등록의 삭제, 주소등록증의 회수)

도(직할시)인민위원회는 외국투자기업이 해산 또는 파산되였을 경우 주소등록을 삭제하고 주소등록증을 회수하여야 한다.

## 제13장 세무등록

제23조(세무등록신청서의 제출)

외국투자기업은 주소등록을 한 날부터 20일안으로 해당 재정기관에 세무등록신청서를 내야 한다.

외국인투자기업은 세무등록신청서에 명칭과 주소, 총투자액과 등록자본, 업종, 존속기간, 종업원수 같은 것을 밝히고 창설등록증과 주소등록증의 사본을 첨부하여야 한다.

지사, 사무소, 대리점은 세무등록신청서에 명칭과 주소, 종업원수 같은 것을 밝히고 설립허가증과 주소등록증의 사본을 첨부하여야 한다.

제24조(세무등록신청의 심의)

세무등록신청서를 접수한 재정기관은 그것을 10일안으로 검토하고 세무등록을 승인하거나 부결하여야 한다.

세무등록신청을 승인하였을 경우에는 세무등록증을 발급하며 부결하였을 경우에는 리유를 밝힌 부결통지서를 신청자에게 보내야 한다.

제25조(세무등록증의 내용)

세무등록증에는 외국투자기업의 명칭과 주소, 존속기간, 업종, 세무등록날자와 번호 같은 것을 밝힌다.

제26조(세무등록의 변경)

외국투자기업은 세무등록을 변경하려 할 경우 세무등록을 한 재정기관에 세무등록변경신청서를 내야 한다.

세무등록변경신청서에는 외국투자기업의 명칭과 주소, 변경리유를 밝히고 해당 기관이 발급한 변경승인문건을 첨부하여야 한다.

제27조(세무등록증의 재발급)

세무등록변경신청서를 접수한 재정기관은 그것을 7일안으로 검토하고 세무등록증을 다시 발급하여주어야 한다.

제28조(세무등록의 삭제, 세무등록증의 회수)

해당 재정기관은 외국투자기업이 해산 또는 파산되였을 경우 세무등록을 삭제하고 세무등록증을 회수하여야 한다.

## 제14장 세관등록

제29조(세관등록신청서의 제출)

외국투자기업은 주소등록을 한 날부터 20일안으로 해당 세관에 세관등록신청서를 내야 한다.

세관등록신청서에는 외국투자기업의 명칭과 주소, 존속기간, 업종, 거래은행, 돈자리번호 같은 것을 밝히며 창설등록증 또는 설립허가증, 주소등록증의 사본, 은행의 재정담보서 그밖에 세관이 요구하는 문건을 첨부한다.

제30조(세관등록신청의 심의)

세관등록신청서를 접수한 세관은 그것을 5일안으로 검토하고 세관등록을 승인하거나 부결하여야 한다.

세관등록신청을 승인하였을 경우에는 세관등록대장에 등록하며 부결하였을 경우에는 리유를 밝힌 부결통지서를 신청자에게 보내야 한다.

제31조(세관등록의 변경)

외국투자기업은 세관등록을 변경하려 할 경우 해당 세관에 세관등록변경신청서를 내야 한다.

세관등록변경신청서에는 외국투자기업의 명칭과 주소, 변경리유를 밝히고 해당 기관이 발급한 변경등록승인문건을 첨부한다.

제32조(세관등록의 삭제)

세관은 외국투자기업이 해산 또는 파산되였을 경우 세관등록을 삭제하여야 한다.

### 제15장 제제 및 신소

제33조(제재)

등록을 하지 않고 기업을 운영하였거나 등록증을 위조하였을 경우에는 벌금을 물리거나 영업을 중지시키거나 등록을 취소한다.

제34조(신소와 그 처리)

외국투자기업의 등록과 관련하여 의견이 있을 경우에는 해당 기관에 신소할 수 있다.

신소를 접수한 기관은 30일안으로 료해처리하여야 한다.

# 조선민주주의인민공화국 외국인투자기업회계법

주체95(2006)년 10월 25일 최고인민회의 상임위원회 정령 제2037호로 채택
주체97(2008)년 4월 29일 최고인민회의 상임위원회 정령 제2688호로 수정보충
주체100(2011)년 12월 21일 최고인민회의 상임위원회 정령 제2046호로 수정보충

### 제1장 외국투자기업회계법의 기본

제1조 (외국투자기업회계법의 사명)

조선민주주의인민공화국 외국투자기업회계법은 외국투자기업의 회계계산, 회계검증에서 제도와 질서를 엄격히 세워 회계의 객관성을 보장하는데 이바지한다.

제2조 (적용대상)

이 법은 외국인투자기업과 외국투자은행, 우리나라에서 3 개월 이상 지속적인 수입이 있는 외국기업의 지사, 사무소, 대리점 같은 외국투자기업에 적용한다.

특수경제지대에 창설한 외국투자기업의 회계절차는 따로 정한데 따른다.

제3조 (회계년도)

외국투자기업의 회계년도는 1월 1일부터 12월 31일까지이다.

새로 창설되는 외국투자기업의 회계년도는 조업을 시작한 날부터 12월 31일까지, 해산 또는 파산되는 외국투자기업의 회계년도는 1월 1일부터 해산, 파산되는 날까지이다.

제4조 (회계의 화폐단위)

외국투자기업의 회계 화폐 단위는 조선 원으로 한다.

중앙재정지도기관의 승인을 받고 회계의 화폐 단위를 외화로도 할 수 있다. 이 경우 회계결산서는 조선 원으로 환산하여 작성한다.

제5조 (회계문건의 작성언어)

외국투자기업의 회계문건은 조선어로 작성한다.

필요에 따라 외국어로 작성한 회계문건에는 조선어로 된 번역문을 첨부한다.

제6조 (회계사업의 담당자)

외국투자기업의 회계 사업은 해당한 자격을 가진 자만이 한다.

제7조 (회계검증기관)

회계검증은 우리나라에 있는 외국투자기업회계검증사무소가 한다.

제8조 (대외교류와 협조)

국가는 외국투자기업회계분야에서 다른 나라, 국제기구들과의 교류와 협조를 발전시키도록 한다.

제9조 (회계관습의 적용)

회계관련법규에서 정하지 않은 사항은 국제적으로 인정되는 회계 관습에 따른다.

## 제2장 회계계산

제10조 (회계계산의 기본요구)

회계계산은 발생한 경제거래에 기초하여 회계서류를 만들고 장부에 기록계산하며 회계결산서를 작성하는 중요한 사업이다.

외국투자기업은 회계계산을 회계 관련 법규에 따라 하여야 한다.

제11조 (회계계산의 대상)

외국투자기업의 회계계산대상은 다음과 같다.

1. 입금 또는 출금한 화폐자금
2. 발행 또는 인수한 유가증권
3. 인수 또는 발송한 현물재산
4. 발생 또는 청산한 채권, 채무
5. 증가 또는 감소한 자본
6. 발생 또는 처리한 수입과 원가, 비용
7. 확정 또는 분배, 처리한 리윤, 손실

8. 이밖에 회계계산이 필요한 대상

**제12조 (회계계산의 원칙)**

회계계산에서 지켜야 할 원칙은 다음과 같다.

1. 회계기록을 정확한 자료와 증거에 기초하여 하여야 한다.
2. 회계계시와 거래내용을 정확하게 표시하여야 한다.
3. 계산시점, 재산평가방법을 기간별로 비교 할 수 있도록 지속적으로 적용하며 정당한 리유없이 변경하지 말아야 한다.
4. 자본거래와 손익거래, 자본초과금과 리윤적립금을 정확히 구분하여야 한다.
5. 회계계시와 금액의 중요내용을 회계결산서에 구체적으로 표시하여야 한다.

**제13조 (회계서류의 작성 및 발행)**

외국투자기업은 경제거래가 발생하면 해당 거래내용을 정확히 반영한 회계서류를 작성 발행하여야 한다.

회계서류에는 전표, 집계표, 분기표 같은 것이 속한다.

**제14조 (회계서류에 밝혀야 할 사항)**

회계서류에 밝혀야 할 사항은 다음과 같다.

1. 제목을 쓴다.
2. 발행번호와 날짜를 밝힌다.
3. 품명, 수량, 단가, 금액 같은 회계 계산 자료를 밝힌다.
4. 경제거래내용을 쓴다.
5. 현금거래서류에는 수납인과 출납원의 도장을 찍는다.
6. 발행한 기업 또는 기관의 명칭과 소재지를 밝힌다.

**제15조 (회계서류의 검토, 처리)**

다른 기관, 기업에서 발행한 회계서류를 접수한 외국투자기업은 회계서류의 양식, 기록내용, 계산의 정확성을 검토 확인하여야 한다. 이 경우 결함이 있는 회계서류는 기업책임자 또는 회계부서책임자의 승인을 받고 돌려보낸다.

**제16조 (회계서류의 재작성)**

결함이 있는 회계서류를 돌려받은 외국투자기업은 그것을 다시 작성하여야 한다. 전표는 수정 할 수 없다.

**제17조 (회계장부의 작성)**

외국투자기업은 검토 확인한 회계서류에 기초하여 회계장부를 작성하여야 한다.

회계장부는 분기일기장, 종합계시원장, 세분계산장부로 구분한다.

**제18조 (회계장부에 밝힐 사항)**

회계장부에 밝힐 사항은 다음과 같다.

1. 표지에는 회계년도, 장부이름, 계시번호, 외국투자기업의 명칭을 밝힌다.

2. 첫페지에는 목록과 목록별 페지번호를 밝힌다.

3. 둘째 페지부터는 페지 번호와 기록하는 회계서류의 날자, 분기표번호, 경제거래내용과 금액을 밝힌다.

4. 마지막 페지에는 장부의 마감을 확인한 회계부서책임자의 도장을 찍는다.

제19조 (회계장부와 현물의 대조확인)

외국투자기업은 회계장부의 내용과 현물을 정기적으로 대조 확인하여야 한다.

회계장부의 내용과 현물이 맞지 않을 경우에는 원인을 찾고 맞추어야 한다.

제20조 (회계장부의 수정)

회계장부에 잘못 기록한 내용은 삭제하고 다시 기록하거나 수정분기를 한다. 이 경우 삭제하고 다시 기록한 부분에는 수정한 자의 도장을 찍는다.

제21조 (2중장부작성금지)

외국투자기업은 발생한 경제거래를 해당 장부에 사실대로 기록, 계산하여야 한다.

2중장부를 리용 할 수 없다.

제22조 (장부작성방법의 변경)

회계장부는 시작부터 마감까지 같은 방법으로 작성하여야 한다.

회계장부작성방법의 변경은 회계 관련 법규에 따른다. 이 경우 변경사유를 재정상태 설명서에 밝혀야 한다.

제23조 (회계계시의 리용)

외국투자기업은 정해진 회계계시를 리용하여야 한다.

필요에 따라 중앙재정지도기관의 승인을 받고 중요경제거래는 새로운 회계계시로, 일반경제거래는 류사한 회계계시를 리용하여 표시 할 수 있다.

제24조 (경상계산결과의 검토)

경상계산결과의 검토는 종합계산자료와 세분 계산 자료를 대조하는 방법으로 한다.

이 경우 틀린 자료는 원인과 책임한계를 밝히고 고친다.

제25조 (회계조정)

회계조정은 회계관련법규의 해당 내용이 수정 보충 되였거나 회계결산서를 보다 정확히 표시 할 수 있을 경우에만 한다.

제26조 (미확정거래의 기록)

미확정거래가운데서 손실액을 예측 할 수 있을 경우에는 결산서에 반영한다. 그러나 손실액을 예측 할 수 없거나 리익액을 예측할 수 있을 경우에는 재정상태 설명서에만 반영한다.

제27조 (재정상태표의 작성)

재정상태표의 작성은 다음과 같이 한다.

1. 항목을 류동성배렬법으로 배렬한다.

2. 재산의 합계를 채무, 자본의 합계와 대비하여 표시한다.

3. 재산, 채무, 자본상태를 반영한 매 계시를 총액으로 표시한다.

4. 양식을 계시식으로 한다.

**제28조 (손익계산서의 작성)**

손익계산서의 작성은 다음과 같이 한다.

1. 항목을 발생원천에 따라 구분하여 배렬한다.

2. 수입의 합계에서 비용의 합계를 덜어 결산순리윤을 확정하는 방법으로 표시한다.

3. 수입과 비용 상태를 반영한 매 계시를 총액으로 표시한다.

**제29조 (손익처분계산서의 작성)**

손익처분계산서의 작성은 다음과 같이 한다.

1. 리윤분배계산서는 전년도 조월리윤적립금, 결산순리윤, 예비기금할당액, 기업기금할당액, 리윤배당금, 다음연도 조월리윤적립금으로 구분하여 표시한다.

2. 손실처리계산서는 전년도 조월손실액, 결산손실액, 손실처리에 돌려지는 예비기금, 다음년도 조월손실액으로 구분하여 표시한다.

3. 리윤처분액과 손실처리액을 총액으로 표시한다.

**제30조 (현금류동표의 작성)**

현금류동표의 작성은 다음과 같이 한다.

1. 항목을 영업활동, 투자활동, 재정활동에 따라 구분하여 표시한다.

2. 현금의 기초 잔고와 기간증감액을 합계하여 기말잔고로 표시한다.

3. 항목의 기간증가액과 기간감소액을 총액으로 표시한다.

4. 간접법으로 작성한다.

**제31조 (결산기간 지난 다음 발생한 사항)**

결산기가 지난 다음에 발생하여 재정상태표의 작성에 영향을 주는 사항은 재산, 채무, 자본에 반영한다.

그러나 재정상태표의 작성에 영향을 주지 않는 사항은 재정상태 설명서에만 반영한다.

**제32조 (회계결산서의 작성)**

회계결산서의 작성은 다음과 같이 한다.

1. 재정상태표, 손익계산서, 리윤분배계산서 또는 손실처리계산서, 현금류동표를 검토하고 종합 편찬한다.

2. 결산년도와 전년도의 회계자료를 비교하여 표시한다.

3. 재정상태표, 손익계산서에 따르는 보조명세표를 만든다.

4. 잘못 리해할수 있는 회계내용을 재정상태 설명서에 반영한다.

제33조 (회계결산서의 작성주기)

회계결산서의 작성주기는 분기, 년간으로 한다.

외국투자기업은 분기회계결산서를 분기가 지난 다음달 15일까지, 년간회계결산서는 회계 연도가 지난 다음해 2월안으로 작성하여야 한다.

제34조 (회계결산서의 책임)

회계결산서에는 외국투자기업의 책임자와 회계부서의 책임자가 수표한다.

책임자와 회계부서의 책임자는 수표한 회계결산서에 대하여 책임을 진다.

제35조 (회계계산의 금지행위)

회계계산에서 다음의 행위를 할 수 없다.

1. 재산, 채무, 자본을 허위기록 또는 기록하지 않거나 평가기준과 계산방법을 승인 없이 변경하는 행위
2. 수입을 숨기거나 지연 또는 앞당겨 계산하는 행위
3. 비용, 원가를 허위기록 또는 기록하지 않거나 계산시점과 계산방법을 승인 없이 변경하는 행위
4. 리익계산, 리윤분배방법을 승인 없이 변경하여 허위리익을 조성하거나 리익을 숨기는 행위

제36조 (회계프로그람리용에서 지켜야 할 사항)

회계프로그람리용에서 지켜야 할 사항은 다음과 같다.

1. 경영활동을 통일적인 련관속에서 반영할 수 있는 회계프로그람을 리용하여야 한다.
2. 회계관련법규에서 정한 계산방법과 회계의 원리에 맞아야 한다.
3. 회계결산지표의 유일성을 보장하여야 한다.
4. 화면양식, 인쇄양식은 회계문건양식과 같아야 한다.
5. 회계정보자료에 대한 2 중보관체계를 확립하여야 한다.
6. 회계장부를 외부기억매체에 보관하는 경우에도 한부를 인쇄하여 보관하여야 한다.
7. 자체로 개발한 회계프로그람은 해당 기관의 승인을 받고 리용하여야 한다.

제37조 (기업의 업무분리, 재산실사)

외국투자기업은 출납업무, 회계장부작성업무, 회계문건보관업무, 재산보관업무를 각각 분리시키고 재산실사의 범위, 기간, 실사방법을 정확히 정하여야 한다.

제38조 (회계사업의 인계인수)

회계사업의 인계인수는 해당일군의 립회밑에 한다.

회계원의 인계인수에 대한 립회는 회계부서책임자가, 회계부서책임자의 인계인수에 대한 립회는 기업책임자가 한다.

제39조 (회계문건의 보관)

외국투자기업은 회계문건을 화재, 습기, 퇴색을 방지 할 수 있는 곳에 보관하여야 한다.

회계서류는 5 년, 회계장부와 년간회계결산서는 10년 보관한다.

## 제3장 회계검증

### 제40조 (회계검증의 내용)

회계검증은 외국투자기업회계의 적법성, 정확성을 객관적으로 확인하는 중요한 사업이다.

회계검증에는 투자검증, 결산검증, 청산검증 같은 것이 속한다.

### 제41조 (투자검증)

새로 창설되거나 통합, 분리되는 외국투자기업은 투자검증을 받아야 한다.

100만 원 이상의 재산을 재투자하는 경우에도 투자검증을 받아야 한다.

### 제42조 (투자검증의 기간)

기업창설에 대한 투자검증은 조업전까지, 통합, 분리에 대한 투자검증은 기업변경등록을 한 날부터 2개월 안으로, 재투자에 대한 투자검증은 해당 투자가 끝난 날부터 1 개월 안에 받는다.

### 제43조 (투자검증의 방법)

투자검증은 외국투자기업이 제출한 투자검증신청서를 검토하는 방법으로 한다.

외국투자기업은 투자검증신청서에 투자 상태표와 화폐재산출자명세표, 현물재산출자명세표, 부동산출자명세표, 지적소유권출자명세표 같은 것을 첨부하여야 한다.

### 제44조 (결산검증)

외국투자기업은 년간회계결산서에 대한 검증을 받아야 한다.

필요에 따라 분기회계결산서에 대한 검증도 받을 수 있다.

### 제45조 (결산검증의 방법)

결산검증은 회계결산서를 검토하는 방법으로 한다. 이 경우 회계검증사무소는 외국투자기업의 재정상태표, 손익계산서, 리윤분배계산서, 손실처리계산서, 현금류동표, 보조명세표 같은 것을 정확히 검토하여야 한다.

### 제46조 (년간회계결산서의 검증기간)

외국투자기업은 회계년도가 끝난 날부터 2 개월 안으로 년간회계결산서에 대한 회계검증을 받아야 한다.

### 제47조 (청산검증)

해산되는 외국투자기업은 청산검증을 받아야 한다.

파산되는 외국투자기업의 청산검증은 재판소의 의뢰가 있을 경우에 한다.

### 제48조 (청산검증의 방법)

청산검증은 해산되는 외국투자기업의 재정상태표, 채권채무명세표, 재산실사표, 재산분배표 같은 것을 검토하는 방법으로 한다.

### 제49조 (회계장부, 서류의 열람)

회계검증사무소는 검증사업과 관련하여 해당 외국투자기업의 회계장부, 서류 같은 것을 열람 할 수 있다.

### 제50조 (회계검증기간 발생한 경제거래의 통보)

외국투자기업은 결산검증을 신청한 다음 발생한 중요한 경제거래에 대하여 회계검증사무소에 알려야 한다.

회계검증사무소는 검증과정에 알게 되였거나 통지받은 중요한 경제거래사항을 회계검증보고서에 정확히 반영하여야 한다.

제51조 (회계검증사무소의 의무)

회계검증사무소는 회계검증을 객관적으로 공정하게 하여야 한다.

제52조 (회계검증보고서의 작성)

회계검증사무소는 회계검증이 끝나면 회계검증보고서를 작성하여 해당 재정기관에 내야 한다.

회계검증보고서에는 검증대상, 검증의견, 보고날자, 회계검증원의 이름 같은 것 을 밝히고 회계검증사무소의 도장을 찍는다.

제53조 (검증의견)

회계결산서를 검증한 회계검증사무소는 해당 외국투자기업에 검증결과에 대한 의견을 주어야 한다.

검증의견은 긍정의견, 조건적긍정의견, 부정의견, 검증거절로 구분한다.

제54조 (검증료금)

회계검증 또는 회계검증과 관련한 봉사를 받은 외국투자기업은 해당한 료금을 내야 한다.

료금을 정하는 사업은 중앙가격제정기관이 한다.

## 제4장 감독통제및 신소

제55조 (회계감독기관)

외국투자기업의 회계사업에 대한 감독은 중앙 재정지도기관이 한다.

제56조 (회계감독방법)

외국투자기업의 회계사업에 대한 감독통제는 회계검증보고서를 검토하는 방법으로 한다.

제57조 (벌금적용)

벌금을 물리는 경우는 다음과 같다.

1. 자격이 없는 자를 회계일군으로 채용하였을 경우
2. 회계서류, 회계장부를 갖추지 않았거나 정확하지 않은 회계서류에 기초하여 회계계산을 하였을 경우
3. 정해진 회계계시를 리용하지 않고 승인없이 회계계산 방법을 변경하였을 경우
4. 정당한 리유없이 년간 회계결산서를 정한 기간안에 제출하지 않았을 경우
5. 회계문건을 오손시켰거나 정해진 기간까지 보관하지 않았을 경우
6. 회계검증을 받지 않을 경우
7. 회계검증사무소가 요구하는 자료를 제출하지 않았거나 거짓자료를 제출하였을 경우

제58조 (행정적 및 형사적책임)

이 법을 어겨 엄중한 결과를일으킨 자에게는 정상에 따라 행정적 또는 형사적책임을 지운다.

제59조 (신소와 처리)

외국투자기업의 회계사업과 관련하여 의견이 있을 경우에는 중앙재정지도기관 또는 해당 기관에 신고 할 수 있다.

신소를 접수한 기관은 30일안으로 료해 처리하여야 한다.

# 조선민주주의인민공화국 외국인투자기업재정관리법

주체97(2008)년 10월 2일 최고인민회의 상임위원회 정령 제2907호로 채택
주체100(2011)년 12월 21일 최고인민회의 상임위원회 정령 제2044호로 수정보충

## 제1장 외국투자기업회계법의 기본

제1조 (외국투자기업회계법의 사명)

조선민주주의인민공화국 외국투자기업회계법은 외국투자기업의 회계계산, 회계검증에서 제도와 질서를 엄격히 세워 회계의 객관성을 보장하는데 이바지한다.

제2조 (적용대상)

이 법은 외국인투자기업과 외국투자은행, 우리나라에서 3 개월 이상 지속적인 수입이 있는 외국기업의 지사, 사무소, 대리점 같은 외국투자기업에 적용한다.

특수경제지대에 창설한 외국투자기업의 회계절차는 따로 정한데 따른다.

제3조 (회계년도)

외국투자기업의 회계년도는 1월 1일부터 12월 31일까지이다.

새로 창설되는 외국투자기업의 회계년도는 조업을 시작한 날부터 12월 31일까지, 해산 또는 파산되는 외국투자기업의 회계년도는 1월 1일부터 해산, 파산되는 날까지이다.

제4조 (회계의 화폐단위)

외국투자기업의 회계 화폐 단위는 조선 원으로 한다.

중앙재정지도기관의 승인을 받고 회계의 화폐 단위를 외화로도 할 수 있다. 이 경우 회계결산서는 조선 원으로 환산하여 작성한다.

제5조 (회계문건의 작성언어)

외국투자기업의 회계문건은 조선어로 작성한다.

필요에 따라 외국어로 작성한 회계문건에는 조선어로 된 번역문을 첨부한다.

제6조 (회계사업의 담당자)

외국투자기업의 회계 사업은 해당한 자격을 가진 자만이 한다.

**제7조 (회계검증기관)**

회계검증은 우리나라에 있는 외국투자기업회계검증사무소가 한다.

**제8조 (대외교류와 협조)**

국가는 외국투자기업회계분야에서 다른 나라, 국제기구들과의 교류와 협조를 발전시키도록 한다.

**제9조 (회계관습의 적용)**

회계관련법규에서 정하지 않은 사항은 국제적으로 인정되는 회계 관습에 따른다.

제2장 회계계산

**제10조 (회계계산의 기본요구)**

회계계산은 발생한 경제거래에 기초하여 회계서류를 만들고 장부에 기록계산하며 회계결산서를 작성하는 중요한 사업이다.

외국투자기업은 회계계산을 회계 관련 법규에 따라 하여야 한다.

**제11조 (회계계산의 대상)**

외국투자기업의 회계계산대상은 다음과 같다.

1. 입금 또는 출금한 화폐자금
2. 발행 또는 인수한 유가증권
3. 인수 또는 발송한 현물재산
4. 발생 또는 청산한 채권, 채무
5. 증가 또는 감소한 자본
6. 발생 또는 처리한 수입과 원가, 비용
7. 확정 또는 분배, 처리한 리윤, 손실
8. 이밖에 회계계산이 필요한 대상

**제12조 (회계계산의 원칙)**

회계계산에서 지켜야 할 원칙은 다음과 같다.

1. 회계기록을 정확한 자료와 증거에 기초하여 하여야 한다.
2. 회계계시와 거래내용을 정확하게 표시하여야 한다.
3. 계산시점, 재산평가방법을 기간별로 비교 할 수 있도록 지속적으로 적용하며 정당한 리유없이 변경하지 말아야 한다.
4. 자본거래와 손익거래, 자본초과금과 리윤적립금을 정확히 구분하여야 한다.
5. 회계계시와 금액의 중요내용을 회계결산서에 구체적으로 표시하여야 한다.

**제13조 (회계서류의 작성 및 발행)**

외국투자기업은 경제거래가 발생하면 해당 거래내용을 정확히 반영한 회계서류를 작성 발행하여야 한다.

회계서류에는 전표, 집계표, 분기표 같은 것이 속한다.

제14조 (회계서류에 밝혀야 할 사항)

회계서류에 밝혀야 할 사항은 다음과 같다.

1. 제목을 쓴다.
2. 발행번호와 날짜를 밝힌다.
3. 품명, 수량, 단가, 금액 같은 회계 계산 자료를 밝힌다.
4. 경제거래내용을 쓴다.
5. 현금거래서류에는 수납인과 출납원의 도장을 찍는다.
6. 발행한 기업 또는 기관의 명칭과 소재지를 밝힌다.

제15조 (회계서류의 검토, 처리)

다른 기관, 기업에서 발행한 회계서류를 접수한 외국투자기업은 회계서류의 양식, 기록내용, 계산의 정확성을 검토 확인하여야 한다. 이 경우 결함이 있는 회계서류는 기업책임자 또는 회계부서책임자의 승인을 받고 돌려보낸다.

제16조 (회계서류의 재작성)

결함이 있는 회계서류를 돌려받은 외국투자기업은 그것을 다시 작성하여야 한다. 전표는 수정 할 수 없다.

제17조 (회계장부의 작성)

외국투자기업은 검토 확인한 회계서류에 기초하여 회계장부를 작성하여야 한다.

회계장부는 분기일기장, 종합계시원장, 세분계산장부로 구분한다.

제18조 (회계장부에 밝힐 사항)

회계장부에 밝힐 사항은 다음과 같다.

1. 표지에는 회계년도, 장부이름, 계시번호, 외국투자기업의 명칭을 밝힌다.
2. 첫페지에는 목록과 목록별 페지번호를 밝힌다.
3. 둘째 페지부터는 페지 번호와 기록하는 회계서류의 날자, 분기표번호, 경제거래내용과 금액을 밝힌다.
4. 마지막 페지에는 장부의 마감을 확인한 회계부서책임자의 도장을 찍는다.

제19조 (회계장부와 현물의 대조확인)

외국투자기업은 회계장부의 내용과 현물을 정기적으로 대조 확인하여야 한다.

회계장부의 내용과 현물이 맞지 않을 경우에는 원인을 찾고 맞추어야 한다.

제20조 (회계장부의 수정)

회계장부에 잘못 기록한 내용은 삭제하고 다시 기록하거나 수정분기를 한다. 이 경우 삭제하고 다시 기록한 부분에는 수정한 자의 도장을 찍는다.

제21조 (2중장부작성금지)

외국투자기업은 발생한 경제거래를 해당 장부에 사실대로 기록, 계산하여야 한다.

2중장부를 리용 할 수 없다.

제22조 (장부작성방법의 변경)

회계장부는 시작부터 마감까지 같은 방법으로 작성하여야 한다.

회계장부작성방법의 변경은 회계 관련 법규에 따른다. 이 경우 변경사유를 재정상태 설명서에 밝혀야 한다.

제23조 (회계계시의 리용)

외국투자기업은 정해진 회계계시를 리용하여야 한다.

필요에 따라 중앙재정지도기관의 승인을 받고 중요경제거래는 새로운 회계계시로, 일반경제거래는 류사한 회계계시를 리용하여 표시 할 수 있다.

제24조 (경상계산결과의 검토)

경상계산결과의 검토는 종합계산자료와 세분 계산 자료를 대조하는 방법으로 한다.

이 경우 틀린 자료는 원인과 책임한계를 밝히고 고친다.

제25조 (회계조정)

회계조정은 회계관련법규의 해당 내용이 수정 보충 되였거나 회계결산서를 보다 정확히 표시 할 수 있을 경우에만 한다.

제26조 (미확정거래의 기록)

미확정거래가운데서 손실액을 예측 할 수 있을 경우에는 결산서에 반영한다. 그러나 손실액을 예측 할 수 없거나 리익액을 예측할 수 있을 경우에는 재정상태 설명서에만 반영한다.

제27조 (재정상태표의 작성)

재정상태표의 작성은 다음과 같이 한다.

1. 항목을 류동성배렬법으로 배렬한다.
2. 재산의 합계를 채무, 자본의 합계와 대비하여 표시한다.
3. 재산, 채무, 자본상태를 반영한 매 계시를 총액으로 표시한다.
4. 양식을 계시식으로 한다.

제28조 (손익계산서의 작성)

손익계산서의 작성은 다음과 같이 한다.

1. 항목을 발생원천에 따라 구분하여 배렬한다.
2. 수입의 합계에서 비용의 합계를 덜어 결산순리윤을 확정하는 방법으로 표시한다.
3. 수입과 비용 상태를 반영한 매 계시를 총액으로 표시한다.

제29조 (손익처분계산서의 작성)

손익처분계산서의 작성은 다음과 같이 한다.

1. 리윤분배계산서는 전년도 조월리윤적립금, 결산순리윤, 예비기금할당액, 기업기금할당액, 리윤

배당금, 다음연도 조월리윤적립금으로 구분하여 표시한다.

2. 손실처리계산서는 전년도 조월손실액, 결산손실액, 손실처리에 돌려지는 예비기금, 다음년도 조월손실액으로 구분하여 표시한다.

3. 리윤처분액과 손실처리액을 총액으로 표시한다.

### 제30조 (현금류동표의 작성)

현금류동표의 작성은 다음과 같이 한다.

1. 항목을 영업활동, 투자활동, 재정활동에 따라 구분하여 표시한다.

2. 현금의 기초 잔고와 기간증감액을 합계하여 기말잔고로 표시한다.

3. 항목의 기간증가액과 기간감소액을 총액으로 표시한다.

4. 간접법으로 작성한다.

### 제31조 (결산기간 지난 다음 발생한 사항)

결산기가 지난 다음에 발생하여 재정상태표의 작성에 영향을 주는 사항은 재산, 채무, 자본에 반영한다.

그러나 재정상태표의 작성에 영향을 주지 않는 사항은 재정상태 설명서에만 반영한다.

### 제32조 (회계결산서의 작성)

회계결산서의 작성은 다음과 같이 한다.

1. 재정상태표, 손익계산서, 리윤분배계산서 또는 손실처리계산서, 현금류동표를 검토하고 종합 편찬한다.

2. 결산년도와 전년도의 회계자료를 비교하여 표시한다.

3. 재정상태표, 손익계산서에 따르는 보조명세표를 만든다.

4. 잘못 리해할수 있는 회계내용을 재정상태 설명서에 반영한다.

### 제33조 (회계결산서의 작성주기)

회계결산서의 작성주기는 분기, 년간으로 한다.

외국투자기업은 분기회계결산서를 분기가 지난 다음달 15일까지, 년간회계결산서는 회계 연도가 지난 다음해 2월안으로 작성하여야 한다.

### 제34조 (회계결산서의 책임)

회계결산서에는 외국투자기업의 책임자와 회계부서의 책임자가 수표한다.

책임자와 회계부서의 책임자는 수표한 회계결산서에 대하여 책임을 진다.

### 제35조 (회계계산의 금지행위)

회계계산에서 다음의 행위를 할 수 없다.

1. 재산, 채무, 자본을 허위기록 또는 기록하지 않거나 평가기준과 계산방법을 승인 없이 변경하는 행위

2. 수입을 숨기거나 지연 또는 앞당겨 계산하는 행위

3. 비용, 원가를 허위기록 또는 기록하지 않거나 계산시점과 계산방법을 승인 없이 변경하는 행위
4. 리익계산, 리윤분배방법을 승인 없이 변경하여 허위리익을 조성하거나 리익을 숨기는 행위

제36조 (회계프로그람리용에서 지켜야 할 사항)

회계프로그람리용에서 지켜야 할 사항은 다음과 같다.

1. 경영활동을 통일적인 련관속에서 반영할 수 있는 회계프로그람을 리용하여야 한다.
2. 회계관련법규에서 정한 계산방법과 회계의 원리에 맞아야 한다.
3. 회계결산지표의 유일성을 보장하여야 한다.
4. 화면양식, 인쇄양식은 회계문건양식과 같아야 한다.
5. 회계정보자료에 대한 2 중보관체계를 확립하여야 한다.
6. 회계장부를 외부기억매체에 보관하는 경우에도 한부를 인쇄하여 보관하여야 한다.
7. 자체로 개발한 회계프로그람은 해당 기관의 승인을 받고 리용하여야 한다.

제37조 (기업의 업무분리, 재산실사)

외국투자기업은 출납업무, 회계장부작성업무, 회계문건보관업무, 재산보관업무를 각각 분리시키고 재산실사의 범위, 기간, 실사방법을 정확히 정하여야 한다.

제38조 (회계사업의 인계인수)

회계사업의 인계인수는 해당일군의 립회밑에 한다.

회계원의 인계인수에 대한 립회는 회계부서책임자가, 회계부서책임자의 인계인수에 대한 립회는 기업책임자가 한다.

제39조 (회계문건의 보관)

외국투자기업은 회계문건을 화재, 습기, 퇴색을 방지 할 수 있는 곳에 보관하여야 한다.

회계서류는 5 년, 회계장부와 년간회계결산서는 10년 보관한다.

## 제3장 회계검증

제40조 (회계검증의 내용)

회계검증은 외국투자기업회계의 적법성, 정확성을 객관적으로 확인하는 중요한 사업이다.

회계검증에는 투자검증, 결산검증, 청산검증 같은 것이 속한다.

제41조 (투자검증)

새로 창설되거나 통합, 분리되는 외국투자기업은 투자검증을 받아야 한다.

100만 원 이상의 재산을 재투자하는 경우에도 투자검증을 받아야 한다.

제42조 (투자검증의 기간)

기업창설에 대한 투자검증은 조업전까지, 통합, 분리에 대한 투자검증은 기업변경등록을 한 날부터 2개월 안으로, 재투자에 대한 투자검증은 해당 투자가 끝난 날부터 1 개월 안에 받는다.

제43조 (투자검증의 방법)

투자검증은 외국투자기업이 제출한 투자검증신청서를 검토하는 방법으로 한다.

외국투자기업은 투자검증신청서에 투자 상태표와 화폐재산출자명세표, 현물재산출자명세표, 부동산출자명세표, 지적소유권출자명세표 같은 것 을 첨부하여야 한다.

제44조 (결산검증)

외국투자기업은 년간회계결산서에 대한 검증을 받아야 한다.

필요에 따라 분기회계결산서에 대한 검증도 받을 수 있다.

제45조 (결산검증의 방법)

결산검증은 회계결산서를 검토하는 방법으로 한다. 이 경우 회계검증사무소는 외국투자기업의 재정상태표, 손익계산서, 리윤분배계산서, 손실처리계산서, 현금류동표, 보조명세표 같은 것을 정확히 검토하여야 한다.

제46조 (년간회계결산서의 검증기간)

외국투자기업은 회계년도가 끝난 날부터 2개월 안으로 년간회계결산서에 대한 회계검증을 받아야 한다.

제47조 (청산검증)

해산되는 외국투자기업은 청산검증을 받아야 한다.

파산되는 외국투자기업의 청산검증은 재판소의 의뢰가 있을 경우에 한다.

제48조 (청산검증의 방법)

청산검증은 해산되는 외국투자기업의 재정상태표, 채권채무명세표, 재산실사표, 재산분배표 같은 것을 검토하는 방법으로 한다.

제49조 (회계장부, 서류의 열람)

회계검증사무소는 검증사업과 관련하여 해당 외국투자기업의 회계장부, 서류 같은 것을 열람 할 수 있다.

제50조 (회계검증기간 발생한 경제거래의 통보)

외국투자기업은 결산검증을 신청한 다음 발생한 중요한 경제거래에 대하여 회계검증사무소에 알려야 한다.

회계검증사무소는 검증과정에 알게 되였거나 통지받은 중요한 경제거래사항을 회계검증보고서에 정확히 반영하여야 한다.

제51조 (회계검증사무소의 의무)

회계검증사무소는 회계검증을 객관적으로 공정하게 하여야 한다.

제52조 (회계검증보고서의 작성)

회계검증사무소는 회계검증이 끝나면 회계검증보고서를 작성하여 해당 재정기관에 내야 한다.

회계검증보고서에는 검증대상, 검증의견, 보고날자, 회계검증원의 이름 같은 것 을 밝히고 회계검증사무소의 도장을 찍는다.

제53조 (검증의견)

회계결산서를 검증한 회계검증사무소는 해당 외국투자기업에 검증결과에 대한 의견을 주어야 한다.

검증의견은 긍정의견, 조건적긍정의견, 부정의견, 검증거절로 구분한다.

제54조 (검증료금)

회계검증 또는 회계검증과 관련한 봉사를 받은 외국투자기업은 해당한 료금을 내야 한다.

료금을 정하는 사업은 중앙가격제정기관이 한다.

## 제4장 감독통제및 신소

제55조 (회계감독기관)

외국투자기업의 회계사업에 대한 감독은 중앙 재정지도기관이 한다.

제56조 (회계감독방법)

외국투자기업의 회계사업에 대한 감독통제는 회계검증보고서를 검토하는 방법으로 한다.

제57조 (벌금적용)

벌금을 물리는 경우는 다음과 같다.

1. 자격이 없는 자를 회계일군으로 채용하였을 경우
2. 회계서류, 회계장부를 갖추지 않았거나 정확하지 않은 회계서류에 기초하여 회계계산을 하였을 경우
3. 정해진 회계계시를 리용하지 않고 승인없이 회계계산 방법을 변경하였을 경우
4. 정당한 리유없이 년간 회계결산서를 정한 기간안에 제출하지 않았을 경우
5. 회계문건을 오손시켰거나 정해진 기간까지 보관하지 않았을 경우
6. 회계검증을 받지 않을 경우
7. 회계검증사무소가 요구하는 자료를 제출하지 않았거나 거짓자료를 제출하였을 경우

제58조 (행정적 및 형사적책임)

이 법을 어겨 엄중한 결과를일으킨 자에게는 정상에 따라 행정적 또는 형사적책임을 지운다.

제59조 (신소와 처리)

외국투자기업의 회계사업과 관련하여 의견이 있을 경우에는 중앙재정지도기관 또는 해당 기관에 신고 할 수 있다.

신소를 접수한 기관은 30일안으로 료해 처리하여야 한다.

# 조선민주주의인민공화국 외국인투자기업로동법

주체98(2009)년 1월 21일 최고인민회의상임위원회 정령 제3053호로 채택
주체100(2011)년 12월 21일 최고인민회의 상임위원회 정령 제2047호로 수정보충
주체104(2015)년 8월 26일 최고인민회외 상임위원회 정령 제651호로 수정보충

## 제1장 외국인투자기업로동법의 기본

### 제1조 (외국인투자기업로동법의 사명)

조선민주주의인민공화국 외국인투자기업로동법은 로력의 채용, 로동과 휴식, 로동보수, 로동보호, 사회보험 및 사회보장, 종업원의 해임에서 제도와 질서를 엄격히 세워 기업의 경영활동을 보장하며 기업에 종사하는 종업원의 권리와 리익을 보호하는데 이바지한다.

### 제2조 (로력채용원칙)

외국인투자기업은 우리나라 로력을 기본으로 채용한다. 그러나 필요한 경우에는일부 관리인원이나 특수한 직종의 기술자, 기능공을 다른 나라 로력으로 채용할 수 있다.

16살아래의 미성인은 채용할수 없다.

### 제3조 (로동조건의 보장원칙)

외국인투자기업은 종업원에게 안전하고 문화위생적인 로동조건을 보장하며 그들의 생명과 건강을 보호한다.

### 제4조 (로동보수지불원칙)

외국인투자기업은 종업원에게 로동보수를 정확히 지불하며 로동보수액을 체계적으로 늘인다.

종업원은 성별, 년령에 관계없이 같은 로동에 대하여서는 같은 보수를 받는다.

### 제5조 (사회보험 및 사회보장원칙)

외국인투자기업은 우리나라 공민인 종업원이 사회보험 및 사회보장에 의한 혜택을 받도록 한다.

### 제6조 (타사업동원 금지원칙)

외국인투자기업의 로력은 자연재해 같은 부득이한 사유를 제외하고 기업의 생산경영활동과 관련이 없는 다른 사업에 동원시키지 않는다.

### 제7조 (지도기관)

외국인투자기업의 로력관리사업에 대한 통일적인 장악과 지도는 중앙로동행정지도기관이 한다.

### 제8조 (적용대상)

이 법은 합영기업, 합작기업, 외국인기업 같은 외국인투자기업에 적용한다.

우리나라 로력을 채용하려는 외국투자은행과 외국기업에도 이 법을 적용한다.

## 제2장 로력의 채용 및 로동계약의 체결

제9조 (로력보장기관)

외국인투자기업에 필요한 로력을 보장하는 사업은 기업소재지의 로동행정기관이 한다.

기업소재지의 로동행정기관이 아닌 다른 기관, 기업소, 단체는 외국인투자기업의 로력보장사업을 할수 없다.

제10조 (로력보장신청)

로력을 보장받으려는 외국인투자기업은 로력보장신청서를 기업소재지의 로동행정기관에 내야 한다.

로력보장신청서에는 채용할 로력자수와 성별, 년령, 업종, 기술기능급수, 채용기간, 로동보수관계 같은 것을 구체적으로 밝힌다.

제11조 (로력모집 및 보장)

로력보장신청을 받은 로동행정기관은 30일안으로 기업이 요구하는 로력을 보장하여야 한다.

기업의 로력을 다른 지역에서 보장하려 할 경우에는 해당 지역의 로동행정기관과 합의한다.

제12조 (로력채용)

외국인투자기업은 해당 로동행정기관이 보장한 로력을 종업원으로 채용하여야 한다. 그러나 채용기준에 맞지 않는 대상은 채용하지 않을수 있다.

제13조 (외국인로력채용)

외국인투자기업은 다른 나라 로력을 채용하려 할 경우 투자관리기관에 외국인로력채용문건을 내야 한다.

외국인로력채용문건에는 이름, 성별, 년령, 국적, 거주지, 지식정도, 기술자격, 직종 같은 사항을 정확히 밝혀야 한다.

제14조 (로동계약의 체결과 리행)

외국인투자기업은 기업의 직업동맹조직과 로동계약을 맺고 리행하여야 한다.

로동계약에는 로동시간, 휴식, 로동조건, 생활조건, 로동보호, 로동보수지불, 상벌문제같은 것을 밝힌다.

제15조 (로동계약의 효력)

외국인투자기업은 직업동맹조직과 맺은 로동계약문건을 기업소재지의 로동행정기관에 내야 한다.

로동계약은 맺은 날부터 효력을 가진다.

제16조 (로동계약의 변경)

로동계약은 당사자들이 합의하여 변경할 수 있다. 이 경우 기업소재지의 로동행정기관에 변경사항을 알려주어야 한다.

## 제3장 로동과 휴식

제17조 (로동시간)

종업원의 로동시간은 주 48시간, 하루 8시간으로 한다.

외국인투자기업은 로동의 힘든 정도와 특수한 조건에 따라 로동시간을 정해진 시간보다 짧게 정할 수 있다.

계절적영향을 받는 부문의 외국인투자기업은 년간 로동시간범위에서 실정에 맞게 로동시간을 달리 정할 수 있다.

제18조 (로동시간의 준수)

외국인투자기업은 종업원에게 정해진 로동시간안에 로동을 시켜야 한다.

부득이한 사유로 로동시간을 연장하려 할 경우에는 직업동맹조직과 합의한다.

종업원은 로동시간을 정확히 지켜야 한다.

제19조 (일요일, 명절일의 휴식보장)

외국인투자기업은 종업원에게 명절일과일요일에 휴식을 보장하여야 한다.

부득이한 사정으로 명절일과일요일에 로동을 시켰을 경우에는 1주일 안으로 대휴를 주어야 한다.

제20조 (정기휴가, 보충휴가의 보장)

외국인투자기업은 종업원에게 해마다 14일간의 정기휴가를 주며 중로동, 유해로동을 하는 종업원에게는 7~21일간의 보충휴가를 주어야 한다.

제21조 (산전, 산후휴가의 보장)

외국인투자기업은 임신한 녀성종업원에게 정기 및 보충휴가외에 산전 60일, 산후 180일간의 산전산후휴가를 주어야 한다.

## 제4장 로동보수

제22조 (로동보수의 내용)

외국인투자기업은 종업원의 로동보수를 정한 기준에 따라 정확히 지불하여야 한다.

종업원에게 주는 로동보수에는 로임, 가급금, 장려금, 상금이 속한다.

제23조 (월로임최저기준의 제정)

외국인투자기업 종업원의월로임최저기준을 정하는 사업은 중앙로동행정지도기관 또는 투자관리기관이 한다.

월로임최저기준은 종업원이 로동과정에 소모한 육체적 및 정신적힘을 보상하고 생활을 원만히 보장할수 있게 정하여야 한다.

제24조 (로임기준의 제고)

외국인투자기업은 기업의 생산수준과 종업원의 기술기능숙련정도와 로동생산능률이 높아지는데 맞게 로임기준을 점차 높여야 한다.

제25조 (휴가비의 지불 및 계산)

외국인투자기업은 정기휴가, 보충휴가, 산전산후휴가를 받은 종업원에게 휴가일수에 따르는 휴가비를 지불하여야 한다.

정기 및 보충휴가비는 휴가전 3개월간의 로임을 실가동일수에 따라 평균한 하루로임액에 휴가일수를 적용하여 계산한다.

산전산후휴가비의 지불규모와 방법은 중앙로동행정지도기관이 내각의 승인을 받아 정한다.

제26조 (생활보조금)

외국인투자기업은 종업원이 기업의 책임으로 또는 양성기간에일하지 못하였을 경우일하지 못한 날 또는 시간에 한하여일당 또는 시간당 로임액의 60%이상에 해당한 보조금을 주어야 한다.

제27조 (휴식일로동에 따르는 가급금)

외국인투자기업은 부득이한 사정으로 명절일과일요일에 종업원에게 로동을 시키고 대휴를 주지 못하였을 경우일한 날 또는 시간에 한하여일당 또는 시간당 로임액의 100%에 해당한 가급금을 주어야 한다.

제28조 (연장작업, 야간작업에 따르는 가급금)

외국인투자기업은 종업원에게 로동시간외의 낮연장 작업을 시켰거나 로동시간안의 밤작업을 시켰을 경우일한 날 또는 시간에 한하여일당 또는 시간당 로임액의 50%에 해당한 가급금을 주어야 한다.

로동시간외의 밤연장작업을 시켰을 경우에는일당 또는 시간당 로임액의 100%에 해당한 가급금을 주어야 한다.

제29조 (상금의 지불)

외국인투자기업은 결산리윤의일부로 상금기금을 조성하고일을 잘한 종업원에게 상금을 줄수 있다.

제30조 (로동보수의 지불)

외국인투자기업은 종업원에게 로동보수를 정해진 날자에 전액 화폐로 주어야 한다.

로동보수를 주는 날이 되기전에 사직하였거나 기업에서 나가는 종업원에게는 해당 수속이 끝난 다음 로동보수를 주어야 한다.

## 제5장 로동보호

제31조 (로동안전, 산업위생조건보장)

외국인투자기업은 로동안전시설과 고열, 가스, 먼지 등을 막고 채광, 조명, 통풍 등을 잘 보장하는 산업위생조건을 갖추며 그것을 끊임없이 개선완비하여 로동재해와 직업성질환을 미리막으며 종업원이 안전하고 문화위생적인일터에서일할수 있도록 하여야 한다.

제32조 (로동안전교양)

외국인투자기업은 종업원에게 로동안전기술교육을 준 다음일을 시켜야 한다.

로동 안전기술교육기간과 내용은 업종과 직종에 맞게 자체로 정한다.

제33조 (위험개소 제거)

외국인투자기업은 생산 및 작업조직에 앞서 로동안전상태를 구체적으로 알아보고 종업원의 생명과 건강을 해칠수 있는 위험개소들을 제때에 없애야 한다.

생산과정에 사고위험이 생겼을 경우에는 즉시 생산을 멈추고 위험개소를 정비한 다음 생산을 계속하여야 한다.

### 第34조 (로동안전조치)

외국인투자기업은 생산과정에 가스, 먼지, 고열, 습도, 방사선, 소음, 진동, 전기마당 같은 유해로운 요소들이 허용기준을 초과하지 않도록 하여야 한다.

위험요소가 있는 작업현장에는 안전주의표식을 하며 로동 재해발생에 대처할 수 있는 보호수단을 갖추어놓아야 한다.

### 第35조 (녀성종업원의 보호)

외국인투자기업은 녀성종업원을 위한 로동보호시설을 충분히 갖추어주어야 한다.

임신하였거나 젖먹이어린이를 키우는 녀성종업원에게는 연장작업, 밤작업을 시킬수 없다.

### 第36조 (탁아소, 유치원운영)

외국인투자기업은 실정에 맞게 종업원의 자녀를 위한 탁아소, 유치원을 꾸리고 운영할 수 있다.

### 第37조 (로동보호물자의 공급)

외국인투자기업은 종업원에게 로동보호용구와 작업필수품, 영양식료품, 보호약제, 해독제약, 피부보호제, 세척제같은 로동 보호물자를 제때에 충분히 공급하여야 한다.

### 第38조 (사고의 처리 및 사고심의)

외국인투자기업은 작업과정에 종업원이 사망하였거나 부상, 중독 같은 사고가 발생하였을 경우 제때에 해당한 치료대책을 세우며 기업소재지의 로동행정기관에 알려야 한다.

기업소재지의 로동행정기관과 외국인투자기업, 해당 기관은 사고심의를 조직하고 사고원인을 밝히며 필요한 대책을 세워야 한다.

## 第6장 사회보험 및 사회보장

### 第39조 (사회보험 및 사회보장에 의한 혜택)

외국인투자기업에서일하는 우리나라 종업원이 병, 부상 같은 원인으로 로동능력을 잃었거나일할 나이가 지나일하지 못하게 되였을 경우에는 국가의 사회보험 및 사회보장에 의한 혜택을 받는다.

사회보험 및 사회보장에 의한 혜택에는 보조금, 년금의 지불과 정양, 휴양, 견학 같은것이 속한다.

### 第40조 (보조금, 년금의 계산)

사회보험 및 사회보장에 의한 보조금, 년금은 해당 법규에 따라 계산한다.

### 第41조 (사회보험기금의 조성)

사회보험 및 사회보장에 의한 혜택은 사회보험기금에 의하여 보장된다.

사회보험기금은 외국인투자기업과 종업원으로부터 받는 사회보험료로 조성한다.

### 第42조 (사회보험료의 납부)

외국인투자기업과 종업원은 달마다 해당 재정기관에 사회보험료를 납부하여야 한다.

사회보험료의 납부비률은 중앙재정지도기관이 정한다.

제43조 (문화후생기금의 조성 및 리용)

외국인투자기업은 결산리윤의일부로 종업원을 위한 문화후생기금을 조성하고 쓸 수 있다.

문화후생기금은 종업원의 기술문화수준의 향상과 군중문화체육사업, 후생시설운영 같은데 쓴다.

## 제7장 종업원의 해임

제44조 (종업원의 해임의 기본요구)

외국인투자기업은 로력채용기간이 끝나기전이나일할 나이가 지나기전에는 정당한 리유없이 종업원을 내보낼 수 없다.

종업원을 내보내려고 할 경우에는 직업동맹조직과 합의하여야 한다.

제45조 (종업원의 해임사유)

종업원을 내보낼수 있는 경우는 다음과 같다.

1. 질병, 부상으로 자기의 현 직종이나 다른 직종에서일할수 없게 되였을 경우
2. 기업의 경영이나 기술조건의 변동으로 로력이 남을 경우
3. 로동규률을 위반하여 엄중한 사고를일으켰을 경우
4. 기술기능수준의 부족으로 자기 직종에서일할수 없을 경우
5. 기업의 재산에 막대한 손실을 주었을 경우

제46조 (종업원해임에 대한 합의 및 통지)

외국인투자기업은 종업원을 내보내려고 할 경우 직업동맹조직과 합의한 다음 사전에 당사자와 기업소재지의 로동행정기관에 알려주어야 한다.

제47조 (종업원을 해임시킬수 없는 사유)

다음의 경우에는 종업원을 내보낼수 없다.

1. 병, 부상으로 치료받고있는 기간이 1년이 되지 못하였을 경우
2. 산전, 산후휴가, 어린이에게 젖먹이는 기간일 경우

제48조 (종업원의 사직)

종업원은 다음과 같은 경우 사직할것을 제기할 수 있다.

1. 병이 생겼거나 가정적인 사정으로일할수 없게 되였을 경우
2. 기술기능이 부족하여 맡은일을 수행할수 없게 되였을 경우
3. 대학, 전문학교, 기능공학교에 입학하였을 경우

## 제8장 제재 및 분쟁해결

제49조 (벌금 및 기업활동의 중지)

이 법을 어겨 엄중한 결과를일으킨 기업에게는 벌금을 물리거나 기업활동을 중지시킬수 있다.

제50조 (신소와 그처리)

외국인투자기업은 이 법의 집행과 관련하여 의견이 있을 경우 해당 기관에 신소할 수 있다.

신소를 접수한 기관은 30일안으로 료해처리하여야 한다.

제51조 (분쟁해결)

이 법의 집행과 관련하여 생긴 의견상이는 당사자들사이에 협의의 방법으로 해결한다.

협의의 방법으로 해결할수 없을 경우에는 조정, 중재, 재판의 방법으로 해결한다.

# 조선민주주의인민공화국 외국투자기업 및 외국인세금법

주체104(2015)년 9월 9일 최고인민회의 상임위원회 정령 제656호로 수정보충

## 제1장 외국투자기업 및 외국인세금법의 기본

제1조 (외국투자기업 및 외국인세금법의 사명 )

조선민주주의인민공화국 외국투자기업 및 외국인세금법은 외국투자기업과 외국인에게 세금을 공정하게 부과하고 납세자들이 세금을 제때에 정확히 바치도록 하는데 이바지한다.

제2조 (세무관리기관)

외국투자기업과 외국인의 세무관리는 중앙세무지도기관과 해당 세무기관이 한다.

중앙세무지도기관과 해당 세무기관은 세무관련 법규를 집행하는 감독통제기관이다.

제3조 (외국투자기업과 외국인의 세무등록의무)

외국투자기업은 정해진 질서에 따라 해당 세무기관에 세무등록을 하고 세무등록증을 발급받는다.

외국투자기업이 통합, 분리, 해산될 경우에는 세무변경등록 및 등록취소수속을 한다.

우리나라에 체류하면서 소득을 얻는 외국인도 세무등록을 한다.

제4조 (재정회계계산과 문건보관)

외국투자기업의 세무회계는 외국투자기업과 관련한 재정회계법규에 따라 한다.

외국투자기업은 재정회계계산과 관련한 서류를 정해진 기간까지 보관하며 중요계산장부는 기업의 해산이 종결되는 날까지 보관한다.

제5조 (세금의 계산화폐와 납부당사자)

외국투자기업과 외국인이 바치는 세금은 조선원 또는 정해진 화폐로 계산하여 해당 세무기관에 수익인이 직접 납부하거나 수익금을 지불하는 단위가 공제납부한다.

제6조 (적용대상)

이 법은 우리나라 령역에서 경제거래를 하거나 소득을 얻는 외국투자기업 (외국투자은행 포함)과 외국인 (해외동포 포함)에게 적용한다.

제7조 (해당 조약의 적용)

외국투자기업 및 외국인세금과 관련하여 우리나라와 해당 나라사이에 체결한 조약에서 이 법과 다르게 정한 사항이 있을 경우에는 그에 따른다.

## 제2장 기업소득세

제8조 (기업소득세의 납부의무)

외국투자기업은 우라 나라에서 경영활동을 하여 얻은 소득과 기타 소득에 대하여 기업소득세를 납부하여야 한다.

제9조 (기업소득세의 과세대상)

기업소득세의 과세대상에는 생산물 판매소득, 건설물 인도소득, 운임 및 료금소득 같은 기업활동을 하여 얻은 소득과 리자소득, 배당소득, 고정재산임대소득, 재산 판매소득, 지적소유권과 기술비결의 제공에 의한 소득, 경영과 관련한 봉사제공에 의한 소득, 증여소득 같은 기타 소득이 속한다.

다른 나라에 지사, 사무소, 대리점을 설치하여 얻은 소둑에 대하여서도 기업소득세를 납부한다.

제10조 (기업소득세의 세붙)

기업소득세의 세률은 결산리윤의 25%로 한다.

제11조 (외국기업의 기타 소득에 대한 세률)

외국기업이 우리나라에서 배당소득, 리자소득, 임대소득, 특허권사용료 같은 기타 소득을 얻었을 경우 소득세는 소득액에 20%의 세률을 적용한다.

제l2조(기업소독세의계산)

기업소득세는 해마다 1월 1일부터 12월 31일까지의 총수입금에서 원료 및 자재비, 연료 및 동력비 , 로력비, 감가상각금, 물자구입경비, 기업관리비, 보험료, 판매비 같은 것을 포함한 원가를 덜어 리윤을 확정하며 그 리윤에서, 거래세 또는 영업세와 기타 지출을 공제한 결산리윤에 정한 세률을 적용하여 계산한다.

제13조 (기업소득세의 예정납부)

외국투자기업은 기업소득세를 분기마다 예정납부하여야 한다. 이 경우 분기가 끝난 다음달 15일안으로 기업소득세납부서를 해당 세무기관에 내야 한다.

제14조 (기업소득세의 확정납부)

외국투자기업은 년간결산에 따라 기업소득세를 확정하여 미납금을 추가납부하며 과납액은 반환받는다.

기업이 해산될 경우에는 해산선포일부터 20일안으로 해당 세무기관에 납세담보를 세우며 결산이 끝난 날부터 15일안으로 기업소득세를 납부한다.

기업이 통합되거나 분리될 경우에는 그 시기까지 기업소득에 대하여 결산하고 통합, 분리선포일부터 20일안으로 기업소득세를 납부한다.

**제15조 (외국기업의 기타 소득에 대한 소독세납부)**

외국기업의 기타 소득에 대한 소득세는 소득이 생긴 때부터 15일안으로 해당 세무기관에 수익인이 신고납부하거나 수익금을 지불하는 단위가 공제납부한다.

**제16조 (기업소득세적용에서의 특혜)**

기업소득세의 적용에서 특혜조치는 다음과 같다.

1. 특수경제지대에 창설된 외국투자기업에 대한 기업소득세의 세률은 결산리윤의 14%로, 첨단기술부문, 하부구조건설부문, 과학연구부문 같은 장려부 문의 기업소득세의 세률은 결산리윤의 10%로 낮추어준다.

2. 다른 나라 정부, 국제금융기구가 차관을 주었거나 다른 나라 은행이 기업에 유리한 조건으로 대부를 주었을 경우 그 리자 소득에 대하여서는 기업소득세를 면제한다.

3. 장려부문에 투자하여 15년이상 운영하는 기업에 대하여서는 기업소득세를 3년간 면제하고 그 다음 2년간은 50%범위에서덜어줄수 있다.

4. 국가가 제한하는 업종을 제외한 생산부문에 투자하여 10년이상 운영하는 기업에 대하여서는 기업소득세를 2년간 면제하여줄수 있다.

5. 정해진 봉사부문에 투자하여 10년이상 운영하는 기업에 대하여서는 기업소득세를 1년간 면제하여줄수 있다.

6. 리윤을 재투자하여 등록자본을 늘이거나 새로운 기업을 창설하여 10년이상 운영하는 기업에 대하여서는 재투자분에 해당한 기업소득세액의 50%를, 장려부문의 기업에 대하여서는 전부 돌려준다.

**제17조 (기업소득세 감면기간의 적용)**

기업소득세의 감면 기간은 외국투자기업이 창설된 다음해부터 적용한다.

**제18조 (기업소득세 감면신청서의 제출)**

기업소득세를 감면 받으려는 외국투자기업은 해당 세무기관에 기업소득세 감면신청서와 경영기간, 재투자액을 증명하는 확인 문건을 내야 한다.

기업소득세 감면신청서에는 기업의 명칭과 창설일, 소재지, 업종, 리윤이 생긴 년도, 총투자액, 거래은행, 돈자리번호 같은 것을 밝힌다.

**제19조 (감면해주었던 기업소득세의 회수조건)**

기업소득세를 감면받은 외국투자기업이 감면기간에 해산, 통합, 분리되거나 재투자한 자본을 거두어들이는 경우에는 이미 감면하여주었던 기업소득세를 회수하거나 추가로 물린다.

## 제3장 개인소득세

**제20조 (개인소득세와 납부의무)**

우리나라에 장기체류하거나 거주하면서 소득을 얻은 외국인은 개인소득세를 납부하여야 한다.

우리나라에 1년이상 체류하거나 거주하는 외국인은 우리나라 령역밖에서 얻은 소득에 대하여서도 개인소득세를납부하여야 한다.

제21조 (개인소득세의 과세대상)

개인소득세의 과세대상은 다음과 같다.

1. 로동보수에 의한 소득

2. 리자소득

3. 배당소득

4. 고정재산임대소득

5. 재산판매소득

6. 지적소유권과 기술비결의 제공에 의한 소득

7. 경영과 관련한 봉사제공에 의한 소득

8. 증여소득

제22조 (개인소득세의 세률)

개인소득세의 세률은 다음과 같다.

1. 로동보수에 대한 개인소득세의 세률은 정해진데 따라 소득액의 5~30%로 한다.

2. 리자소득, 배당소득, 고정재산임대소득, 지적소유권과 기술비결외 제공에 의한 소득, 경영과 관련한 봉사제공에 대한 개인소득세의 세률은 소득액의 20%로 한다.

3. 증여소득에 대한 개인소득세의 세률은 정해진데 따라 소득액의 2~15%로 한다.

4. 재산판매소득에 대한 개인소득세의 세률은 소득액의 25%로 한다.

제23조 (로동보수에 대한 개인소득세의 계산)

로동보수에 대한 개인소득세는월로동보수액에 정한 세률을 적용하여 계산한다.

제24조 (배당소득 둥에 대한 개인소독세의 계산)

배당소득, 재산판매소득, 지적소유권과 기술비결의 제공에 의한 소득, 경영과 관련한 봉사제공에 의한 소득, 증여소득에 대한 개인소득세는 해당 소득액에 정한 세률을 적용하여 계산한다.

제25조 (리자소득에 대한 개인소득세의 계산)

리자소득에 대한 개인소득세는 은행에 예금하고 얻은 소득에 정한 세률을 적용하여 계산한다.

제26조 (고정재산임대소득에 대한 개인소득세의 계산)

고정재산임대소득에 대한 개인소득세는 임대료에서 로력비, 포장비, 수수료 같은 비용으로 20%를 공제한 나머지 금액에 정한 세률을 적용하여 계산한다.

제27조 (개인소득세의 납부기간과 방법)

개인소득세의 납부기간과 납부방법은 다음과 같다.

1. 로동보수에 대한 개인소득세는 로동보수를 지불하는 단위가 로동보수를 지불할 때 공제하여 5일안으로 납부하거나 수익인이 로동보수를 지불받아 10일안으로 납부한다.

2. 재산판매소득, 증여소득에 대한 개인소득세는 소득을 얻은 날부터 30일안으로 수익인이 신고납부한다.

3. 리자소득, 배당소득, 고정재산임대소득, 지적소유권과 기술비결의 제공에 의한 소득, 경영과 관련한 봉사제공에 의한 소득에 대한 개인소득세는 분기마다 계산하여 다음달 10일안으로 수익금을 지불하는 단위가 공제납부하거나 수익인이 신고납부한다.

## 제4장 재산세

### 제28조 (재산세의 납부의무)

외국투자기업과 외국인은 우리나라에서 소유하고있는 재산에 대하여 재산세를 납부하여야 한다.

### 제29조 (재산세의 과세대상)

재산세의 과세대상은 우리나라에 등록한 건물과 선박, 비행기 같은 재산이다.

### 제30조 (재산등록)

외국인은 재산을 해당 세무기관에 다음과 같이 등록하여야 한다.

1. 재산을 소유한 날부터 20일 안에 평가값으로 등록한다.
2. 재산의 소유자와 등록값이 달라졌을 경우에는 20일안으로 변경등록을 한다.
3. 재산은 해마다 1월 1일 현재로 평가하여 2월안으로 재등록을 한다.
4. 재산을 페기하였을 경우에는 20일안으로 등록취소수속을 한다.

### 제31조 (재산세의 과세대상액)

재산세의 과세대상액은 해당 세무기관에 등록된 값으로 한다.

### 제32조 (재산세의 세률)

재산세의 세률은 등록된 재산값의 1~1.4%로 한다.

### 제33조 (재산세의 계산)

재산세는 등록한 다음달부터 해당 세무기관에 등록된 값에 정한 세률을 적용하여 계산한다.

### 제34조 (재산세의 납부)

재산세는 해마다 1월안으로 재산소유자가 해당 세무기관에 납부한다.

## 제5장 상속세

### 제35조 (상속세의 납부의무)

우리나라 령역에 있는 재산을 상속받는 외국인은 상속세를 납부하여야 한다. 우리나라에 거주하고있는 외국인이 우리나라 령역밖에 있는 재산을 상속받았을 경우에도 상속세를 납부하여야 한다.

### 제36조 (상속세의 과세대상)

상속세의 과세대상은 상속자가 상속받은 재산가운데서 상속시키는자의 채무를 청산한 나머지금액으로 한다.

제37조 (상속재산값의 평가)

상속재산값의 평가는 해당 재산을 상속받을 당시의 가격으로 한다.

제38조 (상속세의 세률)

상속세의 세률은 상속받은 금액의 6~30%로 한다.

제39조 (상속세의 계산)

상속세는 과세대상액에 정한 세률을 적용하여 계산한다.

제40조 (상속세의 납부)

상속자는 상속세를 상속받은 날부터 3개월안으로 신고납부하여야 한다.

상속세액이 정해진 금액을 초과할 경우에는 분할납부할 수 있다.

## 제6장 거래세

제41조 (거래세의 납부의무)

생산부문과 건설부문의 외국투자기업은 거래세를 납부하여야 한다.

제42조 (거래세의 과세대상)

거래세의 과세대상에는 생산물판매수입금과 건설공사인도수입금 같은 것이 속한다.

제43조(거래세의세률)

거래세의 세률은 생산물판매액 또는 건설공사인도수입액의 1~15%로 한다.

기호품에 대한 거래세의 세률은 생산물판매액의 16~50%로 한다.

제44조 (거래세의 계산)

거래세는 생산물판매액 또는 건설공사인도수입액에 정한 세률을 적용하여 계산한다.

외국투자기업이 생산업과 봉사업을 함께 할 경우에는 거래세와 영업세를 따로 계산한다.

제45조 (거래세의 납부)

거래세는 생산물판매수입금 또는 건설공사인도수입금이 이루어질 때마다 납부한다.

제46조 (거래세적용에서의 특혜)

수출상품에 대하여서는 거래세를 면제한다. 그러나 수출을 제한하는 상품에 대하여서는 정해진데 따라 거래세를 납부한다.

## 제7장 영업세

제47조 (영업세의 납부의무)

봉사부문의 외국투자기업은 영업세를 납부하여야 한다.

제48조 (영업세의 과세대상)

영업세의 과세대상은 교통운수, 통신, 동력, 상업, 무역, 금융, 보험, 관광, 광고, 려관, 급양, 오락, 위생편의 같은 부문의 봉사수입금으로 한다.

제49조 (영업세의 세률)

영업세의 세률은 해당 수입금의 2~10%로 한다. 그러나 특수업종에 대한 세률은 50%까지로 할 수 있다.

제50조 (영업세의 계산)

영업세는 업종별수입금에 정한 세률을 적용하여 계산한다.

외국투자기업이 여러 업종의 영업을 할 경우 영업세를 업종별토 계산한다.

제51조 (영업세의 납부)

영업세는 봉사수입이 이루어질 때마다 해당 세무기관에 납부한다.

제52조 (영업세적용에서 특혜)

도로, 철도, 항만, 비행장, 오수 및 오물처리 같은 하부구조부문에 투자하여 운영하는 외국투자기업에 대하여서는일정한 기간 영업세를 면제하거나 덜어줄수 있다.

첨단과학기술봉사부문의 기업 에 대하여서는일정한 기간 영업세를 50%범위서 덜어줄수 있다.

## 제8장 자원세

제53조 (자원세의 납세의무와 자원의 구분)

외국투자기업은 자원을 수출하거나 판매 또는 자체소비를 목적으로 자원을 채취하는 경우 자원세를 납부하여야 한다.

자원에는 광물자원, 산림자원, 동식물자원, 수산자원, 물자원 같은 자연자원이 속한다.

제54조 (자원세의 과세대상)

자원세의 과세대상은 수출하거나 판매하여 이루어진 수입금 또는 정해진 가격으로 한다.

제55조 (자원세의 세률)

자원의 종류에 따르는 자원세의 세률은 내각이 정한다.

제56조 (자원세의 계산방법)

자원세는 자원을 수줄하거나 핀매하여 이루어진 수입금 또는 정해진 가격에 해당 세률을 적용하여 계산한다、

채취과정에 여러 가지 자원이 함께 나오는 경우에는 자원의 종류별로 계산한다.

제57조 (자원세의 납부)

자원세는 자원을 수줄하거나 판매하여 수입이 이루어지거나 자원을 소비할 때마다 해당 세무기관에 납부한다.

제58조 (자원세적용에서 특혜)

다음의 경우에는 자원세를 감면하여줄수 있다.

1. 원유, 천연가스. 같은 자원을 개발하는 기업에 대하여서는 5~10년간 자원세를 면제하여줄수 있다.
2. 자원을 그대로 팔지 않고 현대화된 기술공정에 기초하여 가치가 높은 가공제품을 만들어 수출하

거나 국가적조치로 우리나라의 기관, 기업소, 단체에 판매하였을 경우에는 자원세를 덜어줄수 있다.

3. 장려 부문의 외국투자기업이 생산에 리용하는 지하수에 대하여서는 자원세를 덜어줄수 있다.

제59조 (도시경영세의 납부의무)

외국투자기업과 우리나라에 거주한 외국인은 도시경영세를 납부하여야 한다.

제60조 (도시경영세의 과세대상)

도시경영세의 과세대상은 외국투자기업의 종업원월로임총액, 거주한 외국인의월수입액 으로 한다.

제61조 (도시경영세의 계산과 납부)

도시경영세의 계산과 납부는 다음과 같이 한다.

1. 외국투자기업은 달마다 종업원월로임총액에 1%의 세률을 적용하여 계산한 세금을 다음달 10일안으로 납부한다.

2. 거주한 외국인은 달마다 수입액에 1%의 세률을 적용하여 계산한 세금을 다음달 10일안으로 해당 세무기관에 본인이 신고납부한다. 경우에 따라 로임을 지불하는 단위가 공제납부할수도 있다.

## 제9장 자동차리용세

제62조 (자동차리용세의 납부의무)

외국투자기업과 외국인은 자동차를 리용할 경우 자동차리용세를 납부하여야 한다。

제63조 (자동차의 등록)

외국투자기업과 외국인은 자동차를 소유한 날부터 30일안으로 해당 세무기관에 등록하여야 한다.

등록대상에는 승용차, 뻐스, 화물자동차, 특수차와 오토바이가 속한다.

제64조 (자동차리용세액)

자동차류형별에 따르는 리용세액은 중앙세무지도기관이 정한다.

제65조 (자동차리용세의 납부)

자동차리용세는 해마다 2월안으로 자동차리용자가 납부한다.

자동차를 리용하지 않는 기간에는 자동차리용세를 면제받을수 있다.

## 제10장 세무사업에 대한 지도통제

제66조 (지도통제의 기본요구)

세무사업에 대한 국가의 통일적인 지도는 중앙세무지도기관이 한다.

중앙세무지도기관은 해당 세무기관들의 사업을 정상적으로 장악지도하여야 한다.

제67조 (세무감독)

중앙세무지도기관과 해당 세무기관은 세무등록과 세금징수, 세무조사사업을 세금법규에 따라 진행하며 외국투자기업과 외국인속에서 탈세행위와 위법행위가 나타나지 않도록. 감독통제를 강화하여야 한다.

**제68조 (연체료부과)**

외국투자기업과 외국인이 세금을 정한 기일안에 납부하지 않았을 경우에는 납부기일이 지난날부터 납부하지 않은 세액에 대하여 매일 0.3%에 해당한 연체료를 물린다.

**제69조 (영업중지)**

정당한 리유없이 6개월이상 세금을 납부하지 않거나 벌금통지서를 받았으나 1개월이상 벌금을 물지 않을 경우, 해당 세무기관의 정상적인 조사사업에 응하지 않거나 필요한 자료를 보장하여 주지 않았을 경우에는 영업을 중지시킬수 있다.

**제70조 (몰수)**

고의적인 탈세행위가 나타났을 경우에는 해당 재산을 몰수한다.

**제71조 (벌금)**

다음의 경우에는 벌금을 부과한다.

1. 정당한 리유없이 세무등록, 재산등록, 자동차등록을 제때에 하지 않았거나 세금납부신고서, 년간회계결산서 같은 세무문건을 제때에 내지 않았을 경우 외국투자기업에게는 100~5000$까지, 외국인에게는 10~1000$까지의 벌금을 부과한다.

2. 공제납부의무자가 세금을 적게 공제하였거나 공제한 세금을 납부하지 않았을 경우에는 납부하지 않은 세액의 2배까지의 벌금을 부과한다.

3. 부당한 목적으로 장부와 자료를 사실과 맞지 않게 기록하였거나 고쳤을 경우 또는 2중장부를 리용하거나 장부를 없앴을 경우 외국투자기업에게는 1000~10만$까지, 외국인 에게는 100~1000$까지의 벌금을 부과한다.

4. 세무일군의 세무조사를 고의적으로 방해하였을 경우에는 정상에 파라 100~5000$까지의 벌금을 부과한다.

5. 고의적으로 세금을 납부하지 않거나 적게 납부하였을 경우와 재산 또는 소득을 빼돌렸거나 감추었을 경우에는 납부하지 않은 세액의 5배까지의 벌금을 부과한다.

**제72조 (행정적 또는 형사적책임)**

이 법을 어겨 엄중한 결과를일으킨 경우에는 정상에 따라 행정적 또는 형사적책임을 지운다.

**제73조 (신소와 그 처리)**

외국투자기업과 외국인은 세금납부와 관련하여 의견이 있을 경우 중앙세무지도기관과 해당 기관에 신소 할 수 있다.

신소를 접수한 해당 기관은 30일 안으로 료해처리하여야 한다.

# 조선민주주의인민공화국 외국투자기업파산법

주체89(2000)년 4월 19일 최고인민회의 상임위원회 정령 제1504호로 채택
주체100(2011)년 12월 21일 최고인민회의 상임위원회 정령 제2050호로 수정보충

## 제1장 외국인투자기업파산법의 기본

### 제1조 (외국인투자기업파산법의 사명)

조선민주주의인민공화국 외국인투자기업파산법은 외국인투자기업의 파산사업에서 제도와 질서를 엄격히 세워 파산되는 기업의 채권채무를 정확히 청산하는데 이바지한다.

### 제2조 (파산의 정의)

이 법에서 파산이란 재판소가 채무를 리행할수 없게 된 외국인투자기업의 재산을 채권자들에게 나누어주고 그 기업을 해산시키는 행위이다.

### 제3조 (기업의 파산조건)

채무를 정한 기간안에 상환하지 못하거나 기업의 채무가 자기 재산을 초과하거나 엄중한 손실로 기업을 더 유지 할 수 없거나일반절차로 기업을 해산할수 없을 경우에는 기업을 파산 시킬 수 있다. 기업파산은 재판소의 판결에 따라 한다.

### 제4조 (기업파산의 중지)

우리나라에서 자금을 방조받을수 있거나 상환기간이 된 채무를 파산제기가 있은 날부터 6 개월안에 청산할 담보가 있을 경우에는 기업을 파산시키지 않을수 있다.

### 제5조 (화해에 의한 기업파산수속의 중지)

기업파산이 제기된 후 당사자들사이에 화해가 이루어진 경우에는 진행중의 파산수속을 중지할 수 있다.

### 제6조 (기업파산사건의 재판관할)

기업파산사건은 해당 기업소재지에 있는 도(직할시)재판소가 취급처리 한다.

특수경제지대에서 기업파산사건은 해당 특수경제지대를 관할하는 재판소가 취급처리 한다.

### 제7조 (법의 적용대상)

이 법은 외국인투자기업과 외국투자은행에 적용한다.

## 제2장 파산제기와 파산선고

### 제8조 (파산제기의 당사자)

파산제기는 채무상환능력이 없는 기업과 그 채권자가 한다.

기업의 해산처리를 맡은 청산위원회도 파산을 제기할 수 있다.

파산제기는 해당 재판소에 서면으로 한다.

**제9조 (채권자의 파산제기)**

계약에서 정한 기간안에 채권금액을 받지 못하게 된 채권자는 채권금액을 회수할 목적으로 해당 기업을 파산시킬데 대하여 제기할 수 있다. 이 경우 채권자가 3명이상이 되는 기업에 대하여서는 1명이상 채권자의 동의를 받아야 한다.

파산 제기서에는 채권자의 명칭(이름), 주소, 법정대표와 그 대리인의 이름, 주소, 채권명, 채권금액, 채권기간, 파산시킬 기업의 명칭과 주소를 밝히고 채권을 상환받지 못한 리유, 파산제기에 동의한 사실을 증명하는 자료를 첨부하여야 한다.

**제10조 (기업의 파산제기)**

채무상환능력을 잃은 기업은 리사회 또는 공동협의회의결정에 따라 면책을 목적으로 자기 기업의 파산을 제기할 수 있다.

파산 제기서에는 기업의 명칭, 주소, 기업의 손해정형, 채무를 상환 할 수 없는 리유를 밝히고 채무 및 재산목록 같은 문건을 첨부하여야 한다.

**제11조 (청산위원회의 파산제기)**

외국인투자기업의 해산절차에 따라 조직된 청산위원회는 청산사업과정에 그 기업을 파산 시키는것이 옳다고 인정되는 경우 해당 재판소에 파산제기를 하여야 한다.

파산 제기서에는 기업의 명칭, 주소, 재산 및 채무자료와 청산절차로 기업을 해산 할 수 없는 리유를 밝혀야 한다.

**제12조 (파산제기의 취소)**

파산 제기자는 기업의 파산이 선고 되기전에 파산제기를 취소 할 수 있다.

이 경우 파산제기취소신청을 해당 재판소에 하여야 한다.

**제13조 (파산제기의 접수, 부결)**

재판소는 파산제기를 받은 날부터 30일안에 파산제기를 접수하거나 부결하여야 한다. 이 경우 필요한 조사를 할 수 있다.

**제14조 (파산의 판결)**

재판소는 파산제기가 정당하다고 인정되는 경우 판결로 기업파산을 선고하고 판결서등본을 파산제기자와 해당 기업에 보내야 한다.

판결서에는 파산기업의 명칭, 법정대표이름, 파산근거, 판결날자 같은 것을 밝혀야 한다.

**제15조 (파산판결을 받은 기업의 경영활동중지)**

파산선고를 받은 기업은 판결서등본을 받은 날부터 회계계산과 정상적인 재산거래 및 경영활동을 중지하여야 한다.

**제16조 (파산선고의 통지)**

파산선고를 통지받은 기업은 그날부터 2일안에 기업창설을 승인한 기관에 파산선고를 받은 사실에 대하여 알리고 필요한 등록을 하여야 한다.

### 제17조 (파산기업법정대표의 의무)

파산기업의 법정대표 또는 그 대리인은 파산수속이 종결될 때까지 재판소의 허가없이 기업소재지, 거주지를 떠날 수 없으며 파산과 관련한 질문에 설명을 하거나 파산 수속 사업에 협력하여야 한다.

### 제18조 (파산기업거래의 무효인정)

파산기업이 파산제기 6 개월전 또는 파산 제기후에 재산을 감추었거나 분배하였거나 무상 또는 눅은 가격으로 양도한 행위, 파산제기후 또는 그 30일전에 자기 채권을 법적 근거없이 포기한 행위, 기업파산을 예견하고 채권자들에게 손해를 준 행위는 무효로 한다.

### 제19조 (청산위원회의 조직)

재판소는 파산선고를 한 날부터 5일안에 2~3 명으로 구성된 청산위원회를 조직하여야 한다.

청산위원회 성원으로는 해당 기업창설을 승인한 기관, 재정은행기관일군, 그 밖의일군이 될수 있다.

청산위원회 위원장은 재판소가 임명한다.

### 제20조 (청산위원회의 사업)

청산위원회는 다음과 같은 사업을 한다.

1. 60일까지의 채권신고기간, 채권의 조사 및 확정기간과 파산 선고후 20일안에 제1 차 채권자회의 소집날자, 파산선고를 받은 기업에 진 채무를 반환하여야 할 날자, 파산기업의 재산을 가지고있는 자가 그것을 신고 및 반환하여야 할 날자 같은 파산수속시작에 필요한 사항을 정한다.
2. 파산기업의 채권자, 채무자, 파산재산소지자들에게 파산통지를 한다.
3. 파산기업의 공인, 회계장부, 재산목록 및 채권자명단, 기타 문건을 넘겨받는다.
4. 파산기업법정대표의 립회밑에 기업재산의 가격을 평가한다.
5. 파산기업의 회계장부를 마감하고 재정 상태표와 재산목록을 작성하여 재판소에 낸다.
6. 필요에 따라 파산기업의 재산에 봉인을 하고 해당한 조서를 작성한다.
7. 파산기업의 경영업무를 결속한다.
8. 기업파산선고때까지 리행하지 않은 계약을 취소시키거나 그 리행을 중지시킨다.

### 제21조 (제1 차 채권자회의)

청산위원회는 정한 날자에 제1차 채권자회의를 소집하여야 한다.

제1 차 채권자회의는 채권자들속에서 채권자회의 책임자를 정하고 청산위원회로부터 기업의 파산경위와 재산 및 채무실태에 대하여 보고받는다.

### 제22조 (채권자회의결정)

채권자회의결정은 회의에 참가한 채권자의 반수이상이 찬성하고 그들의 채권액이 파산채권총액의 2분의 1 이상이 되여야 채택된다.

채권자회의결정은 모든 채권자에게 같은 효력을 가진다.

## 제3장 파산채권의 신고와 조사 및 확정

### 제23조 (채권자의 채권신고)

파산선고를 받은 기업의 채권자는 채권신고 기간안에 청산위원회에 서면으로 채권신고를 하여야 한다.

채권신고서에는 채권자의 명칭(이름), 주소, 채권명, 채권금액, 채권기간 및 채권발생근거 같은 것을 밝히며 채권밖의 청구권을 가지고 있을 경우에는 청구금액과 그와 관련한 증명문건을 첨부하여야 한다.

### 제24조 (채권의 등록)

청산위원회는 채권신고를 받는 차제로 채권등록을 하여야 한다.

채권등록은 채권신고문건의 양식에 따라 한다.

### 제25조 (채권신고의 무효)

채권신고기간안에 신고하지 않은 채권은 무효이다.

파산에 대하여 통지한 청산위원회는 그에 대하여 답변이 없는 채권자에게 다시 통지하여야 한다.

### 제26조 (청산위원회의 채권조사)

청산위원회는 채권조사기간안에 신고내용에 근거하여 채권조사를 하여야 한다.

채권조사는 관계기관에 의뢰하거나 직접 알아보는 방법으로 한다.

### 제27조 (의견있는 채권의 처리)

청산위원회는 의견이 제기된 채권에 대하여 관계있는 채권자에게 알려야 한다. 채권자는 의견제기자를 대상으로 파산사건을 관할하는 재판소에 채권확정을 위한 민사소송을 제기할 수 있다.

재판소는 제기된 사건을 심리하고 그 결과를 청산위원회에 알려야 한다.

### 제28조 (채권의 확정)

신고내용과 조사내용이 차이나는 채권, 의견이 제기되였으나 민사소송이 제기되지 않은 채권의 확정은 청산위원회가 한다.

### 제29조 (채권표의 작성)

채권의 조사 및 확정을 끝낸 청산위원회는 다음의 방법으로 채권표를 만든다.

1. 우선권의 유무에 따라 채권을 구분하고 채권액크기의 순위로 기록한다.
2. 채권밖의 청구권은 리자, 손해보상금, 위약금, 벌금, 수수료, 소송비용 같은 것으로 구분하여 기록한다.
3. 상환기간이 되지 않은 채권은 파산선고시점을 상환기간으로 하고 채권금액을 계산하여 기록한다.
4. 채권금액과 채권의 조사 및 확정기간안에 제기된 내용은 채권별로 기록한다.

### 제30조 (채권표의 효력)

청산위원회는 작성된 채권표를 채권자회의 동의를 받은 다음 재판소의 비준을 받아야 한다.

비준된 채권표는 모든 채권자에게 같은 효력을 가진다.

### 제31조 (채권신고서, 채권표의 보관, 열람)

채권신고서, 채권표는 재판소에 보관한다.

재판소는 파산기업관계자들의 요구에 따라 해당 문건을 보여줄 수 있다.

## 제4장 파산재산의 분배

### 제32조 (파산재산의 구성 )

파산재산은 채권자들에게 분배한다.

파산재산에는 파산선고를 받은 기업의 화폐재산과 현물재산, 지적소유권 및 기타 재산권 같은것이 속한다.

파산수속과정에 취득한 재산도 파산재산에 속한다.

### 제33조 (파산재산의 확보)

분배할 파산재산의 확보는 청산위원회가 한다.

청산위원회는 미납된 출자 몫을 받아들이고 파산기업의 채권금액을 회수하여야 한다.

이 경우 상환기간이 되지 않은 채권은 파산선고날을 시점으로 해당 금액을 계산하여야 한다.

### 제34조 (채권과 채무의 상쇄)

청산위원회는 파산기업의 채무자가 그 기업에 대하여 채권을 가지고있을 경우 채권과 채무를 서로 상쇄 시킬 수 있다.

상쇄는 무역은행이 당일 발표하는 외화교환시세표에 따라 한다.

### 제35조 (재산의 현금화)

청산위원회는 재산분배를 위하여 생산제품 또는 기계설비, 지적소유권 같은 재산을 현금으로 전환시킬수 있다.

### 제36조 (파산재산의 분배순위)

파산재산의 분배순위는 다음과 같다.

1. 국가수수료 및 파산수속비용
2. 로임과 보험금
3. 세금을 비롯한 국가의무납부금
4. 파산수속중에 계약취소로 생긴 위약금
5. 담보채권
6. 무담보채권
7. 채권밖의 청구권

### 제37조 (국가수수료, 파산수속비용지출정형의 통지)

국가수수료 및 파산수속비용의 지출정형은 청산위원회가 채권자회의 책임자에게 통지한다.

청산위원회의 통지에 대하여 제기된 의견의 처리는 재판소의 판정에 따른다.

### 제38조 (우선분배순위의 채권)

무담보채권가운데서 우선분배순위로 설정된 채권에 대하여서는 다른 무담보채권보다 먼저 분배하도록 그 순위를 정한다.

제39조 (파산재산분배표의 작성)

청산위원회는 분배순위와 채권표에 따라 파산 재산 분배표를 만들어야 한다.

파산 재산 분배표에는 분배하여야 할 총금액, 실지로 분배하는 금액, 분배받을 채권자의 명칭(이름), 주소, 분배액 같은 것을 밝혀야 한다.

제40조 (담보채권의 리자, 부족되는 파산재산의 분배액계산)

청산위원회는 파산재산분배표의 담보채권분배액에 파산선고가 있은 날부터 재산분배날까지의 기간에 해당되는 리자를 포함시켜야 한다.

이 법 제36 조에 규정한 순위에 따라 분배액을 정하다가 재산이 부족되여 더 할당할수 없을 경우 나머지 분배순위의 채권에 대한 분배액은 같은 비률로 정한다.

제41조 (파산재산분배표의 효력)

파산재산분배표는 청산위원회가 채권자회의에 제출한다.

채권자회의에서 파산재산분배표가 가결된 경우에는 재판소의 비준을 받으며 부결된 경우에는 재판소의 판정에 따른다.

재판소의 판정에 따라 파산 재산 분배표를 다시 작성할 수도 있다.

제42조 (파산재산분배의 실시, 기업파산총화보고서의 작성)

파산재산의 분배는 재판소가 비준한 파산 재산 분배표에 근거하여 청산위원회가 한다.

청산위원회는 파산재산분배를 끝낸 날부터 10일안에 기업파산총화보고서를 만들어 재판소에 내야 한다.

제43조 (기업파산총화보고서의 심의, 기업파산종결의 판정)

재판소는 청산위원회의 기업파산총화보고서를 심의하고 판정으로 파산을 종결하여야 한다. 이 경우 파산종결에 대하여 청산위원회에 통지하여 파산관계자들에게 알리도록 하여야 한다.

재판소의 기업파산종결판정에 대하여 상소 할 수 없다.

제44조 (청산못한 채권, 파산종결후 발견된 재산의 처리)

파산기업의 재산부족으로 청산하지 못한 채권은 무효로 한다.

파산이 종결된 후에 발견된 파산기업의 재산은 해당 사건을 취급한 재판소가 은행을 통하여 처리한다.

## 제5장 화 해

제45조 (화해제기의 당사자)

파산선고를 받은 기업은 리사회 또는 공동협의회에서 토의하고 화해를 제기할 수 있다.

제46조 (화해제기서의 제출)

파산선고를 받은 기업은 화해제기를 할 경우 채권의 조사 및 확정 기간안에 화해제기리유, 채무상환방법, 담보 같 은 것을 밝힌 화해제기서를 청산위원회에 내야 한다.

화해조건은 모든 채권자에게 공정하여야 한다.

제47조 (화해제기의 심의)

청산위원회는 화해제기를 받은 날부터 5일안에 그에 대하여 재판소에 알리고 재판소의 의견에 따라 채권자회의에서 심의 결정하도록 하여야 한다.

화해심의를 위한 채권자회의에는 채권자, 화해제기자, 청산위원회 성원들이 참가한다. 채권자들의 제기에 따라 파산기업의 채무를 대신 반환하여줄 자도 참가할 수 있다.

제48조 (화해제기자의 설명, 화해조건의 변경)

화해 제기자는 채권자회의에서 화해제기리유와 화해조건에 대하여 설명하고 채권자들의 질문에 답변하여야 한다. 이 경우 채권자들의 리익을 침해하지 않는 범위에서 화해조건을 변경시킬수 있다.

제49조 (화해제기의 가결)

화해제기는 채권자회의에 참가한 채권자의 반수이상이 찬성하고 그들의 채권액이 파산채권 총액의 3분의 2 이상이 되여야 가결된다.

제50조 (가결된 화해에 대한 재판소의 판정)

재판소는 채권자회의에서 가결된 화해에 대하여 판정으로 승인하거나 부결하여야 한다.

화해에 대한 재판소의 판정은 채권자 및 화해 제기자 에게 같은 효력을 가진다.

제51조 (화해가결판정의 통지, 화해취소의 제기)

재판소는 채권자회의 화해가결에 대한 판정을 한 날부터 5일안에 그에 대하여 화해제기자에게 알려야 한다.

화해승인판정통지를 받은 기업은 화해조건에 지적된 의무를 제때에 정확히 리행하여야 한다.

채권자는 의무리행을 태공한 기업에 대하여 재판소에 화해취소를 제기할 수 있다.

제52조 (화해취소제기에 대한 판정)

재판소는 화해취소제기가 있은 날부터 10일안에 판정으로 화해취소제기를 승인하거나 부결하여야 한다.

화해취소승인판정이 있을 경우 중지하였던 파산수속은 계속된다.

## 제6장 제재

제53조 (손해보상, 벌금)

청산위원회는 다음과 같은 경우 재판소의 승인을 받아 손해보상을 시키거나 벌금을 물릴수 있다.

1. 파산기업의 법정대표 또는 그 대리인이 리유없이 채권자회의에 참가하지 않았거나 청산위원회와 채권자의 질문에 대하여 설명, 답변을 하지 않았거나 허위적인 설명이나 답변을 한 경우
2. 파산재산을 감추었거나 채무문건을 위조하였거나 허위적인 채무를 승인한 경우
3. 회계장부 또는 전표를 위조, 소각하였거나 그 내용을 알 수 없게 하였거나 청산위원회가 마감한

회계장부를 고친 경우

4. 파산기업의 법정대표 또는 그 대리인이 재판소의 허가없이 기업소재지, 거주지를 리탈하였거나 다른 사람과 접촉, 통신련락을 하여 파산집행에 지장을 주었을 경우

5. 기업의 채무자 또는 파산재산의 소지자가 재판소가 정한 기간안에 채무를 상환하지 않았거나 파산기업의 재산을 반환하지 않아 파산수속에 지장을 준 경우

6. 이밖에 파산수속에 지장을 주었거나 채권자에게 손해를 준 경우

제54조 (행정적 또는 형사적책임)

이 법을 어겨 기업의 파산사업에 엄중한 결과를일으킨 기관, 기업소, 단체의 책임있는일군과 개별적공민에게는 정상에 따라 행정적 또는 형사적책임을 지운다.

# 조선민주주의인민공화국 라선경제무역지대법

주체82(1993)년 1월 31일 최고인민회의 상설회의 결정 제28호로 채택
주체88(1999)년 2월 26일 최고인민회의 상임위원회 정령 제484호로 수정보충
주체91(2002)년 11월 7일 최고인민회의 상임위원회 정령 제3400호로 수정
주체94(2005)년 4월 19일 최고인민회의 상임위원회 정령 제1083호로 수정보충
주체96(2007)년 9월 26일 최고인민회의 상임위원회 정령 제2367호로 수정보충
주체99(2010)년 1월 27일 최고인민회의 상임위원회 정령 제583호로 수정보충
주체100(2011)년 12월 3일 최고인민회의 상임위원회 정령 제2007호로 수정보충

## 제1장 라선경제무역지대법의 기본

제1조 (라선경제무역지대법의 사명)

조선민주주의인민공화국 라선경제무역지대법은 경제무역지대의 개발과 관리에서 제도와 질서를 바로세워 라선경제무역지대를 국제적인 중계수송, 무역 및 투자, 금융, 관광, 봉사지역으로 발전시키는데 이바지한다.

제2조 (라선경제무역지대의 지위)

라선경제무역지대는 경제분야에서 특혜정책이 실시되는 조선민주주의인민공화국의 특수경제지대이다.

제3조 (산업구의 건설)

국가는 경제무역지대에 첨단기술산업, 국제물류업, 장비제조업, 1차가공공업, 경공업, 봉사업, 현대농업을 기본으로 하는 산업구들을 계획적으로 건설하도록 한다.

**제4조 (투자당사자)**

경제무역지대에는 세계 여러 나라의 법인이나 개인, 경제조직이 투자할 수 있다. 우리나라 령역밖에 거주 하고있는 조선동포도 이 법에 따라 경제무역지대에 투자 할 수 있다.

**제5조 (경제활동조건보장의 원칙)**

투자가는 경제무역지대에 회사, 지사, 사무소 같은 것을 설립하고 경제활동을 자유롭게 할 수 있다.

국가는 토지리용, 로력채용, 세금납부, 시장진출 같은 분야에서 투자가에게 특혜적인 경제활동조건을 보장 하도록 한다.

**제6조 (투자장려 및 금지, 제한부문)**

국가는 경제무역지대에서 하부구조건설부문과 첨단과학기술부문, 국제시장에서 경쟁력이 높은 상품을 생산하는 부문의 투자를 특별히 장려한다.

나라의 안전과 주민들의 건강, 건전한 사회도덕생활에 저해를 줄 수 있는 대상, 환경보호와 동식물의 생장에 해를 줄 수 있는 대상, 경제기술적으로 뒤떨어진 대상의 투자는 금지 또는 제한한다.

**제7조 (투자가의 재산과 리익, 권리보호원칙)**

경제무역지대에서 투자가의 재산과 합법적인 소득, 그에게 부여된 권리는 법적으로 보호된다.

국가는 투자가의 재산을 국유화하거나 거두어들이지 않는다.

사회공공의 리익과 관련하여 부득이하게 투자가의 재산을 거두어들이거나일시 리용하려 할 경우에는 사전에 통지하고 해당한 법적절차를 거치며 차별없이 그 가치를 제때에 충분하고 효과있게 보상하여주도록 한다.

**제8조 (경제무역지대관리운영의 담당자, 관리위원회사업에 대한 관여금지원칙)**

경제무역지대에서 산업구와 정해진 지역의 관리운영은 중앙특수경제지대지도기관과 라선시인민위원회의 지도와 방조밑에 관리위원회가 맡아한다.

이 법에서 정한 경우를 제외하고 다른 기관은 관리위원회의 사업에 관여 할수 없다.

**제9조 (신변안전과 인권의 보장, 비법구속과 체포금지)**

경제무역지대에서 공민의 신변안전과 인권은 법에 따라 보호된다.

법에 근거하지 않고는 구속, 체포하지 않으며 거주장소를 수색하지 않는다.

신변안전 및 형사사건과 관련하여 우리나라와 해당 나라사이에 체결된 조약이 있을 경우에는 그에 따른다.

**제10조 (적용법규)**

경제무역지대의 개발과 관리, 기업운영 같은 경제활동에는 이 법과 이 법시행을 위한 규정, 세칙, 준칙을 적용한다.

경제무역지대의 법규가 우리나라와 다른 나라사이에 체결된 협정, 량해문, 합의서 같은 조약의 내용과 다를 경우에는 조약을 우선 적용하며 경제무역지대밖에 적용하는 법규의 내용과 다를 경우에는 경제무역지대법규를 우선 적용한다.

## 제2장 경제무역지대의 개발

### 제11조 (개발원칙)

경제무역지대의 개발원칙은 다음과 같다.

1. 경제무역지대와 그 주변의 자연지리적조건, 자원, 생산요소의 비교우세보장
2. 토지, 자원의 절약과 합리적인 리용
3. 경제무역지대와 그 주변의 생태환경보호
4. 생산과 봉사의 국제적인 경쟁력제고
5. 무역, 투자 같은 경제활동의 편의보장
6. 사회공공의 리익보장
7. 지속적이고 균형적인 경제발전의 보장

### 제12조 (개발계획과 그 변경)

경제무역지대의 개발은 승인된 개발계획에 따라 한다.

개발계획에는 개발총계획, 지구개발계획, 세부계획 같은 것이 속한다.

개발계획의 변경승인은 해당 개발계획을 승인한 기관이 한다.

### 제13조 (경제무역지대의 개발방식)

경제무역지대는일정한 면적의 토지를 기업이 종합적으로 개발하고 경영하는 방식, 기업에게 하부구조 및 공공시설의 건설과 관리, 경영권을 특별히 허가해주어 개발하는 방식, 개발 당사자들 사이에 합의한 방식 같은 여러 가지 방식으로 개발 할 수 있다.

개발기업은 하부구조 및 공공시설건설을 다른 기업을 인입하여 할 수도 있다.

### 제14조 (개발기업에 대한 승인)

경제무역지대의 개발기업에 대한 승인은 중앙특수경제지대지도기관이 관리위원회 또는 라선시인민위원회를 통하여 개발기업에게 개발사업권승인증서를 발급하는 방법으로 한다.

개발기업의 위임, 개발사업권승인증서의 발급신청은 관리위원회 또는 라선시인민위원회가 한다.

### 제15조 (토지종합개발경영과 관련한 토지임대차계약)

토지종합개발경영방식으로 개발하는 경우 개발기업은 국토관리기관과 토지임대차계약을 맺어야 한다.

토지임대차계약에서는 임대기간, 면적, 구획, 용도, 임대료의 지불기간과 지불방식, 그 밖의 필요한 사항을 정한다.

국토관리기관은 토지임대료를 지불한 개발기업에게 토지리용증을 발급해주어야 한다.

### 제16조 (토지임대기간)

경제무역지대에서 토지임대기간은 해당 기업에게 토지리용증을 발급한 날부터 50 년까지로 한다.

경제무역지대안의 기업은 토지임대기간이 끝난 다음 계약을 다시 맺고 임대받은 토지를 계속 리용할 수 있다.

제17조 (부동산의 취득과 해당 증서의 발급)

경제무역지대에서 기업은 규정에 따라 토지리용권, 건물소유권을 취득할 수 있다. 이 경우 해당 기관은 토지리용증 또는 건물소유권등록증을 발급하여준다.

제18조 (토지리용권과 건물의 양도와 임대가격)

개발기업은 개발계획과 하부구조건설이 진척되는데 따라 개발한 토지와 건물을 양도, 임대할 권리를 가진다. 이 경우양도, 임대가격은 개발기업이 정한다.

제19조 (토지리용권, 건물소유권의 변경과 그 등록)

경제무역지대에서 기업은 유효기간안에 토지리용권과 건물소유권을 매매, 교환, 증여, 상속의 방법으로 양도하거나임대, 저당할 수 있다. 이 경우 토지리용권, 건물소유권의 변경등록을 하고 토지리용증 또는 건물소유권등록증을 다시 발급받아야 한다.

제20조 (건물, 부착물의 철거와 이설)

철거, 이설을 맡은 기관, 기업소는 개발공사에 지장이 없도록 개발지역안의 공공건물과 살림집, 부착물 같은 것을 철거, 이설하고 주민을 이주시켜야 한다.

제21조 (개발공사착수시점과 계획적인 개발)

개발기업은 개발구역안의 건물과 부착물의 철거, 이설사업이 끝나는 차제로 개발공사에 착수하여야 한다.

제22조 (농업토지, 산림토지, 수역토지의 개발리용)

경제무역지대에서 투자가는 도급생산방식으로 농업토지, 산림토지, 수역토지를 개발 리용할 수 있다. 이 경우 해당 기관과 계약을 맺어야 한다.

## 제3장 경제무역지대의 관리

제23조 (경제무역지대의 관리원칙)

경제무역지대의 관리원칙은 다음과 같다.

1. 법규의 엄격한 준수와 집행
2. 관리위원회와 기업의 독자성보장
3. 무역과 투자활동에 대한 특혜제공
4. 경제발전의 객관적 법칙과 시장원리의 준수
5. 국제관례의 참고

제24조 (관리위원회의 설립, 지위)

경제무역지대의 관리운영을 위하여 관리위원회를 내온다.

관리위원회는 산업구와 정해진 지역의 관리운영을 맡아하는 현지관리기관이다.

제25조 (관리위원회의 구성)

관리위원회는 위원장, 부위원장, 서기장과 필요한 성원들로 구성한다.

관리위원회에는 경제무역지대의 개발과 관리에 필요한 부서를 둔다.

**제26조 (관리위원회의 책임자)**

관리위원회의 책임자는 위원장이다.

위원장은 관리위원회를 대표하며 관리위원회의 사업을 주관한다.

**제27조 (관리위원회의 사업내용)**

관리위원회는 자기의 관할범위에서 다음과 같은 사업을 한다.

1. 경제무역지대의 개발과 관리에 필요한 준칙작성
2. 투자환경의 조성과 투자유치
3. 기업의 창설승인과 등록, 영업허가
4. 투자장려, 제한, 금지목록의 공포
5. 대상건설허가와 준공검사
6. 대상설계문건의 보관
7. 독자적인 재정관리체계의 수립
8. 토지리용권, 건물소유권의 등록
9. 위임받은 재산의 관리
10. 기업의 경영활동협조
11. 하부구조 및 공공시설의 건설, 경영에 대한 감독 및 협조
12. 관할지역의 환경보호와 소방대책
13. 인원, 운수수단의 출입과 물자의 반출입에 대한 협조
14. 관리위원회의 규약작성
15. 이밖에 경제무역지대의 개발, 관리와 관련하여 중앙특수경제지대지도기관과 라선시인민위원회가 위임하는 사업

**제28조 (관리위원회의 사무소설치)**

관리위원회는 필요에 따라 사무소 같은 것을 둘 수 있다.

사무소는 관리위원회가 위임한 권한의 범위 안에서 사업을 한다.

**제29조 (사업계획과 통계자료의 제출)**

관리위원회는 해마다 사업계획과 산업구와 정해진 지역의 통계자료를 중앙특수경제지대지도기관과 라선시인민위원회에 내야 한다.

**제30조 (라선시인민위원회의 사업내용)**

라선시인민위원회는 경제무역지대의 개발, 관리와 관련하여 다음과 같은 사업을 한다.

1. 경제무역지대법과 규정의 시행세칙작성
2. 경제무역지대의 개발과 기업활동에 필요한 로력보장
3. 이밖에 경제무역지대의 개발, 관리와 관련하여 중앙특수경제지대지도기관이 위임한 사업

제31조 (중앙특수경제지대지도기관의 사업내용)

중앙특수경제지대지도기관은 다음과 같은 사업을 한다.

1. 경제무역지대의 발전전략작성
2. 경제무역지대의 개발, 건설과 관련한 국내기관들과의 사업련계
3. 다른 나라 정부들과의 협조 및 련계
4. 기업창설심의기준의 승인
5. 경제무역지대에 투자할 국내기업의 선정
6. 경제무역지대생산품의 지대밖 국내판매협조

제32조 (예산의 편성과 집행)

관리위원회는 예산을 편성하고 집행한다. 이 경우 예산작성 및 집행정형과 관련한 문건을 중앙특수경제지대지도기관과 라선시인민위원회에 내야 한다.

제33조 (관리위원회사업에 대한 협조)

중앙특수경제지대지도기관과 라선시인민위원회는 관리위원회의 사업을 적극 도와주어야 한다.

제34조 (자문위원회의 운영)

경제무역지대에서는 지대의 개발과 관리운영, 기업경영에서 제기되는 문제를 협의, 조정하기 위한 자문위원회를 운영 할 수 있다.

자문위원회는 라선시인민위원회와 관리위원회의 해당 성원, 주요기업의 대표들로 구성한다.

제35조 (원산지관리)

경제무역지대에서 원산지관리사업은 원산지관리기관이 한다.

원산지관리기관은 상품의 원산지 관리사업을 경제무역지대법규와 국제관례에 맞게 하여야 한다.

## 제4장 기업창설 및 경제무역활동

제36조 (심의, 승인절차의 간소화)

경제무역지대에서는 통일적이며 집중적인 처리방법으로 경제무역활동과 관련한 각종 심의, 승인절차를 간소화하도록한다.

제37조 (기업의 창설신청)

투자가는 산업구에 기업을 창설하려 할 경우 관리위원회에, 산업구밖에 기업을 창설하려 할 경우 라선시인민위원회에 기업창설신청문건을 내야 한다.

관리위원회 또는 라선시인민위원회는 기업창설신청문건을 받은 날부터 10일안으로 승인하거나 부결하고 그 결과를 신청자에게 알려주어야 한다.

제38조 (기업의 등록, 법인자격)

기업창설승인을 받은 기업은 정해진 기일안에 기업등록, 세관등록, 세무등록을 하여야 한다.

등록된 기업은 우리나라 법인으로 된다.

### 제39조 (지사, 사무소의 설립과 등록)

경제무역지대에 지사, 사무소를 설립하려 할 경우에는 정해진데 따라 라선시인민위원회 또는 관리위원회의 승인을 받고 해당한 등록수속을 하여야 한다.

### 제40조 (기업의 권리)

경제무역지대에서 기업은 경영 및 관리질서와 생산계획, 판매계획, 재정계획을 세울 권리, 로력채용, 로임기준과 지불형식, 생산물의 가격, 리윤의 분배방안을 독자적으로 결정할 권리를 가진다.

기업의 경영활동에 대한 비법적인 간섭은 할수 없으며 법규에 정해지지 않은 비용을 징수하거나 의무를 지울 수 없다.

### 제41조 (기업의 업종 및 변경승인)

기업은 승인받은 업종범위안에서 경영활동을 하여야 한다.

업종을 늘이거나 변경하려 할 경우에는 승인을 다시 받아야 한다.

### 제42조 (계약의 중시와 리행)

기업은 계약을 중시하고 신용을 지키며 계약을 성실하게 리행하여야 한다. 당사자들은 계약의 체결과 리행에서 평등과호혜의 원칙을 준수하여야 한다.

### 제43조 (지대밖 우리나라 기업과의 경제거래)

기업은 계약을 맺고 경제무역지대밖의 우리나라 령역에서 경영활동에 필요한 원료, 자재, 물자를 구입하거나 생산한 제품을 판매할 수 있다.

우리나라 기관, 기업소, 단체에 원료, 자재, 부분품의 가공을 위탁할수도 있다.

### 제44조 (상품, 봉사의 가격)

경제무역지대에서 기업들사이의 거래되는 상품과 봉사가격, 경제무역지대안의 기업과 지대밖의 우리나라 기관, 기업소, 단체사이에 거래되는 상품가격은 국제시장가격에 준하여 당사자들이 협의하여 정한다.

식량, 기초식품 같은 중요 대중필수품의 가격과 공공봉사료금은 라선시인민위원회가 정한다. 이 경우 기업에 생긴 손해에 대한 재정적보상을 한다.

### 제45조 (무역활동)

경제무역지대에서 기업은 가공무역, 중계무역, 보상무역 같은 여러 가지 형식의 무역활동을 할 수 있다.

### 제46조 (특별허가경영권)

경제무역지대에서는 하부구조시설과 공공시설에 대하여 특별허가대상으로 경영하게 할 수 있다.

특별허가경영권을 가진 기업이 그것을 다른 기업에게 양도하거나 나누어주려 할 경우에는 계약을 맺고 해당 기관의 승인을 받아야 한다.

### 제47조 (자연부원의 개발허용)

경제무역지대의 기업은 생산에 필요한 원료, 연료보장을 위하여 해당 기관의 승인을 받아 지대의 자연부원을 개발 할 수 있다.

경제무역지대밖의 자연부원개발은 중앙특수경제지대지도기관을 통하여 한다.

제48조 (경제무역지대상품의 구입)

경제무역지대밖의 우리나라 기관, 기업소, 단체는 계약을 맺고 지대안의 기업이 생산하였거나 판매하는 상품을 구입 할 수 있다.

제49조 (로력의 채용)

기업은 우리나라의 로력을 우선적으로 채용하여야 한다.

필요에 따라 다른 나라 로력을 채용하려 할 경우에는 라선시인민위원회 또는 관리위원회에 통지하여야 한다.

제50조 (월로임최저기준)

경제무역지대의 기업에서일하는 종업원의 월로임최저기준은 라선시인민위원회가 관리위원회와 협의하여 정한다.

제51조 (광고사업과 야외광고물의 설치승인)

경제무역지대에서는 규정에 따라 광고업과 광고를 할 수 있다.

야외에 광고물을 설치하려 할 경우에는 해당 기관의 승인을 받는다.

제52조 (기업의 회계)

경제무역지대에서 기업은 회계계산과 결산에 국제적으로 통용되는 회계기준을 적용 할 수 있다.

## 제5장 관세

제53조 (특혜관세제도의 실시)

경제무역지대에서는 특혜관세제도를 실시한다.

제54조 (관세의 면제대상)

관세를 면제하는 대상은 다음과 같다.

1. 경제무역지대의 개발에 필요한 물자
2. 기업의 생산과 경영에 필요한 수입물자와 생산한 수출상품
3. 가공무역, 중계무역, 보상무역을 목적으로 경제무역지대에 들여오는 물자
4. 투자가에게 필요한 사무용품과 생활용품
5. 통과하는 다른 나라의 화물
6. 다른 나라 정부, 기관, 기업, 단체 또는 국제기구가 기증하는 물자
7. 이밖에 따로 정한 물자

제55조 (관세면제대상에 관세를 부과하는 경우)

무관세상점의 상품을 제외하고 관세면제대상으로 들여온 물자를 경제무역지대 안에서 판매할 경우에는 관세를 부과한다.

제56조 (수입원료, 자재와 부분품에 대한 관세부과)

기업이 경제무역지대에서 생산한 상품을 수출하지 않고 지대 또는 지대밖의 우리나라 기관, 기업소, 단체에 판매할 경우에는 그 상품생산에 쓰인 수입원료, 자재와 부분품에 대하여 관세를 부과시킬 수 있다.

제57조 (물자의 반출입신고제)

경제무역지대에서 관세면제대상에 속하는 물자의 반출입은 신고제로 한다.

관세면제대상에 속하는 물자를 반출입하려 할 경우에는 반출입신고서를 정확히 작성하여 해당 세관에 내야 한다.

제58조 (관세납부문건의 보관기일)

기업은 관세납부문건, 세관검사문건, 상품송장 같은 문건을 5 년동안 보관하여야 한다.

## 제6장 통화 및 금융

제59조 (류통화폐와 결제화폐)

경제무역지대에서 류통화폐와 결제화폐는 조선 원 또는 정해진 화폐로 한다.

조선원에 대한 외화의 환산은 지대외화관리기관이 정한데 따른다.

제60조 (은행의 설립)

경제무역지대에서 투자가는 규정에 따라 은행 또는 은행지점을 내오고 은행업무를 할 수 있다.

제61조 (기업의 돈자리)

기업은 경제무역지대에 설립된 우리나라 은행이나 외국투자은행에 돈 자리를 두어야 한다.

우리나라 령역밖의 다른 나라 은행에 돈자리를 두려 할 경우에는 정해진데 따라 지대외화관리기관 또는 관리위원회의 승인을 받아야 한다.

제62조 (자금의 대부)

경제무역지대에서 기업은 우리나라 은행이나 외국의 금융기관으로부터 경제무역활동에 필요한 자금을 대부 받을 수 있다.

대부받은 조선원과 외화로 교환한 조선원은 중앙은행이 지정한 은행에 예금하고 써야 한다.

제63조 (보험기구의 설립과 보험가입)

경제무역지대에서 투자가는 보험회사를, 다른 나라의 보험회사는 지사, 사무소를 설립 운영할 수 있다. 경제무역지대에서 기업과 개인은 우리나라 령역안에 있는 보험회사의 보험에 들며 의무보험은 정해진 보험회사의 보험에 들어야 한다.

제64조 (유가증권의 거래)

외국인투자기업과 외국인은 규정에 따라 경제무역지대에서유가증권을 거래 할 수 있다.

## 제7장 장려 및 특혜

### 제65조 (소득의 송금, 투자재산의 반출)

경제무역지대에서는 합법적인 리윤과 리자, 리익배당금, 임대료, 봉사료, 재산판매수입금 같은 소득을 제한없이 우리나라 령역밖으로 송금할 수 있다.

투자가는 경제무역지대에 들여왔던 재산과 지대에서 합법적으로 취득한 재산을 제한없이 경제무역지대밖으로 내갈 수 있다.

### 제66조 (수출입의 장려)

경제무역지대의 기업 또는 다른 나라 개인업자는지대안이나 지대밖의 기업과 계약을 맺고 상품, 봉사, 기술거래를 할수 있으며 수출입대리업무도 할 수 있다.

### 제67조 (기업소득세률)

경제무역지대에서 기업소득세률은 결산리윤의 14%로 한다.

특별히 장려하는 부문의 기업소득세률은 결산리윤의 10%로 한다.

### 제68조 (기업소득세의 감면)

경제무역지대에서 10 년이상 운영하는 정해진 기업에 대하여서는 기업소득세를 면제하거나 감면하여준다. 기업소득세를 면제또는 감면하는 기간, 감세률과 감면기간의 계산시점은 해당 규정에서 정한다.

### 제69조 (토지리용과 관련한 특혜)

경제무역지대에서 기업용토지는 실지수요에 따라 먼저 제공되며 토지의 사용분야와 용도에 따라 임대기간, 임대료, 납부방법에서 서로 다른 특혜를 준다.

하부구조시설과 공공시설, 특별장려부문에 투자하는 기업에 대하여서는 토지위치의 선택에서 우선권을 주며 정해진 기간에 해당한 토지사용료를 면제하여줄 수 있다.

### 제70조 (개발기업에 대한 특혜)

개발기업은 관광업,호텔업 같은 대상의 경영권취득에서 우선권을 가진다.

개발기업의 재산과 하부구조시설, 공공시설운영에는 세금을 부과하지 않는다.

### 제71조 (재투자분에 해당한 소득세의 반환)

경제무역지대에서 리윤을 재투자하여 등록 자본을 늘이거나 새로운 기업을 창설하여 5 년이상 운영할 경우에는 재투자분에 해당한 기업소득세액의 50%를 돌려준다.

하부구조건설부문에 재투자할 경우에는 납부한 재투자분에 해당한 기업소득세액의 전부를 돌려준다.

### 제72조 (지적재산권의 보호)

경제무역지대에서 기업과 개인의 지적재산권은 법적보호를 받는다. 라선시인민위원회는 지적재산권의 등록, 리용, 보호와 관련한 사업체계를 세워야 한다.

### 제73조 (경영과 관련한 봉사)

경제무역지대에서는 규정에 따라 은행, 보험, 회계, 법률, 계량 같은 경영과 관련한 봉사를 할 수 있다.

제74조 (관광업)

경제무역지대에서는 바다기슭의 솔밭과 백사장, 섬 같은 독특한 자연풍치, 민속문화 같은 유리한 관광자원을 개발하여 국제관광을 널리 조직하도록 한다.

투자가는 규정에 따라 경제무역지대에서 관광업을 할 수 있다.

제75조 (편의보장)

경제무역지대에서는 우편, 전화, 팍스 같은 통신수단을 자유롭게 리용할 수 있다.

거주자, 체류자에게는 교육, 문화, 의료, 체육분야의 편리를 제공한다.

제76조 (물자의 자유로운 반출입)

경제무역지대에는 물자를 자유롭게 들여 올 수 있으며 그것을 보관, 가공, 조립, 선별, 포장하여 다른 나라로 내갈수 있다.

그러나 반출입을 금지하는 물자는 들여오거나 내갈수 없다.

제77조 (인원, 운수수단의 출입과 물자의 반출입조건보장)

통행검사, 세관, 검역기관과 해당 기관은 경제무역지대의 개발과 기업활동에 지장이 없도록 인원, 운수수단의 출입과 물자의 반출입을 신속하고 편리하게 보장하여야 한다.

제78조 (다른 나라 선박과 선원의 출입)

다른 나라 선박과 선원은 경제무역지대의 라진항, 선봉항, 웅상항에 국제적으로 통용되는 자유무역항출입질서에 따라 나 들수 있다.

제79조 (외국인의 출입, 체류, 거주)

외국인은 경제무역지대에 출입, 체류, 거주할 수 있으며 려권 또는 그것을 대신하는 출입증명서를 가지고 정해진 통로로 경제무역지대에 사증없이 나들수 있다.

우리나라의 다른 지역에서 경제무역지대에 출입하는 질서는 따로 정한다.

## 제8장 신소 및 분쟁해결

제80조 (신소와 그 처리)

경제무역지대에서 기업 또는 개인은 관리위원회, 라선시인민위원회, 중앙특수경제지대지도기관과 해당 기관에 신소할 수 있다.

신소를 받은 기관은 30일안에 료해처리하고 그 결과를 신소자에게 알려주어야 한다.

제81조 (조정에 의한 분쟁해결)

관리위원회 또는 해당 기관은 분쟁당사자들의 요구에 따라 분쟁을 조정할 수 있다. 이 경우 분쟁당사자들의 의사에 기초하여 조정안을 작성하여야 한다.

조정안은 분쟁당사자들이 수표하여야 효력을 가진다.

제82조 (중재에 의한 분쟁해결)

분쟁당사자들은 합의에 따라 경제무역지대에 설립된 우리나라 또는 다른나라 국제중재기관에 중재를 제기 할 수 있다. 중재는 해당 국제중재위원회의 중재규칙에 따른다.

제83조 (재판에 의한 분쟁해결)

분쟁당사자들은 경제무역지대의 관할재판소에 소송을 제기 할 수 있다.

경제무역지대에서의 행정소송절차는 따로 정한다.

## 부 칙

제1 조 (법의 시행일)

이 법은 공포한 날부터 시행한다.

제2 조 (법의 해석권)

이 법의 해석은 최고인민회의 상임위원회가 한다.

# 조선민주주의인민공화국 황금평,위화도 경제지대법

주체100(2011)년 12월 3일 최고인민회의 상임위원회 정령 제2006호로 채택

## 제1장 경제지대법의 기본

제1조 (경제지대법의 사명)

조선민주주의인민공화국 황금평, 위화도경제지대법은 경제지대의 개발과 관리에서 제도와 질서를 바로세워 대외경제협력과 교류를 확대발전시키는데 이바지한다.

제2조 (경제지대의 지위와 위치)

황금평, 위화도경제지대는 경제분야에서 특혜정책이 실시되는 조선민주주의인민공화국의 특수 경제지대이다.

황금평, 위화도경제지대에는 평안북도의 황금평지구와 위화도지구가 속한다.

제3조 (경제지대의 개발과 산업구성)

경제지대의 개발은 지구별, 단계별로 한다.

황금평지구는 정보산업, 경공업, 농업, 상업, 관광업을 기본으로 개발하며 위화도지구는 위화도개발계획에 따라 개발한다.

제4조 (투자당사자)

경제지대에는 세계 여러 나라의 법인이나 개인, 경제조직이 투자 할 수 있다.

우리나라 령역밖에 거주하고 있는 조선동포도 이 법에 따라 경제지대에 투자할 수 있다,

제5조 (경제활동조건의 보장)

투자가는 경제지대에서 회사, 지사, 사무소 같은 것을 설립하고 기업활동을 자유롭게 할 수 있다.

국가는 토지리용, 로력채용, 세금납부, 시장진출 같은 분야에서 투자가에게 특혜적인 경제활동조건을 보장하도록 한다.

제6조 (투자장려 및 금지, 제한부문)

국가는 경제지대에서 하부구조건설부문과 첨단과학기술부문, 국제시장에서 경쟁력이 높은 상품을 생산하는 부문의 투자를 특별히 장려한다. 나라의 안전과 주민들의 건강, 건전한 사회도덕생활, 환경보호에 저해를 주거나 경제기술적으로 뒤떨어진 대상의 투자와 영업활동은 금지 또는 제한한다.

제7조 (경제지대관리운영의 담당자, 관리위원회사업에 대한 관여금지 원칙)

경제지대의 관리운영은 중앙특수경제지대지도기관과 평안북도인민위원회의 지도와 방조밑에 관리위원회가 맡아한다.

이 법에서 규정한 경우를 제외하고 다른 기관은 관리위원회의 사업에 관여할 수 없다.

제8조 (투자가의 권리와 리익보호)

경제지대에서 투자가의 재산과 합법적인 소득, 그에게 부여된 권리는 법에 따라 보호된다.

국가는 투자가의 재산을 국유화하거나 거두어들이지 않는다. 사회공공의 리익과 관련하여 부득이하게 투자가의 재산을 거두어 들이거나일시 리용하려 할 경우에는 사전에 그에게 통지하고 해당한 법적절차를 거치며 차별없이 그 가치를 제때에 충분하고 효과있게 보상하여주도록 한다.

제9조 (신변안전과 인권의 보장, 비법구속과 체포금지)

경제지대에서 공민의 신변안전과 인권은 법에 따라 보호된다. 법에 근거하지 않고는 구속, 체포하지 않으며 거주장소를 수색하지 않는다. 신변안전 및 형사사건과 관련하여 우리나라와 해당 나라사이에 체결된 조약이 있을 경우에는 그에 따른다.

제10조(적용법규)

경제지대의 개발과 관리, 기업운영 같은 경제활동에는 이 법과 이법시행을 위한 규정, 세칙, 준칙을 적용한다.

경제지대의 법규가 우리나라와 다른 나라사이에 체결된 협정, 량해문, 합의서 같은 조약의 내용과 다를 경우에는 조약을 우선 적용하며 경제지대밖에 적용하는 법규의 내용과 다를 경우에는 경제지대법규를 우선 적용한다.

## 제2장 경제지대의 개발

제11조 (경제지대의 개발원칙)

경제지대의 개발원칙은 다음과 같다.

1. 경제지대와 그 주변 자연지리적조건과 자원, 생산요소의 비교우세보장
2. 토지, 자원의 절약과 합리적리용

3. 경제지대와 그 주변의 생태환경보호
4. 생산과 봉사의 국제경쟁력제고
5. 무역, 투자 같은 경제활동의 편의보장
6. 사회공공의 리익보장
7. 지속적이고 균형적인 경제발전의 보장

**제12조 (경제지대의 개발계획과 그 변경)**

경제지대의 개발은 승인된 개발계획에 따라 한다.

개발계획의 변경승인은 해당 개발계획을 승인한 기관이 한다.

**제13조 (경제지대의 개발방식)**

경제지대에서 황금평지구는 개발기업이 전체 면적의 토지를 임대받아 종합적으로 개발하고 경영하는 방식으로 개발한다.

위화도지구는 개발당사자들 사이에 합의한 방식으로 개발한다.

**제14조 (개발기업에 대한 승인)**

개발기업에 대한 승인은 중앙특수경제지대지도기관이 관리위원회를 통하여 개발기업에게 개발사업권승인증서를 발급하는 방법으로 한다.

개발기업의 위임, 개발사업권승인증서의 발급신청은 관리위원회가 한다.

**제15조 (토지임대차계약)**

개발사업권승인증서를 받은 개발기업은 국토관리기관과 토지임대차계약을 맺어야 한다.

토지임대차계약에서는 임대기간, 면적과 구획, 용도, 임대료의 지불기관과 지불방법, 그 밖의 필요한 사항을 정한다.

국토관리기관은 토지임대료를 지불한 개발기업에게 토지리용증을 발급하여준다.

**제16조 (토지임대기간)**

경제지대에서 토지임대기간은 해당 기업에게 토지리용증을 발급한 날부터 50년까지로 한다.

지대안의 기업은 토지임대기간이 끝난 다음 계약을 다시 맺고 임대 받은 토지를 계속 리용할 수 있다.

**제17조 (건물, 부착물의 철거와 이설)**

철거, 이설을 맡은 기관, 기업소는 개발공사에 지장이 없도록 개발지역안의 공공건물과 살림집, 부착물 같은 것을 철거, 이설하고 주민을 이주시켜야 한다.

**제18조 (개발공사의 착수시점)**

개발기업은 개발구역안의 건물과 부착물의 철거, 이설사업이 끝나는 차제로 개발공사에 착수하여야 한다.

**제19조 (하부구조시설 및 공공시설건설)**

경제지대의 하부구조 및 공공시설건설은 개발기업이 하며 그에 대한 특별허가경영권을 가진다.

개발기업은 하부구조 및 공공시설을 다른 기업을 인입하여 건설할 수 있다.

제20조 (토지리용권과 건물의 양도 및 임대가격)

개발기업은 개발계획과 하부구조건설이 진척되는데 따라 개발한 토지와 건물을 양도, 임대할 권리를 가진다. 이 경우 양도, 임대가격은 개발기업이 정한다.

제21조(토지리용권, 건물소유권의 변경과 그 등록)

경제지대에서 기업은 유효기간안에 토지리용권과 건물소유권을 매매, 교환, 증여, 상속의 방법으로 양도하거나 임대, 저당할 수 있다. 이 경우 토지리용권, 건물소유권의 변경등록을 하고 토지리용증 또는 건물소유권등록증을 다시 발급받아야 한다.

## 제3장 경제지대의 관리

제22조 (경제지대의 관리원칙)

경제지대의 관리원칙은 다음과 같다.

1. 법규의 엄격한 준수와 집행
2. 관리위원회와 기업의 독자성보장
3. 무역과 투자활동에 대한 특혜제공
4. 경제발전의 객관적법칙과 시장원리의 준수
5. 국제관례의 참고

제23조 (관리위원회의 설립, 지위)

견제지대의 관리운영을 위하여 지대에 관리위원회를 설립한다.

관리위원회는 경제지대의 개발과 관리운영을 맡아하는 현지관리기관 이다.

제24조 (관리위원회의 구성)

관리위원회는 위원장, 부위원장, 서기장과 필요한 성원들로 구성한다.

관리위원회에는 경제지대의 개발과 관리에 필요한 부서를 둔다.

제25조(관리위원회의 책임자)

관리위원회의 책임자는 위원장이다.

위원장은 관리위원회를 대표하며 관리위원회의 사업을 주관한다.

제26조 (관리위원회의 사엽내용)

관리위원회는 다음과 같은 사업을 한다.

1. 경제지대의 개발과 관리에 필요한 준칙 작성
2. 투자환경의 조성과 투자유치
3. 기업의 창설승인과 등록, 영업허가
4. 투자장려, 제한, 금지목록의 공포
5. 대상건설허가와 준공검사
6. 대상건설설계문건의 보관

7. 경제지대의 독자적인 재정관리체계수립
8. 토지리용권, 건물소유권의 등록
9. 위임받은 재산의 관리
10. 기업의 경영활동협조
11. 하부구조 및 공공시설의 건설, 경영에 대한 감독 및 협조
12. 경제지대의 환경보호와 소방대책
13. 인원, 운수수단의 출입과 물자의 반출입에 대한 협조
14. 관리위원회의 규약 작성
15. 이밖에 경제지대의 개발, 관리와 관련하여 중앙특수경제지대지도기관과 평안북도인민위원회가 위임하는 사업

제27조 (기업 책임자회의의 소집)

관리 위원회는 기업의 대표들이 참가하는 기업책임자회의를 소집할 수 있다.

기업책임자회의에서는 경제지대의 개발과 관리, 기업운영과 관련하여 제기되는 중요문제를 토의한다.

제28조 (예산의 편성과 집행)

관리위원회는 예산을 편성하고 집행한다. 이 경우 예산편성 및 집행정형과 관련한 문건을 중앙특수경제지대지도기관과 평안북도인민 위원회에 내야 한다.

제29조 (평안북도인민위원회의 사업내용)

평안북도인민위원회는 경제지대와 관련하여 다음과 같은 사업을 한다.

1. 경제지대법과 규정의 시행세칙작성
2. 경제지대개발과 관리, 기업운영에 필요한 로력보장
3. 이밖에 경제지대의 개발, 관리와 관련하여 중앙특수경제지대지도 기관이 위임한 사업

제30조 (중앙특수경제지대지도기관의 사업내용)

중앙특수경제지대지도기관은 다음과 같은 사업을 한다.

1. 경제지대의 발전전략작성
2. 경제지대의 개발, 건설과 관련한 국내기관들과의 사업련계
3. 다른 나라 정부들과의 협조 및 련계
4. 기업창설심의 기준의 승인
5. 경제지대에 투자할 국내기업의 선정
6. 경제지대생산품의 지대밖 국내판매협조

제31조 (사업계회과 통계자료의 제출)

관리위원회는 해마다 사업계획과 경제지대의 통계자료를 중앙특수 경제지대지도기관과 평안북도인민위원회에 내야 한다.

## 제4장 기업의 창설 및 등록, 운영

### 제32조 (기억의 창설신청)

경제지대에 기업을 창설하려는 투자가는 관리위원회에 기업창설신청문건을 내야 한다.

관리위원회는 기업창설신청문건을 받은 날부터 10일안으로 승인하거나 부결하고 그 결과를 신청자에게 알려주어야 한다.

### 제33조 (기업의 등록, 법인자격)

기업창설승인을 받은 기업은 정해진 기일안에 기업등록, 세관등록, 세무등록을 하여야 한다.

관리위원회에 등록된 기업은 우리나라 법인으로 된다.

### 제34조 (기업의 권리)

경제지대에서 기업은 규약에 따라 경영 및 관리질서와 생산계획, 판매계획, 재정계획을 세울 권리, 로력채용, 로임기준과 지불형식, 생산물의 가격, 리윤의 분배방안을 독자적으로 결정할 권리를 가진다. 기업의 경영활동에 대한 비버적인 간섭은 할 수 없으며 법규에 정해지지 않은 비용을 징수하거나 의무를 지울 수 없다.

### 제35조 (기업의 업종과 그 변경승인)

기업은 승인받은 업종범위안에서 경영활동을 하여야 한다. 업종을 늘이거나 변경하려 할 경우에는 관리위원회의 승인을 받아야 한다.

### 제36조 (로력의 채용)

기업은 우리나라의 로력을 우선적으로 채용하여야 한다. 필요에 따라 다른 나라 로력을 채용하려 할 경우에는 관리위원회에 통지하여야 한다.

### 제37조 (워로임최저기준)

경제지대의 기업에서일하는 종업원의월로임최저기준은 평안북도 인민위원회가 관리위원회와 협의하여 정한다.

### 제38조 (지대밖의 우리나라 기업과의 거래)

기업은 계약을 맺고 경제지대밖의 우리나라 령역에서 경영활동에 필요한 원료, 자재, 물자를 구입하거나 생산한 제품을 판매할 수 있다. 우리나라 기관, 기업소, 단체에 원료, 자재, 부분품의 가공을 위탁할수도 있다.

### 제39조 (상품, 봉사의 가격)

경제지대에서 기업들사이에 거래되는 상품과 봉사가격, 경제지대안의 기업과 지대밖의 우리나라 기관, 기업소, 단체사이에 거래되는 상품의 가격은 국제시장가격에 준하여 당사자들이 현의하여 정한다.

식량, 기초식품 같은 중요 대중필수품의 가격과 공공봉사료금은 평안북도인민위원회가 정한다. 이 경우 기업에 생긴 손해에 대한 재정적보상을 한다.

### 제40조 (기업의 돈자리)

기업은 경제지대에 설립된 우리나라 은행이나 외국투자은행에 돈자리를 두어야 한다.

우리나라 령역밖의 다른 나라 은행에 돈자리를 두려 할 경우에는 관리위원회의 승인을 받아야 한다.

경제지대에 은행 또는 은행지점을 설립하는 절차는 규정으로 정한다.

### 제41조 (보험가입과 보험기구의 설립)

경제지대에서 기업과 개인은 우리나라 령역안에 있는 보험회사의 보험에 들며 의무보험은 정해진 보험회사의 보험에 들어야 한다. 경제지대에서 투자가는 보험회사를, 다른 나라의 보험회사는 지사, 사무소를 설립운영할 수 있다.

### 제42조 (기업의 회계)

경제지대에서는 기업의 회계계산과 결산을 국제적으로 통용되는 회계기준을 적용하여 하도록 한다.

### 제43조 (기업의 세금납부의무와 기업소득세률)

경제지대에서 기업은 정해진 세금을 납부하여야 한다. 기업소득세률은 결산리윤의 14%로, 특별히 장려하는 부분의 기업소득 세률은 결산리윤의 10%로 한다.

### 제44조 (지사, 사무소의 설치 및 등록)

경제지대에 지사, 사무소 같은 것을 설치하려 할 경우에는 관리위원회의 승인을 받고 등록을 하여야 한다. 지사, 사무소는 관리위원회에 등록한 날부터 정해진 기일안에 세무등록, 세관등록을 하여야 한다.

## 제5장 경제활동조건의 보장

### 제45조 (심의, 승인절차의 간소화)

경제지대에서는 통일적이며 집중적인 처리방법으로 경제활동과 관련한 각종 심의, 승인절차를 간소화하도록 한다.

### 제46조 (류통화폐와 결제화폐)

경제지대에서는 정해진 화폐를 류통시킨다.

류통화폐와 결제화폐는 조선원 또는 정해진 화폐로 한다.

경제지대에서 외화교환, 환률과 관련한 절차는 규정으로 정한다.

### 제47조 (외화, 리윤, 재산의 반출입)

경제지대에서는 외화를 자유롭게 반출입할수 있으며 합법적인 리윤과 기타 소득을 제한없이 경제지대밖으로 송금할 수 있다.

투자가는 경제지대에 들여왔던 재산과 지대에서 합법적으로 취득한 재산을 제한없이 경제지대밖으로 내갈수 있다.

### 제48조 (지적재산권의 보호)

경제지대에서 지적재산권은 법적보호를 받는다.

관리위원회는 경제지대에서 지적재산권의 등록, 리용, 보호와 관련한 사업체계를 세워야 한다.

**第49条 (원산지관리)**

경제지대에서 원산지관리사업은 원산지관리기관이 한다.

원산지관리기관은 상품의 원산지관리사업을 경제지대법규와 국제관례에 맞게 하여야 한다.

**第50条 (특별허가경영권)**

경제지대에서는 하부구조시설과 공공시설에 대하여 특별허가대상으로 경영하게 할 수 있다,

특별허가경영권을 가진 기업이 그것을 다른 기업에게 양도하거나 나누어주려 할 경우에는 계약을 맺고 관리위원회의 승인을 받아야 한다.

**第51条 (경제지대상품의 구입)**

경제지대밖의 우리나라기관, 기업소, 단체는 계약을 맺고 경제지대의 기업이 생산하였거나 판매하는 상품을 구입할 수 있다.

**第52条 (계약의 중시와 리행)**

기업은 계약을 중시하고 신용을 지키며 계약을 성실하게 리행하여야 한다.

당사자들은 계약의 체결과 리행에서 평등한호혜의 원칙을 준수하여야 한다.

**第53条 (경영과 관련한 봉사)**

경제지대에서는 규정에 따라 은행, 보험, 회계, 법률, 계량 같은 경영과 관련한 봉사를 할 수 있다,

**第54条 (광고사업과 야외광고물의 설치승인)**

경제지대에서는 규정에 따라 광고업과 광고를 할 수 있다. 야외에 광고물을 설치하려 할 경우에는 관리위원회의 승인을 받는다.

**第55条 (건설기준과 기술규범)**

경제기대에서의 건설설계와 시공에는 선진적인 다른 나라의 설계기준, 시공기술기준, 기술규범을 적용할 수 있다.

**第56条(관광업)**

경제지대에서는 자연풍치, 민속문화 같은 관광자원을 개발하여 국제관광을 발전시키도록 한다.

투자가는 규정에 따라 경제지대에서 관광업을 할 수 있다.

**第57条 (통신수단의 리용)**

경제지대에서는 우편, 전화, 팍스 같은 통신수단을 자유롭게 리용할 수 있다.

**第58条 (인원, 운수수단의 출입과 물자의 반출입조건보장)**

통행검사, 세관, 검역기관과 해당 기관은 경제지대의 개발, 기업활동에 지장이 없도록 인원, 운수수단의 출입과 물자의 반출입을 신속하고 편리하게 보장하여야 한다.

**第59条 (유가증권거래)**

외국인투자기업과 외국인은 규정에 따라 경제지대에서 유가증권을 거래할 수 있다.

## 제6장 장려 및 특혜

제60조 (투자방식)

투자가는 경제지대에 직접투자나 간접투자 같은 여러 가지 방식으로 투자할 수 있다.

제61조 (수출입의 장려)

기업은 경제지대안이나 지대밖의 기업과 계약을 맺고 상품거래, 기술무역, 봉사무역을 할수 있으며 수출입대리업무도 할 수 있다.

제62조 (기업소득세의 감면)

경제지대에서 10년이상 운영하는 정해진 기업에 대하여서는 기업소득세를 면제하거나 감면하여 준다.

기업소득세를 면제또는 감면하는 기간, 감세률과 감면기간의 계산시점은 해당 규정에서 정한다.

제63조 (토지리용과 관련한 특혜)

경제지대에서 기업용토지는 실지수요에 따라 먼저 제공되며 토지의 사용분야와 용도에 따라 임대기간, 임대료, 납부방법에서 서로 다른 특혜를 준다.

하부구조시설과 공공시설, 특별장려부문에 투자하는 기업에 대하여서는 토지위치의 선택에서 우선권을 주며 정해진 기간에 해당한 토지사용료를 면제하여줄수 있다.

제64조 (재투자분에 해당한 소득세반환)

경제지대에서 리윤을 재투자하여 등록자본을 늘이거나 새로운 기업을 창설하여 5년이상 운영할 경우에는 재투자분에 해당한 기업소득세액의 50%를 돌려준다.

하부구조건설부문에 재투자할 경우에는 납부한 재투자분에 해당한 기업소득세액의 전부를 돌려준다.

제65조 (개발기업에 대한 특혜)

개발기업은 관광업,호텔업 같은 대상의 경영권취득에서 우선권을 가진다.

개발기업의 재산과 하부구조시설, 공공시설운영에는 세금을 부과하지 않는다.

제66조 (특별허가대상경영자에 대한 특혜)

관리위원회는 특별허가대상의 경영자에게 특혜를 주어 그가 합리적인 리윤을 얻도록 한다.

제67조 (경제지대의 출입)

경제지대로 출입하는 외국인과 운수수단은 려권 또는 그를 대신하는 출입증명서를 가지고 지정된 통로로 사증없이 출입할 수 있다.

우리나라의 다른 지역에서 경제지대로 출입하는 질서, 경제지대에서 우리나라의 다른 지역으로 출입하는 질서는 따로 정한다.

제68조 (특혜관세제도와 관세면제)

경제지대에서는 특혜관세제도를 실시한다.가공무역, 중계무역, 보상무역을 목적으로 경제지대에 들여오는 물자, 기업의 생산과 경영에 필요한 물자와 생산한 수출상품, 투자가에게 필요한 사무용품과 생활용품, 경제지대건설에 필요한 물자, 그밖에 정해진 물자에는 관세를 부과하지 않는다.

제69조 (물자의 반출입신고제)

경제지대에서 물자의 반출입은 신고제로 한다.

물자를 반출입하려는 기업 또는 개인은 반출입신고서를 정확히 작성하여 반출입지점의 세관에 내야 한다.

제70조 (교육, 문화, 의료, 체육 등의 편리 제공)

경제지대에서는 거주자, 체류자에게 교육, 문화, 의료, 체육 같은 분야의 편리를 보장한다.

## 제7장 신소 및 분쟁해결

제71조(신소와 그 처리)

기업 또는 개인은 관리위원회, 평안북도인민위원회, 중앙특수경제지대지도기관과 해당 기관에 신소할 수 있다.

신소를 받은 기관은 30일안에 료해처리하고 그 결과를 신소자에게 알려주어야 한다.

제72조 (조정에 의한 분쟁해결)

관리위원회 또는 해당 기관은 분쟁당사자들의 요구에 따라 분쟁을 조정할 수 있다. 이 경우 분쟁당사자들의 의사에 기초하여 조정안을 작성하여야 한다. 조정안은 분쟁당사자들이 수표하여야 효력을 가진다.

제73조(중재에 의한 분쟁해결)

분쟁당사자들은 합의에 따라 경제지대에 설립된 우리나라 또는 다른 나라 국제중애기관에 중재를 제기할 수 있다.

중재는 해당 국제중재위원회의 중재규칙에 따른다.

제74조 (재판에 의한 분쟁해결)

분쟁당사자들은 경제지대의 관할재판소 또는 경제지대에 설치된 재판소에 소송을 제기할 수 있다.

경제지대에서의 행정소송절차는 따로 정한다.

## 부 칙

제1조(법의 시행일)

이 법은 공포한 날부터 시행한다.

제2조(법의 해석권)

이 법의 해석은 최고인민회의 상임위원회가 한다.

# 외국투자법률사무소 설립운영규정

주체93(2004)년 11월 17일 최고인민회의 상임위원회 정령 제751호로 채택
주체94(2005)년 8월 30일 최고인민회의 상임위원회 정령 제1271호로 수정보충

## 제1장 일반규정

### 제1조(사명)

이 규정은 외국투자법률사무소의 설립과 운영에서 제도와 질서를 엄격히 세워 법률봉사를 원만히 보장하는데 이바지한다.

### 제2조(법률사무소의 설립형식)

외국변호사조직은 개별적 공민과 투자기업에 대한 법률적방조를 위하여 공화국에 지사의 형식으로 법률사무소를 내오고 법률봉사를 할 수 있다.

### 제3조(법규준수의무)

법률사무소는 법률봉사를 공화국의 법규에 엄격히 준하여 한다.

국가의 안전과 사회공공질서, 미풍량속에 저해를 주는 법률봉사를 할수 없다.

### 제4조(법적보호)

법률사무소의 합법적재산은 국유화하거나 몰수하지 않는다.

### 제5조(운영기간)

법률사무소의 운영기간은 5년으로 한다.

외국변호사조직의 요구에 따라 법률사무소의 운영기간을 연장할 수 있다.

### 제6조(허가 및 감독통제기관)

법률사무소의 설립운영에 대한 허가와 감독통제는 최고인민회의 상임위원회가 한다.

### 제7조(적용제한)

이 규정은 특수경제지대에서 법률사무소의 설립운영에는 적용하지 않는다.

## 제2장 법률사무소의 설립

### 제8조(법률사무소를 내오려는 외국변호사조직의 자격)

법률사무소를 내오려는 외국변호사조직이 갖추어야 할 조건은 다음과 같다.

1. 해당 나라에서 합법적으로 법률봉사를 하여야 한다.
2. 법률봉사에서 권위가 있어야 한다.
3. 공화국에 법률봉사대상이 있어야 한다.
4. 공화국에 대하여 우호적이여야 한다.

5. 공화국의 법규에 따라 자기의 의무리행을 담보하여야 한다.

6. 법률사무소를 설립운영할수 있는 물질적토대가 있어야 한다.

**제9조(파견되는 변호사의 자격)**

외국변호사조직은 설립된 법률사무소에 변호사를 파견할 수 있다. 이 경우 변호사는 해당 나라에서 발급한 변호사협회 회원증과 3년이상의 변호사활동경력을 가져야 한다.

형사처벌을 받았던자, 공화국에 대하여 비우호적인 감정을 가진자는 변호사로 파견할수 없다.

**제10조(설립운영신청서제출)**

공화국에 법률사무소를 내오려는 외국변호사조직은 법률사무소설립운영신청서를 최고인민회의 상임위원회에 내야 한다.

외국변호사조직은 설립운영신청서를 련계가 있는 공화국의 해당 중앙기관이나 도(직할시)인민위원회를 통하여 낼수도 있다.

**제11조(신청서의 기재사항)**

법률사무소설립운영신청서에는 외국변호사조직의 명칭, 국적, 소재지, 설립운영하려는 법률사무소의 명칭, 소재지, 책임자의 이름을 밝히며 외국변호사조직의 책임자가 수표한다.

**제12조(신청서에 첨부할 문건)**

법률사무소설립운영신청서에 첨부할 문건은 다음과 같다.

1. 외국변호사조직의 규약
2. 외국변호사조직의 합법적인 설립과 운영을 증명하는 문서의 사본
3. 외국변호사조직에 대한 소개서
4. 외국변호사조직의 최근 2년간 재정상태표
5. 법률사무소에서 사업할 변호사명단, 리력서와 변호사협회회원증의 사본
6. 해당 계약서의 사본
7. 법률사무소의 운영계획
8. 련계를 가지고있는 공화국 해당 기관의 이름

**제13조(신청서의 작성언어 및 공증)**

법률사무소설립운영신청서의 작성은 조선어로 한다.

설립운영신청서를 다른 나라에서 외국어로 작성하였을 경우에는 조선어로 번역하고 공화국 외교 또는 령사대표기관의 공증을 받는다. 그러나 신청서에 첨부할 문건은 해당 나라 공증기관의 공증을 받는다.

**제14조(설립신청의 검토절차, 설립일)**

법률사무소설립운영신청서의 심의는 그것을 접수한 날부터 60일안에 한다.

설립을 승인하였을 경우에는 설립운영허가증을 발급하며 부결하였을 경우에는 리유를 밝힌 통지서를 보낸다.

설립운영승인을 받은 날을 법률사무소의 설립일로 한다.

제15조(주소등록, 세무등록)

설립운영허가증을 받은 법률사무소는 60일안으로 운영준비를 하고 소재지의 도(직할시)인민위원회에 주소등록을, 그날부터 20일안에 소재지의 세무기관에 세무등록을 하여야 한다.

제16조(명칭, 소재지의 변경)

명칭 또는 소재지를 변경하려는 법률사무소는 해당 신청서를 내고 최고인민회의 상임위원회의 승인을 받아야 한다.

승인받았을 경우에는 30일안에 신청서를 내고 주소등록, 세무등록의 변경수속을 하여야 한다.

사무소성원을 바꾸려 할 경우에도 승인을 받아야 한다.

제17조(수수료 납부)

법률사무소는 설립운영허가를 받거나 주소등록, 세무등록, 변경등록, 운영기간연장등록을 할 경우 해당한 료금을 내야 한다.

료금을 정하는 사업은 해당 중앙기관이 한다.

## 제3장 법률사무소의 운영

제18조(활동원칙)

주소등록을 한 날부터 법률사무소를 운영할 수 있다.

법률사무소는 법률봉사를 성실하고 공정하게 하여야 한다.

제19조(봉사범위)

법률사무소의 봉사범위는 다음과 같다.

1. 외국변호사조직이 속한 나라의 법규 또는 그와 관련한 국제협약, 국제관례에 대한 자문봉사
2. 당사자의 위탁에 의하여 외국변호사조직이 속한 나라 또는 공화국에서의 법률사무접수
3. 외국당사자를 대표하여 공화국의 법률사무소에 법률사무위탁
4. 공화국의 법률사무소 또는 해당 기관과 법률사무처리를 위한 계약의 체결 및 리행
5. 공화국의 법률환경과 관련한 정보의 제공
6. 계약에 따르는 법률봉사

제20조(금지행위)

법률사무소는 다음의 행위를 할수 없다.

1. 허위증거를 제공하거나 진실을 가리우는 행위
2. 위협 또는 유혹으로 허위증거를 제공하게 하거나 진실을 가리우게 하는 행위
3. 당사자의 합법적인 증거수집을 방해하는 행위
4. 뢰물을 주거나 받는 행위
5. 당사자의 영업비밀 또는 개인의 비밀을 루설하는 행위

제21조(공화국공민의 채용)

법률사무소는 공화국공민을 성원 또는 보조성원으로 채용할 수 있다.

제22조(겸직금지)

법률사무소의 성원은 다른 사무소의 성원 또는 대표의 직무를 겸임할수 없다.

제23조(봉사료)

법률사무소는 이 규정에 따르는 법률봉사비용을 공화국령역에서 받아야 한다.

비용은 봉사의 복잡성과 소요시간 기타 조건에 따라 당사자와 합의하여 정한다.

제24조(회계문건작성, 은행돈자리개설)

법률사무소는 공화국의 회계법규에 따라 회계문건을 작성하여야 한다.

돈자리는 공화국의 은행 또는 공화국에 설립된 외국투자은행에 개설하여야 한다.

제25조(수입의 송금)

법률사무소 또는 외국변호사는 합법적으로 얻은 수입을 자기 나라 또는 제3국으로 송금할 수 있다.

제26조(경영물자의 반입)

법률사무소는 세관법규에 따라 설립운영에 필요한 물자를 들여올수 있다.

제27조(세금납부의무)

법률사무소와 외국변호사는 정해진데 따라 세금을 납부하여야 한다.

세금의 납부는 해당 소재지의 세무기관에 한다.

제28조(운영기간의 연장조건)

법률사무소는 운영기간을 연장할 수 있다. 이 경우 운영기간이 끝나기 60일전에 최고인민회의 상임위원회에 운영기간연장신청서를 내고 승인을 받아야 한다.

제29조(연장신청의 승인, 부결)

법률사무소의 운영기간연장신청서는 접수한 날부터 30일안에 검토하고 승인하거나 부결한다.

운영기간연장승인을 받은 법률사무소는 해당 기관에 기간연장등록을 하여야 한다.

제30조(민사책임)

법률사무소는 공화국에서 한 법률봉사에 대하여 민사책임을 진다.

제31조(사업보고)

법률사무소는 설립운영승인기관, 등록기관이 요구하는 자료를 제때에 내며 자기의 활동에 대하여 6개월에 1차씩 최고인민회의 상임위원회에 보고하여야 한다.

제32조(운영종결)

법률사무소의 운영을 끝마치는 경우는 다음과 같다.

1. 운영기간이 끝났을 경우
2. 자체로 운영을 중지하였을 경우
3. 운영기간연장신청이 부결되였을 경우

4. 설립운영허가증을 회수당하였을 경우
5. 외국변호사조직이 운영을 중지당하였을 경우

제33조(등록취소)

법률사무소는 운영을 끝마친 날부터 90일안으로 채권채무를 청산하고 주소등록, 세무등록, 은행돈자리를 취소하여야 한다.

자체로 운영을 중지하려 할 경우에는 60일전에 법률사무소의 설립운영을 허가한 기관에 통보하여야 한다.

## 제4장 제재 및 분쟁해결

제34조(벌금의 부과)

법률사무소에 벌금을 물리는 경우는 다음과 같다.

1. 설립운영허가증을 위조하였거나 고쳤을 경우
2. 승인없이 소재지를 옮겼을 경우
3. 승인없이 명칭을 고쳤거나 성원을 바꾸었을 경우
4. 승인없이 다른 나라의 변호사를 채용하였을 경우
5. 이 규정에 어긋나게 은행돈자리를 개설하였거나 리용하였을 경우
6. 운영허가기간이 끝난 다음 법률봉사를 하였을 경우
7. 설립운영허가증을 회수당한 다음 법률봉사를 하였을 경우
8. 회계문건을 법규대로 작성하지 않았을 경우
9. 승인받은 사항에 어긋나게 법률봉사를 하였을 경우
10. 사업보고를 제때에 하지 않았을 경우

제35조(설립운영허가증의 회수)

법률사무소의 설립운영허가증을 회수하는 경우는 다음과 같다.

1. 법률사무소 또는 그 성원이 형사책임을 추궁받을 정도로 위법행위를 하였을 경우
2. 이 규정 제19조, 제20조를 어겼을 경우
3. 법률봉사비용을 공화국령역밖에서 받았을 경우
4. 법률사무소 성원이 허위증거를 제공하였거나 당사자를 위협, 유혹하였을 경우

제36조(몰수)

승인없이 법률사무소를 설립운영하였거나 법률봉사를 하였을 경우에는 해당 재산 또는 수입을 몰수한다.

제37조(형사책임)

이 규정을 어겨 엄중한 결과를 일으킨자에게는 형사책임을 지울수 있다.

제38조(분쟁해결)

법률사무소의 설립운영과 관련한 의견상이는 협의의 방법으로 해결한다.

협의의 방법으로 해결할수 없을 경우에는 공화국의 중재 또는 재판절차로 해결한다.

# 외국인투자기업 명칭제정규정

주체88(1999)년 3월 13일 내각결정 제21호로 채택

제1조 이 규정은 공화국령역안에 창설되는 외국인투자기업의 명칭제정질서를 세우기 위하여 제정한다.

제2조 외국인투자기업의 명칭에는 공화국령역안에 창설되는 합영기업, 합작기업, 외국인기업의 명칭이 포함된다.

외국기업의 상주대표사무소(이 아래부터는 상주대표사무소라 한다.)의 명칭도 이 규정에 따라 제정할 수 있다.

제3조 외국인투자기업의 명칭제정승인사업은 기업창설심사승인기관(이 아래부터는 심사승인 기관이라 한다.)이 한다.

제4조 국인투자기업은 하나의 명칭만을 가질수 있다.

하나의 외국인투자기업이 두가지이상의 서로 다른 경영활동을 하는 경우에는 심사승인기관의 승인을 받아 두개의 명칭을 가질수 있으나 두개의 기업으로는 되지 않는다.

제5조 외국인투자기업의 명칭에는 다음과 같은 내용이 포함되여야 한다.

1. 투자가의 이름이나 지명 같은것으로 된 상호
2. 기업의 중심내용
3. 기업의 형태
4. 채무에 대한 기업의 책임한계

제6조 상주대표사무소의 명칭은 상주대표사무소를 설치하는 기업의 명칭을 앞에 붙이고 그뒤에 자기 상호를 붙여 정한다.

제7조 외국인투자기업의 명칭은 조선어로 표기하여야 한다.

외국인투자기업의 명칭을 외국어로 표기하는 경우에는 조선어로 된 명칭과 같아야 한다.

제8조 외국인투자기업은 다음과 같은 명칭을 가질수 없다.

1. 국가 및 사회의 건전한 생활기풍을 흐리게 할수 있는 명칭
2. 다른 기업의 명칭과 중복되거나 혼돈될수 있는 명칭

3. 수자로 된 명칭
4. 대중을 기만하거나 대중에게 리해를 잘못 줄수 있는 명칭
5. 다른 나라 이름이나 다른 나라 지역의 이름으로 된 명칭
6. 정치 및 군사기관이나 국제기구의 이름으로 된 명칭
7. 취소등록을 한지 1년이 못되는 기업의 명칭

제9조 외국인투자기업의 명칭은 기업을 등록한 날부터 법적효력을 가지며 공화국령역안에서 전용권을 가진다.

제10조 외국인투자기업의 공문, 도장, 은행돈자리, 간판, 우편물 같은데 사용하는 명칭은 등록된 명칭과 같아야 한다.

상점, 식당과 같은 봉사기관의 간판에는 명칭을 간략할 수 있다.

이 경우 심사승인기관의 승인을 받아야 한다.

제11조 외국인투자기업의 명칭을 변경하려고 할 경우에는 심사 승인기관의 승인을 받아야 한다.

외국인투자기업의 명칭은 특별한 경우를 제외하고 등록한 날부터 1년안에는 변경시킬수 없다.

제12조 외국인투자기업은 기업의 명칭을 기업의 재산과 함께 다른 기업에 양도할 수 있다.

이 경우 심사승인기관의 승인을 받아야 한다.

기업의 명칭은 하나의 기업에만 양도할수 있으며 기업의 명칭을 양도한 외국인 투자기업은 양도한 명칭을 쓸수 없다.

제13조 외국인투자기업은 기업명칭과 관련한 전용권을 침해당하였을 경우 심사승인기관에 침해행위에 대한 회복대책을 세워줄것을 요구할 수 있다.

제14조 이 규정을 어겼을 경우에는 정도에 따라 비법소득의 몰수, 벌금의 적용, 영업중지, 기업등록증회수와 같은 행정적제재를 주며 어긴 행위가 엄중할 경우에는 형사적책임을 진다.

제15조 외국인투자기업의 명칭제정과 관련하여 의견이 있을 경우에는 신소와 청원을 할 수 있다.

신소와 청원은 접수한 날부터 30일안으로 처리하여야 한다.

# 외국인투자기업 회계검증규정

주체93(2004)년 11월 29일 내각결정 제49호로 채택

## 제1장 일반규정

제1조 이 규정은 외국투자기업의 회계검증을 객관적으로 공정하게 하며 회계검증의 제도와 질서를

세우고 회계검증의 결과를 법적으로 담보하기 위하여 제정한다.

제2조 회계검증은 외국투자기업과 관련한 회계의 정확성을 객관적으로 증명하고 확정하는 사업이다.

제3조 외국투자기업의 회계검증(이 아래부터는 회계검증이라 한다.)은 객관성, 공정성, 적법성, 독자성, 비밀담보의 원칙에서 하여야 한다.

제4조 공화국령역안에 있는 외국투자기업(이 아래부터는 기업이라 한다.)은 출자, 계산, 결산, 청산과 관련한 회계검증을 받아야 한다.

기업에는 공화국의 법인으로 된 외국인투자기업과 공화국의 법인이 아닌 외국기업이 포함된다.

제5조 회계검증사업은 공화국의 회계검증사무소(이 아래부터는 회계검증기관이라 한다.)가 한다.

제6조 회계검증과 관련한 합법적인 활동은 국가의 법적인 보호를 받는다.

제7조 회계검증사업의 통일적인 장악과 지도는 중앙재정지도기관이 한다.

제8조 회계검증기관과 기업, 개별적인 당사자는 이 규정을 자각적으로 지켜야 한다.

### 제2장 회계검증의 대상, 절차와 방법

제9조 회계검증대상에는 기업의 투자검증, 계산검증, 결산검증, 청산검증 이밖의 회계검증이 포함된다.

기업의 투자, 계산, 결산, 청산과 관련하여 제기되는 문제를 의논하는 상담봉사와 그것을 밝히고 의견을 주는 검사도 회계검증에 속한다.

제10조 기업의 출자증서, 계산문건, 결산문건, 청산보고문건과 같은 회계문건은 회계검증기관의 검증을 받아야 법적효력을 가진다.

제11조 기업의 투자검증은 창설투자, 변경투자(통합, 분리, 자본의 증가), 양도(판매, 증여), 소득원천이 있는 기업의 예금, 채권, 고정재산임대, 기술비결의 제공과 같은 대상에 대하여 한다.

기업의 투자검증을 받지 않았을 경우에는 출자증서의 발급, 리윤분배, 투자상환, 청산한 재산을 분배할수 없다.

제12조 기업의 계산검증은 회계의 기록, 계산자료에 대하여 한다.

기업의 계산검증을 받지 않았을 경우에는 결산문건을 작성할수 없다.

제13조 기업의 결산검증은 경영활동결과와 관련한 분기, 년간결산문건에 대하여야 한다.

기업의 분기결산검증은 다음분기 첫달 13일까지, 년간결산검증은 다음해 2월안으로 받아야 한다.

제14조 기업의 청산검증은 기업의 해산 또는 파산, 통합, 분리와 관련한 청산문건에 대하여 한다.

제15조 기업운영과 관련하여 얻은 리윤과 기타 소득, 기업을 청산하고 분배받은 자금의 송금문건, 고정재산의 페기, 양도와 관련한 문건에 대하여서도 회계검증을 한다.

제16조 기업의 상담봉사는 회계와 관련한 법규범, 기업의 규약, 계약, 회계문건의 작성, 세금의 계산, 납부, 회계대리업무, 회계고문, 회계일군의 양성과 관련하여 제기되는 대상에 대하여 한다.

제17조 기업의 검사는 회계와 관련하여 조사를 의뢰하는 대상에 대하여 한다.

제18조 회계검증을 받으려고 할 경우에는 회계검증기관에 회계검증의뢰문건을 내야 한다.

회계검증의뢰문건에는 기업명, 회계검증의 대상, 날자, 경영방법과 업종, 경영기간과 같은 내용을 밝혀야 한다.

제19조 회계검증기관은 회계검증의뢰문건을 접수한 날부터 정해진 기일안으로 검토한 다음 해당한 회계검증원을 지적하여야 한다.

제20조 기업은 회계검증과 관련한 조건을 보장해주어야 한다.

제21조 기업은 회계검증을 받을 경우 정해진 료금을 물어야 한다.

회계검증과 관련한 료금은 국가가격제정기관이 정한다.

## 제3장 회계검증원의 자격과 의무

제22조 회계검증은 회계검증원자격을 받은 회계검증원이 한다.

제23조 회계검증원은 공화국공민만이 될수 있다.

제24조 회계검증원의 자격은 회계검증원자격시험에 합격되여야 받을수 있다.

회계검증원의 자격시험은 비상설중앙회계검증원자격심의위원회가 해마다 조직한다.

제25조 회계검증원에게는 회계검증원자격증을 준다. 회계검증원자격증의 유효기간은 3년이다.

회계검증원자격증의 유효기간이 지났을 경우에는 기간연장을 받아야 한다.

제26조 회계검증원은 다음과 같은 임무를 수행한다.

1. 기업의 투자검증, 계산검증, 결산검증을 한다.
2. 기업의 해산, 파산과 관련한 청산사업에 참가하며 청산검증을 한다.
3. 기업의 경영과 관련한 분쟁의 조정, 증거의 감정, 회계감시에 참가한다.
4. 회계와 관련한 법규범, 기업의 규약, 계약, 경영과 관련한 상담에 참가하며 회계고문으로 활동한다.
5. 회계일군의 양성과 관련한 상담에 참가한다.
6. 이밖의 회계검증과 관련한 사업에 참가한다.

제27조 회계검증원은 회계검증사업을 법규범의 요구에 맞게 하여야 하며 객관성, 공정성을 보장하고 회계검증과정에 제기된 비밀을 엄격히 지켜야 한다.

제28조 회계검증원은 회계검증과 관련하여 현지를 확인하거나 계산자료를 요구할 수 있다.

제29조 회계검증원은 회계검증과 관련한 보고문건을 작성하여야 한다.

회계검증보고문건에는 회계검증의 대상과 범위, 회계검증과 관련한 의견, 보고날자, 회계검증원명 같은 것을 밝히고 해당한 회계검증문건과 자료를 첨부한 다음 회계검증기관의 도장을 찍어야 한다.

제30조 회계검증원은 회계검증결과에 대하여 법앞에 책임진다.

## 제4장 회계검증기관의 조직과 운영

제31조 회계검증기관은 회계검증원들로 조직한다.

제32조 회계검증기관은 기업이 있는 시, 군별로 조직하거나 지구별로 조직할 수 있다.

제33조 회계검증기관을 조직하려고 할 경우에는 해당 기관에 신청문건을 내여 승인을 받아야 한다.

회계검증기관의 조직승인신청문건에는 회계검증기관명, 소재지, 정원수와 같은 내용을 밝혀야 한다.

제34조 회계검증기관의 조직승인을 받았을 경우에는 승인받은 날부터 정해진 기간안으로 해당 기관에 기관등록을 하여야 한다.

회계검증기관명, 소재지, 정원수를 변경하였을 경우에는 변경등록을 하여야 한다.

제35조 회계검증과 관련하여 받은 검증료금의 일정한 몫은 회계검증기관의 경비예산으로 쓸수 있다.

제36조 회계검증기관은 자체수입금으로 지출을 보상하고 정해진 몫의 국가납부금을 바친 다음 기금을 적립하여야 한다.

제37조 회계검증기관은 회계검증과 관련한 분기, 년간결산을 하여야 한다.

분기결산문건은 다음분기 첫달 20일까지, 년간결산문건은 다음해 1월까지 중앙재정지도기관에 내야 한다.

제38조 회계검증보고문건은 회계검증대상에 따라 5년, 10년, 영구보존한다.

### 제5장 감독통제, 분쟁해결

제39조 회계검증과 관련한 감독통제사업은 중앙재정지도기관과 해당 기관이 한다.

중앙재정지도기관은 회계검증과 관련하여 편향이 나타나지 않도록 감독통제사업을 강화하여야 한다.

제40조 회계검증원은 기업이 사실과 맞지 않게 자료를 제공하거나 부당한 검증을 요구할 경우 회계검증을 거절할 수 있다.

제41조 회계검증기관과 기업, 개별적인 당사자는 이 규정을 어겼을 경우 어긴 정도에 따라 자격박탈, 벌금적용과 같은 제재를 주며 어긴 행위가 엄중할 경우에는 형사적책임을 진다.

제42조 회계검증과 관련한 의견상이는 당사자들사이에 협의의 방법으로 해결한다.

협의의 방법으로 해결할수 없는 의견상이인 경우에는 중앙재정지도기관에 신소, 청원을 할 수 있다.

회계검증의 의견상이와 관련한 신소, 청원은 정해진 기일안으로 처리하여야 한다.

# 제2편

# 조선민주주의인민공화국대외경제계약법

주체84(1995)년 2월 22일 최고인민회의 상설회의 결정 제52호로 채택
주체88(1999)년 2월 26일 최고인민회의 상임위원회 정령 제483호로 수정보충
주체97(2008)년 8월 19일 최고인민회의 상임위원회 정령 제2842호로 수정보충

## 제1장 대외경제계약법의 기본

제1조 (대외경제계약법의 사명)

조선민주주의인민공화국 대외경제계약법은 대외경제계약의 체결과 리행에서 규률과 질서를 엄격히 세워 계약당사자들의 권리와 리익을 보호하며 세계 여러 나라들 경제적 협조와 교류를 확대 발전시키는데 이바지한다.

제2조 (대외경제계약의 분류)

대외경제계약에는 무역, 투자, 봉사와 관련한 계약이 속한다.

제3조 (대외경제계약의 당사자)

대외경제계약의 우리측 당사자로는 공화국의 해당 기관, 기업소, 단체가 된다.

제4조 (대외경제계약의 체결과 리행원칙)

국가는 대외경제계약의 체결과 리행에서 평등과 호혜, 신용의 원칙을 지키도록 한다.

제5조 (조약과 국제관례의 존중원칙)

국가는 대외경제와 관련하여 다른 나라와 맺은 조약과 국제관례를 존중하도록 한다.

제6조 (계약체결과 책임원칙)

국가는 대외경제계약당사자들이 권리능력의 범위에서 계약을 맺으며 그 리행 과정에 생긴 채무에 대하여 해당 채무자가 책임지도록 한다.

제7조 (계약의 체결과 리행에 대한 감독통제기관)

대외경제계약의 체결과 리행에 대한 감독통제는 중앙무역지도기관이 한다.

계약대상에 따라 해당 기관도 감독통제할 수 있다.

제8조 (대외경제계약법의 규제대상)

조선민주주의인민공화국 대외경제계약법은 대외경제계약의 체결, 리행에 대한절차와 방법을 규제한다.

이 법에 규제하지 않은 사항은 공화국의 해당 법규에 따른다.

## 제2장 대외경제계약의 체결

### 제9조 (계약체결범위와 신용상태의 확인)

계약당사자는 승인된 업종, 지표, 수량의 범위에서 계약을 맺어야한다. 이 경우 상대편 계약당사자의 법인등록과 재산, 리행담보 같은 신용상태를 확인하여야 한다.

### 제10조 (표준계약서에 의한 계약체결)

계약은 중앙무역지도기관이 만든 표준계약서에 따라 맺는다. 그러나 표준계약서의 일부 내용을 달리 정하려 하거나 표준계약서가 없는 경우에는 계약내용을 계약당사자들이 협의하여 정할 수 있다.

### 제11조 (계약체결의 승인대상)

공화국령역안에 외국투자기업을 창설학더나 다른 나라에 투자하는것과 관련한 계약, 거래액이 많거나 국가적의의를 가지는 계약의 체결은 중앙무역지도기관 또는 해당기관의 승인을 받는다. 이 경우 해당 계약을 맺기 전에 계약서초안을 중앙무역지도기관 또는 해당 기관에 내고 합의를 받아야 한다.

### 제12조 (계약의 체결방식)

계약체결은 계약당사자들이 참가하여야 한다.

경우에 따라 계약당사자들의 참가없이 한편 당사자가 제의하고 상대편 당사자가 승낙하는 방법으로도 계약을 체결할 수 있다.

### 제13조 (계약의 체결형식)

계약체결은 서면으로 한다. 팍스나 전자우편 같은 통신수단으로 맺은 계약도 서면계약으로 인정한다.

### 제14조 (계약의 효력)

계약은 다음과 같은 때에 효력을 가진다.

1. 계약당사자들이 계약서에 수표한 때
2. 계약서에 지적한 계약효력발생조건이 이루어진 때
3. 승인을 받아야 하는 계약은 해당 기관이 승인한 때

### 제15조 (위임, 위탁계약)

계약은 위임 또는 위탁의 방법으로도 맺을 수 있다.

### 제16조 (계약서의 부록과 계약전문서의 효력)

상품목록, 기술자료 같은것은 계약서의 부록으로 첨부한다.

계약을 맺기전의 합의서나 통신교환문서 같은 문서는 계약이 맺어진 때부터 효력을 가지지 못한다.

### 제17조 (계약서의 수표)

계약서에는 계약당사자의 대표자 또는 그 대리인이 수표한다.

### 제18조 (효력을 가지지 못하는 계약)

나라의 안전에 저해를 주거나 경제적리익에 손해를 주는 계약, 기만이나 강요로 맺은 계약은 효력을 가지지 못한다.

## 제3장 대외경제계약의 리행

제19조 (계약리행기간, 계약내용의 준수의무)

계약당사자는 정한 기간에 계약의무를 리행하여야 한다.

상대편 계약당사자의 동의없이는 계약내용을 변경시켜 리행할수 없다.

제20조 (계약당사자의 권리)

계약당사자는 상대편 계약당사자가 계약내용과 다르게 리행하는 경우 그에 대하여 거절하거나 정확한 리행을 요구할 수 있으며 자기의 계약상 의무리행을 보류할 수 있다.

제21조 (어찌할수 없는 사유에 의한 계약리행의 중지)

계약을 리행하는 과정에서 자연재해, 봉쇄, 급성전염병발생 같은 어찌할 수 없는 사유가 생긴 경우에는 계약의무리행의 일부 또는 전부를 중지할 수 있다. 이경우 어찌할 수 없는 사유의 발생과 내용, 범위를 곧 상대편 계약당사자에게 알리고 그것을 증명하는 공증문건을 보내야 한다.

어찌할 수 없는 사유로 계약리행이 지연된 기간은 그만큼 연장된다.

제22조 (상대방의 허물에 의한 계약리행의 중지)

계약당사자는 상대편 계약당사자가 계약의무이행을 태공하거나 계약을 리행할 능력이 부족한것 같은 사유로 계약을 리행할수 없을 경우 그 리행을 중지할 수 있다. 이 경우 상대편 계약당사자에게 계약리행을 중지한데 대하여 알려야한다.

제23조 (중지되였던 계약의무의 리행)

계약리행을 중지한 계약당사자는 어찌할수 없는 사유가 해소되었거나 상대편 계약당사자사 계약리행을 담보하는데 따라 계약의무리행을 계속하여야 한다.

제24조 (계약의무리행에 대한 동의)

계약의무를 리행하지 못한 계약당사자는 그 의무를 계속 리행하려 할 경우 상대편 계약당사자의 동의를 받아야 한다.

제25조 (계약리행기간의 변경)

계약리행기간은 계약당사자들의 합의에 따라 늘리거나 줄일 수 있다.

## 제4장 대외 경제계약의 양도와 변경, 취소

제26조 (계약의 약도)

계약당사자는 상대편 계약당사자의 동의를 받아 자기의 계약상권리와 의무의 일부 또는 전부를 제3자에게 양도 할 수 있다.

계약의 양도기간은 계약리행기간의 남은 기간으로 한다.

제27조 (계약내용의 변경)

계약내용은 계약당사자들이 합의하여 일부 변경할 수 있다.

계약내용의 변경에는 수정, 삭제, 보충이 속한다.

제28조 (계약의 취소경우)

계약은 다음과 같은 경우에 취소할 수 있다.

1. 정한 기일에 계약을 리행할 수 없거나 그 리행이 불가능한 경우
2. 계약당사자가 리유없이 계약의무리행을 중단하거나 완전히 포기한다는 것을 선언한 경우
3. 계약위반으로 계약체결의 목적을 달성할 수 없거나 커다란 경제적손실을 입은 경우
4. 계약을 리행하지 못한데 대하여 시정할 기간을 주었으나 그 기간에 리행하지못한 경우
5. 어찌할 수 없는 사유가 계약리행기간이상 지속되는 경우
6. 이밖에 계약에서 정한 취소조건이 발생한 경우

제29조 (계약의 취소범위)

계약의 취소는 계약을 어겼거나 리행하지 못한 정도에 따라 전부 또는 일부를 할 수 있다. 이 경우 상대편 계약당사자에게 미리 알려야 한다.

제30조 (계약취소에 대한 권고)

계약을 승인한 기관은 해당 계약이 효력을 가진 때부터 6개월이상 리행하지 않을 경우 그 계약을 취소 할 수 있다.

제31조 (계약에서 손해보상, 청산, 분쟁해결조항의 효력)

계약이 취소된 경우 손해보상, 청산 및 분쟁해결과 관련한 조항의 효력은 상실되지 않는다.

제32조 (계약의 양도, 변경, 취소형식과 절차)

계약의 양도, 변경, 취소는 서면으로 한다.

계약을 양도, 변경, 취소하려 할 경우에는 그 계약을 승인한 기관의 허가를 받는다.

## 제5장 대외경제계약위반에 대한 책임과 분쟁해결

제33조 (보상청구권과 보상의무)

계약을 어긴 계약당사자는 그에 대하여 책임진다.

계약위반으로 손해를 입은 계약당사자는 보상청구권을 가지며 손해를 입힌 계약당사자는 보상의무를 진다.

제34조 (위약금 또는 손해보상)

계약을 위반한 계약당사자는 계약에서 정한대로 위약금을 물거나 해당한 손해를 보상하여야 한다.

손해보상을 화폐, 현물, 재산권으로 하거나 가격조절 또는 자체 비용으로 허물을 없애는 방법으로도 할 수 있다.

제35조 (손해보상청구기간)

손해배상청구는 계약에서 정한 손해보상청구기간에 한다.

계약에 손해보상청구기간을 정하지 않은 경우에는 해당 나라와 맺은 조약에 따르며 그것이 없을 경우에는 민사시효기간에 할 수 있다.

제36조 (보증조건이 설정된 계약대상의 손해보상청구기간)

보증조건이 설정된 계약대상의 허물에 대한 손해보상청구는 보증기간에 하거나 계약에서 정한 기간에 한다.

보증기간에 계약대상의 허물을 발견하였으나 그것을 완전히 확증할수 없을 경우에는 상대편 계약당사자에게 그 사유를 먼저 알리고 허물이 확증된 다음 손해 보상청구를 할 수 있다.

허물을 확증하는 기간이 보증하는 기간을 초과할 경우에는 손해보상청구기간은 확증하는 기간만큼 연장된다.

제37조 (손해보상청구서의 제기)

손해보상을 받으려는 계약당사자는 손해보상청구서를 상대편 계약당사자에게내야 한다.

손해보상청구서에는 계약서번호와 계약대상, 손해의 형태와 범위, 보상청구근거, 요구조건을 밝히고 해당검사기관의 확인문건 또는 공증문건을 첨부하여야 한다.

제38조 (손해보상과 그 거절)

손해보상청구서를 받은 계약당사자는 정한 기간에 손해보상을 청구한 상대편 계약당사자에게 손해를 보상하거나 그 보상을 거절하는 통지를 하여야 한다.

손해보상청구거절은 보상청구기간 또는 민사시효기간이 지났거나 보상청구근거가 명백하지 못하였거나 혹은 허물을 보여줄데 대한 요구에 응하지 않았거나 허물있는 계약대상물을 마음대로 처리한 것 같은 경우에 한다.

제39조 (리자, 연체료)

계약당사자는 계약서에 지적한 계약금과 손해보상금, 위약금 같은 것을 정한기간에 물지 않았을 경우 늦어진 일수에 해당한 리자 또는 연체료를 물어야 한다.

제40조 (계약위반에 대한 책임면제)

어찌할 수 없는 사유로 계약의 일부 또는 전부를 리행하지 못하였거나 해당 나라와 맺은 조약에서 책임면제사유를 규정하였을 경우에는 계약위반에 대한 책임에서 면제된다.

제41조 (손해를 막을 의무, 보상받을수 없는 손해)

계약 당사자는 손해가 생기거나 커지는 것을 제때에 막아야 한다.

고의 또는 과실로 생긴 손해는 보상받을 수 없다.

제42조 (분쟁해결)

계약과 관련한 의견상이는 협의의 방법으로 해결한다.

협의의 방법으로 해결할수 없을 경우에는 조선민주주의인민공화국이 정한 중재절차에 따라 해결한다.

당사자들의 합의에 따라 제3국의 중재기관에 제기하여 해결할수도 있다.

# 조선민주주의인민공화국 대외경제중재법

주체88(1999)년 7월 21일 최고인민회의 상임위원회 정령 제875호로 채택
주체97(2008)년 7월 29일 최고인민회의 상임위원회 정령 제2806호로 수정보충
주체103(2014)년 7월 23일 최고인민회의 상임위원회 정령 제92호로 수정보충

## 제1장 대외경제중재법의 기본

### 제1조 (대외경제중재법의 사명)

조선민주주의인민공화국 대외경제중재법은 대외경제분쟁해결에서 제도와 질서를 엄격히 세워 분쟁사건을 정확히 심리해결하고 분쟁당사자들의 권리와 리익을 보호하는데 이바지한다.

### 제2조 (용어의 정의)

이 법에서 용어의 정의는 다음과 같다.

1. 대외경제중재란 당사자들사이의 중재합의에 따라 대외경제활동과정에 발생한 분쟁을 재 판소의 판결이 아니 라 중재부의 재결로 해결하는 분쟁해결제도이다.

2. 중재합의란 당사자들사이의 계약 또는 그밖의 경제법률관계에서 이미 발생하였거나 앞으로 발생할수 있는 분쟁을 중재의 방법으로 해결하기로 한 약속이다.

3. 중재부란 대외경제분쟁사건의 취급처리를 맡은 단독중재원 또는 3명의 중재원으로 구성된 중재원집단이다.

4. 재결이란 대외경제분쟁사건을 심리하고 중재부가 내린 결정이다.

5. 외국적요소란 당사자들가운데 어느 일방이 다른 나라의 법인, 개인이거나 업무장소, 거주지, 주소지 또는 분쟁 재산이나 중재장소 같은것이 다른 나라와 련관되는 조건들이다.

6. 중재위원회란 대외경제분쟁해결사업을 조직하고 중재과정에 제기되는 문제를 해결하는 상설중재기관이다.

7. 재판기관이란 최고재판소 또는 해당 도(직할시)재판소, 시(구역), 군인민재판소, 특별재판소이다.

8. 해당 기관이란 재판기관밖의 권한있는 국가기관이다.

9. 조정이란 분쟁해결을 위하여 제3자가 조정인이 되어 당사자들이 서로 화해 또는 타협하도록 노력하는 행위이다.

### 제3조 (중재위원회, 대외경제중재의 특성)

대외경제분쟁의 해결은 조선국제무역중재위원회, 조선해사중재위원회, 조선콤퓨터쏘프트웨 어중재위원회 같은 중재위원회가 한다.

조선국제무역중재위원회는 무역, 투자, 봉사와 관련한 분쟁을, 조선해사중재위원회는 해상경제활동과정에 발생하는 분쟁을, 조선콤퓨터쏘프트웨어 중재위원회는 콤퓨터쏘프트웨어와 관련한분쟁을

심리해결한다.

대외경제중재에는 지역관할과 심급을 두지 않으며 중재부가 내린 재결을 최종결정으로 한다.

제4조 (대외결제중재로 해결하는 분쟁)

대외경제중재로 심리해결하는 분쟁은 다음과 같다.

1. 외국적요소와 함께 당사자들사이의 중재합의가 있는 대외경제활동과정에 발생한 분쟁
2. 권한있는 국가기관이 대외경제중재절차로 해결하도록 중재위원회에 위임한 분쟁

제5조 (중재의 당사자)

대외경제중재의 당사자로는 해당 기관, 기업소, 단체와 외국인투자기업이 된다. 경우에 따라 공민도 당사자로 될수 있다.

제6조 (분쟁해결원칙)

대외경제분쟁해결에서는 객관성, 과학성, 공정성, 신속성을 보장하며 허물있는 당사자에게 책임을 지우도록 한다.

제7조 (통지의 효력)

당사자들이 달리 합의하지 않은 한 통지의 효력은 당사자에게 직접 전달되였거나 그의 업무장소 또는 거주지, 우편주소에 전달되였을 경우 접수된 것으로 한다. 그러나 당사자의 주소를 알수 없을 경우에는 마지막으로 알려진 업무장소, 거주지, 우편주소로 통지가 발송되였을 경우에만 접수된 것으로 한다.

제8조 (의견제기권과 그 효력)

당사자가 중재와 관련한 합의 또는 이 법에 어긋나게 중재가 진행되고 있다는 것을 알면서도 즉시 또는 정해진 기간안에 의견을 제기하지 않아 중재사건의 취급이 계속 진행되였을 경우에는 의견제기권을 포기한 것으로 한다.

제9조 (중재사건의 이관)

이 법 제4조에 규정한 중재사건이 재판기관 또는 해당 기관에 제기되였거나 당사자들이 중재합의를 하고도 재판기관에 소송을 제기하였을 경우에는 사건을 해당 중재위원회에 넘겨준다.

중재합의가 무효할 경우에는 앞항을 적용하지 않는다.

제10조 (중재부의 독자성보장)

국가는 대외경제중재사건의 취급과 처리에서 중재부의 독자성을 철저히 보장하도록 한다.

이 법에 정한 경우를 제외하고는 중재사건의 취급과 처리에 간섭할수 없다.

제11조 (국제적인 교류와 협조)

국가는 대외경제중재활동에서 국제법과 국제관례를 존중하며 국제기구, 다른 나라들과의 협조와 교류를 발전시키도록 한다.

## 제2장 중재합의

### 제12조 (중재합의와 그 방법)

당사자들은 대외경제활동과정에 발생할수 있는 분쟁을 중재의 방법으로 해결할데 대하여 합의할 수 있다.

중재합의는 해당 계약서에 중재조항을 포함시키거나 계약서와 별도로 중재합의문건을 만드는 방법으로 한다.

중재합의는 분쟁이 발생한 후에도 할 수 있다.

### 제13조 (중재합의의 형식)

당사자들은 중재합의를 서면으로 하여야 한다.

당사자가 수표한 문건이나 당사자들사이에 주고받은 서신, 팍스, 전자우편 같은데 중재의사와 관련한 내용이 반영되여있을 경우와 중재합의가 구두 또는 행동 그밖의 수단이나 형식으로 되어있다 하더라도 그 내용이 기록되여있거나 증거에 의하여 확인되였을 경우에는 중재합의로 인정한다.

### 제14조 (서면합의가 없어도 중재합의로 인정하는 경우)

당사자일방의 중재합의제기에 상대방당사자가 부인하지 않을 경우, 피고가 원고의 중재제기를 부인하지 않고 항변서를 제출하였을 경우에는 서면합의가 없어도 중재합의로 인정할 수 있다.

### 제15조 (중재합의의 무효사유)

다음의 경우 중재합의는 효력을 가지지 못한다.

1. 중재합의가 법이 정한 중재관할범위를 벗어났을 경우
2. 중재합의당시 당사자가 행위무능력자일 경우
3. 강요에 의하여 중재합의를 하였을 경우

### 제16조 (중재합의와 보존조치와의 관계)

중재제기를 하기전이나 사건취급단계에서 당사자일방이 중재위원회, 중재부 또는 재판기관, 해당기관에 제기하는 재산보존조치, 수속중지 같은 림시조치를 취해줄데 대한 신청과 그에 대한 승인은 중재합의에 어긋나지 않는다.

### 제17조 (중재제기조건)

중재제기조건은 다음과 같다.

1. 중재합의가 있어야 한다.
2. 구체적인 청구사실과 근거가 있어야 한다.
3. 중재위원회의 관할에 속하는 분쟁이여야 한다.

중재위원회는 1항의 조건을 갖추지 못한 중재제기를 접수하지 말아야 한다.

### 제18조 (중재제기방법과 접수 및 부결통지)

중재신청은 중재제기서와 중재위원회가 정한 첨부문건을 중재위원회에 제출하는 방법으로 한다.

중재위원회는 중재제기문건을 받은 날부터 5일안에 그것을 검토하고 중재제기를 승인하였을 경우

에는 접수통지서를 각 당사자들에게 보내며 부결하였을 경우에는 리유를 밝힌 부결통지서를 신청당사자에게 보내야 한다.

제19조 (대리인에 의한 중재제기)

당사자는 대리인을 통하여 중재제기를 하거나 항변할 수 있다.

대리인으로는 공화국공민이나 외국인이 될수 있다. 이 경우 대리인은 중재위원회 또는 중재부에 대리위임장을 내야 한다.

## 제3장 중재부

제20조 (중재부의 구성)

중재부의 중재원수는 당사자들이 합의하여 정할 수 있다.

당사자들의 합의가 없을 경우에는 중재위원회가 중재원수를 1명 또는 3명으로 정한다.

제21조 (중재원의 선정절차)

중재원의 선정절차는 당사자들이 합의하여 정할 수 있다.

당사자들의 합의가 없을 경우에는 다음의 절차로 중재원을 선정한다.

1. 중재부를 3명의 중재원으로 구성하려 할 경우에는 당사자들이 각각 1명의 중재원을 선정 한 다음 선정된 2명의 중재원이 15일안에 책임중재원을 선정하며 당사자들이 중재원을 선정하지 않거나 선정된 2명의 중재원이 책임중재원을 선정하지 못하였을 경우에는 중재위원회가 선정한다.

2. 중재부를 중재원 1명으로 구성하는 경우 당사자들이 정해진 기간안에 중재원 선정에 대한 합의를 하지 못하면 당사자일방의 요구에 따라 중재위원회가 중재원을 선정한다.

당사자들은 2항에 따라 중재위원회가 내린 결정에 대하여 의견을 제기할수 없다.

제22조 (중재원선정에서 중재위원회의 의무)

중재위원회는 중재원을 선정할 경우 당사자들의 요구 또는 이 법에 규정한 중재원의 자격에 근거하여 공정하고 독자적인 중재원을 선정하여야 한다.

제23조 (중재원의 자격)

중재원으로는 다음의 성원이 될수 있다.

1. 중재위원회의 성원
2. 분쟁사건을 심리해결할수 있는 능력을 가진 법 또는 경제부문의 일군
3. 변호사, 판사로 일한 경력이 있는 일군
4. 중재분야에서 널리 알려진 해외동포 또는 외국인

제24조 (중재원의 배제사유)

중재원으로 선정된자는 선정된 때부터 사건의 취급처리가 끝날 때까지 자기의 공정성과 독자성에 대하여 의심이 제기될수 있는 모든 사유를 중재위원회와 당사자들에게 제때에 통지하여야 한다.

자기의 공정성과 독자성에 대하여 의심받을 사유가 있거나 이 법에 정해진 자격 또는 당사자들사이

에 합의한 자격을 갖추지 못한 중재원은 배제될수 있다.

### 제25조 (중재원의 배제절차)

당사자들은 중재원의 배제절차에 대하여 합의할 수 있다.

당사자들사이의 합의가 없을 경우 중재원을 배제하려는 당사자는 이 법 제24조에 규정된 중재원의 배제사유를 알게 된 날부터 10일안에 해당 리유를 밝힌 중재원배제신청문건을 중재부에 보내야 한다.

배제신청을 받은 중재원이 사임하지 않거나 상대방당사자가 배제신청에 동의하지 않을 경우 중재부는 배제신청을 승인하거나 부결하는 결정을 하여야 한다.

당사자들이 합의한 배제절차나 앞항의 절차에 따라 중재원이 배제되지 않을 경우 배제신청자는 중재부의 배제신청부결통지를 받은 날부터 15일안에 중재위원회에 배제신청을 다시 제기할 수 있다.

당사자들은 중재원배제신청과 관련한 중재위원회의 결정에 대하여 의견을 제기할수 없으며 중재원은 자기에 대한 배제신청이 제기된 기간에도 해당 사건을 취급하고 재결을 내릴수 있다.

### 제26조 (중재원의 사임, 교체사유)

중재원이 스스로 사임하는 경우와 당사자들의 합의 또는 중재위원회의 결정으로 중재원을 교체하는 경우는 다음과 같다.

1. 중재원이 자기 사업을 할수 없는 법적 또는 실제적인 사유가 있을 경우
2. 중재원이 정당한 리유없이 사건해결을 지연시킬 경우

### 제27조 (중재원을 다시 선정하는 절차)

중재원이 배제, 사임, 교체되는 경우 다른 중재원의 선정은 배제, 사임, 교체되는 중재원의 선정에 적용하였던 절차에 따른다.

### 제28조 (중재부의 권한)

중재부는 중재합의의 존재여부, 효력과 관련하여 제기된 의견, 증거를 분쟁해결과 판단의 기초로 삼을것인가와 증거의 타당성, 중재부의 관할권에 대하여 결정할 권한을 가진다.

중재합의의 존재여부와 효력에 대하여 결정할 경우 중재부는 계약서의 중재조항을 다른 조항의 효력과 별개로 보아야 한다.

분쟁과 관련한 계약이 무효한 것으로 결정되여도 중재조항의 효력에는 영향을 주지 않는다.

### 제29조 (중재부와 관련한 의견제기)

당사자들은 중재부가 관할권이 없다는데 대한 의견을 첫 항변서의 제출기간안에 제기하여야 한다. 이 경우 자기가 중재원을 선정하였거나 그 선정에 관여하였다 하더라도 의견을 제기할 수 있다.

중재부가 권한범위를 벗어나 사업하는데 대한 의견은 사건취급기간안에 해당 사유가 나타난 즉시 제기하여야 한다.

중재부는 분쟁당사자들의 의견제기가 정당한 사유로 늦어졌을 경우 그 의견을 받아들일수 있다.

### 제30조 (중재부와 관련하여 제기된 의견처리)

중재부는 이 법 제29조에 규정된 의견에 대하여 별도로 먼저 결정하거나 재결에 포함시켜 결정할

수 있다.

중재부가 별도로 관할권을 가지고있다고 결정하는 경우 의견이 있는 당사자는 해당 결정을 통지받은 날부터 15일안에 중지위원회에 결정을 다시 해줄 것을 제기할수 있으며 제기된 의견과 관련하여 중재위원회가 내린 결정에 대하여서는 의견을 제기할수 없다.

중재위원회가 제기된 의견을 처리하는 기간에도 중재부는 해당 사건의 취급을 계속하거나 재결을 내릴수 있다.

제31조 (림시조치)

중재위원회 또는 중재부는 분쟁해결과 관련하여 재산보존조치, 수속중지 같은 림시조치에 대하여 결정할 수 있다. 이 경우 당사자에게 림시조치에 해당한 담보제공을 요구할 수 있다.

당사자가 림시조치결정을 집행하지 않을 경우 중재부는 재판기관 또는 해당 기관에 그 집행을 의뢰할 수 있다.

재판기관 또는 해당 기관은 림시조치의뢰를 받은 날부터 10일안에 해당한 조치를 취하고 그 결과를 중재부에 알려주어야 한다.

제32조 (림시조치의 해제, 취소)

중재위원회 또는 중재부는 림시조치에 대한 결정과 그 집행이 필요없게 되었거나 잘못되였다는 것이 증명되였을 경우 즉시 그것을 취소하거나 중지하도록 하여야 한다.

## 제4장 중재절차

제33조 (당사자들의 지위)

당사자들은 분쟁사건의 취급과 처리에서 동등한 지위를 가지며 자기의 주장사실을 충분히 진술할 수 있다.

제34조 (중재절차의 결정)

중재절차는 당사자들이 합의하여 정할 수 있다.

당사자들사이의 합의가 없을 경우에는 이 법의 절차에 따른다.

제35조 (중재장소)

중재장소는 당사자들이 합의하여 정한다.

당사자들의 합의가 없을 경우에는 중재부가 당사자들의 편의, 사건해결의 전반상황을 고려하여 중재장소를 정한다.

중재부는 당사자들사이에 다른 합의가 없는 한 중재장소밖의 필요한 장소에서 중재원들의 협의, 증인이나 감정인 기타 사건관련자들과 사실확증, 재산이나 문건의 조사 같은 것을 할 수 있다.

제36조 (중재의 시작일)

당사자들의 합의가 없는 한 중재는 피신청자가 중재접수통지서를 받은 날부터 시작된다.

제37조 (중재언어)

당사자들은 중재언어에 대하여 합의할 수 있다.

당사자들사이에 합의가 없을 경우에는 중재부가 중재언어를 결정하며 중재부의 결정이 없을 경우에는 조선어로 한다.

정해진 중재언어는 당사자들의 문건, 중재심리, 재결, 결정과 그밖의 통지에도 사용된다.

제38조 (청구와 항변)

원고는 당사자들이 합의하였거나 중재부가 정한 기간안에 자기의 청구사실과 분쟁내용, 요구사항을 주장하여야 하며 피고는 그에 대한 항변을 하여야 한다.

당사자들은 자기의 주장을 증명할수 있는 증거문건이나 증거물을 제출할수 있으며 사건취급기간안에 자기의 청구내용, 항변내용을 수정하거나 보충할 수 있다.

중재부는 당사자들의 청구내용 또는 항변내용의 수정, 보충이 부당하여 사건해결이 지연된다고 인정하는 경우 그에 대하여 승인하지 않을수 있다.

제39조 (중재심리방식의 결정)

중재부는 중재심리를 구두로 할것인가, 문건으로 할것인가를 결정하여야 한다. 이 경우 당사자들과 합의하여야 한다.

제40조 (당사자의 의무불리리행에 대한 처리)

원고가 정당한 리유없이 청구문건을 제출하지 않을 경우에는 사건취급을 중지하고 결속을 하며 피고가 충분한 리유없이 항변서를 제출하지 않을 경우에는 사건취급을 계속한다.

앞항의 경우 피고가 항변서를 제출하지 않은 사실은 원고의 주장에 대한 인정으로 되지 않는다.

중재부는 원고와 피고가운데서 어느 일방이 정당한 리유없이 중재심리에 참가하지 않거나 증거를 제출하지 않을 경우 중재심리를 하고 제출된 증거에 기초하여 재결을 내릴수 있다.

당사자들사이에 다른 합의가 있거나 중재부가 정당한 리유가 있다고 인정할 경우에는 앞항을 적용하지 않는다.

제41조 (감정인, 증인)

당사자들사이에 다른 합의가 없는 한 중재부는 감정을 위하여 감정인을 지정하고 그에게 필요한 자료를 제공하거나 당사자들이 감정과 관련한 문서, 물건 등을 감정인에게 제출하도록 요구할 수 있다.

당사자일방의 요구 또는 중재부가 필요하다고 인정할 경우에는 감정인, 증인을 중재심리에 참가시켜 답변하게 할수도 있다.

제42조 (증거조사의 의뢰)

중재부는 당사자의 신청 또는 필요에 따라 증거조사를 하거나 재판기관이나 해당기관에 증거조사를 의뢰할 수 있다.

당사자도 중재부의 승인을 받아 증거조사를 의뢰할 수 있다.

증거조사를 의뢰할 경우에는 의뢰문건에 필요한 사항을 밝힌다.

제43조 (증거조사결과의 통지)

증거조사를 의뢰받은 기관은 15일안에 증거조사를 한 다음 증인심문조서등본이나 감정조서등본, 검증조서등본 같은 증거조사문건을 중재위원회를 통하여 중재부에 보내야 한다.

제44조 (맞중재)

피고는 접수된 중재사건에 대하여 맞중재를 신청할 수 있다.

맞중재는 기본중재와 직접 관련되는것이여야 하며 중재심리가 끝나기 전에 제기하여야 한다.

중재위원회는 맞중재로 중재사건처리가 지연된다고 인정할 경우 맞중재신청을 접수하지 않을 수 있다.

## 제5장 재 결

제45조 (재결의 준거법)

재결의 준거법은 당사자들이 합의하여 정한다.

당사자들사이에 재결의 준거법과 관련한 합의가 없으면 중재부는 분쟁사건과 가장 밀접한 련관이 있고 적용가능하다고 인정하는 법을 적용하여야 한다. 이 경우 계약조건과 국제관례를 고려하여 결정하거나 재결을 내려야 한다.

제46조 (중재부의 의사결정방법)

중재원 3명으로 구성된 중재부의 의사결정은 다수가결로 한다.

당사자들의 합의 또는 중재부성원들의 합의가 있을 경우에는 책임중재원이 의사결정을 한다.

제47조 (화해)

당사자들은 중재사건취급처리의 임의의 단계에서 언제든지 서로 화해할 수 있다.

중재부는 당사자들이 화해하였을 경우 사건처리를 결속하고 화해결정을 하여야 한다.

화해결정은 해당 사건에 대하여 재결과 같은 효력을 가진다.

제48조 (조정)

대외경제분쟁은 조정의 방법으로도 해결할 수 있다.

조정결정은 해당 사건에 대하여 재결과 같은 효력을 가진다.

제49조 (재결문의 작성형식)

재결문은 서면으로 작성한다.

재결문에는 중재원의 수표가 있어야 하며 3명의 중재원으로 구성된 중재부의 재결문에는 과반수중재원의 수표가 있어야 한다.

제50조 (재결문의 내용)

재결문에는 재결의 근거로 되는 사유와 재결문의 작성날자, 중재장소 같은 것을 밝힌다. 재결은 재결문에 밝혀진 날자, 장소에서 내린 것으로 한다.

제51조 (재결문의 발송)

재결이 내려지면 중재위원회는 재결문등본을 당사자들에게 발송하거나 직접 주어야 한다.

### 제52조 (중재의 종결)

중재는 재결 또는 다음의 경우 중재부의 결정으로 끝난다.

1. 원고가 중재제기를 취소하였을 경우
2. 원고와 피고가 중재를 끝내는데 합의하였을 경우
3. 중재부가 중재를 계속하는 것이 불필요하거나 불가능하다고 인정하는 경우

중재부는 원고가 중재제기를 취소하였거나 피고가 동의하지 않으며 분쟁을 끝까지 해결하는 것이 피고에게 정당한 리익이 있다고 인정할 경우에는 중재사건취급을 끝내지 말아야 한다.

중재부의 사업은 이 법 제54조와 제59조의 경우를 제외하고는 중재의 종결과 함께 끝난다.

### 제53조 (재결문의 정정, 해석 및 추가재결의 신청)

다음의 경우 당사자들은 기간을 달리 정하지 않는 한 재결문을 받은 날부터 30일안에 재결문의 정정이나 해석 또는 추가재결을 신청할 수 있다.

1. 재결문에서 계산상 또는 문구상결함 같은 것을 정정하려 할 경우
2. 재결문의 일부 내용에 대한 해석이 필요할 경우
3. 청구는 하였으나 재결문에 포함되지 않은 문제에 대한 추가재결을 요구할 경우

중재부는 일방당사자가 재결문에 대한 정정이나 해석 또는 추가재결을 신청하였을 경우 그에 대하여 상대방당사자에게 통지하여야 한다.

### 제54조 (재결문의 정정, 해석 및 추가재결)

중재부는 재결문에 대한 정정, 해석신청이 정당하다고 인정되면 30일안에 정정이나 해석을 해주어야 한다. 이 경우 해석문은 재결문의 한 부분으로 된다.

추가재결신청이 정당할 경우에는 45일안에 추가재결을 내려야 한다.

부득이한 경우 중재부는 중재위원회의 동의를 받아 재결문의 정정, 해석 또는 추가재결기간을 연장할 수 있다.

재결문의 정정과 해석, 추가재결의 형식은 이 법 제49조와 제50조에 따른다.

## 제6장 재결의 효력 및 취소제기

### 제55조 (재결의 효력발생일)

재결의 효력은 재결문을 작성한 날부터 발생한다.

### 제56조 (재결에 대한 취소제기)

재결에 의견이 있는 당사자는 그것을 취소시켜줄데 대한 의견을 제기할 수 있다. 재결의 취소제기는 재판기관에 한다.

### 제57조 (재결의 취소제기사유)

재결의 취소제기는 다음의 사실을 증명하였을 경우에만 할 수 있다.

1. 당사자가 중재합의당시 준거법에 따라 무능력자라는 사실

2. 중재합의가 당사자들이 지정한 법 또는 당사자들이 지정하지 않았을 경우에는 공화국의 법에 따라 효력이 없다는 사실

3. 당사자가 중재원의 선정 또는 중재절차에 대하여 적절한 통지를 받지 못하였거나 부득이한 사유로 항변을 할수 없었다는 사실

4. 재결이 중재합의의 대상이 아닌 분쟁을 대상으로 하였거나 중재합의의 범위를 벗어났다는 사실

5. 중재부의 구성 또는 중재절차가 이 법에 따르는 당사자들의 합의에 어긋나거나 당사자들의 합의가 없을 경우 이 법에 위반된다는 사실

제58조 (재결취소신청의 유효기간)

재결취소신청의 유효기간은 당사자들이 재결문이나 그 정정문, 해석문, 추가재결문을 받은 날부터 2개월간으로 한다.

유효기간이 지났거나 재결에 대하여 재판기관의 집행판정이 확정된 후에는 재결의 취소신청을 제기할수 없다.

제59조 (재결의 취소와 관련한 재판기관의 조치)

재판기관은 재결의 취소신청을 접수한 날부터 2개월안에 처리하여야 한다.

재결의 취소신청이 정당할 경우에는 중재심리를 다시 하도록 통지하며 재결의 취소사유가 재결에 직접적인 영향을 미치지 않을 경우에는 해당 사유를 퇴치하는데 필요한 조치를 취하도록 중재위원회에 요구할 수 있다.

## 제7장 재결의 집행

제60조 (재결의 집행)

당사자는 재결문에 지적된 기간안에 재결을 정확히 집행하여야 한다.

재결문에 재결집행기간이 정해져있지 않을 경우에는 즉시 집행하여야 한다.

제61조 (재결의 집행신청)

책임있는 당사자가 재결문에 지적된 의무를 제때에 리행하지 않거나 불성실하게 리행할 경우 상대방당사자는 직접 또는 중재위원회를 통하여 재판기관이나 해당기관에 재결집행을 신청 할 수 있다.

재결집행신청문건에는 재결문의 등본을 첨부한다.

제62조 (재결의 집행, 제재조치)

재판기관 또는 해당 기관은 재결집행신청을 받은 날부터 30일안에 신청문건을 검토하고 판정, 결정으로 재결을 집행시켜야 한다.

당사자가 재결을 집행하지 않을 경우에는 은행돈자리동결, 반출입물자의 수속중지, 재산의 억류 및 몰수, 벌금부과, 경영활동중지, 출입국중지 같은 조치를 취할 수 있다.

제63조 (해당 나라의 재판기관에 집행신청)

재결에 따라 집행하여야 할 재산이 공화국령역밖에 있을 경우에는 해당 나라의 재판기관에 재결집

행을 신청할 수 있다.

**제64조 (다른 나라 중재부가 내린 재결의 승인과 집행)**

다른 나라의 중재부가 내린 재결의 승인과 집행은 공화국의 해당 법규에 따른다.

**제65조 (다른 나라 중재부가 내린 재결의 집행거부사유)**

다음의 사실이 증명되였을 경우에는 다른 나라의 중재부가 내린 재결의 집행을 거부할 수 있다.

1. 당사자가 중재합의당시 준거법에 따라 무능력자이거나 중재합의가 당사자들이 지정한 법 또는 당사자들이 지정하지 않았을 경우에는 중재심리는 한 나라의 법에 따라 효력이 없다는 사실
2. 당사자가 중재원의 선정 또는 중재절차에 대하여 적절한 통지를 받지 못하였거나 부득이한 사유로 항변을 할수 없었다는 사실
3. 재결이 중재합의의 대상이 아닌 분쟁을 대상을 하였거나 중재합의의 범위를 벗어났다는 사실
4. 중재부의 구성 또는 중재절차가 당사자들의 합의에 따르지 않았거나 합의가 없었을 경우 중재심리를 한 나라의 법에 따르지 않았다는 사실
5. 재결이 아직 당사자에게 영향이 미치지 않으나 재결을 내린 나라의 재판기관 또는 그 나라의 법에 의하여 취소 또는 집행정지되여있다는 사실
6. 해당 분쟁이 재결을 내린 나라의 법에 의하여 중재절차로 해결할수 없다는 사실
7. 재결의 집행이 공화국의 주권과 안전, 사회질서에 저해를 준다는 사실

# 조선민주주의인민공화국 대외민사관계법

1995년 9월 6일 최고인민회의 상설회의 결정 제62호로 채택
1998년 12월 10일 최고인민회의 상임위원회 정령 제251호로 수정

## 제1장 대외민사관계법의 기본

제1조 조선민주주의인민공화국 대외민사관계법은 대외민사관계에서 당사자들의 권리와 리익을 옹호보장하며 대외경제협력과 교류를 공고발전시키는데 이바지한다.

제2조 이 법은 우리 나라 법인, 공민과 다른 나라 법인, 공민사이의 재산가족관계에 적용할 준거법을 정하며 민사분쟁에 대한 해결절차를 규제한다.

제3조 국가는 대외민사관계에서 당사자의 자주적권리를 존중하도록 한다.

제4조 국가는 대외민사관계에서 평등과 호혜의 원칙을 구현하도록 한다.

제5조 국가는 대외민사관계에서 조선민주주의인민공화국 법률제도의 기본원칙을 견지하도록 한다.

제6조 대외민사관계와 관련하여 우리 나라가 다른 나라와 체결한 조약에서 이법과 다르게 규정하였을 경우에는 그에 따른다. 그러나 대외민사관계에서 적용할 준거법을 정한 것이 없을 경우에는 국제관례 또는 조선민주주의인민공화국 법을 적용한다.

제7조 둘이상의 국적을 가진 당사자에 대하여서는 다음과 같은 방법을 본국법으로 한다.

1. 당사자가 가진 국적들가운데서 하나가 우리 나라 국적인 경우에는 조선민주주의인민공화국 법
2. 당사자가 가진 국적이 다른 나라의 국적인 경우에는 국적을 가진 국가들 가운데서 거주하고 있는 나라의 법
3. 당사자가 국적을 가진 국가들에 다 거주하고 있거나 어느 나라에도 거주하고 있지 않을 경우에는 가장 밀접한 관계가 있는 나라의 법

제8조 국적이 없는 당사자가 어느 한 나라에 거주하고 있을 경우에는 그 나라의 법을 본국법으로 한다. 그러나 당사자가 어느 나라에도 거주하고 있지 않거나 여러 나라에 거주하고 있을 경우에는 그가 거처하고 있는 나라의 법을 본국법으로 한다.

제9조 지방에 따라 내용이 서로 다른 법을 적용하는 나라의 국적을 가진 당사자의 본국법은 그 나라의 해당 법에 의하여 정한다. 그러나 해당 법이 없을 경우에는 그가 소속되여있는 지방이나 가장 밀접한 관계가 있는 지방의 법으로 한다.

제10조 우리 나라에 거주하고 있으면서 다른 나라에도 거주하고 있는 당사자에 대하여서는 조선민주주의인민공화국 법을 거주하고 있는 나라의 법으로 한다.

당사자가 둘이상의 다른 나라에 거주하고 있을 경우에는 그가 거처하고 있는 나라의 법을 거주하고 있는 나라의 법으로 한다.

제11조 어느 나라에도 거주하지 않은 당사자에 대하여서는 그가 거처하고 있는 나라의 법을 거주하고 있는 나라의 법으로 한다.

제12조 이 법에 따라 준거법으로 정해진 다른 나라 법의 내용을 확인할수 없을 경우에는 당사자와 가장 밀접한 관계가 있는 나라의 법을 적용한다. 그러나 당사자와 가장 밀접한 관계가 있는 나라의 법이 없을 경우에는 조선민주주의인민공화국 법을 적용한다.

제13조 이 법에 따라 준거법으로 정해진 다른 나라의 법 또는 국제관계를 적용하여 설정된 당사자의 권리, 의무가 우리 나라 법률제도의 기본원칙에 어긋날 경우에는 조선민주주의인민공화국 법을 적용한다.

제14조 이 법에 따라 다른 나라의 법을 준거법으로 적용하는 경우 그 나라 법이 조선민주주의인민공화국 법에 되돌이할 때에는 그에 따른다.

제15조 다른 나라에 거주하고 있는 우리 나라 공민이 이 법시행일전에 한 결혼,리혼, 립양, 후견 같은 법률행위는 그것을 무효로 할수 있는 사유가 없는 한 우리 나라 령역에서 효력을 가진다.

## 제2장 대외민사관계의 당사자

제16조 대외민사관계의 당사자로는 대외민사관계에 참가하는 조선민주주의인민공화국의 법인, 공민과 다른 나라의 법인, 공민이 된다.

제17조 법인의 권리능력에 대하여서는 법인이 국적을 가진 국가의 법을 적용한다. 그러나 조선민주주의인민공화국 법에서 다르게 규정하였을 경우에는 그에 따른다.

제18조 공민의 행위능력에 대하여서는 본국법을 적용한다. 본국법에 따라 미성인으로 되는 다른 나라 공민이 조선민주주의인민공화국 법에 의하여 성인으로 되는 경우 우리 나라 령역에서 그가 한 행위는 효력을 가진다. 가족, 상속관계와 다른 나라에 있는 부동산과 관련한 행위에 대하여서는 앞항을 적용하지 않는다.

다른 나라에 거주하고 있는 우리 나라 공민의 행위능력에 대하여서는 거주하고 있는 나라의 법을 적용한다.

제19조 행위무능력자, 부분적행위능력자 인증조건에 대하여서는 당사자의 본국법을 적용한다. 그러나 본국법에 따라 인증된다고 하여도 조선민주주의인민공화국 법에 의하여 인증되지 않을 경우에는 행위무능력자, 부분적행위능력자로 인증하지 않을수 있다.

제20조 행위무능력자, 부분적행위능력자 인증의 효력에 대하여서는 그것을 인증한 나라의 법을 적용한다.

제21조 소재불명자, 사망자인증에 대하여서는 당사자의 본국법을 적용한다. 그러나 소재불명자, 사망자인증이 우리 나라에 있는 법인, 공민재산과 관련이 있을 경우에는 조선민주주의인민공화국 법을 적용한다.

## 제3장 재산관계

제22조 점유권, 소유권 같은 재산과 관련한 권리에 대하여서는 재산이 있는 나라의 법을 적용한다. 그러나 선박, 비행기 같은 수송수단과 수송중에 있는 재산과 관련한 권리에 대하여서는 해당 수송수단에 표시한 국기 나라의 법 또는 수송수단이 속한 나라의 법을 적용한다.

제23조 저작권, 발명권 같은 지적소유재산과 관련한 권리에 대하여서는 조선민주주의인민공화국 법에 따른다. 그러나 우리 나라 법에 규정된 것이 없을 경우에는 해당 국제조약에 따른다.

제24조 매매, 수송, 보험계약을 맺는 것 같은 행위에 대하여서는 당사자들이 합의하여 정한 나라의 법을 적용한다. 그러나 당사자들이 합의한 법이 없을 경우에는 계약을 체결한 나라의 법을 적용한다.

제25조 서로 다른 나라에 있는 당사자들이 전보 또는 서신 같은 것을 리용하여계약을 맺은 경우 계약을 체결한 나라의 법은 제의통지를 한 나라의 법으로 한다. 제의통지를 한 곳을 알수 없을 경우 계약체결행위가 있은 나라의 법은 제의자의 거주지 또는 소재지가 있는 나라의 법으로 한다.

제26조 재산거래행위의 방식은 행위를 한 나라의 법에 따라 갖춘 경우에도 효력을 가진다.

제27조 우리 나라 특수경제지대에서 외국투자기업설립 같은 재산관계와 관련하여서는 조선민주주

의인민공화국 법을 적용한다.

제28조 해난구조계약에 대하여서는 당사자들이 합의한 법이 없을 경우 다음과 같은 법을 적용한다.

1. 령해에서는 해당 나라의 법
2. 공해에서는 해난구조계약과 관련한 문제를 취급하는 재판소가 있는 나라의 법
3. 공해에서 국적을 달리하는 여러 선박이 구조한 경우에는 구조받는 선박에 표시한 국기 나라의 법

제29조 해상에서 공동으로 부담하는 손해에 대하여서는 당사자들이 합의하여 정한 법이 없을 경우 해당 항차가 끝나는 항구 또는 선박이 처음 도착한 항구가 속하는 나라의 법을 적용한다. 그러나 손해를 부담하여야 할 당사자들이 같은 국적을 가지고 있을 경우에는 그 나라의 법을 적용할 수 있다.

제30조 법적의무없이 다른 당사자의 재산이나 사무를 맡아보는 행위 또는 부당 리득에 대하여서는 그 원인으로 되는 행위나 사실이 있은 나라의 법을 적용한다.

제31조 위법행위에 대하여서는 위법행위가 있은 나라의 법을 적용한다. 다른 나라에서 한 행위가 조선민주주의인민공화국 법에 따라 위법행위로 되지 않을 경우에는 앞항을 적용하지 않는다. 그러나 위법행위로 될 경우에는 조선민주주의인민공화국 법이 규정한 범위에서 책임을 지울수 있다.

제32조 공해상에서 국적이 같은 선박들이 위법행위로 충돌한 경우에는 선박에표시한 국기 나라의 법을 적용한다. 그러나 국적이 다른 선박들이 위법행위로 충돌한 경우에는 선박충돌과 관련한 문제를 취급하는 재판소가 있는 나라의 법을 적용한다.

제33조 채권양도에 대하여서는 양도행위가 있은 나라의 법 또는 채무자가 거주하고 있는 나라의 법을 적용한다.

제34조 채권자가 채무자의 권리를 대신하거나 취소하는 것 같은 행위에 대하여서는 채권채무관계에 적용하는 준거법과 채무자가 제3자앞에 가지는 권리의 준거법을 같이 적용한다.

## 제4장 가족관계

제35조 결혼조건에 대하여서는 결혼당사자 각자의 본국법을 적용한다. 그러나 본국법에 따라 결혼조건이 인정된다고 하여도 조선민주주의인민공화국 법에 의하여 현재 존속되고 있는 결혼관계나 당사자사이의 혈연관계가 인정되는 것 같은 결혼장애가 있을 경우에는 결혼을 허용하지 않는다. 결혼의 방식에 대하여서는 당사자들이 결혼을 하는 나라의 법을 적용한다.

제36조 결혼의 효력에 대하여서는 부부의 본국법을 적용한다. 부부의 국적이 다를 경우에는 부부가 같이 거주하고 있는 나라의 법을, 부부의 거주지가 다를 경우에는 부부와 가장 밀접한 관계가 있는 나라의 법을 적용한다.

제37조 리혼에 대하여서는 당사자들의 본국법을 적용한다. 리혼당사자들의 국적이 다를 경우에는 그들이 같이 거주하고 있는 나라의 법을, 리혼당사자들의 거주지가 다를 경우에는 그들과 가장 밀접한 관계가 있는 나라의 법을 적용한다.리혼의 방식은 당사자들이 리혼하는 나라의 법에 따라 갖춘 경우에도 효력을 가진다.

제38조 리혼당사자들가운데서 한편 당사자가 우리 나라에 거주하고 있는 우리 나라 공민인 경우에는 이 법 제37조에 관계없이 조선민주주의인민공화국 법을적용할 수 있다.

제39조 친부모, 친자녀관계의 확정에 대하여서는 부모의 결혼관계에 관계없이자녀가 출생한 나라의 법을 적용한다.

제40조 립양과 파양에 대하여서는 양부모의 본국법을 적용한다. 그러나 양부모의 국적이 다를 경우에는 그들이 함께 거주하고 있는 나라의 법을 적용한다. 립양과 관련하여 양자녀로 될 자의 본국법에서 양자녀로 될 자 또는 제3자의 동의나 국가기관의 승인을 립양의 조선으로 할 경우에는 해당 조건을 갖추어야 한다. 립양과 파양의 방식은 당사자들이 립양과 팡양을 하는 나라의 법에 따라 갖춘 경우에도 효력을 가진다.

제41조 부모와 자녀관계의 효력에 대하여서는 자녀의 본국법을 적용한다. 부모와 자녀가운데서 한편 당사자가 우리 나라에 거주하고 있는 우리 나라 공민인경우에는 조선민주주의인민공화국 법을 적용한다.

제42조 후견에 대하여서는 후견을 받을 자의 본국법을 적용한다. 후견의 방식은 후견인이 후견을 하는 나라의 법에 따라 갖춘 경우에도 효력을 가진다.

제43조 우리 나라에 거주, 체류하고 있는 다른 나라 공민에게 후견이 없을 경우에는 조선민주주의인민공화국 법에 따라 후견인을 정할 수 있다.

제44조 부양관계에 대하여서는 부양을 받을 자가 거주하고 있는 나라의 법을적용한다. 부양을 받을 자가 거주하고 있는 나라의 법이 부양받을 권리를 인정하지 않을 경우에는 그의 본국법 또는 조선민주주의인민공화국 법을 적용할 수 있다.

제45조 부동산상속에 대하여서는 상속재산이 있는 나라의 법을, 동산상속에 대하여서는 상속시키는 자의 본국법을 적용한다. 그러나 다른 나라에 거주하고 있는 우리 나라 공민의 동산상속에 대하여서는 상속시키는 자가 마지막에 거주하였던 나라의 법을 적용한다. 다른 나라에 있는 우리 나라 공민에게 상속인이 없을 경우 상속재간은 그와 가장 밀접한 관계에 있던 당사자가 넘겨받는다.

제46조 유언과 유언취소에 대하여서는 유언자의 본국법을 적용한다. 유언과 유언취소의 방식은 조선민주주의인민공화국 법, 유언행위가 있은 나라의 법, 유언자가 거주하고 있는 나라의 법, 부동산이 있는 나라의 법에 따라 갖춘 경우에도효력을 가진다.

제47조 다른 나라에 거주하고 있는 우리 나라 공민의 립양, 파양, 부모와 자녀관계, 후견, 유언에 대하여서는 거주하고 있는 나라의 법을 적용할 수 있다.

제48조 대외민사관계에서 발생하는 분쟁에 대한 해결은 이 법에서 따로 규정한것이 없을 경우 조선민주주의인민공화국 해당 법에 따른다.

제49조 재산거래와 관련하여 발생하는 분쟁에 대한 재판 또는 중재관할은 당사자들이 합의하여 정한다.

제50조 재산거래와 관련한 분쟁에 대하여 당사자들이 재판, 중재관할을 합의하지 않았을 때 조선

민주주의인민공화국 해당 기관이 관할권을 가지는 경우는 다음과 같다.

1. 피고가 우리 나라 령역에 소재지를 가지고 있거나 거주하고 있을 경우
2. 분쟁의 원인으로 되는 재산손해가 우리 나라 령역에서 발생된 경우
3. 피고의 재산 또는 청구의 대상이 우리 나라 령역에 있을 경우
4. 분쟁의 원인이 우리 나라에 등록한 부동산과 관련이 있을 경우

제51조 행위무능력자와 부분적행위능력자, 소재불명자와 사망자인증과 관련한분쟁에 대하여서는 우리 나라 령역에 있는 법인, 공민, 재산과 관련이 있을 경우 당사자의 국적, 거주지에 관계없이 조선민주주의인민공화국 해당 기관이 관할권을 가진다.

제52조 결혼과 관련한 분쟁, 리혼에 대하여서는 소송제기 당시 피고가 우리 나라에 거주하고 있거나 원고가 우리 나라에 거주하고 있는 우리 나라 공민인 경우 조선민주주의인민공화국 해당 기관이 관할권을 가진다.

제53조 부부의 재산관계와 관련한 분쟁에 대하여서는 당사자들이 우리 나라에거주하고 있거나 원고 또는 피고가 우리 나라에 거주하고 있으면서 그 재산이 우리 나라 령역에 있을 경우 조선민주주의인민공화국 해당 기관이 관할권을 가진다.

제54조 립양, 피양, 부모와 자녀관계, 후견, 부양관계와 관련한 분쟁에 대하여서는 당사자들이 우리 나라에 거주하고 있을 경우에만 조선민주주의인민공화국 해당 기관이 관할권을 가진다.

제56조 상속과 관련한 분쟁에 대하여서는 상속인이 우리 나라에 거주하고 있는 우리 나라 공민이거나 상속재산이 우리 나라 령역에 있을 경우 상속인의 국적, 거주지에 관계없이 조선민주주의인민공화국 해당 기관이 관할권을 가진다.

제56조 다음과 같은 경우에는 당사자의 요구에 관계없이 재판 또는 중재를 거부하거나 중지한다.

1. 이 법에 따라 해당 분쟁에 대한 관할권이 인정되지 않을 경우
2. 다른 나라에서 동일한 내용의 분쟁에 대하여 재판 또는 중재를 먼저 시작한경우
3. 당사자들이 분쟁해결을 중지할데 대하여 합의한 경우
4. 조선민주주의인민공화국 법에 따르는 정당한 사유가 있을 경우

제57조 다른 나라 령역에서 증거의 수집, 증인심문 같은 분쟁해결의 수속 또는 다른 나라의 해당 기관이 내린 판결, 재결의 인정, 집행과 관련하여서는 조선민주주의인민공화국 해당 기관이 다른 나라 해당 기관에 필요한 자료를 요구할 수 있다.

제58조 다른 나라에서 조선민주주의인민공화국 해당 기관에 제공한 증인심문조서, 증거물 같은 것은 해당 나라 공증기관의 공증을 받아야 분쟁해결의 증거로 리용할 수 있다.

제59조 다른 나라 해당 기관의 판결은 그것을 서로 인정할데 대한 국가적합의가 있은 경우에만 인정한다. 그러나 가족관계와 관련한 다른 나라 해당 기관 판결집행의 당사자로 되는 우리 나라 공민이 그 집행을 요구하거나 동의할 경우에는 다른 나라에서 내린 판결을 인정할 수 있다.

제60조 다음과 같은 경우에는 다른 나라의 해당 기관이 내린 판결, 재결에 대하여 인정하지 않을

수 있다.

1. 판결, 재결의 내영이 조선민주주의인민공화국 법률제도의 기본원칙에 어긋나는 경우
2. 판결, 재결이 조선민주주의인민공화국 해당 기관의 관할에 속하는 분쟁과 관련이 있을 경우
3. 판결, 재결이 조선민주주의인민공화국 해당 기관의 판결, 재결과 관련이 있을경우
4. 판결, 재결이 우리 나라에서 이미 인정한 제3국의 판결, 재결과 동일한 내용인 경우
5. 판결, 재결이 정당한 사유가 없이 당사자를 참가시키지 않고 내려진 경우
6. 조선민주주의인민공화국 법에 따르는 정당한 사유가 있을 경우

제61조 이 법 제59조, 제60조의 규정은 다른 나라 해당 기관이 내린 판결, 재결의 집행에도 적용한다.

제62조 다른 나라의 해당 기관이 내린 판결, 재결의 집행에 대하여 우리 나라령역에 있는 당사자가 리해관계를 가질 경우 판결, 재결이 확정된 때부터 3개월안으로 조선민주주의인민공화국 해당 기관에 의견을 제기할 수 있다.

# 조선민주주의인민공화국 민사소송법(2015)

**(2007년 민사소송법과 비교)**

주체65(1976)년 1월 10일 최고인민회의 상설회의 결정 제18호로 채택
주체83(1994)년 5월 25일 최고인민회의 상설회의 결정 제47호로 수정보충
주체91(2002)년 10월 24일 최고인민회의 상임위원회 정령 제3369호로 수정보충
주체93(2004)년 12월 7일 최고인민회의 상임위원회 정령 제808호로 수정보충
주체94(2005)년 10월 25일 최고인민회의 상임위원회 정령 제1326호로 수정보충
주체96(2007)년 3월 20일 최고인민회의 상임위원회 정령 제2161호로 수정보충
주체98(2009)년 4월 28일 최고인민회의 상임위원회 정령 제27호로 수정
주체98(2009)년 12월 15일 최고인민회의 상임위원회 정령 제520호로 수정보충
주체104(2015)년 12월 23일 최고인민회의 상임위원회 정령 제847호로 수정보충

## 제1장 민사소송법의 기본

제1조 (민사소송법의 사명)

조선민주주의인민공화국 민사소송법은 민사소송활동을 통하여 기관, 기업소, 단체, 공민의 민사상 권리와 리익을 보호하는데 이바지한다.

{2007년 구법 제1조 조선민주주의인민공화국 민사소송법은 민사소송활동을 통하여 기관, 기업소,

단체 및 공민의 민사상권리와 리익을 보호하는데 이바지한다.}

제2조 (재판소의 책임성과 소송당사자의 적극성결합원칙)

국가는 재판소의 책임성에 소송당사자의 적극성을 옳게 결합하는 원칙에서 민사소송활동을 진행하도록 한다.

제3조 (민사소송당사자의 권리와 소송행위조건의 보장원칙)

국가는 민사소송당사자에게 소송상권리와 소송행위에 필요한 조건을 평등하게 보장한다.

제4조 (민사소송활동은 인민대중에게 의거하는 원칙)

국가는 민사소송활동을 인민대중에 의거하여 진행하도록 한다.

제5조 (민사소송활동에서 과학성, 객관성, 신중성의 보장원칙)

국가는 민사소송활동에서 과학성과 객관성, 신중성을 보장하도록 한다.

제6조 (민사소송법의 적용대상)

조선민주주의인민공화국 민사소송법은 우리 나라 기관, 기업소, 단체, 공민사이에 제기되는 민사상권리, 리익과 관련한 분쟁해결에 적용한다.

우리 나라 기관, 기업소, 단체, 공민과 다른 나라 기관, 기업소, 단체, 개인들사이 또는 공화국재판소에 제기된 다른 나라 기관, 기업소, 단체, 개인들사이의 분쟁해결에도 이 법을 적용한다.

## 제2장 일반규정

제7조 (민사사건의 해결형식)

민사사건과 관련하여 제기되는 문제는 재판소의 판결, 판정으로 해결한다.

제8조 (민사사건조사심리의 기초)

민사사건에 대한 조사심리는 소송당사자나 리해관계자 또는 검사의 소송제기에 기초하여 진행한다.

제9조 (민사사건조사심리의 어문)

민사사건의 조사심리는 조선말로 한다.

조선말을 모르는 사람에게는 통역인을 말을 하지 못하는 사람에게는 해석인을 붙인다.

다른 나라 사람은 사건과 관련한 문서를 자기 나라 글로 써낼수 있다.

제10조 (재판심리의 공개)

민사사건의 재판심리는 공개한다.

국가 또는 공민의 비밀을 지켜야 할 필요가 있거나 사회적으로 나쁜 영향을 줄수 있는 사건에 대하여서는 재판심리의 전부 또는 일부를 공개하지 않을수 있다.

재판심리를 공개하지 않을 경우에도 판결의 선고는 공개한다.

제11조 (재소송제기의 금지)

소송당사자는 판결이 확정된 다음 같은 대상에 대하여 같은 근거를 가지고 다시 소송을 제기할수 없다.

제12조 (형사재판에서 확정된 사실의 인정)

재판소는 민사재판에서 심리검토하여야 할 사실이 이미 형사재판에서 확정되였을 경우에는 그대로 인정하여야 한다.

제13조 (민사사건취급처리에 참가하거나 소송상임무를 겸할수 없는 조건)

판사, 인민참심원, 검사, 재판서기, 감정인, 통역인, 해석인은 자신과 친척이 해당 민사사건의 처리결과에 대하여 리해관계를 가지고있을 경우 그 사건을 취급처리하는데 참가할수 없다.

판사, 인민참심원, 검사, 재판서기, 증인, 감정인, 통역인, 해석인은 해당 사건의 조사심리에서 서로의 임무를 겸임할수 없다.

제14조 (같은 사건을 다시 심리하는 재판소성원으로 될수 없는 조건)

제1심재판에 참가하였던 판사, 인민참심원은 그 사건을 다시 심리하는 제1심 또는 제2심재판소의 성원으로 될수 없다.

제15조 (한재판소성원을 될수 없는 조건)

서로 친척이 되는 판사, 인민참심원은 한 재판소의 성원으로 될수 없다.

제16조 (소송관계자를 바꾸어줄데 대한 신청)

소송당사자는 이 법 제13-15조의 사유가 있을 경우 재판소에 판사, 인민참심원, 검사, 재판서기, 감정인, 통역인, 해석인을 바꾸어줄데 대하여 신청할 수 있다.

신청은 재판에서 사실심리를 시작하기 전에 하여야 한다. 사실심리를 시작한 다음 그들을 바꾸어야 할 사유가 생겼거나 그 사유를 알게 되었을 경우에도 신청할 수 있다.

제17조 (소송관계자를 바꾸어줄데 대한 신청의 처리)

재판소는 이 법 제13-15조의 사유가 있을 경우 다음과 같이 처리한다.

1. 판사, 인민참심원을 바꾸어줄데 대한 신청을 받았을 경우에는 해당 판사 또는 인민참심원을 제외한 그밖의 재판소성원들이 판정으로 해결한다. 이 경우 재판소성원들가운데서 한사람이라도 바꾸어야 한다고 주장할 때에는 바꾼다.

2. 검사, 재판서기, 감정인, 통역인, 해석인을 바꾸어줄데 대한 신청을 받았을 경우에는 판정으로 해결한다.

제18조 (민사사건의 처리기일)

재판소는 민사사건을 접수한 날부터 제1심사건은 2개월안으로 처리하여야 한다. 그러나 사건이 복잡하고 중대하여 2개월 안에 처리할수 없을 경우에는 해당 재판소 소장의 승인을 받아 1개월, 상급재판소 소장의 승인을 받아 1개월 더 연장할 수 있다.

제2심과 비상상소심, 재심, 판사회의사건을 1개월안으로 처리하여야 한다.

{2007년 구법 제18조 재판소는 민사사건을 접수한 날부터 제1심사건은 2개월, 제2심과 비상상소심, 재심, 판사회의사건은 1개월안으로 처리하여야 한다.}

제19조 (소송기간의 계산)

소송기간은 년, 월, 일로 정하며 그것을 계산하여야 할 사유가 생긴 다음날부터 계산한다.

소송기간을 일로 정한 경우에는 그날의 24시까지로 하며 월로 정한 경우에는 해당 월에 소송기간을 계산하여야 할 사유가 생긴 날과 같은 날, 그런 날이 없을 경우에는 그달의 마지막날이 지나면 끝나는 것으로 본다.

소송기간이 끝나는 날이 국가적명절이나 일요일인 경우에는 그다음 첫 로동일이 지나면 끝난다.

제20조 (소송문건의 인정)

소송장, 상소장을 비롯한 소송문건을 법이 정한 기간이 끝나기 전에 보냈을 경우에는 그 기간안에 낸 것으로 인정한다.

정한 기간이 지난 다음에도 정당한 리유가 있을 경우에는 재판소가 그 기간을 늘여줄수 있다.

제21조 (소송비용)

소송비용에는 국가수수료와 문건송달에 필요한 우표값을 같은 것이 속한다.

제22조 (재판준비, 심리에서 작성할 문건)

재판준비 또는 재판심리에서는 조서, 판결서, 판정서를 만든다.

## 제3장 소송당사자

제23조 (소송당사자의 자격)

소송당사자로는 독립적인 경비예산이나 독립채산제로 운영하는 기관, 기업소, 단체와 공민이 될 수 있다.

소송당사자로 되는 기관, 기업소, 단체와 공민은 소송상권리를 정당하게 행사하고 의무를 성실히 리행하여야 한다.

제24조 (소송당사자의 권리)

소송당사자는 재판심리에 참가하여 자기의 주장을 설명할수 있으며 필요한 신청을 하거나 사건해결과 관련한 의견을 말할 수 있다.

소송당사자는 사건해결에 필요한 증거를 내놓고 그것을 조사하여줄 것을 요구할수 있으며 증거조사에 참가할 수 있다.

제25조 (원고의 청구권포기와 그 범위의 변경)

원고는 제기한 청구를 포기하거나 그 범위를 변경할수 있으며 소송당사자는 서로 화해할 수 있다.

원고가 기관, 기업소, 단체인 경우에는 앞항을 적용하지 않는다.

제26조 (거주지변동의 통보)

소송당사자는 소송이 제기된 다음 거주지(소재지)를 옮겼을 경우 재판소에 알려야 한다.

{2007년 구법 제26조 소송당사자는 소송이 제기된 다름 거주지(소재지)를 옮겼을 경우에는 재판소에 알려야 한다.}

제27조 (소송당사자의 교체)

재판소는 원고로 될수 없는자가 제기한 소송이거나 피고로 될수 없는자를 상대로 하여 제기한 소송에 대하여 사건을 기각하지 않고 자격있는 소송당사자로 바꿀수 있다.

소송당사자가 동의하지 않을 경우에도 자격있는 당사자를 원고 또는 피고로 안입할 수 있다.

제28조 (소송제기의 대상)

소송은 한 당사자 또는 여러 당사자가 한 당사자나 여러 당사자를 상대로 제기할 수 있다.

공동원고나 피고는 독자적으로 소송행위를 하며 소송행위를 다른 공동원고나 피고에게 맡길수 있다.

제29조 (제3자의 소송제기)

제기된 사건의 청구대상에 대하여 독립적인 청구권을 가진 제3자는 그 소송당사자를 상대로 이 법 제6장에 규정된 절차에 따라 소송을 제기하고 재판에 참가할 수 있다.

제3자는 원고가 가지는 소송상의 권리를 가진다.

제30조 (제3자의 재판심리참가)

제기된 사건의 청구대상에 대하여 독립적인 청구권은 없으나 재판결과에 대하여 리해관계를 가지는 제3자는 자신의 요구 또는 소송당사자의 신청, 재판소의 결심에 따라 이미 제기된 사건을 심리하는데 참가 할 수 있다. 이 경우 청구를 포기, 승인, 변경하거나 소송 당사자와 화해할수 없으며 판결의 집행을 요구하거나 맞소송을 제기할수 없다.

제31조 (소송상권리, 의무의 이전)

소송이 제기된 다음 민사상권리와 의무가 계약 또는 권한있는 기관의 결정, 지시에 의하여 제3자에 넘어갔거나 소송당사자가 사망한 경우 소송상권리와 의무는 새로운 소송당사자에게 넘어간다. 이 경우 이미 진행한 소송행위는 그대로 효력을 가진다.

제32조 (소송행위의 방식)

기관, 기업소, 단체는 대표자 또는 대리인을 통하여 소송행위를 한다.

공민은 소송행위를 직접 하거나 대리인을 통하여 한다.

행위능력이 없는자는 부모 또는 후견인을 통하여 소송행위를 한다.

제33조 (대리의 실현)

대리인을 통하여 소송행위를 하려는 당사자는 대리인에게 위임장을 주어야 한다.

소송행위를 맡은 대리인은 위임장을 재판소에 내야 한다.

소송당사자가 법정에서 소송행위를 대리인에게 맡기는 경우 그 사실은 기록한 재판심리조서는 위임장을 대신한다.

{2007년 구법 제33조 3항 소송당사자가 재판정에서 소송행위를 대리인에게 맡기는 경우 그 사실을 기록한 재판심리조서는 위임장을 대신한다.}

제34조 (위임장의 내용)

소송당사자는 대리인에게 청구를 포기, 승인하거나 소송당사자와 화해하며 돈 또는 물건을 주거나 받을데 대한 소송행위를 맡기는 경우 그 내용을 위임장에 밝혀야 한다.

{2007년 구법 제34조 소송당사자가 대리인에게 청구를 포기, 승인하거나 소송당사자와 화해하며 돈 또는 물건을 주거나 받을데 대한 소송행위를 맡기는 경우에는 그 내용을 위임장에 밝혀야 한다.}

제35조 (소송대리인의 자격)

소송대리인으로는 변호사 또는 소송당사자의 위임을 받은자, 법정대리인이 될수 있다.

선거권을 박탈당한자, 행위능력이 없는자는 소송대리인으로 될수 없다.

## 제4장 증 거

제36조 (증거수단)

증거로는 소송당사자의 말, 증인의 말, 증거문서, 증거물, 감정결과, 검증결과 같은 것이 될수 있다.

재판소는 민사사건의 취급처리를 과학적인 증거에 기초하여 하여야 한다.

제37조 (소송당사자의 주장과 필요한 증거제시)

소송당사자는 주장하는 사실에 대하여 증명하며 그에 필요한 증거를 재판소에 내야 한다

재판소는 증거가 충분하지 못하다고 인정될 경우 소송당사자에게 다른 증거를 더 내게 할 수 있다.

제38조 (재판소의 증거수집)

재판소는 사건내용을 정확히 밝히기 위하여 필요한 증거를 수집할 수 있다.

제39조 (소송당사자의 증거제시시기)

소송당사자는 사건해결에 필요한 증거를 재판심리를 시작하기 전까지 내야 한다. 그러나 사건해결에 본질적의의를 가지는 증거는 재판심리를 시작한 다음에도 낼수 있다.

소송당사자가 증거를 제때에 제출하지 않았거나 증거를 위조하였거나 증거제출에 관한 재판소의 요구에 정당한 리유없이 응하지 않아 초래된 불리익에 대하여서는 그가 책임진다. (신설)

제40조 (증거의 검토)

소송당사자가 내놓았거나 재판소가 수집한 증거는 사실심리에서 객관적으로 검토 확인되여야 판단과 해결의 기초로 삼을수 있다.

제41조 (증거의 수집의뢰)

재판소는 관할지역밖에서 증거를 수집할 필요가 있을 경우 그것을 해당 재판소에 의뢰할 수 있다.

해당 재판소는 의뢰서에 지적된 기간안으로 증거를 수집하여 보내야 한다.

제42조 (증인의 자격)

증인으로는 해당 사건과 관련하여 의의있는 사실을 알고있는자가 될수 있다.

정신병, 그 밖의 신체상결함으로 해당 사실을 옳게 리해할수 없거나 의사를 정확히 표현할수 없는자는 증인으로 될수 없다.

제43조 (증인의 권리)

증인은 알고있는 사실을 직접 써내거나 말로 할수 있으며 진술내용이 잘못 기록된 경우 그에 대하여 고쳐줄 것을 요구할 수 있다.

제44조 (증인의 진술의무)

증인은 해당 사건과 관련하여 알고있는 사실을 그대로 말하여야 한다.

제45조 (증인의 소환)

재판소의 부름을 받은 증인은 소환장에 지적된 곳으로 제때에 와야 한다.

증인이 재판소의 부름에 응하지 않을 경우 그를 구인하는 판정을 할 수 있다.

구인판정의 집행은 인민보안기관이 한다.

제46조 (증거문서, 증거물의 제시)

기관, 기업소, 단체와 공민은 재판소에서 요구하는 증거문서나 증거물을 제때에 내야 한다.

증거문서원본을 낼수 없을 경우에는 사본을 낼수 있다. 이 경우 공증을 받아야 한다.

제47조 (감정의 의뢰)

재판소는 사건내용을 밝히는데 전문지식이 필요할 경우 판정으로 감정을 맡길수 있다.

감정을 맡기는 판정서에는 감정대상과 내용, 기간을 밝히며 감정기관 또는 감정인과 그의 의무를 지적하여야 한다.

{2007년 구법 제47조 2항 감정을 맡기는 판정서에는 감정할 대상과 내용, 기간을 밝히며 감정기관 또는 감정인과 그의 의무를 지적하여야 한다.}

제48조 (감정기관)

감정은 전문감정기관에 맡긴다.

전문감정기관이 없을 경우에는 해당 부문의 국가적자격이 있거나 전문지식이 있는자에게 감정을 맡길수 있다.

제49조 (감정인의 권리)

감정인은 감정에 도움이 될 자료를 재판소에 요구할수 있으며 다른 전문지식이 요구되는 경우 해당 전문일군을 붙여줄 것을 요구할 수 있다.

제50조 (감정인의 의무)

감정인은 맡은 감정을 정확히 하고 감정서를 재판소에 내며 재판소의 요구에 따라 재판심리에 참가하여야 한다.

제51조 (재감정)

재판소는 감정이 충분하지 못하거나 잘못되였다고 인정되는 경우 판정으로 다시 감정을 시키거나 다른 감정인에게 감정을 맡길수 있다.

제52조 (증거보존의 신청)

소송당사자는 필요에 따라 재판심리를 시작하기 전에 증인의 말, 증거문서, 증거물 같은 것을 증거로 보존하여줄 것을 재판소에 신청할 수 있다. 이 경우 재판소는 신청이 정당하다고 인정되면 증거를 수집하고 조서를 만든다.

## 제5장 재판관할

### 제53조 (민사재판절차로 해결할 사건)

민사재판절차로 해결하여야 할 사건은 다음과 같다.

1. 중재 또는 행정직절차로 해결하는 경우를 제외한 재산분쟁사건
2. 리혼사건
3. 자녀양육당사자결정, 자녀양육비, 부양료청구와 관련한 사건
4. 민사상 권리와 법률적의의를 가지는 사실에 대한 확인사건
5. 이밖에 민사재판절차로 해결하도록 규정한 사건

### 제54조 (각급 재판소의 관할)

시(구역), 군인민재판소는 관할지역안의 시(구역), 군급기관, 기업소, 단체와 공민이 당사자로 나서는 민사사건을 재판한다.

{2007년 구법 제54조 1항 인민재판소는 관할지역안의 시(구역), 군급기관, 기업소, 단체와 공민이 당사자로 나서는 민사사건을 재판한다.}

도(직할시)재판소는 시(구역), 군인민재판소, 특별재판소의 관할에 속하지 않는 민사사건과 외국법인, 외국인이 당사자로 나서는 민사사건을 재판하며 도(직할시)안의 시(구역), 군인민재판소관할에 속하는 어떤 사건이든지 직접 재판하거나 다른 시(구역), 군인민재판소에 보낼수 있다.

{2007년 구법 제54조 2항 도(직할시)재판소는 인민재판소, 특별재판소의 관할에 속하지 않는 민사사건과 외국법인, 외국인이 당사자로 나서는 민사사건을 재판하며 도(직할시)안의 인민재판소관할에 속하는 어떤 사건이든지 직접 재판하거나 다른 인민재판소에 보낼수 있다.}

라선경제무역지대안의 외국법인, 외국인이 당사자로 나서는 민사사건은 지대안의 재판소가 재판한다.

최고재판소는 어떤 사건이든지 직접 재판하거나 다른 도(직할시)재판소와 시(구역), 군인민재판소에 보낼수 있다.

{2007년 구법 제54조 4항 중앙재판소는 어떤 사건이든지 직접 재판하거나 다른 도(직할시)재판소와 인민재판소에 보낼수 있다.}

### 제55조 (피고거주지재판소의 관할)

민사사건의 재판은 피고의 거주지(소재지)를 관할하는 재판소가 한다.

거주지(소재지)가 서로 다른 여러명의 피고를 상대로 하여 진행하는 재판은 어느 한 피고의 거주지(소재지)를 관할하는 재판소가 한다.

{2007년 구법 제55조 민사사건의 재판은 피고의 거주지를 관할하는 재판소가 한다. 거주지가 서로 다른 여러명의 피고를 상대로 하여 진행하는 재판은 어느 한 피고의 거주지를 관할하는 재판소가 한다.}

### 제56조 (원고거주지재판소의 관할)

다음의 사건은 원고의 거주지(소재지)를 관할하는 재판소에서 재판한다.

1. 기관, 기업소, 단체가 개별적공민을 상대로 하는 재산청구사건
2. 자녀양육비, 부양료청구사건
3. 건강에 해를 주었거나 생명에 위험을 준것과 관련한 손해보상청구사건
4. 1살이 되지 못한 어린이를 가졌거나 여러명의 어린이를 가진 어머니가 제기하는 사건
5. 교화인을 상대로 하여 제기하는 사건
6. 소재불명자를 상대로 하여 제기하는 사건

**제57조 (법률행위지, 계약리행지재판소의 관할)**

기관, 기업소, 단체의 법률행위로 발생한 사건의 재판은 법률행위지 또는 계약리행지를 관할하는 재판소가 한다.

**제58조 (부동산청구사건의 재판관할)**

부동산을 청구하는 사건의 재판은 그 재산이 있는 곳을 관할하는 재판소가 한다.

**제59조 (수송기관을 상대로 하는 사건의 재판관할)**

수송기관을 상대로 하는 짐수송과 관련한 사건의 재판은 짐이 닿아야 할 곳이나 짐이 닿은 곳 또는 짐을 부친 곳을 관할하는 재판소가 한다.

**제60조 (맞소송, 제3자가 제기한 사건의 재판관할)**

소송당사자가 맞소송을 제기하였거나 제3자가 소송당사자를 상대로 제기한 사건의 재판은 이미 심리를 시작한 재판소가 한다.

**제61조 (사건의 이관)**

재판소는 이 법 제55-59조를 어기고 제기한 사건을 접수하였을 경우 그 사건을 해당 재판소에 넘겨야 한다.

재판심리를 시작하였거나 다른 재판소로부터 넘겨받은 사건은 다른 재판소에 넘길수 없다.

**제62조 [시(구역), 군인민재판소관할사건의 이관]**

시(구역), 군인민재판소는 자기 관할에 속하는 사건을 다른 재판소에 보내여 해결하는 것이 합리적이라고 인정될 경우 도(직할시)재판소의 승인을 받아 해당 재판소에 보낼수 있다.

사건을 다른 도(직할시)안의 재판소에 보내려 할 경우에는 최고재판소의 승인을 받는다.

{2007년 구법 제62조(인민재판소관할사건의 이관) 인민재판소는 자기 관할에 속하는 사건을 다른 재판소에 보내여 해결하는 것이 합리적이라고 인정될 경우 도(직할시)재판소의 승인을 받아 해당 재판소에 보낼수 있다. 사건을 다른 도(직할시)안의 재판소에 보내려 할 경우에는 중앙재판소의 승인을 받는다.}

## 제6장 소송의 제기

**제63조 (소송제기자)**

기관, 기업소, 단체와 공민은 민사상 권리, 리익을 보호받기 위하여 재판소에 소송을 제기할 수 있

다.

검사는 국가와 사회, 공민의 리익을 보호하기 위하여 재판소에 소송을 제기할 수 있다.

**제64조 (소송장의 제출)**

소송을 제기하려는 당사자는 재판소에 소송장을 내야 한다.

**제65조 (소송제기날자의 인정)**

소송은 당사자가 낸 소송장을 재판소가 접수한 날에 제기된 것으로 인정한다. 그러나 소송장을 우편 또는 기요문서로 보냈을 경우에는 그것을 보낸 날에 소송이 제기된 것으로 인정한다.

소송장 이외의 소송문건을 우편 또는 기요문서로 보낸 경우에도 소송장을 보냈을 때와 같이 인정한다.

**제66조 (소송장의 내용)**

소송장에는 재판소의 명칭, 소송당사자의 이름, 나이, 성별, 직장직위, 주소, 청구내용과 그 근거로 되는 사실, 해당한 증거를 써넣는다.

**제67조 (소송장의 첨부문건)**

소송장에는 다음과 같은 것을 첨부한다.

1. 피고의 수에 해당한 소송장의 사본
2. 소재불명자를 상대로 하는 사건에서는 공증기관의 인증문건
3. 재산을 갈라줄 것을 청구하는 경우에는 그 재산목록
4. 대리인이 소송을 제기하는 경우에는 위임장
5. 문서의 송달에 필요한 우표
6. 국가수수료납부증

**제68조 (국가수수료를 물지 않는 사건)**

다음의 사건은 국가수수료를 물지 않고 소송을 제기할 수 있다.

1. 자녀양육당사자결정, 자녀양육비, 부양료청구사건

{2007년 구법 제68조 1호 자녀양육당사자결정, 자녀양육비, 부양료청구와 관련한 사건}

2. 건강에 해를 주었거나 생명에 위험을 준것과 관련한 손해보상청구사건
3. 범죄행위로 입은 손해보상청구사건
4. 검사가 제기하는 사건

**제69조 (맞소송의 제기)**

피고는 제기된 소송의 원고를 상대로 맞소송을 제기할 수 있다.

맞소송은 재판심리를 시작하기 전까지 이 법 제64조, 제66-67조의 절차에 따라 제기한다. 그러나 사건에 따라 재판심리를 시작한 다음에도 맞소송을 제기할 수 있다.

**제70조 (소송장의 검토, 불비점퇴치)**

재판소는 원고가 낸 소송장을 검토하고 이 법 제66-67조에 규정된 요구를 갖추지 못하였을 경우 원고에게 필요한 기간을 정해주어 불비한 점을 고치게 한다.

정해준 기간안에 불비한 점을 고친 경우에는 재판소가 소송장을 처음 받은 날에 소송이 제기된 것으로 본다. 그러나 소송장의 불비한 점을 정해준 기간안에 고치지 않았을 경우에는 소송장을 돌려보낸다.

제71조 (소송의 거부)

재판소는 제기된 소송의 내용에 이법 제86조의 사유가 있을 경우 소송의 제기를 거부한다.

제72조 (소송의 거부에 대한 의견제기)

소송당사자는 재판소가 소송장을 접수하지 않았거나 소송의 제기를 거부한데 대하여 의견이 있을 경우 10일안으로 한급 높은 재판소에 의견을 제기할 수 있다.

의견을 제기받은 재판소는 그것을 받은 날부터 10일안으로 해결하여야 한다.

제73조 (사건의 병합, 분리)

재판소는 자기 결심 또는 소송당사자의 신청에 의하여 사건을 그 성질에 따라 합치거나 갈라 재판할 수 있다.

## 제7장 재판준비

제74조 (재판준비담당자)

민사사건을 신속정확히 처리하기 위하여 재판준비를 한다.

재판준비는 사건을 맡은 판사가 한다.

복잡하고 중대한 민사사건인 경우에는 해당 재판소소장의 승인을 받아 판정으로 재판준비에 다른 판사를 인입할 수 있다. 이 경우 인입된 판사는 소송당사자를 만나거나 감정을 맡기거나 검증에 참가하는 행위를 할수 없다. (신설)

제75조 (소송장사본, 답변서의 송달)

판사는 원고가 낸 소송장의 사본을 2일안으로 피고에게 보내며 그에게 소송장 사본을 받은 날부터 3일안으로 답변서를 내게 한다.

답변서는 받은 날부터 5일안으로 그 사본을 원고에게 보낸다.

피고가 정당한 리유없이 정해진 기일안으로 답변서를 보내지 않은 경우 재판준비와 심리에는 제한을 받지 않는다. (신설)

제76조 (증거수집, 소속상문제의 해결)

판사는 재판준비단계에서 사건해결에 필요한 증거를 수집하며 사건의 취급처리와 관련한 수속상 문제를 해결한다.

증거수집과 관련한 증인진술을 받은 경우 판사는 증인에게 거짓말을 하면 법적책임을 진다는 것을 알려주어야 한다.

제77조 (소송당사자면담)

판사는 재판준비를 위하여 소송당사자를 만날 수 있다.

소송당사자가 재판을 회피하거나 사건해결에 지장을 줄 경우 그를 구인하는 판정을 할 수 있다.

구인판정의 집행은 회피하거나 사건해결에 지장을 줄 경우 그를 구인하는 판정을 할 수 있다.

구인판정의 집행은 제45조 3항에 따른다.

제78조 (감정의 의뢰, 현지조사)

판사는 재판준비단계에서 필요한 감정을 맡기며 현지조사를 할 수 있다. 증인을 맞대어놓고 사실사정을 확증하는 행위는 할수 없다.

제79조 (현장의 검증)

판사는 재판준비단계에서 현장검증을 할 수 있다.

현장검증에는 소송당사자와 소송관계자를 참가시킬수 있으며 2명의 립회인을 세운다.

제80조 (증거수집, 현장검증조서의 작성)

판사는 증거물을 수집하였거나 현장검증을 하였을 경우 조서를 만들어야 한다.

조서에는 검증한 차례로 당시의 상태와 특징, 검증결과를 써야 하며 략도와 사진, 록화물 같은 것을 첨부할 수 있다.

제81조 (재산담보처분)

판사는 사건을 받은 때부터 판결을 내릴 때까지의 어느 단계에서나 소송당사자의 신청 또는 자기의 결심에 따라 판정으로 피고의 재산을 담보처분할 수 있다.

담보처분은 해당 재산이 없이는 판결의 집행을 보장할수 없다고 인정되는 경우에 한다.

재산을 담보처분할데 대한 판정의 집행은 해당 재판소집행원이 한다.

제82조 (재산담보처분의 해제, 취소)

재산담보처분이 필요없게 되었거나 잘못되였다는 것이 확증되였을 경우에는 그것을 판정으로 해제 또는 취소 한다.

제83조 (재판준비의 중지)

다음의 사유가 제기되면 판정으로 재판준비를 중지한다.

1. 소송당사자가 사망하였을 경우
2. 소송당사자인 기관, 기업소, 단체가 해산되였을 경우
3. 재판, 중재 또는 행정적절차에 따라 취급되고있는 사건이 처리되기 전에는 해당 사건을 해결할 수 없을 경우
4. 소송행위를 계속할수 없는 특별한 사정이 있을 경우

제84조 (재판준비중지의 해제)

재판소는 이 법 제83조 제1~2호의 경우 재판준비를 중지한 때부터, 제3~4호의 경우에 재판준비를 중지한 사유가 없어진 때부터 3개월안으로 소송당사자의 신청 또는 재판소의 결심에 따라 재판준비를 계속 할데 대한 판정을 하고 그 준비를 계속한다.

제85조 (소송취소신청의 승인)

판사는 원고의 청구포기 또는 소송당사자사이에 화해가 이루어지고 소송을 취소시켜줄데 대한 신

청이 제기된 경우 법에 어긋나지 않으면 그것을 판정으로 승인한다.

제86조 (사건의 기각)

다음의 경우에는 판정으로 사건을 기각한다.

1. 중재, 행정적철자로 처리할 사건인 경우

2. 확정된 판결, 판정이 있은 사건인 경우

3. 소송당사자로 될수 없는자가 원고 또는 피고로 되었으나 그를 자격있는자로 바꿀수 없는 사건인 경우

4. 소송당사자가 사망하였으나 그의 권리, 의무를 다른자에게 물려줄수 없는 사건인 경우

5. 조선인민군, 조선인민내무군 병사, 사관을 피고로 하여 제기된 사건인 경우

{2007년 구법 제86조 5호 조선인민군, 조선인민경비대 병사, 사관을 피고로 하여 제기된 사건인 경우}

6. 피고가 임신중에 있거나 1살에 이르지 못한 어린이를 키우는 녀성을 상대로 하는 리혼사건인 경우

7. 리혼과 관련한 재판소의 판결, 판정이 확정된 때부터 1년이 못되는 리혼사건인 경우

8. 소송행위를 계속할수 없는 특별한 사정이 6개월이 지나도록 없어지지 않을 경우 (신설)

제87조 (사건기각판정에 대한 상소)

재판준비단계에서 내린 사건기각판정에 대하여 의견이 있는 소송당사자는 판정서등본을 받은 날부터 10일안으로 한급 높은 재판소에 상소할 수 있다.

제88조 (사건을 재판심리에 넘기는 판정서의 작성)

판사는 재판준비가 충분히 되었다고 인정되면 사건을 재판심리에 넘기는 판정을 한다.

판정서에는 재판심리날자와 장소, 재판심리에 부를 증인, 감정인, 재판심리의 공개 또는 비공개정형 같은 것을 밝힌다.

제89조 (재판심리날자와 장소의 통지)

판사는 재판심리를 시작하기 7일전에 검사에게 해당 사건기록을 보내며 검사, 소송당사자 그밖의 소송관계자들에게 재판심리날자와 장소를 알려주어야 한다.

제90조 (소송행위와 관련한 통지방법)

재판소는 재판심리날자를 알리는 것을 비롯하여 소송행위와 관련한 통지를 서면으로 하며 통지서와 소송문건을 직접 본인에게 주거나 우편으로 보낸다.

제91조 (재판준비조서의 작성)

판사는 재판준비에서 한 행위에 대하여 조서를 만들어야 한다.

필요한 경우 재판준비에 재판서기를 참가시켜 조서를 만들게 할 수 있다.

## 제8장 재판심리

제92조 (재판소구성)

재판심리는 판사인 재판장과 인민참심원 2명으로 구성된 재판소가 한다.

신체기능장애자, 소재불명자, 로동교화형을 받고있는자를 상대로 제기된 리혼청구사건과 판결, 판정, 대외경제중재재결의 집행 또는 공증과 관련하여 제기된 사건의 심리는 판사 혼자서 할 수 있다.

**제93조 (한 사건의 재판심리성원)**

한 사건의 재판심리는 같은 재판소성원으로 한다.

재판심리를 하다가 재판소성원을 바꾸었을 경우에는 재판심리를 처음부터 다시 한다.

**제94조 (검사의 재판심리참가)**

재판심리에는 검사가 참가한다. 그러나 검사가 참가하지 못하였을 경우에도 재판심리를 할 수 있다.

**제95조 (재판장의 지위)**

재판장은 사건의 진상이 정확히 밝혀지도록 재판심리와 소송관계자들의 활동을 지휘하며 그들이 질서를 지키도록 통제한다.

**제96조 (재판심리의 시작)**

재판장은 재판심리를 시작한다는 것을 알린 다음 소송당사자를 확인한다.

**제97조 (결석심리, 사건기각)**

피고나 제기자 일방이 재판심리에 호출받고도 정당한 리유없이 참가하지 않았을 경우에는 피고나 제기자 일방의 참가없이 재판심리를 할 수 있다.

원고가 재판심리에 호출받고도 정당한 리유없이 참가하지 않았을 경우에는 사건을 기각한다. 이 경우 소송을 다시 제기할 수 있다.

{2007년 구법 제97조(재판심리의 변경) 소송당사자가 재판심리에 참가하지 않았을 경우에는 재판심리를 미룬다. 피고나 제기자 일방이 재판심리에 두 번 호출받고도 상당한 리유없이 참가하지 않았거나 자기가 참가하지 않은대로 재판심리를 하여 줄 것을 요청할 경우에는 립회인이 확인한 결석심리 신청서를 받고 피고나 제기자 일방의 참가없이 재판심리를 할 수 있다.}

**제98조 (소송상권리와 의무의 통고)**

재판장은 소송당사자에게 소송상권리와 의무를 알려준다.

**제99조 (증인, 감정인, 통역인, 해석인의 참가정형확인)**

재판장은 재판심리에 부른 증인, 감정인, 통역인, 해석인의 참가정형을 확인한다.

증인, 감정인이 참가하지 않았을 경우에는 검사와 소송당사자의 의견을 묻고 재판심리를 계속하거나 미룬다.

통역인, 해석인이 재판심리에 참가하지 않았을 경우에는 재판심리를 미룬다.

**제100조 (소송관계자의 의견청취)**

재판장은 소송관계자들에게 재판소성원과 검사, 재판서기, 감정인, 통역인, 해석인을 알려준 다음 그들을 바꾼데 대한 의견이 없는가를 묻고 제기된 문제를 해결한다.

**제101조 (새 증거, 다른 증거의 신청)**

재판장은 소송당사자에게 새로운 증거를 내거나 다른 증인을 부르거나 그밖의 신청이 없는가를 묻고 제기된 것이 있을 경우에는 그것을 해결한다.

**제102조 (소송당사자의 신청에 의한 재판심리중지)**

소송당사자의 신청에 의하여 새로운 증거의 수집 같은데 많은 시간이 요구될 경우에는 판정으로 재판심리를 미룬다.

**제103조 (사실심리의 시작)**

재판장은 사실심리를 시작한다는 것을 알린 다음 원고에게 주장하는 사실을 말하게 하고 피고에게 답변을 하게 한다.

**제104조 (사실심리순서의 결정)**

재판소는 검사의 의견을 묻고 사실심리순서를 정한다.

**제105조 (소송당사자의 심리순서)**

소송당사자에 대한 심리는 재판장, 인민참심원, 검사의 차례로 하며 그것이 끝나면 소송당사자에게 서로 질문하게 한다.

감정인은 재판장의 승인밑에 소송당사자에게 질문할 수 있다.

**제106조 (증인의 심리)**

증인에 대한 심리는 순서에 따라 1명씩 재판정에 불러다 한다.

재판장은 먼저 증인이 본인이 틀림없는가, 소송당사자와 어떤 관계에 있는가를 확인하고 거짓말을 하면 법적책임을 진다는 것을 알려준 다음 사건과 관련하여 알고있는 사실을 말하게 한다.

**제107조 (증인에 대한 소송당사자의 질문)**

재판장은 증인의 말이 끝나면 그 증인을 심리하여줄 것을 요구한 소송당사자에게 먼저 질문하게 하며 그 다음 상태편 당사자에게 질문하게 한다.

다른 소송관계자는 재판장의 승인을 받아 증인에게 질문할 수 있다.

재판소는 이미 심리한 증인을 다른 증인앞에서 다시심리하거나 증인을 맞대어 놓고 심리할 수 있다.

**제108조 (미성인증인의 심리)**

재판소는 미성인을 증인으로 심리할 경우 부모나 후견인 또는 교원 그밖의 보호자를 립회시켜야 한다.

**제109조 (재판심리를 미루는 경우의 증인심리)**

재판소는 재판심리를 미루는 경우 참가한 증인을 심리하고 다음번 재판심리에 부르지 않을수 있다.

**제110조 (심리받은 증인의 처리)**

증인은 재판심리가 끝나기 전에 정해진 장소를 떠날 수 없다.

재판장은 필요에 따라 소송관계자의 의견을 듣고 심리한 증인을 재판심리가 끝나기 전에도 보낼 수 있다.

**제111조 (수집, 보존한 증거의 검토)**

재판소는 이 법 제41조, 제52조에 따라 증거를 수집하였거나 증인을 심리한 경우 사실심리에서 그 조서를 읽고 검토하여야 한다.

**제112조 (증인심리의 중지)**

재판소는 사실이 명백히 밝혀진 경우 소송당사자와 검사의 의견을 묻고 증인에 대한 심리를 그만 둘수 있다.

**제113조 (감정인의 심리)**

감정인에 대한 심리는 먼저 그의 신분을 확인하고 감정결과를 말하게 한 다음 물어보는 방법으로 한다.

소송관계자는 재판장의 승인을 받아 감정인에게 물어볼수 있다.

감정인이 참가하지 않았을 경우에는 감정서를 읽고 검토하는 방법으로 한다.

**제114조 (감정의뢰, 재감정)**

재판소는 사실심리과정에 감정을 할 필요가 제기되거나 이미 한 감정을 다시 하여야 할 필요가 있을 경우 재판심리를 미루고 판정으로 감정을 맡긴다.

**제115조 (증거물, 증거문서의 심리)**

증거물과 증거문서에 대한 심리는 그것을 재판정에 내놓고 해당 당사자로부터 설명을 듣고 질문하는 방법으로 한다.

**제116조 (현장검증, 증거자료의 확인)**

재판장은 재판심리과정에 재판소의 위임에 의하여 현장을 검증하거나 현지에 나가 증거자료를 확인할 수 있다. 이 경우 조서를 만들며 그것은 재판심리에서 검토되여야 판결, 판정의 기초로 삼을수 있다.

**제117조 (재판심리과정에 나타난 사유의 해결)**

재판소는 재판심리과정에 이 법 제83조, 제85-86조에 지적된 사유가 나타났을 경우 그것을 심리하고 해당한 판정을 한다.

**제118조 (리혼사건심리에서 해결문제)**

재판소는 리혼사건을 심리할 경우 자녀양육과 관련한 문제 또는 가정재산을 가르는 문제를 함께 해결하여야 한다.

리혼당사자 일방에게 일정한 기간 부양을 필요로 할 경우에는 상대방의 부양의무문제도 해결하여야 한다.

**제119조 (소송비용부담문제의 심리)**

재판소는 소송비용과 그 부담문제를 심리하여야 한다.

**제120조 (인민참심원, 검사, 소송당사자의 보충질문)**

재판장은 인민참심원, 검사, 소송당사자에게 더 보충하여 물어보게 한다.

**제121조 (사실심리의 종결)**

재판장은 사건의 진상이 전면적으로 밝혀졌다고 인정되면 소송당사자, 인민참심원, 검사에게 사실심리를 끝마치는데 의견이 없는가를 묻고 인민참심원들과 합의한 다음 사실심리를 끝마친다는 것을 알린다.

제122조 (소송당사자, 검사의 의견청취)

재판장은 사실심리가 끝난 다음 소송당사자에게 말할 기회를 주며 검사에게 사건해결과 관련한 의견을 말하게 한다.

소송당사자가 사건해결에 본질적의의를 가지는 새로운 사실을 제기하였을 경우에는 사실심리를 다시 한다.

제123조 (재판심리종결의 통고, 판결채택의 합의)

재판장은 재판심리가 끝나면 그에 대하여 소송관계자들에게 알리고 판결을 채택하기 위하여 인민참심원들과 함께 합의실로 간다.

제124조 (재판심리조서의 작성)

재판서기는 재판이 끝날 날부터 3일안으로 다음과 같은 내용으로 재판심리조서를 만든다.

1. 재판심리날자와 재판소명칭
2. 재판소성원, 재판심리에 참가한 검사, 재판서기의 이름
3. 사건명
4. 재판심리장소, 재판심리의 공개 또는 비공개 정형
5. 소송당사자의 이름과 간단한 신분관계
6. 재판심리순서에 따라 재판소가 한 모든 행위
7. 소송관계자들이 제기한 의견과 그들이 한 말
8. 재판심리과정에 재판소가 내린 판정
9. 소송당사자가 마지막을 한 말
10. 검사의 의견

제125조 (재판심리조서에 대한 소송당사자, 검사의 의견과 그 처리)

소송당사자와 검사는 재판심리조서작성기간이 지난 다음날부터 5일안으로 조서를 볼수 있으며 조서에 빠진 것이 있거나 정확하지 못한 표현이 있을 경우 그것을 고칠데 대한 의견을 서면으로 제기할 수 있다.

재판장은 제기된 의견이 옳은 경우 판정으로 재판심리조서를 고치게 하며 부당할 경우 리유를 붙인 판정으로 거부한다.

{2007년 구법 제125조 소송당사자와 검사는 재판심리조서작성기간이 지난 다음날부터 5일안으로 조서를 볼수 있으며 조서에 빠진 것이 있거나 정확하지 못한 표현이 있을 경우 고칠데 대한 의견을 서면으로 제기할 수 있다. 재판장은 제기된 의견이 옳은 경우 판정으로 재판심리조서를 고치게 하며 부당한 경우에는 리유를 붙인 판정으로 거부한다.}

## 제9장 판결, 판정

제126조 (판결의 채택조건)

재판소는 재판심리에서 충분히 검토확인된 과학적인 증거에 기초하여 사건의 진상이 완전히 밝혀졌다고 인정되면 법의 요구에 맞게 판결을 채택한다.

판결의 채택에는 그 사건을 심리한 판사와 인민참심원만이 참가한다.

제127조 (판결채택에서 토의결정할 문제)

재판소는 판결을 채택할 경우 다음의 문제를 토의결정한다.

{2007년 구법 제127조 재판소는 판결을 채택할 경우에 다음의 문제를 토의결정한다.}

1. 소송당사자의 청구사실과 답변이 근거가 있는가.
2. 어느 법규범을 적용하며 청구를 어떻게 해결할것인가.
3. 증거물과 담보처분한 재산을 어떻게 해결할것인가.
4. 위법행위를 한자에게 어떤 제재를 줄것인가.
5. 소송비용을 누구에게 얼마나 부담시킬것인가.

제128조 (판결의 채택방법)

판결의 채택은 재판소성원들이 다수가결의 방법으로 한다.

다수의 의견에 동의하지 않는 판사 또는 인민참심원은 의견서를 낼수 있다. 의견서는 판결을 내릴 때 읽지 않는다.

제129조 (판결의 종류)

재판소는 다음과 같은 판결을 내린다.

1. 청구를 승인하는 판결
2. 청구를 거부하는 판결

제130조 (담보처분한 재산, 증거문서, 증거물의 처리)

재판소는 담보처분한 재산을 정확히 처리하여야 하며 증거문서, 증거물 가운데서 임자에게 돌려주지 말아야 할 것은 기록에 붙이거나 몰수하고 그밖의것은 임자에게 돌려주어야 한다.

증거물을 임자에게 돌려줄 경우에는 근거문건을 사건기록에 첨부하여야 한다.

{2007년 구법 제130조 2항 증거물을 임자에게 돌려줄 경우에는 근거문건을 사건기록에 붙여야 한다.}

제131조 (소송비용문제의 해결)

재판소는 소송비용을 다음과 같이 해결한다.

1. 소송비용은 원고의 청구를 승인한 경우 피고에게, 거부한 경우 원고에게 부담시킨다.
2. 이 법 제68조에 규정된 사건의 청구가 승인된 경우에는 국가수수료를 피고에게 물릴수 있다.
3. 소송당사자들의 요구에 따라 1호에 관계없이 원고 또는 피고에게 소송비용의 일부 또는 전부를 부담시킬수 있다.

제132조 (판결의 채택날자)

판결은 재판심리가 끝나는 날에 내린다.

제133조 (판결서의 내용)

판결서에는 다음과 같은 내용을 밝힌다.

1. 재판심리날자와 재판소명칭
2. 재판소성원, 재판심리에 참가한 검사, 재판서기의 이름
3. 사건명과 재판심리장소, 재판심리의 공개 또는 비공개정형
4. 소송당사자의 이름과 간단한 신분관계
5. 원고의 청구사실과 피고의 답변
6. 재판소가 인정한 사실과 증거
7. 판결에서 의거한 법규범
8. 청구의 승인 또는 거부에 대한 결론
9. 담보처분한 재산과 증거물의 처리정형
10. 소송비용의 부담
11. 판결, 판정의 집행방법과 상소, 항의 절차

### 제134조 (판결의 선고)

판결은 조선민주주의인민공화국의 이름으로 선고한다.

### 제135조 (재판심리과정에 발견한 위법행위에 대한 제재)

재판소는 재판심리과정에 리혼당사자와 사건관계자가 법질서를 어기고 가정불화를 일으키면서 사회적분위기를 흐리게 한것을 비롯한 위법행위가 있을 경우 해당한 제재를 가할데 대한 조치를 취할 수 있다.

위법행위를 한 리혼당사자나 사건관계자가 재판심리에 참가하지 않아 해당한 제재를 줄수 없을 경우에는 구인판정을 하며 도주 같은 부득이한 사유로 구인판정을 집행할수 없을 경우에는 위법자료를 해당 인민보안기관에 넘겨 처리한다.

위법행위의 정상이 엄중할 경우에는 형사사건으로 처리할데 대한 판정을 하고 위법자료를 검사 또는 해당 수사기관에 넘겨준다.

(2007년 구법 제135조 2항 위법행위의 정상이 엄중할 경우에는 형사책임을 추궁할데 대한 판정을 한다.)

### 제136조 (판정으로 채택할 대상)

다음의 경우에는 판정으로 해결한다.

1. 사건을 이송하거나 소송당사자를 바꾸는 경우
2. 판사가 혼자서 사건을 해결하거나 재판준비단계에서 사건처리를 끝맺는 경우
3. 재판심리절차상문제를 해결하는 경우
4. 소송관계자의 신청을 해결하는 경우
5. 재판심리과정에 발견한 위법행위에 대하여 제재를 가하는 경우
6. 대외경제중재기관의 재결집행신청을 해결할 경우

**제137조 (판정의 채택절차)**

판정의 채택은 판결의 채택절차에 따른다.

재판심리절차와 관련된 간단한 문제를 처리하는 판정은 재판심리조서에 적어넣는 방법으로 한다.

**제138조 (제1심재판소 판결, 판정의 취소금지와 변경)**

제1심재판소는 이미 내린 판결, 판정을 취소할수 없다. 그러나 이 법 제136조 4호에 해당한 판정과 자녀양육당사자결정, 자녀양육비, 부양료청구와 관련하여 내린 확정된 판결, 판정은 고칠수 있다.

**제139조 (제1심재판소의 판결, 판정에 대한 상소, 항의)**

소송당사자와 재판에서 법적제재를 받은자 또는 검사는 제1심재판소의 판결, 판정에 대하여 의견이 있을 경우 상소, 항의를 할 수 있다.

{2007년 구법 제139조(제1심재판소 판결, 판정에 대한 상소 항의) 1항 소송당사자 또는 검사는 제1심재판소의 판결, 판정에 대하여 의견이 있을 경우에 상소, 항의를 할 수 있다.}

상소, 항의가 제기되면 그 판결, 판정은 집행되지 않는다.

최고재판소의 판결, 판정에 대하여서는 상소, 항의할수 없다.

{2007년 구법 제139조(제1심재판소 판결, 판정에 대한 상소, 항의) 3항 중앙재판소의 판결, 판정에 대하여서는 상소, 항의할수 없다.}

**제140조 (상소, 항의기간)**

상소, 항의는 판결서, 판정서의 등본을 받은 날부터 10일안으로 한다.

판결서, 판정서의 등본은 판결, 판정을 내린 날부터 2일안으로 소송당사자와 법적제재를 받은 자, 검사에게 준다.

리혼당사자들사이에 국가소유의 살림집리용권과 관련한 분쟁이 제기될 경우 재판소는 판결서등본에 의견을 밝혀 해당 인민정권기관에 보낸다.

{2007년 구법 제140조 2항 판결서, 판정서의 등본을 판결, 판정을 내린 날부터 2일안으로 소송당사자와 검사에게 준다.}

**제141조 (상소, 항의절차)**

상소, 항의를 하려는 소송당사자와 재판에서 법적제재를 받은 자 또는 검사는 상소장이나 항의서를 판결, 판정을 내린 제1심재판소에 내야 한다.

상소장, 항의서에는 상소, 항의의 리유와 요구를 적어야 하며 제1심재판소에 제출하지 못한 자료도 밝힐수 있다.

상소장에는 국가수수료납부증을 첨부한다.

{2007년 구법 제141조 1항 상소, 항의를 하려는 소송당사자 또는 검사는 상소장이나 항의서를 판결, 판정을 내린 제1심재판소에 내야 한다.}

**제142조 (상소장, 항의서의 처리)**

제1심재판소는 상소, 항의기간이 지나면 상소장, 항의서를 해당 사건기록과 함께 5일안으로 한급 높은 재판소에 보내야 한다.

### 제143조 (항의의 취소)

검사의 항의가 부당하다고 인정한 한급 높은 검찰소검사는 그 항의를 취소할 수 있다.

### 제144조 (상소의 취소)

제1심재판소의 판결, 판정에 대하여 상소한 소송당사자는 제2심재판이 시작되기 전까지 그것을 취소할 수 있다.

### 제145조 (판결의 확정)

판결은 다음과 같은 경우에 확정된다.

{2007년 구법 제145조 판결은 다음과 같은 때에 확정된다.}

1. 상소, 항의가 없이 그 기간이 지난 경우
2. 상소, 항의가 있었으나 제2심재판소가 제1심재판소의 판결을 지지한 경우
3. 상소, 항의할수 없는 판결을 내린 경우

## 제10장 제2심재판

### 제146조 (제2심재판의 임무)

제2심재판에서는 상소, 항의자료와 사건기록에 근거하여 제1심재판소의 판결, 판정이 법의 요구에 맞으며 과학적인 증거에 기초하였는가를 전면적으로 검토하고 잘못된 것을 바로잡는다.

### 제147조 (제2심재판소의 구성)

제2심재판은 판사 3명으로 구성된 재판소가 한다.

제2심재판에는 소송당사자와 재판에서 법적제재를 받은자, 검사가 참가한다. 그러나 소송당사자나 재판에서 법적제재를 받은자 또는 검사가 참가하지 않았을 경우에도 재판심리를 할 수 있다.

{2007년 구법 제147조 2항 제2심재판에는 소송당사자와 검사가 참가한다. 그러나 소송당사자나 검사가 참가하지 않았을 경우에도 재판심리를 할 수 있다.}

재판심리날자는 제2심재판을 시작하기 3일전까지 검사와 소송당사자 재판에서 법적제재를 받은 자에게 알린다.

{2007년 구법 제147조 3항 재판심리날자는 제2심재판을 시작하기 3일전까지 검사와 소송당사자에게 알린다.}

### 제148조 (제2심재판절차)

제2심재판은 판사가 사건보고를 하고 제기된 내용을 검토한 다음 소송당사자와 재판에서 법적제재를 받은자 또는 검사의 의견을 듣는 방법으로 한다.

{2007년 구법 제148조 제2심재판은 판사가 사건보고를 하고 제기된 내용을 검토한 다음 소송당사자와 검사의 의견을 듣는 방법으로 한다.}

### 제149조 (소송당사자에 대한 질문 사실심리의 금지)

제2심재판소와 검사는 제1심재판기록과 제출된 상소, 항의 자료에 기초하여 소송당사자와 재판에서 법적제재를 받은자에게 물어볼수 있다. 그러나 사건에 대한 사실심리는 할수 없다.

{2007년 구법 제149조 제2심재판소와 검사는 제1심재판기록과 제출된 상소, 자료에 기초하여 소송당사자에게 물어볼수 있다. 그러나 사건에 대한 사실심리는 할수 없다.}

제150조 (제1심재판소 판결, 판정의지지)

제2심재판소는 제1심재판소의 판결, 판정이 옳게 내려졌다고 인정되면 그것을 지지하고 상소, 항의를 거부하는 판정을 한다.

제151조 (제1심재판소 판결, 판정의 수정)

제2심재판소는 제1심재판소에서 새로운 증거수집이나 조사를 더 할 필요가 없을 정도로 사실사정을 명백히 밝혀놓고도 판결, 판정을 정확히 내리지 못하였을 경우에는 그것을 고칠수 있다.

제152조 (사건의 반송)

제2심재판소는 다음과 같은 경우 제1심재판소의 판결, 판정을 취소하고 그 사건을 다시 심리할데 대한 판정을 하여 제1심재판소의 재판준비단계 또는 재판심리단계에 보낸다.

1. 재판소구성에서 법을 어긴 경우
2. 사건해결에 본질적의의를 가지는 사실을 밝히지 않았을 경우
3. 재판심리에서 증거를 조사검토하지 않았거나 밝혀지지 않은 사실에 기초하였을 경우
4. 소송당사자에게 소송상권리를 보장하여주지 않았거나 소송당사자로 될수 없는자를 원고 또는 피고로 하여 사건을 처리한 경우

제153조 (제1심재판소 판결, 판정의 취소, 사건의 기각)

제2심재판소는 재판심리과정에 이 법 제86조의 사유를 발견하였을 경우 제1심재판소의 판결, 판정을 취소하고 사건을 기각하는 판정을 한다.

제154조 (제1심재판소 판결, 판정의 부족점해결)

제2심재판소는 제1심재판소의 판결, 판정을 취소하지 않을 경우에도 제1심재판의 부족점을 지적하는 판정을 따로 할 수 있다.

제155조 (제2심재판소의 판정에 대한 상소, 항의금지)

제2심재판소의 판정에 대하여서는 상소, 항의할수 없다.

## 제11장 비상상소

제156조 (비상상소의 대상)

확정된 판결, 판정이 법의 요구에 어긋났을 경우 그것을 바로잡는 것은 비상상소의 절차로 한다.

제157조 (비상상소의 제기사유)

비상상소는 사전 기록에 법을 본질적으로 어겼다는 것이 나타났을 경우 언제든지 할 수 있다.

제158조 (비상상소의 제기자)

비상상소는 최고재판소 소장 또는 최고검찰소 소장이 최고재판소에 제기한다.

{2007년 구법 제158조 비상상소는 중앙재판소 소장 또는 중앙검찰소 소장이 중앙재판소에 제기한다.}

### 제159조 (비상상소제기자의 권한)

최고재판소 소장 또는 최고검찰소 소장은 비상상소를 제기하기 위하여 어느 재판소에서 처리한 사건이든지 기록을 요구하며 그 사건에 대한 판결, 판정의 집행을 정지시킬수 있다.

최고재판소의 판결, 판정에 대하여서는 그 집행을 정지시킬수 없다.

{2007년 구법 제159조 중앙재판소 소장 또는 중앙검찰소 소장은 비상상소를 제기하기 위하여 어느 재판소에서 처리한 사건이든지 기록을 요구하며 그 사건에 대한 판결, 판정의 집행을 정지시킬수 있다.

중앙재판소의 판결, 판정에 대하여서는 그 집행을 정지시킬수 없다.}

### 제160조 (비상상소제기를 위한 사건기록의 요구)

재판소와 검찰소는 비상상소의 제기를 신청하기 위하여 자기 관할안에서 처리된 사건기록을 요구할 수 있다.

사건기록에서 비상상소제기의 사유를 발견하였을 경우에는 해당한 의견을 붙여 최고재판소 소장 또는 중앙검찰소 소장에게 보내며 그 사유를 발견하지 못하였을 경우에는 사건기록을 해당 재판소에 돌려보낸다.

{2007년 구법 제160조 2항 사건기록에서 비상상소제기의 사유를 발견하였을 경우에는 해당한 의견을 붙여 중앙재판소 소장 또는 중앙검찰소 소장에게 보내며 그 사유를 발견하지 못하였을 경우에는 사건기록을 해당 재판소에 돌려보낸다.}

### 제161조 (비상상소제기의 신청)

소송당사자와 사건해결에 리해관계가 있는자는 해당 재판소 또는 검찰소에 비상상소를 제기하여 줄 것을 신청할 수 있다.

### 제162조 (비상상소사건심리재판소의 구성)

최고재판소이외의 모든 재판소의 판결, 판정에 대한 비상상소사건은 최고재판소 판사 3명으로 구성된 재판소에서, 최고재판소의 판결, 판정에 대한 비상상소사건은 최고재판소 판사회의에서 심리해결한다.

{2007년 구법 제162조 중앙재판소이외의 모든 재판소의 판결, 판정에 대한 비상상소사건은 중앙재판소 판사 3명으로 구성된 재판소에서, 중앙재판소의 판결, 판정에 대한 비상상소사건은 중앙재판소 판사회의에서 심리해결한다.}

### 제163조 (최고재판소 판사회의)

최고재판소 판사회의는 최고재판소 소장, 부소장, 판사들로 구성한다.

{2007년 구법 제163조(중앙재판소 판사회의) 1항 중앙재판소 판사회의는 중앙재판소 소장, 부소

장, 판사들로 구성한다.}

판사회의는 그 성원전원의 3분의 2이상이 참가하여야 성립되며 판정은 참가한 성원의 다수가결로 채택한다.

판사회의의 집행은 최고재판소 소장이 한다.

{2007년 구법 제163조(중앙재판소 판사회의) 3항 판사회의의 집행은 중앙재판소 소장이 한다.}

제164조 (검사의 비상상소사건심리참가)

최고재판소 판사회의에는 최고검찰소 소장이 참가한다.

최고재판소의 판사 3명으로 구성된 재판소의 비상상소사건의 심리에는 최고검찰소 검사가 참가한다.

비상상소사건의 심리날자는 3일전에 최고검찰소에 알린다.

{2007년 구법 제164조 중앙재판소 판사회의에는 중앙검찰소 소장이 참가한다.

중앙재판소의 판사 3명으로 구성된 재판소의 비상상소사건의 심리에는 중앙검찰소 검사가 참가한다.

비상상소사건의 심리날자는 3일전에 중앙검찰소에 알린다.}

제165조 (비상상소사건의 심리 및 처리)

비상상소사건의 심리는 사건보고를 하고 제기된 자료를 검토한 다음 최고검찰소 소장 또는 검사의 의견을 듣는 방법으로 한다.

{2007년 구법 제165조(비상상소사건의 심리) 1항 비상상소사건의 심리는 사건보고를 하고 제기된 자료를 검토한 다음 중앙검찰소 소장 또는 검사의 의견을 듣는 방법으로 한다.}

비상상소사건은 판정으로 해결한다.

비상상소사건을 심리한 최고재판소는 이 법 제150조-제154조에 따라 민사사건을 처리한다. (신설)

제166조 (집행한 재산의 처리)

최고재판소는 확정된 판결, 판정이 비상상소에 의하여 변경, 취소된 경우 집행한 재산에 대한 처리문제를 해결하여야 한다.

{2007년 구법 제166조 중앙재판소는 확정된 판결, 판정이 비상상소에 의하여 변경, 취소된 경우 집행한 재산에 대한 처리문제를 해결하여야 한다.}

## 제12장 재 심

제167조 (재심의 제기사유)

재심은 다음과 같은 새 사실이 나타났을 경우 확정된 판결, 판정을 바로 잡기위하여 한다.

1. 판결, 판정의 기초로 삼았던 증거가 거짓이였다는 것이 확증된 경우

2. 판결, 판정에 영향을 줄수 있는 사실이 재판이 끝난 다음에 알려진 경우

3. 소송당사자 또는 재판소성원이 사건해결에 영향을 줄수 있는 위법행위를 하였다는 것이 확증된 경우

4. 이미 취소된 판결, 판정이나 국가기관의 결정, 지시에 근거하여 판결, 판정을 내렸다는 것이 확

증된 경우

**제168조 (재심의 제기자)**

재심은 최고재판소 소장 또는 최고검찰소 소장이 최고재판소에 제기한다.

{2007년 구법 제168조 재심은 중앙재판소 소장 또는 중앙검찰소 소장이 중앙재판소에 제기한다.}

**제169조 (재판소와 검찰소의 재심신청)**

재판소와 검찰소는 필요한 경우 재심의 제기를 신청할 수 있다.

재심의 제기신청은 한급 높은 재판소 또는 검찰소에 한다.

**제170조 (소송당사자, 제3자의 재심신청)**

소송당사자 또는 리해관계를 가지는 제3자는 재심을 제기하여줄 것을 해당 재판소 또는 검찰소에 신청할 수 있다.

재심제기신청은 해당 사유를 안 날부터 3개월안으로 하며 신청서에는 증거자료를 첨부하여야 한다.

**제171조 (재심신청의 조사처리)**

재심제기신청을 받은 재판소 또는 검찰소는 1개월안으로 필요한 조사를 하고 그 리유가 정당할 경우 해당한 의견을 붙여 최고재판소 또는 최고검찰소에 보내며 부당할 경우 판정 또는 결정으로 거부한다.

{2007년 구법 제171조 재심제기신청을 받은 재판소 또는 검찰소는 1개월안으로 필요한 조사를 하고 그 리유가 정당할 경우 해당한 의견을 붙여 중앙재판소 또는 중앙검찰소에 보내며 부당할 경우 판정 또는 결정으로 거부한다.}

**제172조 (재심재판소의 구성)**

재심사건은 최고재판소 판사 3명으로 구성된 재판소가 심리해결한다.

재심사건의 심리에는 최고검찰소 검사가 참가한다.

최고재판소는 재심사건의 심리날자를 3일전에 최고검찰소에 알린다.

{2007년 구법 제172조 재심사건은 중앙재판소 판사 3명으로 구성된 재판소가 심리해결한다. 재심사건의 심리에는 중앙검찰소 검사가 참가한다. 중앙재판소는 재심사건의 심리날자를 3알전에 중앙검찰소에 알린다.}

**제173조 (재심사건의 심리절차)**

재심사건의 심리는 사건보고를 하고 재심제기사유를 검토한 다음 최고검찰소 검사의 의견을 듣는 방법으로 한다.

{2007년 구법 제173조 재심사건의 심리는 사건보고를 하고 재심제기사유를 검토한 다음 중앙검찰소 검사의 의견을 듣는 방법으로 한다.}

**제174조 (재심사건의 처리)**

재심사건을 심리한 중앙재판소는 재심제기의 사유가 정당한 경우 확정된 판결, 판정을 취소하고 사건을 제1심재판소에 보내여 다시 심리하게 하거나 직접 사건을 기각한다.

재심제기가 부당하다고 인정될 경우에는 그것을 거부한다.

## 제13장 판결, 판정의 집행

### 제175조 (판결, 판정의 집행시기)

판결, 판정의 집행은 그것이 확정된 다음 재판소 집행원이 한다.

기관, 기업소, 단체와 공민은 판결, 판정을 집행하기 위한 집행원이 요구에 응해야 한다.

판결, 판정의 집행을 방해하거나 그에 반항하는 경우 집행원은 인민보안기관에 판결, 판정집행의 보장을 의뢰할 수 있다.

### 제176조 (집행문발급과 그 처리)

재산청구에 대한 판결, 판정이 확정되면 그 판결, 판정을 내린 재판소의 판사는 자기의 결심 또는 소송당사자, 검사의 신청에 따라 집행문을 발급한다.

집행문발급에 대한 신청은 판결, 판정이 확정된 날부터 2개월안으로 하여야 한다.

집행원은 집행문을 받은 날부터 1개월안으로 그것을 처리하여야 한다.

### 제177조 (의무자의 재산집행참가)

집행원은 집행행위를 할 경우 3일전에 검사에게 알리고 의무자를 참가시켜야 한다.

의무자는 집행할 재산에 대하여 지적할 수 있다.

### 제178조 (기관, 기업소, 단체의 재산집행)

기관, 기업소, 단체의 재산에 대한 집행은 해당 은행을 통하여 한다.

해당 은행은 집행문을 받은 날부터 10일안으로 집행하고 그 정형을 집행원에게 알려야 한다.

재판소는 기관, 기업소, 단체가 집행문을 받은 날부터 1개월안으로 채무를 리행하지 않을 경우 채무를 리행할 때까지 판정으로 그 기관, 기업소, 단체의 돈자리를 동결시킬수 있다. (신설)

### 제179조 (집행의 중지)

판사는 다음의 경우 집행을 일정한 기간 중지시킬수 있다.

1. 빚을 물어야 할자에게 고려하여야 할 사정이 있을 경우
2. 공민인 소송당사자가 서로 합의하여 집행의 중지를 신청하였을 경우
3. 재산이 없어서 집행 할수 없는 경우

### 제180조 (집행한 재산의 처리, 집행조서의 작성)

집행원은 집행이 끝난 다음 해당 절차에 따라 집행한 재산을 권리자에게 넘겨주며 집행조서를 판사에게 주어야 한다.

### 제181조 (집행사건의 기각)

재판소는 다음의 경우 집행사건을 기각한다.

{2007년 구법 제181조 재판소는 다음과 같은 경우 집행사건을 기각한다.}

1. 집행문발급의 기초로 된 판결, 판정이 취소된 경우
2. 정해진 기간이 지난 후 집행을 신청하였을 경우
3. 공민인 소송당사자가 집행에 대한 신청을 포기하였을 경우

제182조 (집행행위에 대한 의견제기와 그 처리)

집행원의 집행행위에 대하여 의견이 있는 소송당사자 또는 리해관계를 가지는 제3자는 집행원이 속한 재판소에 의견을 제기할 수 있다.

의견을 제기받은 재판소는 15일안으로 신청자를 참가시키고 그것을 심리해결하여야 한다.

재판소의 판정에 대하여 의견이 있는 소송당사자는 한급 높은 재판소에 상소할 수 있다.

# 조선민주주의인민공화국 손해보상법

주체90(2001)년 8월 22일 최고인민회의 상임위원회 정령 제2513호로 채택
주체94(2005)년 4월 19일 최고인민회의 상임위원회 정령 제1083호로 수정보충

## 제1장 손해보상법의 기본

제1조(손해보상법의 사명)

조선민주주의인민공화국 손해보상법은 재산이나 인신을 침해하여 발생한 손해의 보상에서 제도와 질서를 엄격히 세워 기관, 기업소, 단체와 공민의 민사상권리와 리익을 보호하는데 이바지한다.

제2조(허물있는자의 손해보상원칙)

국가는 기관, 기업소, 단체와 공민의 재산이나 인신을 침해한데 대하여 허물있는 자에게 해당한 손해를 보상하도록 한다.

제3조(손해의 완전보상원칙)

국가는 기관, 기업소, 단체와 공민의 재산이나 인신을 침해하여 줄어들었거나 늘지 못하게 된 손해를 완전 보상하도록 한다.

제4조(커지는 손해를 막을데 대한 원칙)

재산이나 인신의 침해로 발생된 손해가 커지는 것을 가능한 조건에서 막는 것은 피해자의 의무이다. 이 의무를 어겨 늘어난 손해에 대한 피해자의 보상청구권은 그만큼 제한된다.

손해가 늘어나는 것을 막는데 들인 피해자의 비용은 손해보상액에 첨가할 수있다.

제5조(보관관리자의 손해보상원칙)

맹수나 폭발성, 인화성, 방사성물질같이 높은 주의를 돌려 보관관리해야 할 대상에 의하여 끼쳐진 손해에 대하여서는 보관관리할 의무를 진 자에게 허물이 없어도 보상책임을 지운다.

피해자의 고의나 중대한 과실 또는 어찌할 수 없는 사유로 발생된 손해에 대하여서는 보관 관리할 의무를 진 자에게 보상책임을 지우지 않는다.

제6조(재산담보처분의 청구원칙)

재산이나 인신을 침해당한 자는 손해보상을 담보받기 위하여 재판기관에 침해한 자의 재산을 담보처분할 데 대한 청구를 할 수 있다.

재산을 담보처분한 것이 근거가 없는것으로 확정되면 그것을 청구한자는 담보 처분으로 입은 손해에 대하여 보상한다.

제7조(행정적, 형사적책임을 지는자를 대상한 손해보상청구원칙)

재산이나 인신을 침해하여 손해를 준 자가 행정적 또는 형사적책임을 진다하더라도 피해자는 손해보상을 청구할 수 있다.

제8조(법이 규제대상)

조선민주주의인민공화국 손해보상법은 기관, 기업소, 단체와 공민의 재산이나인신을 불법적으로 침해하여 발생한 손해의 보상원칙과 질서를 규제한다.

계약에 기초한 민사거래에서 발생한 손해의 보상은 해당 법규에 따른다.

## 제2장 손해보상관계의 당사자

제9조(손해보상관계 당사자의 자격)

손해보상관계의 당사자에는 재산이나 인신이 침해된 데 대하여 손해보상청구권을 가진자와 손해보상의무를 진 자가 속한다.

손해보상청구권자로는 피해를 입은 기관, 기업소, 단체와 공민 또는 그 권리의 계승인이, 손해보상의무를 진 자로는 피해를 끼친 기관, 기업소, 단체와 공민 또는 그 의무의 계승인이 된다.

제10조(해산, 병합, 분리의 손해보상청구권자)

해산되는 기관, 기업소, 단체의 손해보상청구권자로는 청산인이, 병합, 분리되는 기관, 기업소, 단체의 손해보상청구권자로는 그 권리를 넘겨받는 기관, 기업소, 단체가 된다.

사망하였거나 소재불명된 공민의 손해보상청구권은 그의 상속인 또는 재산관리자가 가진다.

제11조(대리인의 손해보상청구권)

손해보상청구권자는 대리인을 통하여 청구권을 행사할 수 있다.

행위무능력자의 손해보상청구권은 부모나 후견인이 행사한다.

제12조(손해보상청구권의 포기, 양도, 채무의 상쇄)

손해보상청구권자는 청구권을 포기, 양도하거나 청구액을 줄이거나 자기의 채무와 상쇄할 수 있다.

손해보상청구권자가 기관, 기업소, 단체일 경우에는 앞항을 적용하지 않는다.

제13조(행위무능력자의 손해보상)

행위무능력자가 재산이나 인신을 침해하여 발생한 손해의 보상의무는 부모나 후견인이 진다. 이 경우 후견인은 자기 재산이나 관리하고 있는 행위무능력자의 재산으로 보상한다.

부모나 후견인의 통제에서 벗어난 행위무능력자의 손해보상의무는 그를 통제할 기관, 기업소, 단체가 진다.

제14조(부분적행위능력자의 손해보상)

재산이나 인신을 침해한 부분적 행위능력자는 발생한 손해의 보상의무를 진다.

그러나 지불능력의 범위를 벗어난 손해에 대한 보상의무는 부모나 후견인이 진다.

제15조(소재불명자, 사망자의 손해보상)

소재불명되였거나 사망한자의 손해보상의무는 재산관리인 또는 상속인이 진다.

이 경우 관리하고있거나 상속받은 재산의 범위에서 손해를 보상한다.

제16조(직무집행자의 손해보상)

기관, 기업소, 단체의 성원이 고정적으로 또는 림시적으로 맡은 직무를 수행하는 과정에 재산이나 인신을 침해하여 발생한 손해의 보상의무는 그가 속한 기관, 기업소, 단체가 진다.

기관, 기업소, 단체는 손해를 보상한 다음 자기 성원을 상대로 허물정도에 따라 손해보상을 요구할 수 있다.

제17조(집짐승피해에 의한 손해보상의 의무)

집짐승이 남의 재산이나 인신을 침해한데 대한 손해보상의무는 임자나 관리자가 진다. 그러나 피해자에게 허물이 있을 경우에는 보상을 적게 하거나 하지 않을 수 있다.

제18조(손해보상몫을 구분할수 없을 경우의 손해보상)

여러 가해자들의 연관된 행위로 손해보상몫을 구분할 수 없을 경우 손해보상청구권자는 임의의 가해자에게 손해의 전부보상을 요구할 수 있다.

손해를 보상한 자는 다른 가해자를 상대로 해당 몫의 보상을 요구할 수 있다.

## 제3장 재산침해에 대한 보상책임

제19조(재산침해에 대한 보상책임의 기본요구)

재산침해에 대한 보상책임은 금액으로 계산할 수 있는 재산상 손해에 대하여서만 진다.

금액으로 계산할 수 없는 대상에 대하여서는 재판기관이 정한데 따른다.

제20조(토지침해의 보상)

농경지 같은 토지를 침해한 자는 원상복구하고 그것으로 발생된 손해에 대하여 보상한다.

침해된 토지의 원상복구범위와 손해보상의 계산은 국토감독기관 또는 농업지도 기관이 한다.

제21조(산림침해의 보상)

산림을 람도벌하였거나 산불을 일으킨 자는 산림자원의 값과 새로운 산림자원을 조성하는 데 필요한 비용을 보상한다.

산림자원의 값과 새로운 산림자원을 조성하는데 필요한 비용은 산림경영지도기관이 정한다.

제22조(금지된 대상침해의 보상)

금지된 기간이나 구역에서 금지된 대상의 동식물을 사냥, 채취하였거나 줄어들게 한 자는 해당한 손해를 보상한다.

손해보상액은 국토감독기관이 정한다.

**제23조(농작물침해의 보상)**

농작물을 침해한 자는 경작에 들인 비용을 보상한다.

손해보상액은 농업지도기관이 정한다.

**제24조(명승지, 천연기념물파손의 보상)**

명승지, 천연기념물을 파손시킨 자는 해당한 손해를 보상한다.

손해보상액은 명승지, 천연기념물보호지도기관이 정한다.

**제25조(지하자원침해의 보상)**

지하자원을 비법적으로 채취한 자는 그 값을 보상한다.

지하자원의 값은 채취공업지도기관이 정한다.

**제26조(수산자원침해의 보상)**

양어, 양식하는 수산자원을 침해한자는 수산자원의 값이나 양어, 양식에 들인비용을 보상한다.

금지된 수역에서 어로작업을 하였거나 정해진 어종, 어획량, 어로기간, 어로방법을 어긴 자는 해당한 손해를 보상한다.

손해보상액은 수산지도기관 또는 국토감독기관이 정한다.

**제27조(환경오염의 보상)**

정해진 환경보호기준을 초과하여 미광, 버림물, 유해가스 같은 것을 내보내었거나 기름을 유출시켜 대기, 물, 토양을 오염시킨 자는 해당한 손해를 보상한다.

손해보상의무자와 손해보상액은 환경보호감독기관이 정한다.

**제28조(건물, 시설물파손의 보상)**

건물이나 시설물을 파손시켰거나 그 리용을 방해한 자는 원상복구에 필요한 비용과 그 침해로 제3자에게 끼친 손해를 보상한다.

손해보상액은 해당 감독기관이 정한다.

**제29조(전도장치, 기계설비파손의 보상)**

전도장치, 기계설비, 운수수단 같은 재산을 파손시킨 자는 원상복구에 필요한비용과 그 침해로 제3자에게 끼친 손해를 보상한다.

손해보상액은 해당 감독기관이 정한다.

**제30조(문화유물파손의 보상)**

문화유물을 파손시켰거나 도굴, 밀매, 훔친자는 해당한 손해를 보상한다.

손해보상액은 문화유물보존지도기관이 정한다.

**제31조(원료, 자재침해의 보상)**

원료, 자재, 반제품 같은 것을 못쓰게 만들었거나 유용하였거나 훔친자는 재산의 값과 그 침해로 발생한 경영상 손실을 보상한다.

손해보상액은 가격제정기관이 정한다.

**제32조(상품, 비료 같은 재산침해의 보상)**

상품, 비품, 도서, 농토산물, 집짐승 같은 재산을 침해한 자는 해당한 손해를 보상한다.

손해보상은 재산이 침해되기 전의 소매 또는 수매가격, 판매실현이 가능했던 가격으로 한다.

**제33조(보험재산침해의 보상)**

보험에 든 재산을 침해당한자는 보험보상금으로 충당되지 않은 손해에 대하여 가해자에게 보상을 요구할 수 있다.

보험보상금을 지불한 보험기관은 가해자로부터 해당한 금액을 보상받을 수 있다.

**제34조(남은 보장재산의 소유)**

침해한 재산의 값을 전부 보상한 가해자는 그 재산의 남은 가치분에 대한 소유권을 가진다.

**제35조(채권증권, 신용결제증권침해의 보상)**

저금, 보험 같은 채권증권이나 행표, 수형 같은 신용결제증권의 거래를 침해하였거나 그것을 위조한 자는 해당한 손해를 보상한다.

증권침해로 발생한 손해가운데 피해자의 허물이 있을 경우 손해보상청구권은 그만큼 제한된다.

**제36조(저작권침해의 보상)**

저작권을 침해하여 재산상 손실을 준 자는 해당한 손해를 보상한다.

저작물의 심의, 편집하면서 알게 된 내용을 자기 이름으로 발표하였거나 모방한 것이 증명될 경우에도 해당한 손해를 보상한다.

손해보상액은 저작권지도기관이 정한다.

**제37조(발명, 특허권침해의 보상)**

발명, 특허권을 침해하여 재산상 손실을 준자는 해당한 손해를 보상한다.

다른 사람의 과학기술적 발명자료를 도용하여 자기 이름으로 발표하였거나 제3자에게 넘겨주어 발명, 특허권을 받게 하였다는 것이 증명될 경우에도 그 손해를 보상한다.

손해보상액은 발명권지도기관이 정한다.

**제38조(상표권, 공업도안권침해의 보상)**

상표, 공업도안, 기업이름 같은 것과 관련한 권리를 침해하여 손해를 준 자는 해당한 손해를 보상한다. 이 경우 상표나 공업도안, 기업이름 같은 것은 해당기관에 등록된 것이어야 한다.

**제39조(불가피한 재산침해의 보상)**

기관, 기업소, 단체와 공민의 재산을 구원하기 위하여 불가피하게 재산을 침해한 경우에는 구원된 재산의 비율에 따라 그 임자들이 손해를 보상한다. 이 경우 구원된 재산량은 침해된 재산량보다 커야 한다.

## 제4장 인신침해에 대한 보상책임

### 제40조(인신침해에 대한 보상책임의 기본요구)

인신침해에 대한 보상책임은 사람의 건강이나 생명을 침해하여 끼친 손해에 대하여 진다.

사람의 자유를 구속하였거나 인격, 명예를 침해하여 정신적 고통을 준 경우에도 손해보상책임을 진다.

### 제41조(건강침해의 보상)

사람의 건강을 침해한 자는 치료비나 노동에 참가하지 못하여 끼친 수입손실액을 보상한다.

건강회복을 위한 치료를 의료기관에서 무상으로 한데 대한 치료비는 해당 기관이 받아 국고에 납부한다.

### 제42조(로동능력상실의 보상)

노동능력의 일부 또는 전부를 상실시킨 자는 건강회복을 위한 치료비와 수입손실액, 피해자의 부양을 받던자의 부양료를 보상한다.

### 제43조(수입손실액, 부양료의 보상)

수입손실액에 대한 손해보상은 피해자의 노동능력이 회복될 때까지 한다.

부양료에 대한 보상은 미성인인 경우 노동능력을 가질 때까지, 부양을 계속 받아야 할 자는 사망할 때까지 한다.

### 제44조(사망의 보상)

인신침해로 피해자를 사망에 이르게 하였을 경우에는 생전치료비, 장례비, 부양료 같은 것을 보상한다.

### 제45조(양도할수 없는 손해보상청구권)

인신침해로 발생한 손해보상청구권은 양도할 수 없다.

### 제46조(보상하지 않는 인신피해)

자신이나 제3의 건강, 생명을 보호하기 위하여 침해자에게 인신피해를 준데 대하여서는 손해를 보상하지 않는다. 이 경우 자신이나 제3자의 인신침해를 직접 막기 위한 것으로 되어야 하며 방위의 범위에서 이루어진것이어야 한다.

## 제5장 손해보상액의 확정과 보상방법

### 제47조(손해보상액의 확정과 보상방법의 기본요구)

기관, 기업소, 단체와 공민은 재산이나 인신을 침해당하였을 경우 손해를 제때에 고착시켜야 한다.

손해의 고착은 가해자에게 말로 확인시키거나 확인서를 작성하게 할 수 있다.

확인서 작성을 거절하거나 지연시키는 경우에는 인민보안기관에 제기하거나 제3자를 립회시키고 확인서를 작성할 수 있다.

### 제48조(합의에 의한 손해보상액의 확정)

공민의 재산침해에 대한 손해보상액은 당사자들이 합의하여 정한다.

당사자들 사이에 합의되지 않을 경우에는 손해보상액을 침해된 재산의 소매 또는 수매가격 같은 것에 기초하여 재판기관이 정한다.

제49조(손해보상액의 계산)

재산침해로 기관, 기업소, 단체의 재산이 늘지 못하게 된 손해보상액의 계산은 침해 전 3년간 해마다 얻은 이익의 평균으로 한다. 이 경우 재정은행기관을 비롯한 전문기관에 손해보상액의 계산을 의뢰할 수도 있다.

제50조(손해량이 증명되지 않은 보상액의 계산)

재산침해로 늘지 못하게 된 손해량이 증명되지 않을 경우 손해보상액의 계산은 침해된 재산값의 5%로 한다.

제51조(인신침해손해보상액의 계산)

인신침해에 대한 손해보상액의 계산은 보건기관을 비롯한 관계기관의 확인문건에 기초하여 한다.

건강을 침해당한 자의 수입손실액계산은 피해를 받기 전 정상적인 근무 6개월간 생활비의 평균으로 할 수 있다.

제52조(손해보상액의 재사정 제기)

손해보상관계의 당사자는 인신침해와 관련한 손해보상액이 확정된 다음 노동능력 상실정도가 달라질 경우 손해보상액을 다시 정하여 줄 것을 재판기관에 제기할 수 있다.

제53조(손해보상청구의 시효)

재산이나 인신을 침해당한자는 시효기간안에 손해보상청구를 하여야 한다. 그러나 재산이나 인신을 엄중히 침해하였을 경우에는 시효에 관계없이 손해보상을청구할 수 있다.

제54조(손해보상의 의무)

손해보상의무자는 손해를 제때에 보상하여야 한다.

보상능력이 없을 경우에는 그것이 조성되는 차제로 보상하여야 한다.

손해보상청구권자는 손해보상의무자의 보상능력이 조성된데 따라 재판기관에 손해보상을 다시 청구할 수 있다.

제55조(손해보상액의 형식)

손해보상은 금액으로 한다.

해당 법이나 당사자들의 합의에 따라 침해된 재산을 원상 복구시키거나 같은 종류 또는 다른 종류의 재산으로 보상시킬수도 있다.

제56조(의견상이의 해결방법)

재산이나 인신침해에 대한 손해보상과 관련한 의견상이는 협의의 방법으로 해결한다.

협의의 방법으로 해결되지 않을 경우에는 재판기관에 제기하여 해결한다.

# 조선민주주의인민공화국 공증법

1995년 2월 2일 최고인민회의 상설회의 결정 제51호로 채택
2004년 12월 7일 최고인민회의 상설회의 결정 제808호로 채택

## 제1장 공증법의 기본

### 제1조(공증법의 사명)

조선민주주의인민공화국 공증법은 법률적의의를 가지는 사실과 문서를 정확히 확인하여 기관, 기업소, 단체와 공민의 민사상권리와 이익을 보호하고 민사거래의 안전성을 보장하는데 이바지한다.

### 제2조(공증신청자의 편의도모원칙)

공증은 기관, 기업소, 단체와 공민의 신청에 의하여 한다. 국가는 공증을 신청하는 기관, 기업소, 단체와 공민의 편의를 적극 도모하도록 한다.

### 제3조(공증에서의 정확성, 합법성의 보장원칙)

국가는 공증에서 과학적이고 객관적인 증거에 기초하여 정확성과 합법성을 보장하도록 한다.

### 제4조(신청자의 권리행사, 의무리행원칙)

국가는 공증을 신청한 당사자들이 평등한 지위에서 부여된 민사상 권리를 정당하게 행사하며 자기의 의무를 성실히 이행하도록 한다.

### 제5조(공증기관)

공증은 국가공증기관에서 한다. 다른 나라에 거주하고 있는 공화국공민이 신청하는 공증은 그 나라에 주재하는 조선민주주의인민공화국 영사대표기관에서 한다.

### 제6조(공증기관의 설치지역)

국가공증기관은 도(직할시)소재지에 둔다. 필요에 따라 시(구역), 군 소재지에도 둘 수 있다.

### 제7조(공증사업에 대한 지도)

공증사업에 대한 통일적 지도는 중앙재판소가 한다. 도(직할시)재판소는 관할지역의 공증사업을 지도한다.

### 제8조(공증법의 적용대상)

이 법은 우리나라의 기관, 기업소, 단체와 공민에게적용한다. 공화국영역에 있는 외국투자기업과 외국인에게도 적용한다.

## 제2장 공증대상

### 제9조(인증대상)

국가공증기관은 다음과 같은 사실과 문서에 대하여 인증한다.

1. 신분 및 가족친척 관계와 관련한 인증
2. 기술 및 전문가자격, 학위학직, 명예 칭호, 지적권리와 관련한 인증
3. 소재불명자 및 사망자와와 관련한 인증
4. 재산소유권과 관련한 인증
5. 상속과 관련한 인증
6. 계약과 관련한 인증
7. 법인 및 위탁, 대리와 관련한 인증
8. 채권채무, 피해보상과 관련한 인증
9. 상표와 관련한 인증
10. 사고, 검사와 관련한 인증
11. 기관명칭, 은행돈자리, 수표, 도장과 관련한 인증
12. 기업의 규약과 관련한 인증
13. 문서의 원본, 사본, 번역본과 관련한 인증
14. 증거보존, 재산의 공탁과 관련한 인증
15. 이밖에 법률적 의의를 가지는 사실과 문서에 대한 인증

제10조(재산과 법인등록)

국가공증기관은 중요한 개인재산, 외국투자기업의 재산과 법인을 등록한다. 등록된 재산이나 법인이 변동되었을 경우에는 20일 안으로 변경등록을 한다.

제11조(공탁)

국가공증기관은 빚을 물 목적으로 맡기는 재산, 민사분쟁의 대상물, 손해보상을 위한 담보금, 임자없는 물건을 공탁받는다.

제12조(민사사건의 증거보존)

국가공증기관은 소송이 제기되기 전에 소멸될 수 있거나 다시 수집할 수 없는 민사사건의 증거를 보존한다.

## 제3장 공증관할

제13조(지역별공증기관의 관할)

시(구역), 군 소재지에 있는 국가공증기관은 공화국영역에서 쓸 목적으로 신청하는 공증을 한다. 도(직할시)소재지에 있는 국가공증기관은 공화국영역과 다른 나라에서 쓸 목적으로 신청하는 공증을 한다.

제14조(거주지, 소재지에 따르는 공증관할)

공증은 신청당사자의 거주지 또는 소재지를 관할하는 국가공증기관이 한다. 한 공증대상에 대하여 여러 당사자가 신청하였을 경우에는 어느 한 당사자의 거주지 또는 소재지를 관할하는 국가공증기관

이 공증할 수 있다.

제15조(건물, 재산, 증거의 공증관할)

건물은 건물이 있는 곳, 기관, 기업소, 단체에 등록된 재산은 그 기관, 기업소, 단체의 소재지, 보존된 증거와 공탁한재산은 증거 또는 재산이 있는 곳을 관할하는 국가공증기관이 공증한다.

제16조(소재불명자, 사망자, 유언의 인증관할)

소재불명자 또는 사망자의 인증은 그의 마지막 거주지, 유언의 인증은 유언한 곳을 관할하는 국가공증기관이한다.

제17조(자연재해, 사고, 계약체결의 인증관할)

자연재해, 사고, 계약체결과 관련한 인증은 자연재해나 사고가 있는 곳 또는 계약을 체결한 곳을 관할하는 국가공증기관이 한다.

## 제4장 공증절차와 방법

제18조(공증의 신청)

공증의 신청은 당사자가 직접 해당 국가공증기관에 한다.

부득이한 경우에는 공증의 신청을 대리인을 통하여 하거나 공증인을 현지에 초청하여 할 수 있다.

제19조(공증신청문건)

공증을 신청하는 당사자는 공증신청서와 증거문서, 국가 수수료 납부증을 해당 국가공증기관에 내야 한다. 공증신청서에는 신청자의 이름, 난날, 직장직위, 사는 곳, 신청내용 같은 것을 밝혀야 한다.

제20조(공증신청문건의 불비점퇴치)

국가공증기관은 공증신청서가 불비할 경우 5일 안으로 수정 보충하게 한다. 정해진 기간에 수정 보충하였을 경우에는 공증신청서를 처음 받은 날을 신청한 날로 한다.

제21조(공증신청의 처리기간)

국가공증기관은 공증신청서를 받은 날부터 1개월 안으로 처리하여야 한다.

제22조(공증신청내용의 검토)

국가공증기관은 공증을 신청한 당사자의 자격, 신청내용과 증거문서의 진실성, 합법성 같은 것을 검토 확인하고 필요한 증인을 부르거나 기관, 기업소, 단체와 공민에게 증거물을 요구하며 해당 전문기관에 감정을 맡길 수 있다. 해당 기관, 기업소, 단체와 공민은 공증과 관련한 국가공증기관의 요구에 응하여야 한다.

제23조(공증문서의 작성)

국가공증기관은 공증신청내용이 정확하고 법의 요구에 맞을 경우에는 공증문서를 만든다. 공증문서 원본은 보관하고 사본은 당사자 에게 준다.

제24조(공증의 거부)

다음과 같은 경우에는 공증을 거부한다.

1. 공증신청내용에 대하여 당사자들 사이에 분쟁이 있을 경우
2. 공증신청내용이 사실과 맞지 않을 경우
3. 공증신청내용에 대하여 증거가 없거나 날조되었을 경우
4. 공증신청내용이 비밀에 속하는 경우
5. 공증을 신청한 당사자가 그것을 포기한 경우
6. 국가수수료를 물지 않았을 경우

제25조(공증의 거부통지)

공증을 거부할 경우에는 그 이유와 근거를 공증을 신청한 당사자에게 알려준다.

제26조(재산의 공탁과 증거의 보존)

재산의 공탁과 증거의 보존은 국가공증기관이 직접 하거나 해당 기관에 맡겨할 수 있다. 현금, 유가증권, 귀금속은 거래 은행에, 독해물은 해당 감독기관에, 부패 변질될 수 있는 물건은 수매시켜 현금을 은행돈자리에 넣어 보관하며 증거는 증인심문조서, 현장검증서, 감정서를 받아두거나 사진을 찍어두는 방법으로 보존한다.

제27조(공탁재산과 증거의 처리)

공탁받은 재산과 보존하고 있는 증거는 재판소의 판결, 판정에 따라 처리하거나 정해진 기간이 지나면 해당 권리자에게 돌려준다.

제28조(공탁재산에 대한 집행문발급)

국가공증기관은 공탁받은 재산을 정해진기간에 찾아가지 않을 경우 집행문을 발급할 수 있다. 집행문에 다르는 집행은인민재판소 집행원이 집행한다.

제29조(공증문서의 작성어문)

공증문서는 조선글로 쓴다. 다른 나라 사람은 공증문서를 자기 나라 글로 쓸 수 있다.

제30조(공증인의 배제)

신청된 공증에 대하여 리해관계가 있는 공증인은 그에 대한 공증을 할 수 없다. 공증을 신청하는 당사자는 공정하게 공증할 수 없다고 인정되는 공증인을 다른 공증인으로 바꾸어줄데 대하여 요구할 수 있다. 해당 국가공증기관은 제기된 의견이 정당할 경우 다른 공증인으로 바꾸며 부당할 경우에는 거부한다.

제31조(국가수수료와 비용)

공증을 신청하는 당사자는 국가수수료와 해당한 비용을 정한데 따라 물어야 한다.

## 제5장 공증에 대한 의견제기

제32조(공증에 대한 의견제기와 그 해결)

공증에 대하여 의견이 있는 당사자는 공증문서나 거부통지를 받은 날부터 5일 안으로 해당 국가공증기관 소재지에있는 재판소에 의견을 제기할 수 있다. 의견을 제기받은 재판소는 10일 안으로 심의

하고 판정으로 해결하여야 한다.

제33조(재판소의 판정에 대한 상소)

재판소의 판정에 대하여 의견이 있는 당사자는 판정서등본을 받은 날부터 10일 안으로 한급 높은 재판소에 상소할 수 있다.

제34조(상소의 검토와 처리)

상소를 받은 재판소는 그것을 1개월 안으로 검토하고 지지하거나 거부하는 판정을 하여야 한다.

제35조(공증신청내용의 재조사)

국가공증기관은 재판소의 판정에 따라 공증신청내용을 다시 조사하거나 재판소의 확증자료에 근거하여 처리할 수 있다.

# 조선민주주의인민공화국 상속법

2002년 3월 13일 최고인민회의 상임위원회 정령 제2882호로 채택

## 제1장 상속법의 기본

제1조 조선민주주의인민공화국 상속법은 상속과 증여, 상속의 집행에서 제도와 질서를 엄격히 세워 상속문제를 정확히 해결하는데 이바지한다.

제2조 개인소유재산을 보호하는것은 조선민주주의인민공화국의 일관한 정책이다. 국가는 개인소유재산에 대한 상속권을 보장한다.

제3조 국가는 상속받는자들의 권리를 평등하게 보장한다. 그러나 유언에서 상속몫을 따로 정하였거나 법에서 상속권을 제한한 경우에는 그에 따른다.

제4조 국가는 상속에서 독자적인 생활능력이 부족한자의 리익을 우선적으로 보장하는데 관심을 돌리도록 한다.

제5조 국가는 상속에서 당사자들의 의사를 존중하며 그들속에서 리해와 양보, 협력같은 민족의 고유한 미풍을 구현하도록 한다.

제6조 국가는 상속문제의 취급처리에서 객관성과 공정성을 보장하도록 한다.

제7조 상속은 상속시키는자의 사망에 의하여 시작된다. 상속시키는자의 사망에대한 공증기관의 인증에 의하여서도 상속은 시작된다.

제8조 상속의 수속은 상속시키는자의 주소지에서 한다. 상속시키는자의 주소지가 상속수송장소로 불합리할 경우에는 상속시키는자의 재산소재지 또는 사망지 에서도 상속수속을 할 수 있다.

제9조 상속받는자라 하더라도 상속시키는자를 생전에 몹시 학대하였거나 의식적으로 돌보지 않은 자, 유언을 위조하였거나 그 근거를 없애버린자, 속임수나 강박으로 유언을 하게 하였거나 상속조건을 고의적으로 만든 자, 유언에 의하여 상속받지 못하게 된자는 상속받는자로 될수 없다.

제10조 행위무능력자의 상속 또는 증여받을 권리는 그의 대리인이 행사한다.

제11조 상속받는자는 상속이 시작된 때부터 상속시키는자의 개별재산과 재산상권리의무를 상속받는다. 부양료를 받을 권리같은 상속시키는자의 인격과 불가분리적으로 련관된 권리는 상속할수 없다.

제12조 상속받는자가 여럿인 경우 개인살림집같이 나눌수 없는 재산에 대하여서는 그들의 공동소유로 할 수 있다.

제13조 상속할수 있는 재산은 다음과 같다.

1. 로동에 의한 분배에 의하여 이루어진 재산
2. 국가 또는 사회의 추가적혜택에 의하여 이루어진 재산
3. 개인부업경리에 의하여 이루어진 재산
4. 살림집, 도서, 화폐, 저금, 가정용품, 문화용품, 생활용품과 승용차같은 륜전기재
5. 각종 재산상 청구권과 채무
6. 그밖에 다른 공민으로부터 증여받은 재산같이 합법적으로 취득한 재산

제14조 상속받는자는 상속권이 침해당한것을 안 때부터 1년안으로 그것을 회복시켜줄데 대한 청구를 재판기관에 할 수 있다. 그러나 시효기간과 관련하여 따로 정해진 경우에는 그에 따른다. 상속권 회복에 대한 청구는 상속이 시작된 때부터 10년이 지나면 할수 없다.

## 제2장 법정상속

제15조 사망한자의 재산은 법이 정한데 따라 상속된다. 상속받는자의 신분은 해당 기관에 등록된데 따른다.

제16조 법정상속을 할 경우는 다음과 같다.

1. 유언이 없거나 무효로 된 경우
2. 유언에 따라 상속 또는 증여받을자가 그것을 포기한 경우
3. 유언에 따라 상속 또는 증여받을자가 유언자보다 먼저 사망한 경우
4. 유언에서 지적하지 않은 재산이 있을 경우

제17조 상속받는자로는 배우자, 자녀, 양자녀, 계자녀, 출생할 자녀, 부모, 양부모, 계부모가 된다. 배우자, 자녀, 양자녀, 계자녀, 출생할 자녀, 부모, 양부모, 계부모가 없을 경우에는 손자녀, 조부모, 외조부모, 형제자매, 양형제자매, 계형제 자매가 된다. 앞항에 지적된 상속받는자가 없을 경우에는 4촌안의 혈족이 된다.

제18조 상속받는자로 된 자녀나 형제자매가 상속이 시작되기 전에 상속시키는자 보다 먼저 사망하였을 경우 그의 자녀는 해당 상속순위를 차지한다.

제19조 같은 순위에 있는 상속받는자가 여럿인 경우 그들에게 차례지는 상속몫은 같다. 그러나 상속시키는자의 생존기간 그에 대한 부양의무를 직접 리행하였거나 로동능력이 부족하여 수입이 적은 자의 상속몫은 늘일 수 있으며 부양 능력이 있으면서 부양의무를 제대로 리행하지 않은자의 상속몫은 줄일수 있다.

제20조 상속받는자는 상속이 시작된것을 안 때부터 6개월안으로 재판기관에 서면이나 말로 상속의 승인 또는 포기를 신청할 수 있다. 6개월안으로 상속의 승인또는 포기신청을 하지 않으면 상속을 승인한것으로 인정한다.

제21조 상속이 승인된 경우 상속시키는자의 재산과 재산상 권리의무는 제한없이 상속된다. 그러나 상속받는자가 상속을 포기하였거나 한정하여 상속할경우 상속 시키는자의 재산과 재산상 권리의무는 계승할수 없거나 제한된다.

제22조 한정하여 상속받는자는 상속받은 재산의 범위안에서 상속시키는자의 채무와 유언에 의한 증여를 리행할 수 있다. 재판기관은 한정하여 상속받는자에게 상속재산목록을 요구할 수 있다.

제23조 한정하여 상속받는자는 상속시키는자의 해당한 채무를 리행하며 증여받게된자에게 재산을 넘겨주어야 한다.

제24조 한정하여 상속받는자는 상속시키는자에게 채권자가 여럿일 경우 그들의 채권비률에 따라 채무를 리행하여야 한다. 그러나 국가나 사회협동단체의 채무에 대하여서는 우선적으로 리행하여야 한다. 상속재산으로 상속시키는자의 채무를 전부 리행할수 없을 경우에는 유언에 따르는 증여를 리행하지 않는다.

제25조 상속받는자의 상속포기효력은 상속이 시작된 때부터 발생한다.

제26조 같은 순위의 상속받는자가운데서 상속을 포기한자의 몫은 같은 순위의 다른 상속받는자에게 넘어간다. 같은 순위에 있는 모든 상속받는자가 상속을 포기할 경우 그 몫은 다음 순위의 상속받는자에게 넘어간다.

### 제3장 유언상속과 증여

제27조 공민은 상속, 증여와 관련하여 유언할 수 있다. 유언한 공민이 사망하면 그의 재산은 유언에 따라 상속, 증여된다.

제28조 유언에 따라 상속받는자로 지정된자는 상속권을 가진다. 유언에 따라 증여받는자로 지정된 자는 상속권을 가진자로부터 해당 재산을 넘겨받을 권리를 가진다.

제29조 유언자는 상속 또는 증여받는자에게 상속, 증여몫을 서로 다르게 정하여줄수 있다.

제30조 유언의 효력은 유언자의 사망과 함께 발생한다. 조건을 붙인 유언의 효력은 그것이 마련된 경우에 발생한다.

제31조 유언에 따라 상속 또는 증여받는자가 유언자보다 먼저 사망한 경우 그유언의 효력은 상실된다. 유언상속에서는 대위상속을 할수 없다.

제32조 유언상속 또는 증여받는자는 그것을 승인하거나 포기할 수 있다. 유언상속 또는 증여받게 된다는것을 안 때부터 6개월이 지나도록 승인 또는 포기를 하지 않을 경우에는 승인한것으로 인정한다. 유언상속 또는 증여에 대하여 포기한 재산의 처리는 법정상속절차에 따른다.

제33조 유언에 따라 상속시키는자의 재산을 포괄적으로 증여받은 자는 그에 해당한 권리의무를 넘겨받는다.

제34조 유언자로는 행위능력이 있는 공민이 된다. 그러나 16살에 이른 직업을 가진자는 자기 수입으로 마련된 재산의 범위안에서 유언할 수 있다.

제35조 유언은 명백하고 진실한 의사가 반영된것이어야 한다. 속임수, 강박에 의하여 한 유언은 효력을 가지지 못한다.

제36조 유언자는 법이 정한데 따라 상속받는자가 아닌자에게 재산의 전부 또는 일부를 증여할 수 있다. 이 경우 상속할 재산을 부양하던 배우자, 자녀, 부모에게는 2분의 1이상, 손자녀, 조부모, 형제자매에게는 3분의 1이상 남겨놓아야 한다.

제37조 유언의 방식은 다음과 같다.

1. 서면유언은 유언서를 자필로 작성하고 거기에 수표하거나 도장을 찍으며 작성날자를 쓴다.

2. 말로 하는 유언은 유언자가 2명이상의 립회인을 참가시키고 한다. 이 경우 립회인 1명은 유언내용을 쓴 다음 유언자와 립회인에게 그 내용을 확인시키고 유언자와 립회인이 수표하게 하거나 도장을 찍게 하고 유언날자를 쓴다.

3. 말로 하는 유언을 록음할 경우에는 2명이상 립회인의 말과 유언날자로 록음한다.

4. 공증유언은 유언자가 2명이상의 립회인을 참가시키고 공증인앞에서 한다. 이경우 공증인은 유언내용을 기록하고 유언자와 립회인에게 확인시키고 유언자와 립회인이 수표하게 하거나 도장을 찍게 하며 공증기관의 공증을 받고 유언날자를 기록한다.

제38조 유언의 립회인으로 될수 없는자는 다음과 같다.

1. 상속 또는 증여받는자

2. 상속 또는 증여받은자와 친척이 되는자

3. 행위무능력자

4. 상속 또는 증여에 대하여 리해관계를 가지고 있는자

제39조 유언의 무효인정은 리해관계자 또는 검사의 신청에 따라 재판기관이 한다.

제40조 유언자는 자기의 유언에 대하여 취소하거나 변경할 수 있다. 여러차례 한유언의 내용이 서로 다를 경우에는 마지막으로 한 유언이 우선적인 효력을 가진다.

## 제4장 상속의 집행

제41조 상속시키는자의 사망에 대하여 알게 된 상속받는자는 상속재산을 처리하기 위하여 곧 다른 상속받는자에게 알려야 한다. 모든 상속받는자가 상속시키는 자의 사망에 대하여 알지 못할 경우 상

속시키는 자가 거주하고있던 지역의 주민행정기관이 상속받는자에게 알린다.

제42조 공민은 유언으로 상속집행자를 지정할 수 있다. 그러나 유언으로 상속집행자를 지정하지 않았을 경우 상속받는자가 집행자로 된다. 상속받는자가 여럿일 경우에는 그들이 합의하여 상속집행자를 정하고 주민행정기관에 알린다. 상속집행자를 합의하지 못하였을 경우에는 리해관계자의 신청에 따라 주민행정기관이 선정한다. 상속집행자로는 행위능력이 있는자가 된다.

제43조 상속집행자는 상속재산을 바로 관리하며 상속집행에 필요한 행위를 할 수 있다.

상속받는자와 리해관계자는 상속의 집행을 방해하는 행위를 하지 말아야 한다.

제44조 상속받는자와 리해관계자는 상속의 집행정형에 대하여 알아볼 수 있다.

상속의 집행에 대하여 의견이 있을 경우에는 재판기관에 해당한 청구를 할 수 있다.

제45조 상속집행자는 상속재산을 나누기전에 상속시키는자의 개별재산과 그와 동거한 가정성원들이 공동으로 마련한 재산이나 개별재산을 구분하고 상속받는 자들에게 알려야 한다.

제46조 상속재산은 상속시키는자의 채권자로부터 채권을 접수하고 채무를 리행한 다음에야 나눌 수 있다. 상속시키는자의 채무를 리행하지 않고 상속재산을 나눈 경우에는 상속받은 재산의 몫에 따라 채무를 리행한다.

제47조 상속집행자는 상속시키는자의 채권자에게 채권을 증명할데 대하여 요구할 수 있다. 이 경우 채권자가 증명하지 못한 채권에 대하여 채무리행을 거절할 수 있다.

제48조 상속집행자는 상속재산을 나눌 경우 출생할자의 몫을 남겨놓아야 한다.

이 경우 의료기관의 확인문건에 근거하여야 한다.

제49조 출생할자의 몫을 남기지 않고 상속을 집행한 경우 상속받는자는 출생한자의 몫을 돌려주어야 한다. 출생하여야 할자가 사망한 경우에는 그의 몫은 다른 상속받는자에게 상속된다.

제50조 상속받는자가 나타나지 않았거나 자격이 없을 경우 주민행정기관은 재산 관리자를 선정한다. 상속시키는자가 유언으로 재산관리자를 지정한 경우에는 그에 따른다. 재산관리자는 행위능력있는 공민이나 기관, 기업소, 단체가 될수 있다.

제51조 재산관리자는 상속재산을 자기의 재산처럼 관리하여야 한다. 상속재산관리를 잘하지 못하여 생긴 손해에 대한 책임은 재산관리자가 진다.

제52조 재산관리자는 상속재산의 관리에 필요한 행위를 할수 있으며 상속 시키는자의 채권을 행사하거나 채무를 리행할 수 있다. 그러나 상속시키는자의 채권자, 유언에 따라 증여받게 된자를 전부 확정하지 못하였을 경우에는 상속재산을 넘겨줄수 없다.

제53조 재산관리자는 상속받는자가 나타나지 않을 경우 상속시키는자의 채권이나 증여에 대한 유언을 접수할 수 있다. 채권이나 증여에 대한 유언을 접수한 때부터 6개월이 지나도록 상속받는자가 나타나지 않았을 경우에는 채무를 리행하거나 증여할 수 있다.

제54조 재산관리자는 상속재산처리를 끝낸 경우 그 정형을 문건으로 해당 기관에 제출하여야 한다. 재산관리비용은 상속재산에서 지불받을수 있다.

제55조 상속, 증여받는자가 없거나 또는 모든 상속받는자가 상속을 포기하였거나 상속받을 자격이 없을 경우에는 상속재산을 국고에 납부한다.

제56조 재판기관은 상속시키는자와 동거하면서 부양하였거나 또는 부양받았거나 그와 밀접한 관계에 있던자의 신청에 따라 상당한 근거가 있을 경우 상속재산을 나누어줄수 있다.

제57조 상속과 관련하여 발생한 의견상이는 협의의 방법으로 해결한다. 협의의 방법으로 해결할수 없을 경우에는 재판기관에 제기하여 해결할 수 있다.

# 조선민주주의인민공화국 세관법

주체72(1983)년 10월 14일 최고인민회의 상설회의 결정 제7호로 채택
주체79(1990)년 5월 17일 최고인민회의 상설회의 결정 제24호로 수정보충
주체82(1993)년 11월 17일 최고인민회의 상설회의 결정 제41호로 수정보충
주체90(2001)년 7월 26일 최고인민회의 상임위원회 정령 제2468호로 수정보충
주체98(2009)년 6월 16일 최고인민회의 상임위원회 정령 제112호로 수정보충
주체101(2012)년 4월 3일 최고인민회의 상임위원회 정령 제2304호로 수정보충

## 제1장 세관법의 기본

### 제1조 (세관법의 사명)

조선민주주의인민공화국 세관법은 세관등록과 수속, 검사, 관세의 부과와 납부질서를 엄격히 세워 나라의 안전을 지키고 자립적민족경제를 보호하며 대외무역을 발전시키는데 이바지한다.

### 제2조 (세관의 정의와 설치장소)

세관은 나라의 관문이다.

국가는 국경교두, 국경청도역, 무역항, 국제항공역, 국제우편물취급장소 같은 필요한 곳에 세관을 설치한다.

### 제3조 (세관의 임무)

세관의 임무는 다음과 같다.

1. 우리 나라에 들여오거나 다른 나라로 내가는 짐과 운수수단, 국제우편물 기타물품을 검사하고 감독한다.
2. 우리 나라에 들어오거나 다른 나라로 나가는 인원의 짐과 휴대품을 검사한다.
3. 관세와 선박톤세, 세관료금을 부과하고 받아들인다.
4. 보세지역, 보세공장, 보세창고, 보세전시장과 보세물자의 반출입을 감독한다.

5. 관세를 면제받은 물자, 림시반출입물자의 리용, 처리정형을 감독한다.
6. 반출입금지품, 반출입통제품을 들여오거나 내가는 행위, 밀수행위, 허위신고 행위를 조사단속한다.
7. 세관통계를 작성한다.
8. 이밖에 국가가 위임한 사업을 한다.

제4조 (세관등록, 수속의 간소화원칙)

국가는 세관등록을 정확히 하며 세관을 통과하는 물자의 수속공정과 절차를 간소화하고 그것을 엄격히 지키도록 한다.

제5조 (세관검사원칙)

국가는 세관검사방법을 개선하고 검사수단을 현대화하여 우리 나라에 들여오거나 다른 나라로 내가는 짐, 국제우편물, 공민의 휴대품과 운수수단에 대한 검사를 제때에 정확히 하도록 한다.

제6조 (관세부과원칙)

국가는 자립적민족경제를 보호하기 위하여 수입과 수출을 장려하는 물자에는 관세를 면제하거나 낮게 부과하며 수입과 수출을 제한하는 물자에는 관세를 높게 부과하도록 한다.

제7조 (세관사업에 간섭하거나 지장을 주는 행위금지원칙)

국가는 세관과 그와 련관된 기관들의 임무와 책임한계를 명백히 가르도록 한다.

세관사업에 간섭하거나 지장을 주는 행위를 할수 없다.

제8조 (세관일군의 책임성과 역할제고, 전문가양성원칙)

국가는 세관일군대렬을 잘 꾸리고 그들의 책임성과 역할을 더욱 높이며 세관부문의 유능한 전문가들을 계획적으로 키워내도록 한다.

제9조 (세관분야의 대외교류와 협조)

국가는 세관분야에서 다른 나라, 국가기구들과의 교류와 협조를 발전시키도록한다.

제10조 (세관법의 적용대상)

이 법은 우리 나라 국경을 통과하여 짐과 운수수단, 국제우편물을 들여오거나 내가는 기관, 기업소, 단체와 공민에게 적용한다.

《기관, 기업소, 단체와 공민》에는 외국투자기업과 우리 나라에 주재하는 다른 나라 또는 국제기구의 대표기관, 법인, 외국인도 속한다.

특수경제지대의 세관사업질서는 따로 정한다.

## 제2장 세관등록 및 수속

제11조 (세관등록)

수출입허가를 받은 기관, 기업소, 단체는 세관등록을 하여야 한다.

세관등록을 하지 않고서는 물자를 반출입할수 없다.

제12조 (세관등록신청과 승인)

세관등록을 하려는 기관, 기업소, 단체는 세관등록신청서와 함께 무역회사영업 허가증, 기업창설승인서, 은행담보서, 수출기지등록증, 세무등록증 같은 필요한 문건을 해당 세관에 내야 한다.

세관등록신청문건을 접수한 세관은 그것을 정확히 검토하고 등록 또는 부결하여야 한다.

제13조 (세관수속의 당사자)

세관수속은 짐과 운수수단을 우리 나라에 들여오거나 다른 나라로 내가는 기관, 기업소, 단체와 공민이 한다.

해당 기관, 기업소, 단체와 공민은 세관수속을 의무적으로 하여야 한다.

제14조 (세관수속기간)

세관수속은 해당 물자가 세관에 도착하기 전에 끝내야 한다.

제15조 (세관수속문건의 제기와 검토)

세관수속은 정해진 세관에서 한다. 이 경우 세관수속당사자는 세관수속문건을 전자무역수속체계를 통하여 제기하여야 한다.

부득이한 경우 세관수속문건을 세관에 직접 낼수도 있다.

세관수속문건을 접수한 세관은 그것을 정확히 검토하고 수속을 제때에 해주어야 한다.

제16조 (공민의 세관신고)

우리 나라에 들어오거나 다른 나라로 나가는 공민은 국경교두, 국경철도역, 무역항, 국제항공역에 도착하면 휴대품과 귀금속, 보석, 화폐, 유가증권, 따로 부친짐을 세관에 정확히 신고하여야 한다.

제17조 (중계짐의 세관수속)

우리 나라 령역을 거쳐 다른 나라에 중계수송하는 짐에 대한 세관수속은 그 짐을 맡아 중계수송하는 기관이 한다. 이 경우 반출입통제품은 해당 기관의 승인을 받아야 세관수속을 할 수 있다.

반출입금지품은 우리 나라 령역을 거쳐 중계수송할수 없다.

제18조 (우리 나라를 경유하는 운수수단의 세관수속)

우리 나라를 경유하여 다른 나라로 가는 운수수단은 세관수속을 하여야 통과할 수 있다. 이 경우 세관수속당사자는 운수수단에 대한 문건과 실은 짐의 명세서를 세관에 내야 한다.

제19조 (반출입물자의 통과지점)

조선민주주의인민공화국의 국경을 통과하는 짐과 운수수단은 세관이 있는 곳으로만 들여오거나 내갈수 있다.

## 제3장 세관검사와 감독

제20조 (세관의 검사대상)

우리 나라에 들여오거나 다른 나라로 내가는 모든 짐, 국제우편물, 공민의 휴대품과 운수수단에 대한 검사는 세관이 한다.

세관검사를 받지 않은 짐, 국제우편물, 공민의 휴대품과 운수수단은 들여오거나 내갈수 없다.

제21조 (세관검사제외대상)

당, 국가, 정부대표단성원, 우리 나라에 주재하는 다른 나라 또는 국제기구대표기관의 외교권소지자 그밖에 따로 정한 공민의 휴대품과 따로 부친 짐, 외교우편물과 외교신서물에 대하여서는 세관검사를 하지 않는다. 그러나 반출입금지품,반출입통제품이 있다고 인정될 경우에는 세관검사를 할 수 있다.

제22조 (세관의 단속통제대상)

반출입금지품과 해당 기관의 승인을 받지 않은 반출입통제품은 우리 나라에 들여오거나 다른 나라로 내갈수 없다.

세관은 무기, 총탄, 폭발물, 독약, 극약, 마약 같은 반출입금지품과 해당 기관의승인을 받지 않은 반출입통제품, 국가무역계획에 없거나 가격승인을 받지 않은 물자를 승인을 받지 않은 반출입통제품, 국가무역계획에 없거나 가격승인을 받지 않은 물자를 우리 나라에 들여오거나 다른 나라로 내가지 못하도록 엄격히 단속통제하여야 한다.

제23조 (세관검사장소)

세관검사는 국경교두, 국경철도역, 무역항, 국제항공역, 국제우편물취급장소와 그밖의 정해진 곳에서 한다.

공민의 짐과 휴대품에 대한 세관검사는 렬차나 배 같은 운수수단안에서도 할 수 있다.

제24조 (세관검사방법)

세관은 짐과 국제우편물, 휴대품을 기계로 검사하거나 헤쳐보는 방법으로 검사할 수 있다.

밀수혐의가 있을 경우에는 해당 장소 또는 운수수단, 공민에 대하여 검색도 할 수 있다.

제25조 (이동세관검사, 통과짐의 세관검사)

세관은 이동검사를 하거나 우리 나라 령역을 통과하는 다른 나라 짐을 검사할 수 있다.

이동세관검사절차, 우리 나라 령역을 통과하는 짐의 세관검사절차를 정하는 사업은 내각이 한다.

제26조 (세관검사의뢰와 회보)

세관은 수입하는 대형설비, 짐함짐, 유개화차짐 같은것에 대한 세관검사를 짐도착지의 해당 기관에 의뢰할 수 있다. 이 경우 짐임자는 짐의 도착정형을 해당 기관에 제때에 신고하여야 한다.

세관검사를 의뢰받은 기관은 짐에 대한 검사를 책임적으로 하고 그 결과를 세관에 회보하여야 한다.

제27조 (세관검사를 의뢰한 짐의 수송)

세관검사를 의뢰한 짐은 도착지까지 세관의 감독밑에 수송한다.

해당 교통운수기관은 세관검사를 의뢰한 짐을 책임적으로 수송하며 세관의 승인없이 수송도중에 부리우거나 도착지를 변경시키지 말아야 한다.

제28조 (운수수단에 대한 세관검사)

세관은 운수수단의 짐칸, 손님칸, 선원실, 승무원실 같은 필요한 장소를 검사할 수 있다.

세관검사과정에 반출입금지품 또는 반출입통제품을 발견하였을 경우에는 그 리용을 중지시키거나 해당 물품을 일정한 짐칸에 넣고 감독한다.

제29조 (세관의 봉인)

세관은 필요에 따라 세관이 감독하는 짐 또는 그것을 보관한 창고, 짐함, 운수 수단의 짐칸 같은것에 봉인을 할 수 있다.

봉인은 세관의 승인없이 뜯을수 없다.

제30조 (검사, 검역기관들과의 련계)

세관은 국경교두, 국경철도역, 무역항, 국제항공역에 설치된 통행검사기관, 수출입품검사검역기관과의 련계를 강화하여야 한다.

정해진 검사, 검역을 받지 않은 인원과 물자는 통과시킬수 없다.

제31조 (세관이 관할하는 짐에 대한 감독)

세관은 국경교두, 국경철도역, 무역항, 국제항공역, 보세창고, 면세창고, 무관세상점 같은데서 관할하고있는 짐, 관세를 면제받은 물자 같은 것이 손실되거나 승인없이 처분되지 않도록 정상적으로 감독하여야 한다.

정해진 기간안에 실어가지 않은 짐, 임자없는 짐 같은 것은 세관이 해당 절차에 따라 처리할 수 있다.

제32조 (잘못 들여온 짐의 처리)

잘못 들여온 다른 나라의 짐, 국제우편물, 임자없는 짐은 세관의 승인밑에서만처리할 수 있다.

제33조 (세관검사와 감독조건의 보장)

세관검사를 받거나 세관이 감독하는 짐을 보관, 리용, 가공, 처분하는 기관, 기업소, 단체와 공민, 외국투자기업은 세관검사 또는 감독에 필요한 조건을 제때에 보장하여야 한다.

제34조 (세관이 관할하는 짐과 운수수단의 관리)

기관, 기업소, 단체와 공민은 세관이 관할하는 짐과 운수수단을 옮기거나 다른 곳으로 내가려 할 경우 세관의 승인을 받아야 한다.

짐의 포장, 재포장, 선별작업 같은 것을 하려 할 경우에도 세관의 승인을 받는다.

제35조 (짐의 사고신고)

세관이 관할하고있는 짐을 나르거나 보관, 관리하는자는 짐의 포장이 손상되였거나 그밖의 사고가 났을 경우 즉시 세관에 신고하여야 한다.

제36조 (국제우편물의 리용에서 금지할 사항)

기관, 기업소, 단체와 공민은 우리 나라에 들여오거나 다른 나라로 내보내는 편지나 인쇄물속에 물건을 넣지 말며 소포속에도 편지, 화폐, 유가증권, 기금속, 보석 같은 것을 넣지 말아야 한다.

국제우편물을 리용하여 반출입금지품과 반출입통제품을 들여오거나 내가는 행위,장사를 목적으로 물건을 들여오거나 내가는 행위를 할수 없다.

제37조 (공민의 짐과 휴대품)

우리 나라 국경을 넘나드는 공민은 사업과 생활에 필요한 물건과 기념품을 가지고 다닐수 있다.

직업적으로 우리 나라 국경을 넘어다니는 공민은 직무수행에 필요한 작업용품과 생활필수품만을 가지고 다닐수 있다.

제38조 (이사짐과 상속재산의 반출입)

이사짐과 상속재산은 우리 나라에 들여오거나 다른 나라로 내갈수 있다. 그러나 이사짐과 상속재산이라도 반출입금지품은 들여오거나 내갈수 없으며 반출입통제품은 해당 기관의 승인을 받아야 들여오거나 내갈수 있다.

## 제4장 관세와 선박톤세, 세관료금

제39조 (관세와 선박톤세, 세관료금의 납부의무)

관세와 선박톤세, 세관료금의 부과는 세관이 한다.

해당 기관, 기업소, 단체와 공민은 관세와 선박톤세, 세관료금을 의무적으로 납부하여야 한다.

제40조 (관세를 부과하는 기준가격)

관세를 부과하는 기준가격은 수입품은 국경도착가격, 수출품은 국경인도가격으로 하며 국제우편물과 공민이 들여오거나 내가는 물품은 소매가격으로 한다.

제41조 (관세의 계산)

관세의 계산은 해당 물자의 가격과 국경을 통과하는 당시의 관세률에 따라 한다.

세관은 관세계산의 기초로 삼은 물자의 가격이 해당 시기 국제시장가격보다 낮게 신고되였다고 인정될 경우 해당 가격제정기관에 신고된 물자의 가격을 다시 평가해줄 것을 요구할 수 있다.

제42조 (관세부과대상과 관세률의 제정, 공포)

관세경계선을 통과하여 반출입한 후 사용 및 소비되는 짐에 관세를 부과한다.

관세부과대상과 관세률은 비상설관세심의위원회에서 심의결정한다.

관세부과대상과 관세률을 공포하는 사업은 내각이 한다.

제43조 (조약에 따르는 관세률)

우리 나라와 다른 나라사이에 맺은 조약에 관세특혜조항이 있을 경우에는 특혜 관세률을 적용하며 관세특혜조항이 없을 경우에는 기본관세률을 적용한다.

제44조 (관세률이 정혜져있지 않은 물자의 관세률)

관세률이 정해져있지 않은 물자에는 그와 류사한 물자의 관세률을 적용한다.

제45조 (관세와 세관료금의 납부화폐)

관세와 세관료금은 국가가 정한 화폐로 납부한다.

제46조 (관세의 납부방법)

기관, 기업소, 단체는 관세납부계산서에 따라, 해당 공민은 관세납부통지서에 따라 관세를 납부한다.

관세납부계산서, 관세납부통지서의 발급은 해당 세관이 한다.

제47조 (관세의 납부시기)

물자를 수출입하려는 기관, 기업소, 단체는 관세를 해당 물자가 반출입되기 전에 납부하여야 한다.

**제48조 (정해진 기준을 초과하는 짐의 관세납부)**

정해진 기준을 초과하는 국제우편물과 공민의 짐은 세관이 정한 기간안에 관세를 납부하여야 찾을 수 있다.

세관은 정해진 기간안에 관세를 납부하지 못할 경우 관세액에 맞먹는 짐을 담보물로 하고 남은 짐을 먼저 내줄수도 있다.

**제49조 (관세의 면제대상)**

다음의 물자에는 관세를 부과하지 않는다.

1. 국가적조치에 따라 들여오는 물자

2. 다른 나라 또는 국제기구, 비정부기구에서 우리 나라 정부 또는 해당 기관에 무상으로 기증하거나 지원하는 물자

3. 외교려권을 가진 공민, 우리 나라에 주재하는 다른 나라 또는 국제기구의 대표기관이나 그 성원이 리용하거나 소비할 목적으로 정해진 기준의 범위에서 들여오는 사무용품, 설비, 비품, 운수수단, 식료품

4. 외국투자기업이 생산과 경영을 위하여 들여오는 물자와 생산하여 수출하는 물자, 무관세상점물자

5. 가공무역, 중계무역, 재수출 같은 목적으로 반출입하는 보세물자

6. 국제상품전람회나 전시회 같은 목적으로 림시반출입하는 물자

7. 해당 조약에 따라 관세를 물지 않게 되어있는 물자

8. 이사짐과 상속재산

9. 정해진 기준을 초과하지 않는 공민의 짐, 국제우편물

**제50조 (면제대상에 관세를 부과하는 경우)**

다음의 경우에는 이 법 제49조를 적용하지 않는다.

1. 외국투자기업이 생산과 경영을 위하여 들여온 물자와 생산한 제품을 우리 나라 령역에서 판매하려 할 경우

2. 무관세상점물자를 용도에 맞지 않게 판매하려 할 경우

3. 가공, 중계, 재수출 같은 목적으로 반입한 보세물자를 우리 나라 령역에서 판매하거나 정해진 기간안에 반출하지 않을 경우

4. 국제상품전람회나 전시회 같은 목적으로 림시반입한 물자를 우리 나라 령역에서 사용, 소비하는 경우

5. 해당 대표단성원과 외교려권을 가진 공민, 우리 나라에 주재하는 다른 나라 또는 국제기구의 대표기관이나 그 성원이 정해진 기준을 초과하여 물자를 들여오거나 내가는 경우

6. 국제우편물 또는 공민의 짐이 정해진 기준을 초과할 경우

**제51조 (면제대상의 관세납부절차)**

이 법 제50조에 따라 관세를 납부하는 경우 해당 기관, 기업소, 단체와 공민은 세관에 신고하고 해

당한 관세를 납부하여야 한다.

**제52조 (관세의 추가부과)**

세관은 관세를 부과하지 못하였거나 적게 부과하였을 경우 해당 물자를 통과시킨 날부터 3년안에 관세를 추가하여 부과할 수 있다.

**제53조 (관세의 반환)**

다음의 경우에는 받은 관세를 전부 또는 일부 돌려준다.

1. 국가적조치로 해당 물자의 반출입이 중지되였을 경우
2. 수출입물자가 어찌할수 없는 사유로 수송도중 전부 또는 일부 못쓰게 되었을 경우
3. 관세의 부과 또는 계산을 잘못하여 관세를 초과납부하였을 경우

**제54조 (관세의 반환신청)**

관세납부당사자는 이 법 제53조의 사유가 있을 경우 관세를 납부한 날부터 1년 안에 해당 관세를 돌려줄것을 세관에 요구할 수 있다.

세관은 관세반환신청을 받은 날부터 30일 안에 처리하여야 한다.

**제55조 (보세지역, 보세공장, 보세창고, 보세전시장의 설립운영)**

대외경제교류를 발전시키기 위하여 보세지역, 보세공장, 보세창고, 보세전시장을 설립, 운영한다.

보세지역, 보세공장, 보세창고, 보세전시장의 설립, 운영질서를 정하는 사업은 내각이 한다.

**제56조 (보세기간)**

보세기간에는 보세물자에 관세를 부과하지 않는다.

보세기간은 보세공장, 보세창고에서는 2년으로 하며 보세전시장에서는 세관이 정한 기간으로 한다.

**제57조 (보세기간의 연장)**

부득이한 사정으로 보세기간을 연장받으려는 짐임자는 보세기간이 끝나기 10일전에 보세기간연장신청문건을 해당 세관에 내야 한다.

세관은 보세기간을 6개월까지 연장하여줄수 있다.

**제58조 (보세물자의 반출입담보)**

보세물자를 가공, 포장, 조립하기 위하여 보세지역밖으로 내가려는 경우에는 관세액에 맞먹는 담보물 또는 담보금을 세관에 맡겨야 한다.

세관은 보세물자가 정해진 기간안에 반입되면 담보물 또는 담보금을 돌려준다.

그러나 보세물자가 정해진 기간안에 반입되지 않으면 세관에 맡긴 담보물 또는 담보금을 관세로 처리할 수 있다.

**제59조 (보호관세, 반투매관세, 보복관세의 부과조치)**

중요공업부문과 나라의 자원을 보호할 필요가 있을 경우에는 일정한 기간 특별보호관세, 반투매관세, 보복관세 같은 조치를 취할 수 있다.

특별보호관세, 반투매관세, 보복관세의 부과대상과 세률, 부과기간을 정하는 사업을 내각이 한다.

제60조 (선박톤세의 부과)

우리 나라 항에 나드는 다른 나라 배, 다른 나라 국적을 가진 우리 나라 소유의배, 우리 나라 국적을 가진 다른 나라 소유의 배는 선박톤세를 납부하여야 한다.

선박톤세는 외국선박태리기관이 납부한다.

제61조 (세관료금의 납부)

기관, 기업소, 단체와 공민은 세관검사료, 세관짐보관료 같은 세관료금을 제때에 납부하여야 한다.

세관료금을 정하는 사업은 해당 기관이 한다.

## 제5장 세관사업에 대한 지도통제

제62조 (지도통제의 기본요구)

세관사업에 대한 지도통제를 강화하는 것은 국가의 세관정책을 정확히 집행하기 위한 중요담보이다.

국가는 세관사업에 대한 지도체계를 바로세우고 통제를 강화하도록 한다.

제63조 (세관사업에 대한 지도와 복종)

세관사업에 대한 통일적인 장악과 지도는 중앙세관지도기관이 한다.

중앙세관지도기관은 아래 세관들의 사업을 정상적으로 정확히 장악지도하여야한다.

모든 세관은 중앙세관지도기관에 복종한다.

제64조 (비상설관세심의위원회의 설치)

국가의 관세정책을 정확히 집행하기 위하여 비상설관세심의위원회를 둔다.

비상설관세심의위원회는 내각의 지도밑에 사업한다.

제65조 (세관의 협조의뢰)

세관은 밀수행위를 조사, 단속하거나 또는 관할하고있던 짐, 운수수단이 없어졌거나 기술감정이 필요한 경우 해당 법기관, 국경경비기관, 전문감정기관, 과학연구기관에 협조를 의뢰할 수 있다

협조를 의뢰받은 기관은 제때에 필요한 방조를 주어야 한다.

제66조 (련관기관일군협의회와 합의된 문제의 처리)

국경교두와 국경철도역 같은데서는 세관과 통행검사소, 수출입품검사검역소, 무역지사일군들이 정기적을 모여 세관사업과 관련하여 제기되는 문제를 집체적으로 협의하여야 한다.

협의회는 세관장이 주관하며 합의된 문제들은 세관장의 지휘밑에 처리한다.

제67조 (관세납부문건, 면세물자의 보관, 리용, 처리정형조사)

세관은 해당 기관, 기업소, 단체의 관세납부문건을 검열할수 있으며 필요에 따라 관세가 면제된 물자의 보관, 리용, 처리정형을 조사할 수 있다.

제68조 (세관사업에 대한 감독통제)

세관사업에 대한 감독통제는 중앙세관지도기관과 해당 감독통제기관이 한다.

중앙세관지도기관과 해당 감독통제기관은 세관수속과 검사, 관세의 부과와 납부정형을 정상적으

로 감독통제하여야 한다.

제69조 (연체료의 부과)

세관은 관세, 선박톤세, 세관료금을 정한 기일안에 납부하지 않았을 경우 그에 해당한 연체료를 부과할 수 있다.

제70조 (억류, 몰수, 벌금, 중지처벌)

짐, 운수수단, 국제우편물, 휴대품을 비법적으로 우리 나라에 들여오거나 다른 나라로 내가는 경우에는 억류, 몰수, 벌금, 업무활동중지 같은 처벌을 줄수 있다.

제71조 (행정적 또는 형사적책임)

이 법을 어겨 엄중한 결과를 일으킨 기관, 기업소, 단체의 책임있는 일군과 개별적 공민에게는 정상에 따라 행정적 또는 형사적책임을 지운다.

제72조 (신소와 그 처리기간)

세관사업과 관련하여 의견이 있을 경우에는 중앙세관지도기관 또는 해당 기관에 신소할 수 있다.

신소는 접수한 날부터 30일안에 료해처리하여야 한다.

# 조선민주주의인민공화국 출입국법

주체85(1996)년 1월 19일 최고인민회의 상임위원회 정령 제68호로 채택
주체88(1999)년 1월 28일 최고인민회의 상임위원회 정령 제382호로 수정보충
주체101(2012)년 4월 10일 최고인민회의 상임위원회 정령 제2323호로 수정보충

## 제1장 출입국법의 기본

제1조 (출입국법의 사명)

조선민주주의인민공화국 출입국법은 출입국제도를 강화하며 출국, 입국하는 우리 나라 공민과 입국, 출국, 체류, 거주, 려행하는 외국인의 편의를 도모하는데 이바지 한다.

제2조 (정의)

이 법에서 용어의 정의는 다음과 같다.

1. 공민이란 조선민주주의인민공화국 국적을 가진 사람을 말한다.
2. 외국인이란 다른 나라의 국적을 가진 사람을 말한다.
3. 출입국증명서란 려권 또는 그를 대신하는 증명서와 사증 같은 것을 말한다.
4. 체류란 외국인이 우리 나라 령역에 일정한 기간 머무르는 것을 말한다.

5. 거주란 외국인이 우리 나라 령역에 거주등록을 하고 사는 것을 말한다.

6. 려행이란 외국인이 우리 나라 령역에서 체류지 또는 거주지를 벗어나 다른 지역으로 오가는 것을 말한다.

제3조 (국경통과지점)

출입국은 정해진 국경통과지점으로 한다.

국가는 대외관계발전의 요구에 맞게 국경통과지점을 바로 정하도록 한다.

제4조 (출입국수속의 당사자)

출국, 입국, 체류, 거주, 려행과 관련한 수속은 본인이 한다. 그러나 공무로 출국, 입국, 체류, 려행하려 할 경우에는 해당 기관이 수속할 수 있다.

미성인의 수속은 보호자가 한다.

제5조 (출입국수수료)

국가는 해당 공민과 외국인에게 출입국과 관련하여 정해진 수수료를 물린다.

그러나 외국인의 사증수수료는 호상성의 원칙에서 물린다.

제6조 (출입국사업담당자)

출입국과 관련한 사업은 외무성과 출입국사업기관이 한다.

다른 나라에 주재하는 우리 나라 외교 및 령사대표기관, 해당 기관도 한다.

제7조 (출입국사업분야의 교류와 협조)

국가는 호상성의 원칙에서 다른 나라들과 출입국사업분야의 교류와 협조를 발전시킨다.

제8조 (특수경제지대의 출입질서)

특수경제지대의 출입질서는 해당 법규에 따른다.

## 제2장 공민의 출입국

제9조 (출입국사유)

공민은 공무, 사사용무로 출입국할 수 있다.

출입국하려는 공민은 외무성 또는 출입국사업기관, 해당 기관을 통하여 출입국증명서를 발급받아야 한다.

제10조 (려권, 사증의 발급신청)

공무로 출입국하려는 공민의 려권, 사증발급신청은 그를 파견하는 기관이 외무성에 한다.

사사용무로 출입국하려는 공민의 려권, 사증발급신청은 본인이 거주지의 출입국 사업기관에 한다.

제11조 (국경지역 출입국증명서의 효력)

출입국사업기관 또는 해당 기관이 발급한 국경지역 출입국증명서를 가진 공민은 해당 나라의 국경지역으로 출입국할 수 있다.

국경지역 출입국증명서는 정해진 국경지역에서만 효력을 가진다.

제12조 (국경지역 출입국증명서의 발급신청)

공무로 출입국하려는 공민의 국경지역 출입국 증명서발급신청은 그를 파견하는 기관이 출입국사업기관 또는 해당 기관에 한다.

사사용무로 출입국하려는 공민의 국경지역 출입국증명서발급신청은 본인이 거주지의 출입국사업기관에 한다.

제13조 (출입국증명서의 유효기간연장)

공민은 출입국증명서의 유효기간이 지났을 경우 그 기간을 연장하거나 다시 발급받아야 한다.

제14조 (선원증에 의한 출입국)

공민은 중앙해사감독기관이 발급한 선원증을 가지고 출입국할 수 있다.

선원증을 가지고 출입국할수 없을 경우에는 외무성 또는 다른 나라에 주재하는 우리 나라 외교 및 령사대표기관을 통하여 려권, 사증을 발급받아야 한다.

제15조 (출입국의 확인)

공민은 해당 출입국증명서에 확인을 받고 출입국하여야 한다.

출입국확인은 해당 국경통과지점에서 통행검사기관이 한다.

제16조 (해외공민의 입출국)

다른 나라에 살고있는 공민은 우리 나라 외교 및 령사대표기관 또는 해당 기관을 통하여 려권, 사증을 발급받고 입출국하여야 한다.

제17조 (출입국증명서의 재발급)

출입국증명서를 오손시켰거나 분실한 공민은 다시 발급받아야 한다.

제18조 (출국금지대상)

오손된 출입국증명서, 위조한 출입국증명서를 가졌거나 법기관이 출국시킬 수 없다고 인정한 공민은 출국시키지 않는다.

## 제3장 외국인의 입출국

제19조 (사중에 의한 외국인의 입출국)

외국인은 우리 나라 외무성, 출입국사업기관 또는 다른 나라에 주재하는 우리나라 외교 및 령사대표기관을 통하여 사증을 발급받고 입출국하여야 한다.

우리 나라와 해당 나라사이에 사증없이 다니기로 합의한 려권 또는 그를 대신하는 증명서를 발급받은 외국인은 사증없이 입출국할 수 있다.

제20조 (외국인의 사증발급신청)

입국하려는 외국인은 해당 나라에 주재하는 우리 나라 외교 및 령사대표기관에 사증발급신청을 하여야 한다. 이 경우 우리 나라의 초청기관이나 우리 나라에 주재하는 해당 나라 외교 및 령사대표기관 또는 국제기구대표기관에 사증발급신청을 의뢰할 수 있다.

사사용무로 입국하려 할 경우에는 사증발급신청문건에 출입국사업기관이 발급한 동의문건을 첨부한다.

제21조 (외국인의 입출국수속)

입국하는 외국인은 해당한 수속을 정확히 하여야 한다.

국경통과지점에서는 해당 출입국증명서에 통행검사기관의 확인을 받는다.

제22조 (선원증에 의한 외국인의 입출국)

선원증을 가진 외국인은 사증없이 정해진 항으로 입출국할 수 있다.

선원증을 가진 외국인이 비행기, 렬차, 자동차 같은 운수수단으로 출국하려 할 경우에는 해당한 수속을 하여야 한다.

제23조 (국경지역 출입국증명서에 의한 외국인의 입출국)

국경지역 출입국증명서를 가진 외국인은 정해진 국경지역에 입국하여야 한다.

국경지역에 입국하였다가 우리 나라의 다른 지역으로 가려 할 경우에는 해당 출입국사업기관의 승인을 받는다.

우리 나라에 거주한 외국인은 해당 출입국사업기관이 발급한 국경지역 출입국 증명서를 가지고 사사용무로 출입국할 수 있다.

제24조 (관광증에 의한 외국인의 입출국)

우리 나라 관광증을 발급받은 외국인은 사증없이 입출국할 수 있다.

제25조 (입국금지대상의 외국인)

다음에 해당하는 외국인은 입국할수 없다.

1. 우리나라의 자주권을 침해한자
2. 국제테로범
3. 마약중독자, 정신병자
4. 전염병환자, 전염병이 발생한 지역에서 오는자
5. 위조하였거나 심히 오손되여 확인할수 없는 증명서를 가진자
6. 해당 기관이 나라의 안전을 침해할 수 있다고 인정한자

제26조 (외국인출입국증명서의 유효기간연장)

외국인은 해당 출입국증명서의 유효기간안에 입출국하여야 한다.

유효기간이 지났을 경우에는 그 기간을 연장하여야 한다.

제27조 (외국인의 체류, 거주등록삭제)

체류, 거주하다가 귀국하는 외국인은 해당 출입국사업기관에서 체류등록, 거주 등록을 삭제하여야 한다. 이 경우 외국인장기체류증, 외국인거주등록증을 바친다.

제28조 (장기체류, 거주하는 외국인의 출입국)

장기체류, 거주하는 외국인은 일정한 기간 출국하려 할 경우 외국인장기체류증, 외국인거주등록증

을 해당 출입국사업기관에 맡겨야 한다.

출입국사업기관에 맡긴 외국인장기체류증, 외국인거주등록증은 입국한 다음 돌려준다.

**제29조 (외국인의 출입국시 자동차리용)**

우리 나라에 장기체류하는 외국인은 승인받은 자동자로 출입국할 수 있다. 이 경우 자동차국경통행증을 발급받아야 한다.

**제30조 (출국금지대상의 외국인)**

오손된 출입국증명서, 위조한 출입국증명서를 가졌거나 해당 기관이 출국시킬수 없다고 인정한 외국인은 출국시키지 않는다.

## 제4장 외국인의 체류, 거주, 려행

**제31조 (외국인의 체류, 거주, 려행과 관련한 등록, 수속)**

외국인은 입국목적에 따라 우리 나라 령역에서 체류, 거주, 려행할 수 있다. 이경우 해당한 등록, 수속을 제때에 하여야 한다.

**제32조 (외국인의 체류구분)**

외국인의 체류는 단기체류와 장기체류로 나눈다.

단기체류는 입국한 날부터 90일까지, 장기체류는 91일이상으로 한다.

**제33조 (외국인의 체류등록)**

우리 나라령역에 입국한 외국인은 목적지에 도착한 때부터 48시간안에 체류등록을 하고 려권 또는 따로 받은 사증에 확인을 받아야 한다.

사증을 받지 못하고 입국한 외국인은 사증을 받은 다음 체류등록을 하여야 한다.

**제34조 (외국인의 도중체류등록)**

외국인은 부득이한 사유로 목적지가 아닌 지역에서 48시간이상 체류할 경우 해당지역 출입국사업기관에 도중체류등록을 하여야 한다.

**제35조 (외국인의 체류등록관할)**

공무로 입국한 외국인의 체류등록은 중앙출입국사업기관 또는 해당 도(직할시)출입국사업기관이 한다. 경우에 따라 해당 국경지역 시(구역), 군출입국사업기관도할 수 있다.

사사용무로 입국한 외국인의 체류등록은 해당 시(구역), 군출입국사업기관이 한다.

**제36조 (외국인장기체류증의 발급)**

장기체류하려는 외국인은 체류목적에 따라 외국인장기체류증을 발급받아야 한다. 이 경우 정해진 수속을 하여야 한다.

**제37조 (체류등록을 하지 않는 외국인)**

다음에 해당하는 외국인은 체류등록을 하지 않는다.

1. 국회, 정부대표단 같은 고위급대표단 성원

2. 우리 나라에 주재하는 다른 나라 외교 또는 령사대표기관, 국제기구대표기관 성원
3. 입국하여 숙박하지 않고 그날로 출국하는 외국인
4. 항, 비행장, 철도역에 입국한 다른 나라 배, 비행기, 렬차의 선원, 승조원, 승무원
5. 해당 기관이 정하는 외국인

**제38조 (다른 나라 선원, 승조원, 승무원의 체류등록)**

다른 나라 배, 비행기, 렬차의 선원, 승조원, 승무원이 정해진 항, 비행장, 철도역이 아닌 다른 지역에서 48시간이상 체류할 경우에는 해당 출입국사업기관에 체류등록을 하여야 한다.

**제39조 (장기체류등록의 변경, 외국인장기체류증의 재발급)**

장기체류하는 외국인은 장기체류등록내용이 변경되였을 경우 7일안으로 해당출입국사업기관에 변경등록을 하고 외국인장기체류증을 재발급받아야 한다.

외국인장기체류증을 분실하였거나 심히 오손시켰을 경우에도 재발급받는다.

**제40조 (외국인의 거주)**

우리 나라에 거주한 외국인은 해당 출입국사업기관에 거주등록을 하고 외국인거주등록증을 발급받아야 한다.

미성인은 외국인출생증을 발급받는다.

**제41조 (거주지의 이동수속)**

거주지를 옮기려는 외국인은 퇴거등록을 한 날부터 25일안에 새로 거주할 지역의 출입국사업기관에 거주등록을 하여야 한다.

**제42조 (외국인거주등록증, 외국인출생증의 유효기간)**

외국인거주등록증, 외국인출생증의 유효기간은 3년으로 한다.

**제43조 (외국인거주등록의 변경, 외국인거주등록증, 출생증의 재발급)**

거주한 외국인은 출생, 사망, 결혼, 리혼, 직업변동 같은 거주등록내용이 변경되였을 경우 14일안으로 해당출입국사업기관에 변경등록을 하고 외국인거주등록증, 외국인출생증을 재발급받아야 한다.

외국인거주등록증, 외국인출생증의 유효기간이 지났거나 그것을 분실, 오손시켰을 경우에도 재발급받는다.

**제44조 (외국인의 려행)**

거주한 외국인, 사사용무로 체류하는 외국인, 국경지역 출입국증명서를 가진 외국인은 해당 출입국사업기관에서 발급한 려행증을 가지고 려행하여야 한다.

목적지에 도착한 외국인은 려행중에 해당 지역 출입국사업기관의 도착, 출발확인을 받아야 한다.

우리 나라에 주재하는 다른 나라 외교 또는 령사대표기관, 국제기구대표기관
성원, 기타 공무로 체류하는 외국인은 려행증에 발급받지 않고 려행할 수 있다.

### 제5장 제 재

**제45조 (공민에게 주는 제재)**

공민이 이 법을 어긴 경우에는 벌금을 물리거나 출국을 금지시킨다.

정상이 무거울 경우에는 형사책임을 지운다.

**제46조 (외국인에게 주는 제재)**

외국인이 이 법을 어긴 경우에는 벌금을 물리거나 입국, 출국을 금지시키거나체류, 려행승인을 취소한다.

**제47조 (제재와 관련한 신소)**

제재와 관련한 신소는 외무성 또는 해당 출입국사업기관, 법기관에 한다.

# 조선민주주의인민공화국 국경위생검역법

1996년 1월 24일 최고인민회의 상설회의 결정 제 69호로 채택

1998년 12월 3일 최고인민회의 상임위원회 정령 제182호로 수정

2007년 9월 26일 최고인민회이 상임위원회 정령 제2366호로 수정보충

**제1조(국경위생검역법의 사명)**

조선민주주의인민공화국 국경위생검역법은 국경위생검역질서를 세워 전염병의 전파를 막고 인민들의 생명과 건강을 보호하는데 이바지한다.

**제2조(국경위생검역법의 적용대상)**

이 법은 다른 나라에서 우리 나라로 또는 우리 나라에서 다른 나라로 인원, 운수수단, 물품이 들어오거나 나가는 경우에적용한다. 우리 나라가 국경위생검역과 관련하여 다른 나라와 맺은 조약이 있을 경우에는 그에 따른다.

**제3조(국경위생검역전염병의 종류)**

국경위생검역전염병은 국제검역전염병과 지정검역전염병이다. 국제검역전염병에는 세계보건기구에서 정한 전염병이, 지정검역전염병에는 중앙보건지도기관이 공포하는 전염병이 속한다.

**제4조 국경위생검역은 다음의 대상에 대하여 한다.**

1. 인원
2. 렬차, 배, 비행기, 자동차 같은 운수수단
3. 사람이 그대로 먹을수 있게 가공한 식료품

4. 의약품, 혈액 및 혈장
5. 인체병원성미생물균주
6. 다른 나라에서 위생검역을 요구하는 물품
7. 시체를 넣은 관
8. 전염병발생지역에서 들여오는 물품

**제5조(국경위생검역기관의 의무)**

국경위생검역은 국경위생검역기관이 한다. 국경위생검역기관은 국경을 통과하는 검역대상에 대한 위생검역사업을 강화하여전염병의 전파를 막아야 한다.

**제6조(국경위생검역장소)**

국경위생검역은 국경철도역, 무역항, 국제항공역 국경도로경계점 같은 국경통과지점의 지정된 곳에서 한다. 부득이한 사정으로 배,비행기 같은 운수수단이 국경통과지점이 아닌 다른 곳으로 들어오는 경우에는 해당 운수수단이 도착한 곳에서 할 수 있다.

**제7조(국경위생검역시간)**

국경위생검역은 우리 나라로 들어오는 운수수단이나도보려행자가 국경통과지점에 도착하는 즉시에 한다. 그러나 배에 대한 위생검역은 해가 뜬 후부터 지기 전까지의 사이에 한다. 다른 나라로 나가는 운수수단이나 도보려행자에 대한 국경위생검역은 출발예정시간전에 한다.

**제8조(입출국하는 운수수단의 통보)**

해당 기관은 국경을 통과하는 운수수단의도착 또는 출발예정시간, 운수수단의 명칭과 국적, 승무원수, 위생상태, 적재화물이름과 수량, 출발한 나라 이름 같은 것을 국경위생검역기관에 알려야 한다.

**제9조(입국시 검역증명서 소지)**

우리 나라로 들어오는 공민과 외국인은 국제예방접종증명서 또는 국제려행자건강증명서 같은 검역증명서를 가지고 있어야한다. 국제예방접종증명서 또는 국제려행자건강증명서가 없을 경우에는 예방접종을 받고 해당한 검역증명서를 발급받아야 한다.

**제10조(출국시 검역증명서 발급)**

다른 나라로 나가는 공민은 필요한 검진과

해당 나라의 역학상태에 따르는 예방접종을 받고 국제예방접종증명서나 국제려행자건강증명서를 발급받아야 한다. 국제예방접종증명서 또는 국제려행자건강증명서가 없이는 국경을 통과할수 없다.

**제11조(입출국하는 운수수단의 국경위생검역문건)**

국경을 통과하는 운수수단에는 쥐잡이증명서, 쥐잡이면제증명서 같은 위생검역에 필요한 문건이 있어야한다.

**제12조(전염병환자, 사망자의 통보와 그 처리)**

국경을 통과하는 운수수단에서 전염병환자나 원인을 알수 없는 사망자가 생겼을 경우 운수수단의 책임자는 곧 국경위생검역기관에 알려야 한다. 전염병환자나 사망자에 대하여 통보받은 국경위생검역기관은 즉시 현지를 료해하고 해당한 조치를 취해야 한다.

제13조(국경위생검역신청)

기관, 기업소, 단체는 위생검역을 받아야 할 물품을 수출입하려는 경우 국경위생검역기관에 위생검역신청서를 내야 한다. 위생검역 신청서에는 물품의 품명, 수량, 수출 및 수입하는 나라이름, 수송방법, 국경통과 지점, 도착 또는 출발예정날자 같은 것을 밝혀야 한다.

제14조(인원에 대한 국경위생검역)

국경위생검역기관은 국경을 통과하는 공민과 외국인의 국제예방접종증명서나 국제려행자건강증명서 같은 검역증명서 소지정형을 확인하고 건강신고서에 따라 건강상태를 검진하여야 한다. 검역증명서, 건강상태확인이 끝난 다음 해당 손짐을 검사한다.

제15조(운수수단에 대한 국경위생검역)

국경위생검역기관은 운수수단의 책임자에게 위생검역에 필요한 문건을 요구하거나 내용을 물어보고 승무원들의 건강상태와 승무원실, 식당, 취사장, 창고, 위생실 같은곳을 검사하여야 한다.

제16조(출항위생검역증)

다른 나라로 나가려는 우리 나라 배는 국경위생검역을 받은 다음 출항위생검역증을 발급받는다. 출항위생검역증을 발급받지 않은 배는 출항할수 없다.

제17조(국경위생검역이 끝나지 않은 운수수단)

국경위생검역이 끝나지 않은 운수수단에는 승인없이 누구도 오르내리거나 물품을 싣고부릴수 없다. 국경위생검역기관의 승인없이 오르내린 인원과 싣고부리운 물품은 위생검역을 받는다.

제18조(물품에 대한 국경위생검역)

물품에 대한 위생검역은 필요한 검역문건을 확인하고 시료를 채취하여 검사하는 방법으로 한다. 검역을 위한 시료채취방법과 그 량을 정하는 사업은 중앙국경검역지도기관이 정한다.

제19조(국경위생검역과정에 취하는 조치)

국경위생검역기관은 검역과정에 다음과 같은 조치를 취할 수 있다.

1. 전염병환자나 전염병으로 의심되는자를 격리시킨다.
2. 전염병에 오염되였거나 오염된 의심이 있는 장소를 소독하며 그 사용을 금지 또는 제한한다.
3. 전염병에 오염되였거나 오염된 의심이 있는 물품을 소독 또는 매몰하며 그 이동을 금지시키거나 돌려보낸다.
4. 전염병에 전염되였거나 전염된 의심이 있는 시체를 해부 또는 화장한다.
5. 전염병의 매개물로 되는 쥐나 벌레 같은 것을 없애기 위한 조치를 취한다.
6. 예방접종 및 치료사업을 한다.
7. 위생검역이 끝날 때까지 해당 운수수단을 감시한다.

제20조(국경위생검역증명서 발급시기)

국경위생검역기관은 위생검역이 끝난 다음 해당한 검역증명서를 발급하여야 한다. 위생처리대상에 대하여서는 위생처리가 끝난 다음 검역증명서를 발급하여야 한다.

제21조(운수수단에 오르는 작업인원과 식료품, 음료수에 대한 국경위생검역)

국경위생검역기관은 작업을 위하여 운수수단에 오르는 인원과 운수 수단에 싣는 식료품, 음료수에 대한 위생검역을 하여야 한다.

제22조(출국하는 다른 나라 운수수단, 외국인에 대한 국경위생검역)

우리 나라에서 나가는 다른 나라 운수수단이나 외국인에 대한 위생 검역은 신청이 있을 경우에 한다.

제23조(운수수단에서 오물 또는 오염된 물품의 처리)

우리 나라에 들어온 운수수단에서는 오물이나 전염병에 오염된 물품을 마음대로 버릴 수 없다. 오물이나 전염병에 오염된 물품을 버리려 할 경우에는 국경위생검역기관의 승인을 받고 해당한 위생처리를 한 다음 지정된 장소에 버린다.

제24조(국경위생검역조건보장)

국경위생검역기관은 위생검역과정에 운수수단의 책임자나 해당 기관, 기업소, 단체와 공민에게 방조를 요구할 수 있다. 운수수단의 책임자나 해당 기관, 기업소, 단체와 공민은 국경위생검역에 필요한 조건을 보장하여야 한다.

제25조(재검역)

국경위생검역기관은 위생검역을 받은 대상이라도 필요하다고 인정 되는 경우 재검역을 할 수 있다. 국경통과지점에서 위생검역을 끝낼수 없는 물품에 대하여서는 도착지에서 검역을 할 수 있다.

제26조(국경위생검역료금)

국경위생검역을 받은 경우에는 해당한 료금을 문다.

검역료금을 정하는 사업은 중앙가격제정기관이 한다.

제27조(국경통행의 금지 또는 제한)

중앙보건지도기관과 중앙국경검역지도기관은 전염병이 퍼질 긴급한 사태가 조성되는 경우 내각의 승인을 받아 국경통행의 금지, 제한 같은 조치를 취할 수 있다.

제28조(행정적 또는 형사적책임)

이 법을 어겨 인민들의 생명과 건강에 엄중한 피해를 준 기관, 기업소, 단체의 책임있는 일군과 개별적공민에게는 정상에따라 행정적 또는 형사적책임을 지운다.

# 조선민주주의인민공화국 국경동식물검역법

주체86(1997)년 7월 16일 최고인민회의 상설회의 결정 제89호로 채택
주체87(1998)년 12월 3일 최고인민회의 상임위원회 정령 제182호로 수정
주체96(2007)년 9월 26일 최고인민회의 상임위원회 정령 제2366호로 수정보충
주체97(2008)년 4월 1일 최고인민회의 상임위원회 정령 제2643호로 수정보충

### 제1조(국경동식물검역법의 사명)

조선민주주의인민공화국 국경동식물검역법은 국경에서 동식물검역질서를 엄격히 세워 동물검역전염병과 식물검역병해충의 전파를 막고 인민들의 건강과 동식물자원을 보호하는데 이바지한다.

### 제2조(국경동식물검역의 현대화, 과학화원칙)

국경동식물검역은 국경검역기관이 한다.

국가는 국경동식물검역체계를 바로세우고 검역을 현대화, 과학화하도록 한다.

### 제3조(국경동식물검역법의 적용대상)

이 법은 다른 나라에서 우리 나라로, 우리 나라에서 다른 나라로 동식물검역대상을 들여오거나 내가는 경우에 적용한다.

우리 나라가 국경동식물검역과 관련하여 다른 나라와 맺은 조약이 있을 경우에 는 그에 따른다.

### 제4조(국경동물검역전염병)

동물검역전염병은 국제동물검역전염병과 지정동물검역전염병이다.

국제동물검역전염병에는 국제수의기구가 정한 동물전염병과 기생충병이, 지정동물검역전염병에는 중앙동물검역지도기관이 정한 동물전염병과 기생충병이 속한다.

### 제5조(국경식물검역병해충)

식물검역병해충에는 아직 분포되여있지 않거나 또는 일부 지역에만 분포되여있으면서 농작물을 비롯한 식물자원에 심한 피해를 주는 식물병해충 같은 것이 속한다.

식물검역병해충은 중앙식물검역지도기관이 정한다.

### 제6조(국경동물검역대상)

국경동물검역은 다음의 대상에 대하여 한다.

1. 짐승, 새, 물고기, 조개, 게, 벌레 같은 동물과 그 표본
2. 고기, 알, 꿀, 젖, 발쪽, 장기, 피 같은 동물성산물
3. 털, 가죽, 뿔, 누에고치 같은 동물성생재료
4. 동물의 정액, 수정란, 종자알, 누에종자, 수정 또는 배자단계의 물고기알
5. 수의약품, 동물병원성미생물균주, 동물성약재
6. 동물먹이와 그 첨가제

7. 동물과 동물성물품을 실은 운수수단, 동물운반에 리용된 깔판, 포장재, 관리도구

8. 다른 나라에서 동물검역을 요구하는 물품

제7조(국경식물검역대상)

국경식물검역은 다음의 대상에 대하여 한다.

1. 식물과 그 표본

2. 식물의 종자 또는 번식재료

3. 알곡, 남새, 과일, 공예작물, 약초, 산나물, 바다나물, 목재, 꽃 같은 식물성산물

4. 농약, 식물병원성미생물균주, 식물기생곤충표본

5. 식물성물품을 실은 운수수단, 식물성물품을 다루던 도구, 식물성물품포장재

6. 다른 나라에서 식물검역을 요구하는 물품

제8조(국경통과가 금지된 동식물검역대상)

우리 나라에 들여오거나 다른 나라로 내갈수 없는 동식물검역대상은 다음과 같다.

1. 병원성미생물과 해충 같은 동식물에 해로운 유기체

2. 동물검역전염병 또는 식물검역병해충이 퍼진 나라에서 들여오는 동식물검역대상

3. 개인이 가지고 다니는 생고기와 생알

4. 동물의 사체

5. 토양

제9조(국경통과가 금지된 동식물검역대상의 처리)

국경검역기관은 우리 나라에 들여오거나 다른 나라로 내보낼수 없는 검역대상을 발견한 경우 그것을 돌려보내거나 해당한 처리를 할 수 있다.

우리 나라로 들여올수 없는 동식물검역대상을 과학연구 같은 목적으로 들여오려 할 경우에는 해당 중앙국경검역지도기관의 승인을 받는다.

제10조(국경동식물검역장소)

국경동식물검역은 국경철도역, 무역항, 국제항공역, 국제우편국, 국경도로경계점 같은 국경통과지점의 지정된 곳에서 한다. 그러나 산동물, 종자알, 씨앗 같은 것은 검역장이나 검역포전에서, 수출품은 생산지나 출하지에서 검역할 수 있다.

부득이한 사정으로 배, 비행기 같은 운수수단이 지정된 국경통과지점이 아닌 곳으로 들어온 경우에는 그곳에서도 동식물검역을 할 수 있다.

제11조(국경동식물검역시간)

우리 나라에 들여온 동식물검역대상에 대한 검역은 그것이 국경통과지점에 도착하는 즉시에 한다. 그러나 배나 그에 실려있는 동식물검역대상은 해가 뜬 다음부터 지기전까지의 사이에 검역한다.

다른 나라로 내가는 동식물검역대상에 대한 검역은 출발예정시간전에 한다.

제12조(국경동식물검역요구조건 합의신청서의 제기)

동식물을 수출입하려는 기관, 기업소, 단체는 해당 계약을 맺기전에 검역요구조건합의신청서를 중앙농업지도기관의 경유를 받아 중앙국경검역지도기관에 내야 한다.

중앙국경검역지도기관은 해당 기관, 기업소, 단체에 계약당사자와 합의할 내용을 제때에 알려주어야 한다.

### 제13조(국경동식물검역신청의 제기)

기관, 기업소, 단체는 수출입하는 동식물검역대상에 대한 검역신청서를 해당 국경검역기관에 내야 한다.

검역신청서는 수입하는 검역대상이 국경통과지점에 도착하기 전에, 수출하는

검역대상이 생산지나 출하지 또는 마지막 국경통과지점에서 출발하기 전에 낸다.

### 제14조(중계, 통과수송하는 검역대상의 검역신청)

중계수송하거나 우리 나라를 통과하는 동식물검역대상에 대한 검역 신청은 그 대리업무를 맡은 기관이 한다.

대리업무를 맡은 기관은 검역대상이 국경통과지점에 도착하기전에 국경검역기관에 검역신청서를 내야 한다.

### 제15조(무역품이 아닌 검역대상의 검역신청)

무역품이 아닌 동식물검역대상에 대한 검역신청은 짐임자 또는 그 대리인이 한다.

짐임자 또는 그 대리인은 검역대상이 국경통과지점에 도착하면 해당 국경검역기관에 검역신청서를 내야 한다.

### 제16조(운수수단과 그에 실려있는 검역대상의 검역신청)

운수수단과 그에 실려있는 동식물검역대상에 대한 검역신청은 운수수단의 책임자가 한다.

운수수단의 책임자는 운수수단이 국경통과지점에 도착하면 해당 국경검역기관에 검역신청서를 내야 한다.

### 제17조(무역, 기증, 과학기술교류 같은 형식으로 들여오는 검역대상의 검역)

무역이나, 기증, 과학기술교류 같은 형식으로 동식물검역대상을 들여오는 경우에는 해당 나라에서 발급한 동물 또는 식물검역증이 있어야 한다.

애완용, 관상용, 교예용 같은 동물에는 전염병예방접종증명서와 동물건강진단서가 있어야 한다.

전염병예방접종증명서와 동물건강진단서가 없거나 그 유효기간이 지났을 경우에는 국경검역기관에서 예방접종과 진단을 받고 해당한 증명서를 발급받아 야한다.

### 제18조(운수수단의 검역)

국경검역기관은 렬차, 배, 비행기, 자동차 같은 운수수단의 손님칸, 승무원칸,

짐칸, 취사장, 식료품창고 같은 곳을 검역하며 필요한 문건을 보거나 복사, 발취할 수 있다.

### 제19조(수출입품의 검역)

수출입품에 대한 국경동식물검역은 중앙국경검역지도기관의 지령에 따라 한다.

국경검역기관은 검역지령에 따라 동식물검역을 엄격히 하여야 한다.

### 제20조(중계, 통과수송하는 검역대상의 검역)

중계수송하거나 우리 나라를 통과하는 동식물검역대상에 대한 검역은 해당 나라에서 발급한 동물 또는 식물검역증을 확인하고 운수수단과 화물의 외부상태를 검사하는 방법으로 한다.

### 제21조(개인소지품의 검역)

국경검역기관은 려행자나 운수수단의 승무원이 가지고 다니는 동식물검역대상에 대하여 검역하여야 한다.

려행자나 운수수단의 승무원은 동식물검역대상에 대한 검역을 정확히 받아야한다.

### 제22조(운수수단에 싣는 봉사물자의 검역)

국경검역기관은 려행자나 승무원을 위하여 운수수단에 싣는 동식물검역대상에 대하여 검역하여야 한다.

검역에서 합격되지 못한 동식물검역대상은 운수수단에 실을수 없다.

### 제23조(동물검역전염병, 식물검역병해충발생지에서 들여오는 운수수단, 물품의검역)

국경검역기관은 동식물검역대상이 아니라 하더라도 동물검역전염병 또는 식물 검역병해충이 발생한 나라에서 들여오는 운수수단이나 물품에 대하여 검역할 수 있다.

### 제24조(검역시료의 채취)

국경검역기관은 동식물검역에 필요한 시료를 채취할 수 있다.

검역을 위한 시료채취방법과 량을 정하는 사업은 중앙국경검역지도기관이 한다.

### 제25조(검역을 끝내는 시간, 예비검역, 도착지검역)

국경검역기관은 검역을 정해진 시간에 끝내야 한다.

우리 나라에 들여오는 동식물검역대상에 대한 검역을 정해진 시간에 끝낼수 없을 경우에는 예비검역을 하고 도착지에서 완전검역을 할 수 있다.

산동물, 종자알, 씨앗, 묘목 같은 검역대상은 국경검역기관에서 예비검역을 하고 도착지 해당 방역기관에 넘겨 완전검역을 하여야 한다. 이 경우 해당 방역기관은 검역결과를 국경검역지도기관과 중앙방역기관에 통지하여야 한다.

### 제26조(검역을 받지 않은 검역대상의 이동금지)

검역을 받지 않은 동식물검역대상은 국경검역기관의 승인없이 지정된 장소를 옮길수 없다.

### 제27조(국경동물검역에서 제기된 대상의 처리)

국경검역기관은 검역과정에 다음과 같은 조치를 취할 수 있다.

1. 동물검역전염병에 걸린 동물을 돌려보내거나 도살, 매몰, 소각한다.
2. 동물검역전염병에 걸린 동물과 접촉한 대상을 돌려보내거나 격리, 소독한다.
3. 동물검역전염병에 오염된 동물성물품을 돌려보내거나 소각, 소독하거나 용도를 변경시킨다.

### 제28조(국경식물검역에서 제기된 대상의 처리)

국경검역기관은 식물검역병해충에 오염되였거나 잡초씨가 섞인 식물성물품에 대하여 돌려보내거나 소각, 소독하며 용도변경같은 조치를 취할 수 있다.

**제29조(검역증, 검역처리통지서의 발급)**

국경검역기관은 동식물검역을 진행하고 합격된 대상에 대하여 검역증을 발급하여야 한다.

돌려보내거나, 도살, 매몰, 소각, 소독, 용도변경 같은 조치를 취하였을 경우에는 해당한 검역처리통지서를 발급하여야 한다.

**제30조(국경동식물검역에서 해당 기관과의 련계)**

국경검역기관은 세관을 비롯한 해당 기관과의 련계를 강화하여야 한다.

국경검역기관이 발급한 검역증이나 검역이관통지서가 없는 동식물검역대상은 국경을 통과시킬수 없다.

**제31조(운수수단에서 오물, 오수의 처리)**

국경을 통과하는 운수수단은 동물검역전염병이나 식물검역병해충을 전파시킬수 있는 오물, 오수를 마음대로 버리지 말아야 한다.

오물, 오수를 버리려 할 경우에는 국경검역기관의 승인을 받고 그것을 소독한 다음 지정된 장소에 버려야 한다.

**제32조(국경동식물검역조건보장)**

국경검역기관은 동식물검역을 받는 기관, 기업소, 단체와 공민에게 필요한 방조를 요구할 수 있다.

동식물검역을 받는 기관, 기업소, 단체와 공민은 국경검역기관의 요구에 응하여야 한다.

**제33조(검역료금)**

국경동식물검역을 받은 기관, 기업소, 단체와 공민은 해당한 검역료금을 물어야한다.

검역료금을 정하는 사업은 중앙가격제정기관이 한다.

**제34조(국경통과의 금지 또는 제한)**

중앙농업지도기관과 중앙국경검역지도기관은 동물검역전염병이나 식물검역병해충이 퍼질 긴급한 사태가 조성되는 경우 내각의 승인을 받고 해당 국경통과지점 에서 인원의 류동과 검역대상에 대한 수출입의 금지, 제한 같은 조치를 취할 수 있다.

**제35조(국경동식물검역질서를 어기고 반출입한 검역대상의 퇴송, 몰수 또는 억류)**

국경동식물검역질서를 어기고 동식물검역대상을 들여오거나 내가는 경우에는 그것을 돌려보내거나 억류 또는 몰수한다.

**제36조(행정적 또는 형사적책임)**

이 법을 어겨 인민들의 건강보호에 지장을 주었거나 동식물자원에 피해를 준기관, 기업소, 단체의 책임있는 일군과 개별적공민에게는 정상에 따라 행정적 또 는 형사적책임을 지운다.

# 조선민주주의인민공화국 외화관리법

1993년 1월 31일 최고인민회의 상설회의 결정 제27호로 채택
1999년 2월 26일 최고인민회의 상임위원회 정령 제484호로 수정보충
2002년 2월 21일 최고인민회의 상임위원회 정령 제2852호로 수정보충
2004년 11월 16일 최고인민회의 상임위원회 정령 제750호로 수정보충

## 제 1 장 외화관리법의 기본

### 제1조(외화관리법이 사명)

조선민주주의인민공화국 외화관리법은 외화의 수입과 리용, 반출입에서 제도와 질서를 엄격히 세워 외화를 통일적으로 장악하고 합리적으로 리용하는데 이바지한다.

### 제2조(외화에 대한 정의)

외화에는 전환성있는 외국화페와 국가채권, 회사채권같은 외화유가증권이 속한다.수형, 행표, 양도성예금증서 같은 외화지불수단과 장식품이 아닌 금, 은, 백금, 국제금융시장에서 거래되는 금화, 은화와 귀금속도 외화에 속한다.

### 제3조(외화관리의 중요원칙)

외화를 통일적으로 관리하는것은 외화관리의 중요원칙이다.국가는 중앙재정지도기관이 외화를 통일적으로 장악하고 관리하도록 한다.

### 제4조(외국환자업무를 하는 은행)

조선민주주의인민공화국에서 외국환자업무는 무역은행이 한다. 다른 은행도 중앙재정지도기관의 승인을 받아 외국환자업무를 할 수 있다.

### 제5조(외화현금의 류통금지원칙)

조선민주주의인민공화국 령역에서는 외화현금을 류통시킬수 없다. 외화현금은 조선원과 바꾸어 쓴다.

### 제6조(외화의 사고팔기와 저금, 예금, 저당원칙)

외화의 사고팔기와 저금, 예금, 저당은 외국환자 업무를 맡은 은행을 통하여서만 할 수 있다. 외국환자업무를 맡은 은행은 중앙재정지도기관이 승인한 범위에서 외화업무를 한다.

### 제7조(환자시세결정)

조선원에 대한 외국환자시세의 종류와 적용범위, 고정환자시세를 정하는 사업은 중앙재정지도기관이 한다. 조선원에 대한 결제환자시세, 현금환자시세를 정하는 사업은 무역은행이 한다.

### 제8조(대외결제외화)

대외결제는 중앙재정지도기관이 정한 외화로 한다. 우리나라 정부와 다른 나라 정부사이에 결제와

관련한 협정을 맺었을 경우에는 그에 따른다.

제9조(합법적으로 얻은 외화에 대한 보호)

국가는 합법적으로 얻은 외화를 보호하며 그에 대한 공민의 상속권을 보장한다.

제10조(법의 적용대상)

이 법은 외화수입이 있거나 리용하는 기관, 기업소, 단체와 공민에게 적용한다. 공화국령역에서 외화수입이 있거나 외화를 리용하는 다른나라 또는 국제기구의 대표부, 외국투자기업, 외국인과 조선동포에게도 이 법을 적용한다. 특수경제지대에 적용하는 외화관리질서는 따로 정한다.

## 제2장 외화수입과 리용

제11조(국가외화의무납부률의 제정)

중앙재정지도기관은 국가계획기관이 시달한 외화수입지출계획에 따라 해당 기관, 기업소, 단체에 국가외화의무납부률을 정하여 주어야 한다. 기관, 기업소, 단체는 무역은행에 돈자리를 두고 번 외화를 제때에 입금시켜야 한다.

제12조(다른 나라, 국제기구 대표부의 외화돈자리)

다른 나라와 국제기구의 대표부는 무역은행에 돈자리를 두고 외화를 입금시켜야 한다.

제13조(외국투자기업의 외화돈자리)

외국투자기업은 무역은행에 돈자리를 두고 번 외화를 입금시켜야 한다. 다른 은행이나 공화국령역밖에 있는 은행에 돈자리를 두려할 경우에는 중앙재정지도기관과 합의하여야 한다.

제14조(국가외화의무납부금의 우선적납부)

기관, 기업소, 단체는 외화수입계획을 제때에 실행하며 국가외화의무납부금을 우선적으로 바쳐야 한다.

제15조(공민의 외화보유와 팔기, 저금)

공민은 합법적으로 얻은 외화를 보유할 수 있다. 외화를 팔거나 저금하려 할 경우에는 외국환자업무를 취급하는 은행에 하여야 한다.

제16조(외국인의 외화저금과 팔기)

외국인은 공화국령역밖에서 송금하여온 외화, 합법적으로 얻은 외화를 외국환자업무를 취급하는 은행에 저금하거나 팔 수 있다.

제17조(외화의 리용범위)

외화는 다음과 같은 거래에 리용할 수 있다.

1. 대외경제계약과 지불협정에 따르는 거래
2. 려비, 경비, 유지비의 지불거래 같은 비무역거래
3. 은행에서 조선원을 사거나 파는 거래
4. 예금, 신탁, 대부, 채무보증 같은 거래

제18조(대외결제방법)

대외결제는 신용장, 송금, 대금청구, 지불위탁 같은 방법으로 한다.

제19조(기관, 기업소, 단체의 외화리용)

기관, 기업소, 단체는 외화를 지정된 지표와 항목에써야 한다. 지정된 지표와 항목과 다르게 외화를 쓰려 할 경우에는 중앙재정지도기관의 승인을 받아야 한다.

제20조(외화수입계획을 초과한 외화의 리용)

기관, 기업소, 단체는 외화수입계획을 초과한 금액을 자체로 리용할 수 있다. 이 경우 지정된 지표와 항목에 써야 한다.

제21조(외화의 예금, 저금에 대한 비밀보장과 반환의무)

외국환자업무를 취급하는 은행은 외화예금과 저금의 비밀을 보장하며 해당한 리자를 계산지불하여야한다. 예금자, 저금자가 요구하는 외화를 제때에 내주어야 한다.

제22조(은행의 대부)

공화국의 외국환자업무를 취급하는 은행은 기관, 기업소,단체와 외국투자기업에 외화를 대부하여 줄수 있다. 이 경우 외화대부계획을 세워 중앙재정지도기관과 합의하고 내각의 비준을 받아야 한다.

제23조(다른 나라 또는 국제기구에 의한 대부)

기관, 기업소, 단체는 관리운영에 필요한 외화를 다른 나라 또는 국제기구로부터 대부받을수 있다. 이 경우 중앙재정지도기관과 합의하고 내각의 비준을 받아야 한다.

제24조(외화유가증권의 발행승인)

외화유가증권을 발행하려는 기관, 기업소, 단체는 해당 기관의 승인을 받아야 한다.

## 제3장 외화반입과 반출

제25조(외화의 반입과 수수료, 관세 면제)

외화현금과 외화유가증권, 귀금속은 제한없이 우리 나라에 들여올수 있다. 이 경우 수수료 또는 관세를 적용하지 않는다.

제26조(외화현금의 반출)

외화현금은 은행이 발행한 외화교환증명문건이나 입국할 때 세관신고서에 밝힌 금액범위에서 공화국령역밖으로 내갈수 있다.

제27조(외화유가증권의 반출)

외화유가증권은 중앙재정지도기관의 승인을 받아야 공화국령역밖으로 내갈수 있다. 입국할 때 세관에 신고한 외화유가증권은승인을 받지 않고도 공화국령역밖으로 내갈수 있다.

제28조(귀금속의 반출)

귀금속은 중앙은행의 승인을 받아야 공화국령역밖으로내갈수 있다. 입국하면서 들여온 귀금속은 세관에 신고한 범위에서 공화국령역 밖으로 내갈수 있다.

제29조(외국투자가의 리윤 기타 소득금의 반출)

외국투자가는 기업운영에서 얻은 리윤과 기타 소득금을 공화국령역밖으로 세금없이 송금할 수 있다. 투자재산은 세금없이 공화국령역밖으로 내갈수 있다.

제30조(외국인의 로임과 합법적으로 얻은 외화의 반출)

외국투자기업에서 일하는 외국인은 로임과 기타 합법적으로 얻은 외화의 60%까지를 공화국령역밖으로 송금하거나 가지고 나갈수 있다.

## 제4장 외화관리사업에 대한 지도통제

제31조(외화관리사업에 대한 지도기관)

외화관리사업에 대한 지도통제는 내각의 통일적지도밑에 중앙재정지도기관이 한다. 중앙재정지도기관은 외화관리사업에 대한 지도체계를 바로세우고 외화수입과 지출균형을 맞추어야 한다.

제32조(도인민위원회의 외화관리)

중앙예산제기관, 기업소, 단체의 외화관리사업에 대한 지도는 중앙재정지도기관이 직접 한다. 그러나 지방예산제기관, 기업소, 단체의 외화관리사업에 대한 지도는 도인민위원회를 통하여 한다.

제33조(외화채권, 채무에 대한 통일적장악관리)

중앙재정지도기관은 다른 나라에 대한 외화채권, 채무를 통일적으로 장악하고 관리하여야 한다. 해당 기관,기업소, 단체는 중앙재정지도기관의 요구에 제때에 응하여야 한다.

제34조(외화생활비, 외화려비에 대한 관리)

중앙재정지도기관은 외화로 지불하는 생활비, 려비 같은것의 지출기준을 바로 정하고 정확히 집행하도록 하여야한다.

제35조(외국환자업무를 취급하는 은행에 대한 관리)

중앙재정지도기관은 외국환자업무를 취급하는 은행으로부터 분기, 년간 재정상태표와 필요한 업무통계자료를 받아야 한다.

제36조(년간외화계획실행결산서의 제출)

기관, 기업소, 단체는 분기, 년간외화계획실행 결산서를 만들어 중앙재정지도기관에 내야 한다. 중앙재정지도기관은외화계획실행정형을 총화하고 내각에 보고하여야 한다.

제37조(외화관리정형에 대한 검열)

중앙재정지도기관은 기관, 기업소, 단체와 외국환자업무를 취급하는 은행의 외화관리정형을 검열할 수 있다. 해당 기관, 기업소, 단체와 외국환자업무를 취급하는 은행은 중앙재정지도기관의 검열에 필요한 조건을 보장하여야 한다.

제38조(연체료부과)

국가외화의무납부금을 제때에 정확히 납부하지 않았을 경우에는 연체료를 물린다.

제39조(손해보상)

예금, 저금자가 요구하는 외화를 제때에 내주지 못하여 손해를 주었을 경우에는 해당한 손해를 보상시킨다.

제40조(벌금부과)

외화를 정해진 기간까지 입금시키지 않았거나 또는 다른 은행에 입금시켰을 경우에는 벌금을 물린다.

제41조(몰수)

비법적으로 거래하였거나 공화국령역밖으로 도피시킨 외화와 해당 물건은 몰수한다.

제42조(행정적 또는 형사적책임)

이 법을 어겨 외화관리에서 엄중한 결과를

일으킨 기관, 기업소, 단체의 책임있는 일군과 개별적공민에게는 정상에 따라행정적 또는 형사적 책임을 지운다.

# 조선민주주의인민공화국 상업은행법

2006년 1월 25일 최고인민회의 상임위원회 정령 제1529로 채택
2015년 7월 22일 최고인민회의 상임위원회 정령 제576호로 수정보충

## 제1장 상업은행법의 기본

제1조(상업은행법의 사명)

상업은행은 예금, 대부, 결제같은 업무를 전문으로 하는 기관이다. 조선민주주의인민공화국 상업은행법은 상업은행의 설립과 업무, 회계, 통합 및 해산에서 제도와 질서를 엄격히 세워 상업은행의 역할을 높이고 금융거래의 편의를 보장하는데 이바지 한다.

제2조(상업은행의 설립원칙)

상업은행의 설립을 바로 하는 것은 국가의 금융정책을 정확히 집행하기 위한 기본요구이다. 국가는 상업은행의 설립에서 공정성, 객관성과 실리를 보장하도록 한다.

제3조(상업은행의 업무원칙)

상업은행의 업무를 합리적으로 조직하는 것은 금융거래의 안전성을 보장하고 거래자의 리익을 보호하기 위한 중요담보이다. 국가는 상업은행업무에서 신용을 지키며 그것을 현대화, 과학화하도록 한다.

제4조(상업은행의 운영원책)

국가는 상업은행이 경영활동에서 상대적 독자성을 가지고 채산제로 운영하도록 한다.

제5조(상업은행일군의 양성원칙)

국가는 상업은행일군대렬을 튼튼히 꾸리고 그들의 책임성과 역할을 높이도록 한다. 상업은행의 일

군은 해당한 자격을 가진 자만이 할 수 있다.

제6조(상업은행사업의 지도원칙)

조선민주주의인민공화국에서 상업은행에 대한 통일적인지도는 내각의 지도밑에 중앙은행이 한다. 국가는 상업은행에 대한 지도체계를 바로 세우고 통제를 강화하도록 한다.

제7조(법의 적용대상)

이 법은 공화국령역안에서 설립운영하는 상업은행에 적용한다. 특수경제지대에서 상업은행의 설립운영과 외국투자은행의 설립운영은 해당 법규에 따른다.

제8조(교류와 협조)

국가는 상업은행사업분야에서 다른 나라, 국제기구들과의 교류와 협조를 강화하도록 한다.

## 제2장 상업은행의 설립

제9조(상업은행의 설립승인)

상업은행의 설립승인은 중앙은행이 한다. 기관, 기업소, 단체는 승인없이 은행업무를 할 수 없으며 《은행》이라는 글자를 기관명칭에 리용할 수 없다.

제10조(상업은행설립신청문건의 제출)

상업은행을 설립하려는 기관, 기업소, 단체는 설립신청문건을 중앙은행에 제출하여야 한다. 설립신청문건에는 은행명칭, 밑자금, 거래대상, 업무범위, 소재지 같은 내용을 밝혀야 한다.

제11조(상업은행설립승인문건의 심의)

중앙은행은 상업은행설립신청문건을 받은 날부터 60일안으로 심의하고 승인하거나 부결하여야 한다. 승인된 대상에 대하여서는 상업은행설립승인문건을 발급해주어야 한다.

제12조(상업은행의 운영준비)

상업은행의 설립승인을 받은 기관, 기업소, 단체는 정한 기간에 은행을 정상적으로 운영할 수 있는 준비를 끝내야 한다. 중앙은행은 상업은행의 운영준비기간을 밑자금규모와 업무범위를 고려하여 정해주어야 한다.

제13조(상업은행의 설립등록, 영업허가증 발급)

운영준비를 끝낸 상업은행은 30일안으로 은행소재지의 도(직할시)인민위원회에 기관등록을 하여야 한다. 중앙은행은 등록된 상업은행에 10일안으로 영업허가증을 발급하여야 한다.

제14조(상업은행의 기구)

상업은행은 관리부서, 업무부서, 정보분석부서, 금융감독부서, 양성부서, 내부경리부서 같은 필요한 부서를 둘수 있다. 필요에 따라 리사회를 조직하고 운영 할 수 있다.

제15조(지점, 대표부의 설치)

상업은행은 국내와 국외의 여러 지역에 지점, 대표부 같은 기구를 내올 수 있다. 이 경우 해당 기관의 승인을 받는다.

**제16조(상업은행에 변경등록)**

상업은행은 은행명칭, 밑자금, 거래대상, 업무범위, 소재지 같은 것을 변경하려 할 경우 변경등록신청문건을 작성하여 중앙은행에 내야 한다. 중앙은행은 변경등록신청문건을 30일안으로 심의하고 그 결과를 상업은행에 통지해 주어야 한다.

**제17조(영업허가증의 재교부)**

상업은행은 영업허가증을 오손시켰거나 분실하였을 경우에는 제때에 재발급 받아야 한다.

**제18조(상업은행업무종류)**

상업은행의 업무는 다음과 같다.

1. 예금업무
2. 대부업무
3. 돈자리의 개설과 관리업무
4. 국내결제업무
5. 대외결제, 수형과 증권의 인수 및 할인, 환자조작업무
6. 외화교환업무
7. 거래자에 대한 신용확인 및 보증업무
8. 금융채권발행 및 팔고사기 업무
9. 귀금속거래업무
10. 고정재산등록업무
11. 화폐의 팔고사기업무
12. 은행카드업무
13. 이 밖에 승인받은 업무

**제19조(예금)**

상업은행은 유휴화폐자금을 적극 동원하기 위하여 거래자로부터 예금을 받아들일 수 있다. 이 경우 상업은행은 예금을 늘이기 위한 봉사활동을 다양하게 벌려야 한다.

**제20조(예금의 지불과 비밀보장)**

상업은행은 거래자가 예금에 대한 지불을 요구할 경우 원금과 리자를 제때에 정확히 지불하여야 한다. 예금에 대한 비밀을 철저히 보장하여야 한다.

**제21조(지불준비금의 보유)**

예금의 정상적인 지불을 위하여 상업은행은 정한 지불준비금을 보유하여야 한다. 지불준비금은 다른 용도에 리용할 수 없다.

**제22조(준비금)**

상업은행은 정한 준비금을 중앙은행에 적립하여야 한다.

중앙은행에 적립한 준비금은 상업은행이 통합 및 해산되는 경우에만 찾아쓸수 있다.

제23조(대부조건)

상업은행 거래자의 요구에 따라 경영활동을 개선하는데 필요한 자금을 대부하여 줄 수 있다. 이 경우 상업은행은 대부금을 계약내용에 맞게 리용하도록 하여야 한다.

제24조(대부의 원천)

대부원천은 거래자로부터 받아들인 예금과 자체자금, 중앙은행에서 받은 대부금 같은 것으로 한다. 상업은행은 대부원천을 초과하여 대부를 줄수 없다.

제25조(대부계약)

상업은행은 상환능력이 있는 거래자에 대하여 서면으로 된 대부계약을 맺고 대부를 주어야 한다. 대부계약서에서는 대부금액, 대부용도, 담보, 상환기관과 방식, 리자률 같은 것을 밝혀야 한다.

제26조(대부금의 담보, 보증)

상업은행은 대부를 주기 전에 차입자로부터 대부금에 대한 담보 또는 보증을 세워야 한다. 담보는 차입자의 자금으로 마련한 동산 또는 부동산으로, 보증은 해당 상급기관 또는 지불능력이 있는 제3자가 서면으로 한다.

제27조(대부상환)

상업은행은 계약에 따라 대부원금과 리자를 정한 기간에 정확히 받아 들여야 한다. 대부원금과 리자의 상환기간을 연장하거나 면제하려는 경우 해당 상업은행의 승인을 받아야 한다.

제28조(예금 및 대부리자률)

상업은행은 정한 기준리자률과 변동폭 범위에서 예금리자률과 대부리자률을 정하고 적용하여야 한다.

제29조(결제의 조직)

상업은행은 거래자가 돈자리를 통하여 화폐거래를 편리하게 할 수 있도록 결제조직을 짜고들어야 한다. 결제는 돈자리에 화폐자금이 있을 경우에만 하는 것을 기본으로 한다.

제30조(돈자리의 개설)

상업은행은 거래자에게 현금 및 환치거래를 위한 돈자리를 개설하여 줄 수 있다. 거래자는 한 은행에만 돈자리를 개설하여야 한다. 상업은행은 중앙은행의 승인을 받아 외국은행에 돈자리를 둘수 있다.

제31조(대금의 결제)

상업은행은 거래자의 지불지시에 따라 대금결제를 하여야 한다. 대금결제는 환치로 하는 것을 기본으로 한다.

제32조(대외결제, 수형, 증권의 인수 및 할인, 환자조작)

다른 나라와의 경제거래에 따르는 대외결제, 수형, 증권의 인수 및 할인, 환자조작은 승인받은 해당 상업은행이 진행한다. 대외결제, 수형, 증권의 인수 및 할인, 환자조작은 정한 절차와 방법에 따른다.

제33조(외화의 교환)

해당 상업은행은 외화교환업무를 할 수 있다. 외화교환업무는 기준환자시세와 변동폭 범위에서 자체의 실정에 맞게 하여야 한다.

제34조(거래자의 신용확인 및 보증)

상업은행은 거래자의 요구에 다라 제3자에게 거래자의 경영상태와 신용에 대하여 확인하여주거나 보증하여 줄 수 있다. 이 경우 거래자는 경영상태자료를 상업은행에 제출하여야 한다. 신용확인, 보증은 신용장 또는 보증장 같은 것을 발행하는 방법으로 한다.

제35조(금융채권의 발행 및 팔고사기)

상업은행은 금융채권을 발행하여 자금을 모집할 수 있으며 류통중의 각종 채권을 팔거나 살 수 있다. 금융채권의 발행은 해당 기관의 승인을 받아야 한다.

제36조(귀금속의 거래)

귀금속의 거래는 해당 상업은행이 한다. 해당 상업은행은 귀금속의 수매와 보관, 판매질서를 엄격히 지켜야 한다.

제37조(고정재산의 등록)

해당 상업은행은 기관, 기업소, 단체의 고정재산을 빠짐없이 정확히 등록하여야 한다. 고정재산의 등록은 부문별, 현물형태별, 금액별로 하여야 한다.

제38조(화폐의 팔고사기)

상업은행은 중앙은행과 화폐의 팔고사기를할 수 있다. 화폐의 팔고사기는 환자시세에 따라 조선원과 외화를 교환하는 방법으로 한다.

제39조(금융봉사료금)

상업은행은 거래자로부터 업무에 따르는 금융봉사료금을 받을수 있다. 금융봉사료금을 정하는 사업은 중앙가격자도기관이 한다.

제40조(국고업무의 대리)

국고업무대리는 해당 상업은행이 한다. 해당 상업은행은 중앙은행의 국가예산자금지출문건에 따라 자금을 신속히 지출하며 거래자가 바치는 국가예산납부금을 중앙은행에 제때에 집중시켜야 한다.

제41조(통계자료의 제출)

상업은행은 화폐류통과 관련한 통계자료를 정확히 작성하고 정한 기간에 중앙은행에 제출하여야 한다. 통계자료에는 화폐류통정형과 예금, 대부관계 같은 거래내용을 반영하여야 한다.

## 제3장 상업은행의 회계

제42조(회계제도의 수립)

상업은행은 모든 거래내용을 빠짐없이 기록, 계산, 분석하고 결산하는 회계제도를 엄격히 세워야 한다. 회계는 시초서류 또는 아랫단위의 회계보고문건에 기초하여 한다.

제43조(회계결산의 주기)

상업은행은 주기에 따라 회계결산을 하여야 한다. 회계결산주기는 분기, 반년, 년간으로 한다.

제44조(회계결산서의 작성)

상업은행은 회계결산서를 정확히 작성하여야 한다. 회계결산서에는 해당 기관의 수입과 지출, 리익금 및 손실금과 그 처리정형, 채권채무관계 같은 거래내용을 구체적으로 밝혀야 한다.

제45조(회계결산서이 검증, 제출)

상업은행의 회계결산서는 회계검증기관의 검증을 받아야 한다. 검증받은 회계결산서를 해당 기관에 제출하여야 한다.

제46조(회계문건의 보관, 취급)

상업은행은 회계문건을 정한 기간까지 보관하여야 한다. 회계문건은 승인없이 다른 기관, 기업소, 단체와 공민에게 보여줄 수 없다.

제47조(회계년도, 기준화폐)

상업은행의 회계연도는 1월 1일부터 12월 31일까지로 한다. 회계는 조선원으로 한다.

## 제4장 상업은행의 통합 및 해산

제48조(통합 및 해산사유)

상업은행은 경영과정에 거래자의 리익을 엄중하게 침해하거나 경영활동을 계속할 수 없는 경우 다른 상업은행에 통합하거나 해산할 수 있다.

제49조(통합 및 해산신청문건의 제출)

다른 상업은행에 통합하거나 해산하려는 상업은행은 통합 및 해산신청문건을 중앙은행에 제출하여야 한다. 통합 및 해산신청문건작성은 정한 양식에 따른다.

제50조(통합 및 해산신청문건의 심의)

통합 및 해산신청문건을 받은 중앙은행은 30일안으로 심의하여야 한다. 통합 및 해산이 승인된 상업은행의 영업허가증은 즉시 회수한다.

제51조(통합 및 해산되는 상업은행 업무청산)

통합 및 해산되는 상업은행은 정한 절차에 따라 은행업무를 청산하여야 한다. 중앙은행은 통합 및 해산되는 상업은행의 업무청산을 바로 지도하여야 한다.

제52조(통합되는 상업은행의 채권채무)

통합되는 상업은행의 채권채무관계를 통합하는 상업은행에 그대로 넘어간다. 통합한 상업은행은 넘겨받은 채권채무를 정확히 처리하여야 한다.

## 제5장 제재 및 분쟁해결

제53조(벌금)

벌금을 물리는 경우 다음과 같다.

1. 부당하게 돈자리를 개설해주었거나 예금을 받아들였거나 대부를 주었을 경우

2. 정한 기준 리자률과 변동폭 범위를 초과하여 예금 또는 대부리자률을 적용 하였을 경우
3. 정당한 리유없이 결제문건을 제때에 처리하지 않았을 경우
4. 외화교환을 정한 절차와 방법대로 진행하지 않았을 경우
5. 금융봉사료금을 정한대로 받지 않았을 경우
6. 기관, 기업소, 단체의 자금을 개인의 명의로 예금하였을 경우
7. 승인없이 은행업무를 중지하였거나 업무시간을 단축하였을 경우

**제54조(업무중지)**

업무를 중지시키는 경우는 다음과 같다.

1. 승인없이 은행업무를 하였을 경우
2. 거래자의 요구대로 예금을 지불하지 않았을 경우
3. 준비금을 중앙은행에 예금하지 않았을 경우
4. 업무검열을 방해하였을 경우

**제55조(상업은행설립승인의 취소)**

영업허가증을 받은 날부터 30일안으로 업무를 시작하지 않았을 경우에는 상업은행의 설립승인을 취소한다.

**제56조(행정적 또는 형사적책임)**

이 법을 어겨 상업은행에 엄중한 결과를 일으킨 기관, 기업소, 단체의 책임있는 일군과 개별적 공민에게는 정상에 따라 행정적 또는 형사적책임을 지운다

**제57조(분쟁해결)**

상업은행사업과 관련한 분쟁은 협의의 방법으로 해결한다. 협의의 방법으로 해결할 수 없을 경우에는 공화국 재판 또는 중재기관에 제기하여 해결할 수 있다.

# 조선민주주의인민공화국 자금세척방지법

2006년 10월 25일 최고인민회의 상임위원회 정령 제2039호로 채택
주체 103(2014)년 2월 5일 최고인민회의 상임위원회 정령 제3557호로 수정보충

## 제1장 자금세척방지법의기본

**제1조 (자금세척방지법의 사명)**

조선민주주의인민공화국 자금세척방지법은 금융사업에서 제도와 질서를 엄격히 세워 온갖 형태

의 자금세척 및 테로자금지원행위를 막고 나라의 금융체계와 사회의 안정을 보장하는데 이바지한다.

제2조 (정의)

자금세척 및 테로자금지원행위는 다음과 같다.

1. 비법적으로 조성된 재산의 원천을 속이거나 위장하기 위하여 전환 또는 이전 하는 행위

2. 비법적인 재산이라는것을 알면서 그 재산을 소유, 리용하거나 그 재산의 원천, 위치, 처리, 이동, 소유관계를 속이거나 위장하는 행위

3. 자금을 테로에 리용할 목적으로 또는 리용한다는것을 알면서 직접 또는 간접적으로 그러한 자금을 모으거나 제공하는 행위

4. 자금세척 및 테로자금지원행위를 하도록 사촉하거나 방조, 조언을 주거나 범죄자가 법적 처벌을 받지 않도록 도와주는 행위

제3조 (자금세척 및 테로자금지원반대원칙)

자금세척 및 테로자금지원을 반대하는것은 조선민주주의인민공화국의 일관한 정책이다.

국가는 자금세척 및 테로자금지원행위를 사회의 안정과 나라의 금융질서를 침해하는 범죄로 규정하고 그것을 반대하여 적극 투쟁하도록 한다.

제4조 (자금세척 및 테로자금지원방지사업지도체계)

국가는 자금세척 및 테로자금지원방지사업에 대한 통일적인 지도체계를 세우며 금융기관, 감독통제기관들이 자금세척 및 테로자금지원방지사업에서 서로 적극 협력 하도록 한다.

자금세척 및 테로자금지원방지사업의 통일적지도는 내각 비상설재정금융위원회가 한다.

제5조 (자금세 척 및 레 로자금지 원행 위에 대한 통보)

국가는 자금세척 및 테로자금지원행위에 대한 통보체계를 세우고 기관, 기업소, 단체 와 공민 이 자금세 척 및 테로자금지원과 관련한 자료를 해 당 감독통제기 관에 제때에 통보하도록 한다.

자금세척 및 테로자금지원행위에 대한 기관, 기업소, 단체와 공민의 통보활동은 법적으로 보호한다.

제6조 (법의 적용)

이 법은 기관, 기업소, 단체와 공민에게 적용한다.

우리 나라에 있는 다른 나라 기관과 외국투자기업, 외국인에게도 이 법을 적용한다.

제7조 (국제조약의 효력)

자금세척 및 테로자금지원방지와 관련하여 우리 나라가 승인한 국제조약은 이 법과 같은 효력을 가진다.

## 제2장 금융기관의 임무

제8조 (내부사업준칙의 작성과 시행)

금융기관은 자금세척 및 테로자금지원방지를 위한 내부사업준칙을 작성하고 기관안의 자금세 척 및 테로자금지원방지체계를 세워야 한다.

내부사업준칙은 금융감독기관이 정한 자금세척 및 테로자금지원방지사업지도서에 준하여 작성한다.

**제9조 (감독부서 또는 전임감독일군)**

금융기관은 기관안에 자금세적, 테로자금지원방지사업을 감독하는 부서 또는 전임 감독일군을 두고 자금세척 및 테로자금지원행위가 나타나지 않는가를 정상적으로 감독하도록 하여야 한다.

**제10조 (거래자확인체계확립)**

금융기관은 거래자확인체계를 세우고 모든 거래자에 대한 신분확인 및 등록사업을 정상적으로 하여야 한다. 이 경우 거래자에게 정확하고 유효한 신분증명서 또는 기타 신분을 증명할수 있는 문건을 제시하도록 요구할 수 있다.

거래자는 금융기관의 요구에 의무적으로 응하여야 한다.

**제11조 (돈자리개설신청자의 신분확인 및 등록)**

금융기관은 거래자가 돈자리를 개설하는 경우 그의 신분을 확인, 등록하여야 한다.

신분을 정확히 확인할수 없을 경우에는 제3자의 보증을 요구하여야 한다.

**제12조 (수익자의 신분확인 및 등록)**

금융기관은 거래자와 생명보험, 신탁업무 같은 계약을 맺는 경우 수익자의 신분을 확인, 등록하여야 한다.

해당 수익자가 변경되였을 경우에도 그 수익자의 신분을 확인, 등록하여야 한다.

**제13조 (송금하는자, 받는자의 신분확인 및 등록)**

금융기관은 거래자가 송금봉사를 요구하는 경우 송금하는 자와 송금받는 자의 신분을 확인, 등록하여야 한다.

송금이 비법적인 거래와 관련되는것으로 의심될 경우에는 그것을 중지시켜야 한다.

**제14조 (위임받은자의 신분확인, 등록)**

금융기관은 거래자가 거래를 다른 사람에게 위임하였을 경우 대리인과 위임한 자의 신분을 확인, 등록하여야 한다.

**제15조 (거래자의 신분재확인)**

금융기관은 이미 알고있던 거래자의 신분에 의문이 있을 경우 거래자의 신분을 다시 확인하여 야한다.

신분이 명백하지 않은 거래자에게는 봉사를 할수 없다.

**제16조 (거래자의 신분자료에 대한 확인의뢰)**

금융기관은 필요한 경우 거래자의 신분확인을 해당 인민보안기관과 기관, 기업소, 단체에 의뢰할 수 있다,

해당 인민보안기관과 기관, 기업소, 단체는 금융기관이 거래자의 신분확인을 의뢰하는 경우 적극 협력하여야 한다.

**제17조 (겨래자의 신분자료와 거래기록의 보관)**

금융기관은 거래자의 신분자료와 거래기록보관체계를 세우고 거래자와 해당 거래를 끝냈을 경우 그의 신분자료와 거래기록을 대상에 따라 5년 또는 10년간 보관하여야 한다.

거래기간에 거래자의 신분자료가 변경되였을 경우에는 그의 자료를 제때에 갱신하여야 한다.

제18조 (다른 나라 금융기관과의 거래)

금융기관은 다른 나라 금융기관과 거래할 경우 해당 금융기관에 대한 자료와 자금세척 및 테 로자금지원통제조치실시정형을 확인하여야 한다.

금융기관은 다른 나라 금융기관이 같은 목적으로 해당 자료를 요구하는 경우 그것을 보장할 수 있다.

제19조 (의심스러운 거래에 대한 통보)

금융기관은 의심스러운 거래를 발견하였을 경우 금융정보기관에 제때에 통보하여야 한다, 이 경우 거래자료와 통보사실에 대한 비밀이 루설되지 않도록 한다.

제20조 (거래금지대상)

금융기관은 유령은행이나 범죄에 가담한것으로 의심되는 기관, 기업소, 단체, 공민과 거래를 하지 말아야 한다.

제21조 (금융봉사기술의 리용에 대한 안전대책)

금융기관은 현재의 금융봉사기술과 새롭게 개발되는 금융봉사기술이 자금세척 및 테로자금지원행위에 리용되지 못하도록 안전대책을 엄격히 세워야 한다.

제22조 (종업원에 대한 교육)

금융기관은 종업원들에게 자금세척 및 테로자금지원방지와 관련한 교육을 정기적으로 주어야 한다.

## 제3장 감독통제기관의 임무

제23조 (지도서의 작성 및 시달)

금융감독기관은 자금세척 및 테로자금지원방지사업지도서를 작성하여 금융기관에 내려보내 야 한다.

자금세척 및 테로자금지원방지사업지도서는 현실발전의 요구에 맞게 제때에 갱신하여야 한다.

제24조 (금융기관에 대한 감독)

금융감독기관은 금융기관에서 자금세척 및 테로자금지원방지사업지도서의 요구를 정확히 지키는가를 정상적으로 감독하며 필요한 대책을 세워야 한다.

제25조 (자료의 요구와 보장)

금융감독기관은 자금세척 및 테로자금지원방지사업과 관련하여 금융기관과 해당 기관, 기업소, 단체, 공민에게 필요한 자료를 요구할 수 있다.

금융기관과 해당 기관, 기업소, 단체, 공민은 금융감독기관이 요구하는 자료를 보장하여 야 한다.

제26조 (금융감독자료의 통보)

금융감독기관은 감독과정에 자금세척 및 테로자금지원행위로 의심되는 자료가 발견되는 경우 법기관에 통보하여 야 한다.

제27조 (자금세척 및 테로자금지원방지체계수립)

금융감독기관은 금융기관 또는 지점, 대표부가 새로 설립되는 경우 자금세척 및 테로자금지원 방지체계를 세우도록 하여야 한다.

제28조 (회계검증과 통보)

회계검증기관은 기관, 기업소, 단체의 경영활동에 대한 회계검증과정에 자금세척. 및 테로자금지원행위로 의심되는 자료가 나타났을 경우 단속하고 법기관과 금융감독기관에 통보하여야 한다.

제29조 (세관단속)

세관은 출입국하는 공민이 소지한 현금, 지참인지불증권, 금품 같은것이 자금세척 및 테로자금지원과 련관되는것으로 의심되는 경우 단속하고 법기관과 금융감독기관에 통보하여야 한다.

출입국하는 공민은 현금, 지참인지불증권, 금품 같은것의 소지정형을 세관에 정확히 신고하여 야 한다.

제30조 (금융정보기관의 사업)

금융정보기관은 의심스러운 거래에 대한 통보를 접수하고 분석하며 그 결과를 법기관과 금융감독기관에 제때에 알려주어야 한다.

의심스러운 거래에 대한 통보와 그 분석결과는 문서화하며 비밀로 취급한다.

제31조 (법기관의 조사)

검찰, 재판, 인민보안기관을 비롯한 법기관은 자금세척 및 테로자금지원과 그와 련관된 행위에 대한 조사를 신속정확히 하여야 한다.

제32조 (재산동결조치)

법기관은 자금세척 및 테로자금지원과 그와 련관된 행위에 대한 조사를 진행하는 경우 재산동결조치를 취할 수 있다.

조사에서 제기되는 문제가 없을 경우에는 재산동결조치를 즉시 취소한다.

제33조 (조사자료의 비밀보장)

법기관은 자금세척 및 테로자금지원과 그와 련관된 행위에 대한 조사를 진행하는 과정에 알게 된 자료의 비밀을 엄격히 보장하여야 한다.

## 제4장 국제적협력

제34조 (국제적협력원칙)

국가는 평등과 호혜, 내정불간섭의 원칙에서 다른 나라, 국제기구들과 자금세척 및 테로자금지원방지를 위한 국제적협력을 강화하며 우리 나라가 승인한 국제조약의 의무를 성실히 리행하도록 한다.

제35조 (국제적협력기관)

자금세척 및 테로자금지원방지분야의 국제적협력은 해당 국제협약과 국내법규에 따라 해당 기관이 한다.

제36조 (국제적협력의 요구)

해당 기관은 다른 나라, 국제기구의 요구에 따라 자금세척, 테로자금지원방지사업에 협력하며 다른 나라, 국제기구에 자금세척, 테로자금지원방지사업과 관련한 협력을 요구할 수 있다.

제37조 (국제적협력의 내용)

자금세척, 테로자금지원방지분야의 국제적협력 에는 자료조사, 정보교환, 재산의 동결 또는 압수, 몰수, 범죄자인도, 증거조사를 위한 관계인의 호출 같은것이 속한다.

## 제5장 제재 및 신소

제38조 (재산의 압수, 몰수)

자금세척 및 테로자금지원행위와 관련된 재산은 압수, 몰수한다.

제39조 (업무중지)

다음의 경우에는 업무를 중지시킬수 있다.

1. 거래자의 신분확인을 정확히 하지 않았을 경우
2. 거래자의 신분자료 및 거래기록을 보관하지 않았을 경우
3. 의심스러운 거래를 통보하지 않았을 경우
4. 신분미 명백하지 않은 거래자에게 봉사를 하였을 경우
5. 가명으로 된 돈자리를 개설해 주었을 경우
6. 자금세척, 테로자금지원행위와 관련한 조사, 감독을 거절 또는 방해하였을 경우

제40조 (행정적책임)

다음의 경우에는 해당 기관, 기업소, 단체의 책임있는 일군과 개별적 공민에게 정상에 따르는 행정처벌을 준다.

1. 자금세척, 테로자금지원방지사업과정에 알게 된 자료를 로출시켰을 경우
2. 자금세척 및 테로자금지원방지체계를 세우지 않았을 경우
3. 자금세척 및 테로자금지원방지와 관련한 양성사업을 하지 않았을 경우
4. 금융기관과 거래자에 대한 조사, 감독을 정해진 절차대로 하지 않았을 경우
5. 자금세척, 테로자금지원행위에 관계한 금융기관과 거래자에게 해당한 제재를 주지 않았을 경우

제41조 (형사적 책임)

이 법을 어긴 행위가 범죄에 이를 경우에는 형법의 해당 조문에 따라 형사적책임을 지운다.

제42조 (신소와 그 처리)

자금세척, 테로자금지원방지사업과 관련하여 의견이 있을 경우에는 금융기관, 감독통제기 관, 해당 기관에 신소할 수 있다.

신소를 받은 기관은 30일안에 료해처리하여야 한다.

# 조선민주주의인민공화국 보험법

주체84(1995)년 4월 6일 최고인민회의 상설회의 결정 제58호로 채택
주체88(1999)년 2월 4일 최고인민회의 상임위원회 정령 제383호로 수정
주체91(2002)년 5월 16일 최고인민회의 상임위원회 정령 제3038호로 수정보충
주체94(2005)년 9월 13일 최고인민회의 상임위원회 정령 제1298호로 수정보충
주체97(2008)년 12월 16일 최고인민회의 상임위원회 정령 제2989호로 수정보충
주체104(2015)년 4월 8일 최고인민회의 상임위원회 정령 제456호로 수정보충

## 제1장 보험법의 기본

### 제1조 (보험법과 사명)

조선민주주의인민공화국 보험법은 보험사업에서 제도와 질서를 엄격히 세워 보험 당사자들의 권리와 리익을 보호하며 나라의 경제발전과 인민생활안정에 이바지한다.

### 제2조 (정의)

이 법에서 용어의 정의는 다음과 같다.

1. 보험이란 자연재해나 뜻밖의 사고로 사람과 재산이 입은 피해를 보상하기 위하여 사회적으로 자금을 조성하고 리용하는 손해보상제도이다.
2. 피보험리익이란 보험대상에 대하여 피보험자가 가지는 경제적리익이다.
3. 보험사고란 보험자가 보험계약에서 담보한 위험이 현실로 된 것이다.
4. 보험자란 보험사고가 일어났을 때 보험금 또는 보험보상금을 지불하는 보험회사이다.
5. 피보험자란 보험사고가 일어났을 때 보험금 또는 보험보상금을 받는 기관, 기업소, 단체 또는 개별적사람이다.
6. 보험계약자란 보험계약에 따라 보험료를 납부할 의무를 진 기관, 기업소, 단체 또는 개별적사람이다.
7. 보험수익자란 인체보험에서 피보험자가 사망하였을 때 보험금을 받는 사람이다.
8. 보험료란 보험자가 보험대상에 미치는 위험을 담보하는 대가로 보험계약자로부터 받는 자금이다.
9. 보험금이란 인체보험에서 보험기간이 만기되였거나 보험사고가 일어났을 때 보험자가 피보험자에게 지불하는 자금이다.
10. 보험보상금이란 재산보험에서 보험사고가 일어났을 때 보험자가 지불하는 자금이다.
11. 보험기간이란 보험계약이 법적효력을 가지는 기간으로서 보험자의 책임이 시작되는 때부터 끝나는 때까지이다.
12. 배상책임보험이란 보험사고로 피보험자가 제3자에게 준 피해를 보험자가 보상하는 보험이다.

13. 재보험이란 한 보험회사가 담보한 위험의 전부 또는 일부를 다른 보험회사에 다시 담보시키는 보험이다.

제3조 (보험의 분류)

보험은 보험대상에 따라 인체보험과 재산보험으로 나눈다.

인체보험에는 생명보험, 불상사보험, 어린이보험, 려객보험 같은것이 속하며 재산보험에는 화재보험, 해상보험, 농업보험, 기술보험, 자동차보험, 신용보험, 배상책임보험, 보증보험같은것이 속한다.

제4조 (자원성, 의무성, 신용의 원칙, 보험종류와 의무보험대상을 정하는 기관)

국가는 보험당사자들이 자원보험과 의무보험에 맞게 자원성과 의무성, 신용의 원칙을 정확히 지키도록 한다.

보험종류를 새로 내오거나 의무보험대상을 정하는 사업은 내각이 한다.

제5조 (보험업무의 담당자)

우리 나라 령역안에서 보험업무는 중앙보험지도기관의 승인을 받은 보험회사가 한다.

특수경제지대에서 외국투자가, 해외조선동포는 보험회사를, 다른 나라의 보험회사는 대표부, 지사, 대리점을 설립운영할 수 있다.

제6조 (보험에 드는 원칙)

국가는 기관, 기업소, 단체, 공민 또는 외국기관, 외국투자기업, 외국인, 해외동포가 보험에 드는 경우 우리 나라 령역안에 있는 보험회사의 보험에 들도록 한다.

제7조 (보험분야의 교류와 협조)

국가는 보험분야에서 다른 나라, 국제기구와의 교류와 협조를 발전시키도록 한다.

조선민주주의인민공화국이 승인한 보험분야의 국제협약은 이 법과 같은 효력을 가진다.

제8조 (법의 적용제한)

이 법은 국가의 시책으로 실시하는 사회보험에는 적용하지 않는다.

## 제2장 보험계약

제9조 (보험계약과 당사자들의 지위)

보험계약은 보험활동의 기초이다.

보험당사자들은 평등한 지위에서 보험계약을 맺고 정확히 리행하여야 한다.

제10조 (보험계약당사자)

보험계약은 보험자와 보험계약자사이에 서면으로 맺는다.

보험계약자로는 피보험자 또는 피보험자를 위하여 보험계약을 맺는자가 될수 있다.

제11조 (피보험리익)

보험계약은 보험대상에 피보험리익이 있어야 맺을수 있다.

피보험리익이 없이 맺은 보험계약은 효력을 가지지 못한다.

제12조 (보험계약의 체결방법)

보험계약을 맺을 때 보험계약자는 기재사항을 정확히 밝힌 보험계약신청서를 보험자에게 내며 보험대상과 관련한 보험자의 질문에 사실대로 대답하여야 한다.

보험자는 보험계약자에게 보험계약표준조건을 제시하고 그 주요내용을 설명하여야 한다.

제13조 (보험계약의 성립시점)

보험계약은 보험자가 보험계약자의 보험계약신청에 동의하고 보험증권을 발행한 때에 성립된다.

보험증권의 형식과 내용은 보험회사가 정하고 중앙보험지도기관의 승인을 받는다.

제14조 (보험증권에 밝혀야 할 사항)

보험증권에는 다음의 사항을 밝힌다.

1. 보험계약자의 이름과 주소
3. 피보험자의 이름과 주소
3. 보험대상
4. 보험가격
5. 보험금액
6. 담보하는 위험과 담보하지 않는 위험
7. 보험기간
8. 보험료와 그 납부방법
9. 보험금 또는 보험보상금의 지불방법
10. 이밖에 보험자가 보험계약자와 합의한 사항

제15조 (보험계약당사자들의 의무)

보험계약이 성립되면 보험계약자는 보험료를 납부할 의무를 지며 보험자는 보험금 또는 보험보상금을 지불할 의무를 진다.

제16조 (보험료납부)

보험계약자는 보험증권에 지적된 보험료를 정해진 기간안에 납부하여야 한다.

보험료는 보험계약에 따라 한번에 납부하거나 분할하여 납부할 수 있다.

제17조 (보험계약의 효력)

보험계약의 효력은 보험계약자가 보험료를 납부한 때에 발생한다.

보험계약의 효력이 발생한 다음 보험계약자가 분할보험료를 정해진 기간까지 납부하지 않으면 보험계약의 효력은 중지된다. 그러나 보험계약자가 납부하지 못한 보험료와 그에 해당한 연체료를 납부하였을 경우에는 중지되였던 보험계약의 효력은 다시 발생한다.

제18조 (보험계약내용의 변경)

보험계약자는 보험계약을 맺은 날부터 1개월안에 보험자와 합의하여 계약내용의 일부를 변경할 수 있다. 이 경우 보험증권에 변경된 내용을 첨부하여야 한다.

제19조 (보험계약의 취소)

보험계약자는 보험사고가 발생하기 전에 언제든지 보험자와 합의하여 보험계약의 전부 또는 일부를 취소할 수 있다.

수송화물보험 계약, 선박항차보험 계약 같은것은 보험자의 책임이 시작된 다음 취소할수 없다.

제20조 (보험료의 반환)

보험자는 보험계약이 취소되는 경우 이미 받은 보험료에서 보험자의 책임이 시작된 날부터 계약이 취소된 날까지의 기간에 해당한 보험료를 공제한 나머지를 피보험자에게 돌려주어 야 한다.

제21조 (보험대상의 양도)

보험계약자는 보험대상을 제3자에게 양도할 수 있다.

보험자의 동의를 서면으로 받고 보험대상과 함께 보험증권을 제3자에게 넘겨주었을 경우 해 당 보험계약은 그대로 효력을 가진다.

제22조 (보험사고의 통지와 손해경감의무)

보험계약기간에 보험사고가 일어나면 보험계약자와 피보험자, 보험수익자는 지체없이 보험자에게 통지하여야 한다.

보험계약자 또는 피보험자는 손해가 늘어나는것을 막기 위하여 적극 노력하여야 한다.

손해가 늘어나는것을 막기 위하여 보험계약자 또는 피보험자가 쓴 합리적인 비용은 보험자가 부담한다.

제23조 (보험사고의 원인과 피해규모의 확인)

보험자는 보험사고의 원인과 피해규모를 현지에서 확인할수 있으며 해당 기관에 손해감정을 의뢰할 수 있다.

보험계약자와 피보험자, 보험수익자는 보험자가 요구하는 경우 사고현장을 보존하여야 하며 손해감정에 협력하여야 한다.

제24조 (보험보상청구문건의 제출)

보험계약자는 보험사고가 확정되면 정해진 기간안에 보험보상청구문건을 보험자에게 내야 한다.

보험보상정구문건에는 보험사고의 원인과 피해규모를 확인할수 있는 자료를 첨부한다.

제25조 (보험금과 보험보상금의 지불)

보험자는 보상청구문건을 검토하고 정해진 기간안에 보험금 또는 보험보상금을 지불하여 야 한다.

제26조 (보험금과 보험보상금을 지불하지 않는 경우)

보험계약자나 피보험자, 보험수익자가 다음의 행위를 하였을 경우에는 보험금 또는 보험보상금을 지불하지 않는다.

1. 고의적으로 보험사고를 일으켰을 경우
2. 보험사고의 원인을 날조하였을 경우

제27조 (효력을 가지지 못하는 보험계약)

사회와 집단의 리익을 침해하는 보험계약, 위법적으로 맺은 보험계약은 효력을 가지지 못한다.

보험사고가 일어난 후에 맺은 보험계약도 효력을 가지지 못한다.

제28조 (재보험계약)

재보험계약은 중앙보험지도기관이 정한 형식과 방법에 따라 맺고 리행한다. 재보험계약은 원보험계약에 영향을 주지 않는다.

## 제3장 인체보험

제29조 (인체보험의 대상)

인체보험은 사람의 생명이나 신체를 대상으로 한다.

어린이를 제외하고는 민사상 행위무능력자를 인체보험에 들일수 없다.

제30조 (인체보험에 드는 단위)

인체보험은 개별적으로 들거나 기관, 기업소, 단체를 단위로 들수도 있다. 이 경우 보험계약자는 보험료의 납부와 보험금청구권 같은 보험계약상의 의무와 권리를 가진다.

제31조 (보험계약에서 당사자의 동의)

보험계약자는 당사자의 동의없이 배우자, 부모, 미성인자녀를 위하여 보험계약을 맺을수 있다. 그러나 형제, 자매나 친척을 위하여 보험계약을 맺을 경우에는 당사자의 동의를 서면으로 받아야 한다.

제32조 (보험금액의 합의)

인체보험에서 보험금액은 보험자와 보험계약자가 합의하여 정한다. 이 경우 중앙보험지도기관이 정한 금액을 초과할수 없다.

제33조 (보험수익자의 선정)

보험수익자의 선정은 피보험자가 한다.

보험계약자가 보험수익자를 선정할 경우에는 피보험자의 동의를 받으며 보험수익자를 변경할 경우에는 보험자에 서면으로 통지하여야 한다.

제34조 (보험금청구서의 제출)

보험계약자 또는 보험수익자는 보험사고로 피보험자가 사망하였거나 부상 또는 그로 인한 장해를 입었을 경우 보험금청구서를 보험자에게 내야 한다.

보험금청구서에는 사망확인서 또는 로동능력상실확인서 같은 해당 기관의 확인문건을 첨부한다.

제35조 (인체보험에서 보험금의 지불)

인체보험에서는 피보험자가 사망하였을 경우 사망보험금을 지불한다,

보험사고가 보험계약자 또는 보험수익자의 과실로 일어났을 경우에 보험금을 지불한다.

제36조 (불상사보험에서 보험금의 지불)

불상사보험에서는 피보험자가 사망하였거나 부상 또는 그로 인한 장해를 입었을 경우 해당한 보험금을 지불한다,

제37조 (상속인에게 사망보험금을 지불하는 경우)

피보험자의 상속인에게 사망보험금을 지불하는 경우는 다음과 같다.

1. 보험수익자가 정해지지 않았을 경우
2. 보험수익자가 피보험자보다 먼저 사망하였으나 다른 보험수익자가 없을 경우
3. 보험수익자가 보험금청구권을 상실 또는 포기하였으나 다른 보험수익자가 없을 경우

제38조 (제3자에 대한 청구권)

생명보험에서 제3자의 잘못으로 피보험자가 사망하였을 경우 보험수익자에게 사망보험금을 지불한 보험자는 제3자에 대한 청구권을 가지지 못한다. 그러나 불상사보험에서는 지불한 보험금의 범위안에서 제3자에 대한 청구권을 가진다.

## 제4장 재산보험

제39조 (재산보험의 대상)

재산보험은 기관, 기업소, 단체, 공민의 재산 또는 재산과 련관된 리익을 대상으로 한다.

재산보험의 대상은 금액으로 계산할수 있는것이여야 한다.

제40조 (보험가격과 보험금액)

보험가격은 화폐로 평가한 보험대상의 가치이며 보험금액의 최고한도이다.

보험금액은 보험가격을 초과하여 정할수 없다.

제41조 (보험금액이 보험가격보다 낮은 경우의 보상책임)

보험금액이 보험가격보다 낮을 경우 보험자는 보험금액과 보험가격의 비률에 따라 보상책임을 진다.

보험계약에서 따로 합의하였을 경우에는 그에 따른다.

제42조 (보험금액이 보험가격보다 높은 경우의 보상책임)

당사자들의 잘못으로 보험금액이 보험가격보다 높아졌을 경우 보험자는 보험가격에 해당한 보상책임만을 진다.

제43조 (중복보험에서의 보상책임)

한 대상을 같은 보험조건으로 여러 보험에 넣었을 경우 보험계약자는 그 사실을 매 보험자에게 알려야 한다.

보험자들이 담보한 보험금액의 총액이 보험가격을 초과할 경우 매 보험자의 보상책임은 자기가 담보한 보험금액과 보험금액총액의 비률에 따른다.

제44조 (보험대상의 관리, 안전상태료해)

보험자는 보험대상의 관리 표는 안전상태에 대하여 료해할수 있으며 결함을 발견하면 그것을 고칠데 대하여 보험계약자 또는 피보험자에게 요구하여야 한다.

보험계약자 또는 피보험자가 결함을 고치기 위한 대책을 세우지 않았을 경우 보험자는 보험료률을 높이거나 보험계약을 취소할 수 있다.

제45조 (보험위험의 변경)

보험계약자 또는 피보험자는 보험기간에 보험계약에 영향을 미칠수 있는 위험이 변동되면 지체없이 보험자에게 알려 야 한다.

보험자는 보험대상의 위험이 감소되였을 경우에는 해당한 보험료를 돌려주며 보험대상의 위험이 증가되였을 경우에는 추가보험료를 요구하거나 보험제약을 취소할 수 있다.

제46조 (보험보상방법)

보험자는 보험사고가 일어났을 경우 보험계약에 따라 보험보상금을 지불하여야 한다.

보험보상은 수리, 교체 또는 복구의 방법으로 할 수 있다.

제47조 (보험자가 피보험자의 권리를 가지는 경우)

보험사고로 보험대상에 손해가 발생하여 보험자가 보험계약자 또는 피보험자에게 보험금액의 전부 또는 일부를 지불하였을 경우 그에 해당한 보험대상에 대한 피보험자의 권리는 보험자에게 넘어간다.

제48조 (추가보험료의 납부와 보험보상)

보험계약자는 손해를 입었던 보험대상을 보험보상금으로 원상복구하였을 경우 추가보험료를 납부하면 남은 보험기간에 발생할수 있는 보험사고에 대하여 보험금액에 해당한 보험보상금을 받을 권리를 가진다.

제49조 (보험기간의 연장)

보험계약자가 보험계약기간이 끝나기 3개월전까지 계약페기의사를 보험자에게 통지하지 않으면 보험계약은 자동적으로 1년간 연장된다. 이 경우 보험계약자는 해당한 보험료를 납부하여야 하며 보험자는 보험증권을 새로 발행하여야 한다.

제50조 (제3자에 대한 손해보상청구권)

제3자의 잘못으로 보험사고가 일어났을 경우 보험보상금을 지불한 보험자는 보험보상금의 범위안에서 제3자에 대한 손해보상청구권을 가진다.

피보험자가 이미 제3자로부터 손해보상금을 받았을 경우 보험자는 그 금액을 공제한 보험보상금을 지불한다.

제51조 (제3자에 대한 손해보상청구권의 포기)

보험자가 보험보상금을 지불하기 전에 피보험자가 제3자에 대한 손해보상청구권을 포기하였을 경우 보험자는 그에 대한 보상책임을 지지 않는다.

보험보상금을 받은 피보험자가 보험자와 합의없이 제3자에 대한 손해보상청구권을 포기하였을 경우 보험자는 보험보상금을 돌려받을 권리를 가진다.

보험자는 피보험자가 과실로 제3자에 대한 손해보상청구권을 행사하지 못하였을 경우 보험보상금을 낮출수 있다.

제52조 (배상책임보험에서의 배상금지불)

보험자는 배상책임보험에서 보험사고가 발생하였을 경우 배상금을 제3자에게 직접 지불하여야 한다. 그러나 보험계약자가 이미 제3자에게 배상금을 지불하였을 경우에는 보험계약자에게 배상금을 지불한다.

배상책임보험에서 제3자가 입은 손해와 관련한 중재비용, 소송비용은 보험자가 부담한다.

## 제5장 보험회사

### 제53조(보험회사의 설립승인)

보험회사의 설립승인은 중앙보험지도기관이 한다.

설립승인을 받지 못한 보험회사는 보험업무를 할수 없다.

### 제54조 (보험회사의 설립조건)

보험회사를 설립하려 할 경우에는 다음의 조건을 갖추어야 한다.

1. 회사의 규약과 내부준칙
2. 보험의 종류와 업종
3. 보험계약표준조건과 보험료률
4. 정해진 등록자금
5. 업무장소와 시설
6. 필요한 경영관리성원

### 제55조 (보험회사설립신청문건의 제출)

보험회사를 설립하려는 기관, 기업소, 단체는 중앙보험지도기관이 요구하는 자료를 내고 합의를 받은 다음 보험회사설립신정문건을 내야 한다.

보험회사설립신청문건의 형식과 내용은 중앙보험지도기관이 정한다.

### 제56조 (보험회사설립신청문건의 검토기일)

중앙보험지도기관은 보험회사설립신청문건을 검토하고 60일안에 회사의 설립을 승인하거나 부결하여야 한다.

### 제57조 (영업허가증의 발급, 보험회사의 설립일)

중앙보험지도기관은 보험회사의 설립신청을 승인하였을 경우 보험회사의 영업허가증을 발급하여야 한다.

영업허가증을 발급한 날을 보험회사의 설립일로 한다.

### 제58조 (보험회사의 주소등록, 세무등록)

보험회사는 영업허가증을 받은 날부터 30일안에 회사소재지의 도(직할시)인민위원회에 주소등록을 하며 주소등록을 한 날부터 20일안에 해당 재정기관에 세무등록을 하여야 한다.

### 제59조 (설립승인의 취소사유)

중앙보험지도기관은 보험회사가 영업허가증을 받은 날부터 3개월안에 정해진 등록을 하지 않을 경우 보험회사의 설립승인을 취소할 수 있다.

제60조 (지사, 대표부, 대리점의 설립)

보험회사는 중앙보험지도기관의 승인을 받아 우리 나라 령역안에 지사, 대표부, 대리점을 설립할 수 있다.

지사, 대표부, 대리점은 설립승인을 받은 날부터 30일안에 소재지의 시(구역), 군인민위원회에 주소등록을 하여야 한다.

지사, 대표부, 대리점의 활동에 대한 민사책임은 해당 보험회사가 진다.

제61조 (해외보험대표부, 보험회사의 설립)

보험회사는 우리 나라 령역밖에 보험대표부 또는 보험회사를 설립하려 할 경우 중앙보험지도기관의 승인을 받아야 한다.

제62조 (보험회사의 업무범위)

보험회사와 그 지사, 대표부, 대리점은 중앙보험지도기관이 승인한 범위에서 업무활동을 하여야 한다.

명칭, 규약, 업종, 등록자금, 업무장소 같은 것을 변경할 경우에는 중앙보험지도기관의 승인을 받아야 한다.

제63조 (보험담보금의 적립)

보험회사는 정해진 최저보상지불능력을 보유하여야 하며 보험담보금을 적립하여야 한다.

보험담보금의 적립규모와 방법은 중앙보험지도기관이 정한다.

제64조 (등록자금의 관리)

보험회사는 등록자금을 중앙보험지도기관이 정한 은행에 넣어야 한다.

등록자금은 중앙보험지도기관의 승인없이 리용할수 없다.

제65조 (재정총화문건의 제출)

보험회사는 결산년도가 끝난날부터 3개월안으로 업무보고서, 재정상태표, 손익계산서 같은 문건을 정확히 작성하여 중앙보험지도기관과 해당 재정기관에 내야 한다.

년간재정결산문건은 회계검증기관의 검증을 받고 낸다.

제66조 (보험대리인)

보험회사는 보험대리인을 통하여 보험계약을 맺을수 있다. 이 경우 대리인명부를 갖추고 보험대리인을 등록하여야 한다.

보험대리인은 보험회사가 위임한 권한의 범위에서 대리업무를 하며 그 정형을 문건에 정확히 기록하여야 한다.

보험대리행위에 대한 책임은 해당 보험회사가 진다.

제67조 (보험중개인)

보험계약자를 위한 보험중개업무는 중앙보험지도기관의 승인을 받은 보험중개인이 한다.

보험중개인은 과실로 보험계약자에게 준 손해에 대하여 책임지며 중개료를 받을 권리를 가진다.

제68조 (보험회사의 분리, 통합, 해산)

분리, 통합, 해산하려는 보험회사는 중앙보험지도기관의 승인을 받아야 한다.

생명보험업무를 하는 보험회사는 해산할수 없으며 분리, 통합만을 할 수 있다.

## 제6장 보험사업에 대한 지도통제 및 분쟁해결

### 제69조 (보험사업에 대한 지도통제기관)

보험사업에 대한 지도통제는 중앙보험지도기관이 한다.

중앙보험지도기관은 보험사업발전의 요구에 맞게 보험사업에 대한 지도방법을 개선하며 보험회사의 영업활동을 정확히 지도통제하여야 한다.

### 제70조 (중앙보험지도기관의 사업내용)

중앙보험지도기관은 다음과 같은 사업을 한다.

1. 국가의 보험정책과 보험법규를 집행하기 위한 세칙, 지도서를 작성한다.
2. 세계보험시장과 보험발전추세를 조사분석하여 보험회사에 통보한다.
3. 보험회사의 규약, 보험계약표준조건, 보험료률, 보험업종을 승인한다.
4. 보험회사의 등록자금과 보험담보금의 규모, 적립방법을 정한다.
5. 보험회사, 보험지사, 보험대리인, 보험중개인의 업무활동을 감독한다.
6. 보험회사와 그 지사, 대표부, 대리점의 설립, 분리, 통합, 해산을 승인한다.
7. 보험회사가 작성한 보험계약신청서, 보험증권 같은 보험관련문건의 형식과 내용을 승인한다.
8. 재보험업무거래를 승인 또는 제한, 금지한다.
9. 이밖에 국가가 위임한 사업을 한다.

### 제71조 (보험대상, 보험사고에 대한 평가와 감정)

중앙보험지도기관은 보험대상과 보험사고에 대한 평가와 감정을 정확히 진행하도록 하여야 한다.

보험대상, 보험사고에 대한 평가와 감정은 전문감정기관과 해당 분야의 국가적자격 또는 전문지식을 가진 일군만이 할 수 있다.

### 제72조 (보험관련문건의 보관기일)

기관, 기업소, 단체, 보험회사는 보험사업과 관련한 문건, 자료를 중앙보험지도기관 또는 해당 기관이 정한 기간까지 보관하여야 한다.

### 제73조 (보험회사에 대한 벌금부과, 영업중지)

보험회사에 벌금을 물리거나 영업을 중지시키는 경우는 다음과 같다.

1. 승인없이 보험회사를 설립하였거나 정해진 등록을 하지 않고 보험업무를 하였을 경우
2. 승인없이 보험계약표준조건, 보험료률을 적용하거나 보험업종을 변경 하였을 경우
3. 재정회계관련문건들을 사실대로 작성하지 않았을 경우
4. 정당한 리유없이 보험보상을 하지 않았거나 적게 하였을 경우
5. 승인없이 회사의 명칭, 규약, 등록자금, 영업장소를 변경하였을 경우

6. 보험담보금을 적립하지 않았거나 승인없이 등록자금을 다른 용도에 리용하였을 경우

7. 승인없이 보험회사를 분리, 통합, 해산하였을 경우

8. 어린이를 제외한 행위무능력자를 대상으로 인체보험을 조직하였을 경우

### 第74조 (보험계약자, 보험수익자에 대한 벌금부과)

보험계약자 또는 보험수익자에게 벌금을 물리는 경우는 다음과 같다.

1. 고의적으로 보험사고를 일으켜 보험금 또는 보험보상금을 받았을 경우

2. 보험사고와 관련한 거짓통보를 하고 그에 따르는 문건을 만들어 보험금 또는 보험보상금을 받았을 경우

3. 문건을 위조하여 보험금 또는 보험보상금을 더 많이 받았을 경우

4. 의무보험에 들지 않았거나 의무보험에 들고도 보험료를 제때에 납부하지 않았을 경우

### 第75조 (개별적일군에 대한 벌금부과)

보험회사의 개별적일군에게 벌금을 물리는 경우는 다음과 같다.

1. 직권을 악용하여 피보험리익이나 정당한 근거가 없이 보험보상청구수속을 하게 하고 보험보상을 하였을 경우

2. 보험계약자 또는 보험수익자를 속였을 경우

3. 보험계약자 또는 보험수익자의 위법행위를 조장시켰거나 그와 공모하였을 경우

### 第76조 (형사책임)

이 법을 어겨 엄중한 결과를 일으킨 경우에는 정상에 따라 책임있는 자에게 형사책임을 지운다.

### 第77조 (분쟁해결)

보험사업과 관련한 분쟁은 협의의 방법으로 해결한다.

협의의 방법으로 해결할수 없을 경우에는 우리 나라의 재판, 중재기관에 제기하여 해결한다.

당사자들의 합의에 따라 다른 나라의 중재기관에 제기하여 해결할수도 있다.

# 조선민주주의인민공화국 토지임대법

주체 82(1993)년 10월 27일 최고인민회의 상설회의 결정 제40호로 채택
주체 88(1999)년 2월 26일 최고인민회의 상임위원회 정령 제484호로 수정보충
주체 97(2008)년 8월 19일 최고인민회의 상임위원회 정령 제 2842호로 수정보충
주체 100(2011)년 11월 29일 최고인민회의 상임위원회 정령 제 1995호로 수정보충

## 제1장 토지임대법의 기본

### 제1조 (토지임대법의 사명)

조선민주주의인민공화국 토지임대법은 외국투자가와 외국투자기업에 필요한 토지를 임대하고 임차한 토지를 리용하는 질서를 세우는데 이바지한다.

### 제2조 (토지임차자)

다른 나라의 법인과 개인은 토지를 임대받아 리용할 수 있다.

### 제3조 (임차자의 토지리용권과 그 한계)

토지임차자는 토지리용권을 가진다.

임대한 토지에 있는 천연자원과 매장물은 토지리용권의 대상에 속하지 않는다.

### 제4조 (토지임대차계약의 당사자)

토지임대는 중앙국토환경보호지도기관의 승인밑에 한다.

토지임대차계약은 해당 도(직할시)인민위원회 국토환경보호부서가 맺는다.

### 제5조 (토지리용권의 출자)

우리 나라의 기관, 기업소, 단체는 합영, 합작기업에 토지리용권을 출자할 수 있다. 이 경우 해당 토지를 관리하는 도(직할시)인민위원회의 승인을 받아야 한다.

### 제6조 (토지의 임대기간)

토지임대기간은 50 년안에서 계약당사자들이 합의하여 정한다.

### 제7조 (토지에 대한 임차자의 재산권)

임대한 토지의 리용권은 임차자의 재산권으로 된다.

### 제8조 (임차한 토지의 리용)

임차한 토지는 우리 나라 토지관련법규와 토지임대차계약에 따라 리용한다.

## 제2장 토지의 임대방법

### 제9조 (토지의 임대방법)

토지의 임대는 협상의 방법으로 한다.

특수경제지대에서는 입찰과 경매의 방법으로도 토지를 임대할 수 있다.

**제10조 (토지임대기관이 제공할 자료)**

토지를 임대하는 기관은 토지임차희망자에게 다음과 같은 자료를 제공한다.

1. 토지의 위치와 면적, 지형도
2. 토지의 용도
3. 건축면적, 토지개발과 관련한 계획
4. 건설기간, 투자의 최저한계액
5. 환경보호, 위생방역, 소방과 관련한 요구
6. 토지임대기간
7. 토지개발상태

**제11조 (협상)**

협상을 통한 토지의 임대는 다음과 같이 한다.

1. 임차희망자는 제공된 토지자료를 연구한 다음 기업창설승인 또는 거주승인문건사본을 첨부한 토지리용신청문건을 토지를 임대하는 기관에 낸다.

2. 토지를 임대하는 기관은 토지리용신청문건을 받은 날부터 20 일안에 신청자에게 승인여부를 알려준다.

3. 토지를 임대하는 기관과 임차희망자는 토지의 면적, 용도, 임대목적과 기간, 총투자액과 건설기간, 임대료와 그밖의 필요한 사항을 내용으로 하는 토지임대차계약을 맺는다.

4. 토지를 임대한 기관은 토지임대차계약에 따라 토지리용권을 넘겨주는 값을 받은 다음 토지리용증을 발급하고 등록한다.

**제12조 (입찰)**

입찰을 통한 토지의 임대는 다음과 같이 한다.

1. 토지를 임대하는 기관은 토지의 자료와 입찰장소, 입찰 및 개찰날자, 입찰절차를 비롯한 입찰에 필요한 사항을 공시하거나 입찰안내서를 지정한 대상자에게 보낸다.

2. 토지를 임대하는 기관은 응찰대상자에게 입찰문건을 판다.

3. 토지를 임대하는 기관은 입찰과 관련한 상담을 한다.

4. 입찰자는 정한 입찰보증금을 내고 봉인한 입찰서를 입찰함에 넣는다.

5. 토지를 임대하는 기관은 경제, 법률부문을 비롯한 관계부문의 성원을 망라하여 입찰심사위원회를조직한다.

6. 입찰심사위원회는 입찰서를 심사, 평가하며 토지개발 및 건설과 임대료조건을 고려하여 락찰자를 결정한다.

7. 토지를 임대하는 기관은 입찰심사위원회가 결정한 락찰자에게 락찰통지서를 발급한다.

8. 락찰자는 락찰통지서를 받은 날부터 30 일안에 토지를 임대하는 기관과 토지임대차계약을 맺고

해당한 토지리용권값을 지불한 다음 토지리용증을 발급받고 등록한다. 사정에 의하여 계약체결을 연기하려 할 경우에는 정한 기간이 끝나기 10 일전에 토지를 임대하는 기관에 신청하여 30 일간 연장받을수 있다.

9. 락찰되지 못한 응찰자에게는 락찰이 결정된 날부터 5 일안에 해당 사유를 통지하며 입찰보증금을 돌려준다. 이 경우 입찰보증금에 대한 리자를 지불하지 않는다.

10. 락찰자가 정한 기간안에 토지임대차계약을 맺지 않은 경우에는 락찰을 무효로 하며 입찰보증금을 돌려주지 않는다.

### 제13조 (경매)

경매를 통한 토지의 임대는 다음과 같이 한다.

1. 토지를 임대하는 기관은 토지자료, 토지경매날자, 장소, 절차, 토지의 기준값 같은 경매에 필요한 사항을 공시한다.

2. 토지를 임대하는 기관은 공시한 토지의 기준값을 기점으로 하여 경매를 붙이고 제일 높은 값을 제기한 임차희망자를 락찰자로 정한다.

3. 락찰자는 토지를 임대하는 기관과 토지임대차계약을 맺은 다음 토지리용증을 발급받고 등록한다.

### 제14조 (임차한 토지의 리용, 보충계약)

토지임차자는 토지를 임대차계약에서 정한 용도에 맞게 리용하여야 한다.

토지용도를 변경하려는 토지임차자는 토지를 임대한 기관과 용도를 변경하는 보충계약을 맺어야 한다.

## 제3장 토지리용권의 양도와 저당

### 제15조 (토지리용권의 양도, 저당과 그 기간)

토지임차자는 토지를 임대한 기관의 승인을 받아 임차한 토지의 전부 또는 일부에 해당한 리용권을 제3자에게 양도(판매, 재임대, 증여, 상속)하거나 저당할 수 있다.

토지리용권을 양도하거나 저당하는 기간은 토지임대차계약에 정해진 기간안에서 남은 리용기간을 넘을수 없다.

### 제16조 (토지리용권의 양도조건)

토지임차자는 임대차계약에서 정한 토지리용권을 넘겨주는 값의 전액을 물고 계약에 지적된 투자몫을 투자하여야 임차한 토지의 리용권을 판매, 재임대, 증여 또는 저당할 수 있다.

### 제17조 (토지리용권의 양도범위)

토지리용권을 양도할 경우에는 토지리용과 관련한 권리와 의무, 토지에 있는 건축물과 기타 부착물도 함께 넘어간다.

### 제18조 (토지리용권의 판매)

토지리용권의 판매는 다음과 같이 한다.

1. 토지리용권의 판매자와 구매자는 계약을 맺고 공증기관의 공증을 받는다.

2. 토지리용권의 판매자는 계약서사본을 첨부한 토지리용권판매신청문건을 토지를 임대한 기관에 내여 승인을 받는다.

3. 토지리용권의 판매자와 구매자는 해당 토지를 임대한 기관에 토지리용권명의변경등록을 한다.

### 제19조 (임대한 토지의 우선구매권)

토지임차자가 토지리용권을 판매하는 경우 토지를 임대한기관은 우선적으로 그것을 구매할수 있는 권리를 가진다.

### 제20조 (임차한 토지의 재임대)

토지임차자는 임차한 토지를 재임대할 수 있다. 이 경우 토지임대차계약서사본을 첨부한 재임대신청서를 토지를 임대한 기관에 내여 승인을 받아야 한다.

### 제21조 (토지리용권의 저당)

토지임차자는 은행 또는 기타 금융기관으로부터 대부를 받기 위하여 토지리용권을 저당할 수 있다. 이 경우 토지에 있는 건축물과 기타 부착물도 함께 저당된다.

### 제22조 (토지리용권의 저당계약체결)

토지리용권을 저당하는 경우 저당하는 자와 저당받는 자는 토지임대차계약의 내용에 맞게 저당계약을 맺어야 한다. 이 경우 저당받는 자는 저당하는 자에게 토지의 임대차계약서 또는 양도계약서사본, 토지리용증사본, 토지의 실태자료를 요구할 수 있다.

### 제23조 (토지리용권의 저당등록)

토지리용권을 저당받은 자와 저당한 자는 저당계약을 맺은 날부터 10 일안으로 토지를 임대한 기관에 토지리용권저당등록을 하여야 한다.

### 제24조 (저당토지의 처분)

토지리용권을 저당받은 자는 저당한 자가 저당기간이 끝난 다음에도 채무를 상환하지 않거나 저당계약기간안에 기업을 해산, 파산하는 경우 저당계약에 따라 저당받은 토지리용권, 토지에 있는 건축물과 기타 부착물을 처분할 수 있다.

### 제25조 (처분한 저당토지의 리용)

토지리용권을 저당받은 자가 처분한 토지리용권, 토지에 있는 건축물과 기타 부착물을 가진 자는 공증기관의 공증을 받고 해당 등록기관에 명의변경등록을 하며 토지임대차계약에 맞게 토지를 리용하여야 한다.

### 제26조 (저당토지의 재저당 및 양도금지)

토지리용권을 저당한 자는 저당계약기간안에 저당받은 자의 승인없이 저당한 토지리용권을 다시 저당하거나 양도할수 없다.

### 제27조 (토지리용권저당등록의 취소)

채무상환이나 기타 원인으로 토지저당계약이 소멸되는 경우 저당받은 자와 저당한 자는 10일 안으로 토지리용권저당등록을 취소하는 수속을 하여야 한다.

## 제4 장 토지임대료와 토지사용료

### 제28조 (토지임대료의 지불의무)

토지임차자는 정해진데 따라 토지임대료를 물어야 한다.

토지임대료는 해당 토지임대기관에 문다.

### 제29조 (토지개발비)

토지를 임대하는 기관은 개발한 토지를 임대할 경우 임차자로부터 토지개발비를 토지임대료에 포함시켜 받는다.

토지개발비에는 토지정리와 도로건설 및 상하수도, 전기, 통신, 난방시설건설에 지출된 비용이 속한다.

### 제30조 (토지임대료의 지불기간)

토지임차자는 토지임대차계약을 맺은 날부터 90 일안에 토지임대료의 전액을 물어야 한다.

토지종합개발대상 같이 많은 면적의 토지를 임차하였을 경우에는 토지임대기관이 승인한 기간안에 토지임대료를 나누어 물수 있다.

### 제31조 (리행보증금의 지불의무)

협상, 경매를 통하여 토지를 임차한 자는 임대차계약을 맺은 날부터 15 일안으로 토지임대료의 10 %에 해당한 리행보증금을 내야 한다.

리행보증금은 토지임대료에 충당할 수 있다.

### 제32조 (토지임대료의 미납에 대한 연체료)

토지임대기관은 임차자가 토지임대료를 정한 기간안에 물지 않았을 경우 그 기간이 지난날부터 매일 미납금의 0.05 % 에 해당한 연체료를 물린다.

연체료를 련속 50 일간 물지 않을 경우에는 토지임대차계약을 취소할 수 있다.

### 제33조 (토지사용료의 지불의무)

외국투자기업과 외국투자은행은 해당 재정기관에 토지사용료를 해마다 물어야 한다.

장려대상에 대하여서는 토지사용료를 10 년까지 낮추어주거나 면제하여줄수 있다.

## 제5장 토지리용권의 반환

### 제34조 (토지리용권의 반환과 잔존가치보상)

토지리용권은 계약에서 정한 임대기간이 끝나면 토지임대기관에 자동적으로 반환된다. 이 경우 해당 토지에 있는 건축물과 부착물도 무상으로 반환된다.

토지임대기간이 40년이상인 경우 그 기간이 끝나기 10 년안에 준공한 건축물에 대하여서는 해당한 잔존가치를 보상하여줄수 있다.

제35조 (토지리용권등록취소수속)

토지임차자는 임대기간이 끝나면 토지리용증을 해당 발급기관에 반환하고 토지리용권등록취소수속을 하여야 한다.

제36조 (토지임대기간의 연장)

토지임대기간을 연장하려는 토지임차자는 그 기간이 끝나기 6 개월전에 토지를 임대한 기관에 토지리용연기신청서를 내여 승인을 받아야 한다. 이 경우 토지임대차계약을 다시 맺고 해당한 수속을 하며 토지리용증을 재발급받아야 한다.

제37조 (임차한 토지의 반환비용과 정리)

토지임차자는 임대기간이 끝난 경우 토지를 임대한 기관의 요구에 따라 건축물과 설비, 부대시설물을 자기 비용으로 철거하고 토지를 정리하여야 한다.

제38조 (토지리용권의 취소)

토지리용권은 임대기간안에 취소되지 않는다.

부득이한 사정으로 임대기간안에 토지리용권을 취소하려는 경우 토지임대기관은 6 개월전에 토지임차자와 합의하고 같은조건의 토지로 교환해주거나 해당한 보상을 하여준다.

## 제6장 제재 및 분쟁해결

제39조 (벌금, 회수, 원상복구, 계약무효)

토지리용증이 없이 토지를 리용하였거나 승인없이 토지의 용도를 변경하였거나 토지리용권을 양도, 저당한 경우에는 벌금을 물리고 토지에 건설한 시설물을 회수하거나 토지를 원상복구시키며 양도 및 저당계약을 취소시킨다.

제40조 (토지리용권의 취소)

임차자가 토지임대차계약에서 정한 기간안에 총투자액의 50 % 이 상 을 투자하지 않았거나 계약대로 토지를 개발하지 않았을 경우에는 토지리용권을 취소할 수 있다.

제41조 (신소와 그 처리)

토지임차자는 받은 제재에 대하여 의견이 있을 경우 20 일안에 제재를 준 기관의 상급기관에 신소할 수 있다.

신소를 접수한 기관은 30 일안으로 료해처리하여야 한다.

제42조 (분쟁해결)

토지임대와 관련한 의견상이는 당사자들사이에 협의의방법으로 해결한다.

협의의 방법으로 해결할수 없을 경우에는 조정, 중재, 재판의 방법으로 해결한다.

# 조선민주주의인민공화국 무역법

주체86(1997)년 12월 10일 최고인민회의 상설회의 결정 제104호로 채택

주체88(1999)년 2월 26일 최고인민회의 상임위원회 정령 제483호로 수정보충

주체93(2004)년 12월 7일 최고인민회의 상임위원회 정령 제807호로 수정보충

주체96(2007)년 3월 27일 최고인민회의 상임위원회 정령 제2195호로 수정보충

주체98(2009)년 7월 21일 최고인민회의 상임위원회 정령 제160호로 수정보충

주체100(2011)년 12월 21일 최고인민회의 상임위원회 정령 제2052호로 수정

주체101(2012)년 4월 3일 최고인민회의 상임위원회 정령 제2303호로 수정보충

주체104(2015)년 12월 23일 최고인민회의 상임위원회 정령 제849호로 수정보충

주체104(2015)년 12월 23일 최고인민회의 상임위원회 정령 제849호로 수정보충

## 제1장 무역법의 기본

제1조 (무역법의 사명)

조선민주주의인민공화국 무역법은 무역사업에서 제도와 질서를 엄격히 세워 대외시장을 확대하고 무역수지의 균형을 보장하며 인민경제를 발전시키는데 이바지한다.

제2조 (무역의 기본원칙)

무역을 발전시키는것은 조선민주주의인민공화국의 일관한 정책이다.

국가는 현실발전의 요구에 맞게 수출구조와 무역방법을 개선하고 수출을 장려하며 지방무역활성화에 큰 힘을 넣는다.

제3조 (다각화, 다양화원칙)

무역의 다각화, 다양화는 무역을 폭넓게 하기 위한 기본방도이다.

국가는 무역을 여러 나라와 회사를 대상으로, 여러 가지 형식과 방법으로 하도록 한다.

제4조 (신용준수원칙)

무역에서 신용을 지키는것은 다른 나라와 무역관계를 발전시키기 위한 선결조건이다.

국가는 수출품의 질과 납입기일을 보장하며 지불의무를 제때에 정확히 리행하도록 한다.

제5조 (무역계획, 계약규률준수원칙)

조선민주주의인민공화국에서 무역은 인민경제계획과 계약에 따라 진행한다. 국가는 무역에서 계획 및 계약규률을 엄격히 지키도록 한다.

제6조 (무역에 대한 지도원칙)

국가는 무역이 통일적으로, 균형적으로 진행될수 있게 그에 대한 지도를 강화하도록 한다.

제7조 (최혜국대우, 자국인대우원칙)

국가는 무역분야의 협정에 따라 체결상대방에 호상성의 원칙에서 최혜국대우 또는 자국인대우를

하도록 한다.

제8조 (제재 또는 제한, 금지와 관련한 대응원칙)

국가는 무역분야에서 우리 나라에 대한 제재나 차별적인 제한 및 금지조치에 대하여 그에 상응한 조치를 취할 수 있다.

제9조 (무역분야에서 교류와 협조원칙)

국가는 무역분야에서 세계 여러 나라, 국제기구와의 교류와 협조를 발전시키도록 한다.

제10조 (특수경제지대에서의 무역질서)

특수경제지대에서의 무역사업은 해당 법규에 따른다.

## 제2장 무역거래의 당사자

제11조 (무역거래를 할수 있는 기관)

무역거래는 중앙무역지도기관으로부터 영업허가를 받은 기관, 기업소, 단체가 한다.

제12조 (무역거래자격취득조건)

무역거래자격취득조건은 다음과 같다.

1. 명칭과 기구
2. 규약
3. 업종 및 지표
4. 영업장소
5. 자금원천
6. 필요한 전문가와 보장성원
7. 대외시장에 실현할수 있는 상품생산기지 또는 기술, 봉사원천

제13조 (영업허가신청과 영업허가중의 발급)

무역거래를 하려는 기관, 기업소, 단체는 중앙무역지도기관에 영업허가신청문건을 내야 한다.

중앙무역지도기관은 영업허가신청문건을 검토하고 승인하거나 부결하며 승인하였을 경우 영업허가증을 발급하여야 한다.

제14조 (무역거래당사자의 권리와 의무)

영업허가를 받은 기관, 기업소, 단체는 무역거래에서 당사자로서의 권리와 의무를 지닌다.

무역거래당사자로서의 권리와 의무는 해당 법규에 따른다.

제15조 (무역거래범위)

해당 기관, 기업소, 단체는 영업허가를 받은 범위에서 무역거래를 하여야 한다. 허가받지 않은 업종, 지표의 무역거래는 할수 없다.

제16조 (무역계약의 체결)

해당 기관, 기업소, 단체는 거래당사자와 계약을 정확히 맺고 무역거래를 하여야 한다.

중요무역계약을 맺으려 할 경우에는 해당 계약서를 중앙무역지도기관에 내고 심의를 받아야 한다.

제17조 (위탁수출입업무)

해당 기관, 기업소, 단체는 승인된 업종과 지표로 다른 기관, 기업소, 단체의 위탁을 받고 무역거래를 할 수 있다. 이 경우 계약을 정확히 맺고 리행하여야 한다.

제18조 (자금거래, 결제방식)

해당 기관, 기업소, 단체는 자금거래를 정해진 은행을 통하여 하며 결제는 대금결제방식으로 하여야 한다.

제19조 (무역거래가격)

국가계획기관에서 계획화한 현물지표에 대한 무역거래가격과 운임은 중앙무역지도기관의 승인을 받는다.

기타 지표에 대한 무역거래가격과 운임은 해당 기관, 기업소, 단체가 거래당사자와 합의하여 자체로 정하고 해당 기관에 등록한다.

제20조 (지사, 사무소, 출장소의 설립)

해당 기관, 기업소, 단체는 무역거래와 관련하여 국내와 다른 나라 또는 지역에 지사, 사무소, 출장소를 설립운영할 수 있다. 이 경우 중앙무역지도기관을 통하여 내각의 승인을 받아야 한다.

제21조 (업종, 지표, 명칭의 변경)

업종 또는 지표를 변경하려는 기관, 기업소, 단체는 중앙무역지도기관에 신청하여 변경등록을 하고 영업허가증에 확인을 받아야 한다. 그러나 명칭을 변경하거나 소속기관이 달라졌을 경우의 수속절차는 따로 정한 질서에 따른다.

제22조 (지적소유권의 침해금지)

해당 기관, 기업소, 단체는 무역거래과정에 다른 기관, 기업소, 단체 또는 공민의 저작권이나 공업소유권을 침해하지 말아야 한다.

제23조 (선불금지불, 상품, 기술, 봉사제공)

해당 기관, 기업소, 단체는 은행담보서 같은 법적담보문건을 받지 않고 상대방에 선불금을 주거나 상품, 기술, 봉사를 제공하는 행위를 하지 말아야 한다.

제24조 (영업허가증회수)

중앙무역지도기관은 영업허가증을 받은 날부터 3년동안 수출실적이 없는 기관, 기업소, 단체의 영업허가증을 회수할 수 있다.

제25조 (기관, 기업소, 단체의 책임한계)

해당 기관, 기업소, 단체는 무역거래에서 독자성을 가진다.

무역거래과정에 발생한 채권, 채무관계는 거래당사자들사이의 채권, 채무관계로 되며 다른 기관, 기업소, 단체 또는 국가의 책임으로 되지 않는다.

제26조 (채권, 채무의 이전)

해당 기관, 기업소, 단체의 채권, 채무는 기관, 기업소, 단체가 갈라질 경우 그에 맞게 나누며 통합될 경우에는 통합후에 존속하는 기관, 기업소, 단체에 넘어간다.

해산되는 기관, 기업소, 단체의 채권, 채무는 정해진 청산인이 맡아 처리한다.

제27조 (영업허가증의 반환)

해당 기관, 기업소, 단체는 통합되거나 해산될 경우 영업허가증을 중앙무역지도기관에 바쳐 야 한다.

영업허가증을 바친 기관, 기업소, 단체는 무역거래를 할수 없다.

## 제3장 무역계획

제28조 (무역계획의 내용)

무역계획은 인민경제계획의 중요항목이다.

무역계획에는 수출계획과 수입 계획, 수출품과 수출협동품생산계획, 무역화물수송계획 같은것이 속한다.

제29조 (무역계획의 작성과 시달)

무역계획은 국가계획기관이 세운다.

국가계획기관은 해마다 정해진 기일까지 다음해 무역계획을 해당 기관, 기업소, 단체에 시달하여야 한다.

제30조 (국가계획기관의 계획화방법)

해당 기관, 기업소, 단체는 예비수자, 계획수자를 밝힌 다음년도 무역계획초안을 국가계획기관에 내야 한다.

국가계획기관은 국가적인 전략지표와 제한지표만 찍어 계획화하고 기타 지표는 수출입액 상으로 계획화하여야 한다. 이 경우 내각의 비준을 받는다.

제31조 (해당 단위의 계획화방법)

해당 기관, 기업소, 단체는 국가계획기관이 현물지표로 계획화하여 시달한 무역계획을 월별로 분할작성하며 기타 지표는 국가계획기관이 계획화한 수출입액상범위에서 자체로 계획화하여 상급기관의 승인을 받아 실행하여야 한다. 이 경우 상급기관의 승인을 받은 월별무역계획은 중앙무역지도기관에 등록한다.

제32조 (수출입지표설정원칙과 결과보고)

해당 기관, 기업소, 단체는 국가계획기관이 시달한 수출입총액범위에서 수입지표는 승인된 업종에 맞게, 수출지표는 승인된 업종과 자체수출기지에서 생산한 지표로 정하고 집행하며 그 결과를 국가계획기관과 해당 무역지도기관, 통계기관에 제때에 보고하여야 한다.

제33조 (무역화물수송계획의 작성)

해당 기관, 기업소, 단체는 기관별, 품종별, 수송수단별, 구간별로 나누어 무역화물수송계획초안을 년간, 분기별, 월별로 세워 국가계획기관에 내야 한다.

제34조 (무역화물수송계획의 시달, 무역화물수송계약의 체결)

국가계획기관은 년간무역화물수송계획을 분기별로 세워 교통운수기관과 해당 기관에 시달하여야 한다.

해당 기관, 기업소, 단체는 무역화물수송계획에 기초하여 교통운수기관과 월별로 무역화물수송계약을 맺어야 한다.

제35조 (무역계획의 변경)

무역계획은 승인없이 변경시킬수 없다.

해당 기관, 기업소, 단체는 부득이한 사유로 무역계획을 변경하려 할 경우 국가계획기관에 해당 문건을 내야 한다.

## 제4장 무역사업에 대한 지도

제36조 (무역사업지도기관)

무역사업에 대한 지도를 강화하는것은 국가의 무역정책을 정확히 집행하기 위한 중요담보이다.

무역사업에 대한 지도는 내각의 통일적지도밑에 중앙무역지도기관이 한다.

제37조 (비상설무역지도위원회)

무역사업에 대한 지도를 바로하기 위하여 중앙무역지도기관에 비상설무역지도위원회를 둔 다.

비상설무역지도위원회는 국가의 무역정책을 집행하며 무역사업을 개선하기 위한 문제를 정기적으로 토의하고 해당한 대책을 세워야 한다.

제38조 (무역발전의 대외적 환경조성)

중앙무역지도기관은 여러 나라, 지역과 무역협정을 체결하며 국제 및 지역경제기구가입을 통하여 무역발전에 유리한 대외적환경을 적극 마련하여야 한다.

제39조 (무역거래확대를 위한 조치)

중앙재정지도기관과 중앙세관지도기관, 중앙무역지도기관은 무역거래를 확대하기 위하여 국가납부금이나 관세의 합리적조절, 장려금의 적용 같은 조치를 취할 수 있다. 이 경우 내각의 승인을 받는다.

제40조 (수출입의 제한경우)

수출입을 제한하는 경우는 다음과 같다.

1. 국내수요보장과 자연부원, 환경을 보호하여야 할 경우
2. 인민경제발전에 지장을 줄수 있을 경우
3. 국제수지와 무역수지의 균형을 보장하여야 할 경우
4. 해당 조약이나 협정에 따라 수출입을 제한하여야 할 경우

제41조 (수출입의 금지경우)

수출입을 금지하는 경우는 다음과 같다.

1. 나라의 안전과 사회공공질서를 침해할수 있을 경우

2. 사람의 생명에 피해를 줄수 있을 경우

3. 환경보호와 동식물의 생장에 위험을 줄수 있을 경우

4. 경제적실리가 보장되지 않을 경우

5. 해당 조약이나 협정에 따라 수출입을 금지하여야 할 경우

제42조(수출입제한, 금지목록의 작성)

수출입제한, 금지목록의 작성은 국가계획기관과 중앙무역지도기관이 한다.

국가계획기관과 중앙무역지도기관은 수출입제한, 금지목록을 작성하여 내각의 승인을 받은 다음 해당 기관에 통지하여야 한다.

중앙통계기관과 해당 기관은 수출입제한, 금지목록을 작성하는데 필요한 자료를 국가계획기관과 중앙무역지도기관에 정상적으로 보내주어야 한다.

제43조 (수출입품의 검사, 검역, 검수)

해당 기판은 가격승인문건, 반출입승인문건, 수출입상품검사신청서, 위생검역신청서, 검수신청서에 근거하여 수출입품의 검사와 검역, 검수를 제때에 정확히 하여야 한다.

제44조 (상금, 특혜제공)

수출품, 수출협동품생산계획과 수출계획, 무역화물수송계획을 실행하였을 경우에는 상금을 준다.

수출기지를 새로 조성하였거나 첨단기술제품, 국제시장에서 경쟁력이 높은 제품을 개발하여 판로를 개척한 단위에는 특혜를 준다.

제45조 (무역거래의 편리보장)

중앙무역지도기관은 무역거래와 관련한 수속절차를 간소화하여 무역거래의 편리를 보장하여야 한다.

제46조 (지방무역활성화)

중앙무역지도기관과 해당 기관은 지방무역을 활성화하기 위하여 수출기지조성과 판로개척 같은 무역사업에서 제기되는 문제들을 제때에 풀어주어야 한다.

제47조 (여러 가지 제도의 도입장려)

해당 기관, 기업소, 단체는 중계무역, 가공무역, 보세창고의 운영 같은 무역거래형식과 수출을 위한 신용대부, 관세반환제도의 도입, 품질 및 환경관리인증체계의 도입을 장려하여야 한다.

제48조 (무역사업에 대한 감독동제)

무역사업에 대한 감독공제는 중앙무역지도기관과 해당 감독동제기관이 한다.

중앙무역지도기관과 해당 감독동제기관은 무역거래와 수출품, 수줄협동품의 생산, 수입품의 공급, 무역화물수송정형을 정상적으로 감독통제하여야 한다.

## 제5장 제재 및 분쟁해결

제49조 (수출입활동의 중지, 영업허가증의 회수)

수출입을 제한하는 상품을 승인없이 수출입하였거나 금지하는 상품을 수출입하였을 경우에는 무역거래를 중지시키거나 영업허가증을 회수한다.

제50조 (행정적 또는 형사적책임)

이 법을 어겨 무역사업에 엄중한 결과를 일으킨 기관, 기업소, 단체의 책임있는 일군과 개별적공민에게는 정상에 따라 행정적 또는 형사적책임을 지운다.

제51조 (분쟁해결)

무역거래와 관련한 의견상이는 협의의 방법으로 해결한다.

협의의 방법으로 해결할수 없을 경우에는 중재 또는 재판기관에 제기하여 해결할수도 있다.

제52조(행정적 또는 형사적책임)

이 법을 어겨 무역사업에 엄중한 결과를 일으킨 기관, 기업소, 단체, 무역회사의 책임있는 일군과 개별적공민에게는 정상에 따라 행정적 또는 형사적책임을 지운다.

제53조(분쟁해결)

무역거래와 관련한 의견상이는 협의의 방법으로 해결한다.

# 조선민주주의인민공화국 가공무역법

2000년 12월 26일 최고인민회의 상임위원회 정령 제1978호로 채택

## 제1장 가공무역법의 기본

제1조 조선민주주의인민공화국 가공무역법은 가공무역에서 제도와 질서를 엄격히 세워 외화수입을 늘리고 대외경제교류를 확대 발전시키는데 이바지한다.

제2조 국가는 가공무역을 장려한다. 가공무역은 거래대상자, 거래형식, 가공지표를 잘 선정하고 가공능력과 국제시장 수요를 타산하여 외화수입을 늘리며 신용을 지키는 원칙에서 한다.

제3조 가공무역은 외국기업으로부터 원료, 반제품, 부분품을 받아 그 요구대로가공, 조립하여 주고 가공비를 받는 위탁가공무역과 외국기업으로부터 원료, 반제품, 부분품을 세관의 감독 밑에 무관세로 수입하고 그것을 가공, 조립하여 수출하는 보세가공무역 같은 여러 가지 형식으로 한다.

제4조 가공무역은 여러 지역에서 한다. 그러나 보세가공무역은 라선경제무역지대 같은 특수경제지대에서만 할 수 있다.

제5조 가공무역은 국가 또는 사회협동단체의 무역회사가 한다. 필요에 따라 공장, 기업소도 가공무역을 할 수 있다. 이 경우 해당 상급기관과 합의한다.

제6조 이 법에서 규제하지 않은 사항은 무역법과 대외경제계약법을 비롯한 관련 법규에 따른다. 외국인투자기업은 가공무역을 외국인투자기업 관련 법규에 따라 한다.

제7조 국가는 가공무역분야에서 세계 여러 나라, 국제기구들과의 교류와 협조를 발전시킨다.

## 제2장 가공무역의 대상선정과 심의

제8조 가공무역대상의 선정은 가공무역의 선행공정이다. 무역회사와 공장, 기업소는 경제기술적 잠재력과 신용 있는 대상, 가공능력을 이용하여 이익을 많이 낼 수 있는 대상, 과학기술발전과 해당 단위의 설비갱신에 도움을 줄 수 있는 대상, 국제시장에서 수요가 높은 대상을 선정하여야 한다.

제9조 무역회사와 공장, 기업소는 가공무역대상자로 선정된 외국기업과 계약을 맺기 전에 품명, 수량, 생산보장기간, 상표, 원산지명, 가공비와 그 지불방법 같은 것을 서면으로 합의하여야 한다.

제10조 가공무역신청의 심의는 중앙무역지도기관이 한다. 라선경제무역지대 같은 특수경제지대에서는 지대관리운영기관이 심의한다.

제11조 무역회사와 공장, 기업소는 해당 가공무역심의기관에 다음과 같은 것을밝힌 가공무역신청서를 내야 한다.

1. 위탁가공무역신청서에는 무역회사 또는 공장, 기업소의 명칭과 소재지, 업종,외국기업의 명칭과 소재지, 외국기업에서 제공받을 원료, 반제품, 부분품의 명세, 가공, 조립할 제품명과 그 수량, 생산보장기간, 가공능력, 경제기술타산 자료, 가공비와 그 계산기초자료 같은 것을 밝혀야 한다.

2. 보세가공무역신청서에는 보세지구명, 보세가공무역을 할 공장, 기업소의 명칭과 소재지, 업종, 가공능력, 수입할 원자재, 반제품, 부분품의 명세, 수입액, 가공제품명과 그 수량, 설비 및 기술상태, 수익성타산자료, 수출실현담보자료 같은 것을 밝혀야 한다.

제12조 가공제품생산을 맡아할 수 있는 능력을 갖추지 못한 대상, 가공비를 낮게 정한 대상, 국가의 안전보장과 사회공동의 이익에 저해를 줄 수 있는 대상에 대하여서는 가공무역승인을 할 수 없다.

제13조 가공무역심의기관은 가공무역신청을 받은 날부터 15일안에 심의하고 그 결과를 가공무역신청자에게 알려주어야 한다.

## 제3장 가공무역계약의 체결 및 이행

제14조 가공무역계약을 정확히 맺고 이행하는 것은 가공무역의 성과적 보장을 위한 중요담보이다. 무역회사와 공장, 기업소는 가공무역신청이 승인된 다음 외국기업과 가공무역계약을 맺어야 한다.

제15조 위탁가공무역계약서에는 계약당사자명, 원료, 반제품, 부분품명과 그 수량, 가공, 조립할 제품명과 그 수량, 상표, 원산지명, 생산보장기간, 가공비의 규모와 지불방법, 위약책임 및 손해보상, 분쟁해결 같은 것을 밝히며 보세가공무역계약서에는 계약당사자명, 거래상품명과 그 수량, 규격 및 품질, 가격, 제품을 주고받는 방법, 위약책임관계 같은 것을 밝힌다.

제16조 무역회사와 공장, 기업소는 가공무역계약을 맺은 날부터 5일안으로 세관등록을 하여야 한다.

제17조 계약당사자는 가공무역계약을 제때에 정확히 이행하여야 한다. 무역회사와 공장, 기업소는 외국기업에 계약이행담보금을 세울 것을 요구할 수 있다.

제18조 다음과 같은 경우 가공무역계약당사자는 위약금의 지불, 손해보상을 청구할 수 있다.

1. 정당한 이유 없이 계약이행을 지연시켰거나 거절한 경우
2. 포장, 품질, 수량 같은 것이 계약조건에 맞지 않을 경우
3. 계약에서 정한 가공비 또는 상품대금을 제때에 지불하지 않았을 경우
4. 그 밖의 계약위반행위가 있을 경우

제19조 외국기업은 가공조립품의 포장을 계약조건대로 하지 않았거나 원료, 부분품을 다른 것으로 바꾸어 가공, 조립하였을 경우 재포장을 요구하거나 가공조립품의 접수를 거절할 수 있다. 이 경우 무역회사와 공장, 기업소는 지출되는 비용을 자체로 부담하며 위약금을 지불하여야 한다.

제20조 무역회사와 공장, 기업소는 외국기업이 가공조립품을 제때에 넘겨받지않을 경우 그에 따르는 위약금과 보관료를 받을 수 있다. 가공조립품을 넘겨받을 기간이 끝난 날부터 3개월이 지난 경우에는 그것을 판매처분할 수 있다.

제21조 가공무역계약당사자는 서로 협의하여 계약의 내용과 기간을 변경시킬수 있다. 이 경우 변경된 내용을 해당 가공무역심의기관과 세관에 알려야 한다.

제22조 무역회사와 공장, 기업소는 계약에 따라 외국기업이 제공한 기술의 비밀을 보장하여야 한다.

### 제4장 가공무역기업의 경영

제23조 경영 질서를 바로 세우는 것은 가공무역의 중요한 요구이다. 가공무역을 하는 무역회사와 공장, 기업소는 국가가 정한 질서대로 경영활동을 하여야 한다.

제24조 무역회사와 공장, 기업소는 가공무역에 필요한 원료, 반제품, 포장재, 기계설비, 경영용 물자를 외국기업으로부터 제공받거나 수입할 수 있다. 이 경우 허가를 받지 않으며 관세를 적용하지 않는다.

제25조 무역회사와 공장, 기업소는 가공작업에 필요한 국내의 노력, 원료, 동력, 용수, 포장재, 자금 같은 것의 소요량을 상급기관에 내야 한다. 해당 상급기관은 제기된 소요량을 검토하고 국가계획 또는 지대계획에 맞물려 공급해 주어야 한다.

제26조 가공능력의 부족으로 일부 특수한 부분을 가공할 수 없을 경우에는 다른 공장, 기업소와 외국인투자기업 또는 외국기업에 그 가공을 의뢰할 수 있다. 이 경우 계약을 맺는다.

제27조 무역회사와 공장, 기업소는 가공무역으로 얻은 수입 가운데서 정해진 몫을 국가에 납부하여야 한다. 계약상대측으로부터 제공받아 가공무역에 쓰이는 기계설비, 윤전기재 같은 고정재산은 감가상각금 납부대상으로 되지 않는다.

제28조 무역회사와 공장, 기업소는 가공무역을 하여 번 외화를 거래은행에 넣고 이용하여야 한다. 이 경우 정해진 몫을 기계설비, 경영용 물자, 우대상품의 구입과 무역상담, 기술교류, 연구 및 실습비

용으로 쓸 수 있다.

제29조 가공무역을 하는 무역회사와 공장, 기업소는 다음의 행위를 할 수 없다.

1. 번 외화를 유용하거나 외국에 예금하는 행위
2. 승인없이 업종, 지표를 변경하거나 늘리는 행위
3. 가공조립품을 국내에 파는 행위
4. 가공용 물자를 유용하는 행위

제30조 무역회사와 공장, 기업소는 국가적 조치로 가공용 물자를 다른데 돌려쓰거나 가공품을 국내에 판매하려 할 경우 계약상대측과 사전합의를 한 다음 해당 세관에 알려야 한다.

제31조 가공무역의 업종을 변경하려는 무역회사와 공장, 기업소는 신청문건을 가공무역심의기관에 내야 한다. 가공무역심의기관은 신청문건을 접수한 날부터 10일 안으로 심의하고 그 결과를 신청자에게 알려 주어야 한다.

제32조 가공무역을 하는 과정에 생긴 채무는 무역회사, 공장, 기업소의 비용으로 보상한다.

제33조 무역회사와 공장, 기업소는 제품의 가공, 조립을 위하여 다른 나라 기업의 기술적 방조를 받을 수 있다. 이 경우 해당 절차에 따라 필요한 기술자를 초빙하거나 자기 기술자, 노동자를 기술전습을 위하여 외국에 보낼 수 있다.

제34조 무역회사와 공장, 기업소는 외국기업의 품질검사원을 체류시킬 수 있으며 외국기업이 제공하였던 가공설비를 교체 또는 수리할 목적으로 반출입할 수 있다.

제35조 가공무역기업의 경영기간은 가공무역계약기관과 같다. 가공무역계약기간이 끝났거나 그 밖의 사유로 가공무역승인이 취소되었을 경우에는 취소된 날부터 5일안으로 해당세관에 등록취소를 제기하여야 한다.

## 제5장 가공무역사업에 대한 지도통제

제36조 가공무역사업에 대한 지도통제를 강화하는 것은 국가의 가공무역정책을 정확히 집행하기 위한 중요담보이다. 국가는 가공무역사업이 발전하는데 맞게 그에 대한 지도와 통제를 강화하도록 한다.

제37조 가공무역사업에 대한 국가의 통일적 지도는 내각이 한다. 내각은 중앙무역지도기관과 특수경제지대 관리운영기관을 통하여 가공무역사업을 장악 지도한다.

제38조 가공무역을 하여 국가에 큰 이익을 준 무역회사와 공장, 기업소에는 상금을 주는 것 같은 우대를 한다.

제39조 중앙세관지도기관은 가공무역이 여러 가지 형식과 방법으로 진행되는데 맞게 세관사업을 강화하여야 한다. 세관은 중앙무역지도기관 또는 특수경제지대 관리운영기관과의 연계 밑에 가공무역을 위하여 들여온 물자를 유용하거나 가공품을 국내에 파는 일이 없도록 하여야 한다.

제40조 무역회사와 공장, 기업소가 가공용 물자를 다른데 돌려썼거나 가공품을 국내에 판매하였

거나 번 외화를 유용 또는 해외에 예금시켰거나 가공무역업종을 변경 또는 확대시켜 가공무역사업에 지장을 주었을 경우에는 영업을 중지시키거 나 가공무역승인을 취소시키며 물자를 몰수하거나 벌금을 물린다.

제41조 이 법을 어겨 가공무역사업에 엄중한 결과를 일으킨 무역회사, 공장, 기업소, 지도통제기관의 책임있는 일꾼과 개별적 공민에게는 정상에 따라 행정적 또는 형사적 책임을 지운다.

제42조 가공무역과 관련한 의견 상이는 협의의 방법으로 해결한다. 협의의 방법으로 해결할 수 없을 경우에는 공화국의 중재 또는 재판기관에 제기하여 해결할 수 있다.

# 조선민주주의인민공화국 상업회의소법

2010년 7월 8일 최고인민회의 상임위원회 정령 제946호로 채택

**제1조(상업회의소법의 사명)**

조선민주주의인민공화국 상업회의소법은 상업회의소의 운영에서 제도와 질서를 바로세워 대외경제협력과 교류를 확대발전시키는데 이바지 한다.

**제2조(정의)**

이 법에서 용어의 정의는 다음과 같다.

1.《상업회의소》란 대외경제협력과 교류를 실현하기 위하여 조직한 무역촉진단체이다.

2.《회원》이란 상업회의소에 가입한 기관, 기업소, 단체와 외국인투자기업 같은 법인이다.

**제3조(상업회의소의 설립과 활동원칙)**

대외경제협력과 교류를 발전시키고 기관, 기업소, 단체의 경제적 리익을 보호하기 위하여 조선민주주의인민공화국 민족상업회의소를 설립한다. 국가는 상업회의소의 활동에서 평등과 호혜, 신용의 원칙을 견지하도록 한다.

**제4조(상업회의소활동에 대한 법적보호)**

상업회의소는 자기의 합법적인 활동에대하여 법적보호를 받는다.

**제5조(적용대상)**

이 법은 해당 기관, 기업소, 단체와 공민, 외국인투자기업에 적용한다.

**제6조(상업회의소의 구성)**

상업회의소는 소장, 부소장, 서기장과 그밖에 필요한수의 성원으로 구성한다.

**제7조(상업회의소의 최고결의기관)**

상업회의소의 최고결의기관은 회원총회이다.

**제8조(회원총회의 소집)**

회원총회는 매해 1차씩 상업회의소가 정기적으로 소집한다. 상업회의소가 필요하다고 인정할 경우와 회원의 3분의 2이상의 요청이 있을 경우에는 비정기회원총회를 소집할 수 있다.

**제9조(회원총회의 소집통지)**

상업회의소는 회원총회를 소집하기 1개월전에 회의소집날자와 장소, 토의문제 같은 것을 회원들에게 통지하여야 한다.

**제10조(상업회의소의 운영자금)**

상업회의소는 회원가입비와 회비, 봉사료 같은 것을 자금원천으로 하여 운영한다. 회원가입비와 회비, 봉사료는 국가가격제정기관이 정한 기준에 따라 상업회의소가 정한다.

**제11조(상업회의소 분소의 설치)**

상업회의소는 필요한 지역에 분소를 두고 운영할 수 있다. 분소는 상업회의소의 지도밑에 활동한다.

**제12조(사무소, 대표부의 설치)**

상업회의소는 다른 나라에 사무소, 대표부를 두고 운영할 수 있다.

**제13조(비상설부문별 위원회의 조직)**

상업회의소는 자기 사업을 위하여 비상설부문별 위원회를 조직할 수 있다. 비상설부문별 위원회는 대외경제협력과 교류에서 제기되는 중요문제들을 토의한다.

**제14조(상업회의소의 임무와 권한)**

상업회의소의 임무와 권한은 다음과 같다.

1. 해당 국제기구와 다른 나라 상업회의소, 기업, 단체들과 대외경제협력 및 교류를 위한 합의서 같은 것을 체결하고 리행한다.

2. 법인확인서, 수출입상품용도확인서, 원산지증명서, 불가항력증명서 같은 대외무역활동에 필요한 인증문건들을 발급한다.

3. 국제무역거래조건의 해석과 관련한 규칙, 신용장통일규칙, 표준상업양식 같은 국제적인 관례, 관습, 협정내용들을 회원들에게 보급한다.

4. 우리 나라 또는 다른 나라에서 대외경제협력과 교류를 위한 박람회, 전람회, 상담회 같은 것을 조직한다.

5. 기관, 기업소, 단체와 다른 나라 기업 또는 개인 사이에 무역 및 투자와 관련한 상업적련계를 맺어준다.

6. 수출상품, 특허기술제품, 상표의 소개, 수출기지조성, 판로개척, 물자교류, 투자유치 같은 문제들에 대한 자문봉사를 한다.

7. 특허권소유자 또는 상표권소유자의 신청에 따라 우리나라 또는 다른 나라의 해당 기관에 특허와 상표권을 등록하기 위한 대리봉사를 한다.

제15조(회원의 가입대상)

상업회의소의 회원으로는 기관, 기업소, 외국인투자기업이 가입할 수 있다.

제16조(회원의 가입신청)

상업회의소의 회원으로 가입하려는 기관, 기업소, 단체와 외국인투자기업은 상업회의소에 회원가입신청서를 내야 한다. 회원가입신청서에는 상업회의소가 요구하는 사항을 구체적으로 밝혀야 한다.

제17조(회원가입심사와 회원등록)

회원가입신청서를 접수한 상업회의소는 그것을 제때에 심의하고 승인 또는 부결하여야 한다. 기관, 기업소, 단체와 외국인투자기업의 회원가입을 승인하였을 경우에는 회원등록대장에 등록하고 회원증을 발급하여야 한다.

제18조(회비납부)

회원은 상업회의소에 회비를 제때에 납부하여야 한다.

제19조(자료루설금지)

상업회의소는 사업과정에서 알게 된 회원들의 내부자료를루설하지 말아야 한다.

제20조(회원의 제명)

해당 기관, 기업소, 단체와 외국인투자기업이 회원의 자격을 상실하였거나 해산 또는 파산되었을 경우에는 제명한다. 상업회의소는 회원이 제명되었을 경우 회원등록대장에서 삭제하고 회원증을 회수하여야 한다.

제21조(신소청원과 그에 대한 료해처리)

상업회의소의 사업과 관련하여 의견이있을 경우에는 해당 기관에 신소청원을 할 수 있다. 해당 기관은 신소청원을 접수한날부터 30일안으로 료해처리하여야 한다.

제22조(행정적 또는 형사적 책임)

이 법을 어겨 엄중한 결과를 일으킨자에게는 정상에 따라 행정적 또는 형사적책임을 지운다.

# 조선민주주의인민공화국 수출품원산지법

주체98(2009)년 11월 25일 최고인민회의 상임위원회 정령 제446호로 채택

제1조(사명)

조선민주주의인민공화국 수출품원산지법은 수출품의 원산지증명사업에서 제도와 질서를 엄격히 세워 대외경제무역을 발전시키는데 이바지한다.

제2조(정의)

이 법에서 용어의 정의는 다음과 같다.

1. 수출품원산지란 수출품을 생산한 나라의 명칭이다.

2. 수출품원산지증명이란 수출당사자의 요구에 따라 수출품의 원산지가 조선민주주의인민공화국이라는것을 확인하여주는 사업이다.

3. 수출품원산지증명서란 원산지증명기관이 수출품의 원산지를 확인하고 발급하는 인증문서이다.

4. 수출당사자란 다른 나라에 제품을 수출하는 우리 나라 기관, 기업소, 단체와 외국인 투자기업이다.

5. 수입당사자란 공화국령역안에서 생산한 제품을 수입하는 다른 나라의 법인 또는 개인이다.

**제3조(법의 규제대상)**

이 법은 수출품의 원산지증명사업과 관련한 절차와 방법을 규제한다.

외국인투자기업이 수출품원산지증명을 받으려 할 경우에도 이 법에 따른다.

**제4조(협약의 효력)**

수출품의 원산지증명과 관련하여 조선민주주의인민공화국 정부와 다른 나라 정부, 국제기구사이에 맺은 협약은 이 법과 같은 효력을 가진다.

**제5조(수출품의 원산지증명기관)**

조선민주주의인민공화국에서 수출품의 원산지증명사업은 조선상업회의소와 해당 기관이 한다.

**제6조(원산지를 우리 나라로 하는 수출품)**

다음에 해당되는 수출품의 원산지는 조선민주주의인민공화국이다.

1. 공화국령역에서 채취한 광물과 그 가공품

2. 공화국령역에서 채집한 식물과 그 가공품

3. 공화국령역에서 사육한 동물과 그 가공품

4. 공화국령역에서 잡은 수산물과 그 가공품

5. 우리 나라의 원료, 자재로 생산한 제품

6. 다른 나라에서 부분품을 들여다가 새롭게 만든 제품

7. 수입한 원료, 자재를 리용하여 공화국령역에서 최종적으로 완성한 제품

**제7조(수출품원산지증명서의 발급원칙)**

원산지증명기관은 해당 수출품이 원산지증명기준에 맞을 경우에만 수출품원산지증명서를 발급하여야 한다.

**제8조(수출품원산지증명의 신청당사자)**

수출품에 대한 원산지증명신청은 수입당사자의 요구에 따라 수출당사자가 한다.

수출당사자의 위임을 받은 대리인도 수출품의 원산지증명을 신청할 수 있다. 이 경우 대리위임장이 있어야 한다.

**제9조(수출품원산지증명서의 발급신청)**

수출당사자는 수출품의 원산지증명을 받으려 할 경우 해당 원산지증명기관에 수출품원산지증명신

청서를 내야 한다.

수출품원산지증명신청서에는 수출당사자의 명칭과 주소, 품명, 수량, 생산지 같은 것을 밝히고 신청기관의 공인을 찍는다.

**제10조(수출품원산지증명서의 발급)**

수출품원산지증명신청서를 접수한 원산지증명기관은 그것을 정확히 검토하고 신청서를 접수한 날부터 10일안으로 수출품원산지증명서를 발급하여야 한다.

수출품원산지증명신청서에는 수출당사자와 수입당사자의 명칭, 수송수단, 품명, 수량, 발급날자 같은 것을 밝히고 수출품원산지증명서의 발급부수에 따르는 유일번호와 인증도장을 찍는다.

**제11조(수출품원산지증명서발급의 부결)**

원산지증명기관은 수출품원산지증명신청서의 내용에 결함이 있을 경우 그것을 고치도록 신청자에게 요구할 수 있다.

신청자가 결함을 고치지 않을 경우에는 수출품원산지증명서를 발급하지 않는다.

**제12조(수출품원산지증명서발급의 부결)**

수출품원산지증명서의 표기는 조선어로 한다.

필요에 따라 조선어와 함께 국제공용어 또는 다른 나라 언어를 표기할수도 있다.

**제13조(수출품원산지증명서의 재발급신청)**

수출당사자는 수출품원산지증명서를 분실하였거나 오손시켰을 경우 원산지증명기관에 수출품원산지증명서의 재발급신청을 할 수 있다. 그러나 수출품원산지증명서를 발급받은 날부터 6개월이 지났을 경우에는 수출품원산지증명서의 재발급신청을 할수 없다.

**제14조(수출품원산지증명서의 재발급신청서에 기재할 내용)**

수출품원산지증명서의 재발급신청서에는 수출당사자의 명칭, 주소, 재발급리유, 발급받았던 수출품원산지증명서의 원본과 부본의 부수, 발급날자, 번호 같은 것을 밝히고 원산지증명기관이 요구하는 자료를 첨부하여야 한다.

**제15조(수출품원산지증명서의 재발급)**

원산지증명기관은 수출품원산지증명서의 재발급신청서와 첨부자료를 검토하고 수출품원산지증명서를 다시 발급하여야 한다. 이 경우 재발급표식을 하고 수출품원산지증명서의 원본에 기입했던 번호를 다시 기입한다.

**제16조(오손된 수출품원산지증명서의 회수)**

원산지증명기관은 수출품원산지증명서의 오손리유로 그것을 다시 발급할 경우 오손된 수출품원산지증명서를 회수하여야 한다.

**제17조(료금)**

수출당사자는 수출품원산지증명서의 발급을 신청할 경우 정해진 료금을 내야 한다.

료금을 정하는 사업은 중앙가격제정기관이 한다.

제18조(자료의 보관기일)

원산지증명기관은 수출품원산지증명서의 발급과 관련한 자료를 1년간 보관하여야 한다.

제19조(원산지증명관련자료요구에 대한 처리)

원산지증명기관은 수입당사자가 수출품원산지증명과 관련한 자료를 요구할 경우 해당 기관의 승인을 받아 그것을 알려줄수 있다.

제20조(감독통제)

수출품원산지증명사업에 대한 감독통제는 원산지증명기관과 해당 감독통제기관이 한다.

원산지증명기관과 해당 감독통제기관은 수출품원산지증명사업을 정상적으로 감독통제하여야 한다.

제21조(원산지증명서의 발급중지, 회수, 벌금부과)

수출품원산지증명과 관련한 거짓자료를 제출하였거나 수출품원산지증명서를 위조하였거나 승인없이 양도하였을 경우에는 수출품원산지증명서의 발급을 중지하거나 발급한 수출품원산지증명서를 회수하거나 벌금을 부과한다.

제22조(행정적 및 형사적 책임)

이 법을 어겨 엄중한 결과를 일으킨 자에게는 정상에 따라 행정적 또는 형사적 책임을 지운다.

제23조(신소와 그 처리)

수출품원산지증명과 관련하여 의견이 있을 경우에는 해당 기관에 신소할 수 있다.

신소를 접수한 기관은 그것을 30일안으로 료해처리하여야 한다.

# 조선민주주의인민공화국 수출입상품검사법

주체85(1996)년 1월 10일 최고인민회의 상설의 결정 제66호로 채택

주체88(1999)년 2월 26일 최고인민회의 상임위원회정령 제483호로 수정보층

주체88(1999)년 8월 19일 최고인민회의 상임위원회 정령 제955호로 수정보충

주체98(2009)년 12월 8일 최고인민회의 상임위원회 정령 제482호로 수정보충

주체100(2011)년 1월 25일 최고인민회의 상임위원회 정령 제1360호로 수정보충

주체102(2013)년 7월 10일 최고인민회의 상임위원회 정령 제3250호로 수정보충

주체102(2013)년 7월 10일 최고인민회의 상임위원회 정령 제3250호로 수정보충

## 제1장 수출입상품검사법의 기본

제1조(수출입상품검사법의 사명)

조선민주주의인민공화국 수출입상품검사법은 수출입상품검사에서 규률과 질서를 세워 수출입상

품의 질과 량을 담보하고 무역거래의 안정성을 보장하는데 이바지 한다.

제2조(수출입상품검사대상)

수출입상품검사는 계약에 따라 다른나라로 내가거나 우리나라에 들여오는 상품, 다른나라로 내가지 않으나 수출상품생산실적으로 평가하는 제품에 대하여 한다. 짐임자 또는 그 대리인의 신청에 따라 중계 및 통과화물에 대한 상품검사도 할 수 있다.

제3조(수출입상품검사의 신청원칙)

수출입상품의 검사신청은 상품을 수출입하는 기관, 기업소, 단체에 있어서 의무적이다. 국가는 수출입상품의 검사신청절차를 바로 정하고 그것을 엄격히 지키도록 한다.

제4조(수출입상품검사의 객관성, 정확성보장원칙)

수출입상품검사는 상품의 질과 수량을 확인하는 중요한 사업이다. 국가는 수출입상품검사에서 객관성과 정확성을 보장하도록 한다.

제5조(수출입상품검사기관)

조선민주주의인민공화국에서 수출입상품검사는 수출입상품검사기관이 한다.

국가는 수출입상품검사기관을 든든히 꾸리고 그 역할을 높이도록 한다.

제6조(수출입 상품검사기준의 준수원칙)

수출입상품검사기준을 준수하는것은 수출입상품검사를 과학적으로 신속정확히 하기 위한 중요요구이다. 국가는 수출입상품검사를 검사기준과 계약문건에 엄격히 준하여 하도록 한다.

제7조(수출입상품검사분야의 교류와 협조)

국가는 수출입상품검사분야에서 세계 여러나라, 국제기구들과의 교류와 협조를 발전시킨다.

## 제2장 수출입상품의 검사신청

제8조(수출입상품검사신청의 기본요구)

수출입상품의 검사신청을 바로하는것은 수출입 상품검사를 정확히 하는데서 나서는 필수적 요구이다. 해당 기관, 기업소, 단체는 수출입상품의 검사신청을 제때에 하여야 한다.

제9조(수출입상품검사신청 당사자)

수출입상품의 검사신청은 다른나라와 계약을 맺은 무역기관이 한다.

수출상품을 생산하거나 수입상품을 받는 기관, 기업소, 단체는 수출입상품검사의뢰를 하여야 한다.

제10조(수출입상품검사신청서의 제기, 검토확인)

해당 기관, 기업소, 단체는 수출입 상품검사신청서를 수출입상품검사기관에 내야 한다. 이 경우 검사신청서에 수출입상품의상품명과 판매자, 구매자, 수량, 품질, 포장조건, 품질보증기간 같은 것을 구체적으로 밝혀야 한다. 수출입상품검사기관은 접수한 수출입상품검사신청서를 정확히 검토확인하여야 한다.

제11조 (수출입상품검사료금)

수출입상품의 검사신청을 하는 기관, 기업소, 단체는 정해진 검사료금을 물어야 한다. 배의 선창을 검사받은 경우에도 정해진 검사료금을 문다. 선창검사는 검사신청을 받은 경우에만 한다.

제12조(다른나라 법인, 공민과 해외동포의 수출입상품검사신청)

다른나라 법인, 공민과 해외조선동포도 필요에 따라 상품검사, 선창검사신청을 할 수 있다.

## 제3장 수출입상품의 검사방법

제13조(수출입상품검사방법의 기본요구)

수출입상품의 검사방법을 개선하는것은 수출입상품검사를 강화할수 있게 하는 중요방도이다. 수출입상품검사기관은 정해진 수출입상품검사방법의 요구를 지켜야 한다.

제14조(수출입상품검사장소)

수출입상품검사는 수출상품을 생산하거나 수입 상품을 공급, 사용하는 기관, 기업소, 단체 또는 수출입상품을 싣거나 부리는 철도역에서 한다. 반드시 검사하여야 할 수출입상품에 대하여서는 무역항, 국경역, 국제항공역, 국경인수도지 점 같은 수출입상품이 통과하는 지점에서도 한다.

제15조(생산단위에서의 수출상품검사)

수출상품을 생산하는 기관, 기업소, 단체에서 수출상품검사는 완제품검사와 출하 검사로 나누어 한다. 이 경우 상품의 질과 수량, 포장상태를 확인한다.

수출입상품검사기관의 검사를 받지 않은 상품은 수출상품생산실적으로 평가하거나 출하할수 없다.

제16조(수입상품의 검사)

수입상품을 공급하거나 사용하는 기관, 기업소, 단체에서 수입상품검사는 상품의 포장상태와 질, 수량을 확인하는 방법으로 한다.

제17조(철도역에서의 수출입상품검사)

수출입상품을 싣거나 부리는 철도역에서 수출입상품검사는 화차의 위생 상태와 봉인상태, 상품의 적재상태, 포장상태, 질파 수량을 확인하는 방법으로 한다.

제18조(무역항에서의 수출입상품검사)

도착검사는 상품의 적재, 포장상태와 질과 수량을, 상선검사는 보관된 수출상품가운데서 보관기일이 지났거나 사고가 있을수 있는 상품의 질과 수량을 확인하는 방법으로 하며 선창검사신청을 받은 경우에는 선창상태를 검사한다. 이 경우 따로 정한 상품은 적재와 포장상태만을 검사한다. 같은 무게로 포장하여 개수화물로 된 수출입상품의 수량확인은 무역품검수기관의 검수결과에 준한다.

제19조(국경역에서의 수출입상품검사)

도착검사는 화차의 봉인상태, 상품의 적재 및 포장상태와 보관기일이 지난 상품과 산적화물의 질, 옮겨싣거나 부리는 포장된 상품의 질과 수량을, 통과검사는 화차의 봉인상태와 외형을 확인하는 방법으로 한다. 산적 화물의 수량확인은 철도운수부문에 조직된 국제련운사무기관의 검량결과에 준한다.

제20조(국제항공역, 국경인수도지점에서의 수출입상품검사)

국제항공역, 국경인수도지점에서 수출입상품검사는 운수수단의 봉인 및 위생상태와 상품의 적재 및 포장상태, 질과 수량을 확인하는 방법으로 한다.

제21조(포장립회)

해당 기관, 기업소, 단체는 검사지점에서 수출상품을 포장하거나 수입상품의 포장을 뜯으려 할 경우 수출입품검사기관의 립회밑에 하여야 한다.

제22조(검사증발급, 대금결제)

수출입품검사기관은 수출입상품검사가 끝나면 해당한 검사증을 발급하여 준다. 검사증이 없는 수출입상품은 대금결제를 할수 없다.

제23조(수입상품의사고감정)

수출입상품검사기관은 수입 상품의 사고에 대하여 감정하고 해당 기관, 기업소, 단체에 감정 증명서를 발급하여야 한다. 감정증명서를 받은 기관, 기업소, 단체는 그에 준하여 해당한 손실을 보상받아야 한다.

제24조(감정한 상품의 처리)

해당 기관, 기업소, 단체는 사고로 감정된 수입 상품을 그대로 보존하고 수출입상품검사기관과 무역기관의 합의를 받아 처리하여야 한다. 계약내용과 맞지 않아 사용할수 없는 수입 상품은 돌려 보낸다.

제25조(기술감정, 실험분석의 의뢰)

수출입상품검사기관은 필요에 따라 수출입상품의 기술감정과 실험 분석을 해당 전문 기관에 의뢰할 수 있다. 기술감정과 실험분석을 의뢰 받은 기관은 그것을 정해진 기일에 보장하여야 한다.

제26조(사고내용, 보상받은 정형의 통지)

무역 기관은 수출한 상품에서 생긴 사고내용과 수입 상품사고로 보상받은 정형을 수출입상품검사기관에 알려야 한다. 수출입상품검사기관은 수출한 상품의 사고원인을 제때에 해명하여야 한다.

제27조(세관과의 관계)

수출입상품검사기관은 수출입상품검사에서 해당 세관과의 련계를 강화하여야 한다. 해당 세관은 수출입상품검사를 받지 않은 상품을 통과시키지 말아야 한다.

## 제4장 수출입상품검사사업에 대한 지도통제

제28조(수출입상품검사사업에 대한 지도통제의 기본요구)

수출입상품검사사업에 대한 지도통제는 수출입상품검사사업을 개선하기 위한 기본담보이다. 국가는 현실발전의 요구에 맞게 수출입상품검사사업에 대한 지도와 통제를 강화하도록 한다.

제29조(수출입상품검사사업에 대한 지도)

수출입상품검사사업에 대한 통일적인 지도는 수출입상품검사지도기관이 한다. 수출입상품검사지도기관은 수출입상품검사사업을 정상적으로 장악하고 지도하여야 한다.

제30조(수출입상품검사조건보장)

해당 기관, 기업소, 단체는 수출입상품검사에 필요한 시간, 장소, 계량수단, 분석용시료 같은 것을 보장하여야 한다.

제31조(수출입상품검사사업에 대한 감독통제)

수출입상품검사사업에 대한 감독통제는 수출입상품검사지도기관과 해당 감독통제기관이 한다. 수출입상품검사지도기관과 해당 감독통제기관은 수출입상품검사정형을 정확히 감독통제 하여야 한다.

제32조(중지, 벌금)

검사를 받지 않은 수출입상품을 수송, 공급, 사용하였을 경우에는 그것을 중지시키거나 벌금을 물릴수 있다.

제33조(행정적 또는 형사적책임)

이 법을 어겨 수출입상품검사에 지장을 주었거나 대외무역에서 신용을 잃었거나 국가에 손해를 준 기관, 기업소, 단체의 책임있는 일군과 개별적 공민에게는 정상에 따라 행정적 또는 형사적책임을 지운다.

# 조선민주주의인민공화국 발명법

주체87(1998)년 5월 13일 최고인민회의 상설회의 결정 제112호로 채택
주체88(1999)년 3월 11일 최고인민회의 상임위원회 정령 제507호로 수정보충
주체100(2011)년 12월 21일 최고인민회의 상임위원회 정령 제2052호로 수정
주체103(2014)년 12월 10일 최고인민회의 상임위원회 정령 제258호로 수정보충

## 제1장 발명법의 기본

제1조 (발명법의 사명)

조선민주주의인민공화국 발명법은 발명권, 특허권등록의 신청과 심의, 발명권, 특허권의 보호에서 제도와 질서를 세워 발명창조를 장려하고 발명의 리용을 촉진함으로써 과학기술과 인민경제의 발전을 다그치는데 이바지한다.

제2조 (발명의 정의)

발명이란 실천에서 제기되는 문제에 대한 새로운 기술적해결안이다.

제3조 (발명권, 특허권등록의 신청원칙)

발명권, 특허권등록의 신청은 발명권, 특허권보호사업의 첫 공정이다. 국가는 발명권, 특허권등록 신청절차를 바로 정하고 그것을 엄격히 지키도록 한다.

제4조 (발명권, 특허권동록의 심의원칙)

발명권, 특허권등록의 심의를 바로하는것은 발명행정기관의 기본임무이다.

국가는 발명권, 특허권등록의 심의에서 과학성과 객관성을 보장하도록 한다.

제5조 (발명권, 특허권의 보호원칙)

발명권, 특허권을 보호하는것은 조선민주주의인민공화국의 일관한 정책이다. 국가는 발명권, 특허권소유자의 권리를 보호하며 그것이 정확히 보장되도록 한다.

제6조 (발명창조사업의 장려 원칙)

국가는 발명창조사업을 적극 장려하며 발명의 창조와 도입에 필요한 투자를 늘여나가도록 한다.

제7조 (발명사업분야의 교류와 협조)

국가는 발명사업분야에서 세계, 여러 나라, 국제기구들과의 교류와 협조를 발전시킨다.

제8조 (발명사업에서 국가의 안전 및 중요리익보장)

국가는 발명사업에서 나라의 안전 및 중요리익을 철저히 보장하도록 한다.

## 제2장 발명권, 특허권등록의 신청

제9조 (발명권, 특허권등록신청문건의 제출)

발명권이나 특허권을 받으려는 기관, 기업소, 단체와 공민(이 아래부터 신청자라고 한다.)은 발명권 또는 특허권등록신청문건을 발명행정기관에 내야 한다. 이 경우 하나의 발명에 대하여 발명권, 특허권, 실용기술발명권, 실용기술특허권가운데서 어느 하나로 신청하여야 한다. 이 법에서 따로 정하지 않은 한 발명권에는 실용기술발명권이, 특허권에는 실용기술특허권이 포함된다. 발명권, 특허권등록신청 문건양식은 발명행정기관이 정한데 따른다.

제10조 (발명권, 특허권등록신청문건의 작성언어)

발명권, 특허권등록신청문건은 조선어로 작성한다. 외국어로 작성하였을 경우에는 조선어번역문을 함께 낸다.

제11조 (발명권등록신청의 당사자)

발명권등록의 신청은 발명을 창조한 공민이 한다.

제12조 (기관, 기업소, 단체의 명의로 할수 있는 특허권등록신청)

직무상 임무수행 과정에 창조하였거나 기관, 기업소, 단체의 물질기술적수단을 리용하여 창조한 발명에 대한 특허권등록신청은 해당 기관, 기업소, 단체의 이름으로 한다.

제13조 (발명가의 명의로 할수 있는 특허권동록신청)

직무와는 관계없이 로동시간외에 자체의 물질기술적수단을 리용하여 창조하였거나 년로보장자, 로동할 나이에 이르지 않은 자가 창조한 발명에 대한 특허권등록신청은 그 발명가가 한다.

제14조 (공동으로 또는 위탁과정에 창조한 발명에 대한 신청)

둘이상의 기관, 기업소, 단체 또는 공민이 공동으로 창조한 발명에 대한 발명권, 특허권등록의 신청은 따로 합의된것이 없는 한 그것을 창조한 기관, 기업소, 단체나 공민들이 공동으로 하며 다른 기관, 기업소, 단체의 위탁을 실행하는 과정에 창조한 발명에 대한 발명권, 특허권등록의 신청은 그것을 창조한 기관, 기업소, 단체 또는 공민이 한다.

**제15조 (특허권등록신청권리의 양도)**

특허권등록신청권리는 기관, 기업소, 단체에 양도할 수 있다.

특허권등록신청권리를 양도받은 기관, 기업소, 단체는 특허권등록을 신청할 경우 양도확인서를 첨부하여야 한다.

**제16조 (대리기관을 통한 발명권, 특허권등록신청)**

신청자는 발명권, 특허권등록의 신청을 발명대리기관에 위탁하여 할 수 있다.

신청을 위탁받은 발명대리기관은 신청내용을 발명행정기관이 공개하기 전에 공개할수 없다.

**제17조 (신청문건의 접수날자)**

발명권, 특허권등록신청문건의 접수날자는 발명행정기관이 해당 신청문건을 접수한 날로 한다.

신청문건을 우편으로 제출하는 경우에는 우편물에 찍힌 발송날자로 한다.

**제18조 (발명으로 될수 없는 대상)**

다음의 대상은 발명으로 인정하지 않는다.

1. 발견, 과학적리론, 수학적방법
2. 미학적창조물
3. 정신활동이나 유희, 경영활동을 위한 규칙과 방법
4. 기술적해결이 없는 콤퓨터프로그람
5. 정보의 표시방법

**제19조 (발명권, 특허권을 받을수 없는 발명)**

조선민족의 고상한 풍속과 사회주의생활양식에 맞지 않거나 사회공동의 리익에 저해를 주는 대상, 식물이나 동물변종 혹은 동식물의 순수 생물학적인 사육 및 재배방법, 사람이나 동물의 수술방법, 치료방법, 사람이나 동물을 대상으로 하는 진단방법과 관련한 발명에 대하여서는 발명권이나 특허권을 받을수 없다.

원자핵변환의 방법으로 얻어진 물질에 대한 발명은 특허권을 받을수 없다.

**제20조 (발명권, 특허권을 받을수 있는 조건)**

발명권, 특허권을 받을수 있는 조건은 다음과 같다.

1. 신규성이 있어야 한다. 신규성이 있다는것은 신청된 발명이 선행기술에 비하여 새롭다는것이다.
2. 발명수준이 있어야 한다. 발명수준이 있다는것은 그 기술에 숙련된 자가 선행기술에 기초하여 발명을 쉽게 예측할수 없다는 것이다.
3. 도입가능성이 있어야 한다. 도입가능성이 있다는 것은 발명을 공업, 농업, 수산업, 림업을비롯한 인민경제의 여러 부문에서 리용할 수 있다는 것이다.

제21조 (실용기술발명권, 실용기술특허권을 받을수 있는 조건)

발명수준은 없어도 신규성이 있고 도입가능성이 있는 발명에 대하여서는 실용기술발명권이나 실용기술특허권을 받을수 있다.

제22조 (례외적인 신규성인정조건)

발명내용이 국가가 인정하는 학술토론회나 전시회에 처음으로 발표 또는 전시되였거나 신청자의 승인없이 제3자에 의하여 공개되였다 하더라도 신청자가 그 날자로부터 6개월안에 발명권이나 특허권등록신청을 하면서 그것을 확인하는 문건을 제출하였을 경우에는 신규성이 있는 것으로 본다.

제23조 (우선권주장)

다른 나라의 신청자가 자기 나라 또는 다른 나라에 첫 특허권등록신청을 한 날자로부터 12개월안에 우리 나라에 같은 발명에 대하여 특허권등록신청을 하는 경우 그 발명에 대한 우선권을 주장할 수 있다. 이 경우 신청한 날자로부터 3개월안에 첫 특허권등록신청 문건사본과 우선권을 주장하는 문건을 제출하여야 한다.

제24조 (하나의 발명에 대하여 하나의 신청을 할데 대한 요구)

발명권, 특허권등록신청은 개개의 발명에 대하여 따로따로 한다. 그러나 둘 또는 그 이상의 발명이 총체적으로 하나의 발명 개념을 이루는 경우에는 하나의 신청 문건으로 제출할 수 있다.

제25조 (신청의 취소 및 변경)

신청자는 발명권 또는 특허권등록심의가 끝나기 전에 자기의 신청을 취소하거나 발명권을 실용기술발명권 또는 그 반대로, 특허권을 실용기술특허권 또는 그 반대로, 특허권을 발명권으로, 실용기술특허권을 실용기술발명권으로 변경해줄 것을 요구할 수 있다. 이 경우 그와 관련한 문건을 제출하여야 한다.

제26조 (신청의 위탁)

우리 나라의 신청자가 다른 나라에 특허권등록을 신청하거나 다른 나라의 신청자가 우리 나라에 특허권등록을 신청하려할 경우에는 발명대리기관에 위탁하여 하여야 한다. 이 경우 우리 나라의 신청자는 사전에 다른 나라에 신청하려는 특허권등록신청문건을 발명행정기관에 내여 심의를 받아야 한다.

제27조 (특허권등록의 수속료금)

특허권등록신청자는 신청, 심의, 등록과 관련한 해당한 료금을 발명행정기관에 내야 한다.

료금을 정하는 사업은 국가가격기관이 한다.

## 제3장 발명권, 특허권등록의 심의

제28조 (발명권, 특허권등록의 심의방법)

발명권, 특허권등록심의는 형식심의, 본질심의의 방법으로 한다.

제29조 (형식심의)

발명권, 특허권등록신청문건을 접수한 발명행정기관은 먼저 신청문건에 대한 형식심의를 하여야 한다.

형식심의는 신청문건을 접수한 차례로 한다.

형식심의에서는 신청문건이 정해진 형식상요구를 갖추었는가를 심의한다.

형식심의에서 통과되면 신청문건의 접수날자를 신청날자로 하고 그 신청문건을 공개한다.

제30조 (결함있는 신청문건의 처리)

발명행정기관은 형식심의과정에 발명권, 특허권등록신청 문건이 정해진 형식상요구를 갖추지 못하였을 경우 그에 대하여 신청자에게 통지하여야 한다.

통지한 날자로부터 신청자가 3개월안에 정당한 리유없이 신청문건을 수정하지 않거나 기타 다른 의견을 제기하지 않으면 발명권 또는 특허권등록신청을 취소한것으로 보고 기각한다.

신청자가 3개월안에 신청문건을 수정하였거나 의견을 제기하면 그것을 심의하고 정해진 요구에 맞을 경우 접수날자를 신청날자로 하면서 해당 신청문건을 공개하며 맞지 않을 경우에는 기각한다.

제31조 (공개한 신청문건에 대한 의견제기)

형식심의를 하고 공개한 발명권 또는 특허권등록신청문건과 관련하여 의견이 있는 기관, 기업소, 단체와 공민은 그에 대한 본질심의가 끝나기 전에 발명행정기관에 의견을 제기할 수 있다.

제32조 (본질심의)

발명행정기관은 정해진데 따라 형식심의를 하고 공개한 발명권 또는 특허권등록 신청문건에 대하여 본질심의를 하여야 한다.

본질심의에서는 신청된 발명이 발명권이나 특허권을 받을수 있는 조건에 맞는가를 심의한다.

본질심의에서 통과되면 신청자에게 발명권 또는 특허권을 줄데 대한 결정을 하고 등록하며 그 내용을 공개한다.

발명권이나 특허권소유자에게는 해당한 증서를 발급한다.

제33조 (심의의견통지서)

발명행정기관은 본질심의과정에 신청된 발명이 발명권이나 특히권을 받을수 있는 조건에 맞지 않는다고 인정될 경우 신청자에게 심의의견통지서를 보내야 한다.

통지서를 보낸 날자로부터 신청자가 3개월안에 정당한 리유없이 회답을 보내오지 않으면 그 의견을 인정한것으로 본다.

제34조 (같은 날자에 신청된 같은 발명에 대한 처리)

발명행정기관은 같은 날자에 신청된 둘이상의 발명이 본질상 같은것이라고 인정될 경우 그에 대하여 당사자들에게 통지하여야 한다. 이 경우 당사자들은 서로 합의하여 어느 한 당사자가 신청자로 나서거나 공동신청자로 나설수 있다.

합의하지 못하였을 경우에는 누구도 발명권이나 특허권을 받을수 없다.

제35조 (심의도중 신청문건의 수정)

신청자는 자기의 발명권, 특허권등록신청문건에 대한 본질심의도중에 그것을 수정할 수 있다. 이 경우 처음의 설명서와 주장범위에서 공개한 내용을 벗어나지 말아야 한다.

제36조 (발명권, 특허권등록의 부결)

발명행정기관은 본질심의에서 신청된 발명에 대한 발명권 또는 특허권등록을 부결하는 경우 신청자에게 부결리유를 밝힌 통지서를 보내야 한다.

제37조 (재심의)

발명권 또는 특허권등록의 부결결정에 의견이 있는 신청자는 발명행정기관에 부결통지서를 발급한 날부터 3개월안에 재심의를 요구할 수 있다. 발명행정기관은 재심의요구를 접수하였을 경우 제때에 심의하고 그 결과를 신청자에게 알려 주어야 한다.

제38조 (발명권 및 특허권등록을 무효로 할데 대한 제기)

발명권 또는 특허권등록에 의견이 있는 기관, 기업소, 단체나 공민은 발명행정기관에 그것을 무효로 해줄데 대한 제기를 할 수 있다. 이 경우 발명행정기관은 그것을 제때에 심의하고 그 결과를 제기자와 해당 발명권 또는 특허권소유자에게 알려주어야 한다.

발명권 및 특허권등록을 무효로 결정하였을 경우에는 그것이 처음부터 존재하지 않은 것으로 한다.

## 제4장 발명권, 특허권의 보호

제39조 (발명권 또는 특허권의 보호대상)

발명권 또는 특허권의 보호대상은 신청자의 발명주장범위에 따라 결정된다. 설명서와 그림은 주장범위를 해석하는데 리용할 수 있다.

제40조 (발명권을 받은 기술의 리용)

발명권을 받은 기술의 리용은 기관, 기업소, 단체가 한다.

제41조 (특허권자의 권리)

특허권을 받은 기술의 리용은 그 소유자가 한다.

특허권자의 승인없이 누구도 특허권을 받은 기술을 리용하는 행위를 할수 없다.

제42조 (특허권의 보호기간)

특허권의 보호기간은 특허권등록신청날자로부터 15년이다. 특허권자의 요구에 따라 그 기간을 5년간 연장하여줄수 있다.

실용기술특허권의 보호기간은 실용기술특허권등록신청날자로부터 10년이다.

제43조 (특허권보호료금의 지불)

특허권자는 특허권을 받은 해부터 발명행정기관에 정해진 보호료금을 내야 한다. 보호료금은 특허권등록신청날자부터 계산한다.

제44조 (기관, 기업소, 단체의 명의로 특허권을 받은 경우의 보상)

직무상 임무수행과정에 또는 기관, 기업소, 단체의 물질기술적수단을 리용하여 창조한 발명에 대하여 특허권을 받은 기관, 기업소, 단체는 그 발명가에게 해당한 보상을 하여야 한다.

제45조 (특허권의 이전)

특허권자는 수요자와 계약을 맺고 자기의 특허기술에 대한 리용을 허가하거나 권리를 양도할 수 있다. 이 경우 해당계약은 발명행정기관에 등록하여야 효력을 가진다.

특허기술의 리용허가를 받은 기관, 기업소, 단체는 특허권자의 승인없이 제3자에게 그 기술의 리용을 허가할수 없다.

제46조 (공민의 특허권행사방법)

공민의 특허권행사는 해당 기관, 기업소, 단체에 자기의 특허기술을 리용하도록 허가하거나 권리를 양도하는 방법으로 한다.

제47조 (공동으로 받은 특허권의 행사방법)

공동으로 특허권을 받은 기술은 그 특허권의 공동소유자들이 리용한다.

공동으로 받은 특허권을 제3자에게 양도하거나 특허기술의 리용허가를 하려할 경우에는 서 로 합의하여야 한다.

제48조 (특허기술의 강제리용허가)

발명행정기관은 특허권자가 특허권을 받은 날자로부터 3년이 지나도록 정당한 리유없이 자기의 특허기술을 리용하지 않거나 사회적리익을 위하여 긴급히 필요한 경우 해당 기관, 기업소, 단체에 특허권자의 승인없이 그 특허기술의 리용을 강제허가해줄수 있다. 이 경우 특허권자에게 그에 대하여 통지하며 공개하여야 한다.

강제리용허가는 그 리유가 없어졌다고 인정될 경우 해제한다.

제49조 (강제리용허가를 받은 경우 료금지불)

발명행정 기관으로부터 특허권자의 승인없이 특허기술의 리용허가를 받은 기관, 기업소, 단체는 특허권자에게 해당한 료금을 물어야 한다.

료금은 당사자들이 합의하여 정한다. 합의하지 못할 경우에는 발명행정기관이 정해줄수 있다.

제50조 (특허기술의 교차리용허가)

자기의 특허기술에 앞선 다른 특허기술을 함께 리용하려는 특허권자는 다른 특허기술의 소유자가 그 리용을 허가해주지 않을 경우 발명행정기관에 신청할 수 있다.

신청을 받은 발명행정기관은 그것이 정당하다고 인정될 경우 강제리용허가를 해주거나 다른 특허권자의 요청에 따라 교차리용허가를 해줄수 있다.

제51조 (특허권의 소멸)

다음의 경우 특허권의 효력은 보호기간에 관계없이 소멸된다.

1. 특허권소유자가 서면으로 특허권을 포기한다고 선언하였을 경우
2. 특허권보호료금을 정해진대로 물지 않았을 경우
3. 발명행정기관이 특허권의 효력을 없앨데 대한 결정을 하였을 경우
4. 특허권을 넘겨받을 권한있는 기관, 기업소, 단체나 상속자가 없을 경우

제52조 (효력이 소멸된 특허권의 등록 및 공개)

발명행정기관은 보호기간안에 특허권의 효력이 소멸되는 경우 그것을 등록하고 공개하여야 한다.

제53조 (특허권과 관련한 분쟁의 처리)

특허권과 관련하여 발생한 분쟁은 당사자들사이에 협의의 방법으로 해결한다.

협의의 방법으로 해결할수 없을 경우에는 발명행정기관에 제기하여 해결할 수 있다.

제54조 (특허분쟁처리를 위한 조사)

발명행정기관은 특허권과 관련하여 발생한 분쟁해결을 위하여 해당한 조사를 할 수 있다.

해당 기관, 기업소, 단체와 공민은 발명행정기관이 분쟁해결을 위하여 진행하는 조사에 적극 협력하여야 한다.

제55조 (특허권침해행위의 중지요구)

발명행정기관은 특허권과 관련하여 발생한 분쟁을 해결하는 과정에 제기된 내용이 특허권침해행위로 판단되는 경우 해당 당사자에게 그것을 중지할것을 요구할 수 있다.

특허권침해행위를 한 당사자가 중지요구를 받은 때부터 30일안으로 그 행위를 중지하지 않을 경우에는 해당 법기관에 특허권침해행위를 중지시켜줄데 대한 제기를 할 수 있다.

해당 법기관은 발명행정기관이 한 제기가 정당하다고 인정될 경우 즉시 해당한 조치를 취하여야 한다.

제56조 (특허권침해행위에 대한 손해보상)

특허권을 침해하였을 경우에는 해당한 손해를 보상한다.

특허권을 침해한 당사자가 손해보상을 하지 않을 경우 특허권자는 발명행정기관에 제기하여 해결받을수 있다.

제57조 (특허권등록심의기간의 특허기술리용료금)

특허권등록신청문건이 공개된 때부터 특허권으로 등록되기 전까지의 기간에 제3자가 그 기술을 리용하였을 경우 신청자는 그 기술이 특허권으로 등록된 다음 그에게 해당한 료금을 지불할것을 요구할 수 있다.

제58조 (특허권침해로 되지 않는 경우)

다음의 경우에는 특허권의 침해로 되지 않는다.

1. 특허권을 받은 제품 또는 특허기술로 얻은 제품을 특허권자 또는 특허기술리용허가를 받은 자가 판매한 후 제3자가 그 제품을 리용, 판매, 수입하는 경우
2. 특허권등록을 신청하기 전에 그 기술을 리용하고있었거나 리용하려고 필요한 준비를 갖춘 제3자가 그 범위에서만 해당 기술을 리용하는 경우
3. 특허기술을 우리 나라에 일시적으로 머무르고있는 다른 나라 운수수단의 수리정비에 리용하는 경우
4. 특허기술을 과학연구와 실험에 리용하는 경우
5. 특허기술을 의사의 처방에 따라 개별적인 환자치료에 필요한 의약품제조에만 리용하는 경우

## 제5장 발명사업에 대한 지도통제

제59조 (발명사업에 대한 지도)

발명사업에 대한 지도는 내각의 통일적인 지도밑에 발명행정기관이 한다.

발명행정 기관은 발명권, 특허권등록의 신청과 심의, 발명권, 특허권보호사업에 대한 장악과 지도를 강화하여야 한다.

### 제60조 (발명대리기관의 조직운영)

해당 기관, 기업소, 단체는 국가의 승인을 받아 발명대리기관을 내오고 운영할 수 있다.

발명대리기관은 발명권, 특허권등록의 신청과 심의, 발명권, 특허권보호와 관련한 대리사업을 할 수 있다.

발명대리기관은 발명행정기관이 공개하지 않은 발명권, 특허권등록신청내용을 공개하는것 같은 행위를 할수 없다.

### 제61조 (발명가, 도입자에 대한 우대와 평가)

국가는 발명기술, 특허기술을 생산과 건설에 도입하여 인민경제 발전에 이바지한 발명가와 도입자를 사회적으로 우대하며 평가하도록 한다.

### 제62조 (발명사업에 대한 감독통제)

발명사업에 대한 감독통제는 발명행정기관과 해당 감독통제기관이 한다.

발명행정기관과 해당 감독통제기관은 발명권, 특허권등록의 신청과 심의, 발명권, 특허권보호질서를 어기는 현상이 나타나지 않도록 엄격히 감독통제하여야 한다.

### 제63조 (행정적책임)

다음의 경우에는 기관, 기업소, 단체의 책임있는 일군과 개별적공민에게 정상에 따라 해당한 행정처벌을 준다.

1. 발명행정기관의 심의를 받지 않거나 발명대리기관을 거치지 않고 다른 나라에 특허권등록을 직접 신청하였을 경우
2. 발명행정기관이 공개하지 않은 발명권, 특허권등록신청내용을 공개하였을 경우
3. 형식심의에서 통과된 발명권, 특허권등록신청문건을 공개하지 않았을 경우
4. 본질심의과정에 신청자의 의견을 받는 절차를 거치지 않고 발명권, 특허권등록을 부결하였을 경우
5. 발명권이나 특허권을 받을수 있는 조건에 맞지 않는 발명에 대하여 발명권이나 특허권을 주었을 경우
6. 발명권 특허권등록과 관련한 재심의요구를 접수하고 제때에 심의하지 않았을 경우
7. 발명권 및 특허권의무효요구를 접수하고 심의를 제때에 하지 않았을 경우
8. 발명권, 특허권자의 권리를 침해하였을 경우
9. 특허기술을 리용하고 발명가에게 해당한 보상을 하지 않았을 경우

### 제64조 (형사적책임)

이 법 제63조의 행위가 범죄에 이를 경우에는 기관, 기업소, 단체의 책임있는 일군과 개별적 공민에게 형법의 해당 조문에 따라 형사적책임을 지운다.

# 조선민주주의인민공화국 저작권법

2001년 3월 21일 최고인민회의 상임위원회 정령 제 2141호로 채택
2006년 2월 1일 최고인민회의 상임위원회 정령 제 1532호로 채택
주체101(2012)년 11월 13일 최고인민회의 상임위원회 정령 제2803호로 수정보충

## 제1장 저작권법의 기본

제1조(저작권법의 사명)

조선민주주의인민공화국 저작권법은 저작물의 리용에서 제도와 질서를 엄격히 세워 저작자의 권리를 보호하고 문학예술과 과학기술발전에 이바지한다.

제2조(저작권의 보호의 원칙)

저작권법을 보호하는 것은 조선민주주의인민공화국의 일관한 정책이다. 국가는 창작자의 저작활동을 보장하고 저작권자의 권리를 보호하도록 한다.

제3조(저작물의 리용원칙)

저작물의 리용을 바로 하는 것은 문학예술과 과학기술 발전의 중요조건이다. 국가는 저작물의 리용 절차와 방법을 바로 정하고 그것을 엄격히 지키도록 한다.

제4조(저작린접권의 보호원칙)

국가는 저작물을 리용하여 공연, 록음, 록화, 방송을 한자의 권리를 보호하도록 한다.

제5조(외국인이 저작권보호)

우리나라가 체결한 조약에 가입한 다른 나라의 법인 또는 개인의 저작권은 그 조약에 따라 보호한다. 그러나 체약국이 아닌 다른 나라의 법인 또는 개인이 우리나라에서 처음으로 저작물을 발표하였을 경우에는 이 법에 따라 보호한다.

제6조(저작권보호의 제외대상)

출판, 발행, 공연, 방송, 상영, 전시 같은 것이 금지된 저작물에 대한 저작권은 보호하지 않는다.

제7조(저작권분야의 교류와 협조)

국가는 저작권 분야에서 다른 나라, 국제기구들과의 교류와 협조를 발전시킨다.

## 제2장 저작권의 대상

제8조(저작권대상선정의 기본요구)

저작권의 대상을 바로 정하는 것은 저작권 보호의 선결조건이다. 해당기관은 과학성, 객관성, 현실성의 원칙에서 저작권 대상을 정하여야 한다.

제9조(저작권의 대상)

저작권의 대상으로 되는 저작물은 다음과 같다.

1. 과학론문, 소설, 시 같은 저작물
2. 음악저작물
3. 가극, 연극, 교예, 무용 같은 무대예술저작물
4. 영화, 텔레비죤편집물 같은 영상저작물
5. 회화, 조각, 공예, 서예, 도안 같은 미술저작물
6. 사진저작물
7. 지도, 도표, 도면, 략도, 모형 같은 도형저작물
8. 콤퓨터프로그람저작물

### 제10조(저작린접권의 대상)

원저작물을 편작, 편곡, 각색, 윤색, 번안, 번역 같은 방법으로 개작하여 만든 저작물은 독자적인 저작물로서 저작권의 대상으로 된다. 민족고전작품을 현대말로 고쳐 만든 저작물도 저작권의 대상으로 된다.

### 제11조(편집저작물의 대상)

사전이나 선집 같은 편집저작물은 저작권의 대상으로 된다. 이 경우 편집저작물은 소재의 선택이나 배렬에서 창조성이 있어야 한다.

### 제12조(저작권의 제외대상)

국가관리문건과 시사보도물, 통보자료 같은 것은 상업적목적이 없는 한 저작권의 대상으로 되지 않는다.

## 제3장 저작권자

### 제13조(저작권자의 권리)

저작권자는 문학예술과 과학기술분야의 저작물을 창작한 자 또는 그의 권리를 넘겨받은 자이다. 저작권자는 저작물에 대한 인격적 권리와 재산적 권리를 가진다.

### 제14조(저작권자의 인격적권리)

저작권자의 인격적 권리는 다음과 같다.

1. 저작물의 발표를 결정할 권리
2. 저작물에 이름을 밝힐 권리
3. 저작물의 제목, 내용, 형식 같은 것을 고치지 못하도록 할 권리

### 제15조(저작권자의 재산적권리)

저작권자의 재산적 권리는 다음과 같다.

1. 저작물을 복제, 공연, 방송할 권리
2. 저작물의 원작이나 복제물을 전시 또는 배포할 권리
3. 저작물을 편작, 편곡, 각색, 윤색, 번안, 번역 같은 방법으로 개작하여 새로운 저작물을 만들 권리

4. 저작물을 편집할 권리

제16조(저작권의 소유)

개인의 이름으로 창작된 저작물에 대한 저작권은 그것을 창작한 자가 가진다. 기관, 기업소, 단체의 이름으로 창작된 저작물에 대하여 서는 그 기관, 기업소, 단체가 저작권을 가진다.

제17조(공동소유의 저작권)

두명이상이 함께 창작한 저작물에 대한 저작권은 그것을 창작한 자들이 공동으로 가진다. 공동저작권은 저작권자들의 합의에 의하여 행사된다. 이 경우 대표를 선출하여 권리를 행사할 수도 있다.

제18조(영상저작물저작권의 소유)

영상저작물에 대한 저작권은 그것을 제작한 자가 가진다. 영상저작물의 제작에 리용된 소설, 대본, 음악, 미술저작물 같은것에 대한 저작권은 독립적으로 행사할 수 있다.

제19조(원저작권자의 권리보호)

저작물을 개작, 편집한 자는 저작권 행사에서 원저작권자의 권리를 침해하지 말아야 한다.

제20조(저작권자의 인격적권리보호)

저작권자의 인격적 권리는 저작물을 창작한 자만이 가진다. 인격적권리는 양도, 상속할 수 없으며 무기한 보호된다.

제21조(저작권자의 재산적권리양도)

저작권자의 재산적 권리는 전부 또는 일부를 양도하거나 상속할 수 있다. 재산적권리를 다른 나라 법인이나 개인에게 양도하려 할 경우에는 해당 기관의 승인을 받는다.

제22조(법인의 저작물에 대한 재산적권리승계)

저작물에 대한 재산적 권리를 가진 기관, 기업소, 단체가 해산될 경우 그 권리는 계승하는 기관, 기업소, 단체가 가진다.

제23조(저작물의 재산적권리보호기간)

저작물에 대한 재산적 권리는 저작물이 발표된 때부터 그것을 창작한 자가 사망한 후 50년까지 보호한다. 공동저작물에 대한 재산적 권리는 저작물이 발표된 때부터 마지막으로 남은 창작자가 사망한후 50년까지 보호한다.

제24조(법인의 저작물에 대한 재산적권리보호기간)

기관, 기업소, 단체의 이름으로 창작된 저작물이나 영상저작물에 대한 재산적 권리는 저작물이 발표된 때부터 50년까지 보호한다.

제25조(저작권보호기간의 계산)

저작권의 보호기간은 저작물이 발표되었거나 창작자가 사망한 다음해 1월 1일부터 계산한다.

## 제4장 저작물의 리용

제26조(저작물리용의 기본요구)

저작물의 리용은 복제, 공연, 방송, 전시, 배포, 개작, 편집 같은 방법으로 저작물을 보급하는 중요한 사업이다. 기관, 기업소, 단체와 공민은 정해진 절차와 방법의 요구대로 저작물을 리용하여야 한다.

**제27조(저작물의 리용, 허가)**

저작물의 리용은 저작권자가 한다. 저작권자의 허가를 받아 기관, 기업소, 단체와 공민도 저작물을 리용할 수 있다. 저작권자를 찾을 수 없는 경우에는 해당기관의 승인을 받아 저작물을 리용할 수 있다.

**제28조(저작물의 우선적리용조건)**

기관, 기업소, 단체에 소속된 공민이 직무수행으로 창작한 저작물은 그 기관, 기업소, 단체가 우선적으로 리용할 수 있다.

**제29조(저작물의 리용범위, 저작물리용권의 양도)**

기관, 기업소, 단체와 공민은 허가 또는 승인받은 범위에서 저작물을 리용하여야 한다.

저작물의 리용을 허가 또는 승인받은 기관, 기업소, 단체와 공민은 그 리용권을 제3자에게 양도할 수 있다. 이 경우 저작물의 리용을 허가한 저작권자나 승인한 기관의 합의를 받아야 한다.

**제30조 (저작물의 출처명시)**

기관, 기업소, 단체와 공민은 저작물창작에 이미 나간 사진이나 글 같은 저작물을 리용할 경우 그 출처를 밝혀야 한다.

이미 나간 저작물의 출처를 밝히지 않은 저작물은 발표할수 없다.

부득이한 사유로 저작물의 출처를 밝힐수 없을 경우에는 저작권자의 허가 또는 해당 기관의 승인을 받아야 한다.

**제31조(저작물의 리용료금)**

저작물을 리용하는 기관, 기업소, 단체와 공민은 저작권자에게 해당한 료금을 지불하여야 한다. 료금을 정하는 사업은 가격제정기관이 한다.

**제32조(저작물의 무허가리용)**

저작권자의 허가를 받지 않고 저작물을 리용하는 경우는 다음과 같다.

1. 개인 또는 가정적 범위에서 쓰기 위하여 저작물을 복제, 번역할 경우
2. 도서관, 문헌고, 박물관, 기념관 같은 곳에서 저작물을 보존, 진열, 열람, 대출용으로 복제할 경우
3. 학교 교육을 위하여 저작물을 복제, 방송, 개작할 경우
4. 국가관리에 필요한 저작물을 복제, 방송하거나, 편집물 작성에 리용할 경우
5. 저작물을 소개하기 위하여 방송하거나 신문, 정기간행물에 내는 경우
6. 저작물을 인용할 경우
7. 저작물을 무료로 공연할 경우
8. 공공장소에 설치된 저작물을 복제할 경우
9. 맹인을 위하여 저작물을 록음하거나 점자로 복제할 경우

## 제5장 저작린접권자

제33조(저작린접권자의 의무)

저작린접권자는 저작물을 리용하여 공연, 록음, 록화, 방송을 한 자 또는 그의 권리를 넘겨받은 자이다. 공연, 록음, 록화, 방송을 한 자는 리용한 저작물에 대한 저작권자의 권리를 침해하지 말아야 한다.

제34조(저작린접권자의 공연권리)

저작물을 리용하여 공연한 자는 이름을 밝히거나 공연을 복제, 방송할 수 있다. 필요에 따라 복제물을 배포할 수도 있다.

제35조(저작린접권자의의 록음, 록화물제작권리)

저작물을 리용하여 록음 또는 록화물을 제작한 자는 그것을 복제할 수 있다. 필요에 따라 록음 또는 록화물, 복제물을 배포할 수도 있다.

제36조(저작린접권자의 방송권리)

저작물을 리용하여 방송한 자는 그 방송물을 록음, 록화, 사진촬영 같은 방법으로 복제할 수 있다. 필요에 따라 중계방송 또는 재방송을 할 수도 있다.

제37조(저작린접권자의 사용)

공연물, 록음 또는 록화물, 방송물을 리용하려는 기관, 기업소, 단체와 공민은 저작린접권자의 허가를 받아야 한다. 이 경우 해당한 료금을 지불하여야 한다.

제38조(저작린접권자의 보호기간)

저작린접권자 보호기간은 공연, 록음, 록화, 방송을 한때부터 50년까지이다. 보호기간의 계산은 공연, 록음, 록화, 방송을 한 다음해 1월 1일부터 한다.

제39조(저작린접권자의 양도, 상속)

저작린접권은 양도 또는 상속할 수 있다. 제40조(저작린접물이 무허가리용) 공연물, 록음 또는 록화물, 방송물은 제32조에서 정한 경우들에 한하여 저작린접권자의 허가를 받지 않고 리용할 수 있다.

## 제6장 저작권사업에 대한 지도통제

제41조(저작권사업에 대한 지도통제의 기본요구)

저작권사업에 대한 지도통제를 강화하는 것은 국가의 저작권 보호정책을 정확히 집행하기 위한 기본담보이다. 국가는 저작권사업에 대한 지도와 통제를 강화하도록 한다.

제42조(저작권사업의 지도)

저작권사업에 대한 지도는 내각의 통일적인 지도밑에 출판지도기관과 문화지도기관, 과학기술지도기관이 한다. 출판지도기관과 문화지도기관, 과학기술지도기관은 저작권사업체계를 바로 세우고 저작권자와 저작린접권자의 권리를 보호하여야 한다.

제43조(저작권사업의 대리기관조직)

출판지도기관과 문화지도기관, 과학기술지도기관은 저작권사업에 필요한 대리기관을 둘 수 있다.

이 경우 내각의 승인을 받는다.

제44조(저작물의 모방, 표절의 금지)

기관, 기업소, 단체와 공민은 발표하기위하여 제출된 남의 저작물을 모방하거나 표절하는 것 같은 행위를 하지 말아야한다.

제45조(저작권사업에 대한 감독통제)

저작권사업에 대한 감독통제는 출판지도 기관과 문화지도기관, 과학기술지도기관과 해당 감독통제기관이 한다. 출판지도기관, 문화지도기관, 과학기술지도기관과 해당 감독통제기관은 저작권 및 저작린접권을 침해하는 현상이 나타나지 않도록 엄격히 감독통제하여야 한다.

제46조(손해보상)

저작권 또는 저작린접권을 침해할 경우에는 해당한 손해를 보상시킨다.

제47조(행정적 또는 형사적책임)

이 법을 어겨 저작권사업에 엄중한 결과를 일으킨 기관, 기업소, 단체의 책임있는 일군과 개별적 공민에게는 정상에 따라 행정적 또는 형사적 책임을 지운다.

제48조(분쟁해결)

저작권과 관련하여 생긴 분쟁은 협의의 방법으로 해결한다. 협의의 방법으로 해결할 수 없을 경우에는 중재 또는 재판기관에 제기하여 해결 할 수 있다.

# 조선민주주의인민공화국 상표법

주체87(1998)년 1월 14일 최고인민회의 상설회의 결정 제106호로 채택
주체88(1999)년 2월 26일 최고인민회의 상임위원회 정령 제483호로 수정보충
주체94(2005)년 8월 2일 최고인민회의 상임위원회 정령 제1235호로 수정보충
주체97(2008)년 3월 11일 최고인민회의 상임위원회 정령 제2614호로 수정보충
주체100(2011)년 6월 13일 최고인민회의 상임위원회 정령 제1703호로 수정보충
주체100(2011)년 12월 21일 최고인민회의 상임위원회 정령 제2052호로 수정보충
주체101(2012)년 11월 13일 최고인민회의 상임위원회 정령 제2803호로 수정보충

## 제1장 상표법의 기본

제1조(상표법의 사명)

조선민주주의인민공화국 상표법은 상표등록의 신청과 심의, 상표권의 보호에서 제도와 질서를 엄격히 세워 기관, 기업소, 단체와 공민의 리익을 보호하는데 이바지 한다.

제2조(상표의 정의, 상표도안창작에서 지켜야 할 요구)

상표는 서로 다른 생산자 또는 봉사자의 같은 제금이나 봉사를 구별하기 위하여 글자, 그림, 수자, 기호, 색갈, 3차원적인 형태 또는 그것들의 결합체로 밝히는 표식이다.

상표에는 제품상표, 봉사상표, 집단상표, 증명상표, 담보상표 같은것이 속한다.

국가는 상표도안창작에서 다음과 같은 요구를 지키도록 한다.

1. 상표도안을 보기가 좋으면서도 의미가 두렷하고 특성이 살아나게 형상하여야 한다.
2. 상표도안을 인위적으로 과장하지 말고 문화적으로 볼맛이 있게 형상하여야 한다.
3. 필요한 경우 만화적으로 생동하면서도 실감이 나게 형상하여 사람들의 눈길을 끌고 제품에 대한 호기심을 가지게 하여야 한다.
4. 너무 원색만 써서 천한감이 나게 하지 말고 상표의 특성에 맞게 색을 조화롭게 잘써야 한다.
5. 규격을 비롯하여 세계적으로 공통된 내용들과 표기방법을 정확히 지켜야 한다.

제3조(상표등록의 신청원칙)

상표등록의 신청은 상표사업의 첫공정이다. 국가는 상표등록의 신청절차를 바로 정하고 그것을 정확히 지키도록 한다.

제4조(상표등록의 심의원칙)

상표등록의 심의를 바로하는것은 상표등록기관의 기본임무이다. 국가는 상표등록기관의 책임성과 역할을 높여 상표심의에서 객관성과 공정성을 보장하도록 한다.

제5조(상표권의 보호원칙)

상표권의 보호는 조선민주주의인민공화국의 일관한 정책이다. 국가는 기관, 기업소, 단체와 공민이 소유한 상표권을 법적으로 보호하며 이름난 상표를 고착시키도록 한다.

제6조(상표사업의 현대화, 과학화원칙)

국가는 인민경제가 발전하고 상품생산과 봉사업종이 늘어나는데 맞게 상표의 조형화, 예술화를 실현하며 상표사업을 현대화, 과학화하도록 한다.

제7조(상표분야의 교류와 협조)

국가는 상표분야에서 국제기구, 다른 나라들과의 교류와 협조를 발전시킨다.

## 제2장 상표등록의 신청

제8조(상표등록신청문건의 제출)

상표등록의 신청을 바로하는것은 상표심의사업을 개선하기 위한 중요조건이다. 상표등록을 신청하려는 기관, 기업소, 단체와 공민은 상표등록신청문건을 만들어 상표등록기관에 내야 한다.

제9조(상표등록신청문건의 기재사항과 첨부문건)

상표등록신청문건에는 신청자의 이름, 주소, 상품 및 봉사분류 같은 것을 정확히 밝히며 상표견본, 영업허가와 관련한 공증문건을 첨부한다.

제10조(상표등록신청문건의 제출방법)

상표등록신청문건은 해당 기관, 기업소, 단체와 공민이 상표등록기관에 직접 내거나 우편으로 낸다.

제11조(외국인의 상표등록신청문건제출)

우리 나라에 상표를 등록하려는 다른 나라의 기관, 기업소, 단체와 공민은 대리기관을 통하여 조선말로 된 상표등록신청문건을 상표등록기관에 내야 한다. 이 경우 대리기관은 대리위임장을 내야 한다.

제12조(외국에 하는 상표등록의 신청)

기관, 기업소, 단체와 공민은 상표등록기관에 등록한 상표를 해당 국제기구 또는 대리기관을 통하여 다른 나라에 등록할 수 있다. 이 경우 상표등록기관의 승인을 받아야 한다.

제13조(상표등록신청문건접수정형의 통지)

상표등록신청문건을 접수한 상표등록기관은 해당 기관, 기업소, 단체와 공민에게 상표등록신청문건의 접수정형을 알려주어야 한다.

제14조(상표등록신청문건의 결함퇴치)

결함이 있는 상표등록신청문건을 접수한 상표등록기관은 그것을 돌려보내거나 3개월안에 결함을 고치게 하여야 한다. 부득이한 사유로 3개월안에 결함을 고치지 못하였을 경우에는 그 기간을 2개월간 연장하여줄수 있다.

제15조(상표등록의 신청날자)

상표등록의 신청날자는 상표등록기관이 상표등록신청문건을 접수한 날로 한다. 결함이 있는 상표등록신청문건을 고쳤을 경우에도 상표등록의 신청날자는 상표등록기관이 상표등록신청문건을 처음 접수한 날로 한다.

제16조(상표등록신청의 우선권)

기관, 기업소, 단체와 공민은 전람회, 전시회에 상표를 출품하였을 경우 해당 상표의 등록신청에서 우선권을 가진다. 우선권을 요구하는 문건은 전람회, 전시회에 상표가 출품된 날부터 3개월안에 상표등록기관에 내야 한다.

제17조(외국 법인, 공민의 상표등록신청에 대한 우선권의 효력)

다른 나라의 기관, 기업소, 단체와 공민이 자기 나라에서 받은 상표의 등록신청에 대한 우선권은 그것을 받은 날부터 6개월안에 우리나라 상표등록 기관에 해당 문건을 내야 효력을 가진다.

제18조(상표등록의 재신청)

상표등록이 취소되였거나 보호기간이 지난 상표에 대하여서는 등록신청을 다시 할 수 있다.

## 제3장 상표등록의 심의

제19조(상표등록의 심의기간)

상표등록의 심의는 상표등록신청문건을 검토하고 처리하는 중요한 사업이다. 상표등록기관은 상표등록신청문건을 접수한 날부터 6개월안에 심의하여야 한다.

제20조(상표등록심의자료)

상표등록기관은 상표등록의 심의에 필요한 자료를 상표등록을 신청한 기관, 기업소, 단체와 공민에게 요구할 수 있다. 상표등록을 신청한 기관, 기업소, 단체와 공민은 상표등록기관이 요구하는 자료를 제때에 보장하여야 한다.

제21조(상표로 등록할수 없는 표식, 표기)

다음에 해당하는 표식, 표기는 상표로 등록할수 없다.

1. 이미 등록된 상표와 같거나 류사한 표식
2. 국호나 그 략자로 만들었거나 국장, 국기, 훈장, 메달과 같거나 류사한 모양으로 만든 표식
3. 우리 나라의 법과 공중도덕, 미풍량속에 맞지 않는 표식
4. 상품 또는 봉사에 대한 허위적내용을 담은 표식
5. 상품이름, 조성, 특성 같은것만의 표기
6. 검사표식이나 단순한 수자, 기하학적표식
7. 전람회, 전시회에 출품되였던 상표와 같거나 류사한 표식
8. 우리나라가 가입한 국제기구의 표식으로 되였거나 국제법과 국제관례에 어긋나는 표식
9. 널리 알려진 상표, 유명한 상표와 같거나 류사한 표식
10. 우리나라를 비우호적으로 대하는 나라나 지역에서 등록을 신청한 표식 또는 표기

제22조(상표등록의 심의)

상표등록기관은 등록신청을 받은 상표를 심의하고 등록 또는 부결하는 결정을 하여야 한다. 상표등록의 심의결과는 상표등록을 신청한 기관, 기업소, 단체와 공민에게 알려준다.

제23조(상표등록증의 발급, 재발급과 상표공개)

등록이 결정된 상표는 국가상표등록부에 등록하며 상표등록을 신청한 기관, 기업소, 단체와 공민에게는 상표등록증을 발급하여준다. 상표등록증을 분실하였거나 오손시켰을 경우에는 다시 발급받는다. 등록한 상표는 상표공보를 통하여 공개한다.

제24조(상표에 대한 의견제기)

등록하려는 상표에 대하여 의견이 있는 기관, 기업소, 단체와 공민은 상표등록을 신청한 날부터 1년안에 상표등록기관에 의견을 제기할 수 있다. 상표등록기관은 제기된 의견을 심의하고 그 결과를 의견을 제기하였거나 상표를 신청하였거나 상표를 등록받은 기관, 기업소, 단체와 공민에게 서면으로 알려주어야 한다.

제25조(등록이 부결된 상표에 대한 재심의제기)

상표등록을 신청한 기관, 기업소, 단체와 공민은 상표등록의 부결통지를 받은 날부터 6개월안에 다시 심의하여줄데 대한 의견을 제기할 수 있다. 상표등록기관은 제기된 의견을 심의하고 그 결과를 해당 기관, 기업소, 단체와 공민에게 알려주어야 한다. 상표등록기관의 재심의결정은 그것이 공개된 날부터 2개월안에 다른 의견이 제기되지 않았을 경우 확정된다.

제26조(재심의결정에 대한 의견제기)

상표등록의 재심의결정에 대하여 의견이 있는 기관, 기업소, 단체와 공민은 재심의결과를 통지받은 날부터 2개월안에 국가상표심의위원회에 제기할 수 있다. 비상설상표심의위원회는 제기된 의견을 심의하고 그 결과를 상표등록기관과 의견을 제기한 기관, 기업소, 단체와 공민에게 알려주어야 한다.

## 제4장 상표권의 보호

제27조(상표권보호의 기본요구)

상표권을 보호하는 것은 상표사업의 중요내용이다. 상표등록기관과 해당 기관은 상표권에 따르는 기관, 기업소, 단체와 공민의 리익이 침해되지 않도록 철저히 보호하여야 한다.

제28조(상표권의 소유자)

상표권은 상표등록기관에 상표를 등록한 기관, 기업소, 단체와 공민이 소유한다. 공동명의로 등록한 상표권은 공동으로 소유한다.

제29조(상표권소유자의 권리)

상표권의 소유자는 다음과 같은 권리를 가진다.

1. 등록된 상표의 사용권
2. 등록된 상표의 전부 또는 일부에 대한 양도 및 사용허가권
3. 상표권침해행위를 중지시킬데 대한 권리와 손해보상청구권
4. 등록된 상표의 취소권

제30조(상표권의 양도)

상표권을 양도받으려는 기관, 기업소, 단체와 공민은 상표권양도문건을 만들어 상표등록기관에 내야 한다. 이 경우 상표권을 양도하려는 기관, 기업소, 단체와 공민의 합의를 받으며 상표등록증을 첨부하여야 한다. 상표등록기관은 상표권양도내용을 국가상표등록부에 등록하고 상표권을 양도받은 기관, 기업소, 단체와 공민에게 상표등록증을 발급하여주어야 한다. 상표권의 양도는 상표등록기관에 양도등록을 한 날부터 효력을 가진다.

제31조(상표의 사용허가)

상표권을 소유한 기관, 기업소, 단체와 공민은 등록된 상표를 다른 기관, 기업소, 단체와 공민이 사용하도록 허가할 수 있다. 이 경우 상표사용허가계약을 맺으며 정해진 문건을 상표등록기관에 내야 한다.

제32조(상표에 따르는 상품, 봉사의 질에 대한 통제권)

사용허가를 받은 상표에 따르는 상품, 봉사의 질에 대하여서는 그 상표를 사용하는 기관, 기업소, 단체와 공민이 책임진다. 상표권을 소유한 기관, 기업소, 단체와 공민은 사용허가를 한 상표에 따르는 상품, 봉사의 질에 대하여 통제할 수 있다.

제33조(상표권의 양도, 사용허가금지)

해당한 자격을 갖추지 못한 기관, 기업소, 단체와 공민에게는 상표권을 양도하거나 등록된 상표의 사용허가를 할수 없다.

제34조(상표권의 보호기간)

상표권의 보호기간은 상표등록을 신청한 날부터 10년으로 한다. 상표권을 소유한 기관, 기업소, 단체와 공민의 신청에 따라 상표권의 보호기간을 10년씩 연장하여줄수 있다.

제35조(상표권보호기간의 연장)

상표권의 보호기간을 연장하려는 기관, 기업소, 단체와 공민은 상표권보호기간연장신청문건을 상표등록기관에 내야 한다.

제36조(상표권보호기간연장신청문건의 제기기간)

상표권보호기간연장신청문건은 상표권의 보호기간이 끝나는 날부터 6개월전에 낸다. 부득이한 경우에는 상표권보호기간연장신청문건을 그 보호기간이 끝나는 날부터 6개월까지의 사이에 낼수도 있다.

제37조(상표등록의 변경)

상표권을 소유한 기관, 기업소, 단체와 공민은 상표권의 보호기간에 이름, 주소 같은것이 달라졌을 경우 상표등록변경신청문건을 상표등록기관에 내야 한다. 상표등록기관은 상표등록변경내용을 국가상표등록부에 등록하여야 한다.

제38조(상표권의 취소)

상표권을 취소하려는 기관, 기업소, 단체와 공민은 상표등록 취소문건을 상표등록기관에 내야 한다. 이 경우 상표등록증을 함께 내야 한다.

제39조(상표권의 효력상실)

상표등록이 취소되였거나 상표를 등록한 날부터 5년동안 사용하지 않았을 경우 상표권의 효력은 없어진다.

## 제5장 상표사업에 대한 지도통제

제40조(상표사업에 대한 지도통제의 기본요구)

상표사업에 대한 지도통제를 강화하는것은 상품의 질을 높이며 상표권을 보호하는데서 나서는 필수적요구이다. 국가는 상표사업에 대한 지도통제를 강화하도록 한다.

제41조(상표사업지도기관)

상표사업에 대한 지도는 내각의 통일적인 지도밑에 국가상표지도기관이 한다. 중앙상표지도기관은 상표사업에 대한 지도와 상표의 심의, 등록과 관련하여 제기된 의견, 분쟁처리를 비상설상표심의위원회를 통하여 한다.

제42조(상표관련사항의 공개)

상표의 등록신청, 등록과 그 변경, 갱신, 양도, 사용허가, 취소정형에 대하여서는 정상적으로 공개하여야 한다.

**제43조(상표사업부문의 물질기술적토대강화, 일군양성)**

중앙상표지도기관과 해당 과학연구기관, 교육기관은 상표사업부문의 물질기술적토대를 튼튼히 꾸리기 위한 사업을 전망성있게 진행하며 상표사업부문에 필요한 일군들을 체계적으로 양성하여야 한다.

**제44조(상표와 관련한 비법행위금지)**

기관, 기업소, 단체와 공민은 비법적으로 상표를 제작, 인쇄, 리용, 매매하거나 다른 나라에서 만들어 들여오거나 허위 및 위조상표를 붙인 상품, 상표가 없는 상품을 판매, 수출입하는것 같은 행위를 할수 없다.

**제45조(상표사업과 료금)**

해당 기관, 기업소, 단체와 공민은 상표사업과 관련하여 정해진 료금을 제때에 물어야 한다. 상표사업과 관련한 료금은 중앙가격제정기관이 정한다.

**제46조(상표사업에 대한 감독통제)**

상표사업에 대한 감독통제는 상표등록기관과 해당 감독통제기관이 한다. 상표등록기관과 해당 감독통제기관은 기관, 기업소, 단체와 공민이 상표등록의 신청, 심의질서를 지키고 상표권을 침해하지 않도록 엄격히 감독통제하여야 한다.

**제47조(손해보상, 몰수, 영업중지)**

상표권에 따르는 기관, 기업소, 단체와 공민의 리익을 침해하였거나 허위 및 위조상표를 제작, 인쇄, 리용, 매매하였을 경우에는 해당한 손해를 보상시키며 위법행위에 리용된 상표, 상품 같은 것은 몰수하거나 영업활동을 중지시킨다.

**제48조(생산, 봉사의 중지, 등록취소)**

상표권을 비법적으로 양도, 사용허가하였거나 등록된 상표를 변경시켜 사용하였을 경우에는 해당 상품의 생산 또는 봉사를 중지시키거나 상표의 등록을 취소시킬수 있다.

**제49조(행정적 또는 형사적책임)**

이 법을 어겨 상표사업에 엄중한 결과를 일으킨 기관, 기업소, 단체의 책임있는 일군과 개별적공민에게는 정상에 따라 행정적 또는 형사적책임을 지운다.

**제50조(분쟁해결)**

상표와 관련한 분쟁은 협의의 방법으로 해결한다. 협의의 방법으로 해결할수 없을 경우에는 상표등록기관, 비상설상표심의위원회에 제기하여 해결한다. 상표등록기관, 비상설상표심의위원회에 제기하여 해결할수 없을 경우에는 재판 또는 중재기관에 제기하여 해결할수도 있다.

# 조선민주주의인민공화국 공업도안법

주체87(1998)년 6월 3일 최고인민회의 상설회의 결정 제117호로 채택
주체88(1999)년 1월 14일 최고인민회의 상임위원회 정령 제350호로 수정
주체94(2005)년 8월 2일 최고인민회의 상임위원회 정령 제1235호로 수정보충
주체100(2011)년 12월 21일 최고인민회의 상임위원회 정령 제2052호로 수정

## 제1장 공업도안법의 기본

### 제1조(공업도안법의 사명)

조선민주주의인민공화국 공업도안법은 공업도안등록의 신청과 심의, 공업도안권의 보호에 서 제도와 질서를 엄격히 세워 제품의 질을 높이고 사회주의경제를 발전시키는데 이바지한다.

### 제2조(공업도안과 그 분류)

공업도안은 공업적방법으로 생산하려는 제품의 형태와 색갈, 장식 같은 것을 그림이나 사진으로 새롭게 묘사한것이다.

공업도안에는 기계설비와 운수수단, 방직제품, 생활 및 문화용품, 의상품, 가구류, 건구류, 포장용기 같은 제품도안과 장식도안이 속한다.

### 제3조(공업도안등록의 신청원칙)

공업도안등록의 신청은 공업도안사업의 첫 공정이다. 국가는 공업도안등록의 신청절차를 바로 정하고 그것을 정확히 지키도록 한다.

### 제4조(공업도안등록의 심의원칙)

공업도안등록의 심의를 바로하는것은 공업도안등록기관의 기본임무이다. 국가는 공업도안등록의 심의체계를 세우고 그 심의에서 과학성, 객관성을 보장하도록 한다.

### 제5조(공업도안권의 보호원칙)

공업도안권의 보호는 조선민주주의인민공화국의 일관한 정책이다. 국가는 기관, 기업소, 단체와 공민이 소유한 공업도안권을 보호한다.

### 제6조(공업도안의 갱신원칙)

국가는 공업도안사업에 깊은 관심을 돌리며 인민경제가 발전하고 제품생산이 늘어나는데 맞게 공업도안을 부단히 갱신하도록 한다.

### 제7조(공업도안사업분야의 교류와 협조)

국가는 공업도안사업분야에서 국제기구, 다른 나라들과의 교류와 협조를 발전시킨다.

## 제2장 공업도안등록의 신청

### 제8조(공업도안등록신청의 기본요구)

공업도안등록의 신청을 바로하는것은 공업도안등록심의를 제때에 할수 있게 하는 선결조건이다.

기관, 기업소, 단체와 공민은 창작한 공업도안에 대한 등록신청을 정확히 하여야 한다.

### 제9조(공업도안등록신청문건의 제출)

공업도안등록을 신청하려는 기관, 기업소, 단체와 공민은 공업도안등록신청문건을 만들어 공업도안등록기관에 내야 한다.

공업도안등록신청을 공동으로 하려 할 경우에는 공동명의로 된 신청 문건을 내야 한다.

### 제10조(공업도안등록신청문건의 작성방법)

공업도안등록신청문건은 공업도안별로 만든다. 그러나 구조작용상 서로 결합된 제품에 대 한 공업도안은 하나의 신청문건으로 만들수 있다.

공업도안등록신청 문건에는 도안명, 도안의 분류, 신청자 및 창작가의 이름 같은 것을 밝히며 도안과 도안설명서, 평정서를 첨부한다.

### 제11조(공업도안등록신청문건의 제출방법)

공업도안등록신청문건은 공업도안등록기관에 직접 내거나 우편으로 낸다.

부득이 한 경우에는 공업도안등록신청문건을 텔렉스, 팍스 같은 전기 통신수단을 리용하여 낼수도 있다.

### 제12조(다른 나라 법인의 공업도안등록신청)

우리나라에 공업도안을 등록하려는 다른 나라 기관, 기업소, 단체와 공민은 대리기관을 통하여 조선말로 된 공업도안등록신청문건을 공업도안등록기관에 내야 한다.

### 제13조(공업도안등록신청문건의 결함퇴치)

공업도안등록기관은 공업도안등록신청문건에 결함이 있을 경우 그것을 돌려보내거나 3개월안에 고치게 하여야 한다.

부독이한 사유로 3개월안에 결함을 고치지 못하였을 경우에는 그 기간을 2개월까지 연장하여줄수 있다.

### 제14조(공업도안등록신청문건 접수정형의 통지)

공업도안등록신청 문건을 접수한 공업도안등록기관은 해당기관, 기업소, 단체와 공민에게 공업도안등록신청 문건의 접수정형을 알려주어야 한다.

### 제15조 (공업도안등록신청날자)

공업도안등록의 신청날자는 공업도안등록신청문건을 접수한 날로 한다.

결함이 있는 공업도안등록신청문건을 정해진 기일에 고쳤을 경우에도 공업도안등록의 신청날자는 공업도안등록신청문건을 처음 접수한 날로 한다.

### 제16조(공업도안등록신청의 우선권)

기관, 기업소, 단체와 공민은 전람회, 전시회에 공업도안이나 그 시제품을 내놓았을 경우 해당 공업도안등록의 신청에서 우선권을 가진다. 이 경우 우선권을 증명하는 문건을 전람회, 전시회에 공업도안이나 그 시제품을 내놓은 날부터 3개월안에 공업도안등록기관에 내야 한다.

제17조(다른 나라 법인의 우선권의 효력)

다른 나라의 기관, 기업소, 단체와 공민이 자기 나라에서 받은 공업도안등록의 신청에 대 한 우선권은 그것을 받은 날부터 6개월안에 우리나라 공업도안등록기관에 해당 문건을 내야 효력을 가진다.

제18조(다른 나라에 하는 공업도안등록의 신청)

공업도안권을 소유한 기관, 기업소, 단체와 공민은 공업도안을 다른 나라에 등록할 수 있다. 이 경우 공업도안등록기관의 승인을 받고 공업도안등록신청문건을 해당 국제기구 또는 대리기관을 동하여 내야 한다.

## 제3장 공업도안등록의 심의

제19조(공업도안등록심의기간)

공업도안등록의 심의는 공업도안등록신청문건을 검토하고 등록을 결정하는 중요한 사업이다.

공업도안등록기관은 공업도안등록신청문건을 접수한 날부터 6개월안에 심의하여야 한다.

제20조(공업도안등록심의자료의 요구)

공업도안등록기관은 공업도안의 심의에 필요한 자료를 공업도안등록을 신청한 기관, 기업소, 단체와 공민에게 요구할 수 있다.

공업도안등록을 신청한 기관, 기업소, 단체와 공민은 공업도안등록기관이 요구한 자료를 제때에 보장하여야 한다.

제21조(등록할수 없는 공업도안)

다음의 도안은 공업도안으로 등록할수 없다.

1. 이미 등록된 공업도안과 본질적으로 같거나 류사한 도안
2. 이미 공개되며 사용하고있는 제품과 같거나 류사한 도안
3. 우리 나라의 법과 공중도덕, 미풍량속에 맞지 않는 도안
4. 설비 및 기술공정도면이나 미술작품, 건축물 및 기념비 같은것의 도안
5. 등록된 상표와 같거나 류사한 도안
6. 경제적효과성과 실용예술성, 생산도입가능성이 없는 도안

제22조(공업도안등록심의)

공업도안등록기관은 공업도안등록신청문건을 심의하고 등록 또는 부결하는 결정을 하여야 한다.

공업도안등록의 심의결과는 공업도안등록을 신청한 기관, 기업소, 단체와 공민에게 알려 주어야 한다.

제23조(공업도안등록증의 발급)

등록이 결정된 공업도안은 국가공업도안등록부에 등록하며 해당 기관, 기업소, 단체와 공민에게는

공업도안등록증을 발급하여 준다. 등록된 공업도안은 공업도안공보를 통하여 공개한다.

제24조(등록된 공업도안에 대한 의견제기)

등록된 공업도안에 대하여 의견이 있는 기관, 기업소, 단체와 공민은 그것이 공개된 날부터 6개월안에 공업도안등록기관에 의견을 제기할 수 있다.

공업도안등록기관은 제기된 의견을 심의하고 그 결과를 해당기관, 기업소, 단체와 공민에 게 알려주어야 한다.

제25조(공업도안등록의 부결에 대한 재심의제기)

공업도안등록의 부결에 대하여 의견있는 기관, 기업소, 단체와 공민은 부결통지를 받은 날부터 6개월안에 다시 심의하여줄것을 제기할 수 있다.

공업도안등록기관은 제기된 의견을 심의하고 그 결과를 해당 기관, 기업소, 단체와 공민에게 알려주어야 한다.

제26조(재심의결정에 대한 의견제기)

공업도안 등록의 재심의 결정에 대하여 의견이 있을 경우에는 재심의 결과를 통지받은 날부터 2개월안에 비상설공업도안심의위원회에 의견을 제기할 수 있다.

## 제4장 공업도안권의 보호

제27조(공업도안권보호의 기본요구)

공업도안권을 보호하는것은 공업도안사업을 강화하기 위한 기본요구이다.

공업도안등록기관과 해당 기관은 공업도안권을 소유한 기관, 기업소, 단체와 공민의 리익을 보호하여야 한다.

제28조(공업도안권의 소유자)

공업도안권은 공업도안을 등록받은 기관, 기업소, 단체와 공민이 소유한다. 공동명의로 등록받은 공업도안권은 공동으로 소유한다.

제29조(공업도안권소유자의 권리)

공업도안권소유자는 다음과 같은 권리를 가진다.

1. 등록된 공업도안의 사용권
2. 등록된 공업도안의 전부 또는 일부에 대한 양도 및 사용허가권
3. 등록된 공업도안의 취소권

제30조(공업도안권의 양도)

공업 도안권을 양도하거나 양도받으려는 기관, 기업소, 단체 와 공민은 공업 도안권 양도신청 문건을 만들어 공업도안등록기관에 내야 한다.

공업 도안권의 양도는 양도등록을 한 날부터 효력을 가진다.

제31조(공업도안의 사용허가)

공업도안권을 소유한 기관, 기업소, 단체와 공민은 등록된 공업도안을 다른 기관, 기업소, 단체와 공민에게 사용을 허가하려 할 경우 계약을 맺고 공업도안사용허가문건을 공업도안등록기관에 내야 한다.

**제32조(공업도안에 따르는 제품의 질에 대한 책임)**

공업도안사용을 허가받은 기관, 기업소, 단체와 공민은 그것을 사용하여 생산한 제품의 질에 대하여 책임져야 한다.

공업도안사용을 허가한 기관, 기업소, 단체와 공민은 그것을 사용하여 생산하는 제품의 질에 대하여 통제할 수 있다.

**제33조(공업도안권의 양도, 공업도안의 사용허가금지)**

해당한 자격을 갖추지 못한 기관, 기업소, 단체와 공민에게는 공업도안권을 양도하거나 등록된 공업도안의 사용을 허가할수 없다.

**제34조(다른 나라에 공업도안권의 양도, 공업도안사용의 허가)**

공업도안권을 소유한 기관, 기업소, 단체와 공민이 다른 나라 기관, 기업소, 단체와 공민에게 공업도안권을 양도하거나 등록된 공업도안의 사용을 허가하려 할 경우에는 공업도안등록기관의 승인을 받는다.

**제35조(공업도안권의 보호기간)**

공업도안권의 보호기간은 공업도안등록을 신청한 날부터 5년이다.

공업도안권을 소유한 기관, 기업소, 단체와 공민의 신청에 따라 공업도안권의 보호기간을 5년씩 두 번 연장할 수 있다. 이 경우 공업도안권보호기간연장신청문건을 공업도안등록기관에 낸다.

**제36조(공업도안권보호기간의 연장)**

공업도안권보호기간연장신청문건은 그 보호기간이 끝나기 6개월전에 낸다.

부득이한 경우에는 공업도안권보호기간연장신청문건을 보호기간이 끝나는 날부터 6개월까지의 사이에 낼수도 있다.

**제37조(공업도안등록의 변경)**

공업도안권을 소유한 기관, 기업소, 단체와 공민은 공업도안권의 보호기간에 이름, 주소 같은것이 달라졌을 경우 공업도안등록변경신청문건을 공업도안등록기관에 내야 한다.

공업도안등록기관은 공업도안등록변경내용을 국가공업도안등록부에 등록하여야 한다.

**제38조(공업도안등록의 취소)**

공업도안등록을 취소하려는 기관, 기업소, 단체와 공민은 공업도안등록취소문건을 공업도안등록기관에 내야 한다. 이 경우 공업도안등록증도 내야 한다.

**제39조(공업도안권효력의 상실)**

등록된 공업도안이 취소되였거나 또는 그 보호기간이 끝났거나 공업도안을 등록한 날부터 2년간 사용하지 않았을 경우에는 공업도안권의 효력은 없어진다.

## 제5장 공업도안사업에 대한 지도통제

### 제40조(공업도안사업에 대한 지도통제의 기본요구)

공업도안사업에 대한 지도통제를 강화하는것은 공업도안창작을 장려하며 공업도안권을 보호하는데서 나서는 필수적요구이다. 국가는 공업도안사업에 대한 지도통제를 강화하도록 한다.

### 제41조(공업도안지도기관의 임무)

공업도안사업에 대한 지도는 내각의 통일적인 지도밑에 공업도안지도기관이 한다.

공업도안지도기관은 공업도안사업을 정상적으로 장악하고 지도하여야 한다.

### 제42조(공업도안과 관련한 사항의 공개)

공업도안등록기관은 공업도안의 등록, 보호기간연장, 양도, 사용허가, 취소정형과 공업도안등록신청자의 이름, 주소변경정형을 정상적으로 공개하여야 한다.

### 제43조(공업도안사업료금)

기관, 기업소, 단체와 공민은 공업도안사업과 관련하여 정해진 료금을 제때에 물어야 한다.

공업도안사업과 관련한 료금을 정하는 사업은 중앙가격제정기관이 한다.

### 제44조(공업도안의 창작)

해당 기관, 기업소, 단체는 공업도안을 창작하기 위한 연구사업을 강화하며 필요한 일군들을 전망성있게 양성하여야 한다.

### 제45조(공업도안소유권과 관련한 비법행위금지)

기관, 기업소, 단체와 공민은 등록된 공업도안을 승인없이 사용하거나 공업도안권의 양도, 공업도안사용허가질서를 어기는것 같은 행위를 하지 말아야 한다.

### 제46조(공업도안사업에 대한 감독통제)

공업도안사업에 대한 감독통제는 공업도안지도기관과 해당 감독통제기관이 한다.

공업도안지도기관과 해당 감독통제기관은 공업도안등록의 신청과 심의질서를 지키고 공업 도안권을 침해하지 않도록 엄격히 감독통제하여야 한다.

### 제47조(손해보상, 몰수)

공업도안권을 소유한 기관, 기업소, 단체와 공민의 리익을 침해하였을 경우에는 해당한 손해를 보상시키거나 위법행위를 하여 생산한 제품을 몰수한다.

### 제48조(사용중지, 등록취소)

승인없이 등록된 공업도안을 사용하거나 공업도안권의 양도, 공업도안사용허가질서를 어겼을 경우에는 그 사용을 중지시키거나 공업도안등록을 취소시킨다.

### 제49조(행정적 또는 형사적 책임)

이 법을 어겨 공업도안사업에 엄중한 결과를 일으킨 기관, 기업소, 단체의 책임있는 일군과 개별적 공민에게는 정상에 따라 행정적 또는 형사적책임을 지운다.

### 제50조(분쟁해결)

공업도안과 관련한 분쟁은 협의의 방법으로 해결한다.

협의의 방법으로 해결할수 없을 경우에는 공업도안등록기관, 비상설공업도안심의위원회에 제기하여 해결한다.

공업도안등록기관이나 비상설공업도안심의위원회에 제기하여 해결할수 없을 경우에는 중재 또는 재판기관에 제기하여 해결할수도 있다.

## 제6장 공업도안권의 보호

### 제27조(공업도안권보호의 기본요구)

공업도안권을 보호하는것은 공업\도안사업을 강화하기 위한 기본요구이다.

공업도안등록기관과 해당 기관은 공업도안권을 소유한 기관, 기업소, 단체와 공민의 리익 을 보호하여야 한다.

### 제28조(공업도안권의 소유자)

공업도안권은 공업도안을 등록받은 기관, 기업소, 단체와 공민이 소유한다. 공동명의로 등록받은 공업도안권은 공동으로 소유한다.

### 제29조(공업도안권소유자의 권리)

공업도안권소유자는 다음과 같은 권리를 가진다.

1. 등록된 공업도안의 사용권
2. 등록된 공업도안의 전부 또는 일부에 대한 양도 및 사용허가권
3. 등록된 공업도안의 취소권

### 제30조(공업도안권의 양도)

공업 도안권을 양도하거 나 양도받으려 는 기 관, 기 업소, 단체 와 공민은 공업 도안권 양도신청 문건을 만들어 공업도안등록기 관에 내 야 한다.

공업 도안권의 양도는 양도등록을 한 날부터 효력 을 가진다.

### 제31조(공업도안의 사용허가)

공업도안권을 소유한 기관, 기업소, 단체와 공민은 등록된 공업도안을 다른 기관, 기업소, 단체와 공민에게 사용을 허가하려 할 경우 계약을 맺고 공업도안사용허가문건을 공업도안등록기관에 내야 한다.

### 제32조(공업도안에 따르는 제품의 질에 대한 책임)

공업도안사용을 허가받은 기관, 기업소, 단체와 공민은 그것을 사용하여 생산한 제품의 질에 대하여 책임져야 한다.

공업도안사용을 허가한 기관, 기업소, 단체와 공민은 그것을 사용하여 생산하는 제품의 질에 대하여 통제할 수 있다.

### 제33조(공업도안권의 양도, 공업도안의 사용허가금지)

해당한 자격을 갖추지 못한 기관, 기업소, 단체와 공민에게는 공업도안권을 양도하거나 등록된 공업도안의 사용을 허가할수 없다.

제34조(다른 나라에 공업도안권의 양도, 공업도안사용의 허가)

공업도안권을 소유한 기관, 기업소, 단체와 공민이 다른 나라 기관, 기업소, 단체와 공민에게 공업도안권을 양도하거나 등록된 공업도안의 사용을 허가하려 할 경우에는 공업도안등록기관의 승인을 받는다.

제35조(공업도안권의 보호기간)

공업도안권의 보호기간은 공업도안등록을 신청한 날부터 5년이다.

공업도안권을 소유한 기관, 기업소, 단체와 공민의 신청에 따라 공업도안권의 보호기간을 5년씩 두번 연장할 수 있다. 이 경우 공업도안권보호기간연장신청문건을 공 업도안등록기관에 낸다.

제36조(공업도안권보호기간의 연장)

공업도안권보호기간연장신청문전은 그 보호기간이 끝나기 6개월전에 낸다.

부득이한 경우에는 공업도안권보호기간연장신청문전을 보호기간이 끝나는 날부터 6개월까지 의 사이에 낼수도 있다.

제37조(공업도안등록의 변경)

공업도안권을 소유한 기관, 기업소, 단체와 공민은 공업도안권의 보호기간에 이름, 주소 같은것이 달라졌을 경우 공업도안등록변경신청문건을 공업도안등록기관에 내야 한다.

공업도안등록기관은 공업도안등록변경내용을 국가공업도안등록부에 등록하여야 한다.

제38조(공업도안등록의 취소)

공업도안등록을 취소하려는 기관, 기업소, 단체와 공민은 공업도안등록취소문건을 공업도안등록기관에 내야 한다. 이 경우 공업도안등록증도 내야 한다.

제39조(공업도안권효력의 상실)

등록된 공업도안이 취소되였거나 또는 그 보호기간이 끝났거나 공업도안을 등록한 날부터 2년간 사용하지 않았을 경우에는 공업도안권의 효력은 없어진다.

## 제7장 공업도안사업에 대한 지도통제

제40조(공업도안사업에 대한 지도통제의 기본요구)

공업도안사업에 대한 지도통제를 강화하는것은 공업도안창작을 장려하며 공업도안권을 보호하는데서 나서는 필수적요구이다.

국가는 공업도안사업에 대한 지도통제를 강화하도록 한다.

제41조(공업도안지도기관의 임무)

공업도안사업에 대한 지도는 내각의 통일적인 지도밑에 공업도안지도기관이 한다.

공업도안지도기관은 공업도안사업을 정상적으로 장악하고 지도하여야 한다.

**제42조(공업도안과 관련한 사항의 공개)**

공업도안등록기관은 공업도안의 등록, 보호기간연장, 양도, 사용허가, 취소정형과 공업도안등록신청자의 이름, 주소변경정형을 정상적으로 공개하여야 한다.

**제43조(공업도안사업료금)**

기관, 기업소, 단체와 공민은 공업도안사업과 관련하여 정해진 료금을 제때에 물어야 한다.

공업도안사업과 관련한 료금을 정하는 사업은 중앙가격제정기관이 한다.

**제44조(공업도안의 창작)**

해당 기관, 기업소, 단체는 공업도안을 창작하기 위한 연구사업을 강화하며 필요한 일군들을 전망성있게 양성하여야 한다.

**제45조(공업도안소유권과 관련한 비법행위금지)**

기관, 기업소, 단체와 공민은 등록된 공업도안을 승인없이 사용하거나 공업도안권의 양도, 공업도안사용허가질서를 어기는것 같은 행위를 하지 말아야 한다.

**제46조(공업도안사업에 대한 감독통제)**

공업도안사업에 대한 감독통제는 공업도안지도기관과 해당 감독통제기관이 한다.

공업도안지도기관과 해당 감독통제기관은 공업도안등록의 신청과 심의질서를 지키고 공업 도안권을 침해하지 않도록 엄격히 감독통제하여야 한다.

**제47조(손해보상, 몰수)**

공업도안권을 소유한 기관, 기업소, 단체와 공민의 리익을 침해하였을 경우에는 해당한 손해를 보상시키거나 위법행위를 하여 생산한 제품을 몰수한다.

**제48조(사용중지, 등록취소)**

승인없이 등록된 공업도안을 사용하거나 공업도안권의 양도, 공업도안사용허가질서를 어겼을 경우에는 그 사용을 중지시키거나 공업도안등록을 취소시킨다.

**제49조(행정적 또는 형사적 책임)**

이 법을 어겨 공업도안사업에 엄중한 결과를 일으킨 기관, 기업소, 단체의 책임있는 일군과 개별적 공민에게는 정상에 따라 행정적 또는 형사적책임을 지운다.

**제50조(분쟁해결)**

공업도안과 관련한 분쟁은 협의의 방법으로 해결한다.

협의의 방법으로 해결할수 없을 경우에는 공업도안등록기관, 비상설공업도안심의위원회에 제기하여 해결한다.

공업도안등록기관이나 비상설공업도안심의위원회에 제기하여 해결할수 없을 경우에는 중재 또는 재판기관에 제기하여 해결할수도 있다.

# 조선민주주의인민공화국 원산지명법

2003년 8월 27일 최고인민회의 상임위원회 정령 제3964호로 채택

## 제1장 원산지명법의 기본

제1조

조선민주주의인민공화국 원산지명법은 원산지명등록의 신청과 심의, 원산지명권의 보호에서 제도와 질서를 엄격히 세워 특산품의 질을 보존하고 특산품을 생산하는 기관, 기업소, 단체의 리익을 보호하는데 이바지한다.

제2조

원산지명은 이름난 특산품에 그 생산지를 밝힌것이다. 원산지명으로는 독특한 자연지리적환경이나 기술기능적조건으로 자기의 고유한 질적특성을 가지는 특산품이 생산된 나라와 지역, 지방의 지리적명칭이 된다.

제3조

원산지명등록의 신청을 정확히 하는것은 원산지명등록의 심의를 제때에할수 있게 하는 중요조건이다. 국가는 원산지명등록의 신청절차를 바로 정하고 그것을 엄격히 지키도록 한다.

제4조

원산지명등록의 심의는 특산품의 생산지를 확인하고 등록하는 중요한 사업이다. 국가는 원산지명등록기관의 책임성과 역할을 높이며 원산지명등록의 심의에서 과학성과 객관성을 보장하도록 한다.

제5조

원산지명권을 보호하는것은 조선민주주의인민공화국의 일관한 정책이다. 국가는 기관, 기업소, 단체의 원산지명권을 법적으로 보호하도록 한다.

제6조

국가는 인민경제가 발전하고 이름난 특산품생산이 늘어나는데 맞게 원산지명사업을 개선강화하도록 한다.

제7조

국가는 원산지명사업분야에서 다른 나라, 국제기구들과의 교류와 협조를 발전시킨다.

## 제2장 원산지명등록의 신청

제8조

원산지명등록의 신청은 원산지명사업의 첫 공정이다. 특산품에 원산지명을 밝히려는 기관, 기업소, 단체는 원산지명등록신청서를 만들어 원산지명등록기관에 내야 한다.

제9조

원산지명등록신청서에는 신청자의 이름과 주소, 특산품의 생산지를 밝히며 특산품의 기술기능적특성과 생산방법, 자연지리적요인 같은 것을 밝힌 문건을 첨부한다.

제10조

우리 나라에 원산지명을 등록하려는 다른 나라의 기관, 기업소, 단체와 공민은 조선말로 된 원산지명등록신청서를 대리기관을 통하여 원산지명등록기관에 내야 한다. 이 경우 해당 나라가 발급한 원산지명등록을 증명하는 문건과 대리위임장을 첨부하여야 한다.

제11조

원산지명등록기관은 원산지명등록신청서에 결함이 있을 경우 그것을 돌려보내거나 3개월안에 고치게 하여야 한다. 부득이한 사정으로 3개월안에 결함을 고치지 못하였을 경우에는 2개월간 연장하여줄수 있다.

제12조

원산지명등록의 신청날자는 원산지명등록기관이 원산지명등록신청서를 접수한 날로 한다. 결함이 있는 원산지명등록신청서를 정해진 기일에 고쳐 다시 제기하였을 경우에도 원산지명등록의 신청날자는 원산지명등록신청서를 처음 접수한 날로 한다.

제13조

원산지명등록신청서를 접수한 원산지명등록기관은 원산지명등록신청서를 낸 기관, 기업소, 단체에 원산지명등록신청접수증을 발급하여주어야 한다. 접수증에는 접수날자, 번호를 밝혀야 한다.

제14조

기관, 기업소, 단체는 원산지명등록기관에 등록한 원산지명을 해당 국제기구 또는 대리기관을 통하여 다른 나라에 등록할 수 있다. 이 경우 원산지명등록기관의 승인을 받아야 한다.

## 제3장 원산지명등록의 심의

제15조

원산지명등록의 심의를 바로하는것은 원산지명등록기관의 기본임무이다. 원산지명등록기관은 원산지명등록신청서를 접수한 날부터 6개월안에 심의하여야한다.

제16조

원산지명등록기관은 원산지명등록의 심의에 필요한 자료를 해당 기관, 기업소, 단체에 요구할 수 있다. 해당 기관, 기업소, 단체는 원산지명등록기관이 요구하는 자료를 제때에 보장 하여야 한다.

제17조

원산지명으로 등록할수 없는 지리적명칭은 다음과 같다.

1. 독특한 자연지리적환경이나 기술기능적조건으로 만들어지지 않았거나 일정한 기간 널리 알려지지 않은 특산품이 생산된 곳의 지리적명칭

2. 국가적으로 승인되지 않았거나 허위적인 지리적명칭

3. 우리 나라의 법과 공중도덕, 미풍량속에 맞지 않는 지리적명칭

4. 상표로 등록되였거나 상표권을 침해할수 있는 지리적명칭

5. 이미 등록된 원산지명과 같거나 류사한 지리적명칭

제18조

원산지명등록기관은 원산지명등록신청서를 제때에 심의하고 등록 또는 부결하는 결정을 하여야 한다. 이 경우 심의결과를 원산지명 등록을 신청한 기관, 기업소, 단체에 알려주어야 한다.

제19조

원산지명등록기관은 등록이 결정된 원산지명을 원산지명등록부에 등록하며 등록을 신청한 기관, 기업소, 단체에는 원산지명등록증을 발급하여주어야 한다. 등록한 원산지명은 공보를 통하여 공개하여야 한다.

제20조

등록된 원산지명에 대하여 의견이 있는 기관, 기업소, 단체는 그것이 공개된 날부터 6개월안에 원산지명등록기관에 의견을 제기할 수 있다. 원산지명등록기관은 제기된 의견을 심의하고 그 결과 의견을 제기하였거나 원산지명을 등록받은 기관, 기업소, 단체에 알려주어야 한다.

제21조

원산지명등록을 신청한 기관, 기업소, 단체는 원산지명등록이 부결된 경우 부결통지를 받은 날부터 6개월안에 다시 심의하여줄데 대한 의견을 제기할 수 있다. 원산지명등록기관은 제기된 의견을 심의하고 그 결과를 해당 기관, 기업소, 단체에 알려주어야 한다. 원산지명등록기관의 재심의결정은 그것이 결정된 날부터 2개월안에 다른 의견이 없을 경우 확정된다.

제22조

원산지명등록의 재심의결정에 대하여 의견이 있는 기관, 기업소, 단체는 재심의결정을 통지받은 날부터 2개월안에 다시 의견을 제기할 수 있다. 원산지명등록기관은 제기된 의견을 심의하고 그 결과를 해당 기관, 기업소, 단체에 알려주어야 한다.

## 제4장 원산지명권의 보호

제23조

원산지명권의 보호는 원산지명사업의 중요요구이다. 원산지명등록기관과 해당 기관은 원산지명권을 소유한 기관, 기업소, 단체의 리익이 침해되지 않도록하여야 한다.

제24조

원산지명권은 원산지명을 등록받은 기관, 기업소, 단체가 소유한다.

제25조

원산지명권수유자의 권리는 다음과 같다,

1. 등록된 원산지명을 사용할 권리 또는 사용을 허가할 권리
2. 원산지명권침해행위의 중지를 요구할 권리와 손해보상을 청구할 권리
3. 등록된 원산지명을 취소할 권리

제26조

원산지명의 보호기간은 원산지명등록을 신청한 날부터 원산지명의 사용을 중지한 날까지이다.

제27조

원산지명권을 소유한 기관, 기업소, 단체는 원산지명권의 보호기간 안에 이름, 주소 같은것이 달라졌을 경우 원산지명등록변경신청서를 원산지명등록기관에 내야 한다. 원산지명등록기관은 변경신청 내용을 원산지명등록부에 등록하여야 한다.

제28조

원산지명을 리용하려는 기관, 기업소, 단체는 원산지명권소유자와 원산지명사용허가계약을 맺어야 한다. 이 경우 정해진 문건을 원산지명등록기관에 내야 한다.

제29조

원산지명사용허가를 받은 기관, 기업소, 단체는 원산지명에 따르는 특산품의 질에 대하여 책임진다. 원산지명사용허가를 받은 기관, 기업소, 단체가 원산지명에 따르는 특산품의 질을 보장하지 못하는 경우 원산지명권소유자는 원산지명의 사용허가를 취소할 수 있다.

제30조

원산지명은 다른 기관, 기업소, 단체에 양도할수 없으며 등록된 원산지명은 변경시켜 리용할수 없다.

제31조

원산지명권은 취소하려는 기관, 기업소, 단체는 원산지명등록취소문건을 원산지명등록기관에 내야 한다. 이 경우 원산지명등록증을 함께 내야 한다.

제32조

원산지명등록이 취소되였거나 원산지명을 등록한 날부터 5년간 사용하지 않았을 경우에는 원산지명권의 효력은 없어진다.

## 제5장 원산지명사업에 대한 지도통제

제33조

원산지명사업에 대한 지도통제를 강화하는것은 특산품의 질을 보장하고 인민경제발전을 추동하는데서 나서는 필수적요구이다. 국가는 원산지명사업에 대한 지도통제를 강화하도록 한다.

제34조

원산지명사업에 대한 지도는 내각의 통일적인 지도밑에 원산지명지도기관이 한다. 원산지명지도기관은 원산지명사업을 정상적으로 장악하고 지도하여야 한다.

제35조

원산지명지도기관은 원산지명을 특산품의 내용에 맞게 정확히 제정하며 원산지명의 등록신청, 등록과 변경, 취소정형을 정상적으로 공개하도록 하여야 한다.

제36조

기관, 기업소, 단체는 원산지명과 관련하여 정해진 료금을 원산지명 등록기관에 제때에 내야 한다. 원산지명과 관련한 료금을 정하는 사업은 중앙가격제정지관이 한다.

제37조

기관, 기업소, 단체는 비법적으로 원산지명을 제정, 인쇄, 판매하거나 등록된 원산지명을 같거나 류사하게 만들어 사용하지 말아야 한다.

제38조

원산지명사업에 대한 감독통제는 원산지명지도기관과 해당감독통제기관이 한다. 원산지명지도기관과 해당 감독통제기관은 원산지명의 등록신청과 등록, 보호 정형을 엄격히 감독통제하여야 한다.

제39조

원산지명의 등록, 리용질서를 어겼을 경우에는 원산지명의 등록을 취소시키거나 원산지명의 리용을 중지시킨다.

제40조

원산지명권에 따른 기관, 기업소, 단체의 리익을 침해하였을 경우에는 벌금을 물리거나 또는 해당한 손실을 보상시키거나 위법행위를 하여 생산한 제품을 몰수한다.

제41조

이 법을 어겨 원산지명사업에 엄중한 결과를 일으킨 기관, 기업소, 단체의 책임있는 일군과 개별적 공민에게는 정상에 따라 행정적 또는 형사적책임을 지운다.

제42조

원산지명과 관련한 의견상이는 협의의 방법으로 해결한다. 협의의 방법으로 해결할수 없을 경우에는 원산지명지도기관에 제기하여 해결한다. 원산지명지도기관에 제기하여 해결할수 없을 경우에는 재판 또는 중재기관에 제기하여 해결할수도 있다.

# 조선민주주의인민공화국 콤퓨터쏘프트웨어보호법

2003년 6월 11일 최고인민회의 상임위원회 정령 제3831호로 채택

## 제1장 콤퓨터쏘프트웨어보호법의 기본

제1조

조선민주주의인민공화국 콤퓨터쏘프트웨어보호법은 쏘프트웨어의 등록과 리용에서 제도와 질서를 엄격히 세워 쏘프트웨어저작권자의 권리를 보호하며 쏘프트웨어기술을 발전시키는데 이바지한다.

제2조

쏘프트웨어의 등록은 쏘프트웨어보호사업의 선차적공정이다. 국가는 쏘프트웨어의 보호대상을 바로 정하고 그 등록에서 과학성과 객관성, 시기성을 보장하도록 한다.

제3조

국가는 쏘프트웨어의 개발을 장려하며 쏘프트웨어저작권자의 인격적 및 재산적권리를 보호하도록 한다.

제4조

다른 나라의 법인 또는 개인이 개발하여 조선민주주의인민공화국에 처음으로 등록한 쏘프트웨어저작권은 이 법에 따라 보호한다.

제5조

국가는 쏘프트웨어보호사업에 깊은 관심을 돌리며 쏘프트웨어보호 부문에 대한 투자를 늘이도록 한다.

제6조

조선민주주의인민공화국이 쏘프트웨어보호와 관련하여 맺은 조약은 이 법과 같은 효력을 가진다.

제7조

국가는 쏘프트웨어보호분야에서 국제기구, 다른 나라들과의 교류와 협조를 발전시키도록 한다.

## 제2장 콤퓨터쏘프트웨어의 등록

제8조

쏘프트웨어의 등록을 바로하는것은 쏘프트웨어보호에서 나서는 중요요구이다. 쏘프트웨어의 등록은 쏘프트웨어등록기관이 한다.

제9조

쏘프트웨어를 보호받으려는 기관, 기업소, 단체와 공민은 등록신청서를 쏘프트웨어등록기관에 내야 한다. 등록신청서에는 쏘프트웨어의 명칭, 신청자의 이름과 국적, 주소, 신청 날자 같은 것을 밝히

며 쏘프트웨어가 들어있는 매체, 쏘프트웨어개요, 사용설명서 같은 것을 첨부한다.

제10조

쏘트프웨어등록기관은 등록신청서를 접수한 날부터 3개월안으로 심의하고 등록을 승인하거나 부결하여야 한다. 이 경우 쏘프트웨어에 대한 비루스 검역을 하여야 한다.

제11조

쏘프트웨어의 등록심의는 쏘프트웨어개발자를 확인하고 이미 등록 된 쏘프트웨어와 같거나 류사한 것이 없는가를 확인하는 방법으로 한다. 개작한 쏘프트웨어의 등록심의는 원저작자의 권리가 침해되지 않았는가를 료해하는 방법으로 한다.

제12조

쏘프트웨어등록기관은 심의에 필요한 자료를 해당 기관, 기업소, 단체와 공민에게 요구할 수 있다. 기관, 기업소, 단체와 공민은 쏘프트웨어등록기관이 요구하는 자료를 제때에 보장하여야 한다.

제13조

등록을 승인한 쏘프트웨어등록기관은 신청자에게 저작권증을 발급 한다. 쏘프트웨어의 등록을 부결하였을 경우에는 신청자에게 부결리유를 밝힌 통지서를 보낸다.

제14조

등록된 쏘프트웨어는 공보를 통하여 공개한다. 국가 또는 저작권자의 요구에 따라 등록된 쏘프트웨어를 공개하지 않을수도 있다.

제15조

쏘프트웨어의 등록과 관련하여 의견이 있는 기관, 기업소, 단체와 공민은 쏘프트웨어의 등록이 공개된 날부터 6개월안으로 쏘프트웨어등록기관에 의견을 제기할 수 있다. 쏘프트웨어등록기관은 의견을 접수한 날부터 2개월안으로 처리하여야 한다.

제16조

쏘프트웨어등록기관은 쏘프트웨어의 등록신청서, 쏘프트웨어가 들어있는 매체를 정해진 보관고에 보관하여야 한다. 보관고에는 쏘프트웨어의 파손, 멸실을 방지하기 위한 시설을 갖추어야 한다.

제17조

기관, 기업소, 단체와 공민은 다른 나라에 들여온 쏘프트웨어를 쏘프트웨어등록기관에 등록하여야 한다. 등록하지 않은 다른 나라의 쏘프트웨어는 리용할수 없다.

제18조

기관, 기업소, 단체와 공민은 쏘프트웨어등록기관의 쏘프트웨어등록부를열람할 수 있다. 이 경우 정해진 료금을 물어야 한다.

## 제3장 콤퓨터쏘프트웨어의 저작권

제19조

쏘프트웨어의 저작권자로는 쏘프트웨어를 개발한 기관, 기업소, 단체와 공민이 된다. 쏘프트웨어의 저작권을 양도받은 기관, 기업소, 단체와 공민도 저작권자로 된다.

제20조

쏘프트웨어저작권자의 인격적권리는 다음과 같다.

1. 쏘프트웨어를 발표할수 있는 권리
2. 쏘프트웨어에 개발자의 이름을 밝힐수 있는 권리
3. 개발자의 이름, 쏘프트웨어의 명칭, 내용 같은 것을 고치지 못하도록 할 권리

제21조

쏘프트웨어저작권자의 인격적권리는 쏘프트웨어개발자가 가진다. 저작권자의 인격적권리는 양도할수 없다.

제22조

쏘프트웨어저작권자의 재산적권리는 다음과 같다.

1. 쏘프트웨어를 복제, 전시, 배포할수 있는 권리
2, 쏘프트웨어를 개작할수 있는 권리
3. 쏘프트웨어의 리용을 허가할 권리와 해당한 료금을 받을수 있는 권리
4. 쏘프트웨어재산권의 일부 또는 전부를 양도할수 있는 권리
5. 쏘프트웨어저작권의 침해행위로 생긴 손해보상을 청구할수 있는 권리

제23조

계약에 따라 재산권을 양도받은자는 쏘프트웨어등록기관에 등록하여야 한다. 등록은 재산권을 양도받은 날부터 7일안으로 하여야 한다.

제24조

기관, 기업소, 단체의 이름으로 개발한 쏘프트웨어의 저작권은 해당 기관, 기업소, 단체가 소유한다. 개인의 이름으로 개발한 쏘프트웨어의 저작권은 당사자가 소유한다. 여럿이 개발한 쏘프트웨어의 저작권은 공동으로 소유한다.

이 경우 권리행사는 개발자들의 합의에 따라 한다.

제25조

위탁의 방법으로 개발한 쏘프트웨어의 저작권은 당사자들 사이에 맺은 계약에 따라 소유한다. 계약서는 저작권의 소유와 행사에 관한 사항을 정확히밝힌다.

제26조

쏘프트웨어의 저작권은 미성인도 소유할 수 있다. 미성인이 소유한 쏘프트웨어저작권의 행사는 부모 또는 후견인을 통하여 한다.

제27조

쏘프트웨어저작권자의 상속인이 없거나 그가 저작권의 증여의사를 남기지 않고 사망하였거나 저작

권을 넘겨받을 기관, 기업소, 단체가 없을 경우에는 해당 쏘프트웨어의 재산권을 국가의 소유로 한다.

## 제4장 콤퓨터쏘프트웨어저작권의 보호

제28조

쏘프트웨어저작권을 보호하는것은 기관, 기업소, 단체와 공민에게 있어서 의무적이다. 기관, 기업소, 단체와 공민은 쏘프트웨어저작권을 침해하는 행위를

하지 말아야 한다.

제29조

쏘프트웨어저작권자의 인격적권리보호기간은 무기한으로 하며 재산적권리보호기간은 30년으로 한다. 경우에 따라 재산적권리보호기간은 20년까지 연장할 수 있다.

제30조

쏘프트웨어저작권자의 재산적권리보호기간은 해당 쏘프트웨어를 등록한 날로부터 30년이 되는 해 12월 31일까지로 한다. 양도받은 쏘프트웨어저작권의

재산적권리보호기간은 양도등록을 한날부터 남은 기간까지로 한다.

제31조

기관, 기업소, 단체와 공민은 저작권자의 허가를 받아 등록된 쏘프트웨어를 리용할 수 있다. 쏘프트웨어의 리용은 허가받은 범위에서 하여야 한다.

제32조

쏘프트웨어를 리용하는 기관, 기업소, 단체와 공민은 정해진 료금을 물어야 한다. 료금을 정하는 사업은 가격제정기관이 한다.

제33조

기관, 기업소, 단체와 공민은 문학예술저작물을 쏘프트웨어의 개발, 개작에 리용할 수 있다. 이 경우 저작권자의 허가를 받아야 한다.

제34조

쏘프트웨어저작권자의 허가없이 다음의 행위를 할수 없다.

1. 쏘프트웨어를 리용, 복제, 전시, 배포, 개작, 번역, 판매, 방영하는 행위
2. 쏘프트웨어개발자의 이름 또는 쏘프트웨어의 명칭을 변경시키는 행위
3. 쏘프트웨어를 수출입하는 행위
4. 쏘프트웨어의 기술적보호조치를 파괴, 제거하거나 그 기술을 제공하는 행위

제35조

쏘프트웨어를 저작권자의 허가없이 복제하여 리용할수 있는 경우는 다음과 같다.

1. 교육기관에서 학생들의 교육을 목적으로 리용할 경우
2. 법기관에서 사건조사에 리용할 경우

3. 무상으로 배포된것을 리용할 경우

## 제5장 콤퓨터쏘프트웨어보호사업에 대한 지도통제

제36조

쏘프트웨어보호사업에 대한 지도통제를 강화하는것은 국가의 쏘프트웨어보호정책을 정확히 집행하기 위한 기본담보이다. 국가는 쏘프트웨어보호사업에 대한 지도와 통제를 강화하도록 한다.

제37조

쏘프트웨어보호사업에 대한 지도는 중앙쏘프트웨어산업지도기관이 한다. 중앙쏘프트웨어산업지도기관은 쏘프트웨어보호사업체계를 바로 세우고 쏘프트웨어의 등록, 보관, 보호사업을 정상적으로 장악지도하여야 한다.

제38조

중앙쏘프트웨어산업지도기관은 쏘프트웨어의 등록과 보호사업을 위하여 필요한 부문에 대리기관을 둘수 있다. 대리기관은 해당한 자격을 가진 일군으로 꾸려야 한다.

제39조

쏘프트웨어보호사업에 대한 감독통제는 중앙쏘프트웨어산업지도기관과 해당 감독통제기관이 한다. 중앙쏘프트웨어산업지도기관과 해당 감독통제기관은 쏘프트웨어저작권을 침해하거나 또는 민족의 미풍량속에 맞지 않는 내용을 담은 쏘프트웨어와 콤퓨터비루스의 제작, 복제, 류포행위, 콤퓨터망을 통한 쏘프트웨어의 파괴, 비법적인 열람행위 같은 것을 엄격히 감독통제하여야 한다.

제40조

쏘프트웨어저작권을 침해하였을 경우에는 해당한 손해를 보상시키고 비법적으로 얻은 돈과 리용된 쏘프트웨어를 몰수한다.

제41조

이 법을 어겨 쏘프트웨어 보호사업에 엄중한 결과를 일으킨 기관, 기업소, 단체의 책임있는 일군과 개별적공민에게는 정상에 따라 행정적 또는 형사적 책임을 지운다.

제42조

쏘프트웨어의 보호와 관련하여 생긴 분쟁은 협의의 방법으로 해결한다. 협의의 방법으로 해결할수 없을 경우에는 중재 또는 재판절차로 해결할 수 있다.

# 조선민주주의인민공화국 환경보호법

주체75(1986)년 4월 9일 최고인민회의 법령 제5호로 채택
주체88(1999)년 3월 4일 최고인민회의 상임위원회 정령 제488호로 수정보충
주체89(2000)년 7월 24일 최고인민회의 상임위원회 정령 제1676호로 수정
주체94(2005)년 4월 19일 최고인민회의 상임위원회 정령 제1083호로 수정보충
주체100(2011)년 3월 22일 최고인민회의 상임위원회 정령 제1482호로 수정보충
주체100(2011)년 8월 23일 최고인민회의 상임위원회 정령 제1825호로 수정보충
주체102(2013)년 7월 24일 최고인민회의 상임위원회 정령 제3292호로 수정보충
주체103(2014)년 10월 22일 최고인민회의 상임위원회 정령 제192호로 수정보충

## 제1장 환경보호법의 기본

제1조 (환경보호법의 사명)

조선민주주의인민공화국 환경보호법은 자연환경의 보존과 조성, 환경오염방지에서 제도와 질서를 엄격히 세워 조국산천을 더욱 아름답게 만들며 인민들의 건강을 보호증진시키고 그들에게 문화 위생적인 생활환경과 로동조건을 지어주는데 이바지한다.

제2조 (환경보호사업의 기본원칙)

환경보호는 항구적으로 틀어쥐고나가야 할 전국가적, 전인민적인 사업이다.

국가는 현실발전의 요구에 맞게 환경보호사업을 더욱 강화하며 환경보호부문에 대한 투자를 계통적으로 늘인다.

제3조 (환경보호사업의 계획화원칙)

환경보호사업을 계획적으로 진행하는것은 환경보호정책을 실현하는데서 나서는 근본담보이다.

국가는 전국적인 환경보호계획과 지역별, 부문별 환경보호계획을 바로세우고 정확히 실행하며 오염을 막고 환경을 보호할수 있게 도시와 마을을 형성하고 산업시설을 계획적으로 배치하도록 한다.

제4조 (공해방지대책의 선행원칙)

생산과 건설에 앞서 공해방지대책을 철저히 세우는 것은 환경보호사업에서 나서는 중요요구이다.

국가는 기관, 기업소, 단체에서 공해방지대책을 먼저 세우고 생산과 건설을 진행하며 환경보호를 위한 물질기술적수단을 끊임없이 현대화하도록 한다.

제5조 (전인민적인 환경보호관리원칙)

환경보호는 나라와 인민, 후대들을 위한 숭고한 애국사업이며 인민대중자신의 사업이다.

국가는 전체 인민이 조국강산과 향토를 사랑하며 나라의 환경을 더 잘 보호관리 하는 사업에 자각적으로, 적극적으로 참가하도록 한다.

제6조 (관리담당제의 실시)

국가는 자연과 환경을 더 잘 보호하기 위하여 기관, 기업소, 단체에 관리담당제를 실시한다.

관리담당제의 대상에는 해당 지역의 산림, 바다가, 도로, 철길, 제방, 록지같은 것이 포함된다.

제7조 (환경보호분야의 과학연구, 사업원칙)

국가는 환경보호분야의 과학연구기관들을 튼튼히 꾸리고 과학연구사업을 발전시키며 가치있는 과학연구성과들을 환경보호사업에 적극 도입하도록 한다.

제8조 (환경보호분야의 교류와 협조)

국가는 환경보호분야에서 다른 나라, 국제기구들과의 교류와 협조를 발전시킨다.

제9조 (법의 규제대상)

이 법은 대기, 물, 토양, 바다의 오염과 소음, 진동, 지반내려앉기, 악취, 오존층 파괴, 지구온난화 같은 환경파괴현상을 막고 보다 좋은 환경을 마련하기 위한 환경보호원칙과 질서를 규제한다.

환경보호와 관련하여 이 법에서 규제하지 않은 사항은 해당 법규에 따른다.

## 제2장 자연환경의 보존과 조성

제10조 (자연환경의 보존과 조성의 기본요구)

자연 환경의 보존과 조성은 환경보호사업의 기본요구이다.

기관, 기업소, 단체와 공민은 자연환경을 보존하며 그것을 건강증진과 문화정서생활에 유리하게 꾸리고 잘 보호관리하여야 한다.

제11조 (자연보호구와 특별보호구의 선정)

자연환경의 보호를 위하여 생물권보호구, 원시림보호구, 동물보호구, 식물보호구, 명승지보호구, 수산자원보호구 같은 자연보호구와 특별보호구를 정한다. 자연보호구와 특별보호구를 정하는 사업은 내각이 한다.

제12조 (환경보호대책의 수립)

국토환경보호기관과 해당 기관은 자연보호구, 특별보호구와 모든 령역에서 동식물의 변화, 지형과 수질의 변화, 기후변동 같은 자연환경의 변화상태를 정상적으로 조사등록하며 필요한 대책을 세워야 한다.

자연보호구와 특별보호구에서는 자연환경을 원상대로 보존하고 보호관리하는데 지장을 주는 행위를 할수 없다.

제13조 (자연풍치의 보호)

기관, 기업소, 단체와 공민은 도시와 마을, 도로와 철길주변, 호소와 하천주변의 풍치림을 베거나 명승지와 바다기슭의 솔밭, 해수욕장, 기암절벽, 우아하고 기묘한 산세, 풍치좋은 섬을 비롯한 자연풍치를 손상, 파괴하지 말아야 한다.

국토환경보호기관, 지방인민위원회와 해당 기관, 기업소, 단체는 기본철길, 도토와 잇닿아있는 산들에 수종이 좋은 나무와 지피식물을 많이 심고 가꾸어 수림화, 원림화, 과수원화하며 무립목지를 없애야 한다.

제14조 (명승지, 천연기념물의 보호)

기관, 기업소, 단체와 공민은 명승지와 관광지, 휴양지에 탄광, 광산을 개발하거나 환경보호에 지장을 주는 건물, 시설물을 짓는것 같은 행위를 하지 말며 동굴, 폭포, 옛성터 같은 천연기념물과 명승고적을 원상대로 보존하여야 한다.

제15조 (땅의 침하방지)

기관, 기업소, 단체는 지하자원을 개발하거나 지하건설을 할 경우 땅이 꺼져 환경이 파괴되지 않도록 해당한 대책을 미리 세워야 한다.

땅이 꺼져 피해를 받을수 있는 곳에서는 지하수를 뽑아쓸수 없다.

제16조 (자연생태계의 균형파괴행위금지)

기관, 기업소, 단체와 공민은 야생동물과 수중생물의 서식환경을 파괴하거나 희귀종, 위기종으로 등록된 동식물을 잡거나 채취하여 생태계의 보호, 생물다양성의 보존과 지속적리용에 지장을 주는 행위를 하지 말아야 한다.

국가가 보호증식 대상으로 정한 동식물은 국토환경보호기관의 허가없이 잡거나 채취할수 없다.

제17조 (문화휴식터건설과 원림, 록지조성)

국토환경보호기관과 도시경영기관, 해당 기관, 기업소, 단체는 공원과 유원지 같은 문화휴식터를 곳곳에 현대적으로 꾸리고 정상적으로 관리운영하며 도로, 철길, 하천, 건물주변과 구획안의 빈 땅이나 공공장소에 여러 가지 환경보호기능을 수행할수 있는 좋은 수종의 나무, 화초, 잔디 같은 것을 심어야 한다.

기본철길보호구역 밖의 량옆 20m구간의 토지는 국토환경보호기관과 도시경영기관이 나무를 심고 양묘장으로 리용하며 다른 기관, 기업소, 단체와 공민이 리용할수 없다.

제18조 (국토환경보호관리월간)

국가는 국토를 아름답게 꾸리고 환경을 보호하는 사업을 전군중적으로 진행하기 위하여 국토관리총동원기간과 연안, 령해관리월간, 식수월간, 도시미화월간 같은 국토환경보호관리월간을 정한다.

국토환경보호관리월간을 정하는 사업은 내각이 한다.

## 제3장 환경오염의 방지

제19조 (환경보호기준의 준수)

환경오염을 미리 막는것은 공해현상을 없애기 위한 기본조건이다.

기관, 기업소, 단체는 환경보호한계기준과 오염물질의 배출기준, 소음, 진동기준 같은 환경보호기준을 엄격히 지켜야 한다.

환경보호기준을 정하는 사업은 내각이 한다.

제20조 (가스, 먼지잡이와 공기려과장치의 설치)

해당 기관, 기업소, 단체는 건물과 시설물에 가스, 먼지잡이장치와 공기려과장치를 갖추고 가스나 먼지, 악취 같은것이 류출되지 않도록 하며 로와 탕크, 배관 같은 시설을 계획적으로 보수정비하여야 한다.

기술검사를 받지 않은 보이라는 운영할수 없다.

제21조 (환경보호기준을 초과하는 설비의 가동금지)

기준을 초과하여 유해가스, 검은연기를 내보내는 륜전기재와 포장하지 않은 물자를 실어 먼지를 일으킬수 있거나 어지러워진 륜전기재는 운행할수 없으며 규정된 기준을 초과하여 소음과 진동을 일으키는 설비는 가동할수 없다.

인민보안기관은 륜전기재에 대한 기술검사와 운행단속을 엄격히 하며 기준을 초과하여 유해가스, 검은연기를 내보내거나 소음, 진동을 일으키는 륜전기재, 먼지를 일으키거나 어지러워진 륜전기재를 운행하지 않도록 하여야 한다.

제22조 (특수기상조건에 의한 대기오염의 방지)

국토환경보호기관과 해당 기관, 기업소, 단체는 배출되는 가스, 먼지 같은것이 특수한 기상현상의 영향으로 대기를 심히 오염시킬수 있을 경우 해당 설비의 가동과 륜전기재의 운행을 조절하거나 중지하여야 한다.

기상수문기관은 특수한 기상현상이 일어날 경우 그에 대하여 국토환경보호기관과 해당 기관에 통보하여야 한다.

제23조 (오물의 처리)

도시경영기관과 지방인민위원회, 해당 기관, 기업소, 단체는 거리와 마을, 공원, 유원지, 해안가, 해수욕장에 각종 오물들을 분류하여 버릴수 있게 휴지통, 오물통, 오물장 같은 것을 규모있게 설치하며 버려진 오물을 제때에 처리하거나 걷어내야 한다.

오물을 도시주민구역과 주요도로주변에서 불태우지 말며 오물처리장에 모아놓은 오물은 제때에 실어내야 한다.

제24조 (도시오물의 재자원화)

지방인민위원회와 해당 기관, 기업소, 단체는 도시오물을 탄재, 파지, 파수지, 고 포, 파유리, 파철, 유기질비료생산용오물 같은것으로 분류하여 최대한 재자원화하도 록하여야 한다.

제25조 (버림물의 정화)

건물, 시설물을 건설하는 기관, 기업소, 단체는 생활오수 및 산업 폐수를 처리할수 있는 하수도시설, 정화시설을 건설한 다음 상부구조블 건설하여야 한다.

하수도시설, 정화시설을 건설하지 않고서는 다음 단계의 건설을 할수 없다.

생활오수 및 산업폐수는 오염물질배출기준에 맞게 깨끗이 정화하여 내보내며 정화되지 않은 버림물이 바다나 하천, 호소, 저수지 같은곳에 흘러들지 않도록 하여야 한다.

제26조 (상수도시설의 보수정비, 먹는물의 려과소독)

도시경영기관과 해당 기관, 기업소, 단체는 상수도시설을 정상적으로 보수정비하고 먹는물의 려과 소독을 엄격히 하여 주민들에게 수질기준이 정확히 보장된 먹는물을 공급하여야 한다.

취수구와 저수지, 배수구주변에는 공장, 기업소와 건물, 시설물을 건설할수 없으며 살초제, 살충제 같은 해로운 화학물질을 칠수 없다.

**제27조 (바다, 하천, 호소, 저수지의 환경보호)**

우리 나라의 령해와 경제수역에서 항행하거나 정박하고있는 배는 오염방지와 관련한 질서를 지키며 항만, 포구, 갑문, 하천, 호소, 저수지에서 항행하거나 정박하고 있는 배는 기름, 버림물, 오물 같은 것을 버리거나 떨구지 말아야 한다.

자원개발기관과 해당 기관, 기업소, 단체는 바다자원을 개발, 리용하거나 해안공사 같은 것을 할 경우 바다환경에 주는 영향을 평가받고 바다오염방지대책을 미리 세워야 한다.

**제28조 (배의 오염방지설비)**

배운영기관, 기업소, 단체는 배의 오염방지와 관련한 문건, 설비, 수단을: 정해진 대로 갖추어야 한다.

해사감독기관은 배의 오염방지정형을 정상적으로 감독통제하여야 한다.

**제29조 (배로 인한 오염의 방지)**

항과 포구, 갑문, 부두를 관리운영하는 기관, 기업소, 단체는 버림물과 오물처리시설을 갖추고 배에서 나오는 버림물과 오물을 규정대로 처리하며 바다, 하천에 떨어진 기름과 오물을 제때에 정화하거나 거두어내야 한다.

항무감독기관은 무역배의 입항신청을 받으면 기름오염 및 난파선제거에 대한 보험 담보가 있는가를 확인하고 입항승인을 하여야 한다.

**제30조 (정화장, 오물, 공업폐설물처리장의 건설)**

해당 기관, 기업소, 단체는 버림물의 정화장이나 오물, 공업폐설물의 처리장을 바다나 하천, 호소, 저수지 또는 먹는물원천을 오염시키지 않을 곳에 꾸려야 한다.

지하자원을 개발하는 기관, 기업소, 단체는 박토장, 버럭장, 저탄장, 연재 및 광재처리장을 꾸리고 산림과 하천, 농경지를 오염시키거나 못쓰게 만들지 말며 지하자원개발이 끝난 다음에는 그 지대를 원상대로 정리하여야 한다.

파괴된 환경을 원상대로 정리하지 않았을 경우에는 다음 대상의 지하자원을 개발할수 없다.

**제31조 (화학물질의 생산과 수입, 독성 검사)**

기관, 기업소, 단체는 농약을 비롯한 화학물질을 생산하거나 수입 하려 할 경우 해당 품질감독기관과 검정기관의 독성검사와 환경에 미치는 영향평가를 받고 등록하여야 한다.

독성검사와 환경에 미치는 영향평가에 따라 국가가 사용을 금지시킨 농약을 비롯한 화학물질은 생산하거나 수입할수 없다.

**제32조 (농약의 보관, 리용, 오염된 농산물의 판매, 공급금지)**

농업지도기관과 해당 기관, 기업소, 단체는 농약의 보관, 리용을 정해진대로 하여 유기오염물질이나 중금속 같은 독성물질이 대기중에 날리거나 바다. 하천, 호소, 저수지에 흘러들거나 토양속에 축적되지 않도록 하여야 한다.

농약을 비행기로 뿌리려 할 경우에는 중앙국토환경보호지도기관의 승인을 받아야 한다.

토양의 오염도가 허용기준을 초과할 경우에는 그것을 해소시킨 다음 농작물을 심으며 오염 된 토양에서 생산한 농산물은 판매, 공급할수 없다.

제33조 (방사성물질에 의한 오염방지)

방사성물질을 생산하거나 취급하는 기관, 기업소는 방사성 기체, 먼지, 버림물, 폐설물의 려과, 정화시설을 갖추고 방사능농도블 배출기준아래로 낮추어야 한다.

개방상태의 방사성물질을 취급하는 기관, 기업소는 주변환경에 대한 방사성오염준위를 정상적으로 조사측정하고 해당한 대책을 세워야 한다.

제34조 (방사성물질취급)

해당 기관, 기업소, 단체는 방사성물질을 생산, 공급, 운반, 보관, 사용, 페기하려 할 경우 정해진데 따라 핵안전감독기관 또는 인민보안기관의 허가를 받아야 한다.

핵안전감독기관은 환경을 오염시킬수 있는 요소들을 정상적으로 조사하고 해당한 대책을 세워야 한다.

제35조 (오염된 물품의 수입금지)

환경보호와 인민들의 건강을 파괴할수 있는 오염된 식료품, 의약품, 생활용품, 동물먹이 같은것은 우리 나라에 들여올수 없다.

기관, 기업소, 단체와 공민은 식료품, 의약품, 생활용품, 동물먹이 같은 것을 들여올 경우 해당 기관의 검사, 검역을 받아야 한다.

제36조 (환경을 파괴시킬수 있는 폐기물, 설비, 기술의 수입과 생산도입금지)

해로운 물질을 내보내거나 소음과 진동을 일으켜 환경을 심히 파괴시킬수 있는 폐기물, 오존층파괴 물질과 그것이 들어 있는 설비, 기술은 중앙국토환경보호지도기관의 합의 없이 우리 나라에 들여오거나 생산에 도입할수 없다.

제37조 (해로운 물질의 배 출량과 농도, 소음과 진동의 세기측정

기관, 기업소, 단체는 생산과정에 생기는 해로운 물질의 배출량과 농도, 소음과 진동의 세기를 정상적으로 분석, 측정, 기록하며 계통적으로 낮추어야 한다.

국토환경보호기관의 허가가 없거나 허용기준을 초과하는 해로운 물질은 내보낼수 없다.

제38조 (공해틀 일으키는 건물, 시설물의 이설)

국토환경보호기관과 지방인민위원회, 해당 기관은 공해를 일으키는 공장, 기업소를 도시 밖으로 내가고 화물수송도로와 철길을 주민구역 밖으로 돌리거나 지하에 넣으며 오염피해를 받는 살림집을 생활환경이 좋은 곳으로 옮겨야 한다.

도시의 중심에는 공해를 일으킬수 있거나 물동량이 많은 공장, 기업소를 건설할수 없으며 공해방지

시설을 갖추지 않은 건물, 시설물은 사용할수 없다.

제39조 (재생에네르기자원의 개발리용)

기관, 기업소, 단체는 환경보호와 경제의 지속적발전의 요구에 맞게 석탄, 원유와 같은 화석에네르기의 소비를 줄이고 태양열, 지열, 풍력, 조수력 같은 재생에네르기 자원을 적극 개발리용하여야 한다.

제40조 (환경인증제도의 실시)

기관, 기업소, 단체는 환경관리체계를 세우고 환경관리를 규격화하며 환경관리체계와 제품에 대한 환경인증을 받는 사업을 장려하여야 한다.

환경관리체계와 제품에 대한 환경인증사업은 해당 환경인증기관이 한다.

제41조 (재자원화기술의 도입)

해당 기관, 기업소, 단체는 생산과정에 생기는 부산물과 페기페설물을 재자원화하기 위한 기술을 적극 받아들여 환경오염을 막고 원료, 자재의 소비를 극력 줄여야 한다.

## 제4장 환경보호사업에 대한 지도통제

제42조 (환경보호사업에 대한 지도통제의 기본요구)

환경보호사업에 대한 지도통제를 강화하는것은 국가의 환경보호정책을 정확히 집행하기 위한 중요한 요구이다.

국가는 현실발전의 요구에 맞게 환경보호사업에 대한 지도와 통제를 강화하도록 한다.

제43조 (환경보호사업에 대한 지도)

환경보호사업에 대한 지도는 내각의 통일적인 지도밑에 중앙국토환경보호지도기관이 한다.

중앙국토환경보호지도기관은 환경보호사업에 대한 지도체계를 바로세우고 지도방법을 끊임 없이 개선하여야 한다.

제44조 (비상설환경보호위원회의 조직, 운영)

자연보호, 환경보호를 위하여 내각과 도인민위원회에 비상설환경보호위원회를 조직하고 운영한다.

제45조 (환경감시체계수립, 환경상태장악)

중앙국토환경보호지도기관은 전국적인 환경감시체계를 빈틈없이 세우고 바다와 하천, 호소, 저수지, 대기의 오염상태를 정상적으로 정확히 조사장악하며 환경보호를 위한 년차별계획을 세우고 그 실행을 정확히 지도하여야 한다.

제46조 (환경경제지표의 계획화)

국가계획기관과 해당 기관은 환경부문의 경제지표를 바로 정하고 인민경제계획에 맞물려 정확히 집행하여야 한다.

제47조 (환경보호사업조건보장)

기관, 기업소, 단체는 환경보호를 위한 감독 및 측정사업과 관련하여 국토환경보호기관과 해당 기관이 요구하는 자료와 필요한 사업 조건을 보장하여야 한다.

국가계획기관과 로동행정기관, 자재 공급기관, 재정은행기관은 환경보호에 필요한 로력, 설비, 자재, 자금을 제때에 보장하여야 한다.

제48조 (건설대상의 환경영향평가)

국토환경보호기관이 정한 건설대상은 환경영향평가를 의무적으로 받아야 한다.

기관, 기업소, 단체는 기술과제와 건설설계의 작성을 환경보호의 요구에 맞게 하여야 한다.

국토환경보호기관의 환경영향평가를 받지 않은 기술과제와 건설설계는 심의, 비준할수 없다.

제49조 (공해방지시설과 준공검사)

준공검사기관은 공해방지시설을 갖추지 않은 건설대상에 대하여 준공검사합격승인을 하지 말아야 한다.

제50조 (환경보호기금과 오염물질배출보상료)

기관, 기업소, 단체는 정해진데 따라 소득의 일부를 환경보호기금으로 계획화하여 자기 단위의 환경보호사업에 리용하여야 한다.

산업폐수, 폐기물, 폐가스, 먼지 같은 환경오염물질을 내보내는 기관, 기업소, 단체는 배출량에 따르는 오염물질배출보상료를 납부하여야 한다.

제51조 (환경실태통계자료의 작성과 제출)

기관, 기업소, 단체는 해마다 자기 단위의 환경실태에 대한 통계자료를 구체적으로 작성하여 해당 국토환경보호기관과 통계 기관에 내야 한다.

중앙국토환경보호지도기관과 중앙통계기관은 해마다 전국적인 환경실태통계자료를 작성하여 내각에 내야 한다.

제52조 (환경보호에 대한 과학지식보급)

교육기관과 출판보도기관은 여러 가지 형식과 방법으로 자연과 환경을 보존, 보호하기 위한 과학지식과 상식을 적극 보급하며 환경보호분야에서 이룩한 성과를 널리 소개선전하여야 한다.

제53조 (환경보호사업에 대한 감독통제)

환경보호사업에 대한 감독통제는 국토환경보호기관과 해당 감독통제기관이 한다.

국토환경보호기관과 해당 감독통제기관은 기관, 기업소, 단체와 공민이 자연환경을 적극 보존, 보호하고 환경오염방지사업을 잘하도록 엄격히 감독통제하여야 한다.

부문별 해당 감독기관은 본위주의를 부리면서 국토환경보호기관의 사업에 지장을 주는 현상을 없애며 국토환경보호기관의 통일적인 장악과 통제에 복종하여야 한다.

제54조 (관리 및 감독사업에 대한 책임)

환경오염을 발생시켰을 경우 그에 대한 책임은 조사 및 측정결과에 따라 오염을 발생시켰거나 관리분담을 받은 기관, 기업소, 단체 또는 해당 감독통제기관이 진다.

제55조 (다른 나라 법인이나 배, 공민에 대한 억류, 손해보상, 벌금)

우리 나라 령역에서 다른 나라 법인이나 배 또는 공민이 이 법을 어겼을 경우에는 억류, 손해보상,

벌금 같은 제재를 준다.

제56조 (민사적책임)

환경을 파괴시켜 인민들의 건강과 국가 또는 사회협동단체, 공민의 재산에 피해를 주었을 경우에는 원상복구시키거나 해당한 손해를 보상시킨다.

제57조 (행정적책임)

다음의 경우에는 해당 기관, 기업소, 단체의 책임있는 일군과 개별적공민에게 정상에 따라 해당한 행정적책임을 지운다.

1. 담당구간에 대한 보호관리를 제대로 하지 않았을 경우
2. 자연보호구, 특별보호구에서 금지된 행위를 하였을 경우
3. 자연눙치를 손상, 파괴하였을 경우
4. 천연기념물에 손상을 주었을 경우
5. 승인없이 지하수를 뽑아 땅아 꺼지게 하였을 경우
6. 철길보호구역을 침해하였을 경우
7. 환경보호기준을 초과하였을 경우
8. 기준을 초과하여 유해가스, 검은연기를 내보내는 륜전기재를 운행할 경우
9. 주민구역과 주요도로주변에서 오물을 붙태울 경우
10. 휴지통, 오물통, 오물장을 정해진대로 갖추지 않았을 경우
11. 오물을 제때에 실어내가지 않을 경우
12. 정화하지 않은 버림물을 바다. 하천, 호소, 저수지에 내보냈을 경우
13. 승인없이 바다자원을 개발하거나 해안공사를 달 경우
14. 오염방지설비를 갖추지 않은 배를 운항할 경우
15. 사람에게 해롭거나 대기, 물, 토양을 오염시키는 화학물질을 생산, 수입할 경우
16. 이밖에 환경보호법규를 어겼을 경우

제58조 (형사적책임)

이 법 제57조의 행위가 범죄에 이를 경우에는 형법의 해당 조문에 따라 형사적책임을 지운다.

# 조선민주주의인민공화국 환경영향평가법

주체94(2005)년 11월 9일 최고인민회의 상임위원회 정령 제1367호로 채택
주체96(2007)년 3월 27일 최고인민회의 상임위원회 정령 제2195호로 수정보충

## 제1장 환경영향평가법의 기본

### 제1조(환경영향평가법의 사명)

조선민주주의인민공화국 환경영향평가법은 환경영향평가문건의 작성과 신청, 심의, 환경영향평가결정의 집행에서 제도와 질서를 엄격히 세워 환경파괴와 그로 인한 피해를 미리 막고 깨끗한 환경을 보장하는데 이바지한다.

### 제2조(정의)

환경영향평가는 계획의 작성과 개발, 건설이 환경에 미치는 영향을 예측평가하여 부정적영향을 없애거나 최대로 줄이기 위한 대책을 세우는 중요한 사업이다.

계획에는 국토계획과 건설총계획이, 개발에는 자원 및 에네르기의 개발이, 건설에는 신설, 기술 개건, 증축, 개축, 이개축이 속한다.

### 제3조(환경영향평가문건의 신청원칙)

환경영향평가문건의 신청은 환경영향평가사업의 첫 공정이다.

국가는 환경영향평가문건의 신청질서를 세우고 그것을 엄격히 지키도록 한다.

### 제4조(환경영향평가문건의 심의원칙)

환경영향평가문건의 심의를 바로하는것은 환경피해의 요소를 찾아내고 그것을 미리 막는데서 나서는 중요요구이다.

국가는 환경영향평가문건의 심의에서 과학성과 객관성, 공정성을 보장하도록 한다.

### 제5조(환경영향평가결정의 집행원칙)

환경영향평가결정을 정확히 집행하는것은 환경보호의 근본담보이다.

국가는 계획의 작성과 개발, 건설에서 환경영향평가결정을 엄격히 집행하도록 한다.

### 제6조(투자원칙)

국가는 정보산업시대의 요구에 맞게 환경영향평가부문의 물질 기술적토대를 튼튼히 갖추며 환경영향평가사업을 현대화, 과학화, 정보화하도록 한다.

### 제7조(교류와 협조)

국가는 환경영향평가부문에서 다른 나라, 국제기구들과의 교류와 협조를 발전시킨다.

### 제8조(적용대상)

이 법은 계획을 작성하거나 개발, 건설을 하는 기관, 기업소, 단체와 공민에게 적용한다.

## 제2장 환경영향평가문건의 작성과 신청

### 제9조(환경영향평가문건신청의 기본요구)

환경영향평가문건의 작성과 신청을 바로하는 것은 환경영향평가를 정확히 할수 있게 하는 중요조건이다.

계획을 작성하거나 개발, 건설을 하는 기관, 기업소, 단체는 환경영향평가문건을 정확히 작성하여 신청하여야 한다.

### 제10조(환경영향평가문건의 작성기관)

환경영향평가문건의 작성은 계획작성기관과 건설주기관, 기업소, 단체가 한다.

필요에 따라 과학연구기관 또는 해당 전문기관에 의뢰하여 환경영향평가문건을 작성할수도 있다.

### 제11조(환경영향평가문건작성을 위한 조사)

환경영향평가문건을 작성하는 기관, 기업소, 단체와 공민은 해당 지역의 환경실태와 계획, 개발, 건설의 특성, 그것으로 하여 있을수 있는 환경변화 같은 것을 구체적으로, 전면적으로 조사하여야 한다.

### 제12조(환경영향평가문건의 작성방법)

계획과 관련한 환경영향평가문건의 작성은 해당 계획에 환경보호편을 주는 형식으로, 개발, 건설과 관련한 환경영향평가문건의 작성은 대상의 특성과 규모에 따라 부류별로 한다.

### 제13조(환경영향평가문건에 반영할 내용)

환경영향평가문건에 반영할 내용은 다음과 같다.

1. 계획, 개발 건설의 특성
2. 계획, 개발 건설이 진행될 현지의 실태
3. 계획, 개발 건설이 환경에 주는 영향을 예측평가한 자료
4. 부정적영향을 미리 막거나 줄이기 위한 대책

### 제14조(환경영향평가문건의 신청시기)

계획과 관련한 환경영향평가문건의 신청은 작성된 계획초안의 심의전단계, 개발, 건설과 관련한 환경영향평가문건의 신청은 건설위치지정서와 건설명시서의 발급신청전단계에서 한다.

### 제15조(환경영향평가문건의 신청)

작성한 환경영향평가문건은 국토환경보호기관의 심의에 제기한다.

우리 나라에서 개발, 건설을 하는 외국기업과 외국인은 대리기관을 통하여 조선말로 된 환경영향평가문건을 국토환경보호기관에 내야 한다. 이 경우 대리기관은 대리위임장을 함께 내야 한다.

## 제3장 환경영향평가문건의 심의

### 제16조(환경영향평가문건심의의 기본요구)

환경영향평가문건의 심의는 제기된 환경영향평가문건을 검토처리하는 중요한 사업이다.

환경영향평가문건의 심의는 국토환경보호기관이 한다.

국토환경보호기관은 중요대상과 환경에 미치는 영향이 큰 대상에 대한 환경영향평가문건의 심의를 위하여 해당 부문 전문일군들로 환경영향평가위원회를 조직할 수 있다.

제17조(환경영향평가문건의 심의기간)

국토환경보호기관은 환경영향평가문건을 접수한 날부터 30일안으로 심의하여야 한다.

중요대상과 환경에 미치는 영향이 큰 대상에 대하여서는 심의기간을 15일간 더 연장할 수 있다.

제18조(환경영향평가에서 국토환경보호기관의 의무)

국토환경보호기관은 국가의 환경보호정책과 환경보호기준에 맞게 환경영향평가문건이 작성되였는가를 심의하여야 한다.

제19조(중앙국토환경보호지도기관의 심의관할)

중앙국토환경보호지도기관의 환경영향평가문건심의대상은 다음과 같다.

1. 전국국토건설총계획과 중요지구국토건설총계획, 내각과 국가건설감독기관이 승인하는 건설총계획

2. 중앙기관이 담당한 개발, 건설대상과 국가건설감독기관이 설계를 승인하는 대상, 합영합작기업, 외국인기업

3. 도(직할시)국토환경보호기관의 심의대상이라 하더라도 환경에 미치는 영향이 큰 대상

제20조(도(직할시)국토환경보호기관의 심의관할)

도(직할시)국토환경보호기관의 환경영향평가문건심의대상은 다음과 같다.

1. 도(직할시), 시(구역), 군국토건설총계획과 해당 부문별건설계획

2. 도(직할시), 시(구역), 군이 담당한 개발, 건설대상

제21조(환경영향평가문건의 심의조건보장)

국토환경보호기관은 환경영향평가문건의 심의에 필요한 자료와 조건의 보장을 기관, 기업소, 단체에 요구할 수 있다.

기관, 기업소, 단체는 국토환경보호기관이 요구하는 자료와 조건을 제때에 보장하여야 한다.

제22조(환경영향평가문건의 심의결정)

국토환경보호기관은 환경영향평가문건을 심의하고 승인 또는 부결하는 결정을 하고 그 결과를 해당 기관, 기업소, 단체에 서면으로 알려주어야 한다. 이 경우 부결하는 리유를 밝혀야 한다.

제23조(심의에서 제기된 의견의 퇴치)

환경영향평가문건의 심의에서 부결된데 대하여 통지를 받은 기관, 기업소, 단체는 지적된 결함을 고치고 다시 심의해줄데 대한 의견을 제기할 수 있다.

국토환경보호기관은 제기된 의견을 심의하고 그 결과를 해당기관, 기업소, 단체에 알려주어야 한다.

제24조(환경영향평가문건의 승인취소)

국토환경보호기관은 해당 계획이 변경되였거나 개발, 건설이 승인되여 3년이 지났으나 그 실행에 착수하지 않았을 경우 환경영향평가문건의 승인을 취소할 수 있다. 이 경우 해당 기관, 기업소, 단체는 환경영향평가심의를 다시 받아야 한다.

## 제4장 환경영향평가결정의 집행

### 제25조(환경영향평가결정집행에서 나서는 기본요구)

환경영향평가결정의 집행은 기관, 기업소, 단체와 공민에게 있어서 의무적이다. 기관, 기업소, 단체와 공민은 환경영향평가승인통지를 받은데 따라 해당 계획을 작성하거나 개발, 건설을 하여야 한다.

### 제26조(설계의 작성)

해당 설계기관은 기술설계에 환경영향평가결정에서 제기된 내용을 정확히 반영하여야 한다.

### 제27조(발생한 부정적영향에 대한 대책)

국토환경보호기관은 계획의 작성, 개발, 건설과정에 부정적인 환경영향이 발생하였을 경우 그것을 중지시켜야 한다. 이 경우 부정적영향을 없애기 위한 조치를 취하여야 한다.

### 제28조(환경영향평가결정집행에 대한 검사)

국토환경보호기관은 개발, 건설이 완공되여 준공검사를 받는 대상에 대하여 환경영향평가결정의 집행정형을 검사하여야 한다.

환경영향평가결정의 요구를 집행하지 않은 개발, 건설대상에 대하여서는 준공검사에서 합격을 줄 수 없다.

### 제29조(환경영향평가승인을 받지 않은 대상의 부결)

국가건설감독기관과 국토환경보호기관, 국가계획기관, 재정은행기관, 해당 기관은 환경영향평가를 받지 않은 대상에 대하여 계획, 개발, 건설을 승인하지 말아야 한다.

## 제5장 환경영향평가사업에 대한 지도통제

### 제30조(환경영향평가사업에 대한 지도)

환경영향평가사업에 대한 지도는 내각의 통일적인 지도밑에 중앙국토환경보호지도기관이 한다.

중앙국토환경보호지도기관은 환경영향평가사업체계를 바로세우고 환경영향평가사업을 정상적 으로 장악지도하여야 한다.

### 제31조(감독통제)

환경영향평가사업에 대한 감독통제는 국토환경보호기관과 해당 감독통제기관이 한다.

국토환경보호기관과 해당 감독통제기관은 환경영향평가와 그 결정집행정형에 대한 감독통제를 정상적으로 하여야 한다.

### 제32조(중지, 손해보상)

환경영향평가를 받지 않았거나 평가결정을 어기고 계획을 작성하였거나 개발, 건설을 하였을 경우에는 그것을 중지시키거나 해당한 손해를 보상시킨다.

### 제33조(행정적 또는 형사적책임)

이 법을 어겨 환경보호사업에 엄중한 결과를 일으킨 기관, 기업소, 단체의 책임있는 일군과 개별적 공민에게는 정상에 따라 행정적 또는 형사적책임을 지운다.

# 조선민주주의인민공화국 바다오염방지법

1997년 10월 22일 최고인민회의 상설회의 결정 제 99호로 채택
1999년 1월 14일 최고인민회의 상임위원회 정령 제350호로 수정
주체103(2014)년 9월 11일 최고인민회의 상임위원회 정령 제142호로 수정보충

## 제1장 바다오염방지법의 기본

### 제1조 (바다오염방지법의 사명)

조선민주주의인민공화국 바다오염방지법은 바다오염방지사업에서 제도와 질서를 엄격히 세워 바다의 수질과 자원을 보호하는데 이바지한다.

### 제2조 (용어의 정의)

이 법에서 용어의 정의는 다음과 같다.

1. 바다오염이란 사람의 활동에 의하여 여러 가지 유해물질들이 바다에 퍼져 바다수질이 나빠지는 것을 말한다.
2. 수중공사란 방파제, 호안, 방조제, 항과 부두, 대륙붕구조물의 건설, 해저자원의 탐사 및 개발과 같은 바다물속에서 진행하는 작업을 말한다.
3. 배란 물우 또는 물속에서 수송이나 기타 경제활동에 쓰이는 모든 형식의 부유수단의 총체를 말한다. 배에는 고정 및 이동식해상시추구조물도 속한다. 군함이나 경기용배는 이에 해당되지 않는다.
4. 배오염물질이란 배운영과정에 생기는 폐유, 기름찌끼, 기름섞인 물, 화물찌끼, 생활오수 및 오물, 유독성물질, 발라스트물 같은 것을 말한다.
5. 배의 오염방지설비란 배의 항행 및 운영과정과 선원들의 생활과정에 생기는 오염물질을 분리, 저장, 처리하는 설비를 말한다.
6. 배기름오염비상대응체계란 배기름오염사고발생시 국가배기름오염비상계획에 따라 기관, 기업소, 단체가 긴급동원되여 류출된 기름을 제거하는 체제를 말한다.

### 제3조 (오염방지시설의 설치 및 운영원칙)

생활오수, 산업폐수를 깨끗이 정화하는것은 바다의 오염을 막기 위한 근본조건이다.

국가는 해안연선의 주민지구와 산업시설, 배와 해상시설물들에 오염방지시설을 갖추고 그 운영을 정상화하여 오염물질이 바다로 흘러들지 않도록 한다.

### 제4조 (바다오염방지사업을 전인민적사업으로 할데 대한 원칙)

바다오염방지는 숭고한 애국사업이다.

국가는 인민들속에서 교양사업을 실속있게 벌려 그들이 높은 애국심을 가지고 바다오염방지 사업에 자각적으로 참가하도록 한다.

제5조 (과학기술성과를 바다오염방지분야에 적극 받아들일데 대한 원칙)

국가는 바다오염방지분야의 과학연구사업을 강화하며 이 분야의 과학기술성과를 바다오염방지사업에 적극 받아들이도록 한다.

제6조 (바다오염방지분야에서 교류와 협조)

국가는 바다오염방지분야에서 다른 나라, 국제기구들과의 교류와 협조를 강화하도록 한다.

## 제2장 바다오염방지계획과 바다환경조사

제7조 (바다오염방지사업을 계획적으로 할데 대한 요구)

바다오염방지계획은 국토환경보호부문의 중요계획이다.

국토환경보호기관은 바다오염방지계획을 바다의 수질과 생태계를 보호하며 바다오염을 미리 막고 오염사고를 제때에 처리할수 있게 세워야 한다.

제8조 (바다오염방지계획의 구분 및 작성기관)

바다오염방지계획은 전국적인 바다오염방지계획과 지역별 바다오염방지계획, 기관, 기업소, 단체의 바다오염방지계획으로 나눈다.

전국적인 바다오염방지계획은 중앙국토환경보호지도기관이, 지역별 바다오염방지계획은 해당 국토환경보호기관이, 기관, 기업소, 단체의 바다오염방지제획은 해당 기관, 기업소, 단체가 세운다.

제9조 (바다오염방지계획작성에 필요한 자료의 보장)

국토환경보호기관은 바다오염방지계획작성과 관련하여 해당 기관, 기업소, 단체로부터 필요한 자료를 요구할 수 있다.

해당 기관, 기업소. 단체는 국토환경보호기관이 요구한 자료를 제때에 보장해주어야 한다.

제10조 (바다오염방지계획의 심의, 승인)

전국적인 바다오염방지계획은 내각이, 지역별 바다오염방지계획은 중앙국토환경보호지도기관이 심의, 승인한다.

내각과 중앙국토환경보호지도기관은 해당 기관이 작성한 바다오염방지계획을 구체적으로 검토하고 승인하여야 한다.

제11조 (수질보호구역의 설정)

바다의 해당 수역을 특별히 보호하기 위하여 수질보호구역을 정한다.

수질보호구역을 정하는 사업은 내각이 한다.

제12조 (바다의 수질조사)

국토환경보호기관은 수질조사지점을 합리적으로 정하고 수질보호구역, 륙지에서 생긴 오염물질을 배출하는 구역, 수중공사구역 같은 특별히 보호하여야 할 수역과 바다오염을 발생시킬수 있는 수역에 대한 수질조사를 정상적으로 하여야 한다.

제13조 (바다동식물의 조사)

국토환경보호기관과 해당 과학연구기관은 바다생태계를 보호하기 위하여 바다동식물에 대한 조사를 정상적으로 하여야 한다. 이 경우 지역별, 시기별에 따르는 조사대상을 정하고 구체적으로 조사하여야 한다.

**제14조 (바다의 수질, 동식물조사자료의 분석)**

국토환경보호기관은 바다의 수질과 동식물조사자료에 근거하여 바다오염의 원인과 그로부터 발생하는 영향에 대한 분석을 과학적으로 하여야 한다.

해당 기관, 기업소, 단체는 국토환경보호기관이 요구하는 경우 바다의 수질과 동식물에 대한 조사와 분석사업에 협력하여야 한다.

**제15조 (바다오염평가기준)**

국토환경보호기관과 해당 기관은 정해진 바다오염평가기준에 따라 바다오염상태를 정상적으로 측정하며 바다오염을 제거하기 위한 대책을 세워야 한다.

바다오염평가기준을 정하는 사업은 중앙국토환경보호지도기관이 한다.

**제16조 (바다환경조사자료의 통보와 그에 따르는 대책)**

국토환경보호기관은 바다의 수질조사, 동식물조사자료와 그에 따르는 의견을 내각과 해당 기관에 통보해주어야 한다.

내각과 해당 기관은 국토환경보호기관의 통보자료에 근거하여 바다의 오염을 막고 동식물을 보호하기 위한 대책을 제때에 세워야 한다.

**제17조 (바다환경정보관리체계의 수립)**

국토환경보호기관은 바다환경정보관리체계를 세워야 한다.

전국적인 바다환경정보관리체계는 중앙국토환경보호지도기관이, 지역별 바다환경정보관리체계는 해당 국토환경보호기관이 세운다.

**제18조 (해안관리분담)**

국토환경보호기관과 해당 기관은 바다오염방지를 위하여 해안연선의 기관, 기업소, 단체에 해안관리구역을 분담해주어야 한다.

해당 기관, 기업소, 단체는 분담받은 해안에 대한 관리를 정상적으로 하여 바다환경이 어지럽거나 오염되지 않도록 하여야 한다.

**제19조 (바다오염방지를 위한 로력, 설비, 자금의 동원)**

국토환경보호기관과 해당 기관은 바다가 심히 오염되였을 경우 그것을 제거하기 위하여 기관, 기업소, 단체의 로력과 설비를 동원시킬수 있다.

기관, 기업소, 단체는 국토환경보호기관과 해당 기관이 요구하는 로력과 설비를 제때에 보장하여야 한다.

## 제3장 륙지오염물질에 의한 바다오염의 방지

### 제20조 (바다오염방지대책을 건설에 앞세울데 대한 요구)

환경보호사업을 건설에 앞세우는 것은 국가의 중요정책이다.

내각과 국토환경보호기관, 해당 기관은 해안연선의 주민지구, 산업지구건설에 앞서 바다오염을 막고 환경을 보호하기 위한 대책을 철저히 세워야 한다.

### 제21조 (오염물질의 배출기준)

륙지에서 생긴 오염물질을 바다에 내보낼수 있는 배출기준은 내각이 정한다.

기름, 유독성물질, 병원성페기페설물, 잘 분해되지 않은 유기물질, 중금속페수 같이 바다를 심히 오염시킬수 있는 오염물질은 바다에 내보낼수 없다.

### 제22조 (오염물질의 배출신청)

기관, 기업소, 단체는 륙지에서 생긴 오염물질을 바다에 배출하려할 경우 해당지역 국토환경보호기관에 오염물질배출신청문건을 내고 승인을 받아야 한다.

오염물질배출신청문건에는 오염물질의 종류와 수량, 농도, 정화설비의 기술자료, 오염물질배출장소 같은 것을 밝힌다.

### 제23조 (오염물질배출신청문건의 검토승인, 배출기준의 준수)

오염물질배출신청문건을 받은 국토환경보호기관은 정한 기간안에 신청문건을 구체적으로 검토하고 현지료해를 한다음 오염물질배출을 승인하거나 부결하여야 한다.

오염물질의 배출승인을 받은 기관, 기업소, 단체는 정해진 배출기준을 엄격히 준수하며 승인받은 사항이 변경되였을 경우에는 승인을 다시 받아야 한다.

### 제24조 (오염물질배출장소의 선정)

국토환경보호기관은 해당 기관, 기업소, 단체에 오염물질배출장소를 정해주어야 한다. 이 경우 바다의 흐름과 생태 환경조건, 경제활동과 생활환경에 주는 영향 같은 것을 과학적으로 타산하여야 한다.

### 제25조 (오염물질의 정회 소독)

해안연선의 기관, 기업소, 단체는 정화능력에 맞는 오수정화시설을 갖추고 앞선 정화방법을 받아들여 주민지구와 산업지구에서 나오는 생활오수, 산업페수를 깨끗이 정화하여야 한다.

유독성, 병원성페수는 정화시설을 따로 갖추고 정해진대로 정화, 소독하여야 한다.

환경보호기준의 요구를 어기고 정화하지 않은 오염물질을 바다에 내보낼수 없다.

### 제26조 (항, 부두, 포구, 갑문수역과 바다로 흐르는 강하천의 관리)

항, 부두, 포구, 갑문수역과 바다로 흐르는 강하천을 관리하는 기관, 기업소, 단체는 담당수역에 오염물질이 흘러들지 않도록 그에 대한 관리를 정상적으로 하며 기름과 오물을 비롯한 오염물질을 제때에 거두어 내야 한다.

### 제27조 (농약이 섞인 물의 처리)

농약을 사용하는 기관, 기업소, 단체는 농약이 바다로 흘러들어가지 않도록 하여야 한다.

논물이 바다로 흘러들어 갈수 있는 논에는 독성이 강한 농약을 치지 말아야 한다.

제28조 (채광으로 인한 바다환경의 파괴금지)

해안연선에서 모래, 사금같은 것을 채취하는 기관, 기업소, 단체는 작업과정에 주변의 생태 환경이 파괴되지 않도록 하여야 한다.

작업을 중지하였거나 끝냈을 경우에는 작업장을 원상대로 정리 또는 복구하여야 한다.

제29조 (폐기물에 의한 바다오염방지)

페기물은 바다에 버릴수 없다.

부득이하게 폐기물을 바다에 버리려 할 경우에는 해당 국토환경보호기관, 해양과학연구기관과 합의한다음 내각의 승인을 받아 국토환경보호기관이 정해준 곳에 버려야 한다.

제30조 (문화휴식장소에서 바다오염방지)

바다기슭의 솔밭, 기암절벽, 풍치좋은 섬과 관광지, 해수욕장, 휴양소, 료양소를 관리운영하는 기관, 기업소, 단체는 바다오염을 방지할수 있도록 위생시설, 오물처리시설을 갖추어야 한다.

바다나 해안에 생활오수, 오물을 버리는 행위를 할 수 없다.

제31조 (바다오염행위에 대한 통보)

기관, 기업소, 단체와 공민은 바다를 오염시키는 행위 또는 바다오염현상을 발견하였을 경우 제때에 가까운 지역의 국토환경보호기관이나 해당 기관에 알려야 한다.

## 제4장 수중공사에 의한 바다오염의 방지

제32조 (수중공사를 하는 단위의 바다오염방지의무)

바다오염을 방지하는것은 수중공사를 하는 기관, 기업소, 단체의 의무이다.

해당 기관, 기업소, 단체는 수중공사를 하는 경우 바다오염방지대책을 엄격히 세우고 작업을 하여야 한다.

제33조 (수중공사에 대한 환경영향평가)

수중공사를 하려는 기관, 기업소, 단체는 국토환경보호기관의 환경영향평가를 받아야 한다.

환경영향평가를 받지 않고서는 수중공사를 할수 없다.

제34조 (바다오염방지시설의 설치, 운영)

수중공사를 하려는 기관, 기업소, 단체는 공사대상에 맞는 바다오염방지시설을 설치하고 운영하여야 한다.

제35조 (수중공사금지대상)

바다가의 명승지보호구, 해수욕장, 수산자원보호구, 양식장 같은 수역을 오염시키거나 경관을 파괴하는 수중공사는 할수 없다.

제36조 (기름 및 오염물질류출사고의 방지)

수중공사를 하는 기관, 기업소, 단체는 작업과정에 기름이나 오염물질의 류출사고가 발생하지 않도록 필요한 대책을 세워야 한다. 기술상태가 불비하여 바다를 오염시킬수 있는 설비는 운영할수 없다.

제37조 (폭파질서, 방사성 및 유독성물질의 리용금지)

해당 기관, 기업소, 단체는 수중폭파를 할 경우 바다의 오염을 막고 동식물을 보호할수 있는 대책을 세워야 한다.

기준을 초과하는 방사성물질 또는 잘 용해되는 유독성물질이 들어있는 재료는 수중공사에 리용하지 말아야 한다.

제38조 (수중공사과점에 생기는 오염물질의 배출)

수중공사를 하는 기관, 기업소, 단체는 공사과정에 생기는 오염물질을 배출기준에 맞게 정화한 다음 해당 지역국토환경보호기관의 승인하에 배출하여야 한다. 그러나 기름찌끼나 유독성 및 방사성물질, 중금속폐수가 들어있는 오염물질은 바다에 배출할수 없다.

제39조 (오염제거를 위한 비상안전대책계획)

해당 기관, 기업소, 단체는 수중공사과정에 기름 및 오염물질을 류출시킬수 있는 위험과 오염을 제거할수 있는 비상안전대책계획을 세워야 한다.

비상안전대책계획은 해당 국토환경보호기관이 심의, 승인한다.

제40조 (양식장에서 바다오염방지)

바다가양식장을 운영하는 기관, 기업소, 단체는 양식밀도를 과학적으로 정하며 먹이와 비료, 약물을 기준대로 사용하여 바다를 오염시키지 말아야 한다.

## 제5장 배에 의한 바다오염의 방지

제41조 (배에 의한 바다오염방지의 요구)

배에 의한 바다오염의 방지는 바다오염방지사업에서 나서는 중요한 요구이다.

해당 기관, 기업소, 단체는 배에 의한 바다오염방지와 관련하여 정해진 질서를 지켜야 한다.

국제항해하는 배의 오염방지는 이 법과 우리 나라가 승인한 해당 국제협약에 따른다.

제42조 (바다오염을 방지할수 있는 배의 설계, 건조, 개조)

배를 설계하거나 건조, 개조하는 기관, 기업소, 단체는 바다오염방지와 관련한 해당 규정에 따라 배를 설계, 건조, 개조하여야 한다.

해사감독기관은 바다오염방지와 관련한 해당 규정에 맞게 배를 설계, 건조, 개조하였는가를 정확히 심사하거나 검사하여야 한다.

제43조 (배의 오염방지설비와 오염제거수단의 구비)

배는기름려과장치와 소각기를 비롯한 오염방지설비와 기름분산제와 같은 오염제거수단을 갖추고 운항하여야 한다.

배오염방지설비와 오염제거수단을 생산, 변경, 개조하거나 배에 설치, 리용하려는 기관, 기업소, 단체는 해사감독기관의 승인을 받아야 한다.

**제44조 (발라스트물과 배의 오염물질의 처리)**

배는 발라스트물과 오염물질을 정해진 수역에서 배출기준에 따라 배출하여야 한다.

바다에 배출할수 없는 오염물질은 오염물질접수 및 처리하는 기관에 넘겨주고 그 정형을 기록하여야 한다.

**제45조 (해장시추구조물과 부유식 f사시설물에 의한 바다오염방지)**

해당 기관, 기업소, 단체는 해상시추구조물과 보장시설, 부유식 봉사시설물을 운영하는 경우기름이나 오염물질의 류출사고가 발생하지 않도록 필요한 대책을 세워야 한다.

기술상태가 불비하여 바다를 오염시킬수 있는 해상시추구조물파 보장시설, 부유식 봉사시설물은 운영할수 없다.

**제46조 (유해물질의 취급 및 적재, 수송)**

배는 유해물질을 수송하려 할 경우 유해물질의 취급 및 적재, 수송과 관련한 문건을 갖추고 해사감독기관의 승인을 받아야 한다.

유해물질을 수송하는 배는 유해물질과 관련한 자료를 항무감독기관과 해당 기관에 알려야 한다.

**제47조 (오염방지관련문건 구비)**

배와 배소유 및 운영기관, 기업소, 단체는 바다오염방지기준에 따르는 증서와 문건, 기록부를 갖추어야 한다.

해사감독기관은 바다오염방지기준에 맞는 배에 오염방지증서 또는 문건을 발급하거나 해당 기록부의 기록정형을 감독한다.

**제48조 (접수시설의 설치 및 운영)**

항, 부두, 포구, 갑문을 관리운영하는 기관, 기업소, 단체는 기름찌끼, 오수, 오물, 유독성물질 같은 오염물질을 접수 및 처리할수 있는 시설을 정해진 능력에 맞게 갖추고 관리운영하여야 한다.

해사감독기관은 오염물질의 접수시설의 설치기준을 정해주며 그 기준에 맞게 운영하도록 하여야 한다.

**제49조 (배의 건조 및 수리, 해체에서 오염방지)**

배를 건조 및 수리, 해체하는 기관, 기업소, 단체는 작업과정에 기름, 기름찌끼, 페설물 같은것이 바다를 오염시키지 않도록 접수 및 처리설비를 갖추어야 한다.

침몰, 좌초된 배를 구조 또는 해체하려는 기관, 기업소, 단체는 정해진 질서에 따라 배와 배짐에서 오염물질이 확대되지 않도록 오염방지대책을 세우고 구조 및 해체작업을 하여야 한다. 이 경우 해사감독기관의 합의를 받아야 한다.

**제50조 (배연유오염피해민사책임중서)**

해당 배는 연유오염사고시 발생한 손해를 보상할 수 있다는 재정담보증서와 그것을 확인하는 해사감독기관의 배연유오염피해민사책임증서를 갖추어야 한다.

**제51조 (운항하는 배에 리용하는 연유)**

해당 배는 배의 연료로 쓰는 연유의 질과 량에 대한 분석자료와 견본시료를 정해진대로 갖추고 운항하여야 한다.

해당 기준에 맞지 않는 연유는 배의 연료로 쓸수 없다.

제52조 (배기름오염비상계획 작성)

중앙해사감독기관은 전국적인 배기름오염비상계획을 작성하여 내각의 승인을 받아야 한다.

지방해사감독기관은 전국적인 배기름오염비상계획에 따라 지역별 배기름오염비상계획을 작성하여 해당 지방인민정권기관의 승인을 받아야 한다.

해당 기관, 기업소, 단체는 전국적 또는 지역별 배기름오염비상계획에 따라 단위별 배기름오염비상계획을 작성하여 해사감독기관의 합의를 받아야 한다.

배는 자체의 배기름오염비상계획을 따로 세워 해사감독기관의 승인을 받아야 한다.

제53조 (배기름오염비상대응)

중앙해사감독기관은 배기름오염 비상대응체계를 세우고 필요한 지역에 배기름오염사고에 비상대응할수 있는 해상환경보호조정단위를 내오며 배기름오염비상계획에 따라 해당 기관들과 련계하여 오염제거사업을 조정하도록 하여야 한다.

해상환경보호기금에 적립한 자금은 기름오염제거를 비롯한 오염방지사업에 리용한다.

제54조 (짐 또는 기름취급시 바다오염방지대책)

배와 항, 부두, 포구를 관리운영하는 기관, 기업소, 단체는 짐 또는 기름을 정해진 절차와 방법대로 취급하여 오염물질이 바다로 흘러들지 않도록 하여야 한다.

## 제6장 바다오염방지사업에 대한 지도통제

제55조 (바다오염방지사업의 지도기관)

바다오염방지사업에 대한 지도는 내각의 통일적인 지도밑에 중앙국토환경보호지도기관과 해당 기관이 한다.

중앙국토환경보호지도기관과 해당 기관은 바다오염방지사업정형을 정상적으로 장악하고 지도하여야 한다.

제56조 (바다오염방지사업에 대한 감독통제)

바다오염방지사업에 대한 감독통제는 국토환경보호기관과 해사감독기관, 해당 감독통제기관이 한다.

국토환경보호기관과 해사감독기관, 해당 감독통제기관은 바다에 대한 환경감시체계를 바로세우고 바다오염을 방지하기 위한 감독통제를 강화하여야 한다.

제57조 (손해보상, 원상복구)

이 법을 어겨 바다를 오염시켰을 경우에는 해당한 손해를 보상시키거나 원상복구시킨다.

제58조 (관리 및 감독사업에 대한 책임)

해안에서 발생한 오염에 대한 책임은 조사 및 측정결과에 따라 오염을 발생시켰거나 관리 분담을 받은 기관, 기업소, 단체 또는 해당 감독통제기관이 진다.

제59조 (행정적책임)

다음의 경우에는 기관, 기업소, 단체의 책임있는 일군과 개별적 공민에게 정상에 따르는 행정처벌을 준다.

1. 승인없이 또는 환경보호기준을 조과하여 오염물질을 바다에 배출하였을 경우
2. 분담받은 해안관리를 제대로 하지 않아 환경을 오염시켰을 경우
3. 정화시설을 갖추지 않았거나 생활오수, 산업폐수를 정화하지 않고 바다에 배출하였을 경우
4. 바다나 해안에 폐기페설물, 오물을 망탕 버렸을 경우
5. 환경영향평가를 받지 않고 바다 및 해안에서 람사, 개발, 건설, 양식장을 운영하였거나 탐사, 개발, 건설, 양식과정에 환경을 오염시켰을 경우
6. 모래, 사금채취질서를 어겨 바다를 오염시켰거나 경관을 파괴하였을 경우
7. 배의 설계, 건조, 개조를 바다오염방지의 요구에 맞게 하지 않았을 경우
8. 발라스트물과 배에서 생긴 오염물질을 정해진 질서대로 처리하지 않아 바다를 오염시켰을 경우
9. 배에 오염방지와 관련한 증서, 문건, 기록부를 규정대로 갖추지 않고 리용하였을 경우
10. 항, 부두, 포구, 갑문에 배오염물질접수 및 처리시설을 갖추지 않았거나 정상적으로 관리운영하지 않았을 경우
11. 기술상태가 불비한 해상시추구조물과 보장시설, 부유식봉사시설물을 운영하여 바다를 오염시켰을 경우
12. 유해물질의 취급 및 적재, 수송질서를 어겼을 경우
13. 배기름오염비상대응체계를 바로세우지 않아 바다오염방지 사업에 지장을 주었을 경우
14. 배를 건조 및 수리, 해체하면서 오염물질접수 및 처리설비를 갖추지 않았거나 침몰된 배의 구조, 해체작업을 정해진대로 하지 않아 바다를 오염시켰을 경우
15. 바다오염을 막기 위한 감독통제사업을 무책임하게 하였을 경우
16. 이 밖에 이 법에서 정한 질서를 어겼을 경우

제60조 (형사적책임)

이 법 제59조의 행위가 범죄에 이를 경우에는 기관, 기업소, 단체의 책임있는 일군과 개별적공민에게 형법의 해당 조문에 따라 형사적책임을 지운다.

# 제3편
# 조선민주주의인민공화국 금강산국제관광특구법

2011년 5월 31일 최고인민회의 상임위원회 정령 제1673호로 채택

## 제1장 금강산국제관광특구법의 기본

### 제1조 (금강산국제관광특구법의 사명)

조선민주주의인민공화국 금강산국제관광특구법은 금강산국제관광특구(이 아래부터 국제관광특구라고 한다.)의 개발과 관리운영에서 제도와 질서를 바로세워 금강산을 세계적인 관광특구로 발전시키는데 이바지한다.

### 제2조 (국제관광특구의 지위와 위치)

국제관광특구는 관광 및 그와 관련한 경제활동을 자유롭게 할 수 있는 조선민주주의인민공화국의 특별관광지구이다. 국제관광특구에는 강원도 고성군 고성읍, 온정리 일부 지역과 삼일포, 해금강지역, 금강군 내금강지역, 통천군 일부 지역이 포함된다.

### 제3조 (국제특구관광발전원칙)

세계의 명산 금강산을 국제적인 관광특구로 꾸리는 것은 국가의 정책이다. 국가는 금강산을 여러 가지 관광목적과 기능을 수행할수 있는 종합적인 관광지로 꾸리고 관광을 적극 발전시켜 나가도록 한다.

### 제4조 (투자장려 및 경제활동조건보장원칙)

국제관광특구에는 다른 나라법인, 개인, 경제조직이 투자할 수 있다. 남측 및 해외동포, 공화국의 해당기관, 단체도 투자할 수 있다. 국가는 국제관광특구에 대한 투자를 적극 장려하며 투자가들에게 특혜적인 경제활동조건을 보장한다.

### 제5조 (재산보호원칙)

국가는 투자가가 투자한 자본과 합법적으로 얻은 소득, 그에게 부여된 권리를 법적으로 보호한다.

### 제6조 (국제관광특구관리의 담당자)

국제관광특구의 관리는 중앙금강산국제관광특구지도기관(이 아래부터 국제관광특구지도기관이라고 한다.)의 통일적인 지도밑에 금강산국제관광특구관리위원회(이 아래부터 국제관광특구 관리위원회라고 한다.)가 한다.

### 제7조 (국제교류와 협력)

국가는 국제관광특구사업과 관련하여 국제관광기구, 다른 나라 관광조직과의 교류와 협력을 강화하도록 한다.

### 제8조 (법규적용)

국제관광특구의 개발과 관리, 관광 및 관광업, 기타 경제활동은 이 법과 이 법시행을 위한 규정, 세칙에 따라 한다.

## 제2장 국제관광특구의 관리

### 제9조 (국제관광특구지도기관의 지위)

국제관광특구지도기관은 국제관광특구의 개발과 관리운영을 통일적으로 지도하는 중앙지도기관이다.

### 제10조(국제관광특구지도기관의 임무와 권한)

국제관광특구지도기관은 다음과 같은 사업을 한다.

1. 국제관광특구관리위원회사업에 대한 지도
2. 국제관광특구법규의 시행세칙작성
3. 국제관광특구개발총계획의 심의, 승인
4. 대상건설설계문건사본의 접수보관
5. 국제관광특구의 세무관리
6. 이밖에 국가가 위임한 사업

### 제11조 (국제관광특구관리위원회의 지위)

국제관광특구관리위원회는 국제관광특구를 관리하는 현지집행기관이다. 국제관광특구관리위원회의 책임자는 위원장이다.

### 제12조 (국제관광특구관리위원회의 임무와 권한)

국제관광특구관리위원회는 다음과 같은 사업을 한다.

1. 국제관광특구개발총계획의 작성 및 실행
2. 관광자원의조사, 개발, 관리
3. 관광선전과 관광객모집, 관광조직
4. 국제관광특구에서의 질서유지, 인쉬 및 재산보호
5. 토지, 건물의 임대
6. 투자유치와 기업의 창설승인, 등록, 영업허가
7. 토지리용권, 건물, 륜전기재의 등록
8. 기업활동에 필요한 로력보장
9. 건설허가와 준공검사
10. 국제관광특구하부구조시설물의 관리
11. 국제관광특구의 환경보호, 소방대책
12. 인원, 운수수단의 출입과 물자반출입에 대한 협조
13. 이밖에 국제관광특구지도기관이 위임한 사업

제13조 (공동협의기구의조직운영)

국제관광특구에는 국제관광특구관리위원회, 투자가, 기업의 대표들로 구성하는 공동협의기구 같은 것을 내올수 있다. 공동협의기구는 국제관광특구의 개발과 관리, 기업운영에서 제기되는 중요문제들을 협의, 조정한다.

제14조 (국제관광특구의 출입관리)

국제관광특구에서는 무사증제를 실시한다. 공화국령역밖에서 국제관광특구로 출입하는 인원과 수송수단은 려권 또는 그를 대신하는 출입증명서를 가지고 지정된 통로로 사증없이 출입할 수 있다. 공화국의 다른 지역을 거쳐 국제관광특구로 출입하는 질서, 국제관광특구에서 공화국의 다른 지역으로 출입하는 질서는 따로 정한다.

제15조 (검사, 검역)

국제관광특구에 출입하는 인원, 동식물과 수송수단은 통행검사와 세관검사, 위생 및 동식물검역을 받아야 한다. 검사, 검역기관은 국제관광특구의 안전과 출입에 지장이 없도록 검사, 검역사업을 과학기술적 방법으로 신속히 하여야 한다.

제16조 (환경관리)

국제관광특구에서는 풍치림을 베거나 명승지, 바다기슭의 솔밭, 해수욕장, 기암절벽, 우아하고 기묘한 산세, 풍치좋은 섬을 비롯한 자연풍치와 동굴, 폭포, 옛성터 같은 천연기념물과 명승고적을 파손시키거나 환경보호에 지장을 주는 건물, 시설물을 건설하지 말며 정해진 오염물질의 배출기준, 소음, 진동기준 같은 환경보호기준을 보장하여야 한다.

제17조 (통신수단의 리용)

국제관광특구에서는 우편, 전화, 팍스, 인터네트 같은 통신수단을 자유롭게 리용할 수 있다.

## 제3장 관광 및 관광봉사

제18조(관광당사자)

국제관광특구에서의 관광은 외국인이 한다. 공화국공민과 남측 및 해외동포도 관광을 할 수 있다.

제19조 (관광형식과 방법)

관광은 등산과 유람, 해수욕, 휴양, 체험, 오락, 체육, 치료 같은 다양한 형식과 방법으로 한다. 관광객은 국제관광특구안에서 자유롭게 관광할 수 있다.

제20조 (관광환경과조건보장)

국제관광특구관리위원회는 관광을 높은 수준에서 진행할수 있도록 관광환경과조건을 충분히 보장하여야 한다.

제21조 (관광객을 위한 봉사)

투자가는 국제관광특구에서 숙박, 식당, 상점, 카지노, 골프, 야간구락부, 치료, 오락 같은 여러 가지 관광봉사시설을 꾸리고 관광객을 위한 다양한 봉사를 할 수 있다.

제22조 (국제적인 행사진행)

국제관광특구에서는 국제회의와 박람회, 전람회, 토론회, 예술공연, 체육경기 같은 다채로운 행사를 할 수 있다.

제23조 (교통보장)

국제관광특구지도기관과 국제관광특구관리위원회는 국제비행장과 항만, 관광철도, 관광도로를 건설하여 관광객들의 교통상편리를 원만히 보장하여야 한다.

## 제4장 기업창설 및 등록, 운영

제24조 (기업창설)

투자가는 국제관광특구개발을 위한 하부구조건설부문과 려행업, 숙박업, 식당업, 카지노업, 골프장업, 오락 및 편의시설업같은 관광업에 단독 또는 공동으로 투자하여 여러 가지 형식의 기업을 창설할 수 있다.

제25조 (국제관광특구개발총계획의 준수)

국제관광특구의 개발은 개발총계획에 따라 한다. 국제관광특구에서 하부구조를 건설하거나 기업을 창설하려는 투자가는 국제관광특구개발총계획의 요구를 지켜야 한다.

제26조 (기업창설승인, 등록)

국제관광특구에서 기업을 창설, 운영하려는 투자가는 국제관광특구관리위원회의 기업창설승인을 받아야 한다. 기업창설승인을 받은 투자가는 정해진 기간안에 기업등록과 세무등록, 세관등록을 하여야 한다.

제27조 (하부구조건설승인)

국제관광특구개발과 관리운영을 위한 비행장, 철도, 도로, 항만, 발전소 같은 하부구조건설승인은 국제관광특구지도기관이 한다. 비행장, 철도, 도로, 항만, 발전소 같은 하부구조건설부문의 투자를 특별히 장려한다.

제28조 (지사, 대리점, 출장소의 설립)

국제관광특구에는 지사, 대리점, 출장소 같은 것을 내올수 있다. 이 경우 국제관광특구관리위원회의 승인을 받아야 한다.

제29조 (돈자리의 개설)

기업과 개인은 국제관광특구안에 설립된 공화국은행 또는 다른 나라은행에 돈자리를 개설하고 리용할 수 있다.

제30조 (외화유가증권의 거래)

기업과 개인은 국제관광특구안의 정해진 장소에서 외화유가증권을 거래할 수 있다.

제31조 (보험가입)

기업과 개인은 국제관광특구안에 설립된 공화국 또는 다른 나라 보험회사의 보험에 들수 있다.

제32조 (버림물의 처리)

기업은 현대적인 정화장, 침전지, 오물처리장 같은 환경보호시설과 위생시설을 갖추고 버림물을 관광과 환경보호에 지장이 없도록 정화하거나 처리하여야 한다.

## 제5장 경제활동조건의 보장

제33조 (로력채용)

국제관광특구에서 기업은 공화국의 로력과 다른 나라 또는 남측 및 해외동포로력을 채용할 수 있다.

제34조 (관광특구에서의 류통화폐)

관광특구에서 류통화폐는 전환성외화로 한다. 전환성외화의 종류와 기준화폐는 국제관광특구지도기관이 해당기관과 합의하여 정한다.

제35조 (외화의 반출입과 송금, 재산의 반출)

국제관광특구에서는 외화를 자유롭게 반출입할수 있으며 합법적으로 얻은 리윤과 소득금을 송금할 수 있다. 투자가는 다른 나라에서 국제관광특구에 들여왔던 재산과 국제관광특구에서 합법적으로 취득한 재산을 경영기간이 끝나면 공화국령역밖으로 내갈수 있다.

제36조 (세금)

국제관광특구에서 기업과 개인은 해당 법규에 정해진 세금을 물어야 한다. 비행장, 철도, 도로, 항만, 발전소건설 같은 특별장려부문기업에는 세금을 면제하거나 감면해준다.

제37조 (물자의 반출입)

국제관광특구에서는 정해진 금지품을 제외하고 경영활동과 관련한 물자를 자유롭게 들여오거나 내갈수 있다.

제38조 (관세면제 및 부과대상)

국제관광특구에서는 특혜관세제도를 실시한다. 국제관광특구의 개발과 기업경영에 필요한 물자, 투자가에게 필요한 정해진 규모의 사무용품, 생활용품에는 관세를 적용하지 않는다. 관세면제대상의 물자를 국제관광특구밖에 팔거나 국가에서 제한하는 물자를 국제관광특구안에 들여오는 경우에는 관세를 부과한다.

제39조(인원, 수송수단의 출입과 물자의 반출입조건보장)

국제관광특구관리위원회와 해당 기관은 국제관광특구의 개발, 기업활동에 지장이 없도록 인원, 운수수단의 출입과 물자의 반출입조건을 원만히 보장하여야 한다. 지정된 비행장을 통하여 국제관광특구로 출입할 경우에는 비행장통과세를 부과하지 않는다.

## 제6장 제재 및 분쟁해결

제40조 (제재)

이 법을 어겨 국제관광특구의 관리운영과 관광사업에 지장을 주었거나 기업, 개인에게 피해를 준 자에게는 정상에 따라 원상복구 또는 손해보상시키거나 벌금을 부과한다. 공화국의 안전을 침해하거나 사회질서를 심히 위반하였을 경우에는 해당 법에 따라 행정적 또는 형사적책임을 지운다.

제41조 (분쟁해결)

관광지구의 개발과 관리운영, 기업의 경영활동과 관련하여 발생한 의견상이는 당사자들사이에 협의의 방법으로 해결한다. 협의의 방법으로 해결할수 없을 경우에는 당사자들이 합의한 중재절차로 해결하거나 공화국의 재판절차로 해결한다.

# 금강산국제관광특구 관광규정

주체101(2012)년 6월 27일 최고인민회의 상임위원회 결정 제93호로 채택

제1조(사명)

이 규정은 금강산국제관광특구의 관광질서를 바로세워 관광에 유리한 환경과 조건을 마련하고 관광객들의 편의를 원만히 보장하는데 이바지한다.

제2조(적용대상)

이 규정은 금강산국제관광특구(이 아래부터 국제관광특구라고 한다.)에 창설한 기업(지사, 사무소 포함)과 관광오는 우리 나라 공민, 외국인, 남측 및 해외동포(이 아래부터 관광객이라고 한다.)에게 적용한다.

제3조(관광당사자)

국제관광특구에 대한 관광은 민족별, 성별, 년령, 정견, 신앙에 관계없이 누구나 할 수 있다.

제4조(관광사업지도기관)

국제관광특구에서 관광사업에 대한 지도는 중앙금강산국제관광특구지도기관(이 아래부터 국제관광특구지도기관이라고 한다.)이 한다.

제5조(관광사업기관)

국제관광특구에서 관광사업은 금강산국제관광특구관리위원회(이 아래부터 국제관광특구 관리위원회라고 한다.)가 통일적으로 한다.

국제관광특구관리위원회는 관광선전과 관광객모집, 안내봉사 같은 관광사업을 금강산 국제관광특구려행사(이 아래부터 국제관광특구려행사라고 한다.)를 통하여 할 수 있다.

제6조(관광안내봉사의 담당자)

국제관광특구에서 관광과 관련한 안내봉사는 금강산국제관광특구려행사(이 아래부터 국제관광특

구려행사라고 한다.)가 한다.

국제관광특구려행사는 국제관광특구지도기관의 승인을 받아 우리 나라 또는 다른 나라에 관광사업을 위한 지사, 사무소를 설립하고 운영할 수 있다.

**제7조(국제관광특구려행사의 사업내용)**

국제관광특구려행사는 다음과 같은 사업을 한다.

1. 관광선전과 관광객모집, 관광려행조직
2. 국제관광기구, 다른 나라 려행사, 관광단체, 우리 나라 국내려행사와의 교섭 및 관광계약체결
3. 관광일정계획의 작성 및 관광객의 접수, 안내봉사
4. 봉사기업의 소개
5. 관광객의 신변, 재산의 보호
6. 이밖에 관광안내봉사와 관련하여 제기되는 사업

**제8조(관광계약체결 및 관광객접수정형통보)**

국제관광특구려행사는 관광사업에 지장이 없도록 관광계약의 체결과 관광객접수정형을 국제관광특구관리위원회에 제때에 통지하여야 한다.

**제9조(관광안내성원의 임무)**

관광안내성원의 임무는 다음과 같다.

1. 관광일정계획대로 안내봉사를 하여야 한다.
2. 사고를 방지하며 사고가 발생하는 경우 해당한 대책을 세워야 한다.
3. 관광객들의 민족적 및 종교적풍습과 관습, 정견을 존중하여야 한다.
4. 관광객들이 지켜야 할 질서들을 해설해주고 자각적으로 지키도록 하여야 한다.

**제10조(국제관광특구에 대한 관광신청)**

국제관광특구에 대한 관광을 하려는 우리 나라 공민과 외국인, 남측 및 해외동포는 국제관광특구려행사(지사, 사무소 포함)에 신청하여야 한다. 이 경우 다른 나라 관광려행사를 통하여 신청할수도 있다.

**제11조(관광증의 발급)**

국제관광특구에 대한 관광을 하려는 관광객은 관광증을 가지고 국제관광특구에 출입할 수 있다.

관광증을 발급하는 사업은 국제관광특구관리위원회가 한다.

**제12조(관광형식과 방법)**

국제관광특구에서의 관광은 등산과 유람, 해수욕, 휴양, 체험, 오락, 체육, 치료 같은 다양한 형식과 방법으로 한다.

관광객은 국제관광특구에서 자유롭게 관광할 수 있다.

**제13조(관광객의 권리와 의무)**

관광객의 권리와 의무는 다음과 같다.

1. 생명과 재산에 대한 보호를 받는다.
2. 관광계약에 따르는 봉사를 받는다.
3. 계약위반에 대한 손해보상을 요구할 수 있다.
4. 력사유적, 유물, 천연기념물을 손상시키거나 파손시키는 행위를 하지 말아야 한다.
5. 동물을 잡거나 식물을 채취하거나 환경을 오염시키는 행위를 하지 말아야 한다.
6. 국가, 군사비밀을 탐지하는 행위를 하지 말아야 한다.
7. 이밖에 관광규정의 요구를 자각적으로 지켜야 한다.

제14조(관광환경과 조건보장)

국제관광특구관리위원회와 국제관광특구려행사는 관광객들이 관광을 마음껏 할수 있도록 관광환경과 조건을 충분히 보장하며 안내봉사수준을 높여야 한다.

제15조(교통보장)

국제관광특구지도기관과 국제관광특구관리위원회는 관광객들의 출입과 관련한 교통조건을 원만히 보장하여야 한다.

제16조(관광봉사시설의 운영)

국제관광특구에서는 관광객을 위한 숙박시설, 식당, 상점, 카지노시설, 골프장, 야간구락부, 오락장, 치료시설 같은 관광봉사시설을 꾸리고 운영할 수 있다.

제17조(국제행사진행)

국제관광특구에서는 국제회의와 박람회, 전람회, 토론회, 예술공연, 체육경기 같은 다채로운 행사를 할 수 있다.

제18조(관광자원의 개발원칙)

국제관광특구에서는 국제관광특구관리위원회와 우리 나라 해당 기관, 기업소 또는 다른 나라의 법인과 개인, 해외동포사이에 계약을 맺고 력사유적, 유물 및 천연기념물의 발굴과 관광시설물건설 같은 관광자원개발을 할 수 있다.

금강산의 자연생태 및 자연생태관광환경을 파괴하는 관광자원개발은 금지한다.

제19조(관광자원개발에서 지켜야 할 사항)

관광자원개발과 관련하여 지켜야 할 사항은 다음과 같다.

1. 국제관광특구개발총계획에 맞게 하여야 한다.
2. 국제관광특구의 자연풍치와 환경보호에 지장을 주는 건물, 시설물을 건설하지 말아야 한다.
3. 관광자원을 과학기술적으로 보존, 보호하여야 한다.
4. 이밖에 국제관광특구법규를 준수하여야 한다.

제20조(관광분야의 전문가양성)

국제관광특구지도기관은 양성계획을 바로 세우고 실행하여 관광분야의 전문가들을 전망성있게 키워내야 한다.

**제21조(손해보상)**

국제관광특구려행사, 해당 봉사기업은 계약대로 관광봉사를 하지 못하였을 경우 해당한 손해를 보상하여야 한다.

**제22조(행정적책임)**

관광사업에 지장을 주었거나 관광자원의 손상, 환경오염 같은 결과를 일으켰을 경우에는 벌금부과, 영업중지 같은 행정적책임을 지운다.

**제23조(형사적책임)**

이 규정을 어겨 공화국의 안전을 침해하거나 사회질서를 심히 위반하였을 경우에는 해당 법에 따라 형사적책임을 지운다.

**제24조(신소 및 처리)**

관광객은 관광과 관련하여 의견이 있을 경우 국제관광특구관리위원회 또는 국제관광특구지도기관에 신소할 수 있다.

신소를 접수한 기관은 30일안에 처리하고 그 결과를 신소자에게 알려주어야 한다.

# 금강산국제관광특구 기업창설 운영규정

주체100(2011)년 9월 6일 최고인민회의 상임위원회 결정 제63호로 채택

**제1조(사명)**

이 규정은 금강산국제관광특구에서 기업의 창설과 등록, 운영질서를 바로세워 기업활동의 편의를 보장하는데 이바지한다.

**제2조(적용대상)**

이 규정은 금강산국제관광특구(이 아래부터 국제관광특구라고 한다.)에서 기업(지사, 사무소 포함)을 창설운영하는 다른 나라의 법인, 개인, 경제조직과 남측 및 해외동포들에게 적용한다.

**제3조(경영활동에 대한 우대)**

국제관광특구에 투자하는 기업은 세금의 감면, 유리한 경영활동조건의 보장 같은 우대를 받는다.

**제4조(투자대상)**

투자자는 려행업, 숙박업, 식당업, 카지노업, 골프장업, 오락 및 편의시설업 같은 관광부문과 그와 관련된 하부구조건설부문에 투자할 수 있다.

정부기술과 경공업, 농업부문에도 투자할 수 있다.

제5조(투자의 제한, 금지대상)

국제관광특구에서 자연생태환경을 파괴하거나 변화시킬수 있는 대상에 대한 투자는 제한하거나 금지한다.

국제관광특구에서 제한하거나 금지하는 대상을 정하는 사업은 중앙금강산국제관광특구 지도기관(이 아래부터 국제관광특구지도기관이라고 한다.)이 한다.

제6조(기업창설형식)

투자가는 단독 또는 다른 투자가와 공동으로 투자하여 여러 가지 형식의 기업을 창설할 수 있다.

제7조(기업의 규약)

기업은 규약을 가지고 있어야 한다.

규약에는 기업의 명칭 및 주소, 창설목적, 업종 및 규모, 총투자액과 등록자본, 기업책임자, 재정검열원의 임무와 권한, 주식, 채권의 발행사항, 리윤분배, 해산 및 청산, 규약의 수정보충절차 같은 것을 밝혀야 한다.

제8조(기업의 경영조건과 등록자본)

기업은 경영활동에 필요한 관리성원과 종업원, 고정된 영업장소를 두어야 한다.

등록자본은 총투자액의 30%이상 되여야 한다.

제9조(기업의 창설승인, 등록기관)

국제관광특구에서 기업의 창설승인과 등록은 금강산국제관광특구관리위원회(이 아래부터 국제관광특구관리위원회라고 한다.)가 한다.

국제관광특구관리위원회는 기업의 창설승인, 등록과 관련한 준칙을 작성하여 시행하여야 한다.

제10조(기업의 창설신청)

국제관광특구에 기업을 창설하려는 투자가는 국제관광특구관리위원회에 기업창설 신청서를 내야 한다.

기업창설신청서에는 기업의 명칭, 투자가의 이름과 주소, 총투자액과 등록자본, 업종 및 규모, 투자기간, 존속기간, 관리기구, 종업원수 같은 것을 밝히며 기업의 규약, 자본신용확인서, 경제기술타산서 같은 것을 첨부하여야 한다.

제11조(기업창설신청의 심의)

국제관광특구관리위원회는 기업창설신청서를 접수한 날부터 15일안으로 검토하고 승인하거나 부결하여야 한다.

기업창설을 승인하였을 경우에는 기업창설승인서를, 부결하였을 경우에는 그 리유를 밝힌 통지서를 신청자에게 보내주어야 한다.

제12조(기업창설등록신청)

투자가는 기업창설승인을 받은 날부터 30일안으로 국제관광특구관리위원회에 기업등록신청서를 내야 한다.

기업등록신청서에는 기업의 명칭, 투자가의 이름과 주소, 총투자액과 등록자본, 업종 및 규모, 투자기간, 존속기간, 관리기구, 종업원수 같은 것을 밝히며 기업창설승인서사본, 토지리용권등록증사본 같은 것을 첨부하여야 한다.

**제13조(기업등록증발급)**

국가관광특구관리위원회는 기업등록신청을 접수한 날부터 15일안으로 검토하고 등록을 승인하거나 부결하여야 한다.

기업등록을 승인하였을 경우에는 기업등록을 발급하며 부결하였을 경우에는 그 리유를 밝힌 통지서를 신청자에게 보내주어야 한다.

등록한 날부터 기업(지사, 사무소는 제외)은 공화국의 법인으로 된다.

**제14조(세무, 세관등록)**

기업은 기업등록증을 발급받은 날부터 15일안으로 국제관광특구세무기관과 세관에 해당 등록을 하여야 한다.

**제15조(보험, 은행 지사, 사무소의 설립)**

다른 나라 보험회사와 은행이 국제관광특구에 지사, 사무소를 내려오는 경우에는 해당 법규에 따른다.

**제16조(투자기간 및 기일연장)**

기업은 기업창설승인서에 지적된 기간안에 투자하여야 한다.

부득이한 사정으로 투자기간을 늘이려 할 경우에는 국제관광특구관리위원회에 투자기간연장신청을 하여야 한다.

**제17조(영업허가, 조업일)**

영업을 하려는 기업은 국제관광특구관리위원회에 신청하여 영업허가를 받아야 한다.

영업허가를 받은 기업에는 영업허가증을 발급한다.

영업허가증을 발급한 날을 기업의 조업일로 한다.

**제18조(경영활동범위, 업종변경)**

기업은 허가받은 업종의 범위에서 영업활동을 하여야 한다.

업종을 늘이거나 변경하려 할 경우에는 국제관광특구관리위원회의 승인을 받아야 한다.

**제19조(공화국 기관, 단체와의 련계)**

기업은 국제관광특구관리위원회를 통하여 국제관광특구밖의 공화국 기관, 기업소, 단체와 계약을 맺고 건설 및 경영활동에 필요한 물자를 구입하거나 원료, 자재, 부분품의 가공을 위탁할 수 있다.

**제20조(반출입신고)**

국제관광특구에서 물자의 반출입은 신고제로 한다.

물자를 반출입하려는 기업은 물자반출입지점의 세관에 신고하고 검사를 받아야 한다.

**제21조(회계문건의 구비 및 회계결산)**

기업은 회계문건을 갖추고 경영활동을 진행하여야 한다.

기업의 회계결산은 년간으로 한다.

제22조(돈자리개설)

기업은 국제관광특구에 개설된 공화국은행 또는 외국투자은행에 돈자리를 두어야 한다.

제23조(존속기간의 연장)

기업은 기업창설승인서에 지적된 존속기간을 연장하려는 경우 존속기간이 완료되기 6개월전에 기업의 명칭과 소재지, 연장기간, 경제기술타산안 같은 것을 첨부한 존속기간연장신청서를 국제관광특구관리위원회에 내야 한다.

제24조(환경보호)

기업은 정화장, 침전지 같은 환경보호시설과 위생시설을 충분히 갖추어야 하며 오염물질의 배출기준, 소음, 진동기준 같은 환경보호기준을 정확히 지켜야 한다.

제25조(출자몫의 양도)

기업은 자기의 출자몫을 제3자에게 양도할 수 있다. 이 경우 국제관광특구관리 위원회에 통지하여야 한다.

제26조(주식, 채권발행)

기업은 규약에서 정한데 따라 주식, 채권 같은 것을 발행할 수 있다.

주식, 채권 같은것은 양도하거나 류통시킬수 있다.

제27조(기업의 해산)

기업은 존속기간이 완료되였거나 자금부족 또는 기타 원인으로 경영활동을 할수 없거나 법과 규정을 위반하였을 경우 해산한다. 이 경우 기업은 국제관광특구관리위원회에 해산신고서를 내야 한다.

해산신고서를 낸 날을 기업의 해산일로 한다.

제28조(기업의 청산)

해산되는 기업에 대한 청산사업은 청산위원회가 한다.

청산위원회는 기업 또는 국제관광특구관리위원회가 필요한 성원들로 조직한다.

제29조(청산사업의 결속)

청산위원회는 기업에 대한 청산사업이 끝나면 청산보고서를 작성하여 국제관광특구관리위원회에 내야 한다.

제30조(청산하고 남은 재산처리)

기업을 청산하고 남은 재산은 국제관광특구안에서 처리하거나 공화국령역밖으로 내갈수 있다.

제31조(제재)

이 규정을 어긴 투자가와 기업에는 정상에 따라 벌금을 부과하거나 영업을 중지시키며 엄중할 경우에는 기업등록을 취소시킨다.

# 금강산국제관광특구 세관규정

주체100(2011)년 11월 29일 최고인민회의 상임위원회 결정 제73호로 채택

## 제1장 일반규정

### 제1조(사명)

이 규정은 금강산국제관광특구의 세관사업에 제도와 질서를 엄격히 세워 인원 및 운수수단의 출입, 물자의 반출입을 원만히 보장하는데 이바지한다.

### 제2조(적용대상)

이 규정은 금강산국제관광특구(이 아래부터 국제관광특구라고 한다.)에 나드는 우리 나라 공민과 외국인, 남측 및 해외동포(이 아래부터 개인이라고 한다.)에게 적용한다.

국제관광특구의 개발과 관리운영, 기업의 경영을 위하여 물자, 우편물을 반출입하거나 자동차, 배, 렬차, 비행기 같은 운수수단을 리용하는 기업과 지사(대리점, 출장소 포함)에도 이 규정을 적용한다.

### 제3조(세관의 설치)

세관은 해당 국제비행장과 철도역, 항, 륙상출입통로와 필요한 곳에 설치한다.

국제관광특구에 나드는 개인과 운수수단, 물자와 우편물은 세관이 설치된 곳으로만 통과할 수 있다.

### 제4조(반출입신고제)

국제관광특구에서 물자의 반출입은 신고제로 한다.

국제관광특구에 들여온 물자를 특구밖의 우리 나라 령역에 내가려 할 경우에는 정해진 절차에 따라 세관수속을 한다.

### 제5조(세관등록)

국제관광특구에서 기업과 지사는 세관등록을 하여야 경영활동과 관련한 물자를 반출입할 수 있다.

### 제6조(반출입금지물품)

국제관광특구에는 나라의 안전과 사회도덕생활, 사람들의 건강과 환경보호에 지장을 줄수 있는 물품을 반출입할수 없다.

국제관광특구에는 나라의 안전과 사회도덕생활, 사람들의 건강과 환경보호에 지장을 줄수 있는 물품을 반출입할수 없다.

반출입금지물품은 이 규정의 부록으로 정한다.

### 제7조(해당 법규의 적용)

이 규정에서 정하지 않는 사항은 해당 법규에 따른다.

## 제2장 세관등록 및 수속

### 제8조(세관등록 및 수속의 당사자)

국제관광특구에서 세관등록 및 수속은 해당 기업과 지사가 한다.

경우에 따라 대리인도 세관등록 및 수속을 할 수 있다.

### 제9조(세관등록기일)

기업과 지사는 기업창설승인 또는 지사설립승인을 받은 날부터 20일안으로 세관등록을 하여야 한다.

### 제10조(세관등록신청서의 제출)

세관등록을 하려는 기업과 지사는 세관등록신청서를 세관에 내야 한다.

세관등록신청서에는 기업등록증 또는 지사등록증의 사본, 공인과 명판의 도안, 세관이 요구하는 문건을 첨부한다.

### 제11조(세관등록증의 발급)

세관은 세관등록신청서를 접수한 날부터 7일안으로 해당 기업 또는 지사에 세관등록증을 발급하여야 한다.

### 제12조(업종의 변경통지)

국제관광특구관리위원회는 기업의 업종변경을 승인하였을 경우 그 정형을 세관에 제때에 알려야 한다.

### 제13조(운수수단의 등록)

국제관광특구에 자주 오가는 자동차, 배 같은 운수수단은 세관에 등록하여야 한다.

세관에 등록한 운수수단은 세관수속을 하지 않는다.

### 제14조(운수수단의 등록신청서)

운수수단을 등록하려는 기업, 지사와 개인은 운수수단등록신청서를 세관에 내야 한다.

운수수단등록신청서에는 운수수단의 번호, 이름, 소속, 생산년도, 배기량, 적재량 또는 정원수, 운행목적, 운행구간, 유효기간을 밝힌다.

### 제15조(반출입신고서의 배출)

기업, 지사는 금지품을 제외하고 경영활동과 관련한 물자를 자유롭게 반출입할 수 있다.

물자를 반출입하려 할 겨우에는 품명, 수량, 규격, 가격과 출발지, 도착지, 짐보내는자, 짐받는자 같은 것을 밝힌 물자반출입신고서를 세관에 내야 한다.

### 제16조(비행기, 렬차, 배로 수송하는 물자의 신고)

비행기로 수송하는 물자에 대한 세관신고는 국제항공역이, 렬차로 수송하는 물자에 대한 세관신고는 해당 철도역이, 배에 실은 짐에 대한 세관신고는 배의 선장이 한다.

국제항공역과 철도역, 배의 선장은 비행기와 렬차, 배가 도착하는 즉시 세관에 총신고서, 적재량종합문건, 실은짐목록, 짐나름표, 화물송장 같은 문건을 내야 한다.

### 제17조(우편물의 신고)

보내온 우편물에 대한 세관신고는 국제관광특구우편국이 한다. 이 경우 우편국은 우편물이 도착하면 우편물송장을 세관에 내야 한다.

내보내려는 우편물에 대한 세관신고는 해당 기업, 지사, 개인 또는 그 대리인이 한다.

제18조(휴대품의 신고)

국제관광특구에 나드는 려행자는 휴대품을 세관에 신고하여야 한다.

가족이나 집체적으로 나드는 경우에는 하나의 신고서에 종합하여 신고할수도 있다.

제19조(외화의 반출입)

국제관광특구에서는 세관에 신고한데 따라 외화를 제한없이 반출입할 수 있다.

## 제3장 세관검사 및 감독

제20조(세관검사 및 감독기관)

국제관광특구에서 반출입물자와 국제우편물, 개인의 휴대품, 운수수단에 대한 세관검사와 감독은 국제관광특구세관이 한다.

제21조(반출입물자의 검사지점)

반출입물자에 대한 세관검사는 물자의 도착지점 또는 출발지점에서 한다.

필요한 경우에는 세관통로에서도 검사할 수 있다.

제22조(반출입물자의 검사방법)

반출입물자에 대한 세관검사는 해당 물자를 운수수단에 싣거나 부릴 때 짐의 전부 또는 일부를 세관신고서와 대조확인하는 방법으로 한다.

제23조(우편물의 검사)

우편물에 대한 세관검사는 우편국의 정해진 장소에서 우편물취급자 또는 우편물임자, 그 대리인의 립회밑에 한다.

우편국은 세관검사를 받지 않은 우편물을 내주거나 국제관광특구밖으로 발송하지 말아야 한다.

제24조(휴대품의 검사)

개인의 휴대품(따로 부쳐오는 짐 포함)에 대한 세관검사는 기계로 한다.

기계로 검사할수 없거나 검사과정에 휴대품 또는 짐에 이상이 있을 경우에는 헤쳐보는 방법으로 검사할 수 있다.

제25조(운수수단의 검사지점)

운수수단에 대한 세관검사는 국제비행장, 해당 철도역, 항, 륙상에 설치된 세관통로에서 한다.

세관통로에 도착한 운수수단은 세관의 승인없이 세관통제구역을 벗어날수 없다.

제26조(물자수송의 감독)

세관은 세관통로와 도착지 사이 또는 출발지와 세관통로 사이의 물자수송에 대한 감독을 한다.

제27조(세관봉인)

세관은 감독을 위하여 화차와 집함, 유개차 같은것에 봉인을 할 수 있다.

봉인은 세관의 승인없이 뜯을수 없다.

제28조(중계수송물자, 통과물자의 검사)

국제관광특구를 통한 중개수송물자, 통과물자에 대하여서는 세관검사를 하지 않는다. 그러나 사고가 발생하였거나 금지품이 있다고 인정될 경우에는 해당 물자에 대한 세관검사를 할 수 있다.

제29조(반출입물자의 수송수단)

기업, 지사 또는 개인은 자동차 또는 렬차로 반출입물자를 소송하는 경우 징함, 유개차 같은 것을 리용하여야 한다.

산적으로 수송하는 물자, 적은량의 물자는 징함 또는 유개차가 아닌 운수수단으로도 수송할 수 있다.

제30조(검사 및 감독협조)

해당 기업, 지사, 개인은 세관의 검사 및 감독에 협조하여야 한다.

제31조(보세구역, 보세창고의 설치)

국제관광특구에는 보세전시장, 보세창고 같은 것을 설치, 운영할 수 있다.

보세물자의 반출입과 보세창고에서 물자의 선별, 재포장 같은 작업은 세관의 감독밑에 한다.

## 제4장 관세 및 세관료

제32조(관세면제 및 부과원칙)

국제관광특구의 개발과 관리, 기업경영에 필요한 물자, 투자가에게 필요한 사무용품과 생활용품, 국제관광특구에 나드는 운수수단에 필요한 연유, 예비부속품, 승무원들의 식료품에 대하여서는 관세를 부과하지 않는다.

관세를 면제받고 들여온 물자를 판매하거나 국제관광특구밖의 우리 나라 령역에 내갈 경우에는 관세를 부과한다.

제33조(관세납부통지서의 발급)

세관은 관세를 부과하려는 경우 해당 기업 또는 지사, 개인에게 관세납부통지서를 발급하여야 한다.

제34조(관세부과의 기준가격과 관세계산)

국제관광특구에서 관세부과의 기준가격은 해당 물자의 국제관광특구도착가격으로 한다.

관세의 계산은 해당 시기의 관세률에 따라 한다.

제35조(관세의 납부)

관세납부통지서를 받은 기업, 지사, 개인은 정해진 은행에 관세를 납부하여야 한다. 이 경우 해당 은행은 관세납부자에게 관세납부증을 발급하며 적립된 관세납부금을 정해진 돈자리에 넣어야 한다.

제36조(관세의 반환, 추가부과)

관세를 초과하여 납부한 기업, 지사 또는 개인은 정해진 은행에 관세를 납부하여야 한다. 이 경우 해당 은행은 관세납부자에게 관세납부증을 발급하며 적립된 관세납부금을 정해진 돈자리에 넣어야 한다.

세관은 관세를 적게 부과한 물자에 대하여서는 그것을 통과시킨 날부터 1년안에 해당한 관세를 추가로 부과시킬수 있다.

제37조(세관료금)

세관등록증, 운수수단등록증을 발급받은 기업, 지사 또는 개인은 해당한 료금을 세관에 내야 한다.

세관료금을 정하는 사업은 국가가격제정기관이 한다.

## 제5장 제재 및 신소

제38조(억류 및 벌금적용)

세관은 이 규정을 어긴 반출입물자와 운수수단, 개인의 휴대품을 억류할 수 있다.

이 규정을 고의적으로 어겼을 경우에는 벌금을 물릴수 있다.

제39조(몰수)

밀수품과 비법적으로 반입한 금지품은 몰수한다.

밀수행위에 리용한 운수수단도 몰수할 수 있다.

제40조(신소와 그 처리)

국제관광특구의 세관사업에 대하여 의견이 있을 경우에는 세관에 신소할 수 있다.

세관은 신소를 접수한 날부터 15일안으로 료해처리하여야 한다.

## 부 록

1. 관광지구에 들여올수 없는 물품

1) 무기, 총탄, 폭발물(공사용으로 승인받은 폭약, 뢰관, 도폭선 같은 것을 제외), 군수용품, 흉기

2) 무전기와 그 부속품

3) 독약, 극약, 마약 및 방사성물질, 유독성물질

4) 사회도덕생활에 나쁜 영향을 줄수 있는 출판인쇄물(사본한것 포함) 또는 그 원고, 필림, 사진, 록음록화물, 미술작품, 수공예품, 조각품과 그것을 수록한 전자기억매체

5) 전염병이 발생한 지역에서 들여오는 정해진 물품

6) 반입을 금지하기로 합의한 물품

2. 관광지구에서 내갈수 없는 물품

1) 무기, 총탄, 폭발물, 군수용품, 흉기

2) 무전기와 그 부속품

3) 독약, 극약, 마약 및 방사성물질, 유독성물질

4) 력사유물

5) 기밀에 속하거나 기밀이 들어있는 문건, 출판인쇄물(사본한것 포함)과 그 원고, 필림, 사진, 록음록화물, 전자기억매체

6) 반출을 금지하기로 합의한 물품

# 금강산국제관광특구 출입, 체류, 거주규정

주체100(2011)년 11월 29일 최고인민회의 상임위원회 결정 제74호로 채택

제1조(사명)

이 규정은 금강산국제관광특구의 출입, 체류, 거주질서를 엄격히 세워 인원 및 운수수단의 신속한 출입과 체류자, 거주자의 편의를 도모하는데 이바지한다.

제2조(적용대상)

이 규정은 금강산국제관광특구(이 아래부터 국제관광특구라고 한다.)에 출입하는 우리 나라 공민과 외국인, 남측 및 해외동포(이 아래부터 인원이라고 한다.)에게 적용한다.

제3조(출입사업기관)

국제관광특구에서 출입, 체류, 거주와 관련한 사업은 금강산국제관광특구출입사업기관 (이 아래부터 국제관광특구출입사업기관이라고 한다.)이 한다.

제4조(수속의 당사자)

국제관광특구에서 출입, 체류수속은 관광려행사, 초청기관 또는 당사자가 한다.

장기체류수속과 거주수속은 당사자 또는 그 대리인이 한다.

제5조(출입통로와 그 지정)

인원, 운수수단은 국제관광특구출입사업기관이 정한 통로로 출입하여야 한다.

국제관광특구출입사업기관은 도로, 철도, 배길, 항공로별로 출입통로를 정하고 공포하여야 한다.

제6조(출입, 체류, 거주할수 없는자)

국제관광특구에 출입, 체류, 거주할수 없는자는 다음과 같다.

1) 국제테로범

2) 마약중독자, 정신병자

3) 전염병환자, 전염병이 발생한 지역에서 오는자

4) 유효기간이 지났거나 위조한 증명서를 가진자

5) 신원이 불명확한자

6) 해당 나라에서 체포령을 내린자

7) 우리 나라에서 추방시킨자

8) 출입, 체류, 거주를 금지시키기로 합의한자

제7조(인원의 출입)

국제관광특구에는 려권이나 국제관광특구관리위원회가 발급한 관광증, 초청장, 사업자증 같은 해당 증명서를 가지고 출입한다.

16살에 이르지 못한 미성인은 동반자로 기재한 증명서를 가진 부모 또는 후견인과 함께 출입한다.

**제8조(자동차의 출입질서)**

국제관광특구에는 승용차, 뻐스, 화물차를 가지고 출입할 수 있다. 이 경우 해당 기관으로부터 차통행증을 발급받아야 한다.

**제9조(렬차의 출입질서)**

국제관광특구로 오가는 정기렬차는 운행시간표에 따라 운행한다. 이 경우 정기렬차의 운행시간표는 국제관광특구관리위원회와 국제관광특구출입사업기관이 합의하여 정한다.

국제관광특구에 들어오는 비정기렬차는 도착 3일전에 국제관광특구출입사업기관에 통보하고 승인을 받아야 한다.

**제10조(배의 출입질서)**

국제관광특구에 들어오려는 배는 7일전에 배자료와 입항시간, 출항지, 화물관계 같은 것을 국제관광특구출입사업기관에 통보하고 입항승인을 받아야 한다.

입항승인을 받은 배는 1지점에서 위생검역, 통행검사를 받고 수로안내를 받아 입항한다.

정기적으로 오가는 배는 24시간전에 국제관광특구출입사업기관에 통보하고 입항한다.

국제관광특구에서 나가는 배는 24시간전에 국제관광특구출입사업기관의 출항허가를 받고 출항한다.

**제11조(비행기에 의한 출입질서)**

금강산국제관광을 목적으로 정기, 비정기항로비행을 하려는 다른 나라 항공회사는 민용항공관리기관의 승인을 받아야 한다.

국제관광특구비행장을 통한 출입질서는 따로 정한데 따른다.

**제12조(출입관련증명서의 발급)**

관광증, 초청장, 자동차통행증 같은 출입관련증명서의 발급은 국제관광특구관리위원회와 해당 기관이 발급한다.

국제관광특구관리위원회와 해당 기관은 출입관련증명서를 발급하였을 경우 출입에 지장이 없도록 국제관광특구출입사업기관에 출입명단을 내야 한다.

**제13조(출입확인)**

인원, 차량은 국제관광특구에 들어올 때와 나갈 때 출입관련증명서에 국제관광특구 출입사업기관의 확인을 받아야 한다.

다른 지역 출입사업기관의 출입경유를 받은 경우에도 국제관광특구출입사업기관의 확인을 받는다.

**제14조(통행검사)**

인원, 운수수단은 국제관광특구출입통로에서 통행검사를 받아야 한다.

국제관광특구통행검사기관은 국제관광특구의 안전과 출입에 지장이 없도록 통행검사를 하여야 한다.

**제15조(체류)**

인원은 국제관광특구에 단기 또는 장기로 체류할 수 있다.

단기체류는 국제관광특구에 도착한 날부터 90일까지, 장기체류는 90일이상으로 한다.

체류는 해당 증명서의 유효기간안에 하여야 한다.

**제16조(체류기일연장)**

국제관광특구에 들어온 인원은 체류기일을 연장할 수 있다. 이 경우 체류기일이 끝나기 3일전에 국제관광특구출입사업기관에 체류기일연장신청을 하여야 한다.

**제17조(체류등록)**

국제관광특구에 단기체류하려는자는 48시간안으로 국제관광특구출입사업기관에 체류등록을 하여야 한다. 이 경우 신청자의 이름, 성별, 생년월일, 국적, 직업, 거주지, 체류목적, 기간 같은 것을 밝힌 체류등록신청서를 내야 한다.

**제18조(거주등록)**

국제관광특구에 1년이상 체류하려 할 경우에는 국제관광특구출입사업기관에 거주등록을 하여야 한다.

**제19조(체류 및 거주등록증의 발급신청)**

국제관광특구에 장기체류하려는자는 도착한 날부터 30일안으로 국제관광특구출입사업기관에 체류 및 거주등록증발급신청서를 내야 한다.

체류 및 거주등록증발급신청서에는 이름, 성별, 생년월일, 국적, 직업, 체류 또는 거주하려는 곳과 기간, 리유 같은 것을 정확히 밝히고 최근 6개월안에 찍은 천연색상반신사진(3x4cm) 4매를 첨부한다.

**제20조(체류등록증, 거주등록증의 발급)**

국제관광특구출입사업기관은 체류 및 거주등록증발급신청서를 접수한 날부터 7일안으로 해당 증명서를 발급하여야 한다.

체류등록증 또는 거주등록증은 17살이상의 성인에게만 발급한다.

미성인은 부모 또는 후견인의 체류등록증 또는 거주등록증에 동반자로 기재한다.

**제21조(체류등록증, 거주등록증의 유효기간)**

체류등록증의 유효기간은 1년, 거주등록증의 유효기간은 3년으로 한다.

해당 증명서의 유효기간은 연장할 수 있다.

**제22조(체류등록증, 거주등록증의 유효기간연장)**

체류등록증 또는 거주등록증의 유효기간을 연장받으려는자는 유효기간이 끝나기 7일전에 유효기간연장신청서를 국제관광특구출입사업기관에 내야 한다.

국제관광특구출입사업기관은 유효기간연장신청서를 접수한 날부터 3일안으로 해당 등록증의 유효기간을 연장하여주어야 한다.

**제23조(거주지변경과 등록)**

국제관광특구에 거주한자는 거주지를 옮기려 할 경우 거주지변경리유를 밝힌 거주지변경등록신청서를 국제관광특구출입사업기관에 내고 거주지변경등록을 하여야 한다.

**제24조(출생, 사망, 결혼등록)**

국제관광특구에서 출생, 결혼, 사망 같은 사유가 생겼을 경우에는 해당 사유가 생긴 날부터 14일안으로 국제관광특구출입사업기관에 신분변동등록을 하여야 한다. 이 경우 해당 기관이 발급한 출생증명서, 결혼확인서, 사망진단서 같은 확인문건이 있어야 한다.

**제25조(증명서의 재발급)**

거주등록증, 체류등록증, 초청장, 사업자증, 관광증, 자동차통행증 같은 증명서를 오손시켰거나 분실하였을 경우에는 해당 기관에 신고하고 증명서를 다시 발급받아야 한다.

**제26조(수수료)**

체류등록증, 거주등록증의 발급과 재발급, 유효기간연장, 거주지변경등록을 하였을 경우에는 해당한 수수료를 내야 한다.

**제27조(증명서의 소지)**

국제관광특구에 체류하거나 거주하는자는 신분을 확인할수 있는 증명서를 늘 가지고 있어야 한다.

**제28조(관광특구밖의 출입)**

국제관광특구에서 특구밖의 우리 나라 령역으로 가려 할 경우에는 국제관광특구관리위원회와 국제관광특구출입사업기관의 승인을 받아야 한다.

**제29조(체류등록증, 거주등록증의 반환)**

체류등록증 또는 거주등록증을 발급받은자는 사업을 끝마치고 돌아가려 할 경우 체류등록증 또는 거주등록증 국제관광특구출입사업기관에 바쳐야 한다.

**제30조(규정하지 않은 사항의 협의처리)**

출입, 체류, 거주와 관련하여 이 규정에서 정하지 않은 사항은 국제관광특구출입사업기관이 국제관광특구관리위원회와 협의하여 처리한다.

**제31조(신소와 그 처리)**

이 규정의 집행과 관련하여 의견이 있을 경우에는 해당 기관에 신소할 수 있다.

신소를 접수한 기관은 15일안으로 료해처리하여야 한다.

# 금강산국제관광특구 세금규정

주체101(2012)년 6월 27일 최고인민회의 상임위원회 결정 제95호로 채택

## 제1장 일반규정

### 제1조(사명)

금강산국제관광특구 세금규정은 금강산국제관광특구에서 세무사업질서를 엄격히 세워 세금의 부과와 납부를 정확히 하도록 하는데 이바지한다.

### 제2조(적용대상)

이 규정은 금강산국제관광특구(이 아래부터 국제관광특구라고 한다.)에서 경제거래를 하거나 소득을 얻는 기업과 개인에게 적용한다.

기업에는 다른 나라 투자가, 남측 및 해외동포가 투자하여 창설운영하는 기업과 지사, 사무소 같은 것이, 개인에는 외국인, 남측 및 해외동포가 속한다.

### 제3조(기업의 세무등록, 세무등록증의 발급)

기업은 기업등록증을 발급받은 날부터 15일안으로 국제관광특구세무소(이 아래부터 세무소라고 한다.)에 세무등록신청서를 내고 세무등록을 하여야 한다.

세무소는 세무등록신청서를 접수한 날부터 10일안으로 세무등록을 발급하여야 한다.

### 제4조(기업의 세무등록변경과 취소)

통합, 분리되였거나 등록자본, 업종 같은것이 변경된 기업은 금강산국제관광특구 관리위원회(이 아래부터 국제관광특구관리위원회라고 한다.)에 변경등록을 한 날부터 10일 안으로 세무소에 세무변경등록을 하여야 한다.

해산되는 기업은 해산 20일전까지 세무취소등록을 하여야 한다.

### 제5조(개인의 세무등록)

국제관광특구에 체류하거나 거주하면서 소득을 얻은 개인은 체류 또는 거주승인을 받은 날부터 20일안으로 세무소에 세무등록신청서를 내고 세무등록을 하여야 한다.

종업원의 세무등록수속은 기업이 할수도 있다.

### 제6조(세무문건의 작성언어, 종류와 양식)

국제관광특구에서 세무문건은 조선말로 작성한다.

필요에 따라 세무문건을 다른 나라 말로 작성할수도 있다. 이 경우 조선말로 된 번역문을 첨부한다.

세무문건의 종류와 양식은 세무소가 정한다.

### 제7조(세무문건의 보존기간)

세무문건은 5년간 보존한다. 그러나 년간회계결산서, 고정재산계산장부는 기업이 운영되는 기간

까지 보존한다.

제8조(세금납부화폐와 납부당사자)

세금은 정해진 외화로 수익인이 직접 납부하거나 수익금을 지불하는 단위가 공제납부한다.

제9조(세금의 납부절차)

세금납부자는 세무소에 세금납부신고서를 내고 확인을 받은 다음 중앙금강산국제관광특구지도기관(이 아래부터 국제관광특구지도기관이라고 한다.)이 지정한 은행에 납부하여야 한다. 이 경우 은행은 세금납부자에게 세금납부확인서를 발급하여 주며 세무소에는 세금납부통지서를 보낸다.

제10조(세금납부기간)

세금납부자는 세금을 정해진 기간안에 납부하여야 한다.

부득이한 사유로 정해진 기간안에 세금을 납부할수 없을 경우에는 세무소의 승인을 받아 세금납부기간을 연장할 수 있다.

제11조(협정의 적용)

국제관광특구에서 세금과 관련하여 우리 나라와 다른 나라사이에 맺은 협정이 있을 경우에는 그에 따른다.

제12조(세무사업지도기관)

국제관광특구에서 세무사업에 대한 지도는 국제관광특구지도기관이 한다.

## 제2장 기업소득세

제13조(기업소득세의 납부의무 및 과세대상)

기업은 국제관광특구에서 경영활동을 하여 얻은 소득과 기타 소득에 대하여 기업소득세를 납부하여야 한다.

경영활동을 하여 얻은 소득에는 관광봉사소득, 생산물판매소득, 건설물인도소득, 운임 및 료금소득 같은것이, 기타 소득에는 리자소득, 배당소득, 고정재산임대소득, 재산판매소득, 지적소유권과 기술비결의 제공에 의한 소득, 경영봉사소득, 증여소득 같은것이 속한다.

제14조(기업소득세의 새률)

국제관광특구에서 기업소득세의 세률은 결산리윤의 14%로 한다.

하부구조건설부문의 기업소득세률은 결산리윤의 10%로 한다.

제15조(기업소득세의 계산)

기업소득세는 해마다 1월 1일부터 12월 31일까지의 총수입금에서 원료 및 자재비, 연료 및 동력비, 로력비, 감가상각비, 물자구입경비, 기업관리비, 보험료, 판매비 같은 것을 포함한 원가를 덜어 리윤을 확정하고 리윤에서 거래세 또는 영업세와 기타 지출을 공제한 결산리윤에 정한 세률을 적용하여 계산한다.

제16조(기업소득세의 납부기간과 방법)

기업은 기업소득세를 분기가 끝난 다음달 15일안으로 예정납부하고 회계년도가 끝난 다음 3개월안으로 확정납부하여야 한다.

기업소득세를 확정납부하려는 기업은 년간회계결산서와 기업소득세납부신고서를 세무소에 내고 확인을 받은 다음 기업소득세를 해당 은행에 납부하여야 한다. 이 경우 과납액은 반환받고 미납액은 추가납부한다.

제17조(기업의 해산, 통합, 분리시 기업소득세납부)

기업은 해산될 경우 해산이 선포된 날부터 20일안으로 국제관광특구세무소에 세금납부담보를 세우며 결산이 끝난 날부터 15일안으로 기업소득세를 납부하여야 한다.

기업이 통합, 분리될 경우에는 통합 또는 분리가 선포된 날부터 20일안으로 기업소득세를 납부하여야 한다.

제18조(기업소득세의 감면)

기업소득세를 면제하거나 덜어주는 경우는 다음과 같다.

1. 다른 나라 정부, 국제금융기구가 차관을 주었거나 다른 나라 은행이 국제관광특구 은행 또는 기업에 유리한 조건으로 대부를 주었을 경우 그 리자소득에 대하여서는 기업소득세를 면제한다.

2. 리윤을 재투자하여 5년이상 운영하는 기업에 대하여서는 재투자분에 해당한 기업소득세의 50%를 덜어준다.

3. 총투자액이1000만€이상되는 투자기업에 대하여서는 기업소득세를 3년간 면제하며 그다음 2년간은 50%덜어준다.

4. 총투자액이 2000만€이상되는 철도, 도로, 비행장, 항만 같은 하부구조건설부문의 투자기업에 대하여서는 기업소득세를 4년간 면제하며 그다음 3년간은 50% 덜어준다.

제19조(기업소득세감면신청서의 제출)

기업소득세를 감면받으려는 기업은 세무소에 기업소득세감면신청서와 경영기간, 재투자액을 증명하는 확인문건을 내야 한다.

기업소득세감면신청서에는 기업의 명칭과 소재지, 업종, 총투자액, 거래은행, 돈자리번호 같은 것을 밝힌다.

제20조(감면해주었던 기업소득세의 회수)

이 규정 제18조에 정한 기간전에 철수, 해산하거나 재투자한 자본을 거두어들인 기업에 대하여서는 이미 감면하여주었던 기업소득세를 회수한다.

제21조(지사, 사무소의 기타 소득에 대한 소득제)

국제관광특구에서 기타 소득을 얻은 지사, 사무소는 소득이 생긴 날부터 15일안으로 소득세를 납부하여야 한다.

지사, 사무소가 얻은 기타 소득에는 소득액의 10%의 세률을 적용한다.

## 제3장 개인소득세

### 제22조(개인소득세의 납부의무 및 과세대상)

국제관광특구에서 소득을 얻은 개인은 개인소득세를 납부하여야 한다.

개인소득세의 과세대상에는 로동보수에 의한 소득, 리자소득, 배당소득, 고정재산임대소득, 재산판매소득, 지적소유권과 기술비결의 제공에 의한 소득, 증여소득, 경영봉사소득 같은것이 속한다.

### 제23조(개인소득세의 세률)

개인소득세의 세률은 다음과 같다.

1. 로동보수에 대한 세률은 월로동보수액이 300€이상일 경우에 소득액의 5~30%로 한다.

2. 리자소득, 배당소득, 고정재산임대소득, 지적소유권과 기술비결의 제공에 의한 소득, 경영봉사소득에 대한 세률은 소득액의 20%로 한다.

3. 증여소득에 대한 세률은 소득액이 5 000€이상일 경우 소득액의 2~15%로 한다.

4. 재산판매소득에 대한 세률은 소득액의 25%로 한다.

### 제24조(개인소득세의 계산)

개인소득세의 계산은 다음과 같이 한다.

1. 로동보수에 대한 개인소득세는 월로동보수액에 정해진 세률을 적용한다.

2. 배당소득, 재산판매소득, 지적소유권과 기술비결의 제공에 의한 소득, 경영과 관련한 봉사제공에 의한 소득, 증여소득에 대한 개인소득세는 해당 소득액에 정해진 세률을 적용한다.

3. 리자소득에 대한 개인소득세는 은행에 예금하고 소득액에 정해진 세률을 적용한다.

4. 고정재산임대소득에 대한 개인소득세는 임대료에서 로력비, 포장비, 수수료 같은 비용으로 20%를 공제한 나머지 금액에 정해진 세률을 적용한다.

### 제25조(개인소득세의 납부기간과 납부방법)

개인소득세의 납부기간과 납부방법은 다음과 같다.

1. 로동보수에 대한 개인소득세는 소득을 얻은 다음달 10일안으로 로동보수를 지불하는 단위가 공제납부하거나 수익인이 신고납부한다.

2. 재산판매소득, 증여소득에 대한 개인소득세는 소득을 얻은 날부터 30일안으로 수익인이 신고납부한다.

3. 리자소득, 배당소득, 고정재산임대소득, 지적소유권과 기술비결의 제공에 의한 소득, 경영봉사소득에 대한 개인소득세는 소득을 얻은 다음달 10일안으로 소득을 지불하는 기업이 공제납부하거나 수익인이 신고납부한다.

### 제26조(개인소득세의 면제대상)

우리 나라 금융기관으로부터 받은 저축성예금리자소득과 국제관광특구에 설립된 은행에 비거주자들이 예금한 돈에 대한 리자소득에는 개인소득세를 부과하지 않는다.

## 제4장 재 산 세

제27조(재산세의 납부의무)

국제관광특구에서 건물, 선박, 비행기를 소유하고 있는 개인은 세무소에 재산등록을 하고 재산세를 납부하여야 한다.

제28조(재산의 등록과 등록취소)

국제관광특구에서 재산의 등록과 등록취소는 다음과 같이 한다.

1. 재산은 국제관광특구에서 소유한 날부터 20일안에 평가한 값으로 등록한다.
2. 재산의 소유자와 가격이 달라졌을 경우에는 20일안으로 변경등록을 한다.
3. 재산은 해마다 1월 1일 현재로 평가하여 2월안으로 재등록한다.
4. 재산을 페기하였을 경우에는 20일안으로 등록취소수속을 한다.

제29조(재산세의 비률)

재산세의 세률은 건물인 경우는 1%, 선박과 비행기인 경우는 1.4%로 한다.

제30조(재산세의 계산)

재산세는 세무소에 등록된 값에 정한 세률을 적용하여 계산한다.

제31조(재산세의 납부기간과 방법)

재산세는 분기마다 계산하여 해당 분기가 끝난 다음달 20일안으로 납부하여야 한다.

제32조(새 건물에 대한 재산세의 면제)

새로 건설한 건물은 소유하였을 경우에는 세무소에 등록한 날부터 2년간 재산세를 면제한다.

## 제5장 상 속 세

제33조(상속세의 납부의무)

국제관광특구에 있는 재산을 상속받은자는 상속세를 납부하여야 한다.

상속재산에는 부동산, 화폐재산, 현물재산, 유가증권, 지적소유권, 보험청구권 같은 재산과 재산권이 속한다.

제34조(상속재산의 가격평가)

상속재산의 가격은 재산을 상속받을 당시의 가격으로 평가한다.

제35조(상속세의 세률)

상속세의 비률은 6~30%로 한다.

제36조(상속세의 계산)

상속세는 상속받은 재산액에서 피상속인의 채무, 상속인이 부담한 장례비용, 상속기간에 상속재산을 보존관리하는데 든 비용, 재산상속과 관련한 공증료를 공제한 나머지 금액에 정해진 세률을 적용하여 계산한다.

제37조(상속세의 납부기간과 방법)

상속세는 상속받은 날부터 3개월안으로 상속인이 납부하여야 한다. 이 경우 상속재산액, 공제액 같은 것을 밝힌 상속세납부신고서와 공증기관의 공증을 받은 상속세공제신청서를 세무소에 내여 확인을 받아야 한다.

재산을 상속받은자가 2명이상일 경우에는 상속인별로 자기몫에 해당한 상속세를 납부하여야 한다.

제38조(상속세의 분할납부)

상속세가 3만€이상일 경우에는 세무소의 승인을 받아 그것을 3년간 분할하여 납부할 수 있다.

## 제6장 거 래 세

제39조(거래세의 납부의무 및 과세대상)

생산부문과 건설부문의 기업은 거래세를 납부하여야 한다.

거래세와 과세대상에는 생산물판매수입금과 건설공사인도수입금 같은것이 속한다.

제40조(거래세의 세률)

거래세의 세률은 생산물판매액 또는 건설공사인도수입액의 1~15%로 한다.

정해진 기호품에 대한 거래세의 세률은 생산물판매액의 16~50%로 한다.

제41조(거래세의 계산)

거래세는 생산물판매액 또는 건설공사인도수입액에 정해진 세률을 적용하여 계산한다.

기업이 생산업과 봉사업을 함께 할 경우에는 거래세와 영업세를 따로 계산한다.

제42조(거래세의 납부기간과 방법)

거래세는 생산물판매수입금 또는 건설공사인도수입금이 이루어질 때마다 해당 수입이 이루어진 날부터 20일안에 납부하여야 한다.

제43조(거래세의 면제 및 제외대상)

수출상품에 대하여서는 거래세를 면제한다. 그러나 수출을 제한하는 상품에 대하여서는 거래세를 부과한다.

## 제7장 영 업 세

제44조(영업세의 납부의무 및 과세대상)

봉사부문의 기업은 영업세를 납부하여야 한다.

영업세는 교통운수, 통신, 상업, 금융, 보험, 관광, 광고, 려관, 급양, 오락, 위생편의 같은 봉사부문의 봉사수입금에 부과한다.

제45조(영업세의 세률)

영업세의 세률은 해당 수입금의 2~10%로 한다.

제46조(영업세의 계산)

영업세는 업종별 수입금에 정해진 세률을 적용하여 계산한다.

여러 업종의 영업을 할 경우에는 업종별로 계산한다.

제47조(영업세의 납부기간과 방법)

기업은 영업세를 분기마다 계산하여 다음달 10일안으로 납부하여야 한다.

제48조(영업세의 감면)

전기, 가스, 난방 같은 에네르기생산 및 공급부문과 상하수도, 용수, 도로, 철도, 비행장 같은 하부구조부문에 투자하여 운영하는 기업에 대하여서는 영업세를 면제하거나 덜어줄수 있다.

## 제8장 지 방 세

제49조(지방세의 납부의무와 종류)

기업과 개인은 지방세를 납부하여야 한다.

지방세에는 도시경영세, 자동차리용세가 속한다.

제50조(도시경영세의 과세대상)

도시경영세는 기업의 월로임총액, 기인의 로동보수, 리자소득, 배당소득, 재산판매소득 같은 월로임총액에 부과한다.

제51조(도시경영세의 세률 및 계산)

도시경영세는 기업의 월로임총액 또는 개인의 월수입총액의 1%의 세률을 적용하여 계산한다.

제52조(도시경영세의 납부기간과 방법)

기업은 도시경영세를 달마다 계산하여 다음달 10일안으로 납부하여야 한다.

개인의 도시경영세는 달마다 계산하여 소득을 얻은 다음달 10일안으로 소득을 지불하는 기업이 공제납부하거나 수익인이 신고납부하여야 한다.

제53조(자동차리용세의 과세대상)

자동차리용액의 과세대상에는 기업 또는 개인의 승용차, 뻐스, 화물자동차, 자동자전차와 특수차가 속한다.

특수차에는 기중기차, 유조차, 지게차, 세멘트운반차, 굴착기, 불도젤, 랭동차 같은것이 속한다.

제54조(자동차의 등록)

국제관광특구에서 자동차를 새로 구입한자는 자동차를 소유한 날부터 30일안으로 관리위원회에 자동차등록신청서를 내고 등록하여야 한다.

자동차등록신청서에는 자동차소유자의 이름, 거주지 또는 체류지, 자동차번호, 종류, 좌석수, 적재중량, 소유날자 같은 것을 밝힌다.

관리위원회는 자동차를 등록하였을 경우 자동차등록증을 신청자에게 발급해주고 그 사본을 세무소에 보내주어야 한다.

제55조(자동차리용세액)

자동차리용세의 액수는 1대당 년간 100~200€로 한다.

### 제56조(자동차리용세의 계산)

자동차리용세는 종류별 자동차대수에 정해진 세금액을 적용하여 계산한다.

새로 구입하였거나 양도한 자동차, 페기한 자동차, 세무소의 승인밑에 리용하지 않는 자동차에 대한 당해년도 자동차리용세는 리용일수에 종류별 자동차의 일당세액을 적용하여 계산한다.

### 제57조(자동차리용세의 납부기간과 방법)

자동차리용세는 해마다 2월안으로 자동차리용자가 납부하여야 한다.

국제관광특구에서 자동차를 새로 구입한자는 자동차를 등록한 날부터 30일안으로 당해년도에 해당한 자동차리용세를 납부하여야 한다.

### 제58조(자동차의 양도, 페기시 과납세금의 반환)

자동차를 양도하거나 페기한자는 해당 확인서와 함께 이름, 주소, 자동차명, 양도 또는 페기날자, 납부한 자동차리용세, 반환받을 자동차리용세 같은 것을 밝힌 자동차리용세 반환신청서를 세무소에 내야 한다.

세무소는 신청내용을 10일안으로 검토하고 자동차를 양도 또는 페기한 날부터 12월 31일까지의 자동차리용세를 돌려주어야 한다.

### 제59조(자동차를 리용하지 않은 기간의 세금면제)

자동차를 일정한 기간 리용하지 않으려는 기업과 개인은 세무소에 신청서를 내고 승인을 받아 리용하지 않는 기간의 자동차리용세를 면제받을수 있다.

## 제9장 제재 및 신소

### 제60조(연체료)

기업 또는 개인이 세금납부를 정해진 기간에 하지 않을 경우 납부기일이 지난 날부터 납부하지 않은 세금에 대하여 매일 0.3%에 해당한 연체료를 물린다.

### 제61조(벌금부과)

기업 또는 개인에게 벌금을 물리는 경우는 다음과 같다.

1. 정당한 리유없이 세무등록, 재산등록, 자동차등록을 정해진 기간안에 하지 않았거나 세금납부신고서, 년간회계결산서 같은 세무문건을 제때에 제출하지 않았을 경우에는 100~1 500€까지의 벌금을 물린다.

2. 세금을 적게 공제하였거나 공제한 세금을 납부하지 않았을 경우에는 납부하지 않은 세액의 2배까지의 벌금을 물린다.

3. 고의적으로 세금을 납부하지 않았거나 적게 납부한 겨우에는 납부하지 않은 세액의 3배까지의 벌금을 물린다.

### 제62조(신소와 그 처리)

세금부과 및 납부와 관련하여 의견이 있는 기업과 개인은 국제관광특구지도기관과 세무소에 신소할 수 있다.

신소를 접수한 기관은 그것을 30일안으로 처리하여야 한다.

# 금강산국제관광특구 보험규정

주체101(2012)년 6월 27일 최고인민회의 상임위원회 결정 제94호로 채택

### 제1조(사명)

이 규정은 금강산국제관광특구의 보험사업에서 제도와 질서를 바로세워 보험계약당사자들의 권리와 리익을 보호하는데 이바지한다.

### 제2조(적용대상)

이 규정은 금강산국제관광특구(이 아래부터 국제관광특구라고 한다.)에 창설된 기업(지사, 사무소 포함)과 국제관광특구에 출입, 체류, 거주하는 개인에게 적용한다.

### 제3조(보험의 분류)

국제관광특구에서 보험은 보험대상에 따라 인체보험과 재산보험, 책임보험으로 나눈다.

인체보험에는 생명보험, 불상사보험, 어린이보험, 려객보험 같은것이, 재산보험에는 화재보험, 해상보험, 농업보험, 기술보험, 자동차보험, 신용보험 같은것이, 책임보험에는 자동차3자 책임보험, 가스배상책임보험, 건설 및 조립배상책임보험, 선주민사책임보험 같은것이 속한다.

### 제4조(보험사업의 담당자)

국제관광특구에서 보험사업은 국제관광특구에 설립한 보험회사 또는 보험지사, 보험대표부, 보험대리점(이 아래부터 보험회사라고 한다.)이 한다.

국제관광특구에 보험회사를 내오는 사업은 중앙금강산국제관광특구지도기관과 중앙보험지도기관이 합의하여 한다.

### 제5조(보험사업의 원칙)

국제관광특구에서의 보험사업은 자원보험과 의무보험에 맞게 자원성과 의무성, 신용의 원칙에서 한다.

국제관광특구에 있는 기업과 개인은 보험에 드는 경우 국제관광특구에 설립된 보험회사의 보험에 들어야 한다.

### 제6조(의무보험대상)

국제관광특구에서 의무보험대상은 다음과 같다.

1. 화재사고로 건물, 기계설비 같은 재산에 생긴 손해를 보상하는 보험

2. 가스사고, 자동차사고, 건설 및 조립공사과정 또는 기업경영과정에 생긴 사고로 제3자의 생명이나 신체, 재산에 입힌 손해를 보상하는 보험

3. 관광객이 문화유물, 천연기념물 같은 재산에 입힌 손해를 보상하는 보험

4. 기업에서 일하는 우리 나라 공민이 로동재해로 입은 손해를 보상하는 보험

**제7조(보험계약의 체결)**

보험계약은 보험회사(이 아래부터 보험자라고 한다.)와 보험에 들려는 기업과 개인(이 아래부터 보험계약자라고 한다.)사이에 서면으로 맺는다.

**제8조(보험조건과 조항의 제시 및 설명)**

보험자는 보험계약을 맺을 경우 보험조건과 조항을 보험계약자에게 제시하고 그 내용을 설명하여야 한다.

**제9조(보험계약자의 신고의무)**

보험계약자는 보험계약을 맺을 경우 보험자가 위험을 접수하거나 보험료를 결정하는데 영향을 줄 수 있는 중요사항을 사실대로 알려주어야 한다.

**제10조(보험계약의 성립)**

보험계약은 보험자가 보험계약신청에 동의하고 보험계약자에게 보험증권을 발행하면 성립된다.

보험증권은 보험계약의 체결을 확인하는 증서이다.

**제11조(보험증권의 재발행)**

보험계약자는 보험증권을 분실 또는 오손시켰을 경우 보홈증권을 다시 발행하여줄것을 요구할 수 있다.

보험자는 보험계약자의 요구에 따라 보험증권을 재발행하여줄수 있다. 이 경우 보험증권을 재발행하는데 드는 비용은 보험계약자가 부담한다.

**제12조(보험료의 납부)**

보험계약자는 보험료를 보험기간이 시작되기 전에 납부하여야 한다.

보험계약에서 보험료를 분할납부하기로 정하였을 경우에는 분할하여 납부할 수 있다. 이 경우 1차 분할보험료는 보험기간이 시작되기 전에 납부하며 그 이후의 분할보험료는 정해진 기간안에 납부하여야 한다.

**제13조(보험자의 책임)**

보험자는 계약에서 따로 정하지 않는 한 보험증권에 정해진 보험기간안에 보험사고에 대한 책임을 진다. 그러나 보험계약자가 보험료를 제때에 납부하지 않을 경우 보험자는 책임을 지지 않을수 있다.

**제14조(보험위험변동의 통지)**

보험계약자 또는 피보험자는 보험기간안에 보험계약에 영향을 줄수 있는 위험이 변동되면 지체없이 보험자에게 알려야 한다. 이 경우 보험자는 보험위험변동통지를 받은 날부터 1개월안에 남은 보험

기간에 대하여 감소 또는 증가된 위험비률로 계산한 보험료를 돌려주거나 더 받을수 있다.

보험위험변동통지의무를 리행하지 않아 발생한 손해에 대하여서는 보험자가 책임을 지지 않는다.

### 제15조(보험대상의 관리 및 안전상태료해)

보험자는 보험대상의 관리 및 안전상태를 료해할수 있으며 결함이 있을 경우 그것을 퇴치할것을 요구할 수 있다.

보험계약자 또는 피보험자가 결함을 퇴치하지 않아 발생한 손해는 보험자가 책임지지 않는다.

### 제16조(보험사고의 통지, 사고현장의 보존)

보험계약자 또는 피보험자는 보험사고가 발생하면 즉시 보험자에게 통지하여야 하며 사고의 원인과 규모를 확정할수 있도록 사고현장을 보존하여야 한다.

### 제17조(보험계약자, 피보험자의 손해방지의무)

보험계약자 또는 피보험자는 보험사고가 발생하였을 경우 손해를 막거나 줄이기 위한 조치를 취하여야 한다. 이 경우 보험자는 보험계약자 또는 피보험자가 손해를 막거나 줄이기 위하여 지출한 합리적인 비용을 부담하여야 한다.

보험자는 보험계약자 또는 피보험자가 손해방지의무를 리행하지 않았을 경우 보험금 또는 보험보상금에 해당한 금액을 공제할 수 있다.

### 제18조(보험사고에 대한 감정)

보험자는 발생한 보험사고에 대하여 감정을 조직할 수 있다.

감정은 전문감정기관 또는 해당한 자격을 가진자만이 할 수 있다.

### 제19조(보험계약의 무효)

사회와 집단의 리익을 침해하는 보험계약이나 위법적으로 맺은 보험계약, 보험사고가 일어난 후에 맺은 보험계약은 효력을 가지지 못한다.

### 제20조(보험계약의 취소)

보험계약자는 보험자가 보험조건과 조항의 제시 및 설명의무를 정확히 리행하지 않았다고 인정할 경우 보험계약을 취소할 수 있다.

### 제21조(보험계약의 해제)

다음의 경우에는 보험계약을 해제할 수 있다.

1. 보험계약자가 신고의무를 제대로 리행하지 않았을 경우
2. 보험기간안에 보험대상이 없어졌을 경우
3. 보험계약자가 정해진 기간에 보험료를 납부하지 않았을 경우
4. 보험계약자 또는 피보험자가 보험기간안에 보험위험의 변동통지를 하지 않았을 경우
5. 보험계약자 또는 피보험자가 보험자의 정당한 료해사업에 응하지 않거나 결함을 퇴치하기 위한 대책을 세우지 않았을 경우
6. 보험계약일방이 통합, 분리, 해산되였거나 파산되였을 경우

7. 이밖에 정당한 사유가 있을 경우

제22조(보험보상청구문건의 제출)

보험계약자 또는 피보험자는 보험사고가 확정되면 정해진 기간안에 보험보상청구문건을 보험자에게 내야 한다.

보험보상청구문건에는 보험사고의 원인과 피해규모를 확인할수 있는 자료를 첨부한다.

제23조(보험금 또는 보험보상금의 지불)

보험자는 보험보상청구문건을 받으면 보험계약자 또는 피보험자와 보상할 금액을 확정하고 정해진 기일안에 지불하여야 한다. 이 경우 보험보상금액은 보험대상의 보험가격을 초과할수 없다.

보험자는 정해진 기일안에 보험금 또는 보험보상금을 지불할수 없을 경우 그 리유와 예정지불기일을 보험계약자 또는 피보험자에게 알려주어야 한다.

제24조(청구시효기간)

보험금 또는 보험보상금, 보험료의 청구시효기간은 해당 사유가 발생한 날부터 2년까지로 한다.

제25조(보험자의 보상거부사유)

보험자는 보험계약자 또는 피보험자가 고의적으로 보험사고를 일으켰거나 보험사고의 원인을 날조하였을 경우에는 보험금 또는 보험보상금을 지불하지 않는다.

제26조(재보험)

보험자는 다른 보험자와 재보험계약을 맺을수 있다.

재보험계약은 원보험계약에 영향을 주지 않는다.

제27조(제재)

이 규정을 어겨 보험사업에 지장을 주었거나 보험계약당사자의 권리와 리익을 침해하였을 경우에는 정상에 따라 영업을 중지시키거나 1만€까지의 벌금을 물린다.

제28조(분쟁해결)

국제관광특구에서 보험사업과 관련한 의견상이는 당사자들사이에 협의의 방법으로 해결한다.

협의의 방법으로 해결할수 없을 경우에는 중재 또는 재판절차로 해결한다.

# 금강산국제관광특구 환경보호규정

주체100(2011)년 11월 29일 최고인민회의 상임위원회 결정 제75호로 채택

## 제1장 일반규정

### 제1조(사명)

이 규정은 금강산국제관광특구에서 자연환경의 보존과 조성, 환경오염방지질서를 엄격히 세워 금강산국제관광특구의 자연생태환경을 보호하는데 이바지한다.

### 제2조(적용대상)

이 규정은 금강산국제관광특구(이 아래부터 국제관광특구라고 한다.)의 기업과 개인에게 적용한다.

기업에는 국제관광특구에서 관광사업을 하는 기업과 지사, 사무소, 대리점이, 개인에는 외국인, 남측 및 해외동포를 비롯한 관광객이 속한다.

### 제3조(환경보호사업기관)

국제관광특구에서 환경보호사업은 금강산국제관광특구관리위원회(이 아래부터 국제관광 특구관리위원회라고 한다.)가 한다.

국제관광특구관리위원회는 환경보호사업을 계획적으로 전망성있게 진행하여야 한다.

### 제4조(환경보호기준의 제정)

국제관광특구의 환경보호기준은 중앙금강산국제관광특구지도기관(이 아래부터 국제관광 특구지도기관이라고 한다.)이 국토환경보호기관과 합의하여 정한다.

### 제5조(환경보호기준의 준수)

국제관광특구에서 건설, 생산, 봉사업을 하려는 기업은 환경보호기준을 엄격히 지켜야 한다.

### 제6조(국제관광특구에서 금지, 제한하는 행위)

국제관광특구에서 지하자원의 탐사와 개발은 금지한다.

국제관광특구관리위원회의 승인없이 건물, 시설물, 도로를 건설하거나 하천, 호소의 구조를 변경시킬수 없다.

## 제2장 자연환경의 보존과 조성

### 제7조(자연환경보존과 조성의 기본요구)

국제관광특구관리위원회는 국제관광특구의 자연환경을 보존하며 사람들의 건강과 문화정서생활에 유리하게 조성하여야 한다.

### 제8조(자연보호구의 설정)

국제관광특구관리위원회는 국제관광특구에서 특산종, 위기종, 희귀종의 동식물과 명승지, 천연기

념물, 특출한 자연경관 같은 것을 보호하기 위하여 자연보호구를 설정할 수 있다. 이 경우 내각의 승인을 받는다.

제9조(산림의 조성)

국제관광특구관리위원회는 국제관광특구의 산림면적을 늘이며 수종이 좋은 나무를 위주로 나무심기를 계획적으로 하여야 한다.

제10조(산림의 보호)

기업 또는 개인은 국제관광특구에서 나무를 찍거나 산을 일구거나 흙과 돌을 채취하는것 같은 행위를 하지 말아야 한다.

제11조(산림병해충의 구제)

국제관광특구관리위원회는 산림병해충예찰, 검역사업체계를 세우고 산림병해충을 제때에 구제하여야 한다.

제12조(산불방지)

국제관광특구관리위원회는 산불감시체계를 세우고 산불감시를 정상적으로 하여야 한다.

산림구역에는 산불을 끄는데 필요한 방화시설을 갖추며 산불막이선을 쳐야 한다.

산불이 일어났을 경우에는 인원과 설비, 수단을 동원하여 제때에 꺼야 한다.

제13조(산에 들어갈 때와 산에서 지켜야 할 사항)

개인은 성냥, 라이타 같은 것을 가지고 산에 들어가지 말며 산에서 불을 놓거나 담배를 피우지 말아야 한다.

제14조(동식물의 보호)

기업과 개인은 국제관광특구에서 동식물의 생장에 지장을 주는 행위를 하지말아야 한다.

국제관광특구에서는 승인없이 동물을 잡거나 식물을 채취할수 없다.

제15조(명승지, 천연기념물, 력사유적의 보호)

국제관광특구관리위원회는 명승지, 천연기념물, 력사유적과 그 주변의 자연생태환경을 원상대로 보존, 보호하여야 한다.

기업과 개인은 명승지, 천연기념물, 력사유적의 보존, 보호에 지장을 주는 시설물을 건설할수 없다.

제16조(원림화의 실현)

국제관광특구관리위원회는 해당 구역의 원림화계획을 전망성있게 세우고 관상적가치가 있으면서도 환경보호에 유리한 나무와 잔디, 꽃을 많이 심어야 한다.

## 제3장 환경오염의 방지

제17조(환경오염방지정형의 료해대책)

국제관광특구관리위원회는 기업이 환경보호설비를 갖춘 정형과 가동정형을 정상적으로 료해하고 대책하여야 한다.

제18조(환경영향평가보고서의 작성과 승인)

기업은 건물, 시설물을 건설하려 할 경우 환경영향평가보고서를 작성하여 국제관광특구관리위원회에 내야 한다.

환경영향평가보고서에는 건설대상의 특성, 건설이 환경에 미치는 예측평가자료, 환경오염방지대책 같은 것을 정확히 밝힌다.

제19조(봉사기업의 위생준칙)

봉사활동을 하는 기업은 환경오염이 발생하지 않도록 정해진 위생준칙을 엄격히 지켜야 한다.

봉사활동과 관련한 위생준칙은 국제관광특구관리위원회가 작성한다.

제20조(정화장, 침전지, 오물, 페기페설물처리장의 건설)

국제관광특구관리위원회와 기업은 버림물의 정화장이나 침전지, 오물, 페기페설물 처리장을 바다나 하천, 호소, 저수지 또는 먹는물원천을 오염시키지 않는 장소에 건설하여야 한다.

제21조(오물의 처리)

기업과 개인은 정해진 장소에 오물을 버리며 승인없이 불태우지 말아야 한다.

오물은 쌓아두지 말고 제때에 처리하여야 한다.

제22조(오염물질배출시설, 오염방지시설의 설치)

기업은 오염물질배출시설과 오염방지시설을 설치하고 국제관광특구관리위원회의 운영승인을 받아야 한다.

오염물질배출시설, 오염방지시설은 국제관광특구관리위원회의 승인없이 다른곳으로 옮기거나 철수할수 없다.

제23조(오염물질배출의 신고)

기업은 오염물질을 내보내려 할 경우 오염물질의 종류, 수량, 농도 같은 것을 국제관광 특구관리위원회에 신고하여야 한다.

오염물질의 종류, 수량, 농도가 달라졌을 경우에는 신고를 다시 하여야 한다.

제24조(오염물질배출시설, 오염방지시설의 운영, 보수, 정비)

기업은 오염물질배출시설과 오염방지시설을 정상적으로 운영, 보수, 정비하며 오염물질 배출기준을 초과하지 말아야 한다.

시설에 이상이 생기거나 고장으로 가동을 멈추었을 경우에는 생산 또는 경영을 중지하여야 한다.

제25조(소음, 진동방지)

기업은 설비운영과정에 소음과 진동이 발생하지 않도록 하여야 한다.

소음, 진동기준을 초과하는 설비를 사용할수 없다.

제26조(륜전기재의 운행금지)

기업과 개인은 배기가스기준을 초과하는 륜전기재를 운행하지 말아야 한다.

제27조(악취방지)

기업은 경영과정에 악취가 발생하지 않도록 하여야 한다.

고무, 비닐, 쓰레기 같은 악취를 발생할수 있는 물질은 불태우지 말아야 한다.

제28조(수역에서 금지할 행위)

기업과 개인은 바다, 하천, 호소, 저수지에서 륜전기재를 청소하거나 오물, 페기페설물, 기름 같은 것을 버리지 말아야 한다.

제29조(오수, 페수의 정화)

기업은 오수, 페수를 정화시켜 내보내야 한다.

오수, 페수에 물을 희석시키는 방법으로 오염도를 낮추는 행위를 할수 없다.

제30조(토지의 오염, 류실방지)

기업은 물리화학적, 생물학적대책을 세워 토지의 오염을 막아야 한다.

절토 또는 성토로 인한 흙과 모래의 류출을 방지하며 폭우로 흙, 모래가 하천과 수로에 흘러들지 않도록 하여야 한다.

제31조(지하수의 오염방지)

기업은 지하수오염물질의 발생원과 물잡이구조물관리를 바로하며 오염물질에 의한 지하수의 오염물을 막아야 한다.

제32조(지반침하의 방지)

기업은 건물, 시설물의 건설과 지하수의 리용과정에 지반이 침하되지 않도록 하여야 한다.

지반이 침하할수 있는 곳에서는 건설을 하거나 지하수를 뽑아 쓸수 없다.

제33조(유독성물질의 사용금지)

기업과 개인은 국제관광특구에 유독성물질을 들여오거나 국제관광특구에서 유독성물질을 사용하지 말아야 한다.

제34조(페기페설물의 보관)

페기페설물을 보관하려는 기업은 보관시설과 설비를 갖추고 그 주변에 울타리와 경계표식판을 설치하여야 한다.

페기페설물의 용기겉면에는 페기페설물의 이름을 밝힌다.

제35조(페기페설물의 운반)

페기페설물을 운반하려는 기업은 국제관광특구관리위원회의 승인을 받으며 운반도중에 페기페설물이 류출되거나 바람에 날리지 않도록 하여야 한다.

제36조(페기페설물의 처리)

페기페설물을 처리하려는 기업은 페기페설물처리신청서를 국제관광특구관리위원회에 내야 한다.

신청서에는 페기페설물의 종류, 성분분석자료, 수량, 환경영향평가자료, 환경보호담보 자료 같은 것을 밝힌다.

제37조(페기페설물의 처리기일)

기업은 페기페설물을 정해진 기일안으로 처리하여야 한다.

페기페설물의 처리기간은 국제관광특구관리위원회가 정한다.

제38조(환경오염경보)

국제관광특구관리위원회는 특수한 기상현상으로 환경이 심히 오염되여 사람의 건강과 생활에 영향을 줄수 있을 경우 환경오염정보를 하여야 한다.

제39조(환경상태의 조사, 측정, 분석)

국제관광특구관리위원회는 국제관광특구의 환경상태를 정상적으로 조사, 측정, 분석하여야 한다.

조사, 측정, 분석방법은 국제관광특구지도기관이 정한다.

제40조(자료기록)

기업은 오염물질배출시설과 오염방지시설의 운영, 페기페설물의 보관, 처리정형을 정상적으로 대장에 기록하며 국제관광특구관리위원회가 정한 기간까지 보관하여야 한다.

제41조(환경보호사업정형의 보고)

국제관광특구관리위원회는 환경보호계획실행, 환경보호사업정형을 분기마다 국제관광 특구지도기관에 보고하여야 한다.

## 제4장 감독통제

제42조(감독통제기관)

국제관광특구의 환경보호사업에 대한 감독통제는 국제관광특구관리지도기관의 지도밑에 국제관광특구관리위원회가 한다.

제43조(환경감시체계의 수립)

국제관광특구관리위원회는 환경감시체계를 바로세우고 환경상태를 조사장악하며 기업에 필요한 환경정보를 정상적으로 알려주어야 한다.

제44조(환경보호시설의 관리)

국제관광특구관리위원회는 기업이 환경보호시설을 정상적으로 운영하며 보수주기를 철저히 지키도록 하여야 한다.

제45조(제재)

국제관광특구의 환경을 오염, 파괴시켰거나 오염방지시설을 파손시킨 기업, 개인에게는 원상복구 또는 해당한 손해를 보상시킨다.

경우에 따라 벌금을 물리거나 영업을 중지시킬수도 있다.

# 03

# 조선민주주의 인민공화국 **투자안내**

합영투자위원회

제 1 장

# 조선민주주의인민공화국의

# 일반적 소개

합영투자위원회

## 1.조선민주주의인민공화국의 일반적 소개

조 선 민 주 주 의 인 민 공 화 국

공화국 창건: 1948년 9월 9일

행정구역: 9개 도, 2개 직할시(평양,남포), 1개 특별시(라선)

지 형: 산 80%이상

조선 전체면적:
223,370,000㎢

그중 북반부 면적:
123,138,000㎢

년평균온도: 8 ~ 12 ℃

년강수량: 1,000 ~ 1,200㎜

년해비침: 2,280 ~ 2,780시간

시 간: 세계표준시(GMT) + 9

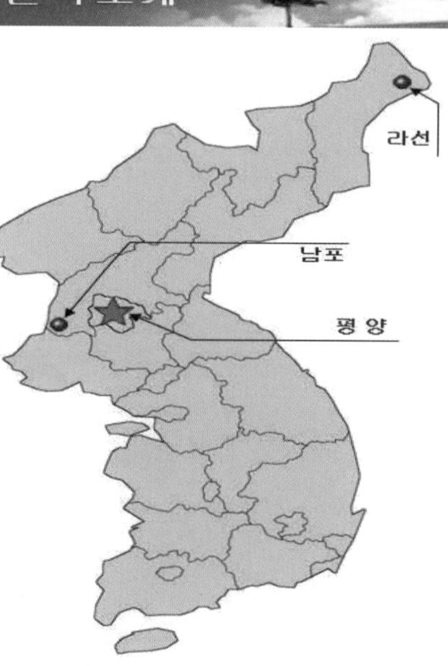


합영투자위원회

1.조선민주주의인민공화국의 일반적 소개
화폐단위: 원(₩)
총 계:
24,050,000명
남 자:
11,720,000명
녀 자:
12,330,000명
2008년
인구통계
평균인구증가률:
0.855%
합영투자위원회

제 2 장
조선민주주의인민공화국의
외국투자정책
합영투자위원회

## 2.조선민주주의인민공화국의 외국투자정책

### 외국투자정책

**대외경제교류 기본정책**

자주, 평화, 친선의 리념밑에 완전한 평등, 호혜의 원칙에서 다른 나라들과의 무역 , 투자를 비롯한 대외경제교류를 적극 확대발전시키는것이다.

**외국투자유치 기본정책**

자기의 자원과 기술에 의거하여 자립적민족경제를 건설하는것을 기본원칙으로 하면서 다른 나라들로부터 선진기술에 기초하여 인민 경제를 개건현대화하며 인민생활을 빨리 높이는데 필요한 투자를 적극 받아들이는것이다.

합영투자위원회

## 외국직접투자형식

합영기업
합작기업
외국인
기 업
조선기업과 외국투자가가 공동으로 투자하고 운영하며 출자몫에 따라 리윤을 분배하는 기업
조선기업과 외국투자가가 공동투자, 조선기업이 운영하며 계약조건에 따라서 상대방의 투자몫을 상환하거나 리윤을 분배하는 기업
외국투자가가 단독으로 투자하여 운영하는 기업


※ 모든 외국인 투자기업은 유한책임회사로 조직되며 조선민주주의인민공화국의 법인으로 된다.

합영투자위원회

## 외국직접투자당사자

외국직접
투자당사자

조선민주주의인민공화국의 기관, 기업소, 단체

해외의 조선동포

외국의 기관, 기업체, 개인, 기타경제조직

합영투자위원회

## 투자부문

**투자허용부문**

공업, 농업, 건설, 운수, 체신, 과학기술, 관광, 류통, 금융과 같은 여러 부문

**투자장려부문**

첨단기술을 비롯한 현대기술, 국제시장경쟁력이 높은 제품생산부문, 하부구조건설부문, 과학연구 및 기술개발부문

**투자금지 및 제한대상**

- 나라의 안전과 민족의 미풍량속에 지장을 주는 대상
- 자원수출을 목적으로 하는 대상
- 정해진 환경보호기준에 맞지 않는 대상
- 경제기술적으로 뒤떨어진 대상
- 수익성이 낮은 대상

합영투자위원회

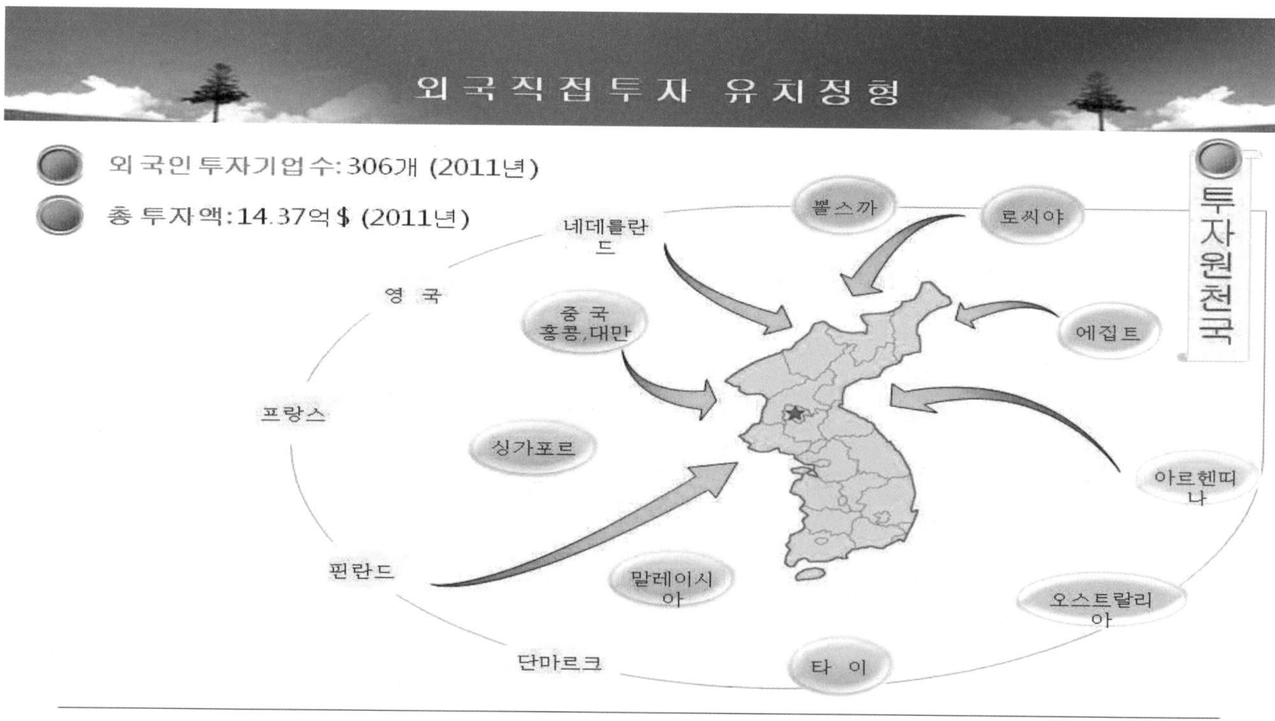
외국직접투자 유치정형
외국인투자기업수:306개 (2011년)
총 투자액:14.37억$ (2011년)
투자원천국
네데를란드
뽈스까
로씨야
영 국
중 국
홍콩,대만
에집트
프랑스
싱가포르
아르헨띠나
핀란드
말레이시아
오스트랄리아
단마르크
타 이
합영투자위원회

제 3 장
외국투자를 위한
법률안내
합영투자위원회

## 외국투자와 관련한 법적규제

1984년
합영법 제정

1990년대
20여개의
외국투자관계법
새로 제정

외국투자를 위한
법률적 환경개선,
투자수속절차간소화등
법규수정보충사업
지속적으로 진행

**사회주의헌법 제2장 37조**

《국가는 우리 나라 기관, 기업소, 단체와 다른 나라의 법인 또는 개인들과의 기업합영과 합작, 특수경제지대에서의 여러가지 기업창설운영을 장려한다.》

합영투자위원회

## 외국투자관계법규와 제정날자

| 법 규 | 제정날자 | 법 규 | 제정날자 |
|---|---|---|---|
| 외국인투자법 | 1992. 10. 5 | 외국인투자기업 재정관리규정 | 1999.12.4 |
| 합영법 | 1984. 9. 8 | 외국인투자기업로동규정 | 1999.5.8 |
| 합작법 | 1992.10.5 | 외국인투자기업 회계검증규정 | 2004.11.29 |
| 외국인기업법 | 1992.10.5 | 외국인투자기업 최신기술도입규정 | 2001.8.24 |
| 외국투자은행법 | 1993.11.24 | 외국투자법률사무소 설립운영규정 | 2004.4.19 |
| 외국투자기업 및 외국인세금법 | 1993.1.3 | 라선경제무역지대법 | 1993.1.31 |
| 외국인투자기업파산법 | 2000.4.19 | 라선경제무역지대 관광규정 | 2000.4.29 |
| 외화관리법 | 1993.1.31 | 라선경제무역지대 외국인출입 및 체류규정 | 2000.2.19 |
| 외국인투자기업명칭 제정규정 | 1999.3.13 | 라선경제무역지대 세관규정 | 2000.9.23 |

합영투자위원회

## 3. 외국투자를 위한 법률안내

### 외국투자에 대한 보호

**국내법적보호**

-사회주의헌법 제1장 16조
《조선민주주의인민공화국은 자기 령역안에 있는 다른 나라 사람의 합법적권리와 리익을 보장한다.》
-외국인투자법 제4조
《국가는 외국투자가와 외국투자기업의 합법적권리와 리익, 경영활동을 보장한다.》
-외국인투자법 제19조
《국가는 외국인투자기업과 외국투자가가 투자한 재산을 국유화하거나 거두어들이지 않는다. 불가피한 사정으로 국유화하거나 거두어들일 때에는 해당한 보상을 한다.》

**쌍무적협정체결을 통한 보호**

-28개 나라들과 투자장려 및 보호협정체결
-15개 나라들과 2중과세 방지협정체결

합영투자위원회

## 3. 외국투자를 위한 법률안내

### 투자장려및 보호협정을 체결한 나라들

| 나라명 | 날자 | 나라명 | 날자 | 나라명 | 날자 |
|---|---|---|---|---|---|
| 단마르크 | 1996.9.10 | 슬로벤스꼬 | 1998.10.27 | 이란 | 2002.9.30 |
| 나이제리아 | 1996.11.11 | 스위스 | 1998.12.14 | 몽골 | 2003.11.19 |
| 로씨야 | 1996.11.28 | 벌가리아 | 1999.6.16 | 중국 | 2005.3.22 |
| 에짚트 | 1997.8.19 | 방글라데슈 | 1999.6.21 | 예멘 | 2005.6.13 |
| 라오스 | 1997.10.15 | 말리 | 1999.10.11 | 수리아 | 2006.5.14 |
| 마께도니야 | 1998.1.23 | 인도네시아 | 2000.2.21 | 벨라루씨 | 2006.8.24 |
| 로므니아 | 1998.2.4 | 이딸리아 | 2000.9.27 | 캄보쟈 | 2007.11.1 |
| 말레이시아 | 1998.8.26 | 타이 | 2002.3.1 | 싱가포르 | 2008.2.12 |
| 체스꼬 | 1998.10.27 | 웰남 | 2002.5.3 | | |
| 유고 | 1998.8.26 | 리비아 | 2002.7.16 | | |

합영투자위원회

## 3. 외국투자를 위한 법률안내

### 2중과세방지협정을 체결한 나라들

| № | 나라명 | 체결날자 | № | 나라명 | 체결날자 |
|---|---|---|---|---|---|
| 1 | 로씨야련방공화국 | 1997.10.26 | 9 | 인도네시아공화국 | 2002.7.11 |
| 2 | 로므니아 | 1998.1.23 | 10 | 몽골 | 2003.11.19 |
| 3 | 벌가리아공화국 | 1998.6.16 | 11 | 체스꼬공화국 | 2005.3.2 |
| 4 | 수리아아랍공화국 | 2000.2.21 | 12 | 벨라루씨공화국 | 2006.6.30 |
| 5 | 에짚트아랍공화국 | 2000.3.2 | | | |
| 6 | 유고슬라비아련방공화국 | 2000.12.25 | | | |
| 7 | 라오스인민민주주의공화국 | 2001.7.17 | | | |
| 8 | 웰남사회주의공화국 | 2002.5.3 | | | |

합영투자위원회

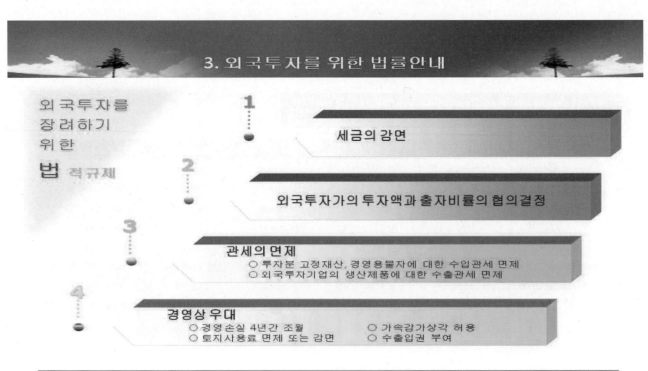

## 3. 외국투자를 위한 법률안내

외국투자를 장려하기 위한 법적규제

1 세금의 감면

2 외국투자가의 투자액과 출자비률의 협의결정

3 관세의 면제
- ○ 투자분 고정재산, 경영용물자에 대한 수입관세 면제
- ○ 외국투자기업의 생산제품에 대한 수출관세 면제

4 경영상우대
- ○ 경영손실 4년간 조월
- ○ 토지사용료 면제 또는 감면
- ○ 가속감가상각 허용
- ○ 수출입권 부여

합영투자위원회

## 3. 외국투자를 위한 법률안내

### 1 기업소득세

**세금과 관련한 법적규제**

**적용대상**

외국인투자기업이 공화국령역안에서 기업활동을 하여 얻은 소득과 기타 소득, 공화국령역밖에서 얻은 소득에 대하여 적용

**세 률**

| | |
|---|---|
| 결산리윤의 | 25% |
| 장려대상인 경우 | 10% |
| 라선경제무역지대 세률 | 14% |

**우대조치**

○ 장려부문과 라선경제무역지대 생산부문의 외국투자기업 10년이상 운영될때 리윤이 난 해로부터 3년간 면세, 2년간 50%감면

○ 3000만$이상의 하부구조건설부문 투자대상 리윤이 난 해로부터 4년간 면세, 3년간 50%감면

○ 재투자하는 경우 재투자분에 해당한 기업소득세액의 50%반환,하부구조건설부문인 경우 100%반환

합영투자위원회

## 3. 외국투자를 위한 법률안내

### 2 거 래 세

**세금과 관련한 법적규제**

**적용대상**

공업, 농업, 경공업, 수산업 등의 분야에서 자체로 상품을 생산,판매하는 생산부문의 외국투자기업에 적용

**세 률**

| | | | |
|---|---|---|---|
| 전기제품 | 1.2~3% | 연료제품 | 0.6~1.5% |
| 금속제품 | 1.2~2.1% | 기계,설비 | 1.2~1.5% |
| 화학제품 | 0.6~1.8% | 건재제품 | 0.6~3% |
| 고무제품 | 1.2~2.4% | 섬유제품 | 3~4.5% |
| 신발제품 | 0.9~1.2% | 일용제품 | 1.5~5% |
| 전자제품 | 1.8~4.2% | 식료품 | 5~25% |
| 농산물 | 0.9~1.2% | 축산물 | 0.6~1.5% |
| 임가공부문 | 1.5% | 가죽,털제품 | 2.5~4% |
| 기타 공업제품 | 2~5% | | |

**우대조치**

수출하는 제품과 국가적요구에 의하여 공화국령역안에 판매하는 제품에 대하여서는 거래세를 면제한다.

합영투자위원회

## 3. 외국투자를 위한 법률안내

세금과 관련한 법적규제

| | |
|---|---|
| 적용대상 | 봉사부문과 건설부문의 외국인투자기업에 적용 |
| 세 률 | 건설부문 2.4% 체신 및 교통운수분문 1.2%<br>동력부문 1.8% 금융 및 보험부문 1.5%<br>상업부문 2.4~3% 무역부문 2.4~4.8%<br>급양부문 3% 관광 3.6% 광고 4.2%<br>려관 4.8% 위생편의 5.4% 오락 6% |
| 우대조치 | ○ 건설, 교통운수, 동력부문의 외국투자기업이 국가적 요구에 의해 봉사하였을 경우 100%면세<br>○ 외국투자은행이 유리한 조건으로 대부하였을 경우 50%감면<br>○ 라선경제무역지대안의 하부구조를 건설하는 경우 100%면세<br>○ 라선경제무역지대 봉사부문 50%감면 |

합영투자위원회

## 3. 외국투자를 위한 법률안내

세금과 관련한 법적규제

| | |
|---|---|
| 적용대상 | 외국투자기업이 자원을 수출하거나 판매를 목적으로 자원을 채취하는 경우 적용 |
| 세 률 | 지하자원 20~25% 수산자원 10~16%<br>산림자원 10~25% 동식물자원10%<br>물자원 10~25% |
| 우대조치 | ○ 원유, 천연가스같은 자원을 개발하는 기업 5~10년간 면제<br>○ 자원을 그대로 팔지 않고 현대화된 기술공정에 기초하여 가치가 높은 가공제품을 만들어 수출하거나 국가적조치로 공화국의 기관, 기업소, 단체에 판매하였을 경우 50%범위에서 감면<br>○ 장려부문의 외국투자기업이 생산에 리용하는 지하수에 대하여 50%범위에서 감면 |

합영투자위원회

## 3. 외국투자를 위한 법률안내

### 5 개인소득세

**세금과 관련한 법적규제**

공화국령역안에서 소득을 얻은 외국인 또는 공화국령역안에 1년이상 체류하거나 거주하면서 공화국령역밖에서 소득을 얻은 외국인에게 적용

**세 률**

로동보수에 의한 소득세률 5~30%
재산판매에 의한 소득세률 25%
증여에 의한 소득세률 2~12%
기타 소득 20%

**우대조치**

○ 월로동보수액 500€이하인 경우 면제
○ 증여소득이 5000 €이하인 경우 면제

합영투자위원회

## 3. 외국투자를 위한 법률안내

**세금과 관련한 법적규제**

외국인이 공화국령역안에서 소유하고있는 건물과 선박, 비행기에 대하여 적용

건물 1%
선박과 비행기 1.4%

**우대조치**

○ 라선경제무역지대안에 있는 납세의무자가 자기 자금을 구입하였거나 건설한 건물의 재산세는 그것을 구입하였거나 준공한 달부터 5년간 면제

합영투자위원회

## 3. 외국투자를 위한 법률안내

### 7 상 속 세

**세금과 관련한 법적규제**

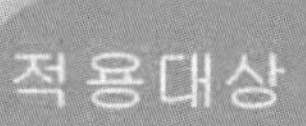

| | |
|---|---|
| 적용대상 | 공화국령역안에 있는 재산을 상속받은 외국인과 공화국령역밖에 있는 재산을 상속받은 공화국령역안에 거주하고있는 외국인에게 적용 |
| 세 률 | 6~30% |
| 우대조치 | ○ 상속액이 10만€아래인 경우 면제<br>○ 상속세액이 2만 5천€이상인 경우 3년안에 분할납부 |

합영투자위원회

## 3. 외국투자를 위한 법률안내

### 8 지 방 세

**세금과 관련한 법적규제**

**도시경영세**

| | |
|---|---|
| 적용대상 | 외국투자기업, 체류 또는 거주하고있는 외국인에게 적용 |
| 세 률 | 외국투자기업은 기업의 월로임총액의 1%<br>외국인은 월로동보수액의 1%<br>또는 소득을 취득할때 수입금의 1% |

**자동차리용세**

| | |
|---|---|
| 적용대상 | 자동차를 소유한 외국투자기업과 외국인에게 적용 |
| 세 액 | 승용차 대당/년 100€ 10석뻐스 대당/년 100€<br>11석이상뻐스좌석수당/년 15€<br>소형반짐뻐스 대당/년 100€<br>화물자동차 적재톤당/년 15€<br>화물운반용차 적재톤당/년 15€<br>화물운반용외 차 차체중량톤당/년 20€<br>자동자전차 대당/년 15€ |

합영투자위원회

## 3. 외국투자를 위한 법률안내

### 로동과 관련한 법적규제

**로력채용**

○ 외국인투자기업은 우리 나라 로력을 우선적으로 채용하여야한다.

○ 계약에 의하여 정해진 관리인원과 특수한 직종의 기술자, 기능공은 다른 나라 사람을 채용할수 있다.

**로동시간**

| 평균 | 하루 | 8시간 |
|---|---|---|
| | 주 | 6일 |
| | 년 | 270일간이상 |

**로임수준**

외국인투자기업이 채용하는 일반로동자의

| | |
|---|---|
| ○ 최저로임 | 30€/월 |
| ○ 보험료 | 7€/년 |

합영투자위원회

## 제 4 장

# 기 타

합영투자위원회

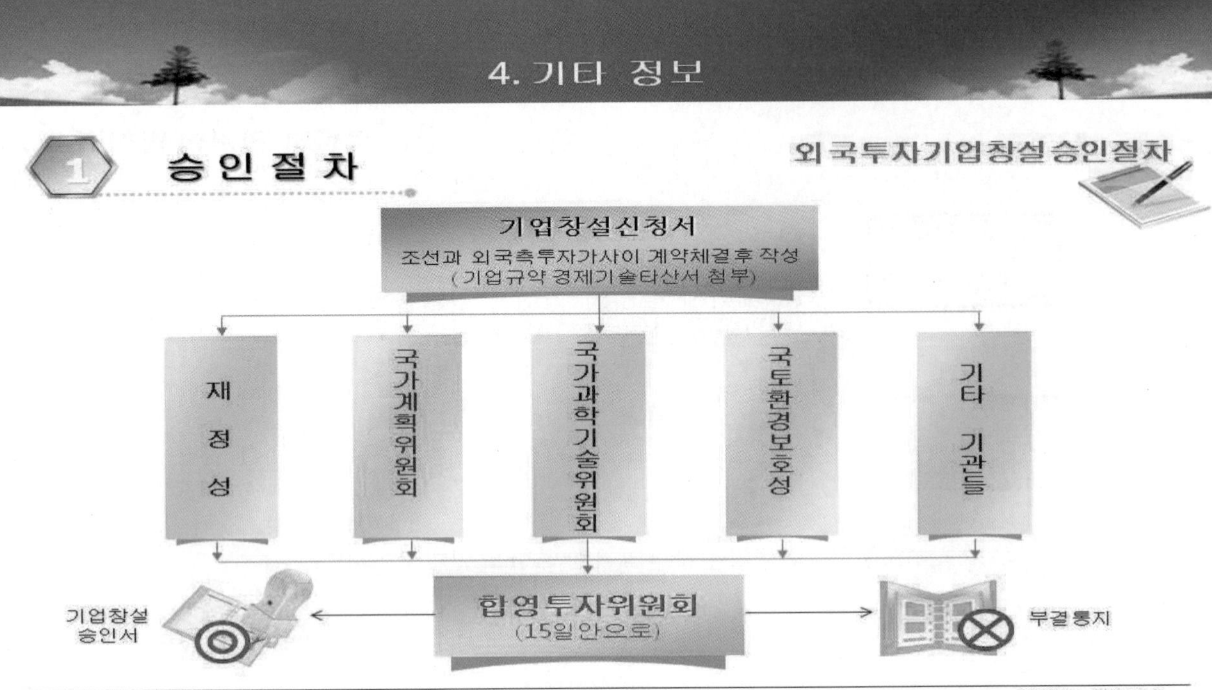
4. 기타 정보
1 승 인 절 차
외국투자기업창설승인절차
기업창설신청서
조선과 외국측투자가사이 계약체결후 작성
(기업규약 경제기술타산서 첨부)
재정성
국가계획위원회
국가과학기술위원회
국토환경보호성
기타 기관들
기업창설
승인서
합영투자위원회
(15일안으로)
부결통지
합영투자위원회

4. 기타 정보
2 등 록 절 차
외국투자기업창설승인절차
기업창설
승 인
회사공인
조각
은행구좌
개설
기업등록
(합영투자위원회)
세무등록
(재정성)
주소등록
기업소재지
인민위원회
세관등록
(세관총국)
※외국투자은행인 경우 승인 및 등록은 중앙은행에서
합영투자위원회

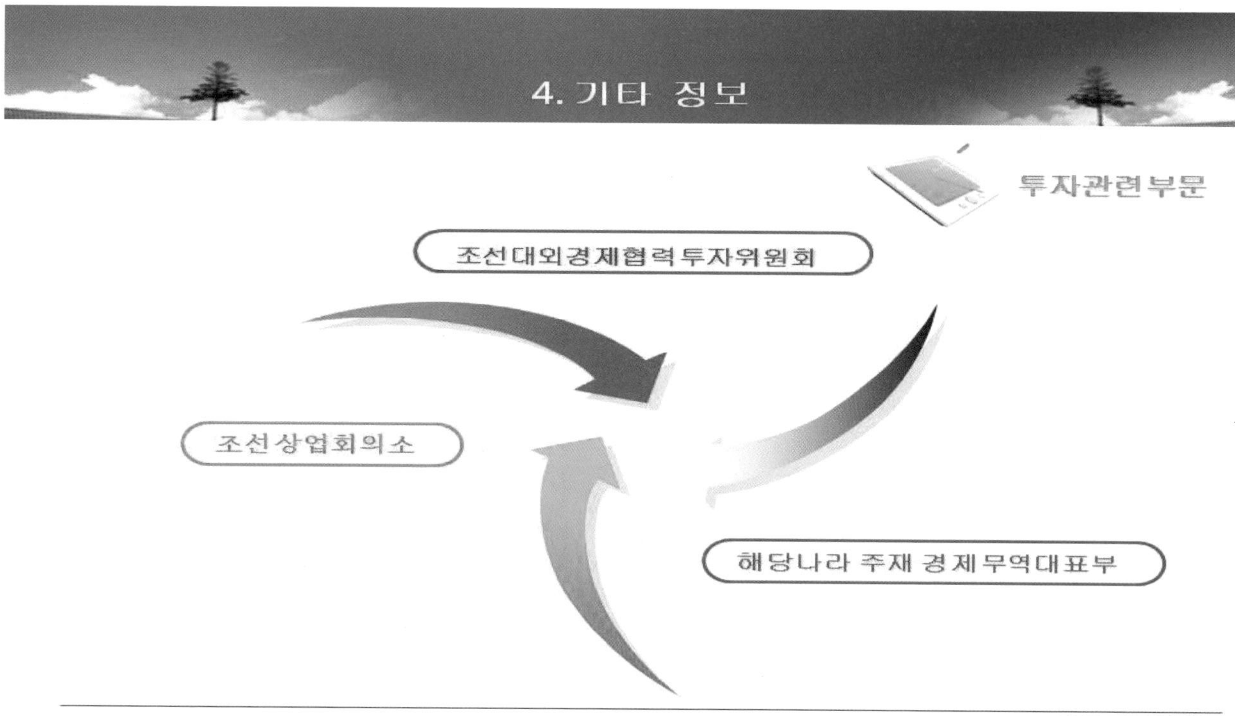
4. 기타 정보
투자관련부문
조선대외경제협력투자위원회
조선상업회의소
해당나라 주재 경제무역대표부
합영투자위원회

## 4. 기타 정보

조선민주주의인민공화국
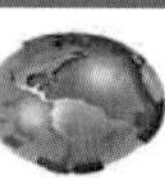
경제무역대표부 지역분포표

| № | 나라명 | 도시명 |
|---|---|---|
| 1 | 방글라데슈 | 다카 |
| 2 | 벨라루씨 | 민스크 |
| 3 | 브라질 | 싼 빠울로 |
| 4 | 에티오피아 | 아디스 아바바 |
| 5 | 중국 | 베이징 |
| 6 | 중국 | 광저우 |
| 7 | 중국 | 선양 |
| 8 | 중국 | 다이렌 |
| 9 | 중국 | 창춘 |
| 10 | 중국 | 단둥 |
| 11 | 꾸바 | 아바나 |
| 12 | 자이르 | 킨샤사 |
| 13 | 잠비아 | 루사카 |
| 14 | 도이췰란드 | 베를린 |
| 15 | 에짚트 | 까히라 |
| 16 | 벌가리아 | 쏘피아 |
| 17 | 말레이시아 | 꾸알라 룸뿌르 |
| 18 | 인디아 | 뉴델리 |
| 19 | 인도네시아 | 쟈까르따 |
| 20 | 이란 | 테헤란 |
| 21 | 쿠웨이트 | 쿠웨이트 |
| 22 | 프랑스 | 빠리 |
| 23 | 몽골 | 울란바따르 |
| 24 | 파키스탄 | 카라치 |
| 25 | 예멘 | 사나 |
| 26 | 짐바브웨 | 하라레 |
| 27 | 뻬루 | 리마 |
| 28 | 뽈스까 | 와르샤와 |
| 29 | 로씨야 | 모스크바 |
| 30 | 로씨야 | 싼크트 뻬쩨르부르그 |
| 31 | 로씨야 | 하바롭스크 |
| 32 | 로씨야 | 나호드까 |
| 33 | 싱가포르 | 싱가포르 |
| 34 | 스웨리예 | 스톡홀름 |
| 35 | 수리아 | 디마스끄 |
| 36 | 타이 | 방코크 |
| 37 | 우간다 | 캄팔라 |
| 38 | 웰남 | 하노이 |

합영투자위원회

## 4. 기타 정보

### 은행 및 금융봉사기관들

무역은행
부문별 외환은행들

**외국투자은행들:**

- 조선합영은행
- 하나은행 (중국)
- 하이판드 국제은행 (중국)
- 오라은행 (에짚트)

**금융합영회사:**

고려마라나타기금(뉴질랜드)

합영투자위원회

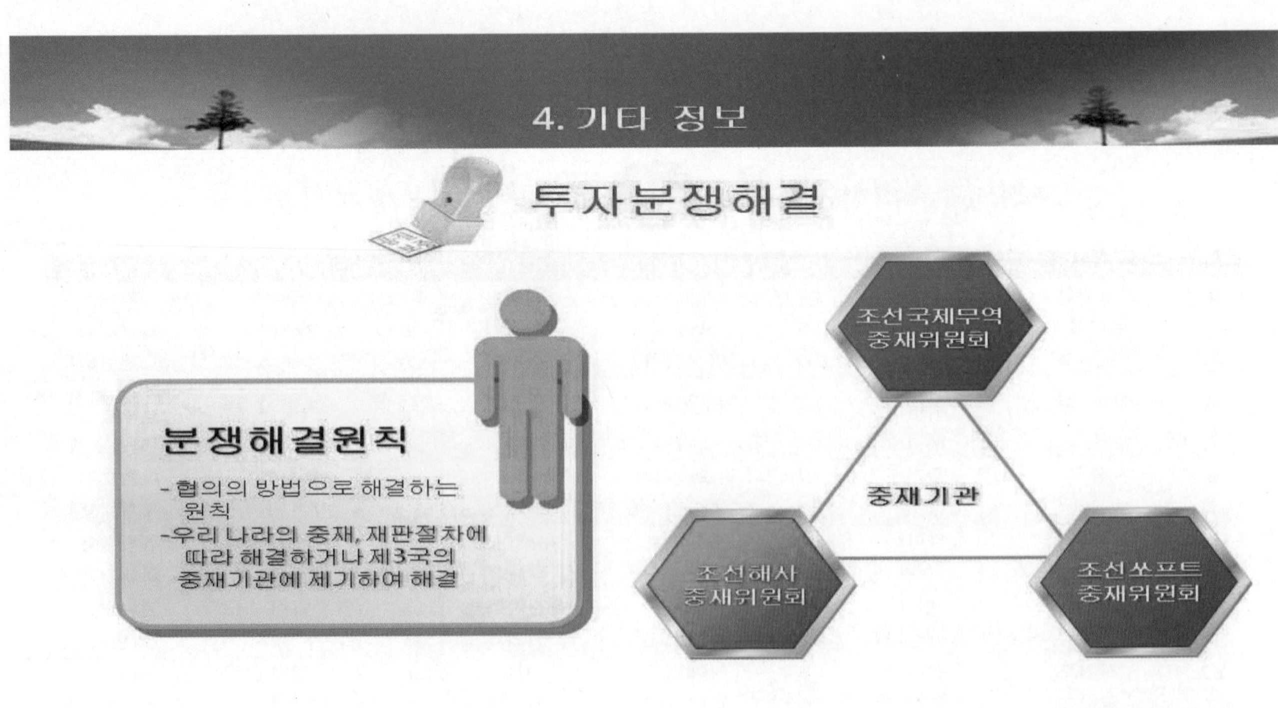
4. 기타 정보
투자분쟁해결
분쟁해결원칙
- 협의의 방법으로 해결하는 원칙
-우리 나라의 중재, 재판절차에 따라 해결하거나 제3국의 중재기관에 제기하여 해결
조선국제무역 중재위원회
중재기관
조선해사 중재위원회
조선쏘프트 중재위원회

합영투자위원회

## 4. 기타 정보

X+%
외국투자기업에
적용되는 료금

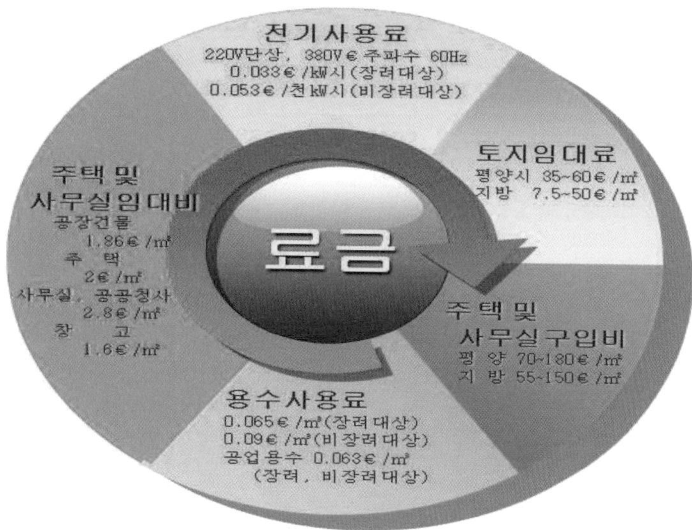
료금
전기사용료
220V단상, 380V € 주파수 60Hz
0.033€ /kW시(장려대상)
0.053€ /천kW시(비장려대상)
토지임대료
평양시 35~60€ /㎡
지방 7.5~50€ /㎡
주택 및
사무실구입비
평 양 70~180€ /㎡
지 방 55~150€ /㎡
용수사용료
0.065€ /㎥(장려대상)
0.09€ /㎥(비장려대상)
공업용수 0.063€ /㎥
(장려, 비장려대상)
주택 및
사무실임대비
공장건물
1.86€ /㎡
주 택
2€ /㎡
사무실, 공공청사
2.8€ /㎡
창 고
1.6€ /㎡



## 4. 기타 정보

합영투자
위원회
주소:평양시 대동강구역 청류2동
Tel:00850-23815963
Fax:00850-2-3815863
E-mail:koinvest@star-co.net.kp

# 04

# 투자 개발 **설명문**

(금강산)

투 자 개 발 설 명 문
投资开发说明书
PRESENTATION OF INVESTMENT
AND DEVELOPMENT
IN KUMGANGSAN SPECIAL ZONE FOR
INTERNATIONAL TOURISM

금강산의 자연지리적위치와
기상기후조건
金刚山的自然地理位置
与气象气候条件
The geographical
location,
weather and climate
conditions
of Mt. Kumgang

— 조선동해에 면하여 우리 나라의 중간지대인 경도 128°11′, 위도 38°44′에 위치하고있으며 강원도 고성군과 금강군에 걸쳐 남북의 길이 60㎞, 동서의 길이 40㎞, 면적 530㎢의 광대한 지역을 포괄

— 金刚山面向朝鲜东海，位于朝鲜中部地区，经度为**128°11′**，纬度为**38°44′**。 金刚山地跨江原道高城郡和金刚郡，南北长达六十公里，东西长达四十公里，包括达五百三十平方公里的广阔面积。

**— Mt.Kumgang is located in the middle of our country in longitude 128°11′and latitude 38°44′ facing the Korean East Sea. It covers an vast area of 530 ㎢ extending 40km east and west and 60km north and south straddling Kosong and Kumgang counties in Kangwon Province.**

○ 국제적으로는 조선민주주의인민공화국의 수도 평양을 중심 으로 반경 5,000㎞(비행시간 7시간정도)안에 중국, 로씨야원동 지방, 웰남, 라오스, 말레이시아, 싱가포르, 인도네시아, 필리핀을 비롯한 100만명이상 인구를 가진 도시가 80여개나 되여 풍부한 관광시장을 확보할수 있을뿐아니라 수도 평양에서 아시아, 유럽을 련결하는 국제도로, 철도망과 국제항로들이 개척되여있어 관광객유치에 유리한 교통조건을 가지고있으며

○ 面向世界，以朝鲜民主主义人民共和国的首都-平壤为中心，在半**径五千公里**的地域（飞行时间为七小时左右）有中国、俄罗斯远东地区、越南、老挝、马**来西**亚、新加坡、印度尼西亚、菲律宾等拥有一百万名以上人口的城市有八十多**个**，因此可确保丰富的旅游客源。由于在朝鲜民主主义人民共和国的首都-平壤有连接亚洲和欧洲的国际公路、铁路网和国际航线，因此具有有利于旅客**来**往的交通**条件**。

**○ On an international scale, within a radius of 5,000 km (Flight Hours- about 7 hrs) centered on Pyongyang, the capital of the DPRK, there are 80 countries with the population of more than one million such as China, the Far East of Russia, Vietnam, Laos, Malaysia, Singapore, Indonesia, Philippines to secure the abundant tourist market. The international roads, railways and waterways linking Pyongyang to Asia and Europe offer a favourable traffic condition to foreign tourists.**

ㅇ 국내적으로는 금강산을 중심으로 반경 400㎞안에 평양, 남포, 구월산, 개성, 묘향산, 신의주, 원산, 함흥, 백두산, 칠보산을 비롯한 주요 도시, 휴양관광지구들이 철도, 도로, 비행항로, 배길로 편리하게 련결되여 있어 우리 나라의 사회, 경제, 문화, 력사, 자연환경에 대하여 폭넓게 인식할수 있다.

ㅇ 朝鲜国内，以金刚山为中心，在半径四百公里的地域有平壤、南浦、九月山、开城、妙香山、新义州、元山、咸兴、白头山、七宝山等国内的主要城市和休闲旅游地区。由于这些旅游地区已与铁路、公路、飞机航线和水路连接，便于交通，因此可以广泛地了解到朝鲜的社会、经济、文化、历史与自然环境。

**ㅇ On a national scale, within a radius of 400 km centered on Mt. Kumgang there are major cities and tourist places such as Pyongyang, Nampho, Mt. Kuwol, Kaesong, Mt. Myohyang, Sinuiju, Wonsan, Hamhung, Mt. Paektu, Mt. Chilbo. Those are linked by railway, road, airway and waterway conveniently. Therefore you can fully understand the society, economy, culture, history and natural environment of the DPRK.**

— 온화한 해양성기후지대로서 다른 지방에 비해 상대적으로 여름에는 서늘하고 겨울에는 푸근한것이 특징이며 특히 겨울철에 눈이 많이 내는것으로 하여 스키활동에 매우 유리한 곳으로서 눈내리는 시기는 11월말부터 3월말까지이다.

— 金刚山由于属于温带海洋性气候，因此与其他地区相比，以夏凉冬暖为特点。特别是，冬季下雪量多，有利于滑雪运动。下雪期为十一月末到三月末。

**— It is located in the temperate marine climatic zone, so it is relatively cooler than any other regions in summer and vice versa in winter. Espeically it snows very heavily in winter, so that it is suitable for skiing. The snowy season is between the end of November and the end of March.**

# 금강산자원개발이 가지는 주요특징

## 开发金刚山资源的主要特征

## The main characteristics of resource development in Mt. Kumgang

— 기묘한 산과 옥계수, 깨끗한 바다와 호수, 다양한 생물상의 우아하고 아름다움의 종합결정체를 이루고있는 천하절승지대라는 데로부터 자연생태관광을 기본으로 하는 세계적인 휴양관광지로 꾸릴수 있으며

— 由于金刚山是以青山与绿水、大海与湖泊、多样的生物相，完美的相结合的天下名胜地区，因此可以建设成为以自然生态旅游为主的世界级休闲旅游地。

**— It is a superb scenic spot where wonderful mountains, crystal-clear water, water-clear sea and lake, various creatures consist of a collection of gracefulness and beautifulness, so it can be developed into a worldwide tour resort, especially suitable for natural eco-tourism.**

— 온천과 치료용 감탕자원이 풍부하고 산소함량이 23.4%인 맑고 신선한 공기가 있어 산림, 해변, 기후치료에 적지인것으로 하여 휴식치료관광지로 개발할수 있으며

— 拥有丰富的温泉资源和治疗泥土资源，含氧率为23.4%的新鲜空气及森林、海滨适合气候疗法，可以开发成为休闲治疗旅游地。

— It is abundant in hot spring and mud for medical treatment, and clear and fresh air with 23.4% oxygen, so it is suitable for forest, seashore, and climate's treatments that it can be developed into a tour resort for relaxation and remedy.

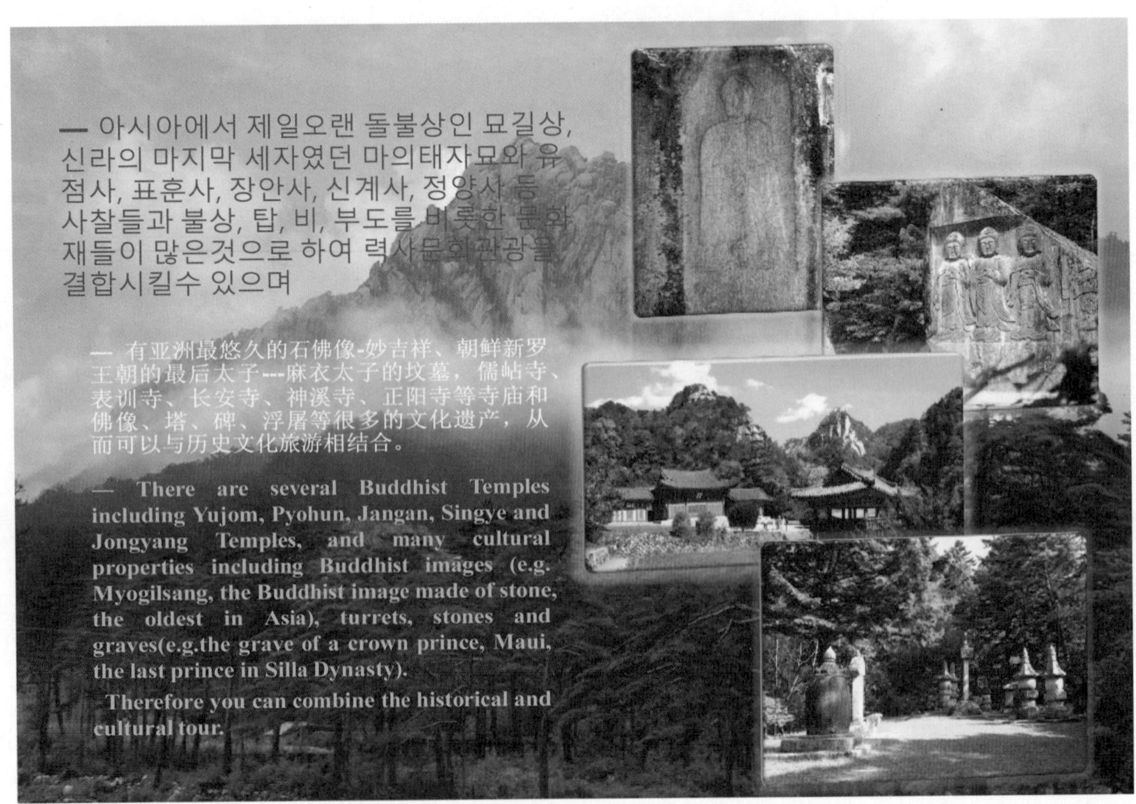

— 아시아에서 제일오랜 돌불상인 묘길상, 신라의 마지막 세자였던 마의태자묘와 유점사, 표훈사, 장안사, 신계사, 정양사 등 사찰들과 불상, 탑, 비, 부도를 비롯한 문화재들이 많은것으로 하여 력사문화관광을 결합시킬수 있으며

— 有亚洲最悠久的石佛像-妙吉祥、朝鲜新罗王朝的最后太子---麻衣太子的坟墓，儒岾寺、表训寺、长安寺、神溪寺、正阳寺等寺庙和佛像、塔、碑、浮屠等很多的文化遗产，从而可以与历史文化旅游相结合。

— There are several Buddhist Temples including Yujom, Pyohun, Jangan, Singye and Jongyang Temples, and many cultural properties including Buddhist images (e.g. Myogilsang, the Buddhist image made of stone, the oldest in Asia), turrets, stones and graves(e.g.the grave of a crown prince, Maui, the last prince in Silla Dynasty).

Therefore you can combine the historical and cultural tour.

— 겨울철의 많은 눈쌓임현상과 적절한 지형, 주변경치가 결합된것으로 하여 대규모적인 겨울철휴양 스키관광지로 개발할수 있고 바다가의 정결한 백사장과 푸른물, 해안솔밭을 비롯한 해안풍치자원에 기초한 다양한 해양휴양관광지로 개발할수 있으며

— 由于冬季的雪沉积现象和适合的地形、与附近景致的完美结合，因此可以开发为大规模的冬季休闲滑雪旅游景区，并且还可以开发以大海的沙滩和绿水、海岸松林等各种各样的景致资源为主的海洋休闲旅游地。

**— Deep snows in winter and appropriate geographical features, surrounding scenery can turn it into a large scale skiing winter resort.**

**Meanwhile you can also develop a marine tour resort with seashore scenic beauties such as clear white sandy beach, blue sea water and seashore pine forest in a diverse way.**

— 대규모관광업에 맞는 새로운 관광대상개발과 관광봉사를 위한 최신농업, 어업, 록색산업 창설이 가능한것이 특징
— 可以开发适合大规模旅游业的新的项目，还可以建设旅游服务所需的最新农业、渔业及绿色产业。
— It’s also possible to create modern agriculture, fishery and green industry for new tourism development and tourist service in keeping with a large-scale tourist industry.

# 금강산국제관광특구의 현 개발실태

## 金刚山国际旅游特区已开发情况

## The actual development conditions of Kumgangsan Special Zone for Intenational Tourism

— 등산로정으로서 관광중심구역인 고성군 온정리구역에 구룡연, 만물상, 세존봉, 수정봉구역 등산길과 고성읍지구의 별금강등산길, 금강군지역의 내금강, 비로봉등산길
— 登山路程分为旅游中心地区----高城郡温井里地区、高城邑地区、金刚郡地区。在高城郡温井里地区有九龙渊、万物相、世尊峰、水晶峰地区的登山路，高城邑地区有星金刚登山路，金刚郡地区有内金刚，毗卢峰登山路。
— As for mountain-climbing routes, there are Kuryongyon, Manmulsang, Sejon Peak and Sujong Peak routes in Onjong-ri, Kosong county as a central sightseeing area and a Pyolgumgang route in Kosong town, and Naegumgang and Pirobong routes in Kumgang county.

— 상업봉사 및 문화후생시설들로서 금강산호텔, 외금강호텔, 목란관, 온정각, 문화회관, 온천장, 해수욕장, 골프장, 썰매장을 비롯한 수십개의 편의봉사시설들

**— 商业服务及文化福利设施有金刚山宾馆、外金刚宾馆、木兰馆、温井阁、文化会馆、温泉场和海滨浴场、高尔夫场、雪橇场等数十个服务设施。**

**— As for commercial service, cultural and welfare facilities, there are tens of communal amenities including Kumgangsan Hotel, Oekumgang Hotel, Mokran Restaurant, Onjonggak public service amenities, Culture Hall, Spa, swimming beach, golf course and sledge ground.**

— 하부구조시설들로서 고성항, 금강산역, 북남철도 및 도로와 1만kW의 연유발전소, 통천군에 1만7천kW 능력의 수력발전소

**— 基础设施有高城港、金刚山火车站、连接北南的铁路及公路，1万千瓦柴油发电站，以及其附近通川郡有1万7千千瓦的水力发电站。**

**— As for infrastructure, there are Kosong port, Kumgangsan Station, the railway and road linking north and south, a fuel oil power plant with a capacity of 10,000kW, and a hydroelectric power plant with a capacity of 17,000kW in neighboring Tongchon county.**

— 숙박시설능력은 2,782명이며 그외에 림시숙박시설 265동을 합치면 일 평균 4천여명이 숙박가능

**— 住宿设施可容纳2782名，此外还有临时住宿设施265栋，总共每天平均可住宿4129名。**

**— It can accommodate 2,782 persons per day, and even 4,129 persons per day in all in case of using 265 provisional lodgings together.**

## 외금강호텔

만물상, 수정봉, 온정리지구를 한 눈에 볼수 있는 곳에 위치한 호텔로서 연면적이12 830㎡이고 340여명을 수용할수 있다. 침대와 온돌로 된 객실을 따로 가지고 있어 손님들에게 편리하며 특히 1층 특산물매점에서 호두가루, 꿀, 장뇌삼, 들쭉술 등 지방특산물을 봉사해주어 더욱 인기있다.

1층에 특색있게 꾸려진 식당 2등실의 내부 면담실

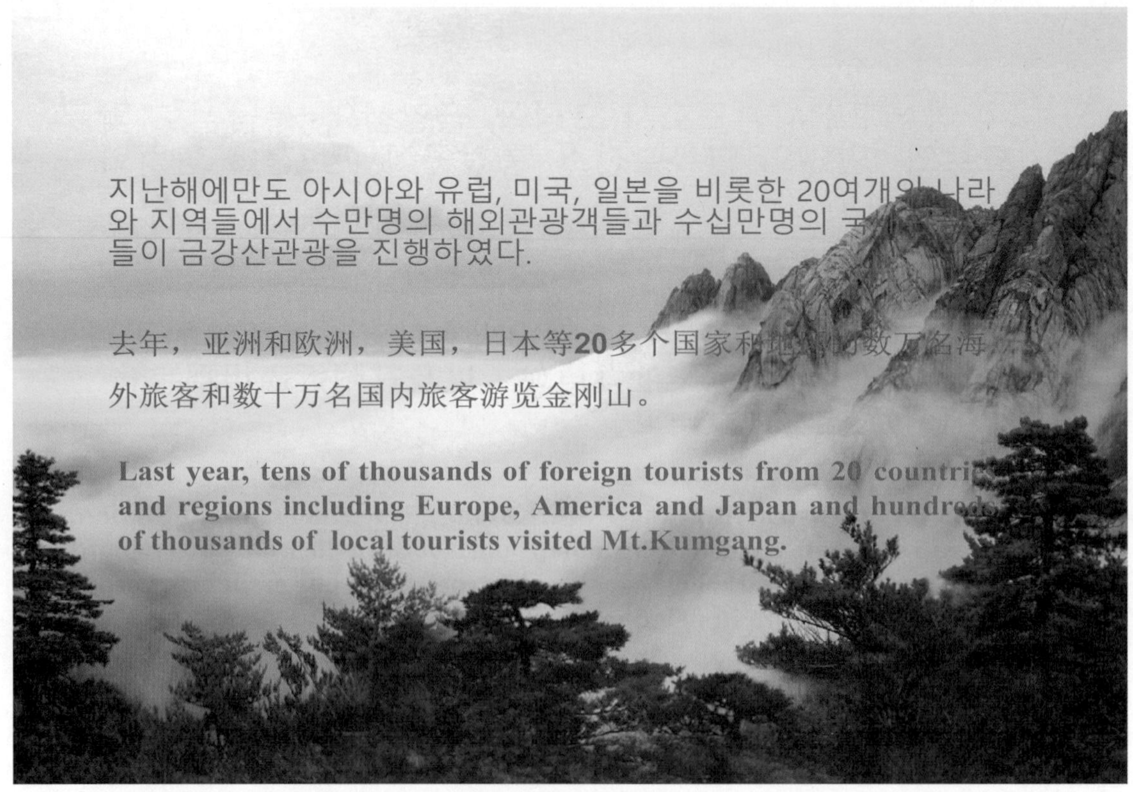

지난해에만도 아시아와 유럽, 미국, 일본을 비롯한 20여개의 나라와 지역들에서 수만명의 해외관광객들과 수십만명의 국내관광객들이 금강산관광을 진행하였다.

去年，亚洲和欧洲，美国，日本等20多个国家和地区的数万名海外旅客和数十万名国内旅客游览金刚山。

**Last year, tens of thousands of foreign tourists from 20 countries and regions including Europe, America and Japan and hundreds of thousands of local tourists visited Mt.Kumgang.**

현재 특구내에 십여개의 해외투자기업들과 수십개의 국내기업들이 카지노업, 무관세업, 식당, 상점 등 여러가지 업종의 기업활동을 진행하고있다.

现在在特区内有十多个外国投资企业和数十个国内企业投资进行博财业，免税业，餐饮，商店等各种行业的企业活动.

**Now in Kumgangsan Special Zone, more than 10 foreign enterprises and tens of domestic enterprises run various kinds of business such as casino, duty free shops, restaurants and shops.**

# 금강산특구1단계개발총계획

第一阶段金刚山特区开发总规划

The general plan for the first stage development in Kumgangsan Special Zone

— 특구개발의 기본원칙;

— 特区开发的基本原则；

— Main principles for the development in special zone

· 자연환경보호를 기본으로 하는 다목적, 다기능, 복합형관광휴양지대로 개발하며
· 将开发成以保护自然环境为主的多目的、多功能、复合型旅游休闲地区。
· To develop into a multipurpose, multi-functional integrated resort for tour and relaxation with the protection of its natural environment as its main priciple.

· 선하부, 후상부구조건설원칙에서 하부구조건설을 앞세우고 현대화, 고속화하여 교통, 통신의 신속성과 안정성을 최대한 보장하는것.

· 以先行基础设施，后行上层机构为原则，先行基础设施建设实现现代化和高速化，尽量保证交通和通讯的迅速性和稳定性。

· On the principle of constructing infrastructure first and superstructure afterwards, to give priority to infrastructure construction, to ensure promptness and stability of traffic and communication by modernizing them and increasing their speed to the maximum.

— 하부구조개발계획;

— 基础设施开发计划：

— Development plan for infrastrucutre

· 비행장건설; 통천군에 일 3000~4000명 수용능력의 현대적인 국제비행장을 건설하며

· **机场工程：将在通川郡**计划**建**设**一天可容**纳**三千到四千名人口的**现**代化的国**际**机**场。

**· Airport construction: It is planned to build a modernized international airport with a capacity of 3,000~4,000 in Tongchon county.**

·철도건설; 원산-금강산사이의 현존 118㎞ 철도구간의 로반, 구조물, 차굴, 전기, 통신시설들을 새로 개건하고 최소 곡선 반경을 400m이상으로 펴면서 9,850m구간에 9개의 기차굴을 뚫으며

· 铁**路工程：目前元山 - 金**刚**山之**间**有118公里**长**的**铁**路，**计**划将重新修建路基、构筑物、隧道、**电线、**通信**设**施，伸直**轨**道曲**线**半径**为**400米以上，并在9850米**长**的**铁**路上开**凿 **9个隧道**。

**· Railway construction: It is planned to reconstruct the existing roadbed and improve structures, tunnel, electric and communication facilities along 118km between Wonsan and Kumgangsan, and to straighten the curved sections to as long as over 400m at least and cut 9 tunnels along the section of 9,850m.**

· 도로건설; 원산~금강산사이 90㎞ 도로구간에 너비 25m, 길이 5,400m에 달하는 74개의 다리와 아스팔트포장도로를 건설하고 온정령을 곧추 가로지르는 1㎞의 구간에 차굴을 뚫으며

· 筑路工程：元山 - 金刚山之间有90公里长的公路，计划将修建宽为25米，长为5 400米的74个桥梁和柏油公路。还有抄近温井岭1公里长的公路，计划将开凿隧道。

**· Road construction: It is planned to build 74 bridges and asphalt-paved road (25m wide and 5400m long) along 90km between Wonsan and Kumgangsan, and cut a 1km-long tunnel across Onjong Pass.**

○ 항만건설; 현재의 고성항과 원산려객부두를 개건현대화하여 대형관광려객선들이 드나들수 있는 국제항구로 건설하며

○ 港湾工程; 将改建和现代化现有的高城港和元山客运码头，使之建设成为能出入大型游轮的国际港口

**○ Harbour construction: It is planned to reconstruct and modernize the existing Kosong port and passenger wharf at Wonsan into an international harbour so that they can take in large passenger ships.**

ㅇ 발전소건설;

ㅇ 发电站工程：

ㅇ **Power plant construction;**

· 1단계로 현재 고성항에 있는 1,000kW 발전기3대, 6,000kW 발전기 1대, 1700kW 2대 외에 6,000kW 발전기 1대를 추가로 설치하여 필요한 전력을 보장하도록 하며

· 目前，高城港装有三台1,000千瓦的发电机和一台6,000千瓦的发电机、两台1700千瓦的发电机。除了这些发电机以外，第一阶段将计划添补一台6,000千瓦的发电机提供所需的电力。

**· In the first stage, it is planned to satisfy the power requirement with three 1000kw-capacity generators, a 6,000kw-capacity generator, two 1,700kw-capacity generators in Kosong port and by installing a 6,000kw-capacity generator in addition.**

· 2단계로 관광특구내에 10여만kW의 전력을 보장하기 위한 중유발전소와 태양열발전소, 풍력발전소를 건설

· 第二阶段将在旅游特区内建设能提供10多万千瓦电力的柴油发电站、太阳能发电站和风力发电站。

· In the second stage, it is planned to build a heavy-oil power station, solar power station and wind power station to supply over 100,000kw of electricity in special zone.

– 유희, 오락, 체육시설 건설계획

— 游戏、娱乐、体育设施建设计划。

— Construction plan for amusements and sports facilities

· 온정리 양지말구역, 조포구역, 고성항구역 15정보의 부지에 자연공원과 민속공원, 해안공원을 조성

· 将在温井里阳地茉地区，潮浦地区，高城港地区的15町步用地上，建设自然公园，民俗公园和海岸公园。

**· It is planned to build a natural park, a folk park and a beach park in 15 *jongbo* areas around Yangji and Jopo villages in Onjong-*ri* and Kosong port.**

· 온정리 돌섬구역, 밤나무골구역, 고성항구역의 25정보 부지에 실내체육관, 실내수영관, 해양체육구락부, 알파마레 물놀이장을 건설하여 하나의 큰 체육촌지구로 개발

· 将在温井里石岛地区、栗树沟地区、高城港地区有25町步用地上，建设室内体育馆、室内游泳馆、海洋体育俱乐部、特级水上乐园，使之开发成一个很大的体育村。

**· It is planned to build a indoor stadium, a indoor swimming pool, a maritime physical culture club, a wading pool in 25 *jongbo* areas around Dolsom and Pamnamu areas in Onjong-*ri*, Kosong Port and develop it into a big sports town.**

· 온정리 온천장주변, 금강산호텔주변, 고성항구역의 5정보 부지에 500여명의 수용능력을 가진 10여개동의 개별온천각들, 100명~200명의 관광객들이 온천, 감탕치료, 안마, 치료체육 등을 할수 있는 1개의 기능회복원, 해수욕장을 건설

· 将在温井里温泉场周围、金刚山宾馆周围、高城港地区的5町步用地上，建设可容纳500多名的10多栋个别温泉阁，并且还建设可容纳100~200名旅客的一栋健康中心和海滨浴场，可以享受温泉、泥疗、按摩、治疗体育等服务。

· **It is planned to build more than 10 separate spa blocks that can accommodate over 500 visitors, fitness center with spa, mud treatment, massage and curative gymnastics for over 100~200 persons and a swimming beach in 5 *jongbo* areas around Spa area, Kumgangsan Hotel and Kosong port.**

· 온정리 스키썰매장주변, 고성항구역 24정보의 부지에 곱등어물놀이장과 4개의 야외수영장을 새로 건설

· 将在温井里滑雪雪橇场周围和高城港地区的24町步用地上，计划新建造海豚水池和4个露天游泳池。

· **It is also planned to build a dolphinarium and 4 open-air swimming pools newly in 24 *jongbo* areas around sledge ground in Onjong-*ri* and Kosong port area.**

— 관광로정 및 탑승시설 개발계획

— 旅游路程及搭乘设施开发计划

— Development plan for tourist routes and sightseeing facilities

온정리구역의 수정봉-바리봉사이 3㎞구간, 동석동-집선봉사이 4.5㎞구간, 만폭동구역의 묘길상-비로봉사이 6㎞구간, 만천구역의 장안사-명경대-삼불암사 7.8㎞구간에 새로운 등산길을 건설

将在温井里地区从水晶峰到巴里峰之间的3㎞区段、洞石洞和集仙峰之间的4.5㎞区段、万瀑洞地区的妙吉详到毗卢峰之间的6㎞区段、万川地区的长安沙-明镜台-三佛岩之间的7.8㎞区段上，计划新修建登山路。

It is planned to make new tourist routes as follows; 3km section between Sujong peak and Bari peak in Onjong-*ri* area, 4.5km section between Dongsok valley and Jipson peak, 6km section between Myogilsang and Piro peak in Manpokdong area, 7.8km section between Jangan temple, Myonggyong rock and 3 Buddha Rock in Manchon area.

## — 상업봉사, 문화시설 개발계획

## — 商业服务、文化设施开发计划

## — Development plan for commercial service and cultural facilities

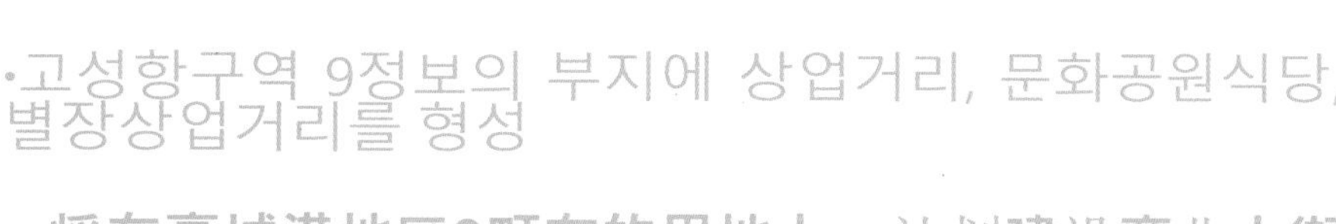

·고성항구역 9정보의 부지에 상업거리, 문화공원식당, 별장상업거리를 형성

· 将在高城港地区9町布的用地上，计划建设商业大街、文化公园餐厅和别墅村商业街。

· It is planned to build up a commercial street with cultural parks, restaurants and villas in 9-*jongbo* area around Kosong port.

· 온정리구역의 밤나무골, 양지말, 조포구역 25정보 부지에 금강산개발계획관, 국제무역전시장, 국내상품시장, 카지노장, 국제상업거리, 민속음식점거리, 양지말상업거리, 국제문화회관, 온정병원, 종합편의시설 건설

· 将在温井里地区的栗树沟、阳地茉、朝浦地区的25町步用地上，建设金刚山开发规划馆、国际贸易展览馆、国内商品市场、赌博场、国际商业大街、民俗餐饮大街、阳地茉商业大街、国际文化中心、温井医院和综合服务设施。

· It is planned to build a Hall for Kumgangsan Development Plan, International Trade Exhibition, market for local products, casino, international commercial street, restaurant chains for folk food, Yangjimal shopping mall, International Cultural Center, Onjong Hospital and comprehensive welfare service facilities in 25 *jongbo* areas around Pamnamugol, Yangjimal, Jopo in Onjong-*ri*.

— 숙박시설 건설계획

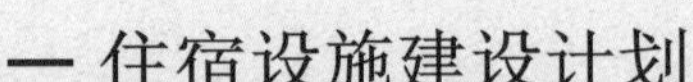
— 住宿设施建设计划

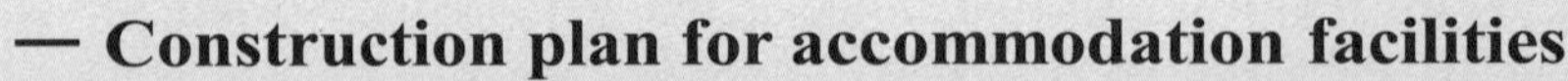
— **Construction plan for accommodation facilities**

· 온정리구역의 35정보부지에 400명 수용능력을 갖춘 단층숙박시설들과 민속려관거리, 500명~1000명의 수용능력을 갖춘 호텔, 콘도미니움, 가속호텔과 청년야영소 건설

· 将在温井里地区的**35**町步用地上，建设可容纳**400**名的单层住宿设施和民俗旅馆村，还建设可容纳**500-1000**名的饭店、办公大楼、家属宾馆和青年夏令营。

**· It is planned to build single-storied lodgings and a folk town for 400 persons, a hotel and a condominium and a family hotel and a youth camp for 500~1000 persons in 35 *jongbo* areas in Onjong-*ri*.**

· 고성항, 금강산골프장주변, 성북해안구역의 25정보부지에 100명~300명의 수용능력을 갖춘 해안호텔, 호화별장, 콘도미니움, 골프장숙박시설들을 건설

· 将在高城港、高尔夫球场周围、城北海岸地区的**25**町步用地上，扩建可容纳**100-300**名的海滨饭店，豪华别墅村，公寓大楼、高尔夫球场住宿设施。

**· It is planned to build a beach hotel, a villa town, a condominium and a golf hotel for 100~300 persons in 25 *jongbo* areas around Kosong port, Kumgangsan golf course and coastal area in Songbuk.**

· 이외에 온정리구역에 관광보장을 위한 행정 및 경영관리 시설들을 건설할것을 계획

· 此外，在温井里地区，为保障旅游，将计划建设行政、经营管理设施。

· **In addition, it is planned to build administrative and management facilities to ensure tourism in Onjong-*ri* .**

금강산국제관광특구개발총회사는 금강산특구에 대한 투자를 장려하며 투자가들에게 특혜적인 경제활동조건을 보장하고 투자가가 투자한 자본과 합법적으로 얻은 소득, 그에게 부여된 권리를 법적으로 보호해주며 국제관광특구사업과 관련하여 국제관광기구, 다른 나라 관광조직들과의 교류와 협력을 강화해나갈것입니다.

金刚山国际旅游特区开发总公司将会鼓励对金刚山特区的投资，向投资商提供优惠的经济活动条件，并以法律保护投资商的投资安全及合法所得的利润、以及赋予投资商的权利，为国际旅游特区的发展，我们将会进一步与国际旅游机构和其他国家旅游组织加强交流与合作。

**We shall encourge investment in Kumgangsan special zone for international tourism and provide investors with preferential conditions in their economic activities. We shall protect the invested capital, legal income from it and their rights by law and further strengthen the ties of interchange and cooperation with international tourism organizations and the like of other countries.**

# 05

# 조선민주주의
# 인민공화국에서의
# 특수경제지대
# **개발실태와 전망**

(영문)

# 조선민주주의인민공화국에서의 특수경제지대개발실태와 전망

# Special Economic Zones in DPRK: Present and Future

## 우리 나라에서의 *4개의 특수경제개발지대*
## *4 SEZs in DPR Korea*

- **라선경제무역지대**
  **Rason ETZ**
- **황금평,위화도경제무역지대**
  **Hwangkumphyong and Wihuado ETZs**
- **금강산국제관광특구**
  **Kumgangsan International Tourist Resort**
- **개성공업지구**
  **Kaesong Industrial Park**

## 《황금의 삼각지대》라선경제무역지대

ㅇ 라진항으로부터 중국내륙까지 륙로수송통로, 로씨야와의 철도수송통로가 완비되였으며 동북아시아전화통신회사의 설립으로 국제통신, 위성TV,인터네트를 비롯한 각종 통신봉사가 훌륭하게 보장되고 있다.
ㅇ 라선지대안의 수산물가공기지들에서 생산된 수산물가공식품들은 국제, 국내시장에서 매우 높은 구매력을 가지고 있으며 해수욕을 즐기는 관광객들에게서 특별히 호평을 받고 있는 바다가 관광명소들의 오염되지 않은 맑고 깨끗한 물은 라선시의 또 하나의 자랑으로 되고 있다.
ㅇ 현재 국가적인 개발총계획이 완성되고 하부구조완비를 위한 개발사업이 본격적으로 추진

## 《황금의 삼각지대》라선경제무역지대

## Rason ETZ - "Golden Delta"

- Road from Rasin Port to the inland of China; railway linked to Russia; international telecommunication, Satellite TV, internet and other telecommunication services by Northeast Asia Telecommunication Company
- The processed seafood produced in Rason are in high demand in both domestic and international markets; Rason also attracts tourists who like sea bathing as it has coastal tourist resorts with pollution-free crystal clean water..
- National Master-plan for its development has been rounded up, and its infrastructure development is under full swing.

- 1991년 12월 28일 내각결정 제74호로 라선경제무역지대 창설선포

  Rason ETZ declared by Cabinet Decision No. 74 on Dec. 28, 1991
- 조중 두나라 최고령도자들의 2010년 력사적인 합의에 따라 라선경제무역지대사업에서 일대 전환

  A new turn in its development marked by the historical agreement between the supreme leaders of DPRK and PRC in 2010
- 조중 두나라정부의 합의에 따라 공업구,현대농업시범구를 비롯한 여러 개발대상착공식 진행

  Ground-breaking for an industrial park, a modern agricultural pilot zone and other development zones as agreed between the two governments.
- 중국과 련결된 라진-원정도로개통

  Opening of Rajin-Wonjong road linked to China

동북아시아지역경제협력의 새로운 무대 -
황금평, 위화도경제지대
(개발총면적 44. 5㎢)
국제적인
가공무역,화물류통
지역으로 투자가들의
커다란 흥미를
자아내고있다.

New Stage for Northeast Asian Economic Cooperation: Hwangkumphyong and Wihuado ETZs
(Total development area: 44.5 ㎢)

They draw great interest of potential investors as an international processing trade and a cargo circulation hub

조중 두 나라 정부의 적극적인 지지밑에
2010년 12월 라선경제무역지대와 황금평, 위화도경제지대 공동개발총계획요강이 작성
Master-plan for joint development of Rason ETZ and Hwangkumphyong & Wihuado ETZs made in Dec. 2010 under the active support of two governments

2011년 6월 현지에서 공동개발대상착공식 진행
Ground-breaking for joint development in June 2011

2012년 9월 이후 지대관리위원회 사무청사 착공선포 등 개발사업이 본격적으로 진행
Development has been under full swing since the ground-breaking for office building of joint management board in Sept. 2012

## 금강산국제관광특구와 개성공업지구
## Kumgangsan International Tourist Resort and Kaesong Industrial Park

- 금강산국제관광특구는는 2011년 4월 29일 최고인민회의 상임위원회 정령 제1618호로 창설되였으며 2011년 5월 31일《조선민주주의인민공화국 금강산국제관광특구법》제정
  Kumgangsan International Tourist Resort was established by the Decree No. 1618 of SPA Presidium on April 29, 2011, and the DPRK Law on Kumgangsan International Resort was adopted on May 31, 2011.

- 개성공업지구는 2002년 11월 13일 최고인민회의 상임위원회 정령 제3419호로 창설되였으며 2002년 11월 20일에《조선민주주의인민공화국 개성공업지구법》제정
  Kaesong Industrial Park was established by the Decree No. 3419 of SPA Presidium on Nov. 13, 2002, and the DPRK Law on Kaesong Industrial Park was adopted on Nov. 20, 2002.

## 우리 나라 특수경제지대개발구형태
## Forms of Development Zones in SEZs

- 공업개발구, 농업개발구, 관광개발구, 수출가공구, 첨단기술개발구와 같은 경제 및 과학기술분야의 개발구들
  **Economic and Scientific & Technological Development Zones, including industrial parks, agricultural development zones, tourist resorts, export processing zones, high-tech development zones**

- 관리소속에 따라 지방급경제개발구와 중앙급경제개발구로 구분
  **Divided into central and local economic development zones according to management jurisdiction**

# 특수경제개발지대에서의 특혜
# Incentives for SEZs

- 하부구조건설부문과 첨단과학기술부문, 국제시장에서 경쟁력이 높은 상품을 생산하는 부문의 투자를 특별히 장려

  Special encouragement to investment in infrastructure, high-tech and production of goods highly competitive in international markets
- 하부구조시설과 공공시설, 장려부문에 투자하는 기업에 대하여서는 토지위치의 선택에서 우선권을 부여

  Priority for site selection to the businesses investing in infrastructure, public facilities and encouraged sectors
- 정해진 기간에 해당한 토지사용료 면제

  Exemption of rent for a certain period of time
- 특혜관세제도 실시

  Preferential tariff system

- 경제개발구에서 기업소득세률 결산리윤의 14%

  Corporate Income Tax: 14% of settled profit
- 장려하는 부문의 기업소득세률 결산리윤의 10%

  Corporate Income Tax for encouraged sectors: 10% of settled profit
- 개발구내에서 10년이상 운영하는 기업에 대하여서는 기업소득세를 덜어주거나 면제

  Corporate Income Tax reduction or exemption for those businesses that have operated for more than 10 years
- 투자가가 리윤을 재투자하여 등록자본을 늘이거나 새로운 기업을 창설하여 5년이상 운영할 경우에는 재투자분에 해당한 기업소득세액의 50%를 반환

  Where an investor reinvest the profit to increase the registered capital, or to establish a new business and operate it for over 5 years, refunding of 50 % of corporate income tax levied on income from reinvestment
- 하부구조건설부문에 재투자할 경우에는 납부한 재투자분에 해당한 기업소득세액의 전부를 돌려주며 개발기업의 재산과 하부구조시설, 공공시설운영에는 세금을 부과하지 않음
- In case of reinvestment in infrastructure, refunding of 100% of corporate income tax levied on income from reinvestment, and no tax is levied on properties of development businesses and operation of infrastructure facilities and public facilities

- 관광업, 호텔업 같은 대상의 경영 취득권에서 우선권 보장
License priorities for tourism and hotel operation

- 경제개발구에서 개발기업이 토지를 해당 국토관리기관과의 토지임대차 계약을 맺고 최고 50년까지로 임대할수 있으며 토지임대기간이 끝나는 기업은 필요에 따라 계약을 다시 맺고 임대받았던 토지를 계속 리용할수 있습니다.
In EDZs a developer may have the land leased for 50 years at maximum upon conclusion of land lease contract with the relevant land management authorities; if necessary, the developer may continue to use the land after lease expiry upon re-conclusion of land lease contract

조선민주주의인민공화국에서의

경제개발구 하부구조실태와

개발전망

**EDZ Infrastructure and their Development Prospect in DPR Korea**

경제지대개발의 튼튼한 법적담보
Firm Legal Guarantee for EDZs Development

2013년 5월 29일에는 최고인민회의
상임위원회 정령 제3192호
《조선민주주의인민공화국 경제개발구법》
채택
Adoption of the DPRK Law on Economic Development Zones
by the Decree No. 3192 of SPA Presidium on May 29, 2013

특수경제지대개발을 더욱 활성화하기 위하여 각 도들의 유리한 지역에 수많은 개발지역 설정
Designation of Favourable Sites in All Provinces as Development Zones for more active SEZs development

- 평안북도 압록강경제개발구
  Amnokgang EDZ
- 자강도 만포경제개발구
  Manpho EDZ
- 자강도 위원공업개발구
  Yuwon IDZ
- 량강도 혜산경제개발구
  Hyesan EDZ
- 황해북도 신평관광개발구
  Sinphyong Tourist Resort
- 함경북도 온성섬관광개발구
- Onsong Tourist Resort
- 남포시 와우도수출가공구
  Waudo Export Processing Zone
- 황해북도 송림수출가공구
  Songrim Export Processing Zone
- 함경남도 흥남공업개발구
  Hunnam IDZ
- 함경남도 북청농업개발구
  Pukchong ADZ
- 함경북도 청진경제개발구
  Chongjin EDZ
- 함경북도 어랑농업개발구
  Orang ADZ
- 강원도 현동공업개발구
  Hyondong IDZ

## 평안북도 압록강경제개발구
## Amnokgang EDZ

조선민주주의인민공화국의 서북지역 압록강대안에 위치, 중국 료녕성 단동시의 유명한 관광지 호산과 마주하고 있다.

Located in the basin of Amnok River in the northwestern part of DPR Korea, opposite to Haoshan, a famous tourist resort in Dandong City, Liaoning Province, PRC

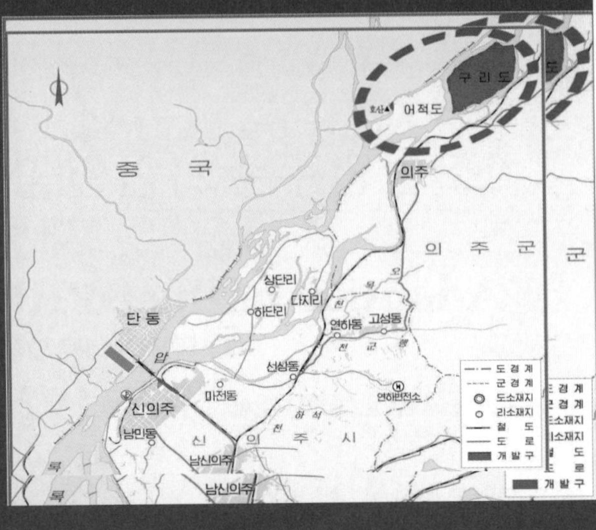


## 자강도 만포경제개발구
## Manpho EDZ

국제적인 관광 및 무역봉사와 현대록색농업기지로서의 개발가치를 가지고있는 만포경제개발구

Manpho EDZ has a development value for international tourism, trade services and modern green agriculture

# 자강도 위원공업개발구
# Yuwon IDZ

현대적인 광물자원가공, 목재가공, 기계설비제작업,농토산물가공업을 기본으로 하면서 잠업 및 담수양어과학연구기지를 결합한 공업개발구

Yuwon EDZ has a development value for mineral resource processing, timber processing, local farm products processing, manufacturing of machine & equipment including sericultural industry & freshwater fish breeding.

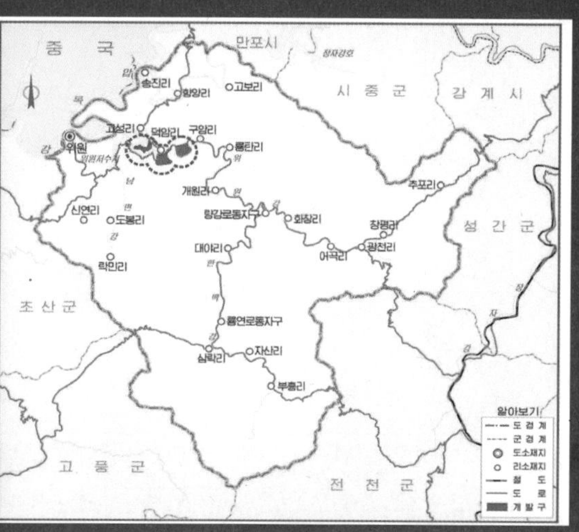


# 량강도 혜산경제개발구
# Hyesan EDZ

수많은 관광객들의 선망의 대상, 대자연밀림의 바다 – 백두산 지구의 국경도시 혜산경제개발구

Hyesan EDZ – tourist attraction as it is located in the border area of Mt. Paektu, a vast sea of natural forest

## 황해북도 신평관광개발구

## Sinphyong Tourist Resort

험준하고 기묘한 산악미와 깨끗하고 상쾌한 물경치가 어울려 독특한 풍치를 이루는 황해북도 신평관광개발구

Sinphyong Tourist Resort in North Hwanghae Province – Unique landscape with rugged and mysteriously shaped mountains and clean and fresh water

## 황해북도 송림수출가공구

## Songrim Export Processing Zone

수출가공업, 창고보관업, 화물운송업을 기본으로 하는 집약형 수출가공구를 건설하는것을 목적으로 하는 개발구

There is an intensive method of export processing zone where makes a point of doing the export processing industry, warehouse, freight turnover.

## 함경남도 흥남공업개발구
## Hungnam IDZ

흥남항을 통한 수출가공,
화학제품,건재,기계설비제작
위주의 함경남도 흥남공업개발구

Hungnam IP in South Hamgyong Province oriented to export processing via Hungnam Port and production of building materials and machinery.

## 함경남도 북청농업개발구
## Pukchong ADZ

과수업과 과일종합가공업,
축산업을 기본으로 하는
고리형 순환생산체계가
확립된 현대적인
농업개발구

There is a modern ADZ where set a ring-shaped circulation production system making a point of doing a fruit-growing, fruit processing, stockbreeding.

## 함경북도 청진경제개발구
## Chongjin EDZ

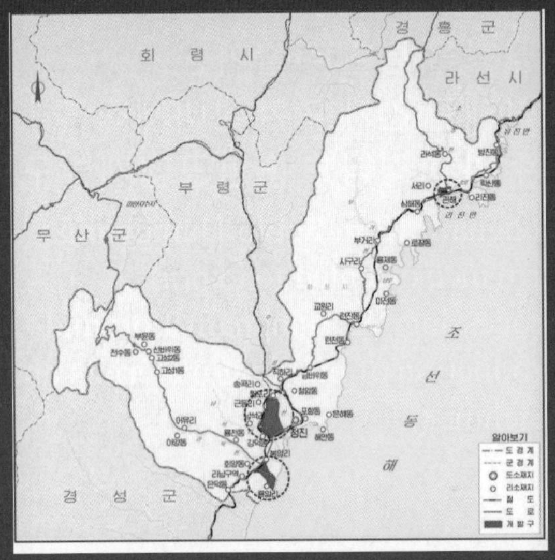


철광석을 비롯한 풍부한 광자원과 수산자원, 대규모흑색야금공업기지를 자랑하는 함경북도 청진경제개발구

Chongjin EDZ in North Hamgyong Province proud of having a large deposit of iron ore and mineral resources, marine resources and a large non-ferrous metal industry

## 함경북도 어랑농업개발구
## Orang ADZ

고리형순환생산체계를 도입한 농축산기지와 채종, 육종을 포함한 농업과학연구개발기지를 기본으로 하는 현대적이며 집약화된 농업개발구

There is an modern & intensive ADZ where makes a point of doing agricultural science & research institute including an agricultural & livestock products place, seed gathering & breeding with a ring-shaped circulation production systema modern

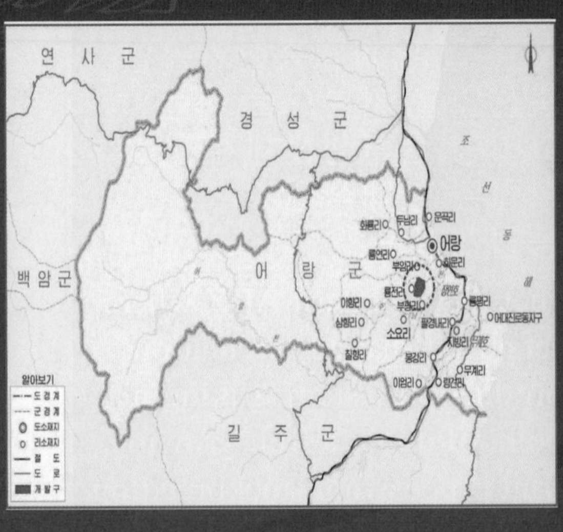

# 함경북도 온성섬관광개발구
## Onsong Tourist Resort

골프장, 수영장, 경마장, 민족음식점을 비롯한 봉사시설을 갖추어놓고 외국인들에 대한 전문적인 휴식관광봉사를 기본으로 하는 관광개발구

There is a tourist resort where makes a point of doing a professional tourist service for foreigners in golf place, swimming pool, race-course & national restaurant.

# 강원도 현동공업개발구
## Hyondong IDZ

독특한 민속공예품과 민족적이면서도 현대적인 관광기념품, 가공품생산으로 원산관광지구의 발전을 안받침하게 될 강원도 현동공업개발구

Hyongdong IP in Kangwon Province will support the development of Wonsan Tourist Resort with the production of original national handicrafts, national yet modern souvenirs and processed goods.

## 남포시 와우도수출가공구
## Waudo Export Processing Zone

나라의 가장 큰 무역항을 가지고 있는 오랜 항구도시 남포시에 위치한 와우도수출가공구

Waudo EPZ in Nampho, a time-honoured port city with the biggest trade port in the country

## 조선민주주의인민공화국의 관광지구개발전망

## Prospect for Development of Tourist Resorts in DPR Korea

## 관광지들을 세계적인 수준에서 훌륭히 꾸리고 관광활동을 벌릴것을 희망

## Vision: Development of Tourist Resorts to World Standard for Active Tourism

- 우리 나라에서 관광지구개발준비사업이 적극 추진되고있으며 대상개발에 투자의향을 표시하는 세계 여러 나라 기업들의 수가 증가
  Full preparation for development of tourist resorts and increased number of investors willing to invest in them
- 강원도 원산지구에 현대적인 국제비행장건설과 관리운영
  Construction and operation of a modern international airport in Wonsan Area, Kangwon Province
- 세계적수준의 마식령스키장건설과 관리운영
  Construction and operation of a world-standard skiing ground
- 울림폭포지구 관광개발과 관리운영
  Development and operation of a tourist resort in the area around Ullim Falls
- 관광지들마다 필요한 각종 봉사시설들과 관리운영
  Construction and operation of service facilities in all tourist resorts
- 관광호텔건설과 관리운영
  Construction and operation of tourist hotels
- 관광지들에로의 고속도로건설과 관리운영
  Construction and management of motorways to tourist resorts
- 관광봉사용 륜전기재 및 수리봉사시설투자와 관리운영 등
  Investment in, and operation of repair service for tourist vehicles

## 관광지구개발에서의 특혜

## Incentives for Development of Tourist Resorts

- 관광지구개발에 투자하는 기업에게는 기업형식과 운영방식에서 자유로운 선택
  Free choice of business forms and operation methods for investors to tourist resorts
- 기업설립으로부터 시작하여 경영활동에 이르는 전과정 조선민주주의인민공화국의 법적보호
  Legal protection offered by DPR Korea to the whole process ranging from business establishment to business activities

- 조선민주주의인민공화국 국가관광총국은 우리 나라의 전반적인 관광사업에 대한 정책을 수립하고 집행하며 통일적인 정책적지도를 맡아하는 정부기관으로서 우리 나라의 관광지들을 개발, 운영하는데 관심을 가지는 세계 여러 나라 투자가들의 투자의향을 언제나 지지, 환영하며 끊임없는 협력과 교류를 통하여 대상개발을 추진해나갈것입니다.
  As a government agency responsible for overall tourism policy making and implementation and unified guidance to it, the State Tourism Administration of DPRK is committed to supporting and welcoming the intention of all investors interested in development and operation of tourist resorts in DPRK, and to pushing forward their development through consistent cooperation and exchange.

# 06

# 조선민주주의 인민공화국 관광정책과 **전망계획**

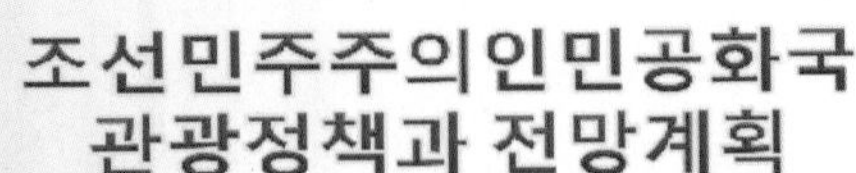


Tourism Policies and Prospective Plan of DPR Korea

朝鲜民主主义人民共和国旅游政策及
旅游发展开发计划

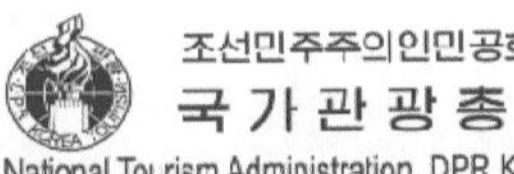

조선민주주의인민공화국
국가관광총국
National Tourism Administration, DPR Korea

우리 나라의 관광발전과정　我国旅游业的发展过程
Process of Tourism Development in the Country

1953년 8월 24일 조선국제려행사 조직
One month after the Korean War
Organized the Korea International Travel Company on August 24, 1953.
朝鲜战争结束一个月后
1953年8月24日成立朝鲜国际旅行社。

## 우리 나라의 관광발전과정　我国旅游业的发展过程
### Process of Tourism Development in the Country

**1950년대**　**대동강호텔, 평양호텔, 해방산호텔 건설**

**1950s**
**Built Taedonggang Hotel, Pyongyang Hotel and Haebangsan Hotel.**

20世纪50年代　建设大同江饭店、平壤饭店、解放山饭店。

**Haebangsan Hotel**　解放山饭店

**Pyongyang Hotel**　平壤饭店

## 우리 나라의 관광발전과정　我国旅游业的发展过程
### Process of Tourism Development in the Country

**1970s and 1980s**
**Built Changgwangsan Hotel, Pyongyang Koryo Hotel, Yanggakdo International Hotel, Hyangsan Hotel, Chongnyon Hotel, Sosan Hotel, Ryanggang Hotel and etc.**

20世纪70年代和80年代
建设苍光山饭店、普通江饭店、平壤高丽饭店、羊角岛国际饭店、香山宾馆、青年饭店、西山饭店和两江饭店等。

1970년대와 1980년대
창관산호텔, 보통강호텔, 평양고려호텔, 양각도국제호텔, 향산호텔, 청년호텔, 서산호텔, 량강호텔 등 건설.

**Pyongyang Koryo Hotel**

平壤高丽饭店

**Yanggakdo International Hotel**

羊角岛国际饭店

**Pothonggang Hotel**

普通江饭店

**Changgwangsan Hotel**

苍光山饭店

## 우리 나라의 관광발전과정 我国旅游业的发展过程
### Process of Tourism Development in the Country

**1970s and 1980s**

Pyongyang-Wonsan-Kumgangsan Tourist Motorway
Pyongyang-Kaesong Motorway
Pyongyang-Hyangsan Tourist Motorway

20世纪70年代和80年代

平壤 - 元山 - 金刚山旅游公路
平壤 - 开城高速公路
平壤 - 香山旅游公路

1970~1980년대

고속도로,

관광도로 완비

평양-원산-금강산

평양-개성

평양-향산

## 우리 나라의 관광발전과정 我国旅游业的发展过程
### Process of Tourism Development in the Country

1990년대 칠보산,구월산지구, 울림폭포, 룡문대굴, 삼지연지구, 수많은 력사유적 개발

**1990s**

Laid the trekking routes in Mt Chilbo and Mt Kuwol.
Developed attractions like Ullim Falls and Ryongmun Cavern.
Well preserved many historical remains.
Well arranged Samjiyon Region.

20世纪90年代

新铺七宝山、九月山登山路线。
开发云林瀑布、龙门大窟等景点。
完好地保存管理许多历史古迹。
很好地兴建三池渊地区。

칠보산 Mt Chilbo 七宝山

구월산 Mt Kuwol 九月山

## 우리 나라의 관광발전과정 我国旅游业的发展过程
## Process of Tourism Development in the Country

**Organized National Tourism Administration in 1986.**
**NTA became a full member of UN World Tourism Organization (UNWTO) in 1987.**
**KITC became a full member of Pacific Asia Travel Association (PATA) in 1997.**

1986年成立国家观光总局。
国家观光总局于1987年加入联合国世界旅游组织。
朝鲜国际旅行社于1997年加入太平洋亚洲旅行协会。

1986년 국가관광총국 창립
1987년 세계관광기구 가입
1997년 아시아태평양려행협회 가입

조선민주주의인민공화국
국가관광총국
National Tourism Administration, DPR Korea

조선민주주의인민공화국 관광지구
Tourism Region of DPR Korea
朝鲜民主主义人民共和国旅游景区

## 우리 나라의 관광정책
## Tourism Policies 我国旅游政策

1980년대 강원도를 관광지구로 건설하기 위한 계획 작성

**In 1980s conceived a plan of arranging Kangwon Province as a province of tourism.**

**20**世纪**80**年代提出要将江原道建成旅游道的构思。

## 우리 나라의 관광정책
## Tourism Policies 我国旅游政策

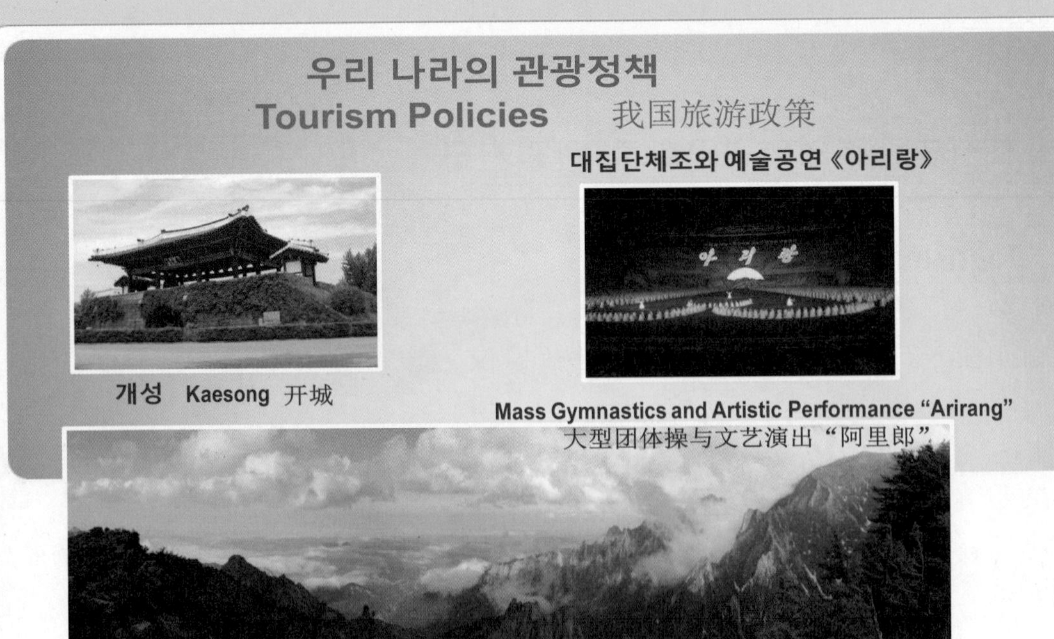

**개성 Kaesong** 开城

**대집단체조와 예술공연《아리랑》**

**Mass Gymnastics and Artistic Performance "Arirang"**
大型团体操与文艺演出"阿里郎"

**금강산 Mt Kumgang** 金刚山

우리 나라의 관광정책
Tourism Policies 我国旅游政策
칠보산 **Mt Chilbo** 七宝山

원산시 전경 **A panoramic view of Wonsan City** 元山市全景

우리 나라의 관광정책
Tourism Policies 我国旅游政策
현재 완공단계에 이른 마식령스키장

**Masikryong Ski Resort under construction**

正在建设中的马息岭滑雪场

## 우리 나라의 관광업 발전전망
## Development Prospect for Growth of Tourist Industry
## 为发展旅游业的开发前景

- Hotels in Pyongyang to the international standard.
- Tourist service facilities
- Souvenir shops
- Duty-free shops

- 평양시에 국제표준호텔
- 관광봉사시설
- 관광기념품상점
- 면세상점

- 使平壤之饭店达到国际水平.
- 旅游综合服务基地
- 旅游纪念品商店
- 无税商店

평양고려호텔平壤高丽饭店

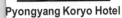

Pyongyang Koryo Hotel

통일거리운동센터 统一大街健身中心

Thongilgori Fitness Centre

류 경 원 柳京院

Ryugyong Health Complex

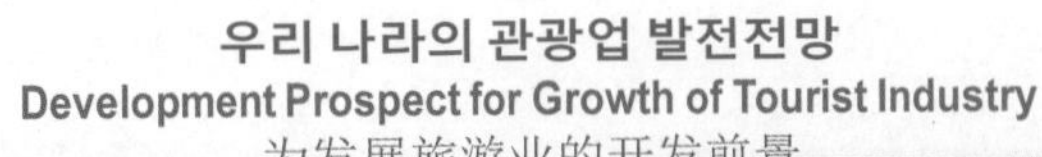
우리 나라의 관광업 발전전망
Development Prospect for Growth of Tourist Industry
为发展旅游业的开发前景

마전호텔 Majon Hotel 麻田饭店

평양민속공원

평양민속공원 平壤民俗公園

1950-1953

조국해방전쟁승리기념탑
祖国解放战争勝利記念塔

## 우리 나라의 관광업 발전전망

## Development Prospect for Growth of Tourist Industry

## 为发展旅游业的开发前景

Tourist Regions & Economic Development Area

- Arrange Wonsan, Mt Kumgang, Mt Chilbo and Mt Paektu Regions as the tourist regions.
- Develop tourist industry in provincial economic development areas adapted to the specific features of each province.
- Develop all attractions including spas, seashores to arrange tourist & holiday resorts.

旅游区及经济开发区

- 把元山地区、金刚山地区、七宝山地区、白头山地区等建成旅游区。
- 在各道经济开发区也根据地方特点发展旅游业。
- 开发所有温泉区、滨海区、名胜区，建成旅游胜地、休闲胜地。

- ***관광지대로서 원산지구,금강산지구,칠보산지구,백두산지구***
- ***도경제개발구는 자체실정에 맞게관광공업 추진***
- ***모든 온천,바다가,명승지를 관광 및 휴양명승지로 개발***

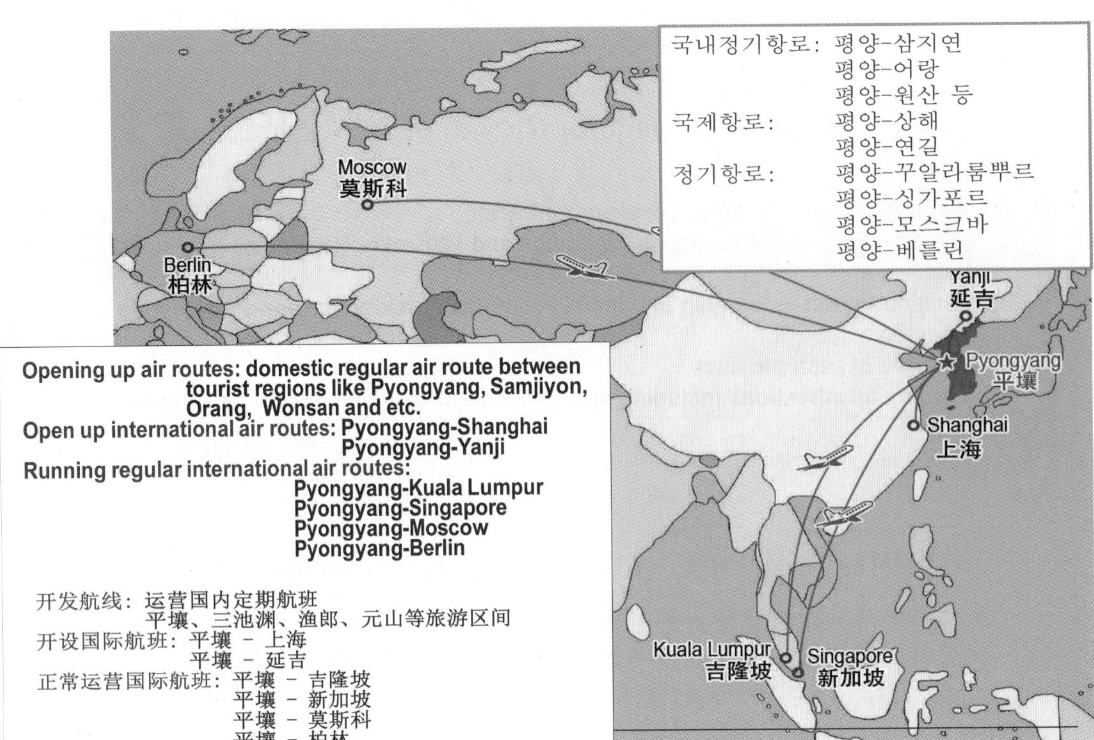
국내정기항로: 평양-삼지연
평양-어랑
평양-원산 등
국제항로: 평양-상해
평양-연길
정기항로: 평양-꾸알라룸뿌르
평양-싱가포르
평양-모스크바
평양-베를린
Moscow
莫斯科
Berlin
柏林
Yanji
延吉
Pyongyang
平壤
Shanghai
上海
Kuala Lumpur
吉隆坡
Singapore
新加坡
Opening up air routes: domestic regular air route between tourist regions like Pyongyang, Samjiyon, Orang, Wonsan and etc.
Open up international air routes: Pyongyang-Shanghai
Pyongyang-Yanji
Running regular international air routes:
Pyongyang-Kuala Lumpur
Pyongyang-Singapore
Pyongyang-Moscow
Pyongyang-Berlin
开发航线：运营国内定期航班
平壤、三池渊、渔郎、元山等旅游区间
开设国际航班：平壤 － 上海
平壤 － 延吉
正常运营国际航班：平壤 － 吉隆坡
平壤 － 新加坡
平壤 － 莫斯科
平壤 － 柏林

우리 나라의 관광업 발전전망
Development Prospect for Growth of Tourist Industry
为发展旅游业的开发前景
Russia
俄罗斯
China
中国
罗先
Rason
Pyongyang
平壤
南浦
Nampho
金刚山
Mt Kumgang
威海
Weihai
Japan
日本
국제해상통로개발
라선-금강산
남포-위해
Opening up international sea routes
Rason-Mt Kumgang
Nampho-Weihai
开发国际海上旅行
罗先 － 金刚山
南浦 － 威海

## 우리 나라의 관광개발투자

외국인합영,합작기업
투자기업체들에 대한 우대조치
외국인전문가 초청

**Investment for Development of Tourist Industry**

- **Approval of foreign individual enterprises, contractual joint venture and equity joint venture enterprises.**
- **Bonuses for early invested enterprises.**
- **Invitation of foreign specialists.**

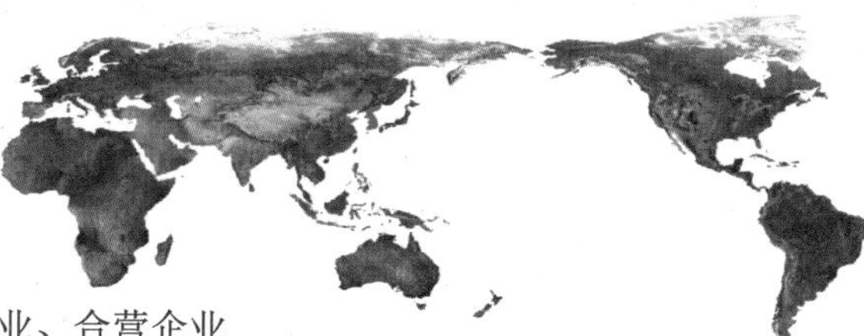

为发展旅游业的投资
•承认外国人独资企业、合作企业、合营企业
•对于先投资企业的优惠措施
•邀请外国专家

## 백두산지구의 관광상황 및 개발전망
## Tourism Situation and Development Prospect of Mt Paektu Region
## 白头山地区的旅游状况与发展前景

### 백두산지구개관
### Outline of Mt Paektu Region
### 白头山地区概况

위치
중국 길림성 장백지구와 국경을 접하고있다.

**Location**
**Lies opposite Changbai, Jilin, China.**

位置
与中国吉林省长白地区相望

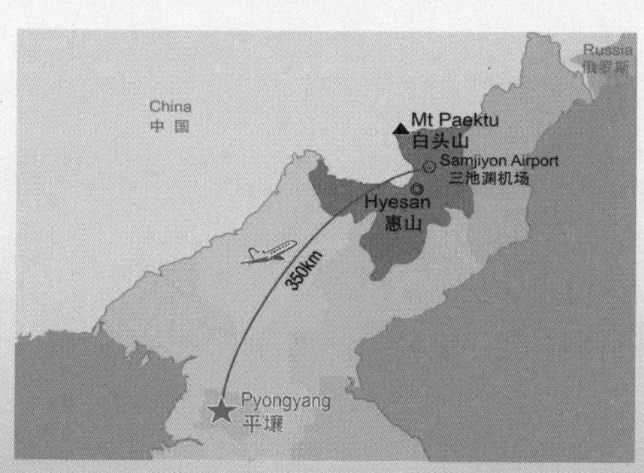

백두산지구관광상황 및 전망계획　白头山地区的旅游状况与发展前景

**Tourism Situation and Development Prospect of Mt Paektu Region**

**Outline of Mt Paektu Region**　白头山地区概况

**Topography**
- **Area: 6 500㎢**
  - **Occupies 40% of Ryanggang Province.**
  - **Area of highlands: 4 000㎢**
- **Height in average above the sea: 1 300m**

**Climate**
- **Average annual temperature: 1-2℃**
  - **January: 18℃　August: 18℃**
- **Average annual precipitation: 600mm**

地形
- 面积：约**6500**平方公里
- 两江道面积的**40%**
- 高原面积**4000**平方公里
- 平均海拔高：约**1300**米

气候
- 年均气温：**1-2**度
  - **1**月：零下**18**度 **7**月：**18**度
- 年均降水量：**600**毫米

- **지형**
  **면적: 6 500㎢**
  **량강도면적의 40% 차지**
  **평균해발고: 1300m**
- **기후**
  **년평균온도: 1-2℃　1월: 18℃　8월: 18℃**
  **년평균강수량:600mm**

## 백두산지구의 관광상황 및 개발전망
## Tourism Situation and Development Prospect of Mt Paektu Region
## 白头山地区的旅游状况与发展前景

### Outline of Mt Paektu Region 白头山地区概况

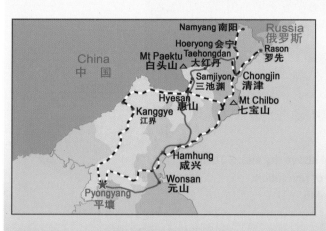

Namyang 南阳
Russia 俄罗斯
Hoeryong 会宁
Rason 罗先
China 中国
Mt Paektu 白头山
Taehongdan 大红丹
Samjiyon 三池渊
Chongjin 清津
Hyesan 惠山
Mt Chilbo 七宝山
Kanggye 江界
Hamhung 咸兴
Wonsan 元山
Pyongyang 平壤

**Transport**

**Road: Pyongyang-Hamhung-Hyesan-Samjiyon**
**Chongjin-Taehongdan-Samjiyon**

**Railway: Pyongyang-Hyesan-Samjiyon**

**Air transport: Samjiyon Airport**

교통운수
도로:평양-함흥-혜산-삼지연
청진-대홍단-삼지연
철도:평양-혜산-삼지연
항공:삼지연항공

交通
公路：平壤-咸兴-慧山-三池渊
清津-大红丹-三池渊
铁路：平壤-慧山-三池渊
航运：三池渊机场

## Tourism Situation and Development Prospect of Mt Paektu Region
## 白头山地区的旅游状况与发展前景 백두산지구 관광상황 및 발전전망

### Tourism Resources of Mt Paektu Region 白头山地区旅游资源

**Tourism Situation and Development Prospect of Mt Paektu Region**

백두산지구 관광상황 및 발전전망

白头山地区的旅游状况与发展前景

**Tourism Resources of Mt Paektu Region** 白头山地区旅游资源

**Mt Paektu**

**The highest mountain in Korea. Height above the sea: 2 750m**

**Ancestral mountain, sacred mountain of revolution.**

**Reached down to Lake Chon of Mt Paektu.**

白头山

朝鲜第一高峰，海拔高2750米

祖宗之山、革命圣山

可骑着吊箱到白头山天池

**Tourism Situation and Development Prospect of Mt Paektu Region**

백두산지구 관광상황 및 발전전망

白头山地区的旅游状况与发展前景

**Tourism Resources of Mt Paektu Region** 白头山地区旅游资源

**Paektusan Secret Camp** 백두산비밀근거지

**Nestles at the valley between Saja Peak and Mt Sobaek southwestern part of Samjiyon County, Ryanggang Province.**

白头山密营 백두산밀영

坐落在两江道三池渊郡西南部的白头山狮子峰与小白山之间的山沟

## Tourism Situation and Development Prospect of Mt Paektu Region
## 백두산지구 관광상황 및 발전전망
## 白头山地区的旅游状况与发展前景
### Tourism Resources of Mt Paektu Region　白头山地区旅游资源

**Lake Samji　삼지연**
**A natural lake in the middle part of Samjiyon County, Ryanggang Province.**

三池渊
坐落在两江道三池渊郡中部的天然湖

---

## Tourism Situation and Development Prospect of Mt Paektu Region
## 백두산지구 관광상황 및 발전전망
## 白头山地区的旅游状况与发展前景
### Tourism Resources of Mt Paektu Region　白头山地区旅游资源

**Chongbong Bivouac　청봉숙영지**
**A site of secret camp in the forest at the middle part of Samjiyon County, Ryanggang Province.**

青峰宿营地
位于两江道三池渊郡中部的林中密营旧址

---

## Tourism Situation and Development Prospect of Mt Paektu Region
## 백두산지구 관광상황 및 발전전망
## 白头山地区的旅游状况与发展前景

### Tourism Resources of Mt Paektu Region 白头山地区旅游资源

무포숙영지
두만강기슭의 수림에 위치한 밀영.

茂浦宿营地
位于两江道三池渊郡西北部的豆满江岸林中密营旧址

**Mupho Bivouac**
**A site of secret camp in the forest of shore of Tuman River at the northwestern part of Samjiyon County, Ryanggang Province.**

## Tourism Situation and Development Prospect of Mt Paektu Region
## 백두산지구 관광상황 및발전전망
## 白头山地区的旅游状况与发展前景

### Tourism Resources of Mt Paektu Region 白头山地区旅游资源

**Rimyongsu Falls**
**A natural waterfall in Rimyongsu Worker's District, Samjiyon County.**

鲤明水瀑布
位于三池渊郡鲤明水工人区的天然瀑布。

## Tourism Situation and Development Prospect of Mt Paektu Region
## 백두산지구 관광상황 및 발전전망
## 白头山地区的旅游状况与发展前景

### Tourism Resources of Mt Paektu Region 白头山地区旅游资源

**Pochonbo Revolutionary Battle Site**
**A revolutionary battle site in Pochon County, Ryanggang Province.**

普天堡革命战迹地
位于两江道普天郡的革命战迹地


## Tourism Situation and Development Prospect of Mt Paektu Region
## 백두산지구 관광상황 및 발전전망
## 白头山地区的旅游状况与发展前景

### Tourism Resources of Mt Paektu Region 白头山地区旅游资源

대홍단군
1952년 백두대고원에
국영종합농장 조직

**Taehongdan County**
**A state combined farm in Grand Paektu Plateau.**
**Founded in 1952.**

大红丹郡
建立在白头大高原的国营综合农场
成立于1952年

**Tourism Situation and Development Prospect of Mt Paektu Region**
백두산지구 관광상황 및 발전전망
白头山地区的旅游状况与发展前景
**Tourism Resources of Mt Paektu Region** 白头山地区旅游资源

무산지구전투승리기념탑 茂山地区战斗胜利纪念塔
**Monument to Victorious Battle in Musan Area**

**Tourism Situation and Development Prospect of Mt Paektu Region**
백두산지구 관광상황 및 발전전망
白头山地区的旅游状况与发展前景
**Tourism Resources of Mt Paektu Region** 白头山地区旅游资源

혜산시
량강도 소재지

**Hyesan City**
**Capital of Ryanggang Province**

慧山市
两江道首府

보천보전투승리기념탑 普天堡战斗胜利纪念塔
**Monument to Victorious Pochonbo Battle**

## Tourism Situation and Development Prospect of Mt Paektu Region
## 백두산지구 관광상황 및 발전전망
## 白头山地区的旅游状况与发展前景

백두산지구관광잠재력
**Tourism Potentials of Mt Paektu Region**
白头山地区旅游潜力

- 국내관광수요 **Domestic Demand** 国内旅游需求
- 중국인관광수요 **Demand of Chinese** 中国人的旅游需求
- 남조선관광수요 **Demand of South Koreans** 南朝鲜人的旅游需求

## Tourism Situation and Development Prospect of Mt Paektu Region
## 백두산지구 관광상황 및 발전전망
## 白头山地区的旅游状况与发展前景

### 국내관광수요 Domestic Demand 国内旅游需求

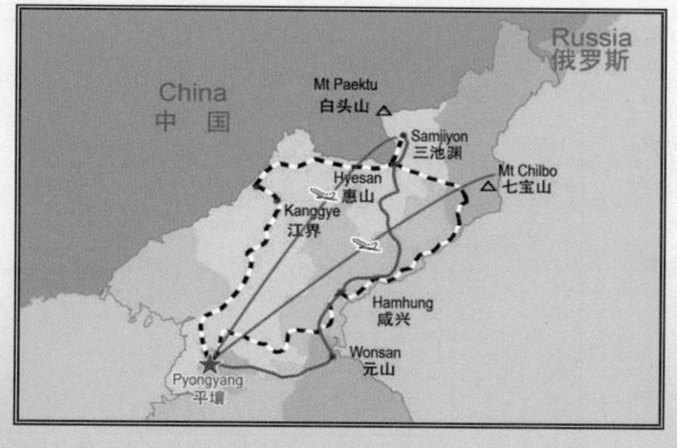


륙로,철도: 평양-혜산
**Road, Railway: Pyongyang-Hyesan**
公路、铁路：平壤-惠山

항로: 평양-삼지연
평양-어랑
**Airway: Pyongyang-Samjiyon**
**Pyongyang-Orang**
航线：平壤-三池渊
平壤-渔郎

## Tourism Situation and Development Prospect of Mt Paektu Region
## 백두산지구 관광상황 및 발전전망
## 白头山地区的旅游状况与发展前景

### 중국인관광수요 Demand of Chinese 中国人的旅游需求

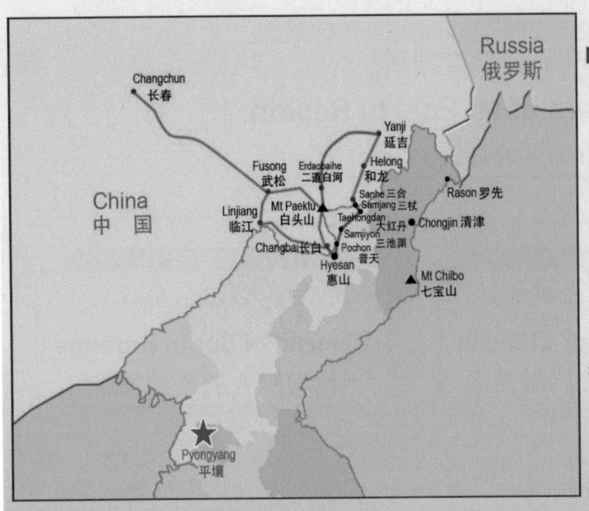


**Road of Chinese side**
Yanji-Erdaobaihe-Mt Paektu
Changchun-Fusong-Lijiang-Changbai

**Route for visiting our side**
Changbai-Hyesan-Pochonbo-Samjiyon
Yanji-Helong-Sanhe-Samjang-Taehongdan-Samjiyon

中方公路 중국측통로
延吉-二道白河-白头山 연길-이도백하-백두산
长春-武松-临江-长白 장춘-무송-림강-장백

我方地区游览路线 조선측관광로정
长白-慧山-普天堡-三池渊
장백-혜산-보천보-삼지연

延吉-和龙-三杖-大红丹-三池渊
연길-화룡-삼장-대홍단

## Tourism Situation and Development Prospect of Mt Paektu Region
## 백두산지구 관광상황 및 발전전망
## 白头山地区的旅游状况与发展前景

### Tourism Development Prospective Plan 旅游开发前景计划

**Development of Circular Route for Mt Paektu Region** 开发白头山地区环线旅游线路

쌍목봉 Shuangmufeng 双木峰
쌍두봉 Ssangdubong 双头峰
이도백하 Erdaobaihe 二道白河
삼지연 Samjiyon 三池渊
Mt Paektu 白头山
무송 Fusong 武松
보천 Pochon 普天
장백 Changbai 长白
혜산 Hyesan 惠山

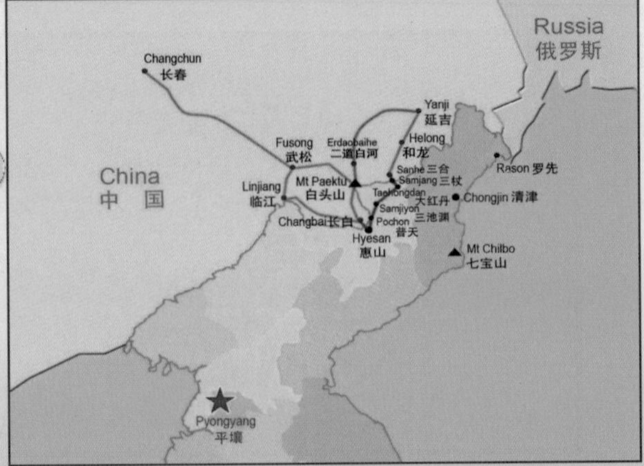


Mt Paektu-Samjiyon-Pochon-Hyesan-Chanbai-Fusong-Erdaobaihe-Shuangmufeng -Ssangdubong-Samjiyon-Mt Paektu
白头山-三池渊-普天-惠山-长白-武松-二道白河-双木峰-双头峰-三池渊-白头山

## 관광발전전망계획
## Tourism Development Prospective Plan 旅游开发前景计划

### 숙박 및 봉사시설조건
### Accommodation & Services 提供住宿及服务条件

베개봉호텔개건, 국제호텔, 식당, 관광기념품상점

- **Reconstruction of Pegaebong Hotel.**
- **International hotels, restaurants, souvenir shops.**

•改建枕峰饭店
•国际饭店、餐馆、纪念品商店

## 관광개발전망계획 旅游开发前景计划
## Tourism Development Prospective Plan

**Tourism Situation and Development Prospect of Mt Paektu Region**
**백두산지구 관광상황 및 발전전망**
白头山地区的旅游状况与发展前景

**Tourism Development Prospective Plan** 旅游开发前景计划

**International Cooperation for the Development of Mt Paektu Region**
为开发白头山地区的国际合作

하부구조건설 투자
**Invest on construction of infrastructures.**

投资于基础设施建设

---

**Tourism Situation and Development Prospect of Wonsan and Mt Kumgang Region**
**원산, 금강산지구관광상황 및 개발전망**

元山、金刚山地区旅游状况与发展前景

**원산지구개관**

**Outline of Wonsan City**

元山市概况

## Tourism Situation and Development Prospect of Wonsan and Mt Kumgang Region

## 원산,금강산지구관광상황 및 발전전망

## 元山、金刚山地区旅游状况与发展前景

### 원산시개관 Outline of Wonsan City 元山市概况

## Tourism Situation and Development Prospect of Wonsan and Mt Kumgang Region

## 원산,금강산지구관광상황 및 발전전망

## 元山、金刚山地区旅游状况与发展前景


### Outline of Wonsan City 元山市概况

- Famous holiday and tourist resort
- Hub and junction of tourism in the regions of the East Sea

- 著名的休闲胜地
- 东海区的旅游中心、旅游中专地

## Tourism Situation and Development Prospect of Wonsan and Mt Kumgang Region
## 원산,금강산지구관광상황 및 발전전망
## 元山、金刚山地区旅游状况与发展前景

### Outline of Wonsan City 元山市概况

**Topography and Climate** 지형 및 기후

**Area: 314.4㎢** **2.83% of provincial area** **Area of islets: 3.73㎢**

**Surface area of sea: 3.73㎢**

**Climate** 기후

**Annual duration of sunshine: 2 447 hrs** **Percentage of sunshine: 56%**

**Average annual temperature: 10.4℃** **January: 3.6℃** **August: 23.3℃**

**Average annual precipitation: 1 406.3mm**

地形与气候

面积： 314.4平方公里， 占道总面积的2.83%，其中岛屿面积 3.73平方公里

大海面积： 3.73平方公里

元山前海：丽岛、神岛、大岛等10座小岛

气候

年日照时间：2447小时

年日照率： 56%

年均气温： 10.4度 1月：零下3.6度 8月： 23.3度

年均降水量： 1406.3毫米

## Tourism Situation and Development Prospect of Wonsan and Mt Kumgang Region
## 원산,금강산지구관광상황 및 발전전망
## 元山、金刚山地区旅游状况与发展前景

### Outline of Wonsan City 원산시개관 元山市概况

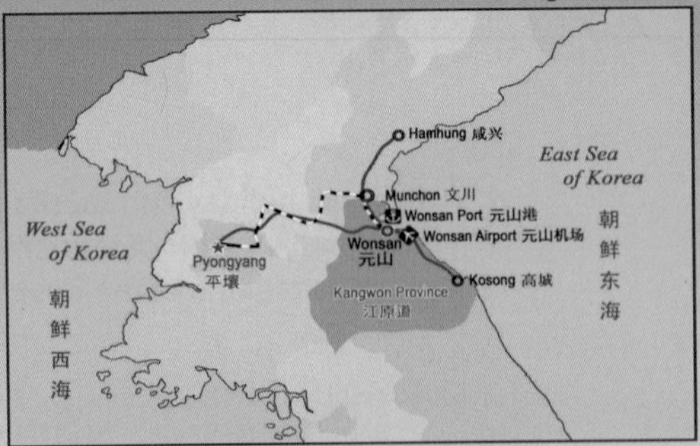

交通 교통

公路：元山 - 平壤 원산-평양

룩로 元山 - 咸兴 원산-함흥

元山 - 高城 원산-고성

铁路：我国东海线铁路的主要分起点之一

철도: 우리 나라 철도 동해안선의 분기점

航运：元山机场

비행장: 원산비행장

海运：可经营客运及集装箱运输的国际港

해상통로: 려객 및 화물부두

**Transport**

**Road: Wonsan-Pyongyang**
**Wonsan-Hamhung**
**Wonsan-Kosong**

**Railway: one of the major junctions of East Sea railway line of the country**

**Air transport: Wonsan Airport**

**Marine transport: an international port for passengers and containers**

## Tourism Situation and Development Prospect of Wonsan and Mt Kumgang Region

## 원산,금강산지구관광상황 및 발전전망

## 元山、金刚山地区旅游状况与发展前景

아름다운 경치와 기후, 백사장으로 유명한 송도원해수욕장

**Songdowon Bathing Resort**

- Used as a bathing resort from the end of 19th century and early in the 20th century.
- Fantastic seashore
- Clear sea water, suitable temperature
- White sandy beach
- Green pine grove, fresh breeze

松涛园海滨浴场

- 19世纪末至20世纪初用于海滨浴场。
- 秀丽的滨海风情
- 清澈的海水、适宜的海温
- 洁白沙滩
- 苍翠的松林、凉爽的海风

## Tourism Situation and Development Prospect of Wonsan and Mt Kumgang Region

## 원산,금강산지구관광상황 및 발전전망

## 元山、金刚山地区旅游状况与发展前景

**Tourism Resources of Wonsan Region**

元山地区的旅游资源

**장덕섬유람구역**

- 원산앞바다에 위치한 섬
- 원산시의 전경과 야경 부감

**Jangdoksom Sightseeing Site**

- An islet on the offing of Wonsan.
- See the panorama of the city and night view.

长德岛游览区

- 元山前海的岛屿
- 俯瞰城市全景、夜景。

Tourism Situation and Development Prospect of Wonsan and Mt Kumgang Region

원산,금강산지구관광상황 및 발전전망

元山、金刚山地区旅游状况与发展前景

Tourism Resources of Wonsan Region

元山地区的旅游资源

**Myongsasipri 명사십리**

갈마반도의 남동쪽에 위치

A sight at the southeastern seashore of Kalma Peninsula.

明沙十里

位于葛麻半岛东南海岸的风景名胜自安边入口约7公里。

Tourism Situation and Development Prospect of Wonsan and Mt Kumgang Region

원산,금강산지구관광상황 및 발전전망

元山、金刚山地区旅游状况与发展前景

공원: 송도원지구에 위치한 동방식공원

**Park**

**A famous park at the Songdowon Pleasure Ground.**

公园

位于松涛园游园地的著名的公园.

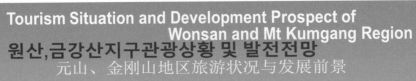

## Tourism Situation and Development Prospect of Wonsan and Mt Kumgang Region

## 원산,금강산지구관광상황 및 발전전망

## 元山、金刚山地区旅游状况与发展前景

### Tourism Resources of Wonsan Region 元山地区的旅游资源

明寂寺

- -坐落在江原道元山市永三里的寺院
- -始建于新罗时期
- -改建于1771年
- - 1896年大力修复

**Myongjok Temple**

- -A temple in Yongsam-ri, Wonsan, Kangwon Province
- - First built in Silla dynasty.
- - Renovated in 1771.
- - Repaired extensively in 1896.

## Tourism Situation and Development Prospect of Wonsan and Mt Kumgang Region

## 원산,금강산지구관광상황 및 발전전망

## 元山、金刚山地区旅游状况与发展前景

### Tourism Resources of Wonsan Region 元山地区的旅游资源

**Wonsan Zoo**

**Opened on August 1, 1962.**

元山动物园

1962年8月1日开馆

## Tourism Situation and Development Prospect of Wonsan and Mt Kumgang Region
## 원산,금강산지구관광상황 및 발전전망
## 元山、金刚山地区旅游状况与发展前景

원산지구관광자원 **Tourism Resources of Wonsan Region** 元山地区的旅游资源

**Located at Masikryong Region in Popdong County, Kangwon Province.**

강원도 법동군의 마식령지구 江原道法洞郡的马息岭地区



## Tourism Situation and Development Prospect of Wonsan and Mt Kumgang Region
## 원산,금강산지구관광상황 및 발전전망
## 元山、金刚山地区旅游状况与发展前景



원산지구의 관광자원 **Tourism Resources of Wonsan Region** 元山地区的旅游资源

울림폭포

**강원도 천내군 동흥리로부터 약 6km 떨어져있는곳에 위치한 높이 75m의 폭포**

**Ullim Falls**

**A waterfall about 6km away from Tonghung-ri, Chonnae County, Kangwon Province.**

**Height: 75m**

云林瀑布

自江原道川内郡东兴里约6公里的瀑布

高75米

## Tourism Situation and Development Prospect of Wonsan and Mt Kumgang Region
## 원산,금강산지구관광상황 및 발전전망
## 元山、金刚山地区旅游状况与发展前景

### Tourism Resources of Wonsan Region 元山地区的旅游资源

시중호

侍中湖

位于江原道通川郡江东里与松田里之间的泻湖

面积：2.84平方公里

周长：11.8公里

长：3.5公里

平均宽度：0.8公里

**Lake Sijung**

**A lagoon between Kangdong-*ri* and Songjon-*ri*, Thongchon County, Kangwon Province.**

**Area: 2.84㎢**

**Circumference: 11.8km**

**Length: 3.5km**

**Width in average: 0.8km**

## Tourism Situation and Development Prospect of Wonsan and Mt Kumgang Region
## 원산,금강산지구관광상황 및 발전전망
## 元山、金刚山地区旅游状况与发展前景

### Tourism Resources of Wonsan Region 元山地区的旅游资源

侍中湖海滨浴场 시중호해수욕장

元山与金刚山中途休闲地、文化休养胜地。

数座疗养所、休养所。

淤泥治疗

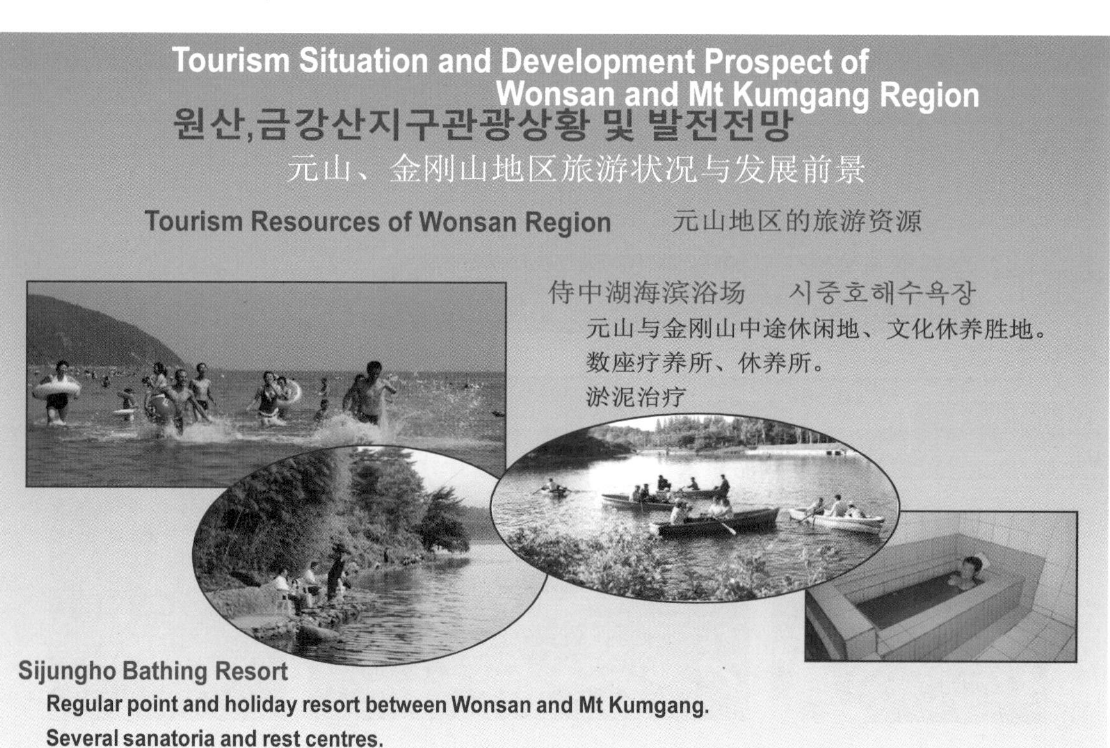

**Sijungho Bathing Resort**

**Regular point and holiday resort between Wonsan and Mt Kumgang.**

**Several sanatoria and rest centres.**

## Tourism Situation and Development Prospect of Wonsan and Mt Kumgang Region

## 원산,금강산지구관광상황 및 발전전망

元山、金刚山地区旅游状况与发展前景

### Tourism Resources of Wonsan Region 元山地区的旅游资源

총석정

丛石亭

位于江元道通川郡通川邑海岸的风景名胜

“通川金刚”

**Chongsokjong**

**A sight at the seashore of Thongchon Town, Thongchon County, Kangwon Province.**

**“Mt Kumgang in Thongchon”.**

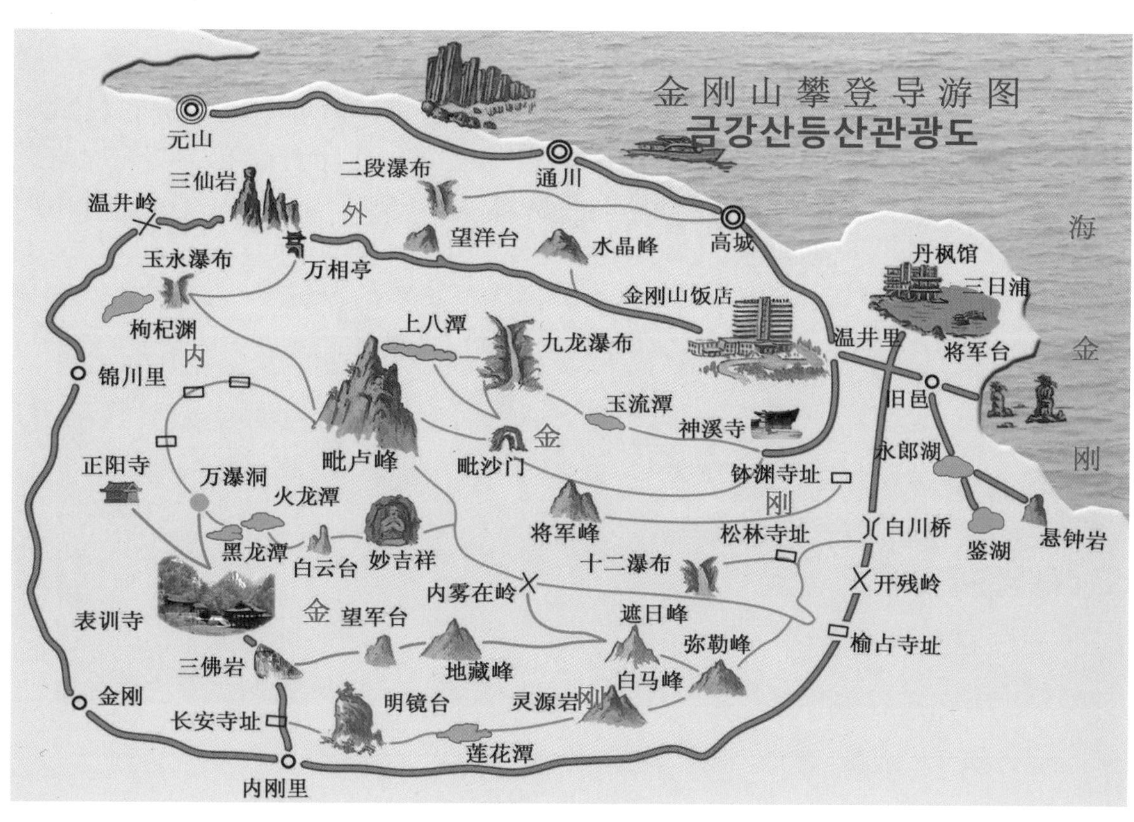


## Tourism Situation and Development Prospect of Wonsan and Mt Kumgang Region

## 원산,금강산지구관광상황 및 발전전망

## 元山、金刚山地区旅游状况与发展前景

### Tourism Resources of Mt Kumgang Region 金刚山地区旅游资源

**Lagoon Samil 삼일포**

**Area: 0.79㎢**
**Circumference: 5.8km**
**Length: 1.8km**
**Width: 0.4km**
**Area of catchment basin: 1.75㎢**

三日浦

面积：**0.79**平方公里
周长：**5.8**公里
长：**1.8**公里
宽：**0.4**公里
集水区面积：**1.75**平方公里

Tourism Situation and Development Prospect of Wonsan and Mt Kumgang Region
원산,금강산지구관광상황 및 발전전망
元山、金刚山地区旅游状况与发展前景

Tourism Potentials of Wonsan and Mt Kumgang Region 元山、金刚山地区的旅游潜力
Environment and Conditions as an International Holiday Resort
세계적인 관광지로서의 환경과 조건
作为国际休闲胜地的环境与条件

| | | |
|---|---|---|
| • Natural conditions | 천연자원 | 自然条件 |
| • Beautiful landscape | 아름다운 자연경관 | 优秀的自然景观 |
| • Natural medical treatment conditions | 자연치료조건 | 自然性治疗条件 |
| • Summer resort, holiday resort | 피서지, 휴양지 | 避暑胜地、休闲胜地 |
| • Winter resort | 겨울철관광지 | 冬季旅游胜地 |

Tourism Situation and Development Prospect of Wonsan and Mt Kumgang Region
원산,금강산지구관광상황 및 발전전망
元山、金刚山地区旅游状况与发展前景

Tourism Potentials of Wonsan and Mt Kumgang Region 元山、金刚山地区的旅游潜力

Tourism Demand 旅游需求

**Domestic Demand** **Hundreds of thousands tourists a year**
国内旅游需求 全年数十万人

Demand of South & Overseas Koreans Carried out tours for 10 years from 1998.
Received over one million maximum a year.
南朝鲜、海外侨胞的旅游需求 自1998年十年进行旅游
全年接待游客最高达100万人以上

Demand of Foreign Tourists Organized tours for 60 years.
Demand increasing in northeastern part of China and Far Eastern part of Russia.
外国游客的旅游需求 安排旅游达60年
中国东北地区、俄罗斯远东地区的旅游需求增长

## Tourism Situation and Development Prospect of Wonsan and Mt Kumgang Region

## 원산,금강산지구관광상황 및 발전전망

## 元山、金刚山地区旅游状况与发展前景

### Tourism Development Prospective Plan

旅游开发前景计划

**Favourable International Situation**

有利的国际环境

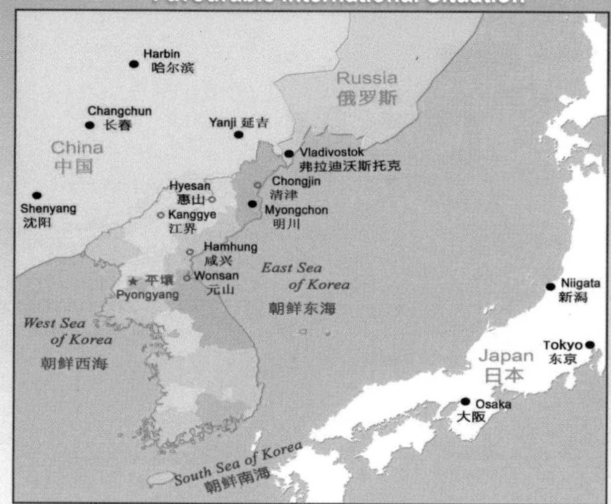


지정학적조건

리익에서의 영향력

호상리익

- Geographical connection.
- Influence on interests
- Mutual benefit.

- 地理连接
- 对利害关系有影响
- 相互利益

## Tourism Situation and Development Prospect of Wonsan and Mt Kumgang Region

## 원산,금강산지구관광상황 및 발전전망

## 元山、金刚山地区旅游状况与发展前景

### 원산지구의 새로운 관광상품 개발

**Development of New Tours around Wonsan** 以元山为主的旅游开发

- 등산관광 Mountaineering & camping tour 攀登及帐篷休闲旅游
- 온천 및 치료관광 Spa & mud treatment tour 温泉及淤泥治疗旅游
- 증기기관차관광 Steam locomotive travel 蒸汽机车旅行
- 농어촌관광 Farming & fishing village excursion 乡村、渔村游览
- 바다려행 Sea travel 海上旅行

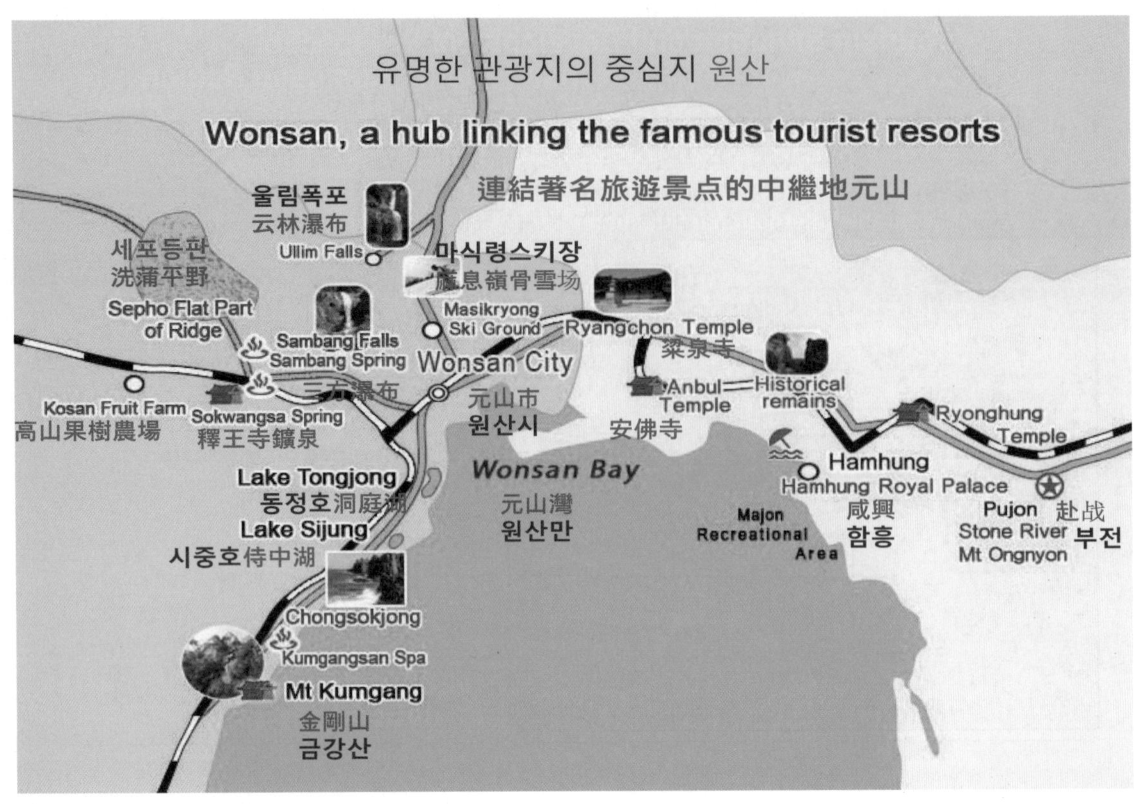
유명한 관광지의 중심지 원산
Wonsan, a hub linking the famous tourist resorts
連結著名旅遊景点的中繼地元山
울림폭포
云林瀑布
Ullim Falls
세포등판
洗蒲平野
Sepho Flat Part of Ridge
마식령스키장
Masikryong Ski Ground
Sambang Falls
Sambang Spring
Wonsan City
Ryangchon Temple
Kosan Fruit Farm
高山果樹農場
Sokwangsa Spring
釋王寺鑛泉
元山市
원산시
Anbul Temple
安佛寺
Historical remains
Ryonghung Temple
Hamhung
Hamhung Royal Palace
咸興
함흥
Lake Tongjong
동정호洞庭湖
Lake Sijung
시중호侍中湖
Wonsan Bay
元山灣
원산만
Majon Recreational Area
Pujon
부전
Stone River
Mt Ongnyon
Chongsokjong
Kumgangsan Spa
Mt Kumgang
金剛山
금강산

석왕사약수 40km
마식령스키장 20km
력사유적
원산시
해안동관광구역
송도원관광구역
금강산 110km
원석동관광구역
내원산동관광구역
장덕섬유람구역
명사동관광구역
원산만
명사십리
갈마휴양구역
원산은 래일을 부른다!

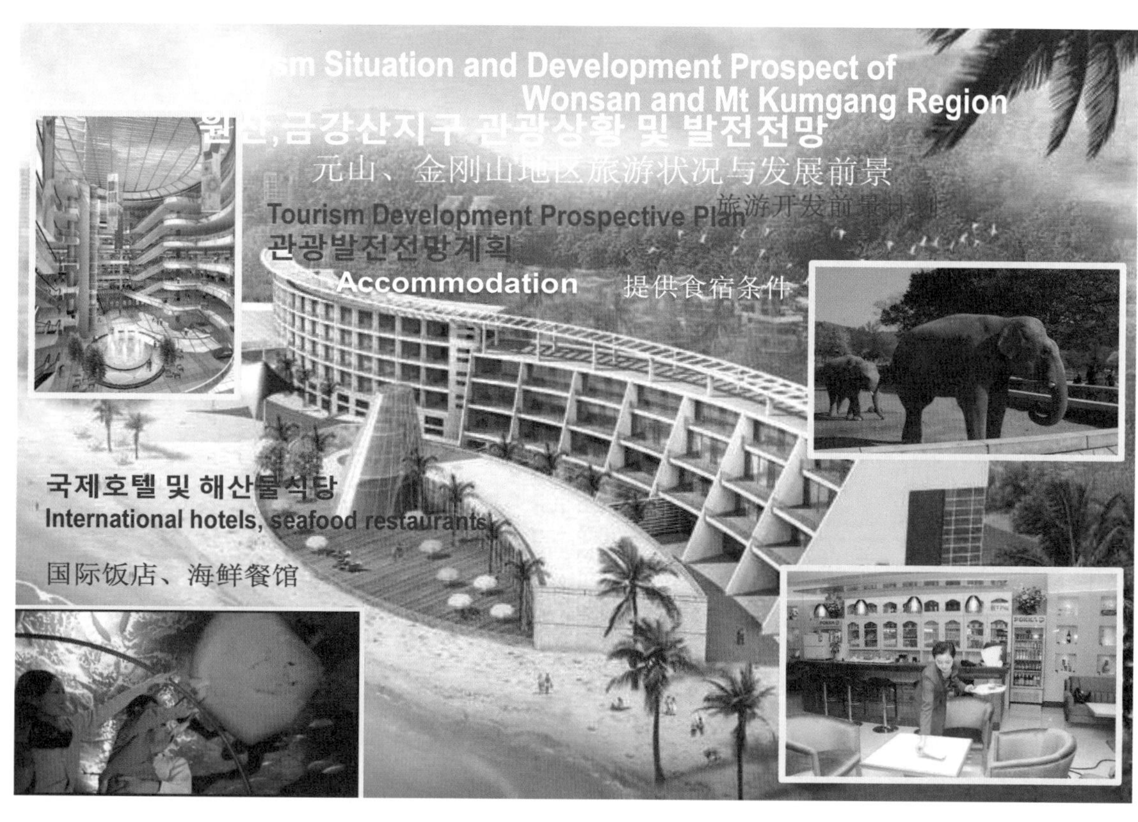
Wonsan and Mt Kumgang Region
元山、金刚山地区旅游状况与发展前景
Tourism Development Prospective Plan
관광발전전망계획
Accommodation
提供食宿条件
국제호텔 및 해산물식당
International hotels, seafood restaurants
国际饭店、海鲜餐馆

관광개발전망계획
旅游开发前景计划
Tourism Development Prospective Plan
숙박시설조건
提供食宿条件
Accommodation

Exhibition & Convention Centres
국제회의 및 전시장 国际展覽会, 展示会场


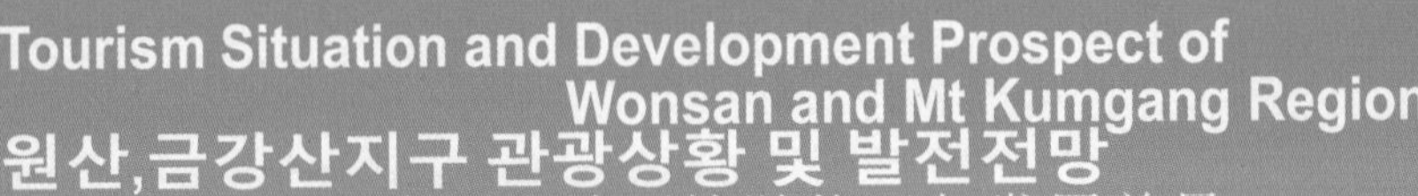


元山、金刚山地区旅游状况与发展前景

Tourism Development Prospective Plan 旅游开发前景计划

수송수단의 다양화 Transportation 提供运输条件

원산비행장개건확장 **Expansion of Wonsan Airport**

원산,금강산지구관광지들을 개건

**Reconstruction of all wharves of Wonsan and Mt Kumgang Region**

•扩建元山机场

•改建元山、金刚山地区的所有码头

## Tourism Situation and Development Prospect of Wonsan and Mt Kumgang Region
## 원산,금강산지구 관광상황와 발전전망
## 元山、金刚山地区旅游状况与发展前景

### 국제적인 협조 International Cooperation 国际合作

하부구조건설 투자

Invest on construction of infrastructures.

投资于基础设施建设

## Tourism Situation and Development Prospect of Mt Chilbo Region
## 칠보산지구 관광상황 및 발전전망
## 七宝山地区的旅游状况与发展前景

### 칠보산지구개관 Outline of Mt Chilbo Region 七宝山地区概况

위치: 함경북도 명천군 면적; 400㎢ 해발: 700m, 기온: 7-8°C 강수량: 900㎜

**Location**
Myongchon County of North Hamgyong Province
**Topography**
Area: over 400㎢ Height above the sea: about 700m
**Climate**
Average annual temperature: 7-8℃
Average annual precipitation: 900mm

位置
咸镜北道明川郡
地形
面积：400多平方公里 海拔高：约700米
气候
年均气温：7-8度
年均降水量：900毫米

## Tourism Situation and Development Prospect of Mt Chilbo Region
## 칠보산지구 관광상황 및 발전전망
## 七宝山地区的旅游状况与发展前景

### Outline of Mt Chilbo Region　七宝山地区概况

**Transport 교통: 륙로, 철도, 항공**

**Road: Pyongyang-Wonsan-Hamhung-Myongchon-Mt Chilbo**
**Rason-Chongjin-Mt Chilbo**
**Hoeryong-Chongjin-Mt Chilbo**
**Railway: Pyongyang-Hamhung-Kilju-Myongchon**
**Namyang-Chongjin-Myongchon**
**Air Route: Orang Airport**
**(Orang-Mt Chilbo: 70km)**

交通
公路: 平壤-元山-咸兴-明川-七宝山
罗先-清津-七宝山
会宁-清津-七宝山
铁路: 平壤-咸兴-吉州-明川
南阳-清津-明川
航线: 渔郎机场
（渔郎-七宝山：70公里）

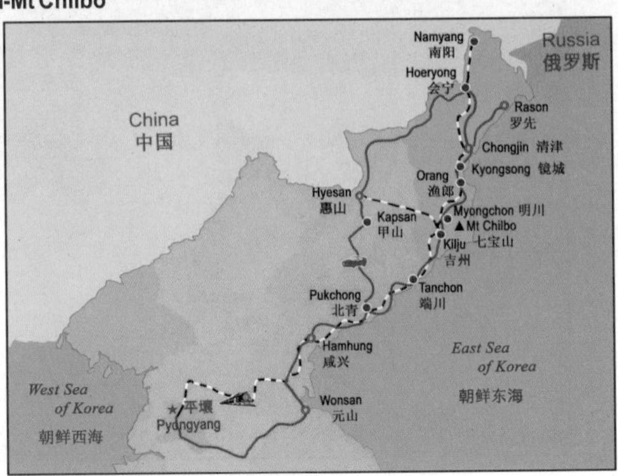


## Tourism Situation and Development Prospect of Mt Chilbo Region
## 칠보산지구 관광상황 및 발전전망
## 七宝山地区的旅游状况与发展前景

### Outline of Mt Chilbo Region　七宝山地区概况

## Tourism Situation and Development Prospect of Mt Chilbo Region
## 칠보산지구 관광상황 및 발전전망
## 七宝山地区的旅游状况与发展前景

### 칠보산지구관광잠재력 七宝山地区旅游潜力
### Tourism Potentials of Mt Chilbo Region

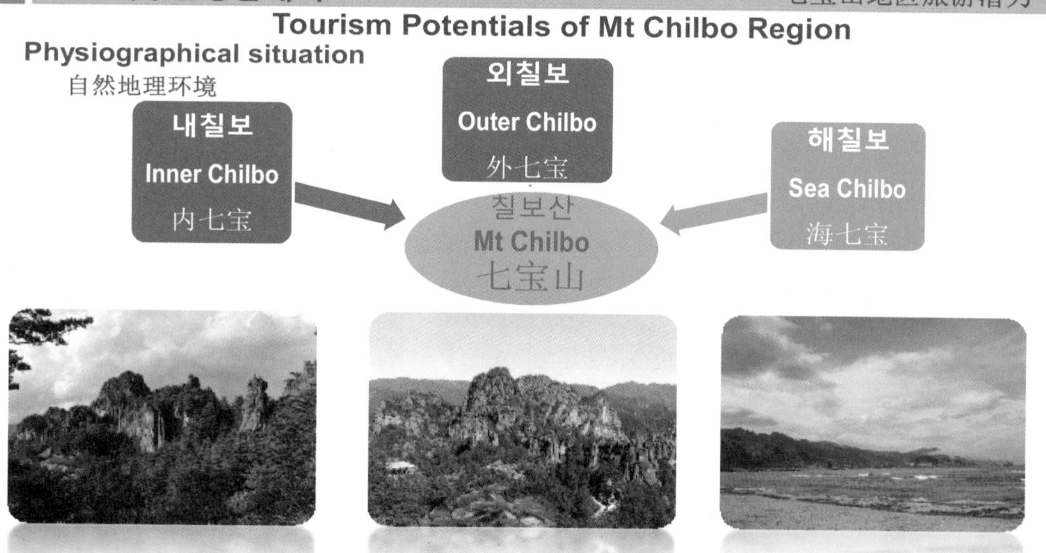


## Tourism Situation and Development Prospect of Mt Chilbo Region
## 칠보산지구 관광상황 및 발전전망
## 七宝山地区的旅游状况与发展前景

### 내칠보 Inner Chilbo 内七宝

개 심 사 Kaesim Temple 开心寺

Bizarre rocks and Kaesim Temple (Buddhist), one of rare historical remains of Palhae dynasty.

有奇岩与罕见的渤海遗址开心寺（佛寺）。

## Tourism Situation and Development Prospect of Mt Chilbo Region
## 칠보산지구 관광상태 및 발전전망
## 七宝山地区的旅游状况与发展前景

### 외칠보 Outer Chilbo 外七宝

**Mysterious, high peaks and Manmulsang.**

有参天而立的奇妙山峰和万物相。

---

## Tourism Situation and Development Prospect of Mt Chilbo Region
## 칠보산지구 관광상태 및 발전전망
## 七宝山地区的旅游状况与发展前景

### 해칠보 Sea Chilbo 海七宝

**Stretched to 40km section of seashore.**

展现在40公里海岸。

## Tourism Situation and Development Prospect of Mt Chilbo Region
칠보산지구 관광상태 및 발전전망
七宝山地区的旅游状况与发展前景

### 황진온천 Hwangjin Spa 黄津温泉

Hundreds tons of water with the temperature of 50℃ wells out every day.
50이상의 온천이 일평균 수백톤 분출한다. 1天涌出50度水数百吨。


## Tourism Situation and Development Prospect of Mt Chilbo Region
칠보산지구 관광상태 및 발전전망
七宝山地区的旅游状况与发展前景


### Favourable International Situation 有利的国际环境
### 유리한 국제적환경

## Tourism Situation and Development Prospect of Mt Chilbo Region
## 칠보산지구 관광상태 및 발전전망
## 七宝山地区的旅游状况与发展前景

### 유리한 국제적위치 Favourable International Situation 有利的国际环境

- 관광, 휴가, 휴식, 변경지역 무역발전
- 경제발전

- Development of tourism, vacation, rest and small border trade.
- Economic development.

- 旅游、休假、休闲、边境贸易发展
- 经济发展

## Tourism Situation and Development Prospect of Mt Chilbo Region
## 칠보산지구 관광상태 및 발전전망
## 七宝山地区的旅游状况与发展前景

### Domestic Demand 국내수요 国内旅游需求

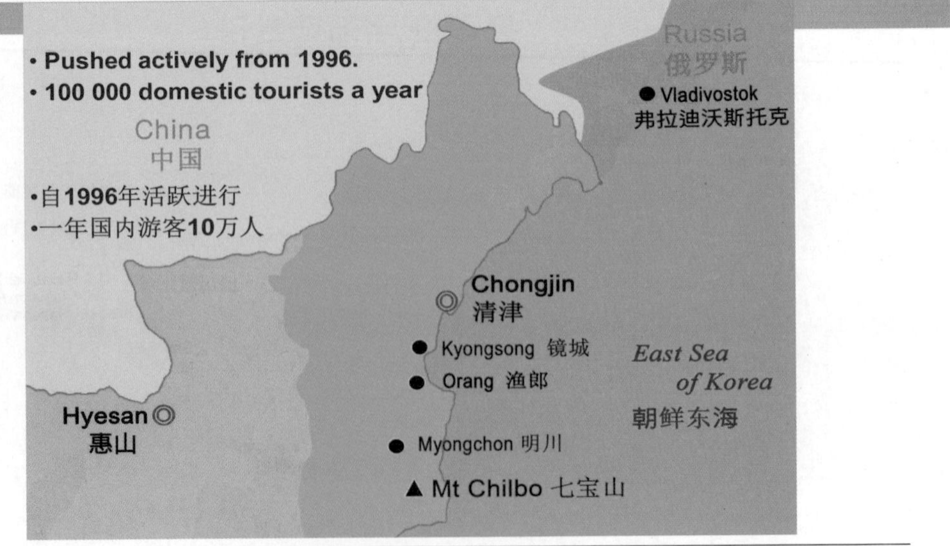

## Tourism Situation and Development Prospect of Mt Chilbo Region
칠보산지구 관광상태 및 발전전망
七宝山地区的旅游状况与发展前景

### Demand of Chinese 중국사람들의 수요 中国人的旅游需求

**200 000 Chinese tourists for the past 15 years.**
Present Route of Chinese Tourists
Road: **Yanji-Longjing-Hoeryong-Chongjin-Kyongsong-Orang-Mt Chilbo**
**Yanji-Hunchun-Rason-Chongjin-Kyongsong-Orang-Mt Chilbo**
Railway (exclusive train): **Yanji-Tumen-Namyang-Chongjin-Myongchon**
**Hundreds of thousands tourists a year.**

过去15年间中国游客20万人
现今中国游客利用的通路
陆路：延吉-龙井-会宁-清津-镜城-渔郎-七宝山
延吉-珲春-罗先-清津-镜城-渔郎-七宝山
铁路（专用列车）：延吉-图们-南阳-清津-明川
年数十万人

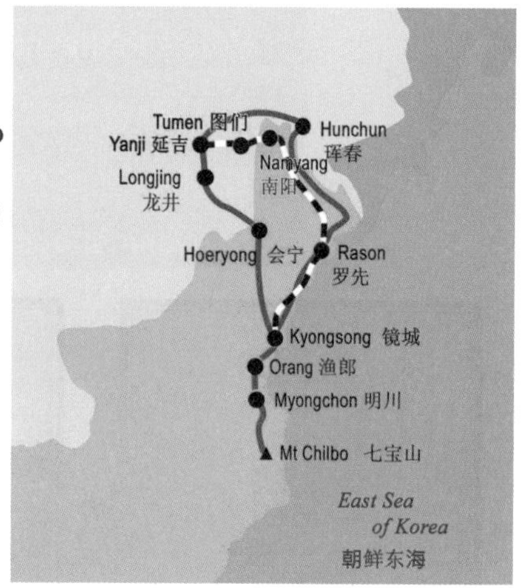


## Tourism Situation and Development Prospect of Mt Chilbo Region
칠보산지구 관광상태 및 발전전망 七宝山地区的旅游状况与发展前景

### Demand of Russians 로씨야사람들의 관광수요 俄罗斯人的旅游需求

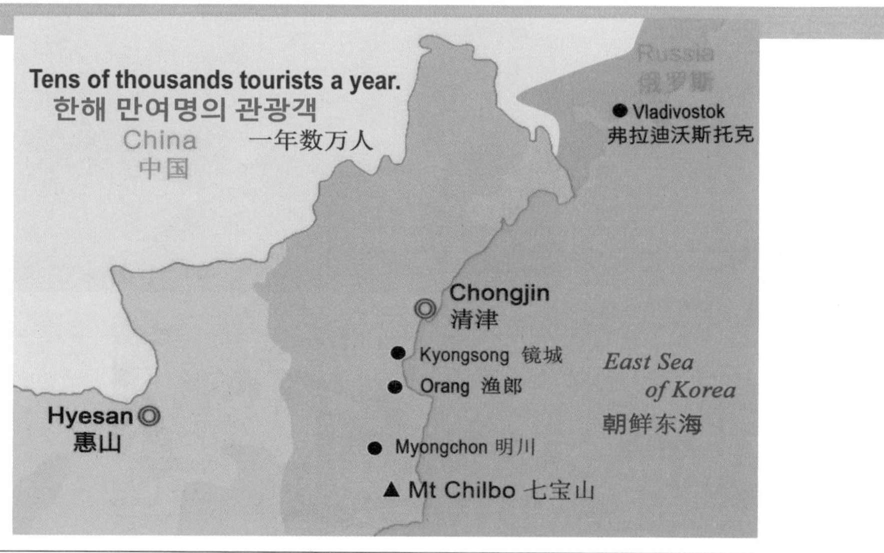

**Tourism Situation and Development Prospect of Mt Chilbo Region**
칠보산지구 관광상태 및 발전전망 七宝山地区的旅游状况与发展前景

## Tourism Development Prospective Plan 旅游开发前景计划

- 국제표준호텔 Hotels to the international standards. 国际水平的饭店
- 봉사관련시설 Service facilities 旅游服务基地
- 기념품상점, 해산물식당 Souvenir shops, seafood restaurants. 纪念品商店、海鲜餐馆

## Hotel

- VIP호텔
- VIP Hotel
- VIP 饭店

호텔 및 봉사시설
Hotels and Service Facilities
饭店，服務設施

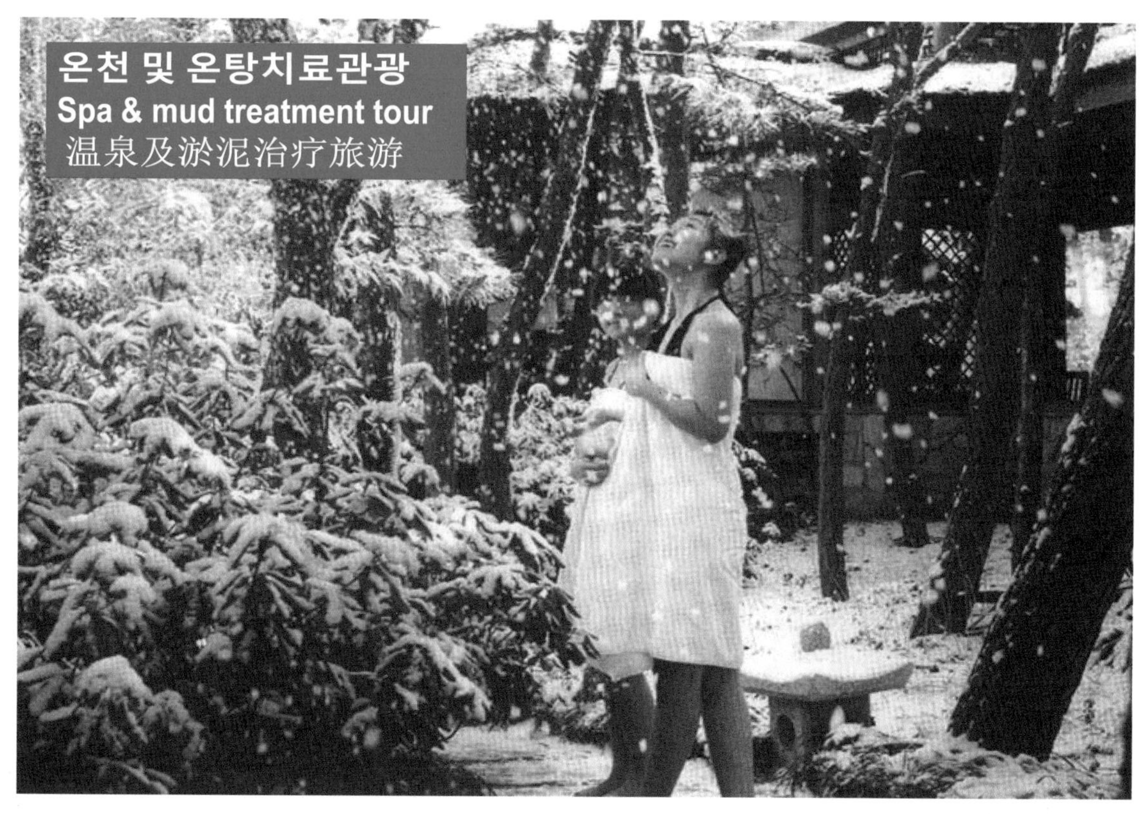

온천 및 온탕치료관광
Spa & mud treatment tour
温泉及淤泥治疗旅游

민족음식점거리
Folk food restraunt
民族飮食店街

## Tourism Situation and Development Prospect of Mt Chilbo Region
## 칠보산지구 관광상황 및 발전전망 七宝山地区的旅游状况与发展前景

### International Cooperation 国际合作 국제적인 협조

**Invest on the construction of infrastructures.**
하부구조건설에 투자 投资于基础设施建设

### 인적자원 Human Resource 人類資源

공업과 농업의 조화로운 발전은 투자환경에 유리한 조건을 보장해준다.
The balenced development of industry and agrecultural provide favourable conditions for investment situation

수송통로의 유리성 Advantage of Transporte
輸送通路的有利条件

Management of Tourist Regions
旅游地区管理方式
관광지대관리
Immigration
边境通行
변강통행
Customs
海关
세관
Taxes
各种税款
여러 세금
Postal service
邮政
체신
Traffic
交通管理
교통관리
Promotion
对外宣传
대외선전
Cultural exchange
文化交流
문화교류
Finance & Insurance
金融保险
금융보험
Land plan & management
土地计划管理
토지계획관리
Protection of investment
投资保护
투자보호
According to the law on special tourist regions and international standards
根据国家的旅游特区法和国际标准

국 가 관 광 총 국

**National Tourism Administration**

国 家 观 光 总 局

**주소: 조선민주주의인민공화국 평양시 만경대구역**

**Add: Mangyongdae District, Pyongyang, DPR Korea**

地址：朝鲜民主主义人民共和国平壤市万景台区

**Tel: 850-2-18111 (EXT) 8283**
**Fax: 850-2-3814407**
**E-mail: kitc_1@silibank.net.kp**

**Produced by Tourist Advertisement Agency**

旅游宣传社摄制

# 07

## 신의주
## 국제경제지대
## **개발총계획도**

신의주국제경제지대 개발총계획도
新义州国际经济地区开发总规划图
中国 丹东
鸭
绿
江
柳 草 岛
产业区域
垃圾场
发电站
物流市场
储藏库
污水净化厂
鸭 绿 江 新 桥
解 释
发电站
变电站
输电线
计划铁路
移除铁路
计划火车隧道
现有桥梁
计划桥梁
广场
居民区
公共区域
公园
绿化区域
现有产业区域
计划产业区
物流市场
储藏库
污水净化厂
水域
铁路用地
垃圾场
上水泵房
排水泵房
现有电话局
计划电话局
移动通讯转播站

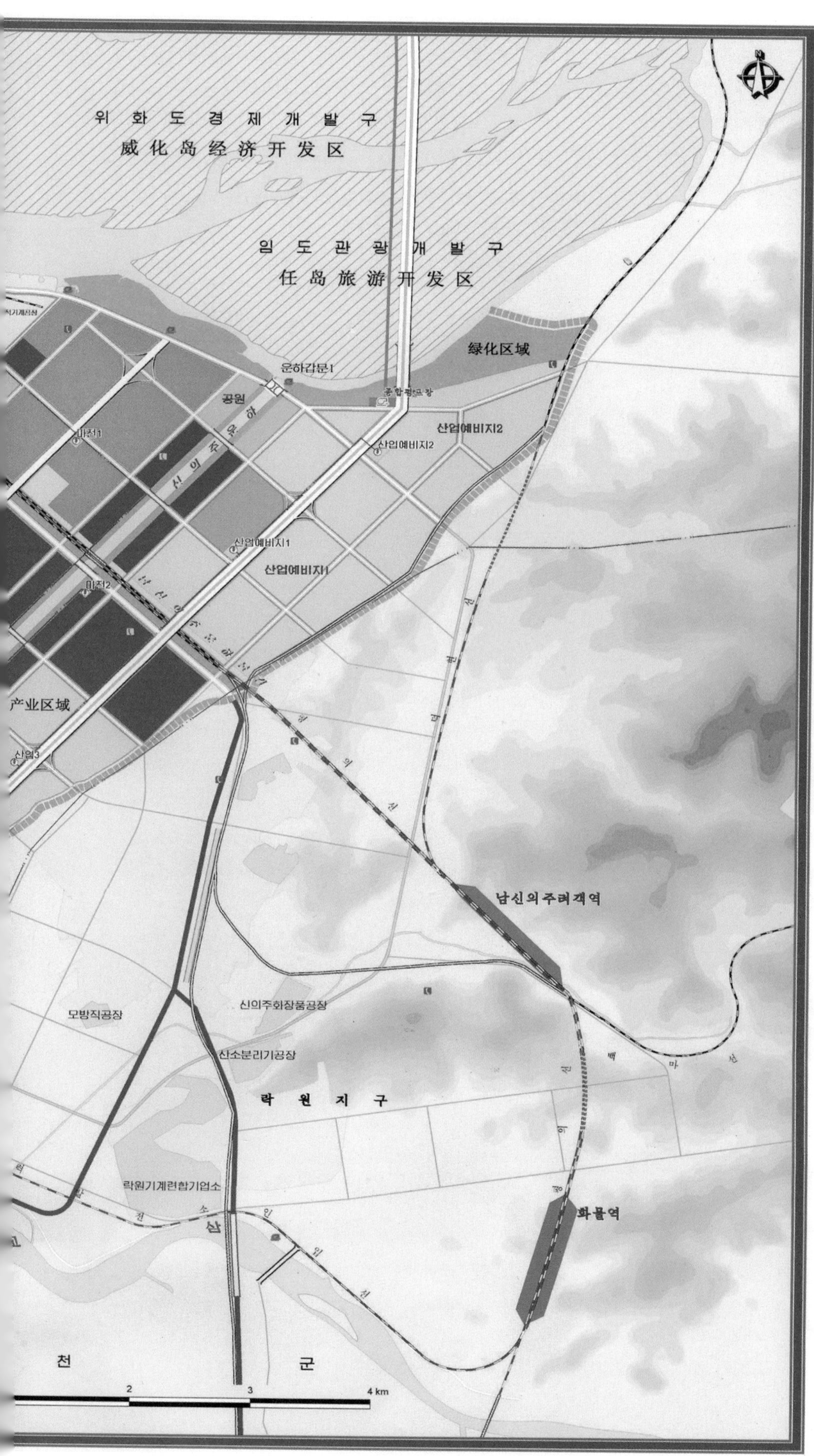

위 화 도 경 제 개 발 구
威化岛经济开发区
임 도 관 광 개 발 구
任岛旅游开发区
绿化区域
공원
산업예비지2
산업예비지1
产业区域
남신의주려객역
신의주화장품공장
모방직공장
산소분리기공장
락 원 지 구
락원기계련합기업소
화물역
천
군
2
3
4 km

# 08

# 원산지구 총계획도

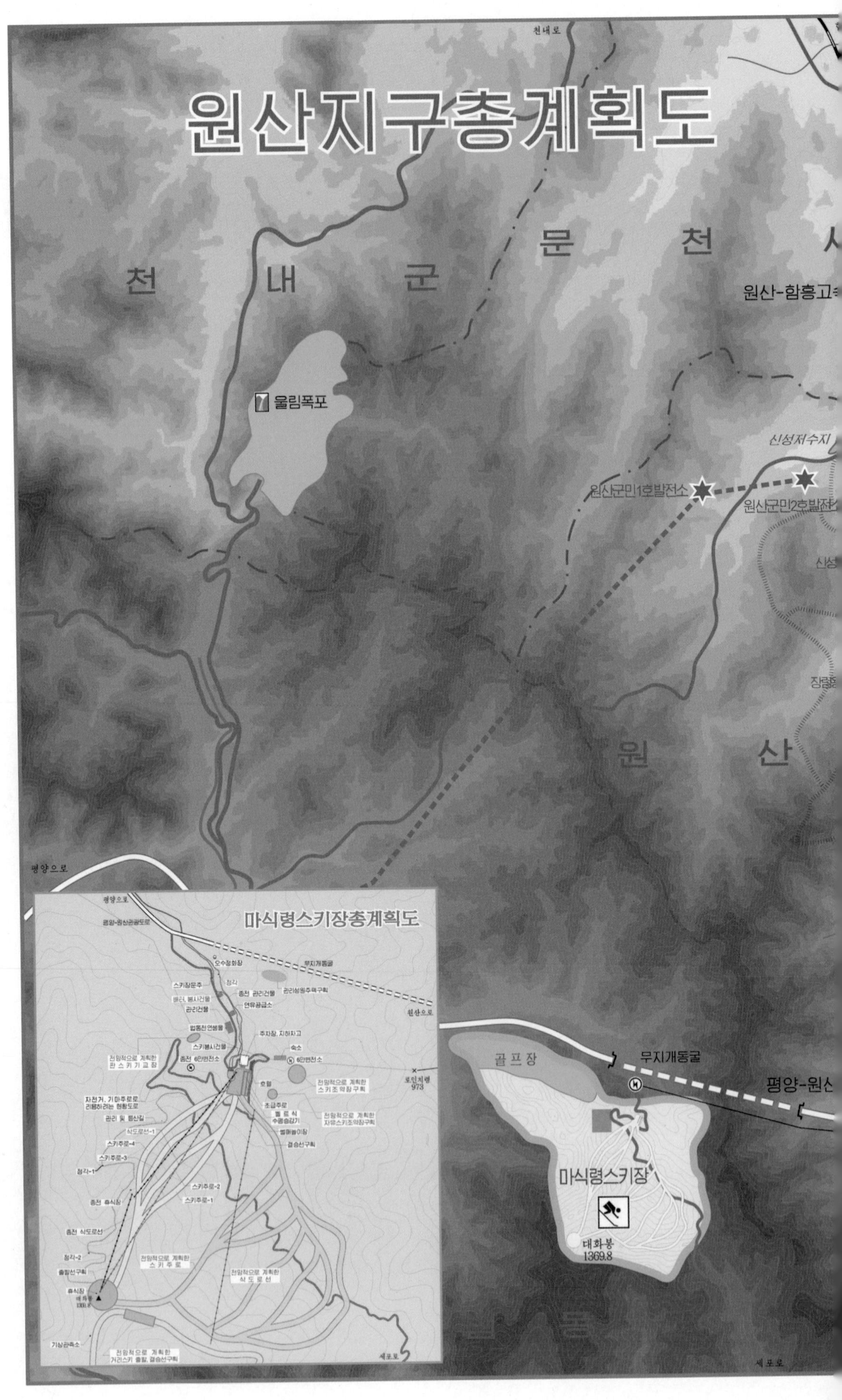
천내로
원산지구총계획도
천 내 군
문 천 시
원산-함흥고속
울림폭포
신성저수지
원산군민1호발전소
원산군민2호발전소
원 산
평양으로
마식령스키장총계획도
원산으로
골프장
무지개동굴
평양-원산
마식령스키장
대화봉
1369.8
세포로

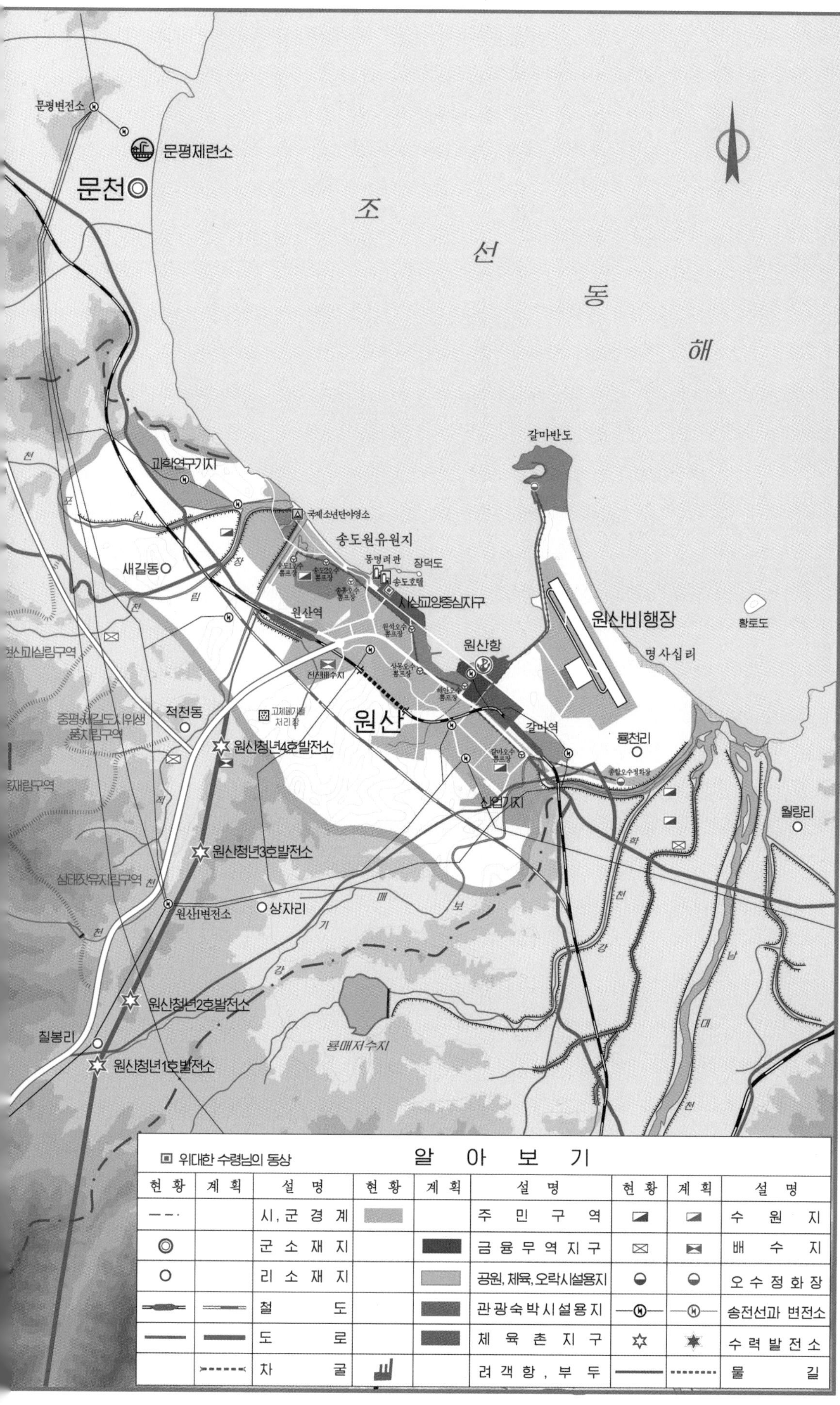


| 현황 | 계획 | 설명 | 현황 | 계획 | 설명 | 현황 | 계획 | 설명 |
|---|---|---|---|---|---|---|---|---|
| | | 시, 군 경 계 | | | 주 민 구 역 | | | 수 원 지 |
| | | 군 소 재 지 | | | 금 융 무 역 지 구 | | | 배 수 지 |
| | | 리 소 재 지 | | | 공원, 체육, 오락시설용지 | | | 오 수 정 화 장 |
| | | 철 도 | | | 관광숙박시설용지 | | | 송전선과 변전소 |
| | | 도 로 | | | 체 육 촌 지 구 | | | 수 력 발 전 소 |
| | | 차 굴 | | | 려 객 항, 부 두 | | | 물 길 |

# 09

# 강령군 국토 건설 **총계획도**

강령군국토건설총계획도
옹 진 군
순 위 도
등 암
금 동
석

해주시
금정
봉오
삼봉
사연
부민
내동
동강
동포
송현
오봉
룡연
신암
향죽
부포구
평화
조
선
서
알아보기 축척1:50000
No 1 혁명사적지
2 군경계
3 리경계
4 3급도로
5 4급도로
6 5급도로
7 철길역
8 리소재지
9 주민지
10 확장주민지
11 철거주민지
12 관광도로
13 가공공장
14 오리공장
15 돼지공장
16 소목장
17 방목지
18 포도원
19 온실
20 휴양지
21 해수욕장
22 배수지
23 조수력발전소
24 풍력발전소
25 변전소
26 송전선
27 배전선
28 물길
29 바다양식기지
30 수산사업소
31 배양장
32 항
33 려객부두
34 바다가양식장
35 해삼, 생복양식장
36 차재배구역
37 풍치림구역
38 차굴
39 해상다리
40 륙상다리

**참고문헌**
『북한대외경제성 제공』
『중국무역통계』
『한국정책금융공사 북한의 산업』
『한국무역협회 무역통계』
『통일부 자료』

# 2019 북한투자 가이드

**지은이** 김한신
**펴낸이** 김정동
**편집인** (사)남북경제협력연구소
**감 수** 조용준 변호사
**발행처** 서교출판사

초판 1쇄 인쇄 2018년 10월 20일
초판 1쇄 발행 2018년 10월 30일

**주소** 서울시 마포구 합정동 371-4 덕준빌딩 2F
**전화** 02-3142-1471
**팩스** 02-6499-1471
**이메일** seokyodong1@daum.net
**등록번호** 제10-1534호
**등록일** 1991년 9월 12일
**ISBN** 979-11-85889-87-0 93000



*상기 사업과 관련된 사항은 (사)남북경제협력연구소 T. 02-785-8551로 문의바랍니다.

*이 도서의 국립중앙도서관 출판 예정 도서목록(CIP)은 서지정보유통지원시스템 홈페이지(http://seoji.nl.go.kr)와 국가자료공동목록시스템(http://www.nl.go.kr/kolisnet)에서 이용하실 수 있습니다. (CIP 제어번호: CIP 2017008739)

## (사)남북경제협력연구소

(사)남북경제협력연구소(이사장: 신영수)는 2016년 9월 통일부 산하 비영리 사단법인으로 등록된 연구소입니다. 연구소는 남북한 경제협력을 통해 한반도의 평화와 번영, 나아가 평화통일에 조금이라도 보탬이 되었으면 하는 소망을 갖고 활동을 시작하였습니다. 연구소는 교통인프라팀, 민생인프라팀, 자원개발팀, 관광사업팀, 일반교류협력팀 등 5개팀으로 구성되어 있으며, 남북경협과 통일경제, 북방경제와 관련된 정보와 자료를 분석하고 이를 활용한 정책을 연구하고 있습니다. 또한 북한과 북방지역 투자프로젝트 개발과 운영에도 큰 관심을 갖고 있습니다. 그동안 연구소는 남북경협과 관련한 정책연구와 수차례의 정책세미나 개최, 인프라 투자프로젝트 발굴 등을 통해 역량을 강화해 왔습니다. 앞으로도 (사)남북경제협력연구소는 한반도는 물론이고 북방지역과 연계하는 경제협력의 플랫폼 역할을 충실히 할 것입니다.

[주요 활동]

- 「북한 민생 인프라 실태분석을 통한 단계별 통합전략」(통일부 용역. 2016)
- 『뉴코리아 비전』(남북관계 개선時 남북경협 우선 추진전략, 2016.12.) 발간
- 공동주최 정책세미나. "남북 철도연결 사업 등 남북경협의 현 실태와 실행방안"(국회 국토교통위원장 조정식 의원, 2016.12.9.)
- 공동주최 정책세미나. "한반도 종단 철도·도로 건설 추진방안"(조정식 의원, 국토교통부 주최, 2017.3.10.)
- 공동주최 정책세미나. "한반도 신경제지도 구상 및 실행방안 모색"(홍익표 의원, 2017.8.29.)
- 공동주최 정책세미나. "한반도 재난·재해 대비 남북협력 모색"(김경협 의원, 2018.3.22.)
- 공동주최 정책세미나. "한반도 신경제지도 실행을 위한 동해선 철도 복원"(송영길·심기준 의원, 2018.3.27.)